乾隆传

上

白新良 著

中华书局

图书在版编目（CIP）数据

乾隆传/白新良著. —北京:中华书局,2023.6
（2024.3 重印）
ISBN 978-7-101-16214-1

Ⅰ.乾… Ⅱ.白… Ⅲ.乾隆帝（1711~1799）–传记
Ⅳ.K827＝49

中国国家版本馆 CIP 数据核字（2023）第 079750 号

书 名	乾隆传（全二册）	
著 者	白新良	
责任编辑	杜艳茹	
责任印制	陈丽娜	
出版发行	中华书局	
	（北京市丰台区太平桥西里 38 号 100073）	
	http://www.zhbc.com.cn	
	E-mail:zhbc@zhbc.com.cn	
印 刷	河北新华第一印刷有限责任公司	
版 次	2023 年 6 月第 1 版	
	2024 年 3 月第 2 次印刷	
规 格	开本/920×1250 毫米 1/32	
	印张 21½ 插页 4 字数 510 千字	
印 数	5001-8000 册	
国际书号	ISBN 978-7-101-16214-1	
定 价	78.00 元	

再版说明

　　康熙、雍正、乾隆三个皇帝统治时期，是清朝发展史上的鼎盛时期。作为这一时期政治舞台上的一个中心人物，乾隆皇帝对于清朝统治的巩固和中国社会的进步，无疑做出过重要的贡献。他在位期间，继康熙、雍正两代皇帝之后，继续致力于国内政局的安定和社会经济、文化事业的发展，致力于我国统一的多民族国家的巩固和发展。在他的努力下，乾隆前期，清朝统治沿着康熙、雍正以来的方向继续向上发展，从而使中国成为当时世界上最强大的国家之一。作为一个对于中国社会的进步和发展做出过重要贡献的清代帝王，乾隆皇帝有着一定的历史地位。但是，必须指出，由于中国封建社会日趋没落和乾隆皇帝本人的倒行逆施，乾隆后期，清朝政治脱离了康、雍以来的发展轨道，走到了下坡路，清朝统治的全盛局面逐渐中止。对此，乾隆皇帝也负有不可推卸的责任。因而，本书在对乾隆皇帝一生中的政治活动进行论述时，既肯定了他的积极方面，指出他对中国社会发展做出的贡献，也揭露了他的落后、反动方面，并对之进行了相应的批判。

乾隆皇帝在位六十年，政治活动繁多。加上训政三年，实际主持全国政务的时间长达六十三年，几乎相当于入关以后清朝全部时间的四分之一。如果再加上即位前的二十五年，则其全部活动年代将近一个世纪。为了叙述方便，本书将乾隆皇帝一生分为五个历史阶段：以出生至即位之前为第一阶段，以即位至亲政之前为第二阶段，以亲政至王伦起义爆发之前为第三阶段，以王伦起义至传位之前为第四阶段，从传位至其去世为第五阶段。另外，因为以年号指代皇帝久已为人们普遍使用，为图简单明了，本书定名《乾隆传》。

目 录

上 册

第一章　禁苑柔荑

第一节　隔代情深

康熙五十年八月十三日（公元1711年9月25日），正当年近花甲的老皇帝康熙远赴京师以北四百多里的木兰围场，举行极为盛大壮观的秋狝活动的时候，在北京紫禁城东北方向康熙皇帝第四子雍亲王胤禛府邸里，20岁的格格钮祜禄氏生下了一个男婴。这时，婴儿的父亲胤禛由贝勒晋封为亲王还不到两年。而且，在这个婴儿出生之前，胤禛已经先后生有四个儿子，分别是胤禛元妃乌拉纳喇氏所生的弘晖，侧妃李氏所生的弘盼、弘昀和弘时。虽然弘盼、弘晖和弘昀都在这个婴儿出生之前便已夭折，从而使得这个新生婴儿在兄弟排行上（序齿行次）升居第四，并在实际上成为胤禛第二子，但是在连年得子的雍亲王府邸中，这个新生婴儿除了由管理宗室事务的宗人府循例起名"弘历"之外，并没有引起全府上下人等的特别重视。包括弘历的父母在内的全府人等谁也没有想到，这个婴儿日后竟登九五之尊。至于这个婴儿的祖父康熙皇帝，由于孙辈众多，兼之以日理万机，在很长时

康熙帝晚年朝服像

间中，对于这个日后临御天下六十多年、文治武功并不在自己之下的嫡亲孙子，恐怕连名字都叫不出来。

　　康熙五十八年，九岁的弘历和他的同龄弟弟弘昼一起在雍亲王府内入学读书。¹启蒙塾师是翰林院庶吉士福敏。这个年龄始入学读书，不用说是皇家子弟，即使对一般殷实人家的子弟而言，已不为早。其父胤禛很可能当时正忙于皇室内部争夺储位的斗争，忽视了孩子们的早期教育。

　　在弘历的童年生活中，值得一提的是他和自己的祖父康熙皇帝的关系。康熙末年，嫡亲孙子百余人。他们大都随父居住于藩邸，所以和康熙皇帝见面的机会极少。但是，一个偶然的机会却使年幼的弘历得到了康熙皇帝的宠爱，并单独随其居住达半年之久。

康熙六十一年三月，在康熙皇帝六十九岁生辰即将到来之际，康熙皇帝应皇四子胤禛之请，四天之中连续两次临幸圆明园赏花，并在那里认识了自己的这个孙子。眼见弘历十分聪颖可爱，便答应将其携至宫中养育。一个多月后，康熙皇帝巡幸塞外，携其同行。至避暑山庄后，弘历和康熙皇帝一起居住于万壑松风。在此期间，祖孙两人朝夕相处，形影不离，相互间的感情也日益增进。老皇帝进膳时，总是忘不了拣几样孩子们爱吃的菜肴、点心赏给弘历；老皇帝读书时，看到弘历在旁边玩耍，有时把他叫到跟前，教他几个字或让他背诵学过的书籍中的一些段落；若是老皇帝聚精会神地批阅奏章或接见臣下时，弘历则连大气也不敢出一声，非常懂事地侍立在祖父身后。逢到练习射箭的日子，轮到弘历射靶时，看到他非常认真地拉开弓，一下子射中靶心，老皇帝又不由地捋着长长的胡子，露出了笑容。闲暇时，祖孙俩有时漫步月下，"凡三十六景之地，无不周览"。²有时，祖孙俩又饶有兴致地来到湖边钓鱼，钓到鱼后，老皇帝则命弘历挑出几条送给近在咫尺的狮子园里的胤禛夫妇。夏天刚过，康熙皇帝又携弘历自避暑山庄启行秋狝木兰。初入围场，康熙皇帝便用虎枪射倒一只大熊。康熙皇帝以为熊已被打死，便让御前侍卫领着弘历到距熊更近一些的地方去射上一箭，以便侍卫教他狩猎的方法。岂料弘历刚刚爬上马背，那只大熊竟忽地从地上站起，发疯似地朝弘历扑来。见此险状，侍卫们一时都慌了手脚。多亏在后面的老皇帝眼疾手快，端起虎

弘历猎鹿图　（清）佚名绘

枪向大熊又射一枪，才使弘历脱险。打猎归来后，康熙皇帝心有余悸地对家人说，这个孩子命真够大的，差点儿让熊把他吃掉。有了这次教训，以后凡是围猎的日子，为了怕出乱子，康熙皇帝总是禁止弘历参加而只允许他在帐外不远的地方向允禄、允禧两个小叔叔学习骑马和使用火器。然而，刚刚见过千军万马围猎野兽惊险而又欢快场面的弘历却怎么也按捺不住自己的心情，常常跪在老皇帝面前要求参加围猎。眼见着弘历那股初生牛犊不畏虎的犟劲儿，康熙皇帝打心眼里高兴并更加喜欢这个孩子。

半年的塞外避暑和巡幸生活转瞬即逝。这年九月底，康熙皇帝携带弘历回到了北京。一个多月后，年迈的康熙皇帝因病去世，弘历永远失去了自己可爱的祖父，但是初游塞外的各种经历和祖父对自己的爱怜，却在弘历的记忆中留下了极为深刻的印象。直到五十多年后，在他本人已须眉斑白、孙曾绕膝之时，对于童年时期的这些往事，他还历历如昨。为了感念祖父对自己的爱怜，他除了在圆明园建纪恩堂"纪受恩之自"外，还在避暑山庄万壑松风也建了一处纪恩堂，"纪受恩之迹"，[3]以表示他对自己祖父最深切的怀念。

康熙皇帝对弘历的关怀和爱怜，最初只是祖孙之间感情的自然流露，并没有什么政治上的深意。但在康熙晚年因为争夺储位而造成的康熙皇帝和诸皇子之间互相猜忌、隔阂极深的情况下，弘历受到乃祖宠爱却对缓和康熙皇帝与胤禛父子之间的紧张关系起到了一定的作用，从而不但为此后不久胤禛继承皇位提供了一些有利的条件，而且对于日后弘历被内定为雍正皇帝的储君也起到了一定的作用。

第二节　受封亲王

经过兄弟间长期的较量，在康熙皇帝去世之后，弘历的父亲胤禛当上了皇帝。这一事件的发生，使得弘历在皇室中的地位发生了极大的变化，由一个普通的皇孙一下子变成了全国的储君。

雍正皇帝胤禛即位后，为了巩固自己的统治，对于昔日竞争储位的政敌——允禩、允祉、允䄉、允禵等手足同胞，先后大打出手。由于失去了康熙皇帝的庇护，那些昔日竞争储位的对手，几乎都是毫无反抗地延颈就戮。这样，不长时间，雍正皇帝即将政敌清除殆尽，他的帝位得到了进一步的巩固。

在对政敌大打出手的同时，有鉴于康熙朝建储制度不完善而导致皇室内部互相争斗的情况，雍正皇帝还对建储制度进行了改革，并做出了秘密建储的重要决定。雍正元年八月十七日，在他即位九个月后，雍正皇帝召总理事务王大臣、满汉文武大臣、九卿等至乾清宫，宣布了这一决定。按照这一规定，由他将储君名单装入密封锦匣之内，当着几位总理事务王大臣之面将匣"置之乾清宫正中世祖章皇帝御书'正大光明'匾额之后，乃宫中最高之处"。[4]直到他死之后，才允许臣下开拆。尔后，又另书与之内容相同的密旨一道存放圆明园，以为异日勘对之资。在他看来，这一决定对全国臣民而言，解除了因储位空缺而产生的危机感；对储君而言，因为并不知道自己是内定储君，当然也就不会因此而骄横不法，更谈不上敢和皇帝争权；对诸皇子而言，一不知道自己是否储君，二不知道储君是谁，想要对其进行攻讦也无的可发；对宗室重臣而言，因为不知谁是储君，也就无法攀龙附凤，进行政治投机。而通过这一决定，皇帝本人在生前可以不受任何干扰地处理各种国家政务，死后也可以按照自己的意旨实现国家最高权力的顺利过渡。这是雍正皇帝对清朝建立以来的建储制度的一次重要改革。而在这次改革中，雍正皇帝内定的储君不是别人，正是本书中的主人公——雍正皇帝的第四子弘历。

虽然雍正皇帝在继位时已有弘时、弘历、弘昼、福惠四个儿子，但是弘历被雍正皇帝内定为继嗣，在当时却仍属必然之势。一是因为弘历随同康熙皇帝居住半载并受到康熙皇帝的宠爱，对康熙皇帝和胤禛之间关系的缓和起过一定的作用。自己的儿子受到康熙皇帝宠爱，多少年后，都将是自己继位合法的一个很充分的理由。二是弘历既聪颖又大胆，在非常注重骑射的满族统治者看来，弘历具备了储君所应有的基本素质。三是因为弘历母家出身满洲，并且是开国功臣额亦都之后。虽然至康雍之际，由于家道中落，弘历的外祖父凌柱仅任四品典仪，职位并不显赫，但是凭借血缘上的联系，却可以使弘历日后不费多大气力就能得到满洲旧臣的支持，有利于统治的巩固。除弘历母家出身满洲外，弘时母家李氏、弘昼母家耿氏、福惠母家年氏都是汉姓。其中，李氏、耿氏极有可能还是内府三旗汉人。在统治集团核心都是满人的情况下，将她们所生之子立为储君，日后很容易被满洲权贵所轻视。雍正皇帝即位之初，朝臣中就纷纷传说，康熙皇帝病重时曾指定胤禛继位，并说过胤禛的第二子弘历"有英雄气象，必封为太子"，[5]而且还传到了朝鲜使臣金演的耳中。尽管其中康熙皇帝指定胤禛继位一事可能是事后编造，但是在雍正皇帝建储之前半年多的时候，满洲贵族中就传出了雍正皇帝将立弘历为皇太子的预言，则正反映了他们的普遍要求。作为满洲贵族的最高统治者，雍正皇帝虽然反对他们对立储一事进行干预，但是对于他们的这些要求，却是不能不加考虑的。

通过对秘密建储后的一些史实进行分析可以看出，秘密建储制度实行之初，仅对储君的权力有所限制，并没有像雍正皇帝所预期的那样从根本上杜绝皇室内部争夺储位的斗争。尽管雍正皇帝郑重其事地宣布储位密建，不允许任何人看到密旨的内容，但是接近皇帝的大臣和皇帝的几个妃嫔、儿子仍可以从雍正皇帝的言谈和行为举止中所表现出来的亲疏好恶倾向，对为数有限的几个皇子的各方面的条件进行比较，八九不离十地估计出谁是雍正皇帝的内定储君。仅以秘密建储后成年皇子们所参加的各种礼仪活动而言，据《清世宗实录》所载，雍正在位十三年中，雍正皇帝派遣弘历参加各种礼仪活动的次数即达二十次之多，其内容遍及祭祀康熙皇帝和孝恭仁皇后的景陵（六次）、祭奉先殿（一次）、享太庙（四次）、祭孔（一次）、祭太岁之神（两次）、夏至祭天地（两次）、祭大社大稷（一次）、祭关圣帝君（一次）、视大臣疾及死后往奠茶酒（两次）等许多方面；与此同时，派遣弘昼参加各种礼仪活动仅有七次，即祭大社大稷四次、祭孔庙两次和祭都城隍庙一次，数量和活动内容都大大少于弘历，而且还都是在雍正八年十一月其成人之后。更为可怪的是，年龄比弘历、弘昼都大的弘时竟一次也没有。这种情况，后人根据资料统计尚可看出，时人尤其是当事的几个皇子对此感受必更为深切。正是在这样的情况下，发生了雍正皇帝的第三子弘时为谋夺储位而和雍正皇帝进行的一场斗争。

弘时生于康熙四十三年，由于两个兄长相继夭折，遂在雍正诸子中排行居长。其生母李氏，至迟在康熙三十三年时便已进入胤禛府邸。胤禛封王后，晋为侧妃，仅次于元妃乌拉纳喇氏而在其他妃嫔之上。雍正皇帝即位后，大封后妃，李氏又晋封为齐妃。在这次宫中权力再分配中，年羹尧的妹妹年氏越过李氏封为贵妃，原居其下的弘历的生母钮祜禄氏则和李氏一样晋封为熹妃。相比之下，李氏地位相对下降。所以如此，一是年老色衰，二是出身汉姓。她在雍正皇帝妃嫔中地位的相对下降也影响了弘时在兄弟中的地位。因此，雍正元年春，雍正皇帝选人教授诸皇子读书时，弘时虽也和弘历、弘昼一起进学读书，[6]但是在一些礼仪活动中，雍正皇帝却隔过弘时而连续命弘历参加，这无异是对弘时的歧视。对此，弘时一定非常不满并在雍正皇帝面前有所流露。雍正皇帝当然不能容忍而对之"特加严惩"，革除宗籍，圈禁至死。[7]在雍正时期的政治斗争中，只有在打击昔日与之争夺储位的阿其那、塞思黑等人时，才极其严厉地将其本人及其子孙革除宗籍。这次，雍正皇帝竟将自己的亲生儿子也照此办理，这就说明，弘时的罪行显然不像乾隆皇帝后来所说的仅仅是一般的"性情放纵，行事不谨"，[8]而是和康熙末年诸皇子谋夺储位斗争性质一样的政治斗争。对于这场父子骨肉之间的斗争，大约是怕政敌幸灾乐祸之故，雍正皇帝一直未曾公布，各种官修史书也很少记载，以致我们无法得知其详细情况。但据《清世宗实录》记载，雍正四年九月弘时二十三岁上，雍正皇帝曾召皇子、诸王、大学士、学士、各部院寺堂官、詹事府、翰林院、科道及文武大臣之能诗者九十四人至乾清宫赋柏梁体诗，在与会诸皇子中仅有弘历、弘昼二人之名而无弘时。这说明，在雍正四年秋天之前，这场斗争已经发生，弘时也在此后不久死去。[9]直到弘历即位之后，念及往日兄弟之谊，才将他的名字重新收入玉牒。弘时之母齐妃，也因其子被圈禁之故而独居深宫，一直到乾隆二年四月六十岁左右的时候，才默默无闻地死去。

在雍正皇帝内定弘历作为自己的储君，并对弘时进行严惩以维护弘历的皇太子地位的同时，为了使其日后挑起管理国家事务的重任，雍正皇帝也加强了对他的教育。早在雍正元年春天，在他即位两个月后，便在弘历原来的师傅福敏之外，特旨选任朱轼、张廷玉、徐元梦、嵇曾筠、蔡世远等为诸皇子师傅；雍正八年，又加派鄂尔泰、蒋廷锡、邵基、胡煦、顾成天等名臣侍皇子读书。为了防止他们将弘历培养成仅会"寻章摘句、记诵文词"的腐儒，雍正皇帝指示在教学中当以"立身行己，进德修业"为重点。[10]雍正元年。根据雍正皇帝的这一指示，在这些师傅的指导下，弘历学习刻苦勤奋，"问安视膳之余，耳目心思一用之于学"，[11]"朝有课，夕有程，寒暑靡间"，[12]当年便"熟读《诗》《书》、四子，背诵不遗一字"。[13]而后数年间，又"精研《易》《春秋》《戴氏礼》、宋儒性理诸书，旁及《通鉴纲目》、《史》《汉》八家之文"。[14]与此同时，还勤于习作，论赋诗词，无一不能。至雍正八年夏，积稿已达十四卷之多。[15]从这些作品中可以看出，他在学习过程中善于思考，重视接受历代封建统治者成功的经验和汲取失败的教训，并在一些问题上有着自己的治世思考。如其于《宽则得众论》一文中认为："泰山不让土壤，故能成其大；河海不择细流，故能就其深；王者不却众庶，故能明其德。""诚能宽以待物，包荒纳垢，宥人细故，成己大德，则人亦感其恩而心悦诚服矣。苟为不然，以褊急为念，以刻薄为务，则虽勤于为治，如始皇之程石观书，隋文之躬亲吏职，亦何益哉。"[16]他如《以仁育万物以义正万民论》《为万世开太平论》《治天下在得人论》以及对春秋以后天子、诸公以及秦汉诸帝的评论和咏史各诗，亦无不对历朝政治之兴亡、用人举措之得失的经验教训进行了总结。应该说，通过这一时期对儒家经典的研探和对历代史书的浏览，弘历积累了丰富的历史知识，学到了不少历代封建统治者治理国家的经验，为其日后直接进行统治打下了初步的知识基础。

雍正七年冬天以后，雍正皇帝患病，而且一度还相当危重。后来虽经多方治疗，转危为安，但是病愈之后，身体和精神都大不如前。因此雍正皇帝开始更多地委派弘历、弘昼代其参加各种礼仪活动。据统计，在雍正时期弘历参加的二十次礼仪活动中，雍正八年以后即达十四次，而弘昼的全部活动都是在八年以后。雍正十一年二月，为了提高他们在全国臣民中的地位，训练他们的从政能力，雍正皇帝封弘历为和硕宝亲王，弘昼为和硕和亲王，并让他们参加了对西北准噶尔贵族用兵和平定苗疆叛乱的领导工作。这样，至雍正十三年八月雍正皇帝去世时，二十五岁的弘历已经具备了作为一个君主所必不可少的文化素养和一定的理事能力，为他继位以后全面地挑起管理国家事务的重担作了很好的准备。

雍正皇帝秘密建储时，弘历刚刚十三岁，对于储君是谁和自己是否储君，可能并不清楚。但是由于秘密建储后雍正皇帝对自己的眷顾，随着自己年龄的增长，这事对他本人来说似乎也成了一个公开的秘密。尽管如此，在他看来，父皇不公布自己储君的身份仍是自己身份未定的表现。对此，弘历虽然无能为力，但并不是没有看法。然而，随即发生的弘时事件使他看到，雍正皇帝对于敢于违犯自己意志营求继嗣的亲生骨肉也是那样的毫不留情，更何况和国家政治、和皇帝本人都关系极大的内定储君！在这样的情况下，他安分守己，谨慎小心。对于父皇，他绝对服从。封王之前，“问安视膳之余，耳目心思一用之于学”，[17]封王之后，虽然参加了对准噶尔用兵和平定苗疆叛乱的领导工作，但也只是照谕旨办事，不敢稍越雷池一步。除与少数几个大臣因工作关系有所来往外，很少与其他官员来往，以免引起父皇的疑忌，以致即位之初对许多高级官员都不认识。对于雍正皇帝的一些举措如陈祥瑞、养僧道等，他并不是没有看法，但是为了讨得父皇的喜欢，他也不惜笔墨，连作《万寿日庆云见苗疆赋》《景陵瑞芝赋》等许多篇诗赋，颂扬父皇的功德。与此同时，对于自己的几个师傅，则极表尊重和关心。遇有喜庆，则赠诗祝贺；师傅返籍养病，又寄诗怀念。尤其是对其中的鄂尔泰、张廷玉二人，因为他们都被雍正皇帝所宠任并且准许他们身后配享太庙，则更是优礼有加，推崇备至。如雍正十年，鄂尔泰奉命经略西北军事，弘历即作《送毅庵鄂相国奉命经略西陲》以赠鄂尔泰，诗曰：

> 清秋霁日照征鞍，上相临戎剑气寒。
> 诏旨钦承三殿密，机宜默运寸心殚。
> 马腾士饱来裴度，风声鹤唳避谢安。
> 欲别先生何所赠，临风握手劝加餐。
>
> 书文一轨泰阶平，蠢尔戎夷敢弄兵。
> 天子运筹频下顾，相臣经略此西征。
> 风翻武帐三台入，日耀军门万戟明。
> 伫看对扬歌虎拜，边烽永熄玉关清。[18]

次年，张廷玉奉旨返安徽桐城原籍举行其父张英入祠贤良祠典礼，弘历也作《送桐城张先生暂假归里》一诗相赠。诗曰：

> 丹凤衔书下紫廷，枞阳早已望台星。

新恩优渥荣旋里，旧德绵长肃荐馨。

北阙丝纶方待掌，东山弦管暂教听。

即看稳步沙堤上，扬拜从容对御屏。[19]

在前诗中，他将鄂尔泰比作当今的谢安和裴度，祝愿他出征之后马到成功，"边烽永熄"，而同时又对其身体表示关心；在后诗中，他指出张廷玉是朝廷须臾不可离开的重臣，对二人推重之意溢于词章。此时，鄂、张二人都已见到过雍正皇帝的建储密旨，而弘历在送行诗中对二人又如此推重，怎会不使二人感激涕零地以图报效？对于自己的同学二十一叔允禧、二十四叔允祕，弘历则时时表示感念祖父康熙皇帝对自己的眷爱，以联络相互间的感情；对于自己的同胞兄弟弘昼，则声称"鸰原欣得侣，雁序愧先行"，[20]以有弟为喜并于端重自尊中略存谦逊之意。即使是对于统治集团上层所瞧不起的太监，弘历也非常谨慎，从不轻易触犯。[21]这样，终雍正一朝，康熙末年人们纷纷攻讦皇太子的情况就再没有出现。弘历和周围人士的关系是融洽的，雍正皇帝对弘历是满意的，弘历内定储君的地位也是稳固的。

第三节　袭登大位

雍正十三年八月，雍正皇帝的去世使得弘历永远告别了十九年来的皇子生活，翻开了他六十多年帝王生活的第一页。

雍正皇帝从生病到去世时间甚短。据史载，八月二十日，雍正皇帝开始生病，但他并不在意，仍在圆明园照常办事。

二十一日、二十二日亦"听政如常"。[22]二十二日夜，病情急剧恶化。这时，弘历、弘昼皆趋至榻前看护，并急召庄亲王允禄，果亲王允礼，大学士鄂尔泰、张廷玉，领侍卫内大臣丰盛额、讷亲，内大臣海望等至圆明园。待他们到来时，雍正皇帝已"进药罔效"，[23]于当夜子时去世，在清朝历史上发挥过重要作用的雍正皇帝就此结束了他有意义的一生。

雍正皇帝生病和去世之速虽然出人意外，由于他在生前对继嗣问题预有布置，因而他死之后，最高权力的过渡进行得相当顺利。雍正皇帝早在即位之初，即制定了秘密建储制度并将弘历内定为继嗣。雍正八年九月，在生病期间，为了托付后事，又将建储密旨密示亲信大臣张廷玉。十年正月，又同时密示鄂尔泰、张廷玉二人，并告诉他们"汝二人外，再无一人知之"。[24]受雍正皇帝之重托，在雍正皇帝去世后，鄂尔泰、张廷玉和其他几位宗室重臣本着国不可一日无君的思想，立即担起了拥立嗣君的重任。首先是张廷玉提议取出雍正皇帝当年预存于圆明园的那份建储密旨，当着众大臣之面于灯下宣读，公开确定了弘历的嗣皇帝的地位。随即弘历根据雍正八年六月雍正皇帝对后事预作的安排，任命庄亲王允禄、果亲王允礼、大学士鄂尔泰、张廷玉四人为辅政大臣，一个以嗣皇帝弘历为核心、以雍正皇帝生前所宠任的宗室重臣为主要成员的最高权力机构就这样极为迅速地产生了。其时，距雍正皇帝去世还不到一个时辰。

最高权力机构成立之后，弘历和在圆明园的全体宗室重臣连夜奉雍正皇帝遗体返回紫禁城。尔后，由弘历和辅政大臣共同商议决定，成立由履郡王允裪、和亲王弘昼、公纳穆图、内大臣海望、尚书徐本、都统傅鼐等共同参加的治丧机构。在这一机构的主持下，当日，弘历、皇太后、皇后、妃嫔、亲王以下的所有宗室人员和全体官员齐集内廷，剪发成服，并将雍正皇帝的遗体入殓；与此同时，为了防止大丧期间随时可能发生的内部变乱和外敌入侵，保证国家机器的正常运转，几位辅政大臣也异常地忙碌。雍正皇帝的遗体和全体护送人员刚刚进入紫禁城，果亲王允礼便将紫禁城各门钥匙要到手中亲自掌管，并专委公丰盛额、庆复二人管理乾清门出入人等，以保证雍正皇帝遗体和弘历的安全。又派公讷亲、内大臣常明传旨，将雍正皇帝圈禁的政敌严加看守。与此同时，又飞谕西路军营署大将军查郎阿近期不得来京，还

果亲王允礼像　（清）郎世宁绘

驻肃州，严防准噶尔乘机进犯。西南平定苗疆叛乱事务，则鉴于张照经理不善，致使叛乱有日益蔓延之势，而下令将张照调来京师，以湖广总督张广泗总理苗疆事务。辅政大臣刚刚开展工作三天之后，鄂尔泰、张廷玉便向弘历提出"辅政"之名不甚妥当。"辅政"一词曾用于康熙之初，其时康熙皇帝年仅八岁，现在袭用其名，不但显得对弘历不尊重，而且也极易使人想起当年专横跋扈的鳌拜，对几位辅政大臣本人也没有好处。他们要求，仍用雍正皇帝居丧期间的"总理事务"名称。对于这一要求，弘历当即表示同意，立即将这一机构改称"总理事务处"并颁布谕旨，"启奏一切事件，俱着送总理事务王大臣阅看过，再交奏事官员转奏。若有密封陈奏事件，仍令本人自行交奏"。[25]这一决定的做出，突出了嗣皇帝在统治集团核心中的地位，并对总理事务王大臣的权力有所限制，对于乾隆皇帝统治地位的确立起到了积极的作用。

在总理事务王大臣和治丧机构的共同努力下，雍正皇帝去世之后，国家机器照常运转，治丧工作也在非常顺利地进行。八月二十七日，向全国颁布了雍正皇帝的遗诏；九月初三日，弘历即皇帝位于紫禁城内的太和殿，并颁登极诏书于全国，大赦天下，改明年年号为乾隆，颁乾隆新历，铸乾隆通宝。九月十一日，移雍正皇帝梓宫于雍和宫永佑殿。九月十九日，二十七日服满，弘历移居养心殿。至此，弘历在全国臣民中的最高统治者的地位初步确立下来，清朝历史也进入了一个新的历史时期。因为弘历即位以后年号"乾隆"，故而在此下行文中将其称为"乾隆皇帝"。

1 《乐善堂全集定本》，雍正庚戌年（1730）原序，福敏跋文。

2 《乐善堂全集定本》卷八《恭跋圣祖仁皇帝御制避暑山庄三十六景诗》。

3 《清高宗实录》卷九四一，乾隆三十八年八月壬寅。

4 《清世宗实录》卷一〇，雍正元年八月甲子。

5 《朝鲜李朝实录中的中国史料》第11册，景宗二年（康熙六十一年）十二月戊辰。

6 《乐善堂全集定本》卷一〇《稽古斋文钞序》。张廷玉：《澄怀主人自订年谱》卷二。

7 《清高宗实录》卷五，雍正十三年十月己丑。

8 《清高宗实录》卷五，雍正十三年十月己丑。

9 唐邦治：《清皇室四谱》卷三。

10 张廷玉：《澄怀主人自订年谱》卷二。

11 《乐善堂全集定本》，福彭序。

12 《乐善堂全集定本》，张廷玉序。

13 《乐善堂全集定本》，朱轼序。

14 《乐善堂全集定本》，朱轼序。

15 《乐善堂全集定本》，乾隆皇帝丁巳年（1737）自序。

16 《乐善堂全集定本》卷一。

17 《乐善堂全集定本》，福彭序。

18 《乐善堂全集定本》卷二五。

19 《乐善堂全集定本》卷二七。

20 《乐善堂全集定本》卷二三《寿五弟》。

21 《清高宗实录》卷四，雍正十三年十月丙子。

22 张廷玉：《澄怀主人自订年谱》卷三，雍正十三年。

23 张廷玉：《澄怀主人自订年谱》卷三，雍正十三年。

24 张廷玉：《澄怀主人自订年谱》卷三，雍正十三年。

25 《清高宗实录》卷一，雍正十三年八月庚寅。

第二章　雏凤清音

第一节　重审治术

乾隆皇帝即位之初，其所进行的主要政治活动，是在几位总理事务王大臣的辅佐下，对已故雍正皇帝的各项政策进行了全面的审查和大幅度的调整。

雍正皇帝是一个杰出的君主，对清朝历史的发展做出过重要的贡献。他在位期间，为了改变康熙末年以来朝政废弛的现象，"竭虑殚心，朝乾夕惕，励精政治，不惮辛勤"。[1]先后通过制定秘密建储制度、奏折制度，创建军机处，制止八旗下人对旗主的私属关系，推行地丁合一、耗羡归公、养廉银和改土归流等重要政策和法令，以一个改革者所当具有的胆略，对当时的封建统治机构和赋役制度进行了大刀阔斧的改革。通过改革，在经济上，使得国家财政状况明显好转；在政治上，也使皇权进一步强化，为乾隆时期清朝统治全盛局面的形成奠定了一个很好的基础。

虽然雍正皇帝的各项改革措施对于清朝历史的发展和全盛局面的形成有其积极作用，然而也须指出，由于时间仓促、

乾隆帝青年朝服像

思虑不周和情况不明、用人不当等许多原因，不少改革措施或在制定之初便存在这样那样的问题，或在执行之中弊端百出。加之这些改革涉及面较广，又是以加强皇权为目的，不少阶级、阶层和政治集团的政治利益和物质利益受到了限制和损害，因而雍正皇帝的各种改革措施在当时便招致了相当多的议论和反对，雍正皇帝本人也几乎成了政治上的反对势力的众矢之的。这些问题的存在，影响着统治阶级内部的团结和整个社会的安定，不利于政治、经济的进一步发展和清朝统治的巩固。对于这些问题，雍正皇帝本人不能纠正，其他人包括尚在"备位藩封，谙习政事"的乾隆皇帝和雍正皇帝的几个亲信大臣鄂尔泰、张廷玉等虽有察觉，然而由于雍正时期各人所处具体环境的限制，也都无力加以纠正。只有在雍正皇帝去世、最高权力过渡完成之后，才使这些问题的纠正成为可能。在这样的情况下，乾隆皇帝即位之初，为了扩大统治基础以巩固自己的最高统治者的地位，在几位总理事务王大臣的辅佐下，在坚持雍正皇帝改革的基本成就的同时，对雍正时期的各种政策进行了大幅度的调整。

在各种统治政策的调整中，最先转变的是治理国家的指导思想。在争夺和巩固最高权力的斗争中，雍正皇帝养成了雷厉风行的工作作风和崇尚严猛的治世思想。应该说，这是他能够取得成功的一个重要的原因，但也因此蒙上了刻薄寡恩、"好抄家"的恶名。乾隆皇帝继续坚持这种治世思想，无疑将不利于自己的统治。因而，雍正皇帝刚刚去世，以乾隆皇帝为核心的最高统治集团便放出了改变雍正皇帝治世思想的信号。在由他们起草的雍正皇帝的遗诏中称：

> ……然宽严之用，又必因乎其时。从前朕见人心浇薄，官吏营私，相习成风，固知省改，势不得不惩治整理，以戒将来。今人心共知儆惕矣，凡各衙门条例，有从前本严而朕改易从宽者，此乃从前部臣定议未协，朕与廷臣悉心斟酌而后更定，以垂永久者，应照更定之例行。若从前之例本宽而朕改易从严者，此乃整饬人心风俗之计，原欲暂行于一时，俟诸弊革除之后，仍可酌复旧章，此朕本意也。向后遇此等事，则再加斟酌，若有应照旧例者，仍照旧例行。[2]

在这份遗诏中，乾隆皇帝把雍正皇帝打扮成宽严并济政治的提倡者，并假托雍正皇帝之口，把对政敌的打击和各项改革措施归结为"人心浇薄，官吏营私"的结果，是一种不得已的临时办法。尔后，他又多次对这一思想进行阐释和发挥。一方面进一步将雍正皇帝的严猛思想及对政敌和违法官吏的严惩归结为被惩治者的咎由自取，或者将一些政策上的失误诿过于具体办事官员的"奉行不善"，以致"政令繁苛，每事刻核，大为闾阎之扰累"，[3]以改变雍正皇帝在人们心目

中的形象。另一方面，为了防止统治思想的转变可能导致的各级官员的思想混乱和政务废弛的现象，而对他的宽严并济的思想作了愈益具体的解释。他认为，"治天下之道，贵得其中。故宽则纠之以猛，猛则济之以宽"。[4]也就是说，宽、严两种治术都是最高统治者根据政治形势的需要而采取的必要手段。两者互相补充，交相为用，都是为维护封建统治秩序服务的。离开了这个目的而讲宽、严，不是国家政务"日渐废弛，鲜能振作"，就会流于刻薄，有害民生。[5]关于宽、严两种治术的具体内容，他认为，"整饬之与严厉，宽大之与纵弛，相似而实不同。朕之所谓宽者，如兵丁之宜存恤，百姓之宜惠保，而非罪恶之可以悉赦，刑罚之可以姑纵，与庶政之可以怠荒而弗理也"。[6]"宽非纵弛之谓，严非刻薄之谓。朕恶刻薄之有害于民生，亦恶纵弛之有妨于国事"。[7]在他看来，理想的宽严并济之道应该是"朕主于宽，而诸王大臣严明振作，以辅朕之宽"。[8]在这些思想的指导下，他对雍正皇帝的政策进行了全面的审查，并在全国范围内进行了纠正雍正败政的活动。

第二节　处理积案

终雍正一朝，各种各样的政治斗争次数多，涉及范围广，延续时间长，社会影响大，因而乾隆皇帝即位之初，这一问题最为突出，并构成了这一时期各种政策调整中的一个重要方面。

在各种各样的政治斗争中，康熙末年以来诸皇子争夺储位以致争夺最高权力的斗争占据着十分突出的地位。早在康熙末年，围绕着争夺储位这一中心问题，诸皇子间便各为门户，自树党羽，明争暗斗，矛盾非常尖锐。雍正皇帝继位后，斗争更加激烈，并且在原来矛盾之外，又发生了雍正皇帝和弘时父子间的矛盾和斗争。为了巩固自己的统治，雍正皇帝对政敌大打出手，或者监禁，或者流放，或者杀戮。更为甚者，对于自己的主要政敌允禩、允禟等人，则不但分别将其本人改名为阿其那、塞思黑以示侮辱并将其迫害致死，而且对其子孙也予以削除宗籍之处分。为了加强自己的统治，雍正皇帝对政敌进行严厉打击固属必要，但是，将其改名和削除其子孙宗籍则甚显过火。而且，此案涉及八旗贵族和功臣后裔甚多，既不能将之尽行诛杀，又无法禁止其私下议论。因而，尽管雍正皇帝在这场斗争中取得了胜利，但因在皇室内部结怨过多，在舆论上处于极为不利的地位。皇室内部关系紧张是刚刚即位的乾隆皇帝的一个严重的内顾之忧。

为了收揽人心，乾隆皇帝在即位之初，便严厉指责允禵的儿子弘春、允祉的儿子弘暚"不孝不悌"，以监禁伊父、伊兄为喜。[9]尔后，又以"亲亲睦族"为旗帜，释放圈禁的宗室，着手办理"罪黜之宗室、觉罗附载玉牒"，"分赐红带、紫带"。[10]根据他的指示，允禩、允禵等被圈禁宗室先后被释放出监，给还爵位；原被削除宗籍的阿其那、塞思黑、延信、苏努等人的子孙也分别发还产业，赏给俸饷，赐予红带，收入玉牒。雍正皇帝第三子弘时和原封诚亲王允祉，已在圈禁中死去，这时也由乾隆皇帝下诏，分别收入玉牒，其中允祉还赐复爵位。对于允禩集团的一些骨干成员如阿灵阿等，也分别赦免本人及其家属。[11]为了扭转长期以来宗室之中"互相排挤，不知向善，风俗因而敝坏"的情况，[12]乾隆皇帝还一反乃父之所为，对宗室采取了比较宽厚的政策。他即位不久，便将康熙皇帝的两个幼子允祎、允禧分别晋封为郡王、贝勒。尔后，又陆续扩大到其余未曾受封的宗室，甚至已废太子允礽的儿子弘晳、孙子永璥也分别给予了辅国公的爵位。对于未受封爵的宗室子弟，为了防其"终身废弃，末由成就"而分别加恩给予差使，"挑在侍卫章京上行走"，[13]以资上进。与此同时，他还提倡"以孝治天下"，对于宗室中的长辈，撰拟册文时不称"尔某"，以示"敬长之意"。[14]对于孀居紫禁城内的康熙、雍正两代皇帝的几个妃子，因为她们和封藩在外的儿子见面极少，则于岁时伏腊令节生辰准许各王贝勒迎养于各自府邸，以享天伦之乐。所有这些，都在一定程度上缓和了原来十分尖锐的皇室内部矛盾，为团结统治阶级各阶层人士奠定了一个很好的基础。

在调整皇室内部关系的同时，乾隆皇帝还对雍正年间年羹尧、隆科多两案的遗留问题进行了处理。年、隆二人原都是雍正皇帝的亲近大臣，对其统治的建立和巩固起过极大的作用。但因二人专横跋扈、恃功不臣，隐然构成了对雍正皇帝统治的威胁。故而雍正三年至雍正五年，雍正皇帝对此二人及其党羽进行了清洗。与此同时，雍正皇帝还大兴文字狱，对和年、隆二人有过来往的官吏和士子加以打击。其著名者有雍正三年发生的汪景祺的《读书堂西征随笔》案和雍正四年发生的查嗣庭的江西乡试试题案，本人和家属都分别受到诛戮和流放的处分。牵连所及，汪、查二人浙江原籍的乡、会试被停止，其他各种类型的文字狱也连绵不绝。雍正皇帝的这些举措，使得全国上下各级官吏和士子人人自危，"士子以诗文为戒"，[15] "乡、会两试考官，每因避忌字样，必择经书中吉祥之语为题"。[16] 国家政治生活处于极不正常的局面之中。对于这些问题，乾隆皇帝在"备位藩封"时便当有所闻，因而即位之后，首先允许年羹尧冒滥军功案内革职的知县、守备以上的文武官员起复，"酌量降等录用"。[17] 尔后，对于各起文字狱案的涉及人员，也分别放回原籍。除此之外，为了解除广大官吏、士子的疑忌心情，乾隆皇帝还连颁谕旨，反复劝导，"嗣后一切章疏，以及考试诗文，务期各展心思，独抒杼轴，从前避忌之习，一概扫除"。[18] "若以避忌为恭敬，是大谬古人献替之意，亦且不知朕兼听并观之虚怀。"[19] 为了制止民间的"挟嫌陷罪"和各级官吏的"见事生风，株连波累"，[20] 乾隆皇帝还采纳山东道监察御史曹一士的建议，除敕下直省大吏对以往文字狱案通行复查外，还特别规定："妄举悖逆者，即反坐以所告之罪"；承审官吏"有率行比附成狱者，以故入人罪律论"。[21] 这些规定，缓和了一个时期中最高统治者和广大官吏、士子之间的紧张关系，对自己统治的巩固也起到了一定的作用。

在对雍正年间各种政治积案进行重新审理时，乾隆皇帝只对其中的曾静、张熙投书案做出了较之雍正皇帝更为严厉的处理。雍正皇帝处理该案时，在对吕留良等人进行严厉惩罚的同时，出于政治斗争的需要，曾将曾、张二人免罪释放，并让他们作为活教材，分别到全国各地宣讲《大义觉迷录》。乾隆皇帝即位后，考虑到他们已经没有什么实用价值，而且，他们原来在著作中曾强烈反对清朝政府的民族压迫和雍正皇帝的专制统治，"实为大逆不道，虽置之极典，不足蔽其辜"，[22]兼之以《大义觉迷录》的宣讲也弄巧成拙，产生了不少副作用，故于雍正十三年十月下令湖广督抚将曾、张二人秘密押解至京，凌迟处死。与此同时，也下令各地停止宣讲《大义觉迷录》，所有颁发的原书，概行收缴销毁。

第三节　调整政策

随着统治思想的转变，在重新审理雍正朝政治积案的同时，以乾隆皇帝为核心的最高统治集团对雍正皇帝的各个方面的政策，包括官吏、八旗、绅衿生监、广大农民和手工业者在内也都进行了调整。通过这些调整，对雍正时期存在的一些明显的败政有所纠正，对阻挠社会经济发展的一些不利因素有所排除，一定程度上缓和了中央政权和社会各阶级、阶层间的矛盾，对乾隆皇帝最高统治地位的确立起到了一定的作用。

一、官吏和八旗

官吏和八旗军队是清朝政府维持统治的两大支柱。为了争取他们的支持，早在即位之初，乾隆皇帝便利用登极大典、恭上皇太后尊号等礼庆活动之机普遍加恩。对各级官员则加级晋爵，封赠父祖；对八旗军队则豁除积欠，赏赐钱粮。尔后，又陆续采取一系列措施，恩威兼施，加强了对他们的控制。

1. 引见官吏。即位以前的乾隆皇帝因备位藩封，很少与闻政事，对各级官员、将领几乎全不认识。为了加强对各级官员的了解与控制，乾隆皇帝除了新授官吏概行引见外，还陆续调各地现任提镇、各省藩臬来京引见。如从乾隆元年五月起，令各省提镇"酌量先后，轮流来京"。[23]乾隆二年二月以后，又以各省藩臬是帮助督抚管理一省钱粮刑名之事的重要官员，"必得才守均优之人，方克胜任"，[24]而传令各省督抚，安排进京引见事宜。与此同时，还令被引见官员的主管上司将其操守办事情况具折奏闻，以备参考。乾隆三年五月以后，引见范围又扩大到了副将、参将、道府官员和部分知县。通过这些举措，乾隆皇帝很快地掌握了全国文武官员的基本情况并不断加强对他们的控制。

2. 豁除官侵吏蚀。雍正皇帝在位期间，为了整顿吏治，大力清查亏空，仅江南一地即查出亏空银粮一千一百余万。因此，雍正皇帝分别对官侵、吏蚀、民欠，严令追缴。这一活动固然对民间骚扰极大，对各级贪官污吏也是一个沉重的打击。已被查出者革职、抄家自不待说，未被查出者也终日神不守舍，惶惶不安。乾隆皇帝为了争取这部分官吏的支持，雍正十三年九月规定，"从前江南积欠钱粮内，曾有官侵、吏蚀二项"，"亦着照民欠例宽免"。[25]与此同时，对于原来八旗官员亏欠未完者也加恩宽免。[26]这些规定，使得一个时期中最高统治者和相当一部分手脚不干净的官员之间的矛盾由此而缓和下来。

3. 加俸和扩大养廉银发放范围。清朝前期，沿袭明制，官吏俸禄极低，各级官吏贪污受贿现象非常严重。为了澄清吏治，雍正皇帝先后做出了在外官员给予养廉、在京汉官增添俸米、各部堂官给予双俸的规定。然而，一则由于养廉银发放范围有限，外地官员仅至知县以上，只有个别地区如广西省的一些地方发放到知县以下的佐贰官员；二则由于官俸过低，即使将在京官员俸禄增加一倍也仍然大大低于外地官员的养廉银；三则在京官员发放双俸的范围狭小，仅及五部堂官以上的官员，包括礼部堂官在内的广大京员仍食原俸，广大官吏尤其是中下级官吏的低俸问题仍然没有解决。为此，乾隆元年六月，乾隆皇帝首先将礼部堂官照五部堂官例给予双俸，不久，又陆续做出了发给在京各级官员养廉以及将在京大小文武官员俸银各加一倍的规定。与此同时，还先后应全国各地督抚之请，对于佐杂官员，也分别给予养廉。除此之外，对于高级致仕官员，乾隆皇帝也格外加恩，乾隆元年三月，规定给予告在籍的大学士、尚书全俸。三年十一月，又对之加以补充，成为定制，永远执行。

4. 关心旗人生计，扩大八旗兵额。对于八旗子弟，乾隆皇帝也格外关心。即位之初，普赏八旗兵丁一月钱粮，所借银两概予豁免。尔后，又多次开恩，赏赐钱粮、借给俸饷不绝于书。如雍正十三年九月，加赏军营兵丁一月钱粮。[27]乾隆元年八月，普借八旗官员兵丁一年俸饷；[28]次年九月，以八旗生计不足，再行借给在京兵丁半年俸饷。[29]对八旗基层骨干如八旗护军校、骁骑校等还加给闰饷。[30]因为旗人不谙生计，随手花费，造成欠债无力偿还，乾隆三年七月，将债务尽数豁免。[31]为了解决八旗"生齿日见其繁"、仕途相对狭隘、兵额相对不足的矛盾，[32]乾隆二年九月，从御史舒赫德之请，准满洲、蒙古郎中与各部汉郎中一起保举道员；[33]三年十月，又决定由政府每年拨出银米五十余万，加添护军、领催、马甲四千余名，养育兵一万多名，以保证八旗子弟的俸饷收入，使旗人"永享安宁之福"。[34]这些措施，进一步加强了八旗子弟对乾隆皇帝的依赖，收到了稳定形势、巩固统治的效果。

二、绅衿生监

地方绅衿是清朝统治的社会基础，而举贡生监又是各级封建官吏的后备军。为了争取他们对政府的支持，雍正以前的历代皇帝都给予他们一定的特权。但是，他们并不以此为满足，还千方百计地扩大自己的权利。"或出入官署，包揽词讼；或武断乡曲，欺压平民；或抗违钱粮，藐视国法；或代民纳课，私润身家。种种卑污下贱之事，难以悉数"。[35]鉴于他们的所作所为严重地危害了清朝政府的利益，雍正皇帝在位期间，先后革除所谓儒户、宦户等名目，规定士民一体当差，取消了他们的一些特权，并对其中抗欠钱粮、包揽词讼的违法者予以严厉的打击。与此同时，还加强了对举贡生监的管理，凡涉词讼，即革去功名。牵连所及，对于科甲出身的官吏，也以打击朋党为名，搜罗过失，予以惩治。这些措施虽在一定程度上加强了中央政府对地方基层政权的控制，但是长此以往，对清朝政府的统治也十分不利。

乾隆皇帝即位之初，首先着手纠正雍正朝为惩治不法绅衿而制定的各项极端措施，对生员欠粮、包讼等情事的处分通行改宽、改缓，[36]对于从前因"抗欠国课"而褫革的举贡生监，也分别准予开复。[37]同时，规定"嗣后举贡生员等着概行免派杂差"。[38]发遣犯人中，"有曾为职官及举贡生监出身者，一概免其为奴"。[39]"生员犯过"，地方官当先详学臣批准，始能"会同教官于明伦堂戒饬，不得擅行饬责"。[40]与此同时，他还极力鼓吹提高儒生的社会地位。针对不少高级官吏轻视儒生的情况，他说："朕惟恐人不足当书生之称，而安得以书生相戒乎。""书气二字，尤可宝贵"，"人无书气，即为粗俗气、市井气"，并说自己二十多年来"实一书生也"。[41]为了贯彻他的这种主张，他除于乾隆元年九月诏举博学鸿词科，将其中式者各授官职外，还先后就提高士子和各级教官待遇，扩大各省府、州、县学生员录取名额，为士子开放仕途等问题做出了一些新规定。如雍正十三年十二月和乾隆元年三月，乾隆皇帝先后提高各省和国子监教职官员品级，并改变教职人员两官同食一俸的旧例，给予全俸。[42]乾隆元年三月，为了解决举人仕途壅滞、多年不得一官的问题，命进士单月选班改用举人。[43]此外，对于潜心学术、研究有成的学者，则大力表彰，不次擢用。如乾隆二年正月，乾隆皇帝以江南贡生王文震"潜心经书，于《礼记》讲习尤深"而赏给国子监助教职衔，调来北京，"编校日讲《礼记》"。[44]乾隆皇帝的这些措施，改善了政府和绅衿生监之间的紧张关系，收到了扩大统治基础的效果。

三、农民和手工业者

清朝前期，社会经济一直在向上发展。但是，由于清朝政府、各级官吏和封建地主对人民的残酷剥削，致使广大农民的生活长期处于极为贫困的境地。雍正皇帝在位期间，推行丁随地起、耗羡归公，简化并完善了国家主要赋税收入的完纳手续，对各级官吏的额外剥削也有所限制，因而在一定程度上有利于社会经济的发展。然而，这次赋役改革涉及面有限，而且不是以减轻农民的赋役负担为目的，终雍正之世，广大农民的赋税负担依然十分沉重，兼之以各级官员迎合雍正皇帝扩大国家财政收入的心理，"报羡余，匿水旱，奏开垦"，[45]也给生产发展带来了新的干扰，以致社会经济发展缓慢，广大农民的生活依然十分困苦。为了巩固自己的统治，乾隆皇帝即位之初，便在雍正皇帝赋役改革的基础上，进一步划一赋役制度，并采取各种措施限制各级官吏的额外剥削。与此同时，还对不利于社会经济发展的前朝败政分别予以革除，从而使广大农民的生活状况相对有所改善，社会经济也在前朝已有的基础上继续发展，为乾隆时期清朝统治全盛局面的形成奠定了一个很好的基础。

1. 划一赋役征收标准，减免过重地丁负担。乾隆皇帝即位之初，由于全国赋役征收制度并未完全划一，一些地区人民的赋税负担仍然极为沉重。造成这种情况的原因极为复杂，大致说来，一是由于历史的原因和土地所有制的关系。如山东益都县之更名地，原系前明藩封之产，农民承种输租，"较之民粮多二倍至四倍不等"。[46]又如全国不少地区的军民屯田，其体制也大多沿自前明，原不与民田"一例编征四差等次"，[47]因而其所交纳之租税，也普遍地高出民田三四倍之多。雍正年间，摊丁入地，出于保障国家财政收入的目的，也没有作任何改动。二是雍正年间之摊丁入地，是以州县为单位。但是由于其以康熙五十年各州县人口为依据而各州县人口分布又极不平均，导致了一些人口稠密地区地亩摊派丁银过重的现象。如福建省的宁洋、寿宁、南平等县，"每丁征至四钱、二三钱不等"，以致"有田之家，即成加赋"，[48]"小民不无赔累"。[49]又如该省之平和、清流、永安三县，"每田粮一两，征丁银四五钱不等，较之别邑多至加倍有余"。[50]三是一些地区摊丁入亩贯彻并不彻底。如原来手工业者向政府交纳的匠价，雍正时期全国多数地区均已摊入地亩，只有陕、甘二省未曾摊入，兼之以年代久远，"有子孙改业，仍输旧课，有丁倒户绝，里甲代赔"，[51]给人民带来了很大的烦扰。四是摊丁入亩时，一些经办官吏草率从事，以次作好。如"江南昆山、新阳等县沿江、滨湖地亩，虽不类于板荒坍没，而芦苇蒹苇，不堪树艺，而地处低洼，十载九荒"，编定田亩科则时，"分析未清，竟有以下产而供上赋者，以致小民输纳维艰，终归逋欠"。[52]上述情况的存在，不但给政府征收赋税造成了极大的不便，而且极易因此而触发各种事端，对清朝政府的统治十分不利。

乾隆皇帝即位后，陆续将各地征粮科则划归统一。乾隆元年五月，首将山东益都更名地钦租名色裁革，照依该县上等民地按亩承粮，以除钱粮偏重之累。尔后，又先后推广到直隶、甘肃、江南、浙江、广西、陕西、湖北、福建、山西等省的军民屯田。对于一些丁银过重的地区，则分别将其高出数额予以削减，积欠部分予以豁免。对于因为执行摊丁入亩不彻底、不认真而导致的陕、甘二省匠价仍然征收和一些地区"下产而供上赋"的现象，或者将之摊入地亩，或者重新"厘正科则"，以纾民困。

2. 禁止溢收耗羡，限制额外剥削。雍正皇帝规定耗羡归公，一定程度上限制了各级官吏对广大人民的额外盘剥，但是日久弊生，"奸吏夤缘朘削，羡外加耗"，[53]对此，乾隆皇帝即位之初即严令各地官员"不得于所定份数之外，借估色添戥为名，多取丝毫"。[54]不久，对全国各地赋税耗羡征收中的一些陋规，如四川省于耗羡之外征收的余平、广东省的屯田羡余和各地漕粮征收中的踢斛、淋尖等，概予取缔。针对不法官吏加重戥头、暗加火耗的现象，他规定，"各省督抚，转饬布政司遵照征收钱粮之天平、法马，制定画一之戥，饬令各州县确实遵行"。[55]与此同时，他还着手减少一些省份的耗羡征收数额。如四川耗羡原定二钱五分，陕西耗羡原定二钱，都高于全国其他省份，乾隆皇帝先后颁布谕旨，将两省耗羡皆减至一钱五分，一定程度上减轻了广大农民的经济负担。

3. 裁除苛捐杂税，禁止虚报开垦。除了正额赋税之外，各种苛捐杂税也是压在广大人民头上的一个沉重的负担。以贡献而言，除各省督抚照例进贡方物土宜之外，不少地区还另有名目。如江南长江一带网户有向朝廷进贡新鲜鲥鱼之例（后改折价）。[56]直隶怀安、保安二县有为宫廷具办长杨木柴以供祭祀之例。[57]以摊派而言，摊丁入亩之后，上下两江、四川、直隶等省河防、堤岸、闸坝工程的兴修仍然按亩摊派。[58]其他各种额外摊派也所在皆有，如澎湖渔艇出海，有所谓规礼；[59]江南芜湖有所谓杂办江夫河蓬钱粮。[60]以各种杂税而言，则更是名目繁多，不胜枚举。如广西有草蒜、灰面、地豆、西瓜、菱角、冬瓜、笔墨砚、石灰、糖油、鱼苗、鸬鹚、猪苗、花麻等税，[61]广东有粪铺、牛骨、皮碎、农具、棉条等税，[62]云南有耰锄、箕帚、薪灰、鱼虾、蔬菜水果等税，[63]奉天则有倒毙马骡等税。[64]由于税卡林立，"贩自东市，既已纳课；货于西市，又复重征"，[65]也使广大人民重受其扰。除此之外，雍正时期，各级地方官吏出于迎合雍正皇帝鼓励垦荒、增加纳课地亩的愿望而虚报垦田数字，也给广大农民带来了极大的骚扰。据《清世宗实录》所载，从康熙六十一年至雍正十二年，全国垦田数字增加三十九万多顷，平均每年纯垦荒地竟高达三万多顷，虚报开垦造成了严重的后果。前任官吏垦少报多，以邀议叙；接任之官不甘赔垫，"势必于里甲之中，匀派飞洒"，[66]以致"名为开荒，而实则加赋"，[67]一些地区甚至激起民变，严重地影响了清朝统治的巩固。[68]

对于这些问题，乾隆皇帝即位之后，即采取措施，分别予以处理。雍正十三年九月，首禁各省贡献。[69]十月以后，陆续裁除各省杂税。十二月以后，严禁各省工程摊派，[70]对于当时正在兴修中的河南孟县小官堤、浙江绍兴府水利工程和扬州一带运河整修工程，则概用公帑。对于各省虚报开垦的问题，则作为重要问题专予解决。雍正十三年十月，他首先严厉指责雍正年间虚报垦田情况最严重的河南、福建两省垦田"多有未实"，"非徒无益于地方，而并贻害于百姓"，并明确规定，以后"凡造报开垦亩数，务必详加查核"，"不得丝毫假饰，以滋闾阎之扰累"。[71]不久，又采纳其业师朱轼的建议，停止弊端甚多的各地土地丈量并将以前报垦的田地重新复查，"如系虚捏，据实题请开除。如护短文饰，察出严治"。[72]从此之后，各省陆续申报雍正年中虚报开垦的地亩，截至乾隆三年末，计达三万五千四百余顷，而且此后还在继续申报。这些都经乾隆皇帝批准予以豁除，从而在一定程度上减轻了广大人民额外的赋税负担。

4. 蠲免积欠，赈恤灾民。由于清初以来一些地区的重赋和各种弊政的关系，广大农民积逋累累，极端贫困。乾隆皇帝在减轻一些地区人民的过重的地丁负担，限制额外剥削的同时，还进行了蠲免民间积欠的活动。

乾隆皇帝蠲免积欠，分全国性和地区性两种。其中全国性普蠲一次，时在乾隆皇帝即位半个月后，"将雍正十二年以前各省钱粮实欠在民者一并宽免"。[73]此后，则针对各地具体情况，分别进行多次地区性蠲免。如乾隆元年四月，免江南阜宁、盐城等州县雍正十三年未完缓征漕粮；[74]二年四月，以世宗配天，免苏、松浮粮二十万两。[75]与此同时，还以北方天旱，蠲免当年直隶地丁七十万两、山东地丁一百万两。[76]至于因自然灾害和巡幸、战争等原因而做出的小范围的蠲免则更多。在蠲免工作中，针对"蠲免之典，大概业户邀恩者居多"而佃户不得沾惠的问题，乾隆皇帝颁布谕旨，"劝谕各业户酌量减彼佃户之租"。[77]针对一些地方官吏"一闻蠲免恩旨，往往于部文未到之前，差役四出，昼夜催比"，"官吏分肥，侵渔中饱"，以致"朝廷有赐复之恩，而闾阎不得实被其泽"的现象，[78]乾隆二年七月，他规定，"嗣后凡有蠲免，俱以奉旨之日为始。其奉旨之后，部文未到之前，有已输在官者，准作次年正赋"，并将此"永著为令"。[79]对于一些受灾较重地区的人民，除蠲免正额赋税外，乾隆皇帝还屡施赈恤并采取各种措施减轻灾害对社会破坏的程度。如放宽报灾限制，被灾五分者即准上报，申请蠲免；规定各级官吏赈灾宜速，一面办理，一面奏闻，以及对灾区百姓以工代赈，免收灾区商人米税，开仓平粜、设立粥厂，兴办各种慈善机构普济堂、育婴堂等。此外，他还注意采取措施预防自然灾害，如预饬民间积谷，整顿常平仓、社仓等。所有这些，都对这一时期广大农民困苦处境的相对减轻起了一定的作用。

四、纠正其他败政

除上述问题之外，雍正皇帝在政治举措和各种社会政策的制定和执行中也都存在着不少问题。这些问题的存在，不但大大降低了中央政府和最高统治者在广大士民官吏中的威信，也严重地影响了整个社会的安定和人民生产、生活的正常进行。对于这些问题，乾隆皇帝也将之作为统治政策调整中的一个重要内容，分别予以纠正。

1. 限制、打击僧道。在康熙末年竞争储位的斗争中，雍正皇帝为了迷惑政敌，安慰自己，时常与僧人来往，学了不少佛家名词。即位之后，旧习不改，又在宫中养着一帮僧道，或与其讲究佛理，或令其烧炼丹药。雍正皇帝之本意，不过是以此作为政事之余的"游戏消闲之具"，[80]但是久而久之，却在一定程度上危害了自己的统治。一是宗教势力因此而得到发展，"缁流太众，品类混淆"，[81]引起了广大正统儒生、官僚的不满，影响了雍正皇帝的声誉。二是长期服用丹药，也严重地损害了雍正皇帝的身体健康，传说其突然去世即是丹药中毒所致。

乾隆皇帝即位之后，立即改变了乃父优礼、纵容僧道的政策。对于曾经供奉内廷的僧道，乾隆皇帝予以严厉打击。雍正十三年八月二十六日，雍正皇帝去世刚刚三天，乾隆皇帝便对为雍正皇帝烧炼丹药的道士张太虚、王定乾等大加斥责，指斥他们"不安本分，狂妄乖张，惑世欺民"，皆属"市井无赖之徒"，将其尽数驱回原籍。[82]不久，又对侍雍正皇帝于帷幄的全部僧人做了同样的处理。其中雍正皇帝极为宠信的文觉禅师，虽已年过七十，乾隆皇帝也不放过，责令他徒步走回江南，极尽凌辱。[83]与此同时，还严行查缴雍正皇帝赐予他们的御书朱批，并严禁他们"捏称在大行皇帝御前一言一字"，如果发觉，"定严行拿究，立即正法，决不宽贷"。[84]对于全国各地的僧道，乾隆皇帝则加以限制。雍正十三年九月，他以"佛门之人日众，而佛法日衰"为理由，恢复了顺治时期颁给僧道度牒的旧规定，并限制各地擅造寺观。[85]在颁发度牒时，严格审查身份。不守戒律的应付僧人、娶妻生子的火居道士都被勒令还俗；[86]限制招徒人数，"其续收之数，不得逾开除之数"。[87]与此同时，还严谕查缴各地僧道收藏的顺、康、雍三帝御批字迹，以剥夺他们的政治资本；禁毁内容涉及宫廷的各种僧人著作，以削弱他们在社会上的影响。[88]经过他的整顿，在政治上排除了僧道势力对国家事务的干扰，在经济上也限制了宗教势力的发展，因而得到了广大士民官吏的拥护。

在打击、限制内地僧道势力的同时，出于团结少数民族上层贵族以巩固国家统一的需要，对于西藏、青海和蒙古等地区的佛教势力，乾隆皇帝依然表示鼓励和支持，并未对原来政策做任何更动。

2. 禁陈祥瑞。和中国历史上的不少帝王一样，雍正皇帝相信天人感应，喜谈祥瑞。在他的影响下，终雍正一朝，祥瑞不绝。什么嘉禾、瑞麟、凤鸟、甘露、卿云现、黄河清等，不一而足。这股虚夸风气的滋长使得中央政府和最高统治者很难掌握全国各地的实际情况。对此，乾隆皇帝极为反感。他说，如果百姓安居乐业，"虽不闻瑞物之来，亦无损于太平之象"。相反，国家治理不好，"即使休嘉叠告，诸物备臻，于地方治理，亦毫无裨益"。他还告诫臣工，应该以"实心实政保守承平大业"，"切不可务瑞应之虚名，致启颂扬之饰说"。[89]为此，他规定，"嗣后凡庆云、嘉谷，一切祥瑞之事，皆不许陈奏"。[90]至此，十几年来对全国人民的政治生活产生过极大影响的这股陈奏祥瑞的歪风才得以停了下来。

3. 除去累民措施。除上述败政外，雍正皇帝还有不少举措也都直接、间接地加重了人民的负担。如为了兴建浙江海塘和对准噶尔地方政权用兵，雍正皇帝曾先后开捐，致使官吏队伍的素质因此而有所降低。因为人口增殖、政务繁忙，为了便于统治，雍正皇帝曾允许各地增设州县和一些官职，也给地方制造了一些混乱。与之相似的还有宣扬乐善好施、道不拾遗、岁举老农、奖给八品顶戴、兴办八旗井田、派遣外省教职担任福建正音教官等，也都在执行中弊端百出。如各地陈奏的"乐善好施"大多非出绅民自愿，而系各级官吏勒索摊派所得，"甚且假公苛敛，中饱侵渔，名曰利民，而适以病民"。[91]宣扬"道不拾遗"也招致了"奸民邀赏，有司干誉"的流弊。[92]岁举老农，给予八品顶戴的做法，原为劝农而设，而在实际执行中，"往往有似农非农之辈觊觎钻谋，恃职不法"，后来改为三年一举，"较前更难，贿嘱益甚"，[93]更多为乡曲无赖所把持。为解决八旗生计而在直隶推行的井田制，也因八旗子弟盗卖官牛、出租土地而变得不伦不类。至于为教授官话而进驻福建各地的浙江、江西教职人员，又因"虽谙官音，不晓土语，师弟问答，彼此扞格"而无法开展工作。[94]所有这些，都影响了社会秩序的安定和封建统治的巩固。

对于这些问题，乾隆皇帝或者斟酌实情，严化批准手续，或者停止执行，改复旧章。如雍正十三年十月，以捐纳"无益于吏治，并无益于国帑"而停止开捐，动用正项钱粮办理浙江海塘工程。[95]次年正月，又以西北两路撤军，除留户部捐监以为"游学随宦在京者"的"应试之阶"外，"将京师及各省现开捐纳事宜，一概停止"。[96]与此同时，还以改隶州县，百弊丛生，"增设一官"，"事绪益纷，供给送迎，闾阎滋扰"；[97]陈奏乐善好施、道不拾遗，"直是另开捐纳之条，而胥吏土豪，乘此得以侵蚀"，[98]而分别下令禁止督抚滥请改隶州县，不许再行陈奏乐善好施、道不拾遗等。乾隆元年七月，从云南巡抚张允随之请，停老农总吏予八品顶戴之例；[99]十一月，从管理井田事务甘国璧之请，改井田为屯庄。[100]二年三月，又从福建布政使王士任之请，将他省派赴福建之正音教职人员全数发回，改从本省教职中"慎选熟晓官话者，专司正音教职"。[101]

第四节　打击政敌

在调整统治政策、纠正雍正败政的同时，为了巩固自己的统治，乾隆皇帝还对政治上的反对势力进行了打击。

乾隆皇帝即位之初，政治上的反对势力大致都曾为雍正皇帝所宠任，执行雍正败政也最为卖力。凭借雍正皇帝的信任，他们为所欲为，其中不少人还有贪劣实迹。如刑部尚书宪德，雍正初官职低微，因为受到雍正皇帝赏识，先后授湖北按察使、四川巡抚。在川期间，他秉承雍正皇帝指示对全省土地进行清丈。清丈结果，竟使全省土地由二十三万余顷激增至四十四万余顷，几乎增加一倍，并因此而激起民变，而其本人则宠眷不减。雍正末，累仕至刑部尚书兼工部尚书，署正红旗满洲都统。还有兵部尚书高起，更是贪酷异常。仅因企图贱价收买湖北按察使黄炳房产不遂，便妄参其在任亏空，制造冤狱。所有这些，都在广大官民中引起了强烈的不满。为了平息人民的不满情绪，雍正皇帝刚刚去世，尚未举行登极大典的乾隆皇帝便严厉指责他们"识见卑鄙，昏愦糊涂"，"性情乖张，怀私挟诈"，分别将二人革职。[102]尔后不久，随着调整统治政策、纠正雍正败政活动的全面展开，由于一些官员的揭发，全国各地特别是河南等地官员陈祥瑞、匿水旱、报羡余、奏开垦等许多问题也陆续暴露。鉴于这些问题涉及官员太多，无法尽行处罚，乾隆皇帝一方面对各种前朝败政猛烈抨击，将之称为"揆之人事则悦耳，论之阴阳则伤化"，要求各级官员"涤虑洗心，董率属僚，兴其天良，以为民劝"；[103]另一方面，为了推动全局工作的进展，又以河南一省为重点，进行了撤换执行雍正败政最力的高级官员、打击政治上的反对势力的活动。

雍正年间，河南一省执行雍正败政最为积极。举凡陈祥瑞、匿水旱、报羡余、奏开垦、严刑狱无一不有。因此，河南总督田文镜几乎成了全国的模范督抚，河南一省也几乎成了全国的模范地区。各种败政的推行给河南人民造成了极为深重的灾难。针对这些问题，雍正十三年十月，乾隆皇帝首先批评"河南一省，所报亩数尤多……其中多有未实"，"名为开荒，而实则加赋"。[104]一个多月后，又公开点了田文镜之名并多次对其加以指责。他说："河南自田文镜为巡抚、总督以来，苛刻搜求，以严厉相尚，而属员又复承其意指，剥削成风，豫民重受其困。"[105]与此同时，因为接任河东总督兼河南巡抚的王士俊"接任河东，不能加意惠养，且扰乱纷更，以为干济，借垦地之虚名，而成累民之实害"，将其解任，调来京师。[106]在昔日的既得利益受到损害的情况下，乾隆元年七月，王士俊向乾隆皇帝秘密上疏，以反对翻案为借口，对乾隆皇帝即位后调整统治政策、纠正雍正败政的全部政治活动提出了异议。他说："近日条陈，惟在翻驳前案，甚有对众扬言，只须将世宗时事翻案，即系好条陈之说，传之天下，甚骇听闻。"[107]与此同时，他还反对乾隆皇帝关于大学士兼管部务的规定，并对中央政府各部办事和廷臣保荐人员进行了攻击。和王士俊同时上疏的还有刑部尚书兼兵部尚书傅鼐。他除了反对对雍正皇帝的各项政策进行改动之外，还对雍正遗诏中关于今后政令当从宽大部分进行歪曲，要求照此精神

对《大清律集解附例》中的有关条文进行修改，将各级官吏审断刑狱中误勘平人致死所受的处分也概从宽减。[108]总之，在他们看来，雍正皇帝的各项政策甚至一些明显的败政是谁也不能触动的金科玉律，如果对之稍加改动，便是有违祖制，便是翻案。他们的行动表明，他们是新形势下的政治上的反对势力。为了保证调整统治政策活动的正常进行，乾隆皇帝和他们进行了坚决的斗争。

在与以王士俊、傅鼐为代表的政治上的反对势力的斗争中，乾隆皇帝首先对他们反对翻案的言论痛加批驳。他指出，王士俊之条陈是"借直言之名，以自遂其私"。[109]他认为，"从来为政之道，损益随时，宽猛互济"，[110]即是说，各朝各代的政策皆需根据当时社会实际情况制定。社会发展，政策也需改变。这种改变不但是必然的，也是合理的。他举例说，尧以四岳之荐用鲧治水和鲧治水未成而遭舜杀，康熙皇帝政崇宽大和雍正皇帝的严饬整顿，都是不同时期各种政策之间

的"维持调剂"和互相补充，目的都是"归于正直荡平之道"，而不存在翻案与否的问题。针对王士俊奏折中有反对大学士兼部之语，乾隆皇帝还非常机智地以子之矛，攻子之盾，指出大学士兼部正是雍正皇帝之"成宪"，因而翻雍正之案的不是别人，正是王士俊自己。考虑到王士俊、傅鼐反对翻案代表了相当一批官吏的共同看法，为了惩一儆百，乾隆皇帝决定对之严加惩处。将王士俊派员拿解来京，给以斩监候的严厉处分。对于傅鼐，则以其勒借商人王慎德银两为借口，革去一切职务。[111]

为了铲除这股政治上的反对势力的社会基础，他还先后对全国各地横征暴敛、不恤民艰、制造冤狱、推行败政的地方官吏分别予以惩治。如乾隆元年二月，以山东文登县知县王维干"残忍刻薄，如疯如狂，肆无忌惮，且创设不经见之非刑，草菅民命，劣迹种种，确有证据"，将其革职严审。[112]四月，以河南信阳州知州艾淳"匿灾不报，兼有贪劣实迹"，批准河南巡抚富德之请将其参革。[113]六月，以"隐匿灾荒，营私树党"而将前甘肃巡抚许容拿京治罪。[114]二年五月，又以广东琼州府知府袁安煜"不恤民间疾苦，贪黩不堪，声名狼藉"，将之革职治罪。[115]这样，经由乾隆皇帝对政治上反对势力的惩治和清洗，保证了其在即位之初调整统治政策、纠正雍正败政等各项活动的顺利进行，对于他在全国统治地位的初步巩固起了一定的作用。

由于雍正朝的各种败政都是由最高统治者——雍正皇帝自上而下强力推行的，几乎全国所有官员都普遍地予以执行，因而乾隆皇帝在调整统治政策、打击政治上反对势力的斗争中，十分谨慎，非常注意分寸。以惩治范围而言，仅至公然反对调整统治政策和贪劣情况严重、民愤极大的少数官员；以惩治程度而言，大多革职治罪，判处死刑者几乎没有，而且其中一些人在撤职后不久又加以起用。这些，对于减少政治上反对势力的反抗，对于乾隆初年政局的稳定也都起到了一定的作用。

第五节　抚定边陲

　　乾隆皇帝即位之初，清朝中央政权和准噶尔地方政权仍然处于军事对峙状态，雍正末年爆发的贵州地区的苗族叛乱也在继续蔓延。因而，乾隆皇帝在积极整顿内政的同时，还进行了与准部议和、平定苗疆叛乱的活动。

一、议和准噶尔

　　明末清初，厄鲁特蒙古地方政权崛起西北。几十年间，先后侵犯喀尔喀蒙古、西藏等地，并和清朝中央政权发生对抗。为了维护国家的统一和边疆地区的安定，康熙皇帝数度用兵，先后给准噶尔贵族集团以沉重打击。康熙皇帝去世后，雍正皇帝继续其父的事业，把消灭准噶尔贵族政权作为自己的一个工作重点。雍正七年后，清朝政府对准噶尔大举用兵。连续几年的战争虽然沉重地打击了准噶尔贵族分裂势力，但是由于指挥失宜，调度乖方，清军本身也伤亡惨重，兼之以

《皇清职贡图卷·厄鲁特人》 （清）丁观鹏绘

军费开支浩大，国库存银急剧下降。清朝中央政府亟需休养生息，以图再举。为此，雍正十二年八月，雍正皇帝遣傅鼐、阿克敦、罗密等出使伊犁，商讨停战、议和、划界事宜。对此，准噶尔台吉噶尔丹策零也迫不及待地表示同意，并于次年三月派使臣吹扎木喀随傅鼐等进京，商讨定界事宜。与此同时，边界上的战争也实际上停了下来。这些，就是乾隆皇帝继位之前两个政权之间关系的大致情况。

雍正皇帝的去世延缓了两个政权间议和的进程。有鉴于历史上内忧启致外患的先例，雍正皇帝去世之后，乾隆皇帝即严谕西北两路统帅停止撤军，固守边界。与此同时，还连派得力大臣庆复、常德等赴北路军营，主持防御准噶尔军队内犯的领导工作。而准噶尔台吉噶尔丹策零，虽然无力内犯，但也确实想利用雍正皇帝去世的有利时机，争取达成一个对其有利的划界协定。因而，乾隆元年正月，准噶尔使臣吹扎木喀再次进京商讨划界问题时，除继续坚持双方当以哲尔格西喇胡鲁苏为界的原来立场外，还进一步提出了要求喀尔喀蒙古继续内徙以多留双方空闲之地的无理主张。[116]对此，乾隆皇帝断然拒绝，并且中断了双方的边界谈判。为了达到自己的目的，噶尔丹策零或派兵越界，掳掠牧民，施加军事压力；[117]或遣人至喀尔喀蒙古地方作镇魇巫术，"妄造浮言，煽惑人心，侦探信息"。[118]与此同时，他还致书喀尔喀蒙古车臣汗，无理要求清军设防戍守的边界卡伦内移。[119]针对噶尔丹策零的这些挑衅行为，乾隆皇帝一方面令边界驻军严密防备，使其无隙可乘；另一方面则令额驸策凌复书，对其非分要求予以严厉驳斥。[120]在这样的情况下，噶尔丹策零无计可施，迫于内部要求恢复双边贸易的压力，乾隆二年底，又派使臣进京，边界谈判重新开始。

在这次谈判中，噶尔丹策零放弃了原来所提的非分的领土要求，转而提出了"嗣后喀尔喀与厄鲁特，各照现在驻牧，无相掣肘，庶几彼此两安"的建议。[121]因为这一建议和清朝中央政府的立场已颇为相近，乾隆皇帝表示欢迎，并立即再派阿克敦、旺扎尔、额默根等与噶尔丹策零来使达什、博吉图一起前往伊犁，与噶尔丹策零议定具体划界方案。经由双方反复商议，最后议定，双方边界中段以布延图河为界，南段以博尔济昂吉勒图、乌克克岭和噶克察为界，北段以逊多尔库奎、多尔多辉库奎至哈尔奇喇博木、喀喇巴尔楚克为界。

准噶尔游牧不得过阿尔泰山岭，喀尔喀蒙古不得过扎卜堪。与此同时，准噶尔一方提出，因为科布多位于双方边界上空闲之地，而清军两个卡伦布延图、托尔和又皆在准噶尔边界以内，要求清军撤出上述两卡伦并不得在科布多驻兵。[122]对于撤去两卡伦的要求，乾隆皇帝因其系康熙时所设，坚持不撤；对于不在科布多驻兵一事，则表示同意，而且还允许准噶尔每年派员巡察。除此之外，乾隆皇帝还答应了准噶尔入藏熬茶、进行贸易的要求。

对于乾隆皇帝的宽宏大度，噶尔丹策零深为感激，并采取了相应行动。四年十一月，准部遣还原来掳获的喀尔喀喇嘛罗布藏西瓦，[123]与此同时，双方贸易谈判也开始进行。乾隆五年正月，双方正式签订贸易协定，[124]不久，清朝西、北两路大军同时撤回内地，中断了十几年的双边贸易重新恢复。内地的布匹、丝绸、茶叶、农具和粮食，准噶尔地区的牲畜、皮张、葡萄干、卤沙和药材互相交流，对于推动边疆和内地经济、文化事业的共同发展起了一定的作用。

二、平定苗疆叛乱

雍正年间，贵州台拱和上下九股以及古州一带地方改土归流最晚。而且，由于鄂尔泰、张广泗等得力官员相继调离和继任官员的草率从事，该地在改土归流过程中，除添设流官、派驻军队之外，并未对原来土司、土舍势力作任何触动。兼之以新派流官苛征暴敛，作威作福，欺压苗民，土司残余势力又以"出有苗王"相号召，[125]最终导致该地于雍正十三年爆发了大规模的苗民叛乱。

是年二月，古州所属八妹、高表等寨首先发生叛乱。数日之内，迅速蔓延至上下九股、台拱各寨。叛乱苗民在土司的煽动下，围攻官兵，破坏驿站，并向附近各州县发动进攻。不长时间，连陷凯里、重安江、黄平、余庆、清平等重要城镇。距离叛乱中心地区稍远的镇远、思州等地也朝不保夕，岌岌可危。

为了镇压叛乱，雍正皇帝任命贵州提督哈元生为扬威将军，湖广提督董芳为副将军，急调滇、黔、楚、粤四省军队三万余人驰援，会同进剿。同时，又任命果亲王允礼、宝亲王弘历（即乾隆皇帝）、和亲王弘昼、大学士鄂尔泰、张廷玉等为办理苗疆事务王大臣，专门负责平叛事宜。

但在办理此事过程中，雍正皇帝也犯了两个错误。一是不适当地追究责任，以改土归流经理不善、"布置未协"而将鄂尔泰免去职务。[126]二是任命没有丝毫军事才能而门户之见甚深的刑部尚书张照为抚定苗疆大臣，前赴贵州主持平叛指挥工作。张照至黔后，不组织进攻，"专主招抚"。[127]为了攻讦鄂尔泰以泄私愤，"密奏改流非策，致书诸将，首倡弃地之议"。[128]与此同时，他还制造矛盾，挑动各省救援将领之间的不和。在军事上，更是不顾全局，分地分兵。施秉以上，用滇黔兵，隶哈元生；施秉以下，用楚粤兵，隶董芳。[129]以致数月之间几万大军往返调动，劳而无功。而具体率军平叛的将领哈元生等，也犯了许多错误。在军事上，为了保护营汛不致失守，处处分兵，以致在黔部队数万，而"用以攻剿之师，不过一二千人，东西奔救，顾此失彼"。[130]

在政治上，他们根据雍正皇帝"痛加剿除，务尽根株，不贻后患"的指示，[131] 不分降从，一律剿杀，以致反叛苗民"诅盟益坚，多手刃妻女而后出抗官兵，蔓延不可招抚"。[132] 因而，从叛乱开始至雍正皇帝去世半年多的时间里，清朝政府一直处于极为被动的局面。

对于雍正皇帝的错误安排，身为办理苗疆事务王大臣之一的乾隆皇帝非常清楚。在雍正皇帝去世的第二天，他便将张照从前线调回，革职治罪，并对其"新辟苗疆，当因其悖乱而降旨弃绝"的谬论严加批驳。[133] 与此同时，他选派曾任贵州巡抚并素以干练而著称的张广泗总理苗疆事务，统率军队，主持平叛工作。对于原先平叛中发生的"将已抚之苗出寨当夫者，辄行诛戮"的错误做法，也通令予以制止。[134] 这样，平叛工作开始出现了转机。

十一月，张广泗至军中，对全部平叛工作重新部署。他首先调集全部在黔部队集结镇远，以打通云贵往来大路，而后又分兵三路，"以整击散"，分别攻取上下九股及清江下流反叛生苗各寨。[135] 在平叛军队的打击下，叛乱残余势力遁入人烟罕至的牛皮大箐。该地处于丹江、古州、都匀、清江、台拱之间的群山之中，地势险要，易守难攻。张广泗派兵将该地包围，截断一切物资供应。与此同时，还时出奇兵，以截逋逸。当年夏天，将之剿杀净绝，并乘兵威搜剿附近熟苗。"共毁除千有二百二十四寨，赦免三百八十有八寨，阵斩万有七千六百有奇，俘二万五千有奇。"[136] 在军事上不断胜利的同时，乾隆元年七月，乾隆皇帝颁布谕旨，"将古州等处新设钱粮，尽行豁免，永不征收"。[137] 有鉴于"苗民风俗与内地百姓迥别"，还决定"嗣后苗众一切自相争讼之事，俱照苗例完结，不必绳以官法"。[138]这些措施，不但有利于平叛战争的进展，而且对于此后清朝政府在该地统治的加强，也都起到了一定的作用。

贵州苗民叛乱被平定后，乾隆五年，湖南西部城步、绥宁一带又发生了苗民叛乱。为了镇压叛乱，乾隆皇帝又调张广泗至湘。当年，叛乱平定。从此，清朝政府在西南苗疆的统治得到了进一步的巩固。

与准噶尔地方政权议和保障了当时西部边境的安全，减轻了清朝政府的财政压力，平定贵州苗族叛乱则保卫了改土归流的成果。因而，这两个问题的成功处理，对于乾隆皇帝即位之后统治地位的确立和巩固，都起到了一定的作用。

和历史上的任何现象一样，乾隆初政有其深刻的历史原因；对于乾隆时期清朝社会的发展，也产生了一定的影响。

清初以来，皇权一直处于不断强化的过程之中。从皇太极死后两黄旗大臣坚持拥立皇太极之子，顺治皇帝地位巩固后铲除多尔衮势力，到康熙皇帝依靠上三旗即位，清洗鳌拜集团；从康熙皇帝设立南书房，废去皇太子，到雍正皇帝秘密建储，创设军机处，经过几代皇帝的共同努力，至雍正皇帝在位时期，皇权强化到了清初以来的一个新高峰。与皇权逐渐加强对应，八旗旗主、宗室、大臣和储君的权力却不断下降。作为秘密建储制度创设后的第一代储君，乾隆皇帝在备位藩封时，没有太子的名号，没有自己的机构和属员，更不用说有什么权力了。因而，雍正皇帝去世之初，除了建储密旨中规定的储君地位外，乾隆皇帝在政治上、人事上和军事上都没有任何资本。一时之间，皇权几乎降低到康熙亲政以来的最低点。为了建立自己的统治，乾隆皇帝必须对统治阶级中的各阶层包括贵族、官吏、士子、军队等甚至社会最基层的广大劳动人民都做些让步，才能换取他们的支持和拥护。因而，乾隆皇帝登极伊始，便冒着被别人攻击"翻案"或违背祖制的风险，对雍正皇帝的各项政策进行了较大幅度的调整。在政策调整中，雍正皇帝对政敌过火的打击，雍正皇帝对统治阶级各阶层、各派别的各种限制和有碍社会安定、经济发展的各种败政，都成了乾隆皇帝建立自己统治的交换条件。因此，所谓乾隆初政，实质上不过是雍乾之交最高权力过渡之际皇权相对削弱时期的政策表现。

如上所述，乾隆初政只是乾隆皇帝建立自己统治的一种手段，因而，它也是有条件的和可变动的。一旦其统治地位巩固下来，其中的一些政策便会被废弃，甚至还会推行与之完全相反的政策。一些政策即使继续推行，也会因条件变化而在执行中严重走样。

清初以来，皇权的加强虽然有利于最高统治集团核心的稳定，有利于国家的安定和统一，客观上也为社会经济和文化的发展提供了一个良好的环境，然而，由于时处封建社会后期，皇权的加强、君主专制主义的极端发展也对社会的进步产生了极大的阻碍。乾隆初年，由于皇权的相对削弱和乾隆初政的推行，对广大士民官吏的政治、思想控制都相对放松，对阻碍社会进步和经济发展的各种败政也有所纠正，一定程度上调动了广大人民群众的生产积极性。而且，由于缺乏统治经验，一个时期之内，乾隆皇帝对几位总理事务王大臣表示较多的信赖和依靠，要求他们"政事有失，即为规谏，思虑未到，代为筹画"，[139]也在一定程度上改变了康、雍两朝皇帝一人独断专行的情况，对政治改良、社会进步也不无作用。

但是，我们对其积极作用不可估价过高。一是这一时期各种政策的制定和推行都是在最高统治者——乾隆皇帝的主持下进行的，目的又是为了建立自己的统治，因而各种政策的调整范围、程度和时间都极为有限。凡能不调整者即不予调整，不得已而调整者，也以捞取声誉为主，实际调整居次，而且在具体调整中，又分别亲疏，不同对待。即以蠲免一项而言，乾隆皇帝虽然多次下诏蠲免积欠，但是检其内容，主要却是针对八旗子弟。为了争取他们的支持，往往不惜血本，大沛恩膏，动辄豁免全部积欠。而对广大百姓，全国性蠲免极少，地区性蠲免最多，不但数量有限，而且大多是久欠难还、不蠲免也无法征收者。二是各种政策的调整需要经过各级官吏执行。对于一些惠民措施，最高统治者往往喊得震天价响，而不少中下级官员却毫无反应，纹丝不动。更有甚者，一些官吏竟将国家蠲免钱粮作为"官吏分肥，侵渔中饱"的机会，"差役四出，昼夜催比，追呼之扰，更甚平时，迨诏旨到日，百姓已完纳过半，朝廷有赐复之恩，而百姓不得实被其泽"。[140]对于这些问题，当时人看得非常清楚。如出使中国的朝鲜使者即云："政令皆出邀誉，臣下专事诼说。"[141]应该说，这反映了乾隆初政的一般情况。尽管如此，乾隆初政对于乾隆前期社会的进步和社会经济的发展，都还起到了一定的推动作用。因而，在乾隆皇帝的全部政治活动中，乾隆初政推行时间虽然很短，却仍有着一定的地位。

1 《清世宗实录》卷一五九，雍正十三年八月己丑。

2 《清世宗实录》卷一五九，雍正十三年八月己丑。

3 《清高宗实录》卷一四，乾隆元年三月乙巳。

4 《清高宗实录》卷四，雍正十三年十月甲戌。

5 《清高宗实录》卷一二，乾隆元年二月癸酉。

6 《清高宗实录》卷四，雍正十三年十月甲戌。

7 《清高宗实录》卷一二，乾隆元年二月癸酉。

8 《清高宗实录》卷四，雍正十三年十月甲戌。

9 《清高宗实录》卷三，雍正十三年九月庚申。

10 《清高宗实录》卷四，雍正十三年十月乙亥。

11 《清高宗实录》卷二九，乾隆元年十月癸未。

12 《清高宗实录》卷三，雍正十三年九月庚申。

13 《清高宗实录》卷一三，乾隆元年二月壬午。

14 《清高宗实录》卷一三，乾隆元年二月癸未。

15 《清高宗实录》卷一三，乾隆元年二月辛巳。

16 《清高宗实录》卷五，雍正十三年十月辛巳。

17 《清高宗实录》卷七，雍正十三年十一月癸丑。

18 《清高宗实录》卷五，雍正十三年十月辛巳。

19 《清高宗实录》卷五八，乾隆二年十二月戊戌。

20 《清高宗实录》卷一三，乾隆元年二月辛巳。

21 《清高宗实录》卷一三，乾隆元年二月辛巳。

22 《清高宗实录》卷四，雍正十三年十月癸酉。

23 《清高宗实录》卷一九，乾隆元年五月癸丑。

24 《清高宗实录》卷三六，乾隆二年二月丙寅。

25 《清高宗实录》卷三，雍正十三年九月己未。

26 《清高宗实录》卷三，雍正十三年九月辛丑。

27 《清高宗实录》卷三，雍正十三年九月辛丑。

28 《清高宗实录》卷五一，乾隆二年九月辛亥。

29 《清高宗实录》卷五〇，乾隆二年九月庚子。

30 《清高宗实录》卷五一，乾隆二年九月丙午。

31 《清高宗实录》卷七二，乾隆三年七月丙辰。

32 《清高宗实录》卷七八，乾隆三年十月癸未。

33 《清高宗实录》卷五一，乾隆二年九月庚戌。

34 《清高宗实录》卷七八，乾隆三年十月癸未。

35 《清世宗实录》卷四八，雍正四年九月丁巳。

36 《清高宗实录》卷二一，乾隆元年六月庚寅。

37 《清高宗实录》卷一五，乾隆元年三月辛酉。

38 《清高宗实录》卷一二，乾隆元年二月月戊辰。

39 《清高宗实录》卷二六，乾隆元年九月甲辰。

40 《清高宗实录》卷三〇，乾隆元年十一月庚子。

41 《清高宗实录》卷五，雍正十三年十月辛巳。

42 《清高宗实录》卷八，雍正十三年十二月丁卯；卷一一，乾隆元年正月丙辰；卷一四，乾隆元年三月壬戌。

43 《清高宗实录》卷一八，乾隆元年五月丙申。

44 《清高宗实录》卷三五，乾隆二年正月丙辰。

45 《清高宗实录》卷七，雍正十三年十一月癸亥。

46 《清高宗实录》卷一八，乾隆元年五月乙巳。

47 《清高宗实录》卷二七，乾隆元年九月庚申。

48 《清高宗实录》卷四二，乾隆二年五月己丑。

49 《清高宗实录》卷五四，乾隆二年十月丙申。

50 《清高宗实录》卷六〇，乾隆三年正月甲子。

51 《清高宗实录》卷三六，乾隆二年二月丁卯。

52 《清高宗实录》卷二四，乾隆元年八月己巳。

53 《清高宗实录》卷七，雍正十三年十一月癸亥。

54 《清高宗实录》卷七，雍正十三年十一月癸亥。

55 《清高宗实录》卷八三，乾隆三年十二月丙申。

56 《清高宗实录》卷一四，乾隆元年三月丁未。

57 《清高宗实录》卷六三，乾隆三年三月癸卯。

58 《清高宗实录》卷九，雍正十三年十二月壬午。

59 《清高宗实录》卷四一，乾隆二年四月癸未。

60 《清高宗实录》卷六，雍正十三年十一月乙巳。

61 《清高宗实录》卷三八，乾隆二年三月戊戌。

62 《清高宗实录》卷四四，乾隆二年六月壬戌。

63 《清高宗实录》卷四一，乾隆二年四月癸未。

64 《清高宗实录》卷七七，乾隆三年九月己卯。

65 《清高宗实录》卷五，雍正十三年十月辛巳。

66 《清世宗实录》卷一四四，雍正十二年六月壬申。

67 《清高宗实录》卷四，雍正十三年十月乙亥。

68 《清高宗实录》卷一三，乾隆元年二月。

69 《清高宗实录》卷四，雍正十三年九月丁卯。

70 《清高宗实录》卷九，雍正十三年十二月壬午。

71 《清高宗实录》卷四，雍正十三年十月乙亥。

72 《清高宗实录》卷五，雍正十三年十月辛巳。

73 《清高宗实录》卷三，雍正十三年九月己未。

74 《清高宗实录》卷一六，乾隆元年四月丙寅。

75 《清高宗实录》卷四一，乾隆二年四月乙亥。

76 《清高宗实录》卷四一，乾隆二年四月丙子。

77 《清高宗实录》卷九，雍正十三年十二月壬午。

78 《清高宗实录》卷四七，乾隆二年七月丙辰。

79 《清高宗实录》卷四七，乾隆二年七月丙辰。

80 《清高宗实录》卷一，雍正十三年八月辛卯。

81 《清高宗实录》卷三，雍正十三年九月己未。

82 《清高宗实录》卷一，雍正十三年八月辛卯。

83 萧奭:《永宪录·续编》，中华书局，1959年，第358页。

84 《清高宗实录》卷一，雍正十三年八月辛卯。

85 《清高宗实录》卷三，雍正十三年九月己未。

86 《清高宗实录》卷六，雍正十三年十一月辛丑。

87 《清高宗实录》卷六九，乾隆三年五月壬申。

88 《清高宗实录》卷五，雍正十三年十月辛巳。

89 《清高宗实录》卷二，雍正十三年九月辛亥。

90 《清高宗实录》卷二，雍正十三年九月辛亥。

91 《清高宗实录》卷五，雍正十三年十月乙酉。

92 《清高宗实录》卷五，雍正十三年十月乙酉。

93 《清高宗实录》卷二二，乾隆元年七月癸卯。

94 《清高宗实录》卷三九，乾隆二年三月。

95 《清高宗实录》卷五，雍正十三年十月甲午。

96 《清高宗实录》卷一一，乾隆元年正月丙辰。

97 《清高宗实录》卷五，雍正十三年十月乙酉。

98 《清高宗实录》卷五，雍正十三年十月乙酉。

99 《清高宗实录》卷二二，乾隆元年七月癸卯。

100 《清高宗实录》卷三一，乾隆元年十一月壬子。

101 《清高宗实录》卷三九，乾隆二年三月。

102 《清高宗实录》卷二，雍正十三年九月丁酉。

103 《清高宗实录》卷七，雍正十三年十一月癸亥。

104 《清高宗实录》卷四，雍正十三年十月乙亥。

105 《清高宗实录》卷七，雍正十三年十一月丙辰。

106 《清高宗实录》卷七，雍正十三年十一月丙辰。

107 《清高宗实录》卷二三，乾隆元年七月辛酉。

108 《清史稿》卷二九一《傅鼐传》。

109 《清高宗实录》卷二三，乾隆元年七月辛酉。

110 《清高宗实录》卷二三，乾隆元年七月辛酉。

111 《清高宗实录》卷二四，乾隆元年八月庚午。

112 《清高宗实录》卷一三，乾隆元年二月乙酉。

113 《清高宗实录》卷一七，乾隆元年四月。

114 《清高宗实录》卷二一，乾隆元年

六月戊子。

115 《清高宗实录》卷四三，乾隆二年五月辛亥。

116 《清高宗实录》卷一二，乾隆元年二月乙卯。

117 《清高宗实录》卷三六，乾隆二年二月己未。

118 《清高宗实录》卷四一，乾隆二年四月丁丑。

119 《清高宗实录》卷四一，乾隆二年四月壬午。

120 《清高宗实录》卷五六，乾隆二年十一月壬戌。

121 《清高宗实录》卷六一，乾隆三年正月丁丑。

122 《清高宗实录》卷八三，乾隆三年十二月戊戌。

123 《清高宗实录》卷一〇五，乾隆四年十一月癸亥。

124 《清高宗实录》卷一〇九，乾隆五年正月甲子。

125 《清世宗实录》卷一五三，雍正十三年三月甲午。

126 《清世宗实录》卷一五八，雍正十三年七月乙卯。

127 魏源:《圣武记》卷七《雍正西南夷改土归流记》下。

128 魏源:《圣武记》卷七《雍正西南

夷改土归流记》下。

129 魏源:《圣武记》卷七《雍正西南夷改土归流记》下。

130 《清高宗实录》卷七，雍正十三年十一月己未。

131 《清世宗实录》卷一五六，雍正十三年五月丁巳。

132 魏源:《圣武记》卷七《雍正西南夷改土归流记》下。

133 《清高宗实录》卷二，雍正十三年九月癸卯。

134 《清高宗实录》卷三，雍正十三年九月丁巳。

135 《清高宗实录》卷一〇，乾隆元年正月乙巳。

136 魏源:《圣武记》卷七《雍正西南夷改土归流记》下。

137 《清高宗实录》卷二二，乾隆元年七月辛丑。

138 《清高宗实录》卷二二，乾隆元年七月辛丑。

139 《清高宗实录》卷二九，乾隆元年十月乙酉。

140 《清高宗实录》卷四七，乾隆二年七月丙辰。

141 《朝鲜李朝实录中的中国史料》第11册，英宗二十年（乾隆九年）十月丙子。

第三章　锋芒渐露

第一节　治国要术

雍正皇帝去世之后的两年中，由鄂尔泰、张廷玉、庄亲王允禄、果亲王允礼共同组成的总理事务处担负着处理国家日常事务的工作。这一机构的建立对于没有从政经验的乾隆皇帝来说固属必要，也确实为乾隆皇帝建立自己的统治做出了不小的贡献，然而，这毕竟不是君主专制时代的正常现象，而且从长远来看，也不利于乾隆皇帝统治的巩固。为了强化自己的统治，随着政治形势的发展，乾隆皇帝陆续采取一系列重要措施以扩大自己的权力，从而在不长的时间之内，在全国建立起了自己的专制统治。

一、坚持奏折制度

奏折制度始于顺、康之际，本为当时两种上行文书题本和奏本的补充和附庸。其主要特点是，具折人直接和皇帝本人秘密联系，直达御前，不必像题本、奏本一样由通政司转呈内阁、经内阁票拟之后再和皇帝见面。雍正时期，出于加强皇权的需要，奏折制度进一步推广，不只高级官员，在中央供职的身份较低的监察官员和地方上的布、按二司以及一些知府也都有了具折奏事的权力。拥有奏折权力官员的增多使得皇帝随时可以了解全国各地的真实情况，而各级官员却因此被一条无形的锁链捆住了手脚，只能服服帖帖，不能有任何不轨行为。乾隆皇帝即位之初，虽然对于雍正皇帝的各种政策多所改动以博取宽大之名，在居丧期间还把处理国家日常事务的工作交给总理事务王大臣去办，但对于奏折制度却一不废除，二不假手于人，而是将其牢牢地掌握在自己手中。雍正皇帝去世之第二天，他即规定在京部院衙门和八旗官员"启奏一切事件，俱着送总理事务王大臣阅看过，再交奏事官员转奏。若有密封陈奏事件，仍令本人自行交奏"。[1]四天以后，他又以"从前读书宫中，于外事总未经历，今初理大政，正当广为谘诹，以补见闻之所不及"为理由，而决定"其从前何等官员准其奏事，或有特旨令其奏事者，俱着照前折奏"。[2]与此同时，为了学习统治经验和了解更多的情况，他还严谕各地官员缴还雍正皇帝的朱批谕旨，并进一步扩大奏折言事的官员范围，"于大臣九卿科道外，并准部属参领及翰林等俱得奏折言事，以收明目达聪之效"。[3]上述规定，对于顺利地实现最高权力的过渡，对于其统治的建立和亲政以后专制统治的加强皆起了重要作用。

乾隆皇帝亲政以后，奏折制度的作用愈益突出。举凡统治集团中几次较大的政治斗争，各级官吏队伍中贪污不法案件的揭发和处理，多起文字狱的制造和人民反抗斗争的发现和镇压等，无不通过奏折的形式而得到极为迅速和秘密的处理。因而，不但在平时，乾隆皇帝对臣下奏折的处理极为认真，"详细览阅，不遗一字，遇有差讹，必指出令其改正"，[4]而且在巡幸外地期间，也绝不委人代办，而规定："自起銮之日为始，凡有外省奏折，俱赍付在京总理事务王大臣处加封，交内阁随本呈送行在，候朕批示，随本发回。"[5]有鉴于奏折在处理国家事务中的地位愈益重要，他还在雍正朝各种旧有规定的基础上，进一步提高奏折在所有上行文书中的地位。乾隆十三年十一月，乾隆皇帝正式下令"将向用奏本之处，概用题本，以示行简之意，将此载入会典"。[6]从此，奏折又成了与题本并行的两种最重要的上行文书之一。而且，由于当时许多机密政务的处理，往往都是由中央和地方的官员先以奏折报告给乾隆皇帝，待得到乾隆皇帝首肯之后，再以题本的形式正式向中央政府有关机构报告，以便完成批准手续，因而其作用远在题本之上。

与此同时，乾隆皇帝还采取措施，加强奏折的保密程度。一是坚持满洲官员奏事用清文具折而不得使用汉文。[7]对于不按规定，使用汉文具折的满洲官员则严加斥责。[8]二是严禁将奏折上的朱批引入具题本章，以防泄密。[9]三是严禁将具奏内容和乾隆皇帝之朱批互相泄漏。如乾隆八年十月，因为广西巡抚杨锡绂"凡有密奏之事及所奉谕旨，每多扬言于人"，乾隆帝对之加以斥责；[10]乾隆三十六年四月，将各省藩臬陈奏事件先行呈送督抚阅看的行为指斥为"谄事逢迎"，"自甘庸下"。[11]四是采取措施，防止在赍送奏折途中发生问题。如乾隆六年四月，严禁州县为探听信息而向赍折之人"馈送盘费食物"，及赍折人"借端需索"，"扰累属员"。[12]乾隆十一年五月，又采纳贵州总督张广泗建议，军机处寄信外地官员，一律颁发凭匣，"令于覆奏恭缴"，"其余寻常封寄事件，令兵部通行各省，按站登号严查"。[13]乾隆二十六年二月，又以一些地方官虽有具折言事的权力，但却没有奏匣，仅用夹板，不利保密，而规定各地官员于拜发奏折时，"于夹板之外，用纸封固，接缝处粘贴本职印花，再用绫袱包裹"，发回奏折"用兵部印花"。[14]所有这些，都有利于乾隆皇帝对全国情况的了解和对各级官员的控制，因而对他的专制统治的加强起了重要作用。

二、恢复军机处

　　撤销总理事务处，恢复军机处，是乾隆皇帝为建立自己的专制统治而采取的另一个重要措施。军机处初建于雍正七年六月，本名军机房，原是雍正皇帝在西北用兵期间为了军事上的保密而设立。在此期间，有关西北用兵的一些机宜事务既不经内阁票拟批答，又不经议政王大臣会议讨论决定，而是经由军机处直达御前，由雍正皇帝亲自处理，因而这一机构的建立对于雍正皇帝权力的加强起了一定的作用。尽管如此，终雍正间，军机处的工作范围却大致没有超出筹办西北军务之外，有些重要事务如雍正末年的平定苗疆叛乱，雍正皇帝还于军机处之外另行任命办理苗疆事务王大臣负责处理。而且，在雍正皇帝去世之后，在统治政策的调整中，乾隆皇帝还将此作为前朝败政予以取消。这些情况表明，在军机处建立之初，由于皇权尚未得到充分的发展，军机处在加强皇权方面所发挥的重要作用尚未引起最高统治者足够的重视。

乾隆皇帝即位之后，处理国家事务过程中遇到的一些实际问题和加强专制统治的强烈愿望推动了军机处的重建。首先，在雍正皇帝去世之初的大丧期间，虽然已将国家日常事务委托总理事务王大臣处理，但是为了了解全国各地的情况，乾隆皇帝每日仍需阅看并处理大量的秘密奏折。这一工作，对于刚刚继位不久的乾隆皇帝来说，无论就个人精力或是就统治经验而言，都是很大的挑战。一人处理，恐怕出现失误；假手于人，又有大权旁落之虞。阅览处理尚且如此，更不用说核实情况和督促、落实及检查办理情况了。其次，在乾隆皇帝管理国家事务后，他和几位总理事务王大臣之间也因权限不明而发生了一些矛盾。乾隆元年十月，雍正皇帝的梓宫被送往易州泰陵安葬，朝廷上下关于丧事的处理告一段落。同年十一月，乾隆皇帝开始御门听政，除批答奏折之外，还和康熙、雍正一样，挑起了综理庶务、处理国家日常工作的重任。而此时由于服丧期未满，总理事务王大臣依然留任。这样，在一些事务的处理中，便出现了君臣争权的苗头。即如庄亲王允禄所管之宗人府事务，乾隆皇帝竟无法插手过问，[15]这当然会使乾隆皇帝极为不快。如果显加指斥，又恐其他臣下因此而畏首畏尾，迟疑不前。如果听之任之，又恐长此以往，大权旁落。因而，乾隆皇帝迫切需要一个既能贯彻自己意旨、又有工作效率的工作机构，这样，借乾隆二年十一月三年丧满撤销总理事务处的机会，乾隆皇帝又恢复了雍正年间设立的军机处。

由上可见，乾隆皇帝重建军机处的直接目的是加强自己对全国事务的管理。因而，在确定军机处的编制、规模、遴选军机大臣、赋予军机处权力和确定军机处工作范围等方面，较之雍正皇帝更为自觉。

首先，在人员编制上，雍正时期，军机大臣在职者始终没有超过三人，其下所设之军机章京，也一直维持在十人左右。而军机处重建之初，乾隆皇帝即同时任命鄂尔泰、张廷玉、讷亲、海望、纳延泰、班第等六人为军机大臣，军机章京也由原来的十人增至十六人，满汉各半，而且，人员数量随着军机处权力的加大和处理事务的增多而不断有所扩充。

其次，在对军机处人员编制进行充实的同时，乾隆皇帝还极为重视军机大臣的遴选。（一）不准宗室担任军机大臣，以防微杜渐；（二）首席军机大臣须是满人，以保证满洲权贵在政权中枢中的主导地位；（三）不问资历，提拔亲信。军机处重建之初，由于继位不久，乾隆皇帝尚不得不任用鄂尔泰、张廷玉等雍正朝旧臣为军机大臣。乾隆十年以后，随着其统治地位的巩固，他先后将其外亲讷亲、妻舅傅恒等拉入军机处，从而将军机处完全置于自己的控制之下。

再次，完善军机处的各项制度。雍正年间，军机处草创，制度多有未定。乾隆皇帝重建军机处后，先后做出各种规定以使其制度臻于健全。如乾隆十四年，乾隆皇帝将雍正间军机处的"办理军机事务"六字印信改为"办理军机事务印信"八字印信，并规定印信平时由内奏事处之夸兰达太监收存，用印时，由值班军机章京以镌有"军机处"三字之金匙将之请出，用毕立即缴还。为了保密，不但军机处的听差皆由十五岁以下不识字的幼童充任，而且在军机处值庐，还有乾隆皇帝专派之御史往复稽查，不准任何人窥探。对于通过各种方式向军机章京刺探情报的各地督抚则严加处理。[16]

再其次，通过各种方式削弱中央和地方各机关的权力，而将之集中到军机处。因而，和雍正年间相比，乾隆时期军机处处理事务增多，权力愈加扩大。以其处理事务而言，雍正年间之军机处，不过是西北用兵时"筹办军务"的机构，乾隆时期则扩大到"内而六部卿寺暨九门提督、内务府太监之敬事房，外而十五省，东北至奉天、吉林、黑龙江将军所属，西南至伊犁、叶尔羌将军、办事大臣所属，迄于四裔诸属国，有事无不综汇"。[17]在这中间，除了帮助皇帝撰写上谕，处理奏折，审核内阁、翰林院所拟诏旨，议大政、谳大狱，为皇帝准备政事的参考资料，参与科举考试，奉派出京查办事件，陪同皇帝出巡，记录和积累有关档案等事务性工作之外，还对从中央到地方的各级文武官员的使用和任免提出草案，供皇帝本人选择，从而使其超出内阁之上而成为全国政事的中枢。尽管军机处在国家政治生活中发挥着如此重要的作用，可是乾隆皇帝却始终未设专官，从军机大臣到军机章京皆为兼职；也未为此专立衙署。其工作范围虽广，但说到底，不过是"供传述缮撰"，"而不能稍有赞画于其间"的一个皇帝本人的秘书班子而已。[18]因而，军机处权力的加大仅仅是乾隆皇帝个人权力的加大。

通过重建军机处，乾隆皇帝不但将传统的议政王大臣会议的旧有权力剥夺殆尽，使其名存实亡，而且使明朝以来的内阁形同虚设。和奏折制度一样，军机处的重建及其机构、制度的健全，对于乾隆皇帝专制统治的建立和加强起了重要的作用。

063

第二节 排除异己

除坚持奏折制度和恢复军机处之外，在统治集团内部制造事端以对异己势力进行打击，也是乾隆皇帝加强自己专制统治的一个重要手段。因而，乾隆前期，统治集团内部的斗争连绵不绝。就是通过这些斗争，乾隆皇帝将自己的专制统治强化到了有史以来无以复加的地步。

一、允禄、弘晳案

允禄、弘晳案是乾隆皇帝亲政后掀起的第一次大的政治斗争。导致这场斗争的直接原因是允禄在皇室中地位过高，引起了乾隆皇帝的不满。允禄是康熙皇帝第十六子。雍正初，出继为皇太极之孙博果铎之后，因得袭封庄亲王。雍正八年，怡亲王允祥病故，允禄在皇室中的地位开始上升。雍正皇帝去世后，他和果亲王允礼以宗室重臣的身份，与大学士鄂尔泰、张廷玉等一起拥戴乾隆皇帝即位，并和上述三人一起担任总理事务王大臣，负责国家日常事务的处理工作。乾隆二年十一月，乾隆皇帝服丧期满，允禄等辞去总理事务王大臣之职，国家重要事务改由军机处办理，但是乾隆皇帝仍然让他担任着议政大臣、理藩院尚书、管理内务府事务等许多重要职务。乾隆三年二月，果亲王允礼死后，允禄又成了在朝任职的唯一的宗室重臣，威望愈益上升。这样，不少宗室群相趋奉，其主要者有康熙皇帝废太子允礽之子理郡王弘晳，康熙皇帝第五子原封恒亲王允祺之子火器营都统弘昇，康熙皇帝第十三子怡亲王允祥之子弘昌、弘晈等。允禄本人对此则"惟务取悦于人",以致"日甚一日,渐有尾大不掉之势"。[19]

宗室贵族中的这种离心倾向使得乾隆皇帝极为重视。乾隆四年九月,他首先将担任火器营都统的弘昇锁拿审问。十月,又将允禄、弘晳、弘昇、弘昌、弘晈等"结党营私,往来诡秘"的情况公开揭露,并革去允禄之亲王双俸及议政大臣、理藩院尚书职务。其他相关人员也分别严加审问。随着案情的进一步发展,废太子允礽之子理郡王弘晳企图死灰复燃的阴谋也被揭发出来。如他曾多次请巫师降神,询问"准噶尔能否到京,天下太平与否,皇上寿算如何,将来我还升腾与否"。[20]与此同时,他还"仿照国制,设立会计、掌仪等司"。[21]而允禄"遇事模棱两可"的态度则恰好使自己做了他们的保护伞。有鉴于此,乾隆皇帝对他们的惩罚也开始升级。在对允禄实行罚俸五年以示惩儆的同时,将弘晳拿解京师,永远圈禁东果园,本人和其子孙也"照阿其那、塞思黑之子孙,革去宗室,给与红带"。[22]

这一事件发生之后,乾隆皇帝进一步加强了对宗室贵族的控制。如乾隆七年六月,严禁在侍卫上行走之宗室"忘其本源","甘与大臣、侍卫平等相交"以及闲散宗室"肆行妄为"。[23]乾隆十一年九月,禁宗室命名僭用内廷拟定之字。[24]乾隆十八年六月,明颁谕旨禁止宗室诸王与臣下往来,并令各部院及八旗衙门各录此旨一通于壁,"庶诸臣触目警心,远嫌自重"。[25]乾隆十九年四月,禁宗室诸王擅罚伊府护卫官员之俸。[26]乾隆二十八年五月,以其幼弟果亲王弘曕"素不安分，向人请托"及向皇太后请安坐乾隆皇帝请安之地，称雍正皇帝为"皇考"等，而革去王爵，降为贝勒。[27]同年十月，严禁"卑鄙无耻之徒，罔顾职任，称庄亲王、诚亲王为太王及见王等长跪请安"，并为此晓谕全国，今后凡遇此等事，凡王大臣遇见，"即行参奏"。[28]经过乾隆皇帝的反复整顿，宗室地位下降到了清初以来的最低点，乾隆皇帝的专制统治得到了空前的加强。

二、惩治鄂、张朋党

继对宗室贵族中的离心倾向进行打击之后，从乾隆五年开始，乾隆皇帝又进行了打击鄂尔泰、张廷玉朋党的斗争。

鄂、张二人都是雍正皇帝的亲信重臣，对雍正皇帝统治的加强做出了贡献。其中，张廷玉在乾隆皇帝备位藩封时还长期担任过他的师傅，对于乾隆皇帝的成长有过辅导之功。为了酬答他们的功劳，雍正皇帝特准他们死后与开国功臣一样配享太庙，并且将此内容写入遗诏，令乾隆皇帝奉行。这是一般臣下所不能得到的殊荣。雍正皇帝去世时，他们又以先朝重臣的身份与庄、果二亲王同受顾命，共同拥立乾隆皇帝，在统治政策的调整和乾隆皇帝统治的建立过程中发挥了突出的作用。因而，乾隆皇帝即位之初，对于他们格外倚任。居丧期间，任命他们为总理事务王大臣，负责国家日常事务的处理工作；谅闇期满，重建军机处，又让他们担任军机大臣的重要职务并分别兼管兵部和吏部、户部事务。与此同时，还将他们的爵位一再提升，分别将之晋封为三等伯。

然而，随着乾隆皇帝个人统治地位的不断巩固，鄂、张二人开始成为乾隆皇帝进一步加强自己统治的障碍。一是自雍正以来的十几年中，凭借皇帝的信任，鄂、张二人都长期担任高级职务，个人势力都得到了较大的扩张。即以鄂尔泰而言，其所联络之贵族和高级官吏便有和硕庄亲王允禄、公哈达哈、军机大臣海望、湖广总督迈柱、河道总督高斌、工部尚书史贻直、巡抚鄂昌、总督张广

鄂尔泰画像　（清）佚名绘

泗、御史仲永檀、陕西学政胡中藻等。又如张廷玉，也是一人得道，鸡犬升天。早在雍正时期，在他的提携下，"桐人之受国恩、登仕籍者"，即已"甲于天下"，[29]乾隆初年，这种情况又有了新的发展。据当时都察院左都御史刘统勋统计："今张氏登仕版者，有张廷璐等十九人；姚氏与张氏世姻仕宦者，有姚孔振等十三人。"[30]其本人也"负天下重望"，"皆以为张阁老在，天下无事"，[31]从而在一定程度上构成了对乾隆皇帝统治的威胁。二是鄂、张势力既大，"两家子弟宾客，渐且竞权势、角门户"，[32]也直接影响了乾隆皇帝统治的巩固。因此，对鄂、张朋党进行打击便成了乾隆前期统治集团内部斗争的一个重要的内容。

　　乾隆五年四月，在对以允禄、弘晳为代表的宗室中的离心倾向严惩之后不久，乾隆皇帝便以臣下逢迎、结党为借口，在一道上谕中，闪烁其词地提到了鄂、张朋党的问题，从而向广大臣工发出了惩治鄂、张朋党的信号。他说："从来臣工之弊，莫大于逢迎揣度。大学士鄂尔泰、张廷玉乃皇考简用之大臣，为朕所倚任，自当思所以保全之。伊等谅亦不敢存党援庇护之念。而无知之辈，妄行揣摩，如满洲则思依附鄂尔泰，汉人则思依附张廷玉，不独微末之员，即侍郎、尚书中亦所不免。""鄂尔泰、张廷玉乃皇考与朕久用之好大臣，众人当成全之，使之完名全节，永受国恩，岂不甚善。若必

欲依附逢迎，日积月累，实所以陷害之也。""二臣更当仰体朕心，益加敬谨，以成我君臣际遇之美。"[33]在对鄂、张二人进行警告的同时，他还对互相袒护朋比的礼部侍郎方苞、太常寺卿陶正靖、礼部尚书任兰枝等分别加以惩处，并在这些活动的基础上正式揭开了打击鄂、张朋党的序幕。

　　在打击鄂、张朋党的斗争中，乾隆皇帝选定了张廷玉及其党羽作为重点打击的对象。在他的带动下，乾隆六年十二月，都察院左都御史刘统勋上书乾隆皇帝，对张廷玉党羽太盛的情况加以公开揭露。他在奏疏中指出，"大学士张廷玉历事三朝……外间舆论动云，桐城张、姚两姓，占却半部缙绅"，并要求乾隆皇帝"敕下大学士张廷玉，会同吏部衙门，将张、姚两姓部册有名者，详悉查明……自命下之日为始，三年之内，停其升转"，以限制其势力的发展。[34]对此，乾隆皇帝立即将之宣示廷臣，采纳照办。与此同时，还陆续采取各种措施，限制其本人及其家族势力的发展。如乾隆初年赐

予张廷玉之伯爵，原准其子张若霭承袭。乾隆七年十二月，乾隆皇帝收回成命，不许张若霭承袭，仍着"带于本身"。[35] 尔后不久，又先后解退其兼管之户部、吏部事务，并利用各种机会对其进行指责和处罚。乾隆十年，鄂尔泰病故，为了防止张廷玉势力乘机发展，乾隆皇帝以首席军机大臣须由满人担任而将原先班次在张廷玉之后的讷亲擢为首席军机大臣，以使资历、才能俱较讷亲为优的张廷玉抑居其下。与此同时，又将其妻舅傅恒选入军机处，以改变军机处的成分和结构。乾隆十三年，讷亲以经理金川事务不善而被黜，乾隆皇帝又以同样借口将其妻舅傅恒擢为首席军机大臣。经过一段时间的陶冶培养，在确知傅恒已经谙习国家政务之后，乾隆十四年十一月，乾隆皇帝派人至张廷玉寓所传谕，令其休致，并对张廷玉的党羽进行了打击和清洗。如乾隆十四年十二月，以其门生汪由敦私向张廷玉泄露消息而革去汪由敦暂署协办大学士、尚书职务。乾隆十五年二月以后，以匿丧赶考、贿卖生童而将其儿女姻亲四川学政朱荃严厉惩治。十六年三月，又以其党羽巡抚严瑞龙"狡诈贪劣"而将之革职抄家。对于张廷玉本人，为了清除其多年以来的影响，乾隆皇帝多方寻找借口，罗织罪名，穷追不舍，连行打击。如乾隆十四年十二月，以准其身后配享太庙而其却未曾亲至宫门谢恩，削其伯爵；次年四月，又以其不顾乾隆皇帝长子永璜新丧仓促离京南返，罢其配享太庙。同年七月，查封其在京住房两所以赏其政敌史贻直，没收寓所私银一万五千两以代朱荃赔交赎罪官项等。这样，经由乾隆皇帝的大力惩创，张廷玉的势力和影响几乎被清除殆尽。至乾隆三十六年时，除其子张若淳尚名列仕籍之外，张氏子孙已无一人居官了。在打击张廷玉势力的斗争中，乾隆皇帝取得了完全的胜利。

在对张廷玉势力进行打击的同时，乾隆皇帝也对鄂尔泰本人及其党羽进行了必要的打击和限制。如乾隆七年十二月，以其门生御史仲永檀与其私自商议具奏内容而斥其党庇，"交部议处，以示薄罚"。[36]次年二月，又以此案而将鄂尔泰之"所有加级纪录俱着削去，抵降二级，从宽留任"。[37]然而，一则由于乾隆十年鄂尔泰即已去世，未曾影响乾隆皇帝对自己亲信的安插，其他党羽因鄂尔泰之死而群龙无首，转倒可为乾隆皇帝所用。二则为了集中力量打击张廷玉势力，不便两面同时出击。出于这些考虑，乾隆皇帝未曾对鄂尔泰势力做过多的触动。

三、皇后去世触发的政治风波

在重点打击鄂、张朋党的同时，为了突出自己在全国臣民中的至尊地位，乾隆皇帝还寻找机会，对不能体会自己意旨的臣下普加惩创。乾隆十三年因孝贤皇后去世而触发的政治风波，就是一个典型的事件。

乾隆十二、十三两年，在内外事务的处理中，乾隆皇帝一度极不顺手。一是金川之役，兴师动众，弹丸之地，竟耗年累月，攻克无期；二是鄂尔泰死后，张廷玉以不受信用而凡事推诿，而新进军机处之亲信讷亲、傅恒等又未谙习政事，许多官员借机大行其私。与此同时，乾隆皇帝本人家中也大故迭出。继乾隆三年十月端慧太子永琏病殇之后，乾隆十二年底和乾隆十三年初，乾隆皇帝心目中内定的继嗣、皇后所生的皇七子永琮和孝贤皇后富察氏又相继死去。因而，相当长的一段时间之内，乾隆皇帝极为烦恼和悲伤。由于在加强自己专制统治的过程中，乾隆皇帝总是以臣下为对立面，因而在自己遭到挫折、处于困境时，也总是怀疑包括自己儿子在内的所有臣下都幸灾乐祸。这样，以乾隆皇帝东巡途中孝贤皇后去世为诱因，一场大的政治风波发生了。

孝贤皇后死后，首先倒霉的是乾隆皇帝的两个儿子——皇长子永璜和皇三子永璋。孝贤皇后灵柩返京后不几天，乾隆皇帝便指责皇长子永璜对丧事"茫然无措，于孝道礼仪，未克尽处甚多"，并为此而迁怒于辅导其学习的师傅（谙达）。因此，和亲王弘昼、来保、鄂容安等都受到了罚俸的处分。[38]尔后不久，乾隆皇帝除继续指责皇长子"并无哀慕之忱"，"不孝之罪甚大"之外，又严厉指责皇三子"于人子之道，毫不能尽"，并断言，"此二人断不可承继大统"，"若敢于朕前微露端倪，朕必照今日之旨，显揭其不孝之罪，即行正法"。[39]与此同时，他还对偶有失误、不能体会他的意旨的臣下大施淫威，严加惩罚。如乾隆十三年四月和十月，他以翰林院将大行皇后册文汉文稿译为满文时，错将"皇妣"一词译为"先太后"，撰拟孝贤皇后冬至祭文内出现"泉台"字样，而对大学士张廷玉、阿克敦等许多官员皆予以严厉处分。[40]又如该年五月，以光禄寺所备初祭大行皇后之饽饽桌张俱不洁净鲜明，工部承办之大行皇后册宝"甚属粗陋"，而分别对光禄寺卿增寿保、工部尚书哈达哈等给予革职留任或降级处分。[41]再如是年六月，以静安庄临奠大行皇后时诸臣会集不及其半而对之普加指责，并为此将镶蓝旗汉军李坦的伯爵削去。还如同年六月间，对大丧期间未曾要求来京叩谒梓宫的满汉官员横加指责等。在这些活动中，影响最大的是对在皇后死去百日内违制剃头的广大官员的惩治和打击。

根据满洲旧俗，君上去世后，臣下百日内不得剃头，以之作为居丧期间的一种礼仪。清朝入关以后，由于受汉族礼俗文化的熏陶和影响，对此要求并不严格，而且也没有将此内容明文载入律例会典。因而，此制不但未在广大汉族人民中广泛推行，而且不少八旗子弟也多加遗忘。这样，孝贤皇后死后，中央政府有关部门并未就此行文全国各地，以致各地有执行者，有不执行者，而且在执行者之中要求范围和规定期限也各不相同。除满人居住颇为集中的盛京、杭州、宁夏、京口、凉州、四川等处的将军大臣等做出了"令官员过百日剃头"的规定，然而却于"兵丁剃头之处并未传行"之外，[42]其他地区的官兵百姓大多都是各行其是。各级官员甚至是高级官员不及百日剃头者比比皆是。其主要者，如江南总河周学健于孝贤皇后大事二十七日甫毕即已剃头，其所属文武官弁亦皆剃头。其他在百日内剃头者还有湖广总督塞楞额、湖北巡抚彭树葵、湖南巡抚杨锡绂等。乾隆十三年六月，山东沂州营都司姜兴汉、奉天锦州府知府金文醇等中下级官吏百日内剃头的问题首先被揭露，乾隆皇帝震怒之余，当即将其解交刑部治罪。此后不久，周学健、塞楞额、彭树葵、杨锡绂等高级官员百日内剃头的问题也被揭露出来。尤其是在革职、抄家和审讯过程中，还发现了周学健私下收受丁忧兖沂曹道吴同仁贿赂和塞、彭、杨三人私下计议是否因违制剃头而自首的问题，更使乾隆皇帝对广大官吏的忠诚程度产生了怀疑，认定他们时时、处处、事事都在欺骗自己，窃夺自己的权力。他说："朕临御以来，事事推心置腹，以至诚接待臣工，而尚有不能感动如周学健其人者，则十余年来为人所欺当不知凡几。""乾纲独断，乃本朝家法，自皇祖、皇考以来，一切用人听言大权，从无旁假，即左右亲信大臣，亦未有能荣辱人，能生死人者。"[43]因此，乾隆皇帝以违制剃头为借口，分别对他们进行了极为严厉的处理。周学健、塞楞额先后被赐自尽，"以全国体"，彭、杨革职留任，自出家资罚修城工。其他违制剃头官员太多，无法一一处罚，也都由有关部门记录在案，停其升转。此外，相当一部分高级官员还因庇护违制剃头官员而受到申斥或处分。这一事件表明，乾隆皇帝对各级官员的控制有了进一步的加强，乾隆初年以宽治国的思想实际上已被放弃了。

四、伪孙嘉淦奏稿案

乾隆皇帝对张廷玉及其党羽的打击和利用皇后去世之机对违制剃头的官员普加惩治在广大官员中引起了强烈的不满，兼之以在此期间，乾隆皇帝到处巡幸和对金川战争的错误处理也对全国官吏士民造成了很大的骚扰，因而乾隆十五年夏天以后，一份托名工部尚书孙嘉淦所作的奏疏稿在社会上得到了广泛的流传。该奏稿罗列"五不解，十大过"，对乾隆皇帝本人和他执行的政策进行了尖锐的抨击。就现存其中部分内容的一些史料看来，一是抨击其杀死张广泗，"以张广泗为有功"；[44]二是批评其巡幸无度。[45]在乾隆前期乾隆皇帝的专制统治不断加强的情况下，这份伪奏稿却将抨击的矛头直接指向了乾隆皇帝本人，显然是一起极为严重的政治事件。因此，这份伪奏稿的出现在最高统治集团内部引起了强烈的反响，在国家政治生活中也激起了极大的波澜。

乾隆十六年六月，这份伪奏稿首先在贵州被发现，当即由云贵总督硕色上秘折报告给乾隆皇帝。乾隆皇帝看过之后，认为这份伪奏稿"假托廷臣名目，胆肆讪谤，甚至捏造朱批……显系大恶逆徒逞其狂悖，不法已极"，当即严令步军统领舒赫德，直隶、山东、山西、河南、湖北、湖南、贵州等省督抚"密加缉访"，"勿令党羽得有漏网"。[46]这样，在乾隆皇帝的严令督催下，全国普遍开展了追查伪奏稿作者的活动。

随着全国上下追查活动的普遍开展，和乾隆皇帝的原来设想相反，这份伪奏稿的传播范围、牵连人数和破案的困难程度都大大超过了以往各案。就其传播范围而言，不独内地十七省，连远在边徼的云贵土司竟然也有流传。就传播人员而言，既有各级官吏、举贡生监、乡绅、商贾和僧人，也有八旗子弟。案发之初三个月，仅四川一省，缉获之传播人员便已达二百八十余人，更不用说全国了。在审讯中，或者辗转诬攀，或者将已故之人混行搪塞，兼之以各级官吏为营私而扩大案情，民间因挟仇而互相诬陷，不但案情的复杂程度大大加重，使得从事追查的各级官吏处于十分被动的局面，同时也给民间带来了极大的骚扰。御史书成、在籍侍郎钱陈群先后为此上疏，要求停止查办伪稿，释放株连人众。对此，乾隆皇帝严加斥责："伊（——书成）系满洲世仆，似此丧心病狂之言，如诅咒彼父祖者，乃视为漠然，则所系于败坏满洲尊君亲上之风为尤甚。"[47]"钱陈群……意在不必查办，甚为悖谬。"[48]"既已延及数省，迟至经年，断无骤然中止之理。"[49]为了加快追查活动，他一方面严厉斥责各级官吏的无能和"虚文塞责"，并分别对侦缉不力的官员严加处分；另一方面，又以此案能否侦破关乎"大清国体统颜面"相激励，要求各级官吏将主要精力用于伪稿的追查活动。尽管如此，经过一年多的清查，几乎将全国上下搞了个人仰马翻，却仍然是"茫如入海算沙，了无头绪"。[50]乾隆皇帝本人进退失据，处于极为困难的境地。

为了给自己寻找台阶下，乾隆十七年十二月，乾隆皇帝授意军机大臣将传抄伪稿的江西长淮千总卢鲁生定为炮制伪稿的主犯，锻炼成狱。次年二月，将之押赴市曹凌迟处死。与此同时，宣谕中外，伪稿正犯已得，所有传抄各犯俱加恩宽免。对于传抄伪稿的官员，则照例治罪。除此之外，审理不力的官员如江西巡抚鄂昌、按察使丁廷让、知府戚振鹭等俱革职拿问，交刑部治罪。两江总督尹继善、闽浙总督喀尔吉善则因失察而交部严议。至此，这场轰动全国的伪孙嘉淦奏稿案，才算告一段落，草草收场。

五、胡中藻《坚磨生诗抄》案

乾隆十八年二月以后，伪孙嘉淦奏稿案虽因卢鲁生之被杀而草草收场，但是，乾隆皇帝心中很清楚，卢鲁生不过是一个遮天下人耳目的替罪羊，真正的伪稿炮制者并没有缉获。

当然，乾隆皇帝决不会因此而善罢甘休。在他看来，伪稿的作者多半是受过乾隆皇帝打击的失意官僚，而对伪稿内容进行分析，其中有替张广泗鸣冤之语。张广泗是汉军镶红旗人，原任贵州思州知州。雍正年间，受鄂尔泰赏识，超擢为贵州巡抚。张广泗被杀，为他鸣冤的自然是文化素养较高而又熟谙朝廷内幕的鄂党官僚。而且，伪稿在云、贵、湘、赣、川等省传播最广，这和鄂尔泰、张广泗相继担任云贵总督、贵州总督、湖广总督和川陕总督似也不是偶然的巧合。这正说明，伪稿案发前后在上述地区任职的鄂党分子是炮制伪稿的主要怀疑对象。循此线索，乾隆皇帝反复思考，终于把目标

集中到了伪稿案发时担任江西巡抚的鄂昌和连任广西、湖南学政的胡中藻身上。有鉴于上次追查伪稿兴师动众，不但给整个社会造成了动荡和不安，而且也从反面扩大了伪稿的流传，并不利于自己的统治，因而这次乾隆皇帝一不露声色，二不重提伪奏稿案，别辟蹊径，从乾隆十八年二月开始，利用两年的时间对他们二人及其著作进行秘密调查。乾隆二十年三月，将二人拿解京师并向廷臣公布了他们的罪状，从而一手制造了著名的胡中藻《坚磨生诗抄》案。

由于先有成见在胸，故而乾隆皇帝在胡中藻所著《坚磨生诗抄》一书中发现了许多"大逆不道"的重要罪证。一是诽谤、反对清朝政府的统治。如他针对胡中藻诗集取名《坚磨生诗抄》，指出"磨"字出自《论语》，孔子所称"磨涅"，乃指反叛之佛肸而言，"胡中藻以此自号，是诚何心"？[51]此外，对于胡诗中的许多诗句如"一世无日月"，"又降一世夏秋冬"，"一把心肠论浊清"，"虽然北风好，难用可如何"，

"斯文欲被蛮"等，乾隆皇帝也穿凿附会地将之解释为反对清朝统治的证据。二是反对乾隆皇帝本人。如他将胡中藻《照景石诗》中所用的"周穆王车马走不停""武皇为失倾城色"两典故指斥为攻击他巡幸无度和贪恋女色，将"老佛如今无病病，朝门闻说不开开"指斥为咒骂他怠于政事，将胡中藻考试生童所出的"乾三爻不像龙"的经义题指斥为咒骂自己不配做皇帝等。三是互相吹捧，党同伐异。如将其诗中的"记出西林（鄂尔泰为西林觉罗氏）第一门"指斥为"攀援门户，恬不知耻"，[52]将其攻击张廷玉、张照的诗句内容指斥为"门户之见，牢不可破"。[53]据此，乾隆皇帝认为，胡中藻"鬼蜮为心，于语言吟咏之间，肆其悖逆诋讪"，"实非人类中所应有"。[54]对于鄂昌，除指斥其身为满洲世仆，"见胡中藻悖逆诗词，不但不知愤恨，且与之往复唱和，实为丧心之尤"，所作《塞上吟》称蒙古为"胡儿"等罪状之外，[55]还将其利用职权与鄂党骨干史贻直往来请托等劣迹多种也概予公布。为此，乾隆皇帝对他们进行了严厉的惩治。胡中藻斩首，家产籍没，鄂昌赐令自尽。与此案有牵连的各级官员或拿解问罪，或革任降级。与此同时，为了进一步打击鄂党势力，还将大学士史贻直削职家居，并以结党罪将已死十年之久的鄂尔泰撤出贤良祠，以"为大官植党者戒"。[56]

在此之前，乾隆皇帝曾经进行过打击鄂、张朋党的斗争，但是，根据当时的斗争形势，乾隆皇帝重点打击的是张廷玉及其党羽，鄂尔泰及其党羽虽然也受到了一些限制和打击，但在中央和地方都还有着一定的势力，这次乾隆皇帝利用《坚磨生诗抄》案对鄂党开刀，其本意原是追查伪奏稿的炮制者。限于史料缺乏，我们无法确知乾隆皇帝是否击中了目标。然而，经过此次统治集团内部的斗争，鄂尔泰一党基本瓦解，从雍正以来持续了二十多年的鄂、张朋党互相斗争的情况也最后结束。就此而言，这场斗争对于乾隆前期乾隆皇帝专制统治的进一步加强起着一定的作用。

六、彭家屏私藏禁书案

彭家屏案是继胡中藻案之后，乾隆皇帝制造的又一起打击政治上异己势力的斗争。彭家屏是清朝政府的一个官僚，累仕至江苏布政使。雍乾之际，他与李卫深相结纳，对鄂尔泰、鄂容安等进行攻讦，隐然与鄂、张两大势力鼎足而三。这使乾隆皇帝对之极为反感，不但长期不予升转，而且还寻找借口，对其加以限制和打击。如乾隆十六年三月，以其弟彭家植在原籍致死佃户，倚势抗交官粮，下令将拖欠"积年正供之数，加罚十倍"，"勒限严追"，其本人也交部严加议处。[57]对此，彭家屏心怀怏怏，不无怨望。[58]这样，乾隆二十二年，乾隆皇帝又以收藏明末野史、"负恩狂悖"为罪名而对其进行了严厉的惩治。

乾隆二十一年，彭家屏原籍河南夏邑县一带遭受水灾，河南巡抚图勒炳阿匿灾不报，催征如故。家居养病的彭家屏因此于乾隆二十二年正月乾隆皇帝二次南巡时迎驾徐州，向乾隆皇帝报告了这一情况。为此，乾隆皇帝对图勒炳阿进行斥责，并派彭家屏与之一起返豫调查灾情、办理赈务。但图勒炳阿办赈不力，"散赈多有不实，所有实在极贫户口，有造报遗漏者，有任意删除者"，兼之以"胥吏因缘为奸，侵蚀肥己"情况屡有发生，[59]广大灾区人民极为不满。利用灾区人民的不满情绪，彭家屏唆使夏邑县生员段昌绪、刘东震等指使夏邑民人张钦、刘元德赶赴行在，直接向乾隆皇帝控告。因其所控与乾隆皇帝派人调查的情况大体相符，故而乾隆皇帝以"玩视民瘼"为由将图勒炳阿革职。但是，因为前来告状的都是夏邑县民人，乾隆皇帝也怀疑其中当有"刁徒从中主使，不可不严加惩究"，[60]因命侍卫成林押解二人回河南交巡抚审讯。经过审讯，不但尽得彭家屏从中唆使的全部情况，同时还意外地从段昌绪卧室中抄出了吴三桂叛乱时发布的反清檄文，而且段昌绪还于其上圈点加批，赞赏称快。[61]吴三桂叛乱失败后半个多世纪，竟然还有人敢于传抄和保存这样的文件，显然又是一起极为严重的政治事件。为了将全部问题弄个水落石出，乾隆皇帝除严令追问段昌绪抄自何处之外，还怀疑曾在云南长期任职的彭家屏家中也藏有类似文字。经过严词诘问，彭家屏交待出家中藏有《潞河纪闻》《日本乞师记》《豫变纪略》《酌中志》《南迁录》以及天启、崇祯年间政事抄本等明末野史数种，这样，案情的性质发生了变化。

乾隆皇帝以为，图勒炳阿之革职，原是因为讳灾，"今经办出逆檄一事，是缉邪之功大，讳灾之罪小"，而决定将其仍留原任。[62]彭家屏则因收藏明末野史、身为地方乡绅挟私妄奏等罪而被革职拿问，并派员抄检其家。在清查抄家物资时，又发现了彭家屏家所刻族谱，取名《大彭统记》，"几与累朝国号同一称谓"，又称"彭得姓之始，本于黄帝、昌意、颛顼"，"附会荒远"，"自居帝王苗裔"，而且书中凡遇明神宗万历年号，皆不避御名，"足见目无君上，为人类中所不可容"。[63]乾隆皇帝赐令彭家屏自尽，将其家产全部籍没。收藏、传抄吴三桂反清檄文的段昌绪、司淑信等也都被处以极刑。至此，这场轰动一时的彭家屏私藏禁书案才宣告结束。

经过亲政以来几次大的政治斗争，乾隆皇帝的专制统治得到了进一步的加强。这时，乾隆皇帝的注意力开始转移到打击社会上的反清思想方面。这样，排除政治上的异己势力的斗争才算告一段落。

第三节　惩贪治吏

一、加强政治控制

在乾隆皇帝专制统治不断加强的过程中，乾隆皇帝极为注意从政治上加强对各级官吏的控制。

首先是对各级官吏的考核日趋严密和完善。乾隆初年，由于推行宽大政治，内外文武官吏的京察、大计和军政大多流于形式。各部堂官，各地督抚、提镇往往将之视为具文，苟且塞责。为了扭转这种风气，他反复告诫主持考核的各级官员，一定要"矢慎矢公，至确至当，举一人使众皆知劝，退一人使众皆知儆，始足以澄清吏治，整饬官方"。[64]由于乾隆皇帝的重视，在他亲政以后的几十年间，京察、大计和军政一直按期举行。在坚持定期对各级官吏进行考核的同时，乾隆皇帝还特别注意随时对各级官吏进行审查。一经发现有违法乱纪的行为，不待京察、计典，立即予以惩治。这些活动，不但在一定程度上起到了振刷吏治的作用，也在很大程度上加强了乾隆皇帝对各级官吏的控制。

其次，乾隆皇帝先后做出各种规定，对各级官员的职权和活动严加限制。根据他的规定，官吏离京赴任，必须赴宫门请训。[65]在外任职的督抚、提镇、藩臬、知府及将军、都统、副都统等军政官员，也必须按期奏请陛见。如果未蒙允许，次年应再行奏请，直至得到允许为止。各地知府以上官员之除授，皆须由乾隆皇帝自己决定，各地督抚不得奏请拣发，尤其不准先斩后奏。如乾隆二十年十一月，贵州巡抚定长因为不谙成例，奏请敕部拣选知府。乾隆皇帝斥之为"违例奏请"而将此通行传谕各省督抚。[66]又如乾隆二十三年四月，两广总督陈宏谋因为广东按察使缺出，奏请"将该省道员王概、梁国治就近简用一员升补"，为此，乾隆皇帝大发雷霆，将之痛骂一顿，"藩臬为方面大员，由朕特简补用，从无督抚奏补之理"，"陈宏谋久历封疆，自应素悉，何至冒昧若是"。[67]十几天后，陈宏谋便被降调江苏，以总督衔管巡抚印务。

为了防止各级官员以姻亲、师生、同乡、同年等关系相互结党，尾大不掉，乾隆皇帝还非常注意防微杜渐。除继续坚持历朝以来实行的官员回避制度之外，还先后就此做出了一些补充规定。如乾隆二年四月，针对一些地方官员举荐同乡的现象，他规定："嗣后督抚折奏补用人员者，着于折内声明本人科分籍贯，以凭朕酌夺。"[68]乾隆十二年二月，规定武员任职回避本省。[69]乾隆十五年三月，定旗员任职回避五百里以内。[70]乾隆二十六年十二月，规定"嗣后外官职司考核衙门，遇有内外兄弟为其属官，令官小者回避"。[71]乾隆三十二年十二月，回避范围扩大到了受业师生。[72]乾隆三十九年六月，还一度决定："母之父及兄弟、妻之父及兄弟、己之女婿、嫡甥及本身儿女姻亲、中表兄弟、子妇之亲兄弟，凡系本管上司下属，例亦令官小者回避。"[73]仅因此举涉及人员太多，无法行通，不得已在推行数月后中止执行。[74]

除此之外，乾隆皇帝还严禁地方官员之间和地方官员与地方绅衿之间互相勾结。地方官员之间序齿换帖，称兄道弟，"上官属员，略分言欢，招优酬酢"，"树彼此依倚之势"，[75]以及地方官员与地方绅衿之间"徇情曲庇"，"启党援门户之渐"[76]的各种行为一概禁止。其他如各地地方官表请将现任九卿官员之父祖入祀乡贤祠；各地乡绅为当地官员立生祠；督抚经过地方，知府以下皆跪道迎送；"上司子侄，往来任所，经过所部境内，拜谒地方官，张扬声势"以及地方官趋奉巴结等现象也概令禁绝。[77]

经过这样一番整顿，全国上下所有的官吏都成了匍匐在乾隆皇帝脚下唯命是从的一群奴仆，乾隆皇帝的专制统治得到了极大的加强。

二、严惩贪官

乾隆时期，中国封建社会已经进入它的后期阶段，封建官僚制度的各种痼疾开始暴露无遗，因而，终乾隆一朝，吏治问题始终是一个极其严重的问题。涉及范围之广、牵扯官吏之多、贪污手段之新、贪污数量之大都为历朝所未有，不但影响了国家的财政收入，而且，由于各级官吏的朋比为奸，欺上瞒下，也在政治上形成了对皇权的离心倾向，并在一定程度上使原来即已存在的各种社会矛盾愈加尖锐，对乾隆皇帝的统治极为不利。为了加强自己的专制统治，乾隆皇帝在政治上加强控制的同时，还以惩治贪官为重点，进行了全面地整顿吏治的活动。

乾隆皇帝即位之初，推行宽大政治。雍正时因贪劣有据而被革职的两千一百多名官员通通复官，所有官侵吏蚀一概豁免，他们的政治、经济特权也全部得到恢复和承认。与此同时，对各级官吏的控制也大大放松。所有这些，都为吏治败坏提供了适宜的客观环境。在这样的情况下，官场中的不正之风重新兴起。地方官吏向百姓多征耗羡，浮收粮米；上级官吏向下级官吏加收余平，下级官吏向上级官吏馈送土宜；地方官吏向中央官吏赠送路费等变相贪污贿赂的现象皆开始出现。对于这些情况，早在亲政之后不久，乾隆皇帝便有所察觉，逐渐加强对各级官吏的管理。如乾隆三年六月，乾隆皇帝颁布谕旨，禁止州县暗加火耗，侵蚀入己。[78] 同年十一月，针对地方督抚向各地乡试主考官馈送路费的现象，决定由中央政府根据道里远近，统一颁发。[79] 乾隆四年二月，又以"内外臣工，见朕以宽大为治，未免渐有放纵之心"而严禁内外官吏侵蚀国帑。[80]

与此同时，和亲政以后加强对各级官员控制的步调相一致，对于一些被揭发出来的贪官污吏，乾隆皇帝也做出了相应的处理。如乾隆三年三月，他以广东盐运使陈鸿熙"巧取营私，无利不搜"，"竟以朝廷正项之钱粮，为运使放债之资本，积年所获不赀"，海南道王元枢"残忍贪黩，兼有恶才"，"两粤商民，怨声腾沸"，将二人革职拿问。[81]同年七月，以工部尚书赵宏恩收受贿赂，将之革职，发往军台效力。[82]同年十二月，以四川道御史褚泰收受商人贿赂而处以斩监候的严厉处分。[83]除此之外，以贪污纳贿而受到革职处分的高级官吏还有两广总督鄂弥达、福建巡抚王士任、江西巡抚岳濬等。然而，由于乾隆皇帝标榜宽大政治，对这些官员的处分相当轻微，仅至革职、追赃了事，而且其中不少人革职之后不久又重加起用，因而贪风反而有愈益扩大之势。即以乾隆六年而论，先后被揭露的贪污案件便有山西布政使萨哈谅收兑钱粮加平入己案、山西学政喀尔钦贿卖生童案、浙江巡抚卢焯收受贿赂案、步军统领鄂善收受贿赂案、荆宜施道姜绍湘婪赃不法案、护军统领阿琳婪索商人银两案等，总数不下十余起。为了煞住这股贪风，乾隆皇帝被迫采取断然措施，将喀尔钦籍没家产，正法示众；予萨哈谅以斩监候的严厉处分；对于鄂善，因为他是在朝大臣，则令王大臣等会审定案，赐令自尽。与此同时，乾隆皇帝还下令将乾隆元年以来侵贪各案处理情况重新审理，改变原来限内完赃、减等发落的旧规定，将之陆续发往军台效力，"以为黩货营私者之戒"，并规定"嗣后官员有犯侵贪等案者，亦照此办理"。[84]

在乾隆皇帝的严厉打击下，各级官吏中的贪风有所收敛，一些官员在口头上开始以清操、廉洁相标榜，或者"严禁属员，不许馈送礼物"，[85]全国吏治也一度有所好转。然而，一则因为没有制定制裁贪污的各种有力措施，仅靠严厉惩治个别官员的贪污行为以达到制止贪污的目的，故而仅能收效于一时；再则，此时乾隆惩贪还极不彻底。对于和自己关系比较密切的一些官员的贪污行为，或从宽处理，或知而不问。如苏州织造兼管浒墅钞关海保，侵贪银两达二十二万之多，乾隆皇帝却以其母为雍正皇帝乳母而将之从宽释放。[86]又如巡视两淮盐政准泰，乾隆皇帝明知其贪污问题相当严重，却以其为皇帝家奴而不予清查。[87]再如乾隆十二年二月，大学士查郎阿受贿案发，乾隆皇帝却以其"系皇考所用之旧大臣，朕不忍置之于法"而决定此事不必根究。[88]乾隆皇帝的这种态度，无疑使一些官员更加有恃无恐，因而不过几年，贪风又起。

　　根据有关资料统计，乾隆十年以后，贪污案件和贪污数额又逐渐增多。其主要者，乾隆十年有阿炳安修理宁夏城工贪污案，[89]乾隆十一年直隶有张德荣、张鉴、查锡纳三案，奉天有荣大成、吴秉礼、臧根嵩、胡世仁、崇伦永五案，湖广有杨统正、曹绳柱二案，福建有李潜一案，广东有朱介圭一案，云南有陈题一案等。[90]乾隆十二年以后，又先后发生了浙江巡抚常安收受贿赂、勒索、克扣，云南戴朝冠、贵州古州同知刘樵侵盗钱粮，四川学政朱荃匿丧赶考、贿卖生童，湖北应城县知县骆玉图侵蚀税银，安西道常钧在任亏空和广东历任粮驿道浮收粮米、折价征银、婪取入己等重要案件。而且就案情而言，一般都相当严重，有的甚至达到了肆无忌惮的地步。如其中之浙江巡抚常安，曾以清廉自相标榜，而在案情揭露之后，竟发现他是一个收受贿赂、勒索、克扣的能手。又如云南之戴朝冠，在任期间，公然盗窃国库银两"付原籍置产"，被拿归案后，"恃年逾七十，冀得瘐死了事"，拒不交纳赃银。[91] 还如贵州之刘樵，"侵冒银两，至二万有余"，并以此为其子捐纳官职。[92] 尤其恶劣的是，一些官员在处理贪污案件的过程中还知法犯法，极其无耻地向案犯索取贿赂。如乾隆十四年十一月，在处理郭金贪污案时，竟有刑部郎中西琳，主事巴阳阿、江阿等先后向其索贿七千余两。[93] 除此之外，军官扣克兵饷、侵肥入己，官吏勒索属员供应、收受书役规礼和船户贿赂者比比皆是。这些情况表明，这一时期的官吏贪污活动较之乾隆初年又有了新的发展。

针对各级官吏中"侵渔之案，日积而多"，"侵贪之员，比比皆是"的现象，[94] 乾隆皇帝认为，"若不亟为整顿，则营私蠹国之风，由兹日长，渐至酿成痼疾"。[95] 为此，他先后采取各种措施，对各类贪污案件进行了极为严厉的处理。对于已经发觉的侵贪性质严重、影响恶劣的各起案件，乾隆皇帝指出，"此等劣员，多留一日，则民多受一日之残，国多受一日之蠹"，[96] 分别委派专员进行审理，核实无误，即行正法。如乾隆十四年十一月，对于贪污侵盗、向案犯索贿证据确凿的荣大成、臧根嵩、西琳、巴阳阿、江阿等，先后将之正法示众。对于其他侵贪性质严重的案犯，虽仍按正常法律程序处理，但是为了起到惩一儆百的作用，则要求有关官员"速行审结定拟，以申国法"，"务必入于今年秋审案内，毋得再有迟延"。[97] 对于办案不力的官员则严加指斥，"任意迟延，不以谳决为事，殊非国家立法惩贪之意"。[98] 与此同时，为了煞止贪风的继续发展，乾隆皇帝还分别从加重刑法惩治和经济惩罚两个方面陆续做出了一些新规定。如乾隆十二年四月，针对各地官员办事纵弛，以致亏空累累的现象，恢复了雍正时期各地亏空"令该管上司分赔"的规定。[99]同年九月，针对有关机构将贪污官员虚拟死罪而在复审时率多改入缓决的现象，规定此后凡"赃私累累，至监追二限已满，侵蚀未完尚在一千两以上及贪婪未完尚在八十两以上者，秋审时即入情实"。[100]这些规定的贯彻执行，使得"上司畏累己而不敢徇隐，劣员知失命而遑为其子孙谋"，[101]一定程度上制止了贪风的继续发展。

乾隆十年以后乾隆皇帝严惩贪污虽然收到了一定的效果，但是，乾隆皇帝所期望的通过此次惩贪"将见天下无侵员并且无贪员"的目的却远远没有实现。[102]一是因为此时乾隆皇帝综理庶务，权力高度集中，军政吏治、刑名钱谷无一不管，中央权力愈是集中，便愈造成地方上的权力空白，各级官吏反倒因此而大行其私。二是在此期间，战争多，文字狱多，小规模农民起义多。为了应付这些事件，不但乾隆皇帝本人被搞得焦头烂额，而且各级封建统治机构也因此而长期未能得到整顿，这无异是为官吏侵贪制造了一个良好的客观环境。三是此前乾隆皇帝严惩贪污，态度虽极为严厉，但是打击的重点一直是中下级官吏。高级官吏虽有被处死者，但为数极少，多数不过是革职追赃，而且过后不久又重加起用。因而，经过一个短暂的平静时期之后，从乾隆十八年开始到乾隆三十九年王伦起义爆发前二十多年的时间里，各种类型的贪污案件无论在案件数量上或是在贪污数额上都较之此前有增无已，与此同时，案犯也由原来以中下级官吏为主发展成为以高级官吏为主。为此，乾隆皇帝继此前两度打击贪污活动之后，又进行了以惩治高级官员贪污为重点的打击贪污的活动。于此对几起有代表性的贪污大案及乾隆皇帝的惩治过程略作介绍，以见此时乾隆皇帝惩贪之大致情况。

1. 南河亏空案

为了维持统治和保证国家正常的赋税收入，清朝政府每年都拨出巨款整修黄河，并为此专设江南河道总督管理整修事务。因此，经理河务便成了官员贪污的重要方式和途径，兼之以多年以来主持官员昏庸无能和财务管理制度十分混乱等原因，至乾隆十八年夏，乾隆皇帝发现，积年亏空已达十余万两之多。为此，乾隆皇帝立即决定将经管河务的高斌、张师载革职，所有与亏空有关官员一概摘印看守，改由外地拣发官员前往办理。在此案正在清查的过程中，由于长期以来经办官吏"积年冒销，堤工本属卑薄"，[103] "工非实工，料非实料，冒销浮混，无所不至"，[104] 是年九月，又发生了黄河自徐州铜山县境内溃决的严重灾情。黄河南岸的灵、虹、宿、泗、盱等州县一片汪洋，"历年来之公帑，付之波臣，数郡之田庐，俱遭荡析"。[105] 乾隆皇帝气急败坏，飞令将管理该段河务的同知李焞、守备张宾立行斩决，并连颁谕旨，勒限一年完纳亏空，不完者即予正法，着家属追赔。仍不能完纳者，由高斌、张师载代赔。与此同时，为了彻底清查南河弊端，防止亏空案件再度发生，乾隆皇帝一方面将乾隆十年以后的历任河库道姚廷栋、叶存仁、何焻、李宏等一并革职，交部从严治罪；一方面饬令钦差尚书刘统勋等制定条款，加强财务管理。在乾隆皇帝的严令追逼下，不少官员倾家荡产，完纳亏空。一年限满时，乾隆皇帝又将其中未能完纳者正法示众，从而严厉地打击了贪官污吏的嚣张气焰。

2. 杨灏、恒文、蒋洲贪污亏空案

湖南布政使杨灏、云贵总督恒文、山西布政使蒋洲贪污亏空案是乾隆二十二年前后相继发生的三起高级官员贪污案。杨灏贪污案首先发现于乾隆二十一年九月。当时，杨灏利用经理放银买补常平仓谷备荒的机会，贪污白银三千余两。案情揭发后，经乾隆皇帝批准，杨灏被处斩监候。次年秋审时，湖南巡抚蒋炳竟以杨灏限内完赃而意存包庇，拟为缓决，并经三法司、九卿、科道共同讨论通过，呈送乾隆皇帝批准。这种明目张胆地庇护贪官的行为使得乾隆皇帝极为愤怒。他认为，杨灏身为藩司，侵肥克扣达三千余两，处以斩监候已系格外之恩，本次秋审自当定为情实依律正法，而经办官员竟如此为其开脱，这将为督抚藩臬等高级官员的贪赃开创一个恶劣的先例，平时他们可以肆无忌惮地侵渔克扣，一旦败露，又可以限内完赃而保全性命。针对当时高级官员贪污现象日益严重的情况，乾隆皇帝决定对之从严处理。一方面严令湖南巡抚蒋炳将杨灏立即正法，同时又以蒋炳窃弄权柄、包庇贪官而将之革职治罪，查抄家产。受此牵连，三法司、九卿、科道许多官员也都分别受到降级、革职的处分。

恒文贪污案发现于乾隆二十二年六月。根据揭发，恒文曾乘巡阅各地营伍之机，授意家人赵二勒索州县属员十五人财礼，并以进贡金炉为名压价勒买民间黄金。利用这些手段，在担任云贵总督一年多的时间里，恒文搜刮了数万两白银、黄金。得知这些消息后，乾隆皇帝非常气愤。"恒文深负朕恩，情罪重大"，"此而曲为宽宥，其何以饬官方而肃吏治"。[106]在经过调查，证明情况完全属实后，乾隆二十二年九月，乾隆皇帝派侍卫前往恒文解送入京所至之处，赐令自尽。与此同时，因为被其勒索的十五名云贵地方官未行检举，也分别予以交部查议、各降一级的处分。

蒋洲亏空勒派案发生于乾隆二十二年十月。蒋洲是雍正间大学士蒋廷锡之子，乾隆中由主事累擢至山西布政使。乾隆二十二年七月，又升任山东巡抚。在他欢天喜地赶赴山东新任之后不久，继任山西布政使的塔永宁揭发了他在山西任内亏空库银二万余两，临行之时又勒派通省属员交银以及于寿阳县伐木卖银、弥补亏空的事实。为了弄清真相，乾隆皇帝将蒋洲解任押回山西听审，并指令刚刚结束恒文一案调查工作的刘统勋赶赴山西调查处理。调查结束，不但发现在蒋洲弥补亏空的过程中太原府知府七赉等地方官曾"连名作札，向各属催取，明目张胆，竟如公檄，视恒文之授意派买，更有甚焉"，[107]而且发现了山西其他官员如按察使挖穆齐图、知州朱廷扬、守备武琏贪污亏空"皆盈千累万"，以及杨龙文身为监司侵帑勒派，山西巡抚明德等收受蒋洲贿赂等大量犯罪事实。这样，山西全省"巡抚藩臬，朋比作奸"的问题全部暴露。[108]对此，乾隆皇帝认为，"外吏营私贪黩，自皇考整饬以来，久已肃清，乃不意年来如杨灏、恒文等案屡经发觉，而莫甚于蒋洲此案。若不大加惩创，国法安在"。[109]蒋洲、杨龙文、朱廷扬等因此而被正法，明德等许多官员也分别受到革职、降级处分。

该案处理后，为了防止侵亏库帑的事件再度发生，乾隆皇帝一方面采取措施加强了各地库存银两的管理，规定此后州县钱粮，除应留支俸工、驿站等项外，其余悉应于征到三日内随征随解，新旧抚藩接任、离任，皆须将库存钱粮数目及有无挪借之处具折上奏，"仍照旧例，出结保题"；[110]一方面对有关法律条文进行修改，以防止各级官员利用法律上的漏洞肆行侵贪。如乾隆二十三年三月，乾隆皇帝下令，"将斩、绞、缓决各犯纳赎之例永行停止"，[111]同年九月，又规定："所有实系侵亏入己者，限内完赃减等之例着永行停止。"[112]

3. 李因培指使属员弥补亏空案

蒋洲亏空案处理十年之后，乾隆三十二年，又发生了李因培指使属员私下弥补属员亏空案。乾隆三十年十一月至次年二月，李因培一度任湖南巡抚。在此期间，他曾循例向乾隆皇帝具折奏报通省钱粮无亏。孰知奏折甫上，一个不识相的常德知府锡尔达便向李因培报告武陵县知县冯其柘亏空库帑二万余两。事关前程，李因培对此极为愠怒。他一方面伺机参劾锡尔达以图报复，一方面通过湖南布政使赫升额授意桂阳州知州张宏燧代替冯其柘弥补亏空一万余两。一切办妥后，始令锡尔达重新盘查。乾隆三十二年正月，张宏燧因谳狱违误，革职交审，其受李因培指使代人弥补亏空的案情才一起被揭露。早在上年，乾隆皇帝在审理山西阳曲知县段成功亏银万两、同省三十二州县通同舞弊代补亏空一案时便曾严厉惩罚，大开杀戒，岂知一年以后，同类案件又在湖南发生，而且还是出于一省主要官员巡抚和布政使直接授意。"巡抚为封疆大臣，藩司系钱粮总汇，一省之整饬稽查，惟于抚藩是寄。乃伊等竟敢上下扶同，徇情朦蔽，充其伎俩，将何事不可为。"[113] 为此，乾隆皇帝分别将张宏燧、冯其柘即行处斩，李因培赐令自尽。为了防止类似案件再度发生，乾隆皇帝严令各省督抚通查所属，有无亏空，据实回奏。与此同时，还采纳直隶总督方观承的建议，进一步加强了对州县仓库钱粮的管理。

4.两淮盐引案

两淮盐引案是乾隆三十三年被揭露的一起贪污大案。乾隆十一年后，主持两淮盐务的官员为了筹办乾隆皇帝南巡，私自规定每张盐引加收税银三两，勒令盐商交纳。乾隆十六年至乾隆三十年乾隆皇帝四度南巡，所花费用，大半取资于此。其中部分银两，主持盐务的官员则谎称盐商乐输报效、公捐银两，以作皇太后、皇帝万寿节及征讨金川、准噶尔、回疆赏赐之用，以博乾隆皇帝之欢心。其余部分，则由历任两淮盐务官员大肆挥霍，中饱私囊。很长一段时间里，乾隆皇帝本人都被蒙在鼓里。乾隆三十三年六月，两淮盐政尤拔世因向盐商勒索重贿未遂，而向乾隆皇帝揭发了此事内幕。这使乾隆皇帝极为吃惊。他粗略地估计了一下，两淮盐商每年销盐二十万引至四十万引，自乾隆十一年提引迄今，已经二十多年，私征税收当在千万以上。扣除历次南巡及两淮盐政采办内廷用物所花四百六十七万两，尚有六百数十万两或为历任经管盐务官员所侵蚀，或为官员市恩而未向盐商征收。[114] 为此，他当即将前任两淮盐政高恒、普福，盐运使卢见曾等概行解职交审，查封其任所资财及原籍家产，又派遣江苏巡抚彰宝、两淮盐政尤拔世赶赴扬州，办理此案。经过审讯，历任主持两淮盐务的官员高恒、普福、卢见曾、杨重英等均有极严重的贪污受贿现象。为此，乾隆皇帝将高恒、普福、卢见曾等人依律正法，南巡时因为公捐银两而赐予的商人顶戴也一律革去。所欠银两，勒令商众十年还清。翰林院侍读学士纪昀、军机处行走章京王昶、刑部司员黄骏昌、内阁候补中书徐步云因向卢见曾透露抄家信息，也分别受到了充军乌鲁木齐或革职的处分。

5.贵州威宁州铅厂亏空案

贵州威宁州铅厂亏空案发生在乾隆三十四年。是年十月，贵州巡抚良卿参奏革职威宁州知州刘标及专管铅务之粮驿道永泰等人历年以来亏缺铜铅及帑银二十余万两。一个小小的知州，亏空数额竟如此巨大，这使乾隆皇帝十分惊诧，当即派内阁学士富察善前赴贵州会同良卿审理此案。谁知富察善刚出都门，被参革职知州刘标、粮驿道永泰控告亏空由于良卿、方世俊、高积等贵州官员婪索的报告也到达了北京。其中刘标控告呈文中还附有各上司历年勒索底簿。至此，贵州巡抚、布政使"通同勾结，肆意侵渔"的问题开始暴露。为此，乾隆皇帝立即将良卿、高积和已经调任湖南巡抚的方世俊等一并革职，急调湖广总督吴达善、刑部侍郎钱维城等前往贵州，进行审讯。审讯结果，不但证实了刘标、永泰揭露情况通属事实，而且发现了此案发生之前良卿等人与刘标等通同作弊，及见弊端无法遮掩又企图参劾属员以争取主动，以及良卿等贵州督抚透支养廉银、贵州按察使兼署藩司高积"以藩库所有水银私行贩卖"等许多新的罪证。[115]对此，乾隆皇帝极为震怒，"自来侵亏帑项犯案，从未有若此之甚者"，"黔省吏治，狼藉至此，实出情理之外"，[116]"督抚与藩桌，至于上下一气，串通结纳，任意营私，将何事不可为"。[117]良卿立行正法之外，其子也发往伊犁与厄鲁特为奴，方世俊、高积等许多官员也分别被处死或受到严厉处分。为了弥补亏空，乾隆皇帝除派员反复清查刘标等案犯任所资财及原籍家产充数外，还令云贵总督及贵州同官各自摊银分赔。至此，这场轰动一时的亏空大案的处理方才告一段落。

6. 钱度贪污案

乾隆二十九年至乾隆三十七年，钱度曾两任云南布政使。在此期间，他利用手中掌握的对缅战争时支放银两的权力，每放银百两，扣除平余银一钱七八分不等。积年放银二千二百余万两，钱度本人即从中侵吞四万余两。除此之外，他还通过索取属员贿赂以及监管铜厂扣收平余等手段，从中搜刮白银数万两。为了藏匿这些财富，他要家人"或作地窖，或作夹壁，以作永久之计"。[118]乾隆三十七年初，因为他案牵扯，钱度的这些问题才一起被揭露。由于在此案发生之前，乾隆皇帝先后对许多高级官员贪污亏空案件皆做了极为严厉的处理，在他看来，"司道大员，必不致复有簠簋不饬之事"。[119]因而，钱度贪污案的再度发生，无异是对乾隆皇帝的当头一棒。对此，乾隆皇帝极为痛恨。案情查清后不久，便将钱度正法。和他一起隐匿寄顿财物的儿子钱酆以及幕友等也都受到极其严厉的惩罚。与此同时，为了了解并制止各省库银支放中的类似情弊，乾隆皇帝还传谕各省督抚将该省藩司如何支放、有无扣除余平及家人掌平之事，"即行查明，据实覆奏，毋得稍有瞻徇讳饰"。[120]

以上所举，不过是在此期间乾隆皇帝处理的众多贪污案件中比较典型的几个案例。由于乾隆皇帝惩贪是为了加强自己的专制统治，兼之以此时各级封建官吏机构已经日趋腐朽，因而这一时期的惩贪活动时起时落，时宽时严，有着极大的随意性，从而造成了"察吏非不严，而贪墨未息；锄恶非不力，而纵逸尚闻，甚且上下弥缝，就轻避重"的严重现象，[121]成为乾隆后期吏治进一步败坏的一个重要的原因。尽管如此，这一时期的惩贪活动还是收到了一定的效果。通过对各级官员尤其是高级官员贪污活动的严厉惩治，不但沉重地打击了贪官污吏的气焰，进一步加强了乾隆皇帝对各级政权的控制，而且在一定程度上限制了各级官员对广大人民的额外剥削，对于保证社会生产的正常进行，防止人民生活的进一步恶化也有着一定的意义。同时，这一活动的开展，也保证了国家正常的财税收入，对于当时正在进行的各次巩固国家统一的战争也提供了强大的物质基础。因而，乾隆皇帝之惩贪，虽然和进行统治阶级内部斗争、制造文字狱、加强思想统治一样，都是为了加强自己的专制统治，但是其积极影响却远在其他活动之上，对于社会经济的进一步发展和清朝统治全盛局面的形成，都起了一定的积极作用。

三、限制书吏幕友

书吏、幕友都是各级封建官吏的亲信和办事人员，一般是受各级官员的指令或委托，代替他们经管刑名、钱谷等重要事务。虽然他们没有职衔，地位甚低，但是由于清代官吏多系科甲出身，没有从政经验，不许在原籍任职，于任地情况极少了解，一些书吏、幕友便乘虚而入，"借历幕更事为名，始终占踞一衙门。官有去留，幕无更易"，乘间滋弊，成为当地事务的实际主宰者。[122]因此，在各种贪污、亏空、违法乱纪案件中，往往都有他们插手。为了整顿吏治并加强对地方政权的控制，乾隆皇帝在加强对各级官员的控制和在经济上严惩贪污亏空的同时，又进行了限制和打击书吏、幕友不法行径的活动。

乾隆皇帝即位之初，针对书吏"贻民害而蛊国事"的问题，即严令京城各机构稽查原已递解回籍而又潜匿京师、营求作吏的书役，将之照例拘拿治罪。[123]尔后不久，又对书吏危害国家政治和广大百姓的情况进行了全面的揭露。他说："书役之为害甚剧"，"其为小民扰累，何可胜言！故有讼狱尚未审结，而耗财于若辈之手，两造已经坐困者矣；额粮尚未收纳，而浮费于催征，中饱于蠹胥，已什去二三矣；其余勾缉命盗、因缘舞弊、遇事风生、株连无辜、贿纵要犯，大率贴写白役之为害居多。"[124]为了对其违法活动进行打击，他要求各地官员"将所有吏役，按籍钩考，其有私行充冒者，悉行裁革"，"倘有坏法扰民之事，立即按律重惩"。[125]此后，又连颁谕旨，命各地督抚、各省藩臬查核书役需索及舞文作弊、因缘为奸种种情弊。[126]对于其中贪污赃私证据确凿者，则严加惩治，不稍宽贷。如乾隆十七年七月，以在京兵部书吏及福建藩司书吏先后"用空白作弊"，冒领饷银，情罪至为可恶，严令该管上司"审明时即行正法"，"以为蠹役之戒"。[127]乾隆二十二年七月，以湖北广济县"蠹书"周锡琏等十二人轮充粮库总书，自乾隆十四年以后，"岁岁加派，私征分肥"而传谕湖北布政使富勒浑"详细追究，从重办理"。[128]乾隆三十四年六月，以浙江长兴县库书私增粮耗而派侍郎曹秀先等驰驿前往，查审具奏。[129]乾隆三十八年十月，以浙江太平县县书黄元桂等"浮收银米，匿地私征"而派人往查，严肃处理。[130]除此之外，对于中央各机关的役满书吏，不遵回籍定例，"潜留原署或著役他处、诱骗揽办、百弊丛生"的问题，也下令各衙门"严查逐出"。[131]

对于幕友，乾隆皇帝也照此办理，防范备至。乾隆六年六月，针对山东等地"上司幕宾往往借端出外，与各官往来款洽，串通信息，又或荐引亲友，入于下司之幕"，"遇事则彼此关照，作弊营私，高下其手"，以致各级官员为其所用等现象，乾隆皇帝告诫各地官员加意防范，严密稽查，以"得幕宾之益，而不受其累"。[132]乾隆二十二年六月，他再次要求各地督抚"关防扃钥，概不得任幕友出署往来交结，以绝嫌疑而肃官守"。[133]为了防止各衙门幕友之间互相勾结，操纵长官，依倚为奸，乾隆皇帝还先后做出各种规定，对幕友进行限制、打击。如乾隆十二年二月，他下令各省督抚整饬首府首县，"将聚集省会之觅馆幕客严查驱逐，倘仍听逗留，即将该府县照不力行保甲例参处"，并规定，"嗣后原官该省者，不得复在该省作幕。如经参奏或被首告，将延请之官照违例议处，营求作幕之人，严加惩治"。[134]乾隆十九年三月，严禁幕友于聘所携眷置产。[135]乾隆二十二年十一月，严禁上司幕友向属下州县勒荐幕友。[136]乾隆三十七年九月，云南布政使钱度与幕友叶木果通同贪污案发后，乾隆皇帝又采取措施，进一步加强了对幕友的限制。除重申各地督抚不得于本省延请幕友外，还将幕主扩大到了督抚之下的所有官员，被聘幕友的回避地区也缩小到了五百里以内。与此同时，还分别规定，督抚、司道、州县幕友，皆须详开履历住址，随时报部；前任官员之幕，不得留于后任；幕友在幕五年，即行更换。如违例延请及逾限不更换者，本管照隐匿不报例，降二级留任，幕友即行斥逐。对于各地上司、属员、幕友之间互相交接、联络声气的问题，则随时稽查处理，并由该管督抚于年终向中央政府汇奏，由军机处对其奏报情况进行稽查。[137]对于纵容幕友往来交通、违法乱纪的官员，则严加处理。如乾隆九年九月，以西安布政使师念祖违例营私、纵容幕友家人招摇纳贿而将之解任。[138]乾隆三十四年二月，以安徽太和县知县郭世仪将重价所买之妾转送幕友——本管上司史鲁璠之族叔史纬仪，而将郭世仪、史鲁璠一并革职，并严令各该督抚确查"阖省州县如有延上司戚族在幕者，立即查办"。[139]安徽巡抚冯钤因为意图徇庇，也受到了革职处分。

经过这样一番整顿，不但在一定程度上限制了书吏、幕友对中央、地方事务的干扰和影响，而且也对全国吏治的整顿起到一定的推动作用。

第四节　严控绅衿

生监、绅衿是封建统治者维持统治的阶级基础和各级封建官吏的后备军。乾隆初年，调整统治政策，和官吏、八旗一样，他们也是主要受益者，并因此而使自己的政治、经济势力都得到较大的发展。乾隆皇帝亲政之后，和对全国官吏队伍的控制日益加强的步调相一致，对广大生监、绅衿的管理和控制也日益加紧。其主要内容是：整顿科举弊端，清理绅衿积欠和惩治、打击其不法行为。

一、整顿科举弊端

清朝时期，除八旗子弟外，科举制度是所有士庶地主子弟猎取功名、获取政治权益的主要途径。因而，从府、州、县学的童生入学考试以至考取举人和进士的乡试、会试，历来都被广大官绅所重视。为了进入仕途，举贡生员不但在考前竞相向主持考试的各省学政和乡、会试考官大行贿赂，而且还在考场上夹带传递，不一而足。雍正时期，在大力振刷政治的同时，对各种科举弊端也力行整顿，科场风气一度有所好转。乾隆初年，推行宽大政治，应考士子夹带文字入闱和主考官员收受贿赂的现象又开始出现。

针对科举考试中的这些弊端，亲政之后不久，乾隆皇帝即着手加强对各地应考士子的管理，并对贿卖生童的个别官员进行惩治。如乾隆四年二月，己未科会试届期，乾隆皇帝先期颁布谕旨，告诫应考举人"务将夹带之弊，尽行革除。仍有不肖之徒，玩视功令者，即行参奏，交部照例治罪，毋得姑容"。[140]乾隆六年三月，顺天乡试在即，乾隆皇帝又颁谕旨，禁止科场怀挟。[141]与此同时，将贿卖生童、影响恶劣的个别主考官员如山西学政喀尔钦革职严审，查抄家产，依律正法。

然而，由于长期以来形成的科场痼疾和各级官吏的上下欺瞒，科举弊端并未就此煞止，反有愈益发展之势。为此，乾隆九年秋，利用顺天乡试的机会，乾隆皇帝亲自出马，对科举弊端进行整顿。事先，乾隆皇帝为应考士子亲出考题；届时，为了防止应考士子夹带，又专派亲信大臣带领人员前往考场监试。监试大臣受命之后，不敢怠慢，严令属下人等认真搜查，并且规定，搜出一人夹带，赏银三两。结果头场考试即搜出夹带文字者二十一人，"或藏于衣帽，或藏于器具，且有藏于亵衣裤裤中者"。[142]因为考题略冷，入场士子不能回答而交白卷者六十八人，不完卷者三百六十九人，书写不工整和答案驴头不对马嘴者二百七十六人。迄至二场考试，又搜出夹带文字者二十一人，因见稽查严密，临点名时一哄而散者又有二千八百余人。[143]"京师如此，则外省情弊，不问可知。"[144]这使乾隆皇帝极为恼火。各级官员天天在他耳边吹嘘什么"人文日盛"，不断要求增加科举录取名额，原来竟是一班这样的"人才"！为此，他一方面下令将批准这些生员参加考试的顺天学政、国子监祭酒和在朝任职的这些生员的家长，以及乾隆元年以来历次顺天乡试时的监试御史，通通查出，交部严加议处；一方面下令将各省参加乡试的生员名额一概削减十分之一，以示惩罚。

与此同时，为了严化科举考试纪律，他还先后做出各种规定。根据这些规定，应考士子衣服一律单层。参试所用蜡烛一律由考生纳钱，官为置办。考生入场于头门、二门须经两次搜查，搜查时两人共搜一人，如二门搜出夹带，即将头门未曾搜出之官役治罪。考前运入考场的器具、食物也委派巡查御史逐件查阅。内外帘官、随役人等亦应一例搜查，如有夹带，立即治罪。士子考试怀挟，"其父、师一并究治"。[145]士子考试须按规定在指定区域进行，不得冒籍顶名。[146]为了认真贯彻这些规定，乾隆十二年和乾隆十五年两届乡试，均令各地派出大批人员"照例严查"。[147]

由于乾隆九年以后历次科举考试皆严密搜查，科举弊端的重点开始转向士子买嘱考官私通关节，各级考官"或于省会书院博督抚之欢，或于所属义学徇州县之请，或市恩于朝臣故旧，或徇纵子弟家人乘机作弊"。[148]对此，乾隆皇帝除一再严令内帘阅卷人等"冰兢自矢"，"严密关防"，以防不肖士子私通关节外，[149]还加重了对科举考试中作弊官员的处分。如乾隆十五年四川学政朱荃匿丧赶考、贿卖生童一案，不但朱荃本人被抄家，而且所有行贿官员也一概正法。又如乾隆十七年恩科会试时内帘监试御史蔡时田和应考士子曹咏祖私通关节一案，正值乾隆皇帝万寿节，而乾隆皇帝却严谕承审官员，"不必拘定万寿期内不加刑讯之例，惟宜迅速严密为妥"，[150]整个案件从揭露到蔡、曹二人被处斩仅用十一天。通过对科举弊端的整顿，一定程度上加强了乾隆皇帝对全国生监的控制和管理。

乾隆皇帝整顿科举弊端虽然收到了一定的成效，然而，由于广大生监和各级官吏通同作弊，科举考试中的作弊现象一直未能完全根除。乾隆三十四年五月，在审查进士朝考试卷时，乾隆皇帝又发现了廷臣拟取之前几名试卷中本人"姓名显然并见"的怪现象。[151]如廷臣拟定之前三名分别为严本、王世维、鲍之钟，第五名为程沅。而严本卷首句即云："人心本浑然也，而要必严辨于动静之殊。""严""本"二字同时出现。王世维卷则云"维皇降衷"，鲍之钟卷"则用苞含上下句"，程沅卷则云"成之者性也"，皆有本人之姓名见于卷中，作弊情节极为明显。因为事涉在朝大臣多人，乾隆皇帝无法一一穷治，不得不仅将发现问题之四卷名次抑至取卷之末，并将所取各卷名次略作改动。但由此可以看出，当时科举弊端是何等的严重，乾隆皇帝在发现、处理科举弊端以加强自己的专制统治方面花了多大的心血。

二、清理绅衿积欠

乾隆初年，调整统治政策，雍正时各地积欠概予豁免。受此影响，各地绅衿拖欠地丁钱粮的情况又开始趋于严重。兼之以经手征收钱粮的官吏、书役从中作弊，以完作欠，肆意侵贪，因而，乾隆十年以后，各省都有为数可观的民间积欠。如自乾隆二年至乾隆十年，安徽积欠钱粮六十四万余两。乾隆元年至乾隆十四年，河南积欠钱粮三十五万余两，甘肃钱粮一百多万石，山东九十七万石。最严重的是江苏一省，自乾隆元年至乾隆九年，累年积欠竟达二百多万两，"多由大户花分，寄庄无着，以及衿监、营兵、书役恃势抗欠之故"。[152]这种情况的存在和发展，一定程度上影响了国家正常的经济收入。为了保证国家正常的赋税收入，乾隆皇帝以江苏一省为重点，开展了清理绅衿积欠的活动。

乾隆十二年四月，在当地督抚的直接负责下，江苏清理积欠的活动正式开始。最初阶段以清查吏役侵蚀为重点，皆先由州县官员出示晓谕，准许各地吏役将其历年侵蚀情况及其数目自首。与此同时，还派员下乡，将欠册与欠户直接见面，掌握吏役侵蚀证据并根据所侵数目，酌定期限。限内完纳者，免其治罪；拖欠不完者，分别治罪有差。在清查活动中，皆由州县官照各地实欠"按户散单，令其自填，其收单各员，一切公用，均出于官，丝毫不派及粮户"。[153]由于政策得当，不到半年时间，书役自首侵蚀之银已有二十二万余两。[154]在江苏清理积欠活动的带动下，同年七月，经乾隆皇帝批准，安徽清理积欠的活动也开始着手进行。与此同时，乾隆皇帝还传谕全国各地督抚，"将该省未完钱粮内，或系民欠，或系带征之项，征完若干，未完若干，并本年经征已完、未完各数，分晰开具清单缮折奏闻"。[155]这些情况表明，清查工作取得了一定的成就，在顺利地向前发展。

　　清理积欠活动的开展，触及了侵蚀书役和拖欠钱粮绅衿的经济利益。"侵蚀书役，既无影射藏奸之地，又少输情悔罪之心。即绅衿花户，多有钱粮授受，亲友交割，皆非若辈所愿。"[156]为了阻止清理积欠活动的继续进行，他们通过自己政治上的代理人协办大学士、军机大臣高斌上奏乾隆皇帝，利用江苏清理积欠中个别侵蚀书役"畏罪不能自完，仍挽粮户代为应承实欠，重出完纳者甚多"的情况，对整个清查活动概予否定，声称"查出一弊，将更转增十弊，不惟无益，而且有损"。[157]与此同时，高斌还公然为拖欠钱粮的绅衿请命。他说："所谓绅衿者，其中贤愚优劣，固有不齐，但系一邑一乡之望，且南邦读书者多，尤宜养其廉耻，导之以礼。"为此，他要求撤回所有办理清查人员，仍循旧例，"新旧并征，于设法催科之中，寓劝导抚字之术"。[158] 也就是说，不必分清官侵、吏蚀、绅欠，仍照前例，将之一股脑儿都摊到百姓身上。由于这次清查涉及在朝任职的许多江苏籍官员，因而高斌的这一奏折，不但是为侵欠吏役、绅衿张目，而且也代表了相当一批官僚的共同心声。对此，乾隆皇帝虽然仍然坚持清查，但是，对于这些言论和要求不能不予重视，因而在批答主持清查工作的署理江苏巡抚安宁的奏折时指出："此番经理，实汝不得已之举。……然与其经营于事后，孰若绸缪于事先。且十年、二十年之间，必清察一次，亦岂政体？汝等若平时留心，何致有此哉！既往不咎，此后宜加之意耳。"[159] 在他看来，清理积欠并不是一件理直气壮的事情，对于清查的态度实际上变得软了起来。

乾隆皇帝的这种态度，无疑是向进行清查工作的各级官员泼了一瓢冷水。因而，乾隆十二年十月以后，江苏、安徽两省清查工作实际上停了下来。与此同时，一些绅衿却不但不完旧欠，而且还在进行清查活动的时候公然抗缴本年地丁钱粮。即以江苏一省而言，乾隆十三年一年积欠即达三十二万七千余两，较之乾隆元年至乾隆九年的平均积欠数字还高出十余万两。对此，乾隆皇帝不但不从主观上找原因，反而责怪当地官吏"经理不善"，甚至还倾向于停止清理积欠。"清查一事，徒自滋扰耳，于将来钱粮之完欠，究有何益？转不若以清查之力，用于本年之催征，尚为扼要之法。"[160] 为了甩脱这个"积欠"包袱，摆脱被动局面，乾隆十六年正月，乾隆皇帝借首次南巡之机将乾隆元年以来江苏积欠二百二十八万余两、安徽积欠三十五万余两、河南积欠三十五万两、甘肃积欠一百多万两和山东积欠钱粮九十七万石概予豁免，这次清理积欠活动基本上是失败了。

乾隆皇帝普蠲江苏等省积欠对于减轻一般劳动人民过重的赋税负担虽然有其积极意义，但对绝大多数绅衿交纳国课却产生了极为不利的影响。不但一些被蠲省份如江苏省的绅衿"视旷典可以常邀"，以致乾隆皇帝首次南巡后的十来年间，历年积欠又累计达二百余万，迫使乾隆皇帝于二十二年、二十七年两次南巡时又将之尽数豁除，而且原来并无积欠省份的绅衿也竞相效尤，开始出现拖欠钱粮的现象。如在首次南巡时，乾隆皇帝曾以浙江与江苏"壤地相错，民风亦相近"但毫无积欠而对之加以表扬，但在南巡蠲免江苏积欠后，乾隆十八年，浙江便积欠二十八万余两。"蠲除之恩适以启拖欠之端"，收到了完全相反的效果。[161]与此同时，一些绅衿也逐渐摸索出抗欠钱粮的新窍门，"将本身额赋花分数十户，户愈碎则征愈难"。[162]为此，乾隆皇帝不得不对清理绅衿积欠工作重表重视，先后采取各种措施，开展清理积欠活动。如乾隆二十四年闰六月，针对江苏省绅衿"将田粮分立多户，或一人而屡易其名"以拖欠钱粮的情况，规定委员下乡，以官就民，"逐户传问，彼此互质"，"大户、小户之粮，一并催征，不得先催大户，后催小户"。[163]另外，还分别加强各州县钱粮账簿管理，严格新旧官吏钱粮交接手续等。针对因为蠲免过滥，以致拖欠愈多的现象，又将蠲免积欠和完纳积欠相挂钩，完成积欠较好的省份，则多予蠲免；完成情况不好者，或者不蠲，或者少蠲。即使普行蠲免，也分析致欠原因，蠲免其因灾致欠部分而对未曾遭灾地区的钱粮依然照征。[164]对于全国其他地区的积欠，则勒令各地督抚随时查办，不得"待敕定科条，始为稽核"。[165]这样，至乾隆中期，各省绅衿积欠情况有所好转，乾隆皇帝清理绅衿积欠收到了一定的效果。

由于自雍正时推行地丁合一以来，国家赋税收入能够得到保证，乾隆前期，国家财政情况一直较好。总的看来，绅衿积欠问题在整个国家事务中并不占据重要地位。因而，乾隆皇帝对于清理积欠的态度并不如其父雍正皇帝那样积极，也不如他本人在处理其他政治问题时那样严厉。就清理方法而言，失当之处不少，清查范围也极为有限，以致清理积欠

活动并没有收到明显的效果。然而，这些活动的开展毕竟在一定程度上限制了绅衿积欠的恶性发展，对于保证国家的经济收入，对于当时正在进行的巩固统一的战争的胜利以及乾隆皇帝专制统治的进一步加强，都起了一定的作用。

三、惩治不法衿监

乾隆初年，由于地方衿监经济和政治实力的发展，各种不法行为也日渐增多。有的为攫取分外政治利益和经济利益而聚众罢市、哄闹公署、挟制官长；有的霸占民利、包揽词讼、私设公堂、致毙人命、欺压百姓；有的又削尖脑袋，极力钻营，千方百计地设法掌握地方政治、经济实权；最恶劣的是一些在籍官吏，凭借在职期间结下的各种关系，勾结官府，武断乡曲，几乎成为一方乡里的土霸王。对于他们的胡作非为，各级地方官员或者公然与其同流合污，或者怕失掉

前程，"多所瞻顾，不加创艾"。[166]这些现象的存在，严重地影响了封建国家对地方基层政权的控制。为了加强自己的专制统治，在整顿科举弊端、清理绅衿积欠的同时，乾隆皇帝也加强了对衿监的管理，对其违法行为给予了严厉的惩治。

1. 打击闹事

乾隆前期，衿监闹事曾多次发生。仅乾隆四年春夏间，便先后发生了湖南长沙、福建福安、直隶昌黎等三起生员闹事案件。乾隆七年八月，江苏、安徽等地遭受水灾，当地官员循例查赈。按照规定，"在城居民有力之家，例不在赈恤之例"。而宝应、淮安和高邮三县的一些衿监，却乘此聚众闹事。"聚众罢市，抬神哄闹公堂衙署，勒要散赈。"[167]乾隆十年以后的两年中，山西一些地区的衿监聚众闹事者更多。"如天镇之抢粮，乡宁、静乐、镇宁等处之聚众抗官，皆劣衿倡首。"[168]对此，乾隆皇帝极为重视。他说，朝廷所以优待士子，一是因为他们读书明理，立品修身，可为一般平民百姓的表率；二是为日后选拔官吏作准备。而这些士子却以安分为耻，以抗法为荣，不但会对广大百姓产生恶劣的影响，而且将来的吏治也不堪预测。稂莠不薅，则嘉禾不生。为了培养合乎需要的"端人正士"，凡是闹事生员，"即行斥革"，取消所予优待和特权。对于管教不严的学政、处理不力的督抚则分别交部议处。这样，才使这股闹事风气停了下来。

2. 禁止干政

乾隆前期，社会人口急剧增长，衿监数量日益庞大。而官吏数目有限，入仕困难，不少衿监充任牙行或营求里役头目以求自托。对此，乾隆皇帝也甚为注意。乾隆八年六月，针对"各省牙行多有以衿监任充","每至侵蚀客本，拖欠货银……以致羁旅远商，含忍莫诉"的情况，严禁衿监充任牙行。"如不肖衿监，藐视法纪，州县官奉行不力者，照胥役兼充牙行例，分别治罪。"[169]乾隆二十七年九月以后，又通令各省，严禁士子窜身里役如庄书、圩长之类。[170]对于生员包揽词讼，乾隆皇帝也严行禁止。"代人作证审属子虚者，即行详革，仍照包揽词讼例，加等治罪。"[171]即使所举证据属实，也要由该管学政对其加以警告，不得再犯。

3. 惩治违法行径

对于称霸乡里、鱼肉百姓的衿监，乾隆皇帝向来极为痛恨。他说："地方生监武断把持恶习，最宜留心振刷。"[172]"向来乡绅在籍武断横行……最为吏治民生之害。"[173]因而，在对其不法行径进行惩治时，往往也极为严厉。乾隆十二年，福建巡抚周学健以本省田少人多，奏请开垦沿海岛屿。朝廷以事涉海防，查勘之后再作定夺。[174]然而不待朝廷命下，当地一帮绅衿"即遍贴告条，令渔佃人等请批，方准承垦"，[175]企图将所有权控于己手。乾隆二十四年，同样情况又在浙江发生。当时，台州府滨海一带涨出沙涂数万亩，"认垦之户，半系衿豪胥猾，托名诡禀，空呈存案，以图占地"。[176]对于这种明目张胆地上欺朝廷、下压百姓的不法行径，乾隆皇帝极为愤怒，当即严令当地督抚详加训饬，严肃处理，"倘仍有肆横不法者，立即据实查参。若该督抚稍涉瞻徇，经朕访闻，惟该督抚是问，不为宽贷"。[177]乾隆二十七年，湖北蒲圻县监生任光以微嫌致死人命并重利盘剥乡民案发，乾隆皇帝除将正犯依法处置外，还将其家产一概抄没，以作地方公用。[178]乾隆三十六年，发生了湖南监生段兴邦威逼佃户周德先父子五人先后服毒投塘身死一案。地方官拟将段兴邦发配边远充军，将其田亩一半断给周德先。对此，乾隆皇帝以为，"段兴邦以田土细故……致周德先父子五人先后自尽，实属豪强凶恶，仅拟军罪，岂足蔽辜"，[179] 严令主审官员重拟。地方官又改拟斩监候，乾隆皇帝仍不同意，一直到主审官员拟为正法，方才罢手。与此同时，还籍没段兴邦全部家产以兴办义田，收受贿赂的官员也一并革职严审。[180]

对于在籍官吏交结官府、为非作歹、欺压良善的行为，乾隆皇帝尤其不能容忍。乾隆十二年八月，以原任户部侍郎陈树萱"家居并不安分，每因细故争讼并干谒地方官"而将其革去职衔。[181] 乾隆二十四年十二月，以御史孙绍基、州同张兆霖在籍期间"肆行撞骗，受贿累累，大干法纪"而分别将之革职严审。[182] 乾隆二十八年十一月，又以休致知州刘有余杖死欠租佃户而将之问斩。[183] 与此同时，还做出规定，严禁告病、告假回籍之大臣官员"谒拜督抚，结纳有司"，违犯人员照例治罪。[184] 凡此种种，都在一定程度上打击了不法衿监的嚣张气焰，进一步加强了乾隆皇帝本人对广大衿监的控制和管理。

第五节　整顿八旗

在清朝政权建立和统一全国的过程中，以满洲贵族为核心而建立起来的八旗制度起过突出的作用。为了维持和加强清朝统治者对广大汉族人民的民族压迫和阶级统治，清初以来的历代帝王都将八旗视为政权存在的重要基础，并不断加强其对八旗的控制及八旗本身的建设。乾隆皇帝在位前期，有鉴于八旗和八旗军队既是清朝统治者的统治对象，又是其维护封建统治、镇压各地人民反抗斗争的依靠力量，在国家政治生活中发挥着极为重要的作用的现实，先后采取各种措施，进一步加强了自己对八旗的控制，并使其在国家生活中继续发挥重要的作用。其主要措施是：在政治上加强控制，扩大八旗入仕途径；在军事上不断进行整顿，以保持其较强的作战能力；在经济上设法解决旗人生计等。

一、加强人身控制，扩大八旗仕途

乾隆皇帝即位之初，有鉴于雍正时期八旗官员办事多务烦苛，大为旗人之累，一度"去其烦冗，俾从简易"。但是，随之而来的是办事官员的不负责任和旗务的废弛。对此，乾隆皇帝认为，"旗务废弛，所关甚大"，"办理事务，宽严当得其中。若严而至于苛刻，宽而至于废弛，皆非宽严相济之道"。[185] 随着自己统治地位的不断巩固，乾隆皇帝逐渐加强了他对八旗事务的管理。乾隆四年六月，乾隆皇帝添派查旗御史对各旗事务进行稽查；[186] 五年闰六月，定旗员降调补用之例；[187] 六年二月，定八旗办事限期及逾限处分之例；[188] 十六年十二月，为了改变原先八旗值月大臣办理旗务"率皆意存推诿，苟且了事"的现象，乾隆皇帝决定改派值年旗，以专责成。[189]

　　与此同时，对于八旗宗室、一般八旗官员和广大正身旗人的控制也日益加紧。乾隆十八年七月，针对不少满洲官员违反规定移居正阳门外汉官居住区的现象，严令满洲官员四百余家皆移回内城居住。[190]为了加强对各旗宗室的管辖，又于原来各族族长之外，添设各旗总族长二人，各给印信关防，以资管辖。[191]对于企图摆脱控制，逃离所居、所驻之地的八旗子弟和八旗兵丁，则三番五次地责令有关八旗官员"出派官弁访拿，解部审询"，"若有缘事情节，即照逃人例，分别轻重治罪，交该旗严行管束"。[192]为了防止类似情况再度发生，乾隆皇帝还严令该管各官严加约束，失察者"照外省驻防逃人之例，分别处分"。[193]乾隆二十八年，又进一步做出规定：正身旗人在逃，一月之内拿获或返回自首者，连同家属发往伊犁当差；复致逃走者销除名籍。[194]

　　除此之外，乾隆皇帝还十分注意严化八旗内部的等级制度，并加强了对八旗之内另记档案的开户人和户下奴仆的管理。八旗开户人原来多是各级贵族之奴仆或旗人抱养民人之子，或因在清朝政府进行的战争中立有功勋，或因追随主人年久，"伊主情愿令其出户"，而分别摆脱了奴仆的身份，其中一些人还获得了官职。[195]尽管如此，清朝历代统治者对他们及其子女仍然加以歧视，将之另记档案，在政治待遇上也低于正身旗人，不得与正身旗人一体拣选秀女，不得参加科举考试。如有差使，先由正身旗人挑补，然后始及另记档案人员。乾隆皇帝在位期间，对此相沿不改。如他曾多次查办八旗中的另记档案人员，并分别于吏、户、兵三部具册存案，以备查对。其中做官者，本人虽加恩免其革职，但却停其升转。他们的子孙也不准考试居官，而只准挑补前锋、护军、马甲等。[196]乾隆二十一年以后，随着旗人生计问题的日益严重和出旗为民政策的推行，这些另记档案人员又成了乾隆皇帝解决旗人生计问题的首批牺牲品。当年春，乾隆皇帝规定，另记档案人员中的"不食钱粮者，即令出旗"。[197]而且，在办理他们出旗事宜时，对于他们出旗之后的生计，概不考虑。"此等另记档案开户人等，本属家奴，不但不可与满洲正身并论，并非汉军及绿旗营兵可比。准其出旗为民，已属加恩格外……若以其生计艰窘，复一一官为料理安插，殊觉过当。"[198]对于担任差使的另记档案人员，虽然加恩不令出旗，也乘福州、广州等地汉军出旗为民之际，将他们轰出北京，到上述各地驻防，以空出更多的缺额解决在京正身旗人的生计。对尚未摆脱八旗奴仆身份的旗人，乾隆皇帝的控制更为严格。乾隆三年，为了限制八旗奴仆赎身开户，乾隆皇帝规定，凡乾隆元年以前卖身为奴者，三辈以后，著有劳绩，始准为民。[199]元年以后卖身之奴仆，虽准赎身为民，但为民之后，对于原主"主仆之名分尚存"，"只许耕作营生，不准求谋仕宦"。[200]乾隆十二年，乾隆皇帝又规定，已经赎身之八旗户下家奴，虽已上报部旗，仍令入于原主名下，作为开户，不准脱离原主，归本佐领下；未经申报部旗者，即使原主已经得过身价钱，仍令作为原主户下家奴，不得归入佐领作为开户。[201]乾隆二十一年以后，他们中的一些人又和另记档案人员一起被勒令出旗以解决八旗生计问题。

还需看到，乾隆皇帝在加强对八旗内部各阶层人员控制的过程中，极为注意突出自己在八旗中的最高统治者的地位。在他看来，由于八旗和皇帝的特殊的历史关系，所有八旗旗人乃至所有八旗官员都是自己理所当然的奴仆。汉官对于皇帝还可依例称臣，八旗官员必须自称"奴才"，否则便是对自己的大不敬。有时甚至为此还大发脾气，对一些不自称"奴才"的满洲官员严厉呵斥。如乾隆六年，镶红旗汉军旗人、贵州总督张广泗奏请以其子张极随任，于其子称"奴才"，自己却称"臣"。这使乾隆皇帝极为不满，令军机处"寄信训饬"。[202]这样一来，八旗官员奏事一律自称"奴才"。"奴才"太多，乾隆皇帝也觉可厌和有失体统尊严，因而，乾隆二十三年以后多次申令，满洲大臣奏事，"公事折奏称臣，请安、谢恩寻常折奏仍称奴才，以存满洲旧体"。[203]尽管如此，许多满洲官员仍以"奴才之称为卑而近，称臣为尊而远"而不分公事私事概称奴才。由此可以看出，乾隆皇帝对八旗子弟的人身控制是何等的严格！

在政治上对八旗控制日益加紧的同时，为了利用八旗官员加强对全国的控制，乾隆皇帝又为八旗官员普遍掌握全国军政权力而大开绿灯。

清朝初年，在建立对全国统治的过程中，清朝统治者即执行了内满外汉的政策。中央政府中，内阁、部院监寺等机构虽皆有汉员参加，但其大权皆操于满员之手。地方上的高级职务总督、将军，也都由满人或者入关前投降清朝的汉人担任。这一政策的推行，对于清朝统治的建立和巩固起过一定的作用，因而历代清朝统治者都将之奉为国策，坚持不渝。然而一则因为清初时期满洲"人数不多，仅足敷京员之用"，[204]二则出于联合汉族地主阶级共同镇压人民反抗斗争的需要，各省巡抚，布、按二司以下和绿营军队中的各级官员仍然多由汉人担任。乾隆皇帝即位之后，清朝政权建立已经百年，清朝统治日益巩固，满族人口数量激增，使更多的满洲官员担任地方军政要职不仅成为可能，而且也是解决八旗生计所必需，在这样的情况下，扩大满官入仕途径的问题便提上了乾隆皇帝的议事日程。

早在乾隆皇帝即位之初，他即采取措施扩大满洲官员的入仕途径。乾隆二年九月，他采纳御史舒赫德的建议，改变以前中央政府各部中的满洲、蒙古郎中只准保举地方布、按两司的旧规定，准许他们和汉官一起保举道员，[205]从而开辟了广大满洲官员进入仕途的新途径。尔后不久，保举范围进一步扩大，中央政府中任职的满洲科道官员在内升时又取得了优先拣选的权利。[206]与此同时，满洲郎中保举的官职也降低到了道下之府。这些规定，对于开放满官仕途虽然有一定作用，但是由于中央各部中的满洲官员数量有限，大批八旗子弟的入仕问题仍然没有解决。为此，乾隆皇帝不惜损害广大汉官的切身利益，一方面进一步降低满洲官员外转时的官职的限制，另一方面设法开辟八旗子弟入仕的新途径。乾隆六年二月，乾隆皇帝规定，"嗣后满洲进士，亦着照依甲第名次选用知县"。[207]按照这一规定，知县以上的各级官员皆可使用八旗官员，朝廷内外各级行政官吏几乎全部开放，八旗子弟入仕名额大大增加。为了解决八旗武职官员的升转问题，乾隆皇帝又以绿旗营伍废弛，"分用满员，以资铃辖"为借口，以大批旗员补用绿营守备以上的各级官员。[208]根据兵部奏报，至乾隆三十八年时，在直隶、山西、陕西、甘肃、四川五省副将至守备一千八百二十六缺中，"满洲蒙古在绿营者"，已经超出原定数额六百四十七名的一倍以上。[209]至此，满洲官员不但掌握着中央和地方的主要权力，而且在数额上也将及半数。[210]正是在此期间，乾隆皇帝的专制统治得到了极端的加强。

大批八旗子弟进入各级军政机关严重地影响了广大汉族知识分子的入仕，因而这一措施引起了他们强烈的不满和反对。作为他们的代表，六科给事中杨二酉和翰林院检讨杭世骏等人先后上书乾隆皇帝，对乾隆皇帝使用官吏中的内满外汉政策进行了批评。其中杨二酉奏疏的语气尚为缓和，他说："满洲用为外任，恐伊等于子民之道，多未讲习，一日驱为民牧，有失闲检，顿罹参处，殊为可惜。"[211]杭世骏的奏疏则相当激烈，他说："意见不可先设，畛域不可太分，满洲才贤虽多，较之汉人，仅什之三四，天下巡抚尚满汉参半，总督则汉人无一焉，何内满而外汉也。"[212]为了替自己的这些措施进行辩解，乾隆皇帝一方面重谈"满汉远迩，皆朕臣工，联为一体，朕从无歧视"；[213]一方面又强词夺理地对这些人的批评进行反驳。他气呼呼地说："国家教养百年，满洲人才辈出，何事不及汉人？"[214]入关以来，满员长期担任内外高级职务，高级职务尚能胜任，何况府州县等中下级官吏？如果说，满洲官员不熟悉吏治，汉官入仕之前又有几个熟悉吏治，还不是靠在任职后随时学习，哪有先学生儿子再去嫁人的道理？与此同时，他还倚势压人，指责这些建言之臣侵犯了皇帝的用人权力。"此中裁成进退，权衡皆出自朕心，即左右大臣，亦不得参预，况微末无知之小臣乎？"[215]为了制止汉官再发类似议论，他还将杭世骏革去职务，逐回杭州老家。这样，这股反对势力才被他强压下去。

为了平息广大汉官的不满情绪，在广大满洲官员仕途问题基本解决之后，乾隆皇帝也就满汉仕途矛盾问题采取了一些调和措施。如乾隆十六年七月，他对一些督抚徇庇所属满员、参奏所属汉员的现象进行了批评。[216]乾隆十七年十一月，他以"近年满员保送外任者多，以致各部院谙练出色之司员渐少"，大批担任道府以下官职的满员升转为难，决定"除特旨除授外，满洲司员保送道府之例着暂行停止"。[217]后来，又针对到绿营任职的旗员"全弃满洲旧规，反染绿旗汉习，诸事妄行，将所余之资，不知撙节，滥行奢赏，徒事虚文，甚至以买妾为事"等严重问题，对其使用情况加以限制。[218]这样，才使因仕途分配不均而发生的满汉官员之间的矛盾缓和下来。

二、整顿八旗军政，提倡清语骑射

为了发挥八旗军队在镇压人民反抗、维护国家统一方面的暴力作用，乾隆皇帝也极为重视八旗军队的建设，其主要措施是：增设八旗兵种，扩大八旗兵额；整顿八旗军政；提倡清语骑射，保持满洲旧俗。

1. 增建八旗兵种，扩大八旗兵额

自从八旗建立之后，根据清朝统治者的需要，八旗兵种和八旗军队数量都在不断完备和增加。以兵种而言，乾隆皇帝即位时，便已有骁骑、步军、护军、前锋、火器、虎枪等

营。乾隆十三年，对金川用兵，山路崎岖，碉堡林立，攻克为难。为此，乾隆皇帝特于八旗前锋、护军内简选精卒千人"操演云梯"，练习攀山越岭的战术，命曰健锐营。[219]金川战事结束后，健锐营建置仍然保存下来，成为八旗军中的一个固定的兵种，从而使八旗兵种的建设更为完备。

为了保持一支强大的武装力量，根据八旗户口日益繁衍的情况，乾隆皇帝还多次扩编八旗军队。乾隆三年十月，乾隆皇帝亲政不久，即增添八旗护军、领催、马甲四千三百三十余名，养育兵一万七百七十余名。[220]乾隆十四年九月，以从护军营拣选千人另建健锐营而令各旗"各按佐领选其出色者挑补护军校、护军"。[221]乾隆十八年三月，以健锐营新设需要扩编而增添马甲一千名，并酌增养育兵等。[222]这些措施，就其动机而言，虽然大都是为了解决八旗生计，但也确实收到了加强军事力量的效果。

2. 整顿八旗军政，提高军队素质

乾隆时期，由于长期以来的和平环境，八旗军政事务日益废弛，军队素质也迅速下降。其主要表现是，各级军官贪污腐化，吞食空额钱粮情况相当严重；军事训练苟且塞责，如同虚文，官员兵丁提笼架鸟、入班唱戏者比比皆是。为了保证八旗军队的作战能力，乾隆皇帝即位不久，即着手对八旗军政进行整顿。

首先是裁革亲随名粮制度。康熙以后，八旗军队中逐渐形成了亲随名粮制度。各级军官除本身俸饷外，另据军职高低，各支亲随名粮数分。如都统六名、副都统四名、参领二名、佐领一名等。雍正中推行养廉银制度，军队中的亲随名粮得到政府公开认可，"武职去任之后，将名粮停扣，不必募补，即留与接任之人"，这种变相贪污变成了军官们的一种合法收入。而在实际执行中更是弊端百出，"又有于定数之外私自克扣增添"，以少报多，以无报有。对此，乾隆皇帝认为，"武职亲丁，虽年年造册，究系虚名开载，实无其人，名实不符"，决定将之裁革，[223]并于乾隆十年一律改发养廉，从而在一定程度上抑止了军官吞食兵丁钱粮的行为。

其次是针对八旗军政训练日渐废弛的情况，强调军事训练。乾隆四年十月，因为各省驻防八旗"渐染习俗，惟好安逸，不务勤操，该管大臣又不以训练为事，以致技艺渐劣，迥不如前"，[224]乾隆皇帝颁布谕旨，严行申饬。乾隆九年，为了检查驻防八旗军事训练情况，他派遣钦差大臣、尚书、公讷亲查阅河南、山东、江南三省营伍，并对训练不力的官员，分别进行撤换和处分。为了督促各地八旗官员及时训练军队，他还将派员查阅定为制度，按年分批进行。[225]正是由于他对八旗军政的不断整顿，才使八旗军队保持了较强的战斗力，并在此后不久发生的平定准噶尔、回疆等地少数民族上层分子叛乱的战争中发挥了主力军的作用。

3. 提倡清语骑射，保持满洲旧俗

满族以少数民族入主中原，到了乾隆时期，已经百年以上。由于长期受先进的汉族文化的熏陶，不少八旗子弟、八旗官员甚至八旗王公忘却旧俗，"不谙国语"，骑射生疏。与此同时，他们却竞相仿效汉俗，重视文化知识的学习，重视科举考试，有的人还因欣羡汉人习俗而改姓换名。如将钮祜禄氏改为郎姓，以汉字文义取名甘露珠、嘉木灿等。这一趋势的发展，使得这个居于统治地位的民族逐渐失去了自己的独立性。乾隆皇帝既以满族作为自己的统治基础，对此现象自不能不表示极度关切。他认为，是否坚持清语骑射、能否保持满洲旧俗是有关清朝政权兴亡的大问题。为此，他多次告诫八旗子弟"骑射我朝根本"，"清语尤为本务"，"我朝先正遗风，自当永远遵循，守而弗替"。[226]

乾隆皇帝一反其父在位期间一直不出京城的惯例，多次率领八旗北上秋狝，行围较猎，演习骑射，以期挽回八旗旧俗。乾隆十七年三月，他郑重其事地分别于紫禁箭亭、御园引见楼、侍卫教场、八旗教场各立"训守冠服骑射碑"一通，"俾我后世子孙臣庶，庶知满洲旧制，敬谨遵循，学习骑射，娴熟国语，敦崇俭朴，屏去浮华，毋或稍有怠惰"。[227]并先后做出各种规定，提倡清语骑射，将之作为满洲举人考试、官员升黜和宗室王公承袭爵位的必要条件。如乾隆七年八月谕，"凡遇行走、齐集处，大臣、侍卫官员以及兵丁俱着清语"。[228]乾隆十二年七月，以满洲人等渐疏清语，祭天神多不如式而命臣下编纂《满洲祭天祭神典礼》一书。[229]乾隆十七年七月又规定，"嗣后武职内凡升转承袭各官引见者，除例应射箭无庸置议外，其不应射箭之印务章京及侍班官员亦皆令其射箭"。[230]乾隆二十二年十一月，规定满洲举人考试进士，先阅其马步骑射，"生疏者不准应试"。[231]乾隆二十六年十月，又规定京察时"办事妥协之员必兼清语熟悉者，方许保列一等，否则办事即妥，亦不许保举"。[232]乾隆二十九年二月，为了使宗室王公学习清语骑射，又规定承袭王公爵位时，不分嫡庶，概以长于骑射清语者承袭。[233]对于不谙清语、不能骑射的满洲官员和宗室王公，或者严词申斥，不许保举；或者勒令延师，限期学成。对于各地八旗子弟要求就近设点参加科举考试则斥之为"背谬已极"，"殊失设立驻防之本意"，概不准行，并规定"嗣后不得以此谬论再行妄渎"。[234]对于无助于满洲子弟学习清语骑射的八旗义学，则以"徒有学校之名，而无育材之实"为借口干脆予以取消。[235]对于混写汉名汉姓的满洲官员除严行申斥、勒令改写之外，还传谕各该旗"嗣后不得复蹈此习"。[236]

三、解决八旗生计

乾隆时期，承平日久，八旗生齿日繁，原来即已存在的八旗生计问题愈益突出。因而在解决八旗生计问题时，乾隆皇帝也较之于康熙、雍正两代皇帝花费了更多的心血。其主要特点是，在继续实行赈济银两、回赎旗地、增添养育兵额等消极的解决八旗生计政策的同时，还从积极的方面寻找出路，实行出旗为民和京旗移垦等重要措施，帮助旗人自谋生路，从而在一定程度上解决了八旗生计问题。

乾隆皇帝即位后，借给旗人俸饷、赈济八旗银两、回赎旗地和增设八旗养育兵额等以前采用过的许多解决八旗生计的方法仍在继续实行。以借给俸饷、赈济银两而言，乾隆皇帝刚刚即位，即普赏八旗兵丁一月钱粮，出征八旗所借银两尽予豁免。不久，又加赏在军兵丁一月钱粮。乾隆元年八月，借给八旗兵丁一年俸饷。二年九月，又借给在京八旗兵丁半年饷银。三年七月，因为所借银两无力偿还，将之全部豁免。

乾隆八年十二月，又加恩赏给八旗和内府三旗各一万两白银。与此同时，雍正时期开始的以各地八旗生息银两赈济八旗穷困兵丁的政策还在继续执行。以回赎旗地而言，继雍正之后，乾隆皇帝又先后动用帑银数百万两将民典旗地概予赎回，"准令贫乏旗人承买，以为恒产"。²³⁷以添设养育兵而言，雍正二年养育兵初设，数量仅有四千八百。乾隆皇帝则将之连翻数番，几达三万。这些措施，虽使原来颇为突出的八旗生计问题有所缓解，然而由于是以消极赈济为主而不是帮助旗人自力谋生，仅能奏效于一时，尤其是其中的借给俸饷，对于广大旗人来说，更无异于是饮鸩止渴。政府支出大批银两，旗人随手花费，不长时间，又归乌有。而后每月扣除额饷，"于生计转为无益，非养赡旗人之善策"。²³⁸又如回赎旗地之举，政府支出百万库帑，赎回旗地，准许旗人承买，但是旗人买后不久，"竟有私行典卖与旗民者"。²³⁹因而，从乾隆四年以后，乾隆皇帝借给八旗俸饷、赈济八旗银两的数量和次数都大大减少，回赎旗地也不再准许旗人置买，而是将之作为公产，招佃收租，赈济八旗穷困兵丁。为了切实解决八旗生计，乾隆皇帝不得不另行筹计，从乾隆七年开始先后推行了八旗出旗为民和京旗移垦的活动。

　　乾隆前期，大规模的出旗为民活动先后进行过三次。其中第一次是在乾隆七年到乾隆八年，出旗主要对象是在京八旗汉军。乾隆七年四月，乾隆皇帝规定，在京八旗汉军人员，"所有愿改归民籍与愿移居外省者"，"俱限一年内具呈本管官查奏"。²⁴⁰由于这种做法在八旗发展史上还是第一次，因而乾隆皇帝尚没有放开手脚，在允许汉军出旗为民的同时，还先后就此作了一些限制和补充性规定。一是不允许入关以前即已投降清朝的人员子孙出旗为民；二是"文职自同知等官以上，武职自守备等官以上，俱不必改归民籍"。[241]由于有这些限制，这次出旗为民人口不多，总共约有两万人。[242]尽管如此，这次出旗为民活动的开展毕竟为解决八旗生计问题开辟了一条新路子。

　　十几年后，为了进一步解决八旗生计，从乾隆十九年到乾隆二十年，乾隆皇帝又以各地驻防汉军为对象，开展了第二次更大规模的出旗为民活动。乾隆十九年三月，乾隆皇帝规定，福州驻防"汉军人等或亦照京城汉军之例，各听其散处经营"。[243]七月以后，出旗范围又陆续扩大到了京口、杭州、广州和全国各地的驻防汉军。为了妥善地办理汉军出旗为民事宜，在方法上，乾隆皇帝规定，当地绿营缺出，即将出旗汉军顶补，汉军"所出之缺，即将京城满洲兵派往顶补"。[244]与此同时，乾隆皇帝也放宽了对于出旗人员的身份限制。汉军官员、从龙入关汉军的子孙皆准出旗。对于年老、办事迟钝和犯有罪过的汉军人员，甚至还逐令出旗。如乾隆二十一年规定，"汉军在京甲兵，有愿往直省散处为民者，准出旗为民"。[245]二十三年又规定，"汉军中老年残疾，差使迟钝者，令其出旗为民"。[246]二十七年还规定，从龙人员，如直省有可靠之处，愿为民者听便；六品以下官员愿为民者听便等。[247]为了加快出旗为民的步伐，乾隆皇帝还对办事迟缓的官吏严加斥责。[248]经过这次办理，大批汉军转为绿营或者民籍，所出之缺由满洲八旗顶补，一定程度上解决了八旗生计问题。

在办理汉军出旗为民事宜取得一定成效后，从乾隆二十一年到乾隆二十三年，乾隆皇帝又进行了以八旗另记档案人员为主要对象的第三次出旗为民活动。乾隆二十一年二月，乾隆皇帝颁布谕旨："现今在京八旗，在外驻防内另记档案及养子开户人等，俱准其出旗为民，其情愿入籍何处，各听其便，所有本身田产，并许其带往。"[249]其中"不食钱粮者，即令出旗"，有正额差使及担任官职人员，愿出旗者，或转绿营，或转民籍；不愿出旗者，则遣令出京，至福州、广州等地顶替汉军出旗所遗之缺，[250]以"将伊等之缺，挑补另户，俾得多支粮饷"。[251]这些另记档案及开户人等，虽然先世曾为八旗奴仆，但因祖上或本人积有功勋，早已取得正身旗人的地位，乾隆皇帝对他们竟如此歧视，或者逐令出旗，或者轰出北京，当然引起了他们的不满。因此，在他们出旗为民之后不久，其中一些人又通过贿求八旗官员复入旗籍。为此，乾隆二十七年，乾隆皇帝严令八旗官员查拿乾隆二十二年以后"另记档案，业经为民，又复入旗，侵占旗缺者"。[252]向官府自首者无赏无罚，仍令出旗为民；为人检举者"悉发往伊犁"。[253]

由于存有民族和阶级偏见，在整个出旗为民活动中，乾隆皇帝始终坚持先疏后亲、先远后近的原则，因而被逐令出旗者，大多是八旗中的二等公民。在办理出旗事宜时，又但求摆脱本身困境，不管出旗人员死活，一个时期之内，给出旗为民中的一般军丁造成了较大的困难。但是也应看到，作为入关以后各种解决八旗生计方法中的一个创举，出旗为民毕竟是一个比较积极的方法。经过三次大规模的出旗为民活动，不但使一直非常严重的八旗生计问题得到缓解，减轻了清朝政府的财政负担，而且也使大批汉军和另记档案人员在政治上摆脱了八旗的桎梏，因而乾隆前期推行的出旗为民活动对于清朝国势的继续强盛，对于整个社会的发展和进步都有着一定的积极意义。

在大力推行出旗为民政策的同时，为了解决八旗生计，乾隆皇帝还想到了八旗移垦。乾隆五年，他派大学士查郎阿等东行出关，相度地势，寻找宜于屯垦之处。乾隆六年十月，查郎阿等返京复命，报告拉林（今属黑龙江省五常市）、阿勒楚喀（今黑龙江省阿城区）一带地方"除棉花外，凡谷麦杂粮，俱可耕种，洵称上地"。[254]这样，乾隆皇帝又进行了京旗移垦拉林、阿勒楚喀的活动。为了替京旗移垦准备必要的条件，乾隆七年，乾隆皇帝首先派闲散余丁及台站壮丁携带官给牛具籽种前赴该地，为移住满洲每户垦田三顷、建屋三间。[255]在各种准备工作大致就绪后，乾隆九年秋，一千户移垦人员从北京陆续出发，前往屯垦地界。在开始阶段，由于屯田人员不谙耕作技术、未携家眷、人力单薄和管理人员不负责任等许多原因，屯垦效果并不理想。不但耕作面积小，单产低，不足自给，而且牛只死亡、土地荒芜、房屋烧毁等现象也相当严重。对此，乾隆皇帝除对管理不力的官员进行处罚之外，还分别采取各种措施，解决屯垦中出现的具体问题。如乾隆十年以后，针对不少移垦旗丁"安家银两渐次用完"，"牛只等项毙坏，无力置买，不免拮据"等问题，每年拨银五千两，对其困难者予以补助。[256]乾隆十三年，以移垦满洲"不能全行耕种"土地，口粮不敷而借粮一万石。[257]

乾隆十七年，以种地人员多未携带家眷，不安心于屯垦而传谕八旗大臣，以后派遣种地人等"将家属一并咨送，不准留京"。[258]

在广大移垦兵丁的共同努力下，乾隆十七、十八年以后，移垦情况开始好转，广大移垦兵丁"生计渐裕"。[259]这样，从乾隆二十一年开始，乾隆皇帝又陆续从京派遣三千户满洲前往移垦。"起身之先，每户赏给治装银两，沿途复给与车辆草束，到彼又赏给立产银，并官房田地以及牛具籽种等项，计一户需银百余两。"[260]为了办好屯垦，乾隆皇帝规定，不得再向拉林、阿勒楚喀一带发配犯人，以免影响当地屯垦兵丁的情绪。[261]与此同时，针对种地人员"逃回者甚众"的现象，[262]乾隆皇帝一方面命令严化入关手续，进关者俱须持有"该管官印票、关防"；[263]一方面对违法逃回者严厉惩罚，分别正法。由于乾隆皇帝的重视，至乾隆二十五年以后，拉林、阿勒楚喀一带地方"驻扎满洲日多，居民日密，商贩牲畜，不期而集"，[264]已经成为一个塞外重镇了，乾隆皇帝的京旗移垦政策取得了成功。

第六节 "马上朝廷"

在乾隆皇帝的全部政治活动中，四出巡幸也是一个极其重要的方面。据统计，终乾隆一朝，各种巡幸活动有一百五十次之多。其中拜谒东、西陵及盛京三陵六十六次，巡幸热河避暑山庄及秋狝木兰五十二次，东巡曲阜举行阙里祀典八次，南巡江浙六次，巡幸中州一次，西巡五台山六次，巡幸明陵、盘山及天津等畿甸地区十四次，平均每年出巡两次还多。乾隆皇帝这种极为频繁的巡幸活动，不但在二百六十多年的清朝历史上首屈一指，而且在两千多年的各代封建帝王中也极为罕见，对于乾隆时期全国政治形势的发展产生了极大的影响。

乾隆皇帝之所以如此频繁地举行巡幸活动，是因为他把巡幸活动看作是加强自己统治的一个重要的措施。乾隆十二年，他在驻跸避暑山庄期间，曾对三代以下的各朝政治得失和康熙皇帝在位期间多次巡幸全国各地的原因进行过一番分析。他说，夏、商、周三代以后，统治时间最长的是汉、唐、宋、明四朝。而在这四朝历史上，往往开国后不过一两代，便会发生内乱。究其缘故，不只是因为上苍对之不眷顾，更重要的还是因为当时最高统治者怠于政事。正是有鉴于此，自己的祖父康熙皇帝在平定三藩叛乱之后，"即不敢以逸豫为念，巡狩之典，或一岁而二三举行"。[265]虽然巡狩也有"耗财劳众"之弊，但是和其在"察民瘼，备边防，合内外之心，成巩固之业，习劳苦之役，惩晏安之怀"等方面的效果相比，"所全者大，则其小者有不必恤矣"。[266]这些历代帝王失败的教训和康熙皇帝成功的经验给了乾隆皇帝极其深刻的教育。他认为，目前虽"值四方宁谧之时"，但是为了保持祖宗流传下来的江山基业，"实不敢使文恬武嬉，以隳圣祖之家法"。[267]在这些思想的支配下，乾隆皇帝根据自己的政治需要和全国各地的具体情况，先后进行了多次巡幸活动，以致当时出使中国的朝鲜使臣将乾隆皇帝称为"一日不肯留京，出入无常"的"马上朝廷"。²⁶⁸于此择其影响较大的巡幸活动分别作一介绍，以见乾隆皇帝巡幸之大致情况。

一、巡幸避暑山庄和秋狝木兰

巡幸避暑山庄和秋狝木兰是乾隆皇帝各种巡幸活动中最重要的一种巡幸活动。从乾隆六年乾隆皇帝初举秋狝木兰至其去世，除乾隆十五年以前偶有间断，乾隆四十二年、四十三年因孝圣宪皇后丧期未曾举行之外，基本上都是每年一次。巡幸季节往往是夏至秋返，一般都在两个月以上，有时还长达三五个月。因而，尽管其巡幸次数不如谒陵次数多，但是其绝对巡幸时间却远远超过包括谒陵在内的其他各种巡幸活动。以其每次巡幸避暑山庄的时间为两个半月计算，五十二次巡幸，总计时间约在十年以上，相当于乾隆皇帝秉政全部年代的六分之一左右。因而，整个乾隆时期，避暑山庄成了清朝政府的第二个政治中心，在国家政治生活中发挥了极为重要的作用。

木兰秋狝始于清朝入关之初，当时，清朝统治者根据多数蒙古贵族未曾得过天花，"以进塞为惧"而"延颈举踵以望六御之临"的情况，往往借出塞秋狝之机接见各部蒙古王公、台吉，举行宴会，赏赐银两，调解各部蒙古王公之间的争端，从而使中央政府与蒙古各部之间的联系有所加强。三藩叛乱平定以后，随着清朝统治的进一步巩固，铲除准噶尔地区的厄鲁特蒙古地方政权的任务提上了议事日程。与此同时，各部喀尔喀蒙古也率众内附，需要处理的蒙古事务空前增多。

《乾隆皇帝大阅图》 （清）郎世宁绘

为了适应这种形势，康熙皇帝除多次举行木兰秋狝之外，还从康熙四十二年以后，在京师和木兰围场中间的热河，兴建了避暑山庄。这样，巡幸避暑山庄和秋狝木兰在国家政治生活中的地位进一步提高。乾隆皇帝在位期间，为了完成康、雍两代帝王的"未竟之绪"，先后规划并进行了平定准噶尔地区的达瓦齐叛乱、阿睦尔撒纳叛乱，平定喀尔喀王公青滚杂卜叛乱和回疆地区的大、小和卓木叛乱等重要的军事行动。随着各次平叛战争的不断胜利，中央政府直接控制的版图空前增加，民族事务进一步增多。这样，巡幸避暑山庄、秋狝木兰又于原来的联络蒙古各部王公的作用之外，在联络藏族、回族、青海蒙古上层僧俗人士方面也发挥了重要的作用。

《木兰图卷·合围》　（清）郎世宁等绘

为适应这一形势,乾隆皇帝即位不久,便对山庄原来的各处建筑加以修葺。乾隆二十年以后,又在修葺的基础上,对山庄进行了大规模的营建。与此同时,巡幸山庄和秋狝木兰中的政治活动也空前增多,除接见各族王公贵族,封赐爵号,赏赐缎匹、银两,举行宴会之外,规划各次平叛战争,接见各部投顺人员以及安排各部王公入觐也都在避暑山庄进行。其中接见各部投顺人员,如乾隆十八、十九年之间杜尔伯特部台吉车凌、车凌乌巴什、车凌孟克三车凌的求抚,辉特部台吉阿睦尔撒纳之来降,以及乾隆三十六年九月土尔扈特部首领渥巴锡等之前来归顺。至于各族贵族王公入觐热河者则更是史不绝书。其主要者,如乾隆二十年平定达瓦齐叛乱之后厄鲁特各部台吉、宰桑之入觐;乾隆二十四年回疆叛乱平定后各城伯克之入觐,乾隆四十五年西藏宗教领袖班禅六世及内外蒙、厄鲁特、青海蒙古各部之祝贺乾隆皇帝七十寿辰;乾隆四十六年、五十五年、六十年喀尔喀蒙古宗教领袖哲布尊丹巴呼图克图和蒙古广大僧俗贵族之入觐。除此之外,其他各族上层贵族前来山庄入觐、扈从秋狝者也络绎不绝,不胜枚举。因为需要处理的事务太多,有时乾隆皇帝还于一年之内两次巡幸避暑山庄。如乾隆十九年,乾隆皇帝东巡盛京,拜谒祖陵。为了接见内迁的杜尔伯特部台吉、三车凌等,乾隆皇帝提前动身,于热河避暑山庄驻跸两月之后才前赴盛京。而在谒陵途中,又得知辉特部台吉阿睦尔撒纳率部前来归降的消息,因于当年十月回到北京之后不久,又再赴避暑山庄接受阿睦尔撒纳等归降人员的觐见,征询他对于进兵准噶尔的看法,加封其为亲王、北路参赞大臣,其他随降人员也分别授予爵位并各加赏赍。在一切活动结束之后，方才回到北京。总之，终乾隆之世，凡在乾隆皇帝巡幸期间，避暑山庄一直热闹非常。乾隆皇帝巡幸避暑山庄和秋狝木兰活动，对于国内各民族的团结和统一发挥了相当重要的作用。

乾隆皇帝之所以重视巡幸避暑山庄和秋狝木兰，还在于塞外的巡狩生活能够锻炼人君和整个统治集团的奋斗意志。清朝以武功开国，历代皇帝尤其是清太祖努尔哈赤、清太宗皇太极几乎都是在马背上度过了自己的一生。正是这种艰苦奋斗的精神，促成了他们事业的成功。有鉴于此，康熙皇帝在位期间，虽然清朝统治已经巩固下来，但是他"惟恐八旗之众，承平日久，耽于安乐，不知以讲武习劳为务"，因而多次北上秋狝，"较猎行围之典，岁频举行"。[269]雍正皇帝继位后，虽然因为致力于内政的整顿而没有举行秋狝活动，但是仍从思想上对之极表重视，并一再告诫乾隆皇帝："予之不往避暑山庄及木兰行围者，盖因日不暇给，而性好逸，恶杀生，是予之过。后世子孙当遵皇考所行习武木兰，毋忘家法。"[270]列祖列宗的开国业绩和祖、父两代皇帝的殷殷嘱托，给了年轻的乾隆皇帝极为深刻的教育。其中，康熙皇帝晚年之时"较射习网、阅马合围"，不肯一日休息，更给乾隆皇帝留下了极深的印象。[271]他认为，这种精神和行动都是本朝累代"相传之家法"。[272]因而，为了磨砺自己和整个满洲贵族统治集团以及八旗子弟的吃苦耐劳精神，地处关塞之外，"义重习武，不重崇文"的避暑山庄和木兰围场便成了一个绝好的场所。[273]每届秋狝之时，乾隆皇帝总是亲自率领八旗子弟行围较猎，并"时时以学习国语、熟练骑射、操演技勇谆切训海"。[274]

　　为了使广大官员和八旗兵丁都对木兰秋狝表示重视，他除了多次颁布谕旨进行训诫之外，还采取措施，分别予以奖惩。如乾隆十七年七月秋狝木兰之前，乾隆皇帝做出规定，将从此次扈从行围的八旗兵丁中选拔骑射较优者充任前锋、护军、前锋校、护军校；[275]乾隆十八年九月秋狝木兰过程中，因为扈从行围的领侍卫内大臣公丰安、侍卫班领副都统扬桑阿、随从侍卫侯田国恩、领侍卫内大臣阿里衮等畏缩不前、不能骑射，分别将之削爵革职，效力赎罪。[276]与此同时，为了保证秋狝活动的正常举行，他还对汉唐以来历代帝王兴建离宫别苑以逞己欲的现象痛加指责，指斥其只能破国亡家，"是可戒无足法也"。[277]对于个别官员谏阻巡幸避暑山庄、秋狝木兰者，则严加呵斥，指斥其用意在于"使旗人尽忘淳朴服勤之旧俗，而惟渐染汉人陋习，人人颓废自安，文既不文，武亦不武"。[278]这样，在乾隆皇帝秋狝木兰活动的倡率下，各级贵族、官员和八旗军队中的颓废习气都有所扭转，对于乾隆前期政治比较健康地发展和平定边疆少数民族上层贵族叛乱战争的胜利进行，对于巩固国家统一都起到了一定的积极作用。

二、东巡谒陵

　　在乾隆皇帝的各种巡幸活动中，谒拜先祖陵墓次数最多。清朝先祖陵寝分在关内、关外两处。在关外者为永陵、福陵、昭陵，在关内者分葬遵化、易州两处。其在遵化者有清世祖福临生母孝庄文皇后之昭西陵，清世祖福临夫妇之孝陵、孝东陵，清圣祖玄烨之景陵，以其皆在京师之东，通称东陵。其在易州者为乾隆皇帝父亲清世宗胤禛之泰陵，以其在京师之西，又称西陵。乾隆皇帝即位后，提倡以孝治天下，为了表示自己对先祖的怀念，除于节庆日和已故各帝生辰、忌日按时派遣皇族子弟前往致祭外，几乎每年都亲行谒拜京畿各陵；有时因战争胜利和其他原因，为了告慰先祖在天之灵，一年之中谒拜两三次。因为这些谒陵活动多数都是例行公事，来去匆匆，故而次数虽多，但其政治影响甚微，不值记述，值得记述的是乾隆皇帝在位期间的四次东巡盛京谒拜祖陵活动。

乾隆皇帝东巡谒陵，有着深刻的政治目的。首先，东北是清朝先世的发祥之地，在清朝政权建立和发展的过程中起过极为重要的作用。入关以后，迁都北京，清朝政治中心南移。为了进行统一战争和加强对全国的统治，相当一部分八旗子弟举族南迁，盛京降为清朝政府的陪都。但是因其是祖宗创业之地，兼之以在清朝政府进行的历次战争中，奉天、吉林、黑龙江等地又源源不断地向内地输送作战骁勇的"新满洲"，因而历代清朝统治者对于陪都盛京和整个东北地区仍然相当重视。入关之初，为了保持其在全国特殊的政治地位，清朝政府仿效中央政权规模，设立盛京五部。与此同时，康熙皇帝还三次东巡谒陵，以加强对东北地区的控制。乾隆皇帝即位时，清朝最高统治者已近四十年没有举行东巡谒陵之典，为了进一步加强对东北地区的统治，再行东巡刻不容缓。

其次，乾隆时期，国家统一，政局安定，各级贵族普遍腐化，皆耽于晏安，"或轻视故都而惮于远涉，或偶诣祖陵，视同延揽古迹而漠不动心"。为了使广大贵族子弟了解当时"奕禩之升平景运，皆昔日艰难开创之所留贻"，从而使他们"处尊位而常缅前劳"，兢兢业业"永保勿坠"大清江山，[279]继康熙皇帝之后，乾隆皇帝先后在乾隆八年、十九年、四十三年、四十八年进行了四次东巡谒陵活动。

在四次东巡活动中，谒拜先祖陵寝和临奠开国功臣坟茔是一项重要的内容。关外清朝祖陵分为三处。其中清太祖努尔哈赤父祖陵墓在盛京以东之赫图阿拉，是为永陵。清太祖努尔哈赤之陵墓名曰福陵，清太宗皇太极之陵墓名曰昭陵，皆在盛京。明神宗万历十一年，努尔哈赤以十三副父祖遗甲起兵，开始了统一满洲本部的战争。经过三十多年的艰苦奋斗，始将满洲统一，建立了自己的政权。与此同时，为了反抗明朝统治者的民族压迫，又以七大恨祭天伐明，先后于萨

尔浒、辽沈等役大败明军，奠都沈阳。皇太极继位后，经过积极整顿内政，又在松锦战役中歼灭明军主力。父子两代皇帝整整奋斗了六十年，饱经忧患，始为入关统一奠定了一个良好的基础。为了表示自己对两代开国皇帝的景仰和崇拜，乾隆皇帝每次东巡，都是以谒陵为中心。与此同时，对于葬在盛京的一些开国功臣如克勤郡王岳托、武勋王扬古利、弘毅公额亦都、直义公费英东和一些觉罗坟茔，也亲自临奠赐祭。[280]除此之外，乾隆十九年二次东巡时，又将盛京怡贤亲王祠改为贤王祠，将在开国过程中功勋卓著的宗室重臣如武功郡王礼敦、慧哲郡王额尔衮、宣献郡王斋堪、通达郡王雅尔哈齐、礼烈亲王代善、饶余亲王阿巴泰、郑亲王济尔哈朗、颖亲王萨哈璘等皆入祀致祭。[281]乾隆四十三年三次东巡时，入祀人员又增加了在入关统一战争中做出突出贡献的睿亲王多尔衮、豫亲王多铎和肃亲王豪格。[282]乾隆时期，许多

《乾隆皇帝南巡图》之过德州（局部）　（清）徐扬绘

开国功臣的后裔仍在朝中担任重职，乾隆皇帝利用东巡谒陵之际向他们的祖先致祭并对其开创业绩大加表彰，也进一步加强了这些朝廷重臣对乾隆皇帝本人的向心力，起到了巩固统治的作用。

对奉天一带贵族、官吏、士子、百姓普行加恩也是东巡中的重要内容。乾隆皇帝每次东巡谒陵，均免除奉天全境历年积欠及次年官庄、民田全部正额地丁钱粮。后来几次巡幸，针对当地文化事业不断发展的情况，还颁布谕旨，扩大当地府州县学录取名额。对于当地官员，乾隆皇帝也格外加恩。历次东巡，皆将在事官员普加一级，因公违误而受到处分者概予宽免。与此同时，乾隆八年首次东巡时，还特令此后盛京各官皆由本地人员补放，以扩大本地贵族子弟入仕途径。[283]对于留居盛京的宗室觉罗和外戚姨舅子孙，乾隆皇帝也存恤备至。除分别赏赐银两缎匹之外，还于谒陵结束后驻跸盛京期间频举大宴。宴会时，随来王大臣，扈从人员，盛京将军以下本地现任、休致各级官员，闲散宗室觉罗和守护陵寝的姨舅外戚子孙以及当地耆老等，概令参加。开怀畅饮的同时，还观赏戏剧节目，"白金以级颁，百戏良具陈。酌酒赐尔饮，尔醉我亦欣。还念尔先民，曾同百战勋"。[284]宴会后，又赏赐御制诗篇，讲武比射，活动一个接着一个。几天之中，整个盛京城一直沉浸在非常热烈的节日气氛之中。

在当时的国家政治生活中，作为统治民族的一个组成部分，东北地区居住的满族发挥着重要的作用。由于东巡谒陵有利于团结满洲贵族、百姓，挽回统治集团颓废习气，巩固清朝统治，乾隆四十三年，乾隆皇帝在第三次东巡谒陵时通諭中外，将东巡谒陵作为定制，俾后世子孙世世遵守。他在这道谕旨中还规定，如果后世子孙"欲莅陪京"，"而其时无识之臣工，妄以为人主当端处法宫，综理庶政，不宜轻出关外，此即我朝之乱臣贼子，当律以悖命之罪诛之毋赦"，[285]表现了乾隆皇帝对东巡谒陵活动的高度重视。

三、六巡江南

北上秋狝、东巡谒陵之外，对乾隆时期政治发生过重要影响的还有乾隆皇帝的巡幸江南活动。继其祖康熙皇帝之后，从乾隆十六年开始，至乾隆四十九年止，乾隆皇帝对江浙地区进行了六次巡幸。江南地区物产丰富，为全国财赋重地，历代清朝统治者对之向表重视，这当是百年之间祖孙两代皇帝频繁巡幸的共同原因。除此之外，乾隆皇帝南巡还有着特殊的历史原因。

雍乾之际，随着封建专制制度的进一步加强，清朝中央政府和江南地主阶级之间的关系一度颇为紧张。首先，在经济上，针对江南大户历年赋税积欠相当严重的情况，雍正、乾隆两代皇帝曾先后两次对之进行清理，很大程度上伤害了江南地主阶级的物质利益。其次，乾隆皇帝即位之后，为了解决八旗生计，一度采取措施扩大八旗子弟入仕途径。与此同时，还以整顿科举弊端为借口，减少内地各省府州县学生员名额，限制汉族地主阶级知识分子入仕，也使以"人文渊薮"而著称的江南地主阶级的政治权益受到了严重的损害。因而，自雍正以后至乾隆初期，江南地主阶级和中央政府之间的关系一直若即若离，极不融洽。在经济上，他们凭借人多势众和各种盘根错节的关系网，百般阻挠和破坏清理积欠活动的开展，或者完旧欠新，或者新旧并欠，使得清理积欠活动无法继续开展；对于在政治权益上受到的损害，他们也同样不能容忍。乾隆七、八年间，六科给事中杨二酉、翰林院检讨杭世骏等先后上书，对乾隆皇帝侵犯汉族地主阶级利益的内满外汉政策进行了尖锐的批评。乾隆十五、十六年之间，又有人炮制了伪孙嘉淦奏疏稿在社会上广泛流传。其中开列"五不解，十大过"，将抨击的矛头直接指向了乾隆皇帝本人。该奏疏稿虽然未必一定是出自江南地主阶级知识分子之手，但是，其在江南地区广泛流传的现象说明，伪奏疏稿的有关内容在江南地主阶级中产生了共鸣。对此，乾隆皇帝一方面重施其父雍正皇帝的故伎，以江南地主阶级知识分子为重点，大兴文字狱，进行残酷镇压；一方面又效法其祖康熙皇帝旧规，再次南巡，并借巡幸之机采取一些让步措施，对江南地主阶级普加笼络，从而使自己的专制统治进一步得到了加强。

首先是蠲免积欠。乾隆皇帝南巡之前，中央政府和江南地主阶级之间关系紧张的主要症结是积欠情况严重。有鉴于整个国家财政情况不断好转，为了消除江南地主阶级的不满情绪并争取他们对自己的支持，乾隆十六年首次南巡，乾隆皇帝即下令蠲免乾隆元年以来江苏积欠地丁二百二十八万余两，安徽积欠地丁三十万五千余两。浙江一省虽无积欠，也蠲除本年应征地丁钱粮三十万两以示奖励。与此同时，将山东、河南、甘肃等省历年积欠钱粮二百余万两也概予蠲免。[286]尔后，随着国家财政情况的进一步好转，历次南巡，也无不以蠲免积欠钱粮为务。对于两淮、浙江商众，因为他们每逢庆典、军需、河工等大项开支，皆频捐巨款，报效朝廷，乾隆皇帝也大沛恩膏。为使他们在经济上也得到实惠，乾隆皇帝还分别免除其未完税务，每引加赏盐五斤至十斤不等。[287]总计六次南巡，共免除经过州县逋负钱粮两千余万两。通过这些活动，大大缓和了中央政权和江南地主阶级之间颇为紧张的关系，乾隆皇帝的专制统治也因此而得到了进一步的加强。

其次是重视文教，选拔人才，量授官职。乾隆九年，乾隆皇帝清厘科举弊端，全国各省进学人员普减十分之一，引起了包括江南地主阶级在内的各地地主阶级的普遍不满。南巡期间，乾隆皇帝竭力表示自己对教育事业的重视和对学术发展的关心。首次南巡，即向江宁钟山书院、苏州紫阳书院、杭州敷文书院各颁殿版十三经、二十二史等书。他还以三吴两浙为人文所萃，民多俊秀，"应试之人日多而入学则有定额"为由，特命增加上、下两江和浙江三省府州县学岁试文童录取名额。[288]进献赋颂者，还由乾隆皇帝亲自出题进行考试。中试者，直接赐给举人、进士头衔，授给官职。乾隆四十七年七月，《四库全书》告成。乾隆皇帝又专拨库帑百万两，雇觅书手续抄三份庋藏于镇江金山寺之文宗阁、扬州大观堂之文汇阁和杭州西湖圣因寺之文澜阁，以供士子观摩眷录。乾隆皇帝的这些措施，使得江南一带士子感到他们处处都受到乾隆皇帝的优待，因而对乾隆皇帝的态度也改为竭诚的拥戴，乾隆皇帝的统治地位得到了进一步的巩固。

再次是对巡幸经过的各地官员普遍加恩。乾隆皇帝历次南巡，在籍、致仕官员皆前来迎驾。因为他们是当地人望，各有一定的影响和号召力，因而每到一地，乾隆皇帝必定接见这些人员，赐坐、赏饭、赐人参貂皮、晋封官爵、赐子孙功名出身等不一而足。为了减少政治上的反对势力，对于因公诖误而受到处分或革职的官员，乾隆皇帝也大施其怀柔、拉拢手段，凡途经各省文武官员曾受罚俸、住俸、降级处分者，皆准开复。革职家居者，则根据情由或复其原品，或赏赐新衔。[289]对于现任封疆大吏，因为他们负有方面之任，则更是表示重视，或赏赐金银，或题诗给匾。这些措施，使得大批封建官僚感恩戴德，无不"浃髓沦肌"。[290]因而，整个南巡过程中，乾隆皇帝和江南各级官吏之间的关系处于相当融洽的气氛之中。

再其次是祭扫明孝陵和历代名臣祠墓。乾隆皇帝每次南巡，总要绕道江宁祭奠明孝陵，以表示自己对前朝开国皇帝朱元璋的尊重。对于巡幸沿途三十里以内的历代名臣诸如晋臣卞壶，唐臣张巡、许远、陆贽，宋臣曹彬、范仲淹、宗泽、岳飞、韩世忠，明臣徐达、常遇春、李文忠、方孝孺、于谦等，也分别由翰林院撰拟祭文，遣官致祭。通过这些活动，乾隆皇帝一方面表示自己是历代帝王特别是明朝统治者的当然继承者，以消除江南汉族人民的民族意识；一方面又借此机会向江南地区的广大士民普遍灌输忠孝节义等封建道德观念，以在思想上巩固自己对全国的统治。

除了上述各种活动之外，在历次南巡中，乾隆皇帝还多次视察黄河、淮河和运河的治理情况和浙江海宁海塘的修建工程。根据他的指示，以治黄和海塘修建为重点，江南各地先后兴修了一些大型水利工程，对于减轻当地水患的为灾程度，促进农业生产的发展，也都起到了一定的作用。

　　总之，乾隆皇帝六次南巡，基本上消除了江南地主阶级对中央政府特别是对乾隆皇帝的不满情绪，实现了笼络江南地主阶级，进一步巩固统治的目的。因而，乾隆四十九年六次南巡后，乾隆皇帝对南巡之举甚为满意，将之和平定准噶尔叛乱一起作为自己在位五十年中的两件大事。[291]然而，由于乾隆皇帝在南巡过程中大肆挥霍，也使多年积攒起来的国家财富大量消耗。各级官员为了讨得乾隆皇帝欢心，在办理乾隆皇帝南巡过程中滥用民力，大肆铺张，也给江南广大人民带来了沉重的负担，引起了普遍的不满和反对。所有这些，都促成了乾隆后期清朝统治的衰落。因而，乾隆皇帝归政之后，面对全国各地人民的反抗斗争，对于自己六巡江南的看法也发生了转变。他对军机章京吴熊光说："朕临御六十年，并无失德。惟六次南巡，劳民伤财，作无益害有益。将来皇帝南巡而汝不阻止，必无以对朕。"[292]表示了他对历次南巡病国殃民的深深的忏悔。

1　《清高宗实录》卷一，雍正十三年八月庚寅。

2　《清高宗实录》卷一，雍正十三年八月丙申。

3　《清高宗实录》卷九二，乾隆四年五月丁巳。

4　《清高宗实录》卷一四三，乾隆六年五月庚寅。

5　《清高宗实录》卷一八四，乾隆八年二月甲午。

6　《清高宗实录》卷三二九，乾隆十三年十一月丙子。

7　《清高宗实录》卷四七四，乾隆十九年十月庚申。

8　《清高宗实录》卷二五八，乾隆十一年二月丁酉；卷四六〇，乾隆十九年四月壬辰。

乾隆传

9 《清高宗实录》卷二九一,乾隆十二年五月辛亥。

10 《清高宗实录》卷二〇二,乾隆八年十月壬戌。

11 《清高宗实录》卷八八二,乾隆三十六年四月戊寅。

12 《清高宗实录》卷一四〇,乾隆六年四月辛丑。

13 《清高宗实录》卷二六六,乾隆十一年五月庚戌。

14 《清高宗实录》卷六三〇,乾隆二十六年二月丁丑。

15 《清高宗实录》卷一〇一,乾隆四年九月乙丑。

16 《清高宗实录》卷二六四,乾隆十一年四月丁丑。

17 梁章钜:《枢垣纪略》卷二二。

18 赵翼:《檐曝杂记》卷一。

19 《清高宗实录》卷一〇三,乾隆四年十月己丑。

20 《清高宗实录》卷一〇六,乾隆四年十二月戊寅。

21 《清高宗实录》卷一〇六,乾隆四年十二月辛巳。

22 《清高宗实录》卷一〇六,乾隆四年十二月辛巳。

23 《清高宗实录》卷一六九,乾隆七年六月己酉。

24 《清高宗实录》卷二七四,乾隆十一年九月甲午。

25 《清高宗实录》卷四四〇,乾隆十八年六月庚申。

26 《清高宗实录》卷四六〇,乾隆十九年四月辛巳。

27 《清高宗实录》卷六八六,乾隆二十八年五月己巳。

28 《清高宗实录》卷六九七,乾隆二十八年十月壬寅。

29 张廷玉:《澄怀主人自订年谱》卷三,雍正十一年。

30 王先谦:《东华录》,乾隆六年十二月乙未。

31 《朝鲜李朝实录中的中国史料》第8册,英宗十三年(乾隆二年)四月丁卯。

32 《清史稿》卷二八八《鄂尔泰张廷玉传》。

33 《清高宗实录》卷一一四,乾隆五年四月甲戌。

34 《清高宗实录》卷一五六,乾隆六年十二月乙未。

35 《清高宗实录》卷一八〇,乾隆七年十二月丙申。

36 《清高宗实录》卷一八一,乾隆七年十二月癸卯。

37 《清高宗实录》卷一八四,乾隆八年二月甲午。

38 《清高宗实录》卷三一一,乾隆十三年三月丙午。

39 《清高宗实录》卷三一七,乾隆十三年六月甲戌。

40 《清高宗实录》卷三一三,乾隆十三年四月癸酉;卷三二七,乾隆十三年十月辛丑。

41 《清高宗实录》卷三一四,乾隆十三年五月丙戌;卷三一五,乾隆十三年五月壬寅。

42 《清高宗实录》卷三二〇,乾隆十三年闰七月丁巳。

43 《清高宗实录》卷三二三,乾隆十三年八月辛亥。

44 《清高宗实录》卷四〇七,乾隆十七年正月己丑。

45 《清高宗实录》卷四三四,乾隆十八年二月庚申。

46 《清高宗实录》卷三九六,乾隆十六年八月戊戌。

142

47 《清高宗实录》卷四二九，乾隆十七年十二月乙巳。

48 《清高宗实录》卷四三六，乾隆十八年四月丁亥。

49 《清高宗实录》卷四二九，乾隆十七年十二月壬子。

50 《清高宗实录》卷四二五，乾隆十七年十月丙午。

51 《清高宗实录》卷四八四，乾隆二十年三月丙戌。

52 《清高宗实录》卷四八四，乾隆二十年三月丙戌。

53 《清高宗实录》卷四八六，乾隆二十年四月甲寅。

54 《清高宗实录》卷四八四，乾隆二十年三月丙戌。

55 《清高宗实录》卷四八五，乾隆二十年三月庚子。

56 《清代文字狱档·胡中藻坚磨生诗抄案》，上海书店影印本，1986年。

57 《清高宗实录》卷三八四，乾隆十六年三月壬寅。

58 《清高宗实录》卷四九七，乾隆二十年九月庚子。

59 《清高宗实录》卷五三七，乾隆二十二年四月庚辰。

60 《清高宗实录》卷五三六，乾隆二十二年四月庚午。

61 《清高宗实录》卷五三七，乾隆二十二年四月辛巳。

62 《清高宗实录》卷五三七，乾隆二十二年四月辛巳。

63 《清高宗实录》卷五四二，乾隆二十二年七月癸卯。

64 《清高宗实录》卷一三五，乾隆六年正月辛卯。

65 《清高宗实录》卷九九，乾隆四年八月甲午。

66 《清高宗实录》卷五〇〇，乾隆二十年十一月庚辰。

67 《清高宗实录》卷五六〇，乾隆二十三年四月壬戌。

68 《清高宗实录》卷四〇，乾隆二年四月辛未。

69 《清高宗实录》卷二八五，乾隆十二年二月丁亥。

70 《清高宗实录》卷三六〇，乾隆十五年三月壬子。

71 《清高宗实录》卷六五一，乾隆二十六年十二月戊子。

72 《清高宗实录》卷八〇一，乾隆三十二年十二月壬午。

73 《清高宗实录》卷九六〇，乾隆三十九年六月丙戌。

74 《清高宗实录》卷九六六，乾隆三十九年九月甲寅。

75 《清高宗实录》卷九〇三，乾隆三十七年二月癸巳。

76 《清高宗实录》卷四八一，乾隆二十年正月甲辰。

77 《清高宗实录》卷六七二，乾隆二十七年十月辛丑；卷六三三，乾隆二十六年三月甲子。

78 《清高宗实录》卷七〇，乾隆三年六月乙酉。

79 《清高宗实录》卷八〇，乾隆三年十一月乙卯。

80 《清高宗实录》卷八六，乾隆四年二月丙戌。

81 《清高宗实录》卷六四，乾隆三年三月甲寅。

82 《清高宗实录》卷七二，乾隆三年七月癸亥。

83 《清高宗实录》卷一〇七，乾隆四年十二月乙未。

84 《清高宗实录》卷一五一，乾隆六年

九月庚寅。

85 《清高宗实录》卷二二五，乾隆九年九月壬辰。

86 《清高宗实录》卷一六七，乾隆七年五月乙亥。

87 《清高宗实录》卷一四三，乾隆六年五月。

88 《清高宗实录》卷二八五，乾隆十二年二月。

89 《清高宗实录》卷二五二，乾隆十年十一月戊辰。

90 《清高宗实录》卷二八五，乾隆十二年二月己丑。

91 《清高宗实录》卷三四九，乾隆十四年九月壬申。

92 《清高宗实录》卷三四九，乾隆十四年九月甲戌。

93 《清高宗实录》卷三五二，乾隆十四年十一月壬子。

94 《清高宗实录》卷二八八，乾隆十二年四月戊辰。

95 《清高宗实录》卷三五一，乾隆十四年十月甲辰。

96 《清高宗实录》卷三五一，乾隆十四年十月甲辰。

97 《清高宗实录》卷二八五，乾隆十二年二月己丑。

98 《清高宗实录》卷二八五，乾隆十二年二月己丑。

99 《清高宗实录》卷二八九，乾隆十二年四月丙戌。

100 《清高宗实录》卷二九九，乾隆十二年九月庚戌。

101 《清高宗实录》卷三四九，乾隆十四年九月壬申。

102 《清高宗实录》卷三四九，乾隆十四年九月壬申。

103 《清高宗实录》卷四四七，乾隆

104 《清高宗实录》卷四四五，乾隆十八年九月壬申。

104 《清高宗实录》卷四四五，乾隆十八年八月辛亥。

105 《清高宗实录》卷四四七，乾隆十八年九月丙子。

106 《清高宗实录》卷五四六，乾隆二十二年九月辛丑。

107 《清高宗实录》卷五四九，乾隆二十二年十月丙戌。

108 《清高宗实录》卷五五〇，乾隆二十二年十一月癸巳。

109 《清高宗实录》卷五五〇，乾隆二十二年十一月癸巳。

110 《清高宗实录》卷五五三，乾隆二十二年十二月。

111 《清高宗实录》卷五五九，乾隆二十三年三月壬子。

112 《清高宗实录》卷五七〇，乾隆二十三年九月戊戌。

113 《清高宗实录》卷七七七，乾隆三十二年正月辛巳。

114 《清高宗实录》卷八一三，乾隆三十三年六月辛巳。

115 《清高宗实录》卷八四五，乾隆三十四年十月癸酉。

116 《清高宗实录》卷八五二，乾隆三十五年二月庚申。

117 《清高宗实录》卷八四八，乾隆三十四年十二月乙卯。

118 《清高宗实录》卷九〇五，乾隆三十七年三月丁巳。

119 《清高宗实录》卷九〇五，乾隆三十七年三月丁巳。

120 《清高宗实录》卷九〇九，乾隆三十七年五月丙辰。

121 《清高宗实录》卷八三三，乾隆三十四年四月癸酉。

122 《清高宗实录》卷六九四，乾隆

二十八年九月癸亥。

123 《清高宗实录》卷五，雍正十三年十月甲寅。

124 《清高宗实录》卷二一，乾隆元年六月己卯。

125 《清高宗实录》卷二一，乾隆元年六月己卯。

126 《清高宗实录》卷四五二，乾隆十八年十二月甲午。

127 《清高宗实录》卷四一八，乾隆十七年七月辛未。

128 《清高宗实录》卷五四三，乾隆二十二年七月丙午。

129 《清高宗实录》卷八三六，乾隆三十四年六月甲寅。

130 《清高宗实录》卷九四四，乾隆三十八年十月丁亥。

131 《清高宗实录》卷八八九，乾隆三十六年七月甲寅。

132 《清高宗实录》卷一四四，乾隆六年六月甲午。

133 《清高宗实录》卷五四一，乾隆二十二年六月戊寅。

134 《清高宗实录》卷二八五，乾隆十二年二月庚寅。

135 《清高宗实录》卷四五九，乾隆十九年三月甲戌。

136 《清高宗实录》卷五五一，乾隆二十二年十一月辛亥。

137 《清高宗实录》卷九一七，乾隆三十七年九月丁巳。

138 《清高宗实录》卷二二四，乾隆九年九月庚辰。

139 《清高宗实录》卷八二八，乾隆三十四年二月甲子。

140 《清高宗实录》卷八六，乾隆四年二月壬午。

141 《清高宗实录》卷一三九，乾隆六

年三月癸巳。

142 《清高宗实录》卷二二二，乾隆九年八月癸丑。

143 《清高宗实录》卷二二三，乾隆九年八月庚申。

144 《清高宗实录》卷二二二，乾隆九年八月癸丑。

145 《清高宗实录》卷二二五，乾隆九年九月乙未。

146 《清高宗实录》卷二四六，乾隆十年八月乙巳。

147 《清高宗实录》卷三六四，乾隆十五年五月辛亥。

148 《清高宗实录》卷三四二，乾隆十四年六月丁亥。

149 《清高宗实录》卷三六六，乾隆十五年六月辛巳。

150 《清高宗实录》卷四二〇，乾隆十七年八月己亥。

151 《清高宗实录》卷八三四，乾隆三十四年五月辛卯。

152 《清高宗实录》卷三三九，乾隆十四年四月。

153 《清高宗实录》卷三〇一，乾隆十二年十月。

154 《清高宗实录》卷三〇一，乾隆十二年十月。

155 《清高宗实录》卷三〇一，乾隆十二年十月乙酉。

156 《清高宗实录》卷三〇〇，乾隆十二年十月壬申。

157 《清高宗实录》卷二九九，乾隆十二年九月乙巳。

158 《清高宗实录》卷二九九，乾隆十二年九月乙巳。

159 《清高宗实录》卷三〇一，乾隆十二年十月丙戌。

160 《清高宗实录》卷三二〇，乾隆

十三年闰七月丁卯。

161 《清高宗实录》卷三八〇，乾隆十六年正月癸卯。

162 《清高宗实录》卷三九五，乾隆十六年七月。

163 《清高宗实录》卷五九一，乾隆二十四年闰六月丙申。

164 《清高宗实录》卷七二六，乾隆三十年正月戊申。

165 《清高宗实录》卷九〇四，乾隆三十七年三月辛丑。

166 《清高宗实录》卷六七〇，乾隆二十七年九月辛酉。

167 《清高宗实录》卷一七三，乾隆七年八月乙巳。

168 《清高宗实录》卷三〇二，乾隆十二年十一月辛卯。

169 《清高宗实录》卷一九五，乾隆八年六月己卯。

170 《清高宗实录》卷六七〇，乾隆二十七年九月辛未。

171 《清高宗实录》卷八八九，乾隆三十六年七月甲寅。

172 《清高宗实录》卷五八三，乾隆二十四年三月戊申。

173 《清高宗实录》卷六九八，乾隆二十八年十一月庚申。

174 《清高宗实录》卷二八二，乾隆十二年正月壬寅。

175 《清高宗实录》卷二九六，乾隆十二年八月甲子。

176 《清高宗实录》卷五八三，乾隆二十四年三月。

177 《清高宗实录》卷二九六，乾隆十二年八月甲子。

178 《清高宗实录》卷六六四，乾隆二十七年六月丙申。

179 《清高宗实录》卷八九〇，乾隆三十六年八月己卯。

180 《清高宗实录》卷八九五，乾隆三十六年十月甲申。

181 《清高宗实录》卷二九七，乾隆十二年八月乙酉。

182 《清高宗实录》卷六〇二，乾隆二十四年十二月己丑。

183 《清高宗实录》卷六九八，乾隆二十八年十一月庚申。

184 《清高宗实录》卷六〇六，乾隆二十五年二月丙子。

185 《清高宗实录》卷八，雍正十三年十二月乙亥。

186 《清高宗实录》卷九四，乾隆四年六月壬午。

187 《清高宗实录》卷一二〇，乾隆五年闰六月庚子。

188 《清高宗实录》卷一三六，乾隆六年二月戊申。

189 《清高宗实录》卷四〇四，乾隆十六年十二月癸巳。

190 《清高宗实录》卷四四二，乾隆十八年七月丁巳。

191 《清高宗实录》卷五二八，乾隆二十一年十二月壬申。

192 《清高宗实录》卷二一三，乾隆九年三月甲午。

193 《清高宗实录》卷二四八，乾隆十年九月乙亥。

194 《清高宗实录》卷六九九，乾隆二十八年十一月庚午。

195 《清高宗实录》卷五〇六，乾隆二十一年二月庚子。

196 《清高宗实录》卷三五六，乾隆十五年正月甲寅。

197 《清高宗实录》卷五〇六，乾隆二十一年二月庚子。

198 《清高宗实录》卷五一二，乾隆

二十一年五月乙亥。

199　《清高宗实录》卷七〇，乾隆三年六月丙申。

200　《清高宗实录》卷七〇，乾隆三年六月丙申。

201　《清高宗实录》卷二九四，乾隆十二年七月癸卯。

202　《清高宗实录》卷一五七，乾隆六年十二月己酉。

203　《清高宗实录》卷五五七，乾隆二十三年二月壬申。

204　《清高宗实录》卷一七七，乾隆七年十月壬子。

205　《清高宗实录》卷五一，乾隆二年九月庚戌。

206　《清高宗实录》卷七二，乾隆三年七月戊午。

207　《清高宗实录》卷一三六，乾隆六年二月乙巳。

208　《清高宗实录》卷三七七，乾隆十五年十一月乙卯。

209　《清高宗实录》卷九二七，乾隆三十八年二月辛巳。

210　《朝鲜李朝实录中的中国史料》第11册，英宗二十五年（乾隆十四年）四月乙未。

211　《清高宗实录》卷一七七，乾隆七年十月壬子。

212　《清高宗实录》卷一八四，乾隆八年二月癸巳。

213　《清高宗实录》卷一八四，乾隆八年二月癸巳。

214　《清高宗实录》卷一八四，乾隆八年二月癸巳。

215　《清高宗实录》卷一八四，乾隆八年二月癸巳。

216　《清高宗实录》卷三九五，乾隆十六年七月庚辰。

217　《清高宗实录》卷四二六，乾隆十七年十一月壬戌。

218　《清高宗实录》卷九一四，乾隆三十七年八月壬申。

219　《清高宗实录》卷三四九，乾隆十四年九月甲戌。

220　《清高宗实录》卷七八，乾隆三年十月癸未。

221　《清高宗实录》卷三四九，乾隆十四年九月甲戌。

222　《清通典》卷七四《兵七》。

223　《清通典》卷七四《兵七》。

224　《清高宗实录》卷一〇二，乾隆四年十月丙子。

225　《清高宗实录》卷二七四，乾隆十一年九月辛丑。

226　《清高宗实录》卷四一一，乾隆十七年三月辛巳。

227　《清高宗实录》卷四一一，乾隆十七年三月辛巳。

228　《清高宗实录》卷一七三，乾隆七年八月戊申。

229　《清高宗实录》卷二九四，乾隆十二年七月丁酉。

230　《清高宗实录》卷四一九，乾隆十七年七月甲戌。

231　《清高宗实录》卷五五一，乾隆二十二年十一月丁巳。

232　《清高宗实录》卷六四七，乾隆二十六年十月辛卯。

233　《清高宗实录》卷七〇五，乾隆二十九年二月甲辰。

234　《清高宗实录》卷七二，乾隆三年七月壬戌。

235　《清高宗实录》卷五五七，乾隆二十三年二月甲戌。

236　《清高宗实录》卷八三七，乾隆三十四年六月庚午。

237 《清高宗实录》卷一二二，乾隆五年七月甲戌。

238 《清高宗实录》卷七二，乾隆三年七月丙辰。

239 《清高宗实录》卷一二二，乾隆五年七月甲戌。

240 《清高宗实录》卷一六四，乾隆七年四月壬寅。

241 《清高宗实录》卷一八九，乾隆八年四月戊申。

242 中国第一历史档案馆藏：《内务府会计司三旗银两庄头处呈稿》。

243 《清高宗实录》卷四五九，乾隆十九年三月丁丑。

244 《清高宗实录》卷四五九，乾隆十九年三月丁丑。

245 《八旗则例》卷三《户口·汉军出旗为民》。

246 《清通考》卷二〇。

247 《大清会典事例》卷一一一五《八旗户口》。

248 《清高宗实录》卷五〇〇，乾隆二十年十一月癸酉。

249 《清高宗实录》卷五〇六，乾隆二十一年二月庚子。

250 《清高宗实录》卷五〇六，乾隆二十一年二月庚子。

251 《清高宗实录》卷六六二，乾隆二十七年闰五月己巳。

252 《清高宗实录》卷六六三，乾隆二十七年闰五月乙酉。

253 《清高宗实录》卷六六四，乾隆二十七年六月丁酉。

254 《清高宗实录》卷一五三，乾隆六年十月。

255 《清高宗实录》卷一六六，乾隆七年五月乙丑。

256 《清高宗实录》卷二五五，乾隆十年十二月丁巳。

257 《清高宗实录》卷三一一，乾隆十三年三月庚戌。

258 《清高宗实录》卷四二二，乾隆十七年九月丁卯。

259 《清高宗实录》卷四七五，乾隆十九年十月辛未。

260 《清高宗实录》卷五〇四，乾隆二十一年正月甲戌。

261 《清高宗实录》卷五五一，乾隆二十二年十一月丙辰。

262 《清高宗实录》卷六〇〇，乾隆二十四年十一月庚申。

263 《清高宗实录》卷六五一，乾隆二十六年十二月甲申。

264 《清高宗实录》卷六一五，乾隆二十五年六月己丑。

265 《清高宗御制诗初集》卷四三《避暑山庄百韵诗序》。

266 《清高宗御制诗初集》卷四三《避暑山庄百韵诗序》。

267 《清高宗御制诗初集》卷四三《避暑山庄百韵诗序》。

268 《朝鲜李朝实录中的中国史料》第11册，英宗二十九年（乾隆十八年）正月丁卯。

269 《清高宗实录》卷五七六，乾隆二十三年十二月癸丑。

270 清高宗：《御制避暑山庄后序》，乾隆四十七年七月。

271 《清高宗御制诗初集》卷四三《避暑山庄百韵诗序》。

272 《清高宗实录》卷四一一，乾隆十七年三月辛巳。

273 清高宗：《御制避暑山庄后序》，乾隆四十七年七月。

274 《清高宗实录》卷四一一，乾隆十七年三月辛巳。

275 《清高宗实录》卷四一九,乾隆十七年七月丙子。

276 《清高宗实录》卷四四六、四四七,乾隆十八年九月。

277 清高宗:《御制避暑山庄后序》,乾隆四十七年七月。

278 《清高宗实录》卷五七六,乾隆二十三年十二月癸丑。

279 《清高宗实录》卷一〇六六,乾隆四十三年九月丁亥。

280 《清高宗实录》卷三〇一,乾隆八年九月乙未、丙午、戊申。

281 《清高宗实录》卷四七三,乾隆十九年九月甲午。

282 《清高宗实录》卷一〇六五,乾隆四十三年九月壬午。

283 《清高宗实录》卷二〇一,乾隆八年九月丙午。

284 《清高宗御制诗初集》卷一八《赐父老酺》。

285 《清高宗实录》卷一〇六六,乾隆四十三年九月丁亥。

286 《清高宗实录》卷三八〇,乾隆十六年正月庚申。

287 《清高宗实录》卷三八三,乾隆十六年二月甲申。

288 《清高宗实录》卷五三二,乾隆二十二年二月庚午。

289 《清高宗实录》卷三八一,乾隆十六年正月庚申。

290 《清高宗实录》卷一二〇一,乾隆四十九年三月己酉。

291 《清高宗实录》卷一二〇一,乾隆四十九年三月己酉。

292 《清史稿》卷三五七《吴熊光传》。

第四章　实干兴邦

　　乾隆皇帝幼读诗书，长期接受的是"修身、齐家、治国、平天下"的儒家传统教育。尧、舜、禹、汤、文、武等历史上的圣明之君的治绩在他的脑海中留下了深刻的印象，成为他日后治理天下的楷模和法式。因而，他即位之初，便在这一儒家传统思想的指导下，推行宽严并济的政策，纠正雍正败政，减轻人民负担。尔后，他又以"措天下于郅隆""家给户足"为己任，[1]在采取措施加强自己的专制统治的同时，还顺应社会发展的需要，对社会经济和广大人民生计予以高度的重视，从而使乾隆前期整个社会经济在清初以来的基础上继续迅速发展，并出现了相当繁荣的局面。

第一节　重农务本

一、人口增长和乾隆皇帝的重农措施

　　在中国封建社会里，农民是整个社会的基本组成部分，农业是整个国民经济中最主要的经济形式。农民生活和农业

生产状况如何，是衡量各代统治者政绩的主要标志，也直接关乎封建政权的存亡。清朝入关以后，有鉴于明朝灭亡的历史教训，为了维持自己的统治，保证赋税收入，几代皇帝对农业生产的恢复和发展都采取了积极的措施。因而，从清初以来，农业生产和整个社会经济一直在向前发展，为乾隆时期社会经济的进一步发展和繁荣局面的形成，准备了必要的条件。

乾隆时期，社会经济发展因为人口增长过快而出现了新问题。据统计，三藩叛乱平定之初，全国人口近七千万；乾隆初年，全国人口增加到一亿四千多万。半个世纪的时间里，翻了一番。乾隆皇帝在位期间，由于地丁合一制度的全面贯彻，人口增长率更高，二十多年的时间里，始终以千分之十三到千分之十八的高速度持续增长。至乾隆二十七年，人口数突破二亿大关。尔后，虽因战争、灾荒，人口增长率较前一时期略有降低，但是因为人口基数过大，至乾隆五十五年，人口数已达到三亿。一个多世纪的时间里，全国人口连翻两番。尽管广大劳动人民不断开垦荒地、扩大种植面积、改进耕作技术、推广高产作物，但是整个社会人均占有耕地仍然相对不足，人均占有粮食也较明朝后期有所减少，市场米价持续上涨，人民生计问题日益突出。

在这样的情况下，为了防止发生新的社会动乱动摇自己的统治，乾隆皇帝适时地采取了种种措施。即位之初，他即声称"农桑为致治之本"，"食为民天，一夫不耕，或受之饥；一女不织，或受之寒"，并反复要求各级官员"重农务本"。[2]随着全国人口的不断增长，他又多次强调"养民之本，莫要于务农"，[3]"劝民勤农，为政之本"，[4]并将此作为考察各级官员政绩的主要标准。乾隆二年五月，乾隆皇帝命令南书房、翰林院和武英殿翰林一起将中国古代农书以及各种典籍中有关"播种之方，耕耨之节与夫备旱、驱蝗之术"的记载汇编为《授时通考》一书，"颁布中外，庶三农九谷，各得其宜"。[5]乾隆八年四月，御史徐以升奏进区田法，每亩约费工本银三两，产量却高达十余石，"收获之广，无逾此者"。[6]对此，乾隆皇帝极感兴趣，当即下令奉宸苑依法试种。同年七月，他又批准湖南巡抚蒋溥的建议，由当地政府捐资，在民间推广双季稻的种植。[7]对于其他可资民生的植树，种棉，栽培茶叶、苎麻，种桑养蚕等，乾隆皇帝也大力提倡。对于不事生产的游惰之徒如僧道、娼妓等，或者加以限制，或者明令取缔；对于有妨粮食生产的一些行业如酿酒，一些作物如烟草，则严加限制。所有这些措施，既表现了乾隆皇帝对农业生产的重视，又在一定程度上保证了社会生产的继续发展。

二、劝垦田地

在乾隆皇帝的各种重农措施中，乾隆皇帝用力较大而且对当时的社会生产也确实起了较大积极作用的是劝垦田地。

乾隆皇帝即位之初，鉴于雍正年间各地官员虚报开垦现象严重，垦田数字多有不实，名为开荒，实则加赋，一度命令各地官员据实申报历年虚垦数字，予以豁除。与此同时，还做出规定："嗣后各该督抚……凡造报开垦亩数，务必详加查核，实系垦荒，然后具奏。不得丝毫假饰，以滋闾阎之扰累。"[8]在他的影响下，各地官员对于垦荒的态度一度趋于消极，垦田数字增长甚为缓慢。据《清实录》各卷统计，除去豁除部分，从乾隆皇帝即位至乾隆四年底，全国报垦数字仅有二千六百六十八顷，平均每年仅增土地六百顷，远远赶不上这一时期人口增长的需要。针对当时各省"生齿日繁，地不加广，穷民资生无策"的现实问题，乾隆五年以后，乾隆皇帝改变态度，对劝垦田地表现出异常积极的态度。是年七月，乾隆皇帝颁布谕旨，命令各地"开垦闲旷地土"，"凡边省内地零星地土可以开垦者，悉听本处民夷垦种，并严禁豪强首告争夺"。[9]与此同时，为了调动各地官员和广大农民垦荒种田的积极性，还将此作为官吏考课升黜的重要依据，并根据各地的实际情况，先后做出各种具体规定。如针对河南、湖北等地人民想将所种旱地改为水田而又惧怕政府加赋的顾虑，规定："愿将旱田改为水田者，钱粮仍照原定科则，免其加赋。"[10]针对湖北、陕西等省官、私荒地颇多的现象，规定听民认垦，"承垦官地者，以具呈之先后为定；承垦民地者，先责成业主，业主无力，许他人承垦为业"；无主荒地，"官为招垦，给照为业，若本地人力无余，准邻近无业之人承垦，编入土著"。[11]为了防止土地荒芜，乾隆七年，又进一步规定，业主他徙，"承佃佃户久经应差纳课"已达三十年以上者即为世业。在此之后，还一再颁布谕旨，不断扩大这些规定的适用范围，增加免于升科的垦荒亩数。

　　在乾隆皇帝这些政策的鼓励下，全国各地都出现了垦荒的热潮。不但人烟密集之处的山头地角垦种无遗，向来人烟罕至的山林地带也先后垦出了大片的肥田沃土。如乾隆二十九年前后，江西七十七个厅州县查出可垦官山一千二百六十二顷，分给少地或无地贫民。[12]陕西洛川、韩城、澄城、白水诸县之中的大山内，"土性饶沃，方圆百里之内，不下数千顷"。[13]当地政府从乾隆三十二年起，招募民人垦种，开辟出大片良田。湖北一省，继乾隆十年开辟内地荒芜田地山场十一万七千九百顷之后，广大流民又冲向鄂西山区。至乾隆三十八年前后，原来山林密障之地已是"户口日繁，流寓人众，所在开垦"。[14]为此，清朝政府也不得不承认这一既成事实，开放原来封禁官荒，"令民间自行首报，分别升科"。[15]这样，全国垦田数字急剧上升。据《清实录》各卷所载，从乾隆五年至乾隆三十五年这三十年的时间里，仅内地各省，垦田数字即已在二十万顷以上，很大程度上缓和了因人口迅速增长而导致的耕地相对不足的矛盾，也大大促进了当时社会经济的发展。

在采取措施鼓励人民垦荒的同时，对于人口稠密地区的无地贫民自发地向地多人少的地区和省份的流徙，乾隆皇帝抱着积极支持的态度。乾隆前期，土地兼并现象进一步剧烈，各地自然灾害也接连不断地发生，导致不少无地贫民纷纷向边远地区或内地田多人少的省份迁徙。山东、河南、直隶一带贫民流向东北；陕西、山西、直隶贫民或北向内蒙，或西流甘肃；湖广、江西、广东一带人民流向四川；东南沿海地区的贫民则越海流向澎湖、台湾。

其中，东北为清朝统治者的发祥之地，历代清朝皇帝为了保护这块"根本之地"，一直将严禁民人出关垦种奉为国策，执行不渝，致使东北大片土地长期不能垦种，经济发展甚为缓慢。乾隆前期，受劝垦田地思想的影响，乾隆皇帝对内地民人移居东北态度渐趋缓和，采取了睁一只眼闭一只眼的态度。如乾隆五年，他规定，居住东北的内地人民可在该地入籍，"其不愿入籍者，定限十年，令其陆续回籍"。[16]乾隆十五年八月，十年限满，乾隆皇帝又再次加恩，展限十年，[17]实际上承认了内地民人在东北地区的长期居住权。乾隆七年以后，直隶天津、河间等地连续三年遭灾，大批饥民拥向山海关、喜峰口、古北口等地，前往关外就食。为了解决饥民生计，乾隆皇帝指令边口官弁，"如有贫民出口者，门上不必拦阻，即时放出"。[18]"山海关向经禁止，但目今流民不比寻常，若稽查过严，若辈恐无生路矣。"[19]这样，不长时间里，四万七千多名内地民人先后迁至东北居住，此后还在不断增加。其中除三四万人或经营工商，或为人佣作之外，绝大多数人皆借租佃旗人土地之名而"额外开荒，希图存身"。[20]在他们的辛勤劳动下，成片荒地变成了良田沃土。至乾隆十四年时，吉林乌拉、伯都讷地方官员丈量土地时，丈出旗人余地三万八千五百八十六亩和游民私垦地一万三千八百九十八亩。[21]乾隆十八年，吉林泰宁县又丈出寄入旗人名下开垦地一万六千七百四十四亩。[22]乾隆三十一年，盛京一带也丈出旗民余地三十一万二千四百垧。[23]对于山西、陕西、直隶等省民人越种蒙古牧地问题，乾隆皇帝也采纳当地官员意见，"边民获粮，蒙古得租，彼此两便"，批准执行。[24]在此规定的影响下，许多民人出口种地，"古北口外，内地民人前往耕种者，不下数十万户"。[25]其中仅至八沟、塔子沟一带垦种者，即有二三十万人。[26]另外，前往喀喇沁租种土地的内地民人，也有数万之多。[27]

对于广东、湖广、江西等省无地民人迁居四川垦荒，乾隆皇帝的态度更为积极。明末清初，由于社会动乱，四川人口锐减，大片土地荒芜，从康熙以后，各省无地贫民前往垦种者络绎不绝。直至乾隆时期，这种情况还在继续。对此，当地官员以有妨治安或无地可垦为借口，设法阻止外地民人迁入。为此，乾隆皇帝多次谕令当地官员，"验明人票相符，即予放行，到川编入烟册，移知原籍存案"。[28]与此同时，还对各级官员反复开谕："贫民远图生计，亦不可持之太峻，盖伊本籍如有产业，必不肯轻去其乡，何用阻截？若因亲族可依，就食他处，必尽行逐回，转绝其谋生之路。"[29]"今日户口日增，而各省田土不过如此，不能增益，正宜思所以流通，以养无籍贫民。……有司设法禁止，不但有拂人性，且恐转滋事端。封疆大吏，当通达大体，顺民情所便安，随宜体察。……既不绝小民觅食之路，又可清闾阎盗贼之源，斯两得之。"[30]"此等无业贫民，转徙往来，不过以川省地广粮多，为自求口食之计。使该省果无余田可耕，难以自赡，势将不禁而自止；若该处粮价平减，力作有资，则生计所趋，又岂能概行阻绝。"[31]在乾隆皇帝的干预下，南方各省先后有大批贫民携眷入川，至乾隆十三年，仅云贵两省移居四川者即达二十四万余人。他们除和当地人民一起继续在人口稠密地区垦荒种地之外，还远至当时人烟稀少的川西邛州府属蒲江，雅州府属名山和川南叙州府属屏山，保庆府属南江各地，开辟荒山野岭，兴修水利工程，种植粮食、茶叶、棉花等，对乾隆时期四川生产的发展做出了巨大的贡献。乾隆皇帝对内地贫民移垦边远地区荒田的积极态度，对于当时土地的大量开垦和社会经济的迅速发展起到了一定的推动作用。

除内地劝垦田地之外，乾隆皇帝还先后兴办了京旗移垦和西域屯田。其中京旗移垦已在上章八旗生计中予以论述，这里重点介绍一下西域屯田。

康熙五十四年以后，为了解决西北戍边部队军粮供应问题，康、雍两帝相继在科布多、巴里坤、哈密等处兴办屯田。乾隆皇帝继位之后，继续其事。但因当时清朝中央政府和准噶尔地方政权处于严重的军事对峙状态，因而投入人力不多，耕作地区甚小，收效也并不显著，更谈不上对全国生计有何裨益了。准噶尔叛乱的平定和西北地区的统一推动了当时屯田事业的发展。乾隆二十一年，乾隆皇帝首先组织了从巴里坤到乌鲁木齐一线的屯田活动。乾隆二十二年，又派绿旗兵于吐鲁番地方垦田两千三百亩，以为进攻南疆之用。乾隆二十三年，在添派军队增垦乌鲁木齐一带荒地的同时，乾隆皇帝又调兵六千，在南疆哈喇沙尔、托克三一带兴办屯田。至此，新旧屯田总数已达五万二千七百九十一亩。回疆叛乱平定之后，乾隆皇帝拨出内帑三百万两，采买籽种、农具，进行了更大规模的屯田活动。以屯田范围而言，原先不过巴里坤至乌鲁木齐一线，此时，除原来地区继续增垦之外，西至伊犁，北至塔尔巴哈台、雅尔，南至哈喇沙尔、辟展、托克三、乌什等地也先后规划屯田。以屯田形式而言，除原先的旗屯之外，民屯、回屯、商屯、遣屯等各种不同形式的屯田活动也相继开展起来。根据乾隆皇帝的指示，山东、山西、陕西尤其甘肃各地的民人在当地政府的统一组织下，纷纷挈家出关，前往指定地点屯种。不少商人也先后携资前往该地，认垦田地。以耕作农作物而言，原先只有青稞一种，此时则豌豆、大小麦、糜、粟等粮食作物和胡麻、菜籽等经济作物以及各种菜蔬无不大量种植。至乾隆三十年，各种形式的屯田总数已在四十万亩以上，而且还在继续增加。由于乾隆皇帝重视和各种屯田措施得力，屯种田地连年丰收，当地军民自给有余，单是辟展屯田兵丁一年即可向国家交售屯粮四万余石。乾隆二十九年、三十年和三十六年，甘肃连年遭灾，根据乾隆皇帝指示，还由乌鲁木齐等地调拨粮食赈济内地饥民。西域统一后乾隆皇帝兴办的各种屯田，对于解决人民生计，对于边防建设和巩固国家统一，都起了积极的作用。

　　为了解决人口激增和全国耕地面积相对不足的矛盾，对于劝垦田地，乾隆皇帝的态度比较积极，但出于巩固统治的目的，不只在劝垦田地中迈出的步子极为有限，而且在涉及统治阶级的根本利益时，还不惜损害广大人民群众的利益，千方百计地维持封建统治秩序，限制人民开垦荒地。如乾隆十七年时，贵州官员要求允许屯田军队开垦当地田边地角，乾隆皇帝则以其易启苗、汉矛盾而明令禁止；[32]为了防止垦荒农民破坏封建秩序，乾隆皇帝还下令将一些可以开垦的山林地带如湖广西部和江西、福建交界之处严加封禁，以致相当长的时期中，这些地区的土地资源不能得到利用。对于东北、蒙古等地的垦荒，禁令虽比康、雍时期有所放松，但也没有取消。如乾隆十五年正月，乾隆皇帝颁布谕旨，除重申禁民出关的规定外，还分别下令各省"查禁商船携带闲人"。[33]对于喀喇沁蒙古出售给汉人的牧场，也分别下令赎回，并且命令当地蒙古王公、台吉"严饬所属，嗣后将容留民人居住增垦地亩者，严行禁止"。[34]对于东南沿海居民流寓台湾开垦土地者，则肆行辱骂："此皆穷困遭逃之辈，性情狡悍，不能安分，结伙连群，势必滋生事端"，并下令当地官员将福建、广东赴台人民"严行禁止，仍于各处口岸，设法巡逻周密，毋许私行逗遛一人"。[35]所有这些规定，都大大影响了广大人民垦荒的积极性，阻碍了社会经济的发展。

三、兴修水利，治理黄河

水利是农业的命脉，民生的保障。为了发展农业、安定民生，在大力劝垦田地的同时，对于各地水利工程的兴修，乾隆皇帝的态度也相当积极。他即位之后不久，便亲自抓了江南水利、浙江海塘工程和直隶水道疏浚等重要水利工程的查勘和兴修。针对乾隆以前江南各地水利工程修建草率、不计久远，"圩岸不无坍颓，沙泥不无淤积"的问题，乾隆皇帝认为："与其岁久浚筑，事难费倍，不若逐年疏葺，事易费省。"[36]为此，他要求江南各地官员，"各于所属境内相视河流浅阻，每岁农隙，募夫挑挖，定为章程，逐年举行"。[37]为了全面规划当地水利兴修并防止当地官员"视为具文、玩误工作及阳奉阴违"，[38]乾隆皇帝专拨帑银一百万两，派遣大理寺卿汪漋等前往经理督办。在汪漋和当地官员的共同主持下，乾隆三年至乾隆六年，江苏、安徽和河南三省的各条水道得到了一番普遍的疏浚和治理。除此之外，还于各州县修建陂塘沟渠、圩埂土坝近百处。[39]对于江浙两省杭、嘉、湖、苏、松、常、镇七府沿海海塘的修建和保护，乾隆皇帝也极为重视。乾隆初年，他先后派遣嵇曾筠、刘统勋、讷亲等重臣前往该地，查勘或主持该地修建石塘的活动。乾隆六年，他还专拨帑银九十余万两，修建了从海宁到仁和长达四千二百余丈的海塘工程。与此同时，对于直隶各地水道的疏浚，乾隆皇帝也非常注意。他说："直隶河道水利，关系重大，若但为目前补救之计而不筹及久远，恐于运道民生，终无裨益。"[40]因此，从乾隆二年开始，他先后派遣重臣鄂尔泰、讷亲、高斌、孙嘉淦、刘于义等查勘直隶水利，并以治理永定河为中心，开展了规模颇大的兴修直隶水利活动。在这一活动取得

《京畿水利图》卷（局部）　（清）弘旿绘

一定成就后，从乾隆九年开始，又将治理永定河的范围扩大到了它的上游山西省境内的桑干河，在大同附近的桑干河南北两岸各开支渠一道，不但浇溉了桑干河两岸的大片土地，而且也大大减弱了下游的水势。

对于全国各地的水利事业，乾隆皇帝不遗余力地予以提倡。乾隆二年，他在一道谕旨中指出："自古致治以养民为本，而养民之道，必使兴利防患。水旱无虞，方能使盖藏充裕，缓急可资。是以川泽陂塘，沟渠堤岸，凡有关于农事，预筹画于平时，斯蓄泄得宜。潦则有疏导之方，旱则资灌溉之利，非可诿之天时丰歉之适然，而以临时赈恤为可塞责也。"[41]为此，他要求各地官员对于所辖境内的水利工程"应行修举者，即行修举；或劝导百姓，自为经理。如工程重大，应动用帑项者，即行奏闻，妥协办理，兴利去害，俾旱涝不侵，仓箱有庆"。[42]在他的关心下，不少地区的官员注重水利事业，全国各地相继兴修了不同规模的水利工程。

如乾隆初年，宗室德沛在任甘肃巡抚期间，开渠凿井，兴修水利。[43]署理陕西巡抚崔纪则于西安、同州、凤翔、汉中四府及商、乾、兴安三州出借耗羡银两，劝民凿井灌田。[44]直隶平山知县郭殿正、阜平知县罗仰镳分别于滹沱河、沙河两岸引水灌田，改造良田上百顷。[45]河南嵩县知县康基渊则组织人民将县内伊河两旁古渠并山涧诸流可资引导者，一律疏治深通，溉田六万二千余顷。[46]乾隆二十三年至二十八年，阿尔泰任山东巡抚期间，注重水利，先后修渠灌田，种植水稻近五百顷。[47]调任川督后，仍以兴修水利为重，全省境内凡有关于水利、农田及疏浚河渠、兴修城工处所，俱亲临查勘筹办。[48]在他的组织下，乾隆二十九年雅州府名山县、潼川府三台县以及叙州府屏山县、保宁府南江县广大人民在新垦荒地上挑渠溉田数千顷。[49]乾隆三十一年，他又以都江堰水利工程"为数十州县水利所关"，组织当地人民挖深堰底，增筑大坝。与此同时，对于都江堰上游汶、保、茂各州的水利工程也着手进行兴修。[50]除此之外，一些边远地区如广东、云南、广西和西北巴里坤一带也都在当地官员的主持下，相继兴修了一些水利工程。其中，巴里坤的水利工程别具特色。乾隆十八年前，该地军民灌溉屯种田地，向靠开渠引南山雪水。但因遍地黄沙，渠水流失严重，该地屯军凿木为槽，铺设了一条长达百余里的木渠，改造了大片的良田。所有这些水利工程，都在不同程度上促进了各地农业生产的发展，对于乾隆时期全国经济的发展和繁荣局面的形成，起了一定的推动作用。

在号召全国各地兴修水利的同时，对于治理黄河，乾隆皇帝也予以重视。他说，南北河工关系国计民生，最为紧要。[51]他在在位期间，先后拨出大量库帑，对黄河进行整修。在治河方法上，乾隆皇帝基本上是依康熙旧轨而无所创新，一是疏浚下游，二是增固堤堰，三是开挖引河。如乾隆元年四月，黄河自江苏砀山县毛城铺决口后，乾隆皇帝命令南河总督高斌等组织人力，疏浚下游河道，又于宿迁至清河二百里间黄河北岸增筑遥堤、格堤；乾隆七年，黄河自江苏丰、沛两县两次决口后，为了减缓水势，乾隆皇帝命南河总督白钟山等开挖支渠，宣泄水势；乾隆二十一年，黄河自孙家集决口后，乾隆皇帝又采纳白钟山、张师载二人建议，组织夫役，挑浚淤浅，增筑堤工等。由于治河工作技术性较强，而通晓河务之大员甚为难得，为了培养得力治河官员，在组织人力治河的同时，乾隆皇帝还劝谕一些通晓河务的中级官员如河南布政使朱定元、浙江按察使完颜伟等，"将疏浚保护之法加意讲求，以备将来之任使"。[52]为了便于就地指挥治河事宜，乾隆十六年以后，乾隆皇帝还借南巡之机多次到河工地段考察，并对治河事宜进行布置。所有这些活动，都表现了乾隆皇帝对治河事务的关心，也在一定程度上减轻了黄河为患的严重程度。

乾隆皇帝提倡兴修水利和组织治理黄河，虽然取得了一些成就，然而由于经办官吏的处理不善和乾隆皇帝本人对自然科学知识的无知不学，这些成就不但极其有限，一些工程还劳民伤财，得不偿失。即以乾隆初年署理陕西巡抚崔纪组

《乾隆帝南巡图卷·视察黄河》之一 （清）徐扬绘

织的凿井活动而言，在得到乾隆皇帝的首肯后，为了邀功请赏，他不顾当地实际情况，狐假虎威地下令所属各地于四十日内每田十亩，凿井三眼，以致当地人民或因发价不足，或因时间过紧，所开之井，"井面围圆只合抱有余，深者不过二三丈，浅者仅有丈余……倘遇天时亢旱，禾苗未见焦枯，而各井已先涸矣"。[53]不但未收凿井实效，反而给民间带来了极大的骚扰。其他各地的水利工程也多因官吏经营不善而旋修旋废，收效甚微。再以黄河治理而言，明末黄河改道以来，一百多年间，下游河道频年溃决，而且溃自北岸者占十之八九。这些情况说明，江苏境内河道蜿蜒曲折、水流不畅和距离出海口过远是其主要原因。通过总结可以看出，根治黄河的主要出路，一是使河道北移，使其自河南流经山东入海，以缩短入海距离；二是即使不改变河道，也应以疏浚河道淤沙为主。当时，一些有识之士如吏部尚书孙嘉淦、侍郎裘曰修和著名学者钱大昕即先后提出了于山东境内开发引河、使黄河改归宋前旧道的主张。然而，因为不学无识，乾隆皇帝不但对改道主张不予接受，而且在治河中，也像传说中的鲧治洪水一样，极其愚蠢地大筑堤堰，以致淤沙沉淀，河床日高，超出平地两三丈以上，更增加了黄河溃决的危险性。其次，乾隆皇帝南巡，主要用意是加强自己的政治统治，并借此机会游山玩水，寻欢作乐，偶至治河工地一游，情况尚不能了解全面，哪里能发现问题并作出有真知灼见的指示。再次，因为吏治败坏，河工久成各级官员觊觎垂涎之利薮，朝廷每年拨出大批款项大多都入了治河官员的腰包，真正用以治河的极其有限。所有这些，都使乾隆皇帝治理黄河的成就较之乃祖康熙皇帝大为逊色，对于民生改善和社会经济发展没有发挥应有的作用。

四、放松开矿限制

清朝政权建立之初，吸取明朝末年朝臣竞言矿利，中使四出，暴敛病民，阶级矛盾空前激化的教训，一度对各地采矿事业加以限制。康、雍时期，这种限制进一步加强。为了防止矿徒集结，妨碍农业生产，破坏封建统治秩序，对于偷刨矿砂的旗汉人民，不是解部枷责，就是发边卫充军。臣下建言开矿者，严旨切责之外，往往还交部察议，给予处分。因而相当长的一段时期内，除了滇铜生产为政府铸钱所必需而得以存在之外，各地采矿事业一直处于极度萎缩的状态而不得发展。

对于康、雍以来最高统治者禁止言利并限制采矿事业发展的做法，乾隆皇帝颇不以为然。他说："从来利之一字，乃圣人之所不讳而为贤者之所谨防"，"后人但见言利之害，遂将义、利判然分为两途"，实际上并不符合圣人之原意。在他看来，"义、利本非两截，用以利物，则公而溥，是利即义也"，"所谓利物者，以百姓之资财谋百姓之衣食"。[54]全国各地蕴藏的丰富的矿藏都是有利民生、不应弃置的"天地自然之利"。[55]在这种思想的指导下，乾隆皇帝一反清初诸帝的做法，根据社会的实际需要，对于采矿事业表现了比较积极的态度。当时，全国各地钱贵银贱，经济发展迫切需要扩大铜矿开采。乾隆二年，乾隆皇帝颁布谕旨，"凡产铜山场，实有裨鼓铸，准报开采"。⁵⁶尔后，准予开采的矿藏品种不断增加。如乾隆五年二月以后，准予全国各地开采煤矿。乾隆十年以后，准予开采铁矿、铅矿等。与此同时，批准采矿的地区也不断扩大。云南之外，又扩大到四川、两广、湖广、江西、安徽、山东、山西、陕西、直隶、奉天、蒙古和准噶尔地区。

随着采矿事业的不断发展，矿税成为一项重要的财政收入，使乾隆皇帝对采矿的态度更加积极主动，鼓励寻找矿源，并对组织采矿取得成就的官员加以奖赏。如乾隆十三年二月，云贵总督张允随、云南巡抚图勒炳阿等奏报新开大雪山、多那两铜矿，年产量可达二百万斤。乾隆皇帝在奏折上批示："欣悦览之，此皆卿调剂有方也。"⁵⁷又如乾隆二十六年底，北京西山一带各处煤矿因开采年久，窖深积水，"以致刨挖维艰，京城煤价渐为昂贵"，乾隆皇帝命令工部、步军统领和顺天府各衙门"会同悉心察勘煤旺可采之处，妥议规条，准令附近村民开采，以利民用"。⁵⁸再如乾隆三十六年正月，为了鼓励滇铜开采和冶炼，乾隆皇帝采纳云南巡抚诺穆亲的建议，规定地方官报开新厂，每年获铜二十万斤以上者记录一次；三十万斤以上者，记录两次；四十万斤以上者，记录三次；五十万斤以上者加一级，八十万斤以上者奏请升用。⁵⁹还如乾隆三十七年十二月，乾隆皇帝闻知蒙古阿拉善王游牧区之哈布塔海哈拉山一带蕴藏金矿，当即谕令阿拉善王与陕甘总督勒尔谨联合勘查，规划开采。⁶⁰

与此同时，乾隆皇帝对于康、雍以来有关采矿的各种限制也大大放松。如对各地的煤矿采掘，分别通过免税和简化批准手续鼓励人民进行开采；对于国家十分需要的滇铜和其他一些矿藏，规模较小者听民开采，酌量抽税；规模较大者改由各地政府直接控制，并且采取预发工本、添给价值等措施刺激生产。这样，乾隆前期，全国各地官员纷纷呈请开辟辖区矿藏，绝大多数都得到了乾隆皇帝的批准。据统计，从乾隆十年到乾隆三十九年，经乾隆皇帝批准的采矿项目不下四十余起。比如铜矿的开采和冶炼，雍正间政府允许开采的只有云南一处，而至乾隆时期，除云南采铜事业继续发展之外，广西之宣化、苍梧、池州、恭城，四川之天全州、盐源县，湖南常宁，陕西宁羌州和山西之交城、阳城、平定、盂县等许多地区也开始开采；以采煤而言，除原来的北京西山之外，全国所有产煤省份皆有开采，其中东北之辽阳、张家口外之土木、独石口外之东槽碾沟还后来居上，成为新的采煤中心。由于采矿地区扩大，各种金属产量也急剧增长。即以滇铜生产而言，由于乾隆中又于汤丹、大碌两厂之外另设子厂三十余处，因而产铜数量空前增加。雍正年间，滇铜最高年产量只有四百万斤。而至乾隆二十二年已经超过千万斤，[61]乾隆三十一年前后，又增长至一千二三百万斤，从事采矿、冶炼的工人也增加到数十万人。[62]其中仅东川府属会泽县境内的汤丹、大碌两铜厂厂众达两三万人。[63]冶炼出来的各种金属，或由国家在各地铸为铜钱，在市场上广泛流通，或由场铺铸成农具、器皿，在人民生活和生产活动中发挥巨大的作用。

乾隆前期，乾隆皇帝对采矿事业的限制较之康、雍时期虽然有所放松，然而当时正值乾隆皇帝专制统治日益强化之时，其首先考虑的不是矿业生产的发展，而是自己统治的巩固，因而这种放松也是极其有限的。对于影响封建统治秩序的采矿活动，往往解散矿徒，封禁矿坑，不准开采；即使准予开采的矿藏，也是严令有关官员对矿徒编立保甲，严密稽查，甚至对采矿人数和生产规模等都进行限制。如乾隆九年，藁城知县高鼒呈请自备工本于山东峄县、滕县、费县等地开采银、铜、铅矿，乾隆皇帝以为，该地"地近孔林"，"利之所在，易集奸匪，争斗之衅必生"，下令严加禁止。[64]又如乾隆十年，在批准安徽怀远、凤台二县开采煤矿的同时，乾隆皇帝还指示当地官员"于采煤处照保甲法各设窑头，并遴员稽查弹压"。[65]此后各省大抵皆按此法管辖属内采矿人众。乾隆三十一年，乾隆皇帝又采纳云贵总督杨应琚的意见，将云南各矿厂的采掘范围限制在矿厂周围四十里之内。[66]直到乾隆三十九年在批准开采察哈尔平顶山煤矿时，乾隆皇帝一方面认为"开挖煤窑，自属有益之事"，一方面又对"聚集多人，有碍于蒙古游牧"、妨碍封建统治秩序表示担心。[67]

此外，乾隆皇帝对各地采矿业的重税政策也严重地限制了采矿事业的发展。按照乾隆皇帝规定，商办铜矿，每产铜百斤，抽二十斤税，余铜一半商售归本，一半官为收买。[68]这样，商人自行支配的产品只有百分之四十，如果再加上主管官吏的无厌盘剥，更是获利无几。因而，不少矿坑开采不久便因财力不支而无法继续。据统计，整个乾隆前期，因经营蚀本等原因而被各级官员以矿尽为名报封的采矿地点不下二十余处。所有这些，都严重地限制了采矿事业的发展，并对当时中国社会经济的发展产生了极为不良的影响。

第二节 蠲赈积贮

一、蠲免钱粮和赈恤灾民

三藩叛乱平定之后，清朝政府的财政状况逐渐好转。尔后，又经过雍正皇帝在位期间的大力整顿吏治，推行摊丁入地和耗羡归公政策，以及乾隆皇帝即位之初统治政策的调整，国家财政收入逐年增加，国库盈余也逐年增多。乾隆二十年以前，国库存银通常维持在三四千万两之间。此后，因为西域平定，军费开支大量节省，国库存银更是直线上升。至乾

隆三十一年，已达六千万两。两年之后，又超过七千万两，[69]几乎相当于当时全国一年半的总收入。清初以来尤其是乾隆时期国家财政收入的不断增加，为乾隆皇帝进行经常性的钱粮蠲免和灾害赈恤奠定了重要的物质基础。[70]

除此之外，乾隆皇帝在位期间进行经常性的蠲赈活动还有着深刻的现实原因。三藩叛乱平定之后，社会经济虽然不断发展，然而由于封建国家、各级封建官吏和地主阶级对广大农民的残酷压榨和剥削，以及康熙中期以后全国人口的急剧增长，广大农民的生活一直非常困苦。"地方小有旱涝"，人民即"轻去其乡，以致抛弃室庐，荒芜田亩"。[71]兼之以地主阶级乘机落井下石，兼并土地，贫富两极分化日益加剧，广大人民的反抗情绪也不断增长，整个乾隆前期，全国各地人民的抗租、抗粮、反科派斗争甚至小规模的农民起义一直此起彼伏。作为地主阶级的最高代表者，乾隆皇帝当然不会通过触及地主阶级土地所有制的方式缓和阶级矛盾，为了消弭广

大人民的反抗情绪，只有采取蠲免钱粮、赈恤灾民等措施来减轻人民的一些负担，以期达到巩固统治的目的。

乾隆皇帝即位之初，针对雍正时蠲赈活动中存在的一些问题，在普蠲雍正十二年以前全国积逋的同时，还多次颁布谕旨，放宽灾蠲范围并严禁各级官员匿灾不报。清朝初年，根据政府规定，被灾十分者，免钱粮十分之三；八分、七分者，免十分之二；六分者，免十分之一。雍正皇帝在位期间，将之加以放宽，被灾十分者免钱粮十分之七，九分者免十分之六，八分者免十分之四，七分者免十分之二，六分者免十分之一。对此，乾隆皇帝认为，"田禾被灾五分，则收成仅得其半，输将国赋，未免艰难，所当推广皇仁，使被灾较轻之地亩，亦得均沾恩泽"。因此，他决定，嗣后被灾五分之处亦准报灾，地方官查勘明确并蠲免钱粮十分之一。[72]对于一些匿灾不报的官员，他也多次严加指责，斥责他们"捏报丰收，不恤民艰，使饥冻流亡之惨，不得上闻；蠲免赈恤之恩，不得下逮"。[73]为了扭转这种现象，他宁可置夸大灾情、"希图取悦于地方"的官员于不问，而对"故为掩饰，不肯奏出实情"的官员严加处分。[74]与此同时，鉴于国家财政情况进入了清初以来最好的时期，针对全国各地的具体情况，乾隆皇帝先后多次进行了蠲免正额钱粮和赈恤灾民的活动。于此摘取数例，以见乾隆皇帝蠲赈之大致情况。

乾隆二年春，对畿辅、山东地区遭灾人民进行的蠲赈活动，是乾隆皇帝即位之后进行的一次大规模的蠲赈活动。当年二月至五月，将近半年时间，畿辅、山东一带久旱不雨，夏粮失收。为了拯救灾民，乾隆皇帝首先蠲免直隶地丁钱粮七十万两，山东地丁钱粮一百万两。[75]与此同时，还开放京师各仓及截留漕米五十万石，从当年六月起，对广大灾民进行赈济。为了办好赈务，乾隆皇帝先是派遣官员踏勘灾情，确定灾区范围，查造灾民户口，分别极贫、次贫，大口、小口，预给印票，以定赈数；而后运米各乡，先示赈期，届时唱名，按大口每月给谷三斗，小口减半，不遗不滥，统一给发。办赈期间，所有办赈人员办公用度皆于公项内支给，并委派道员对赈济工作随时检查。"实心办事之员，保题优叙；办理不能妥协之员，严参治罪。"[76]六月以后，连降大雨，旱象解除。为了恢复生产以使秋稼有成，乾隆皇帝又令各地官员照所种秋田亩数借给籽种。在当地政府的组织下，山东灾区人民开始秋种，而畿辅一带却因山水骤发而由旱变涝。这时，乾隆皇帝又派遣侍卫官员赍带帑金分六路出发，会同灾区地方官抚恤安顿，排水播种。[77]次年春，在二麦生长过程中，乾隆皇帝又多次谕令两地官员组织人民扑灭蝗蝻。在乾隆皇帝的关心下，自然灾害最后被战胜，乾隆三年，两省夏粮获得了丰收。

> 淮水今何似，中宵未解忧。
> 波臣势方盛，赤子尔何尤。
> 庐舍皆如舫，桑麻尽付流。
> 每披灾疏报，似听泣声愁。
> 异涨知稍退，穷黎得慰不。
> 空传一掬泪，为我达扬州。[78]

这是乾隆七年淮扬一带水灾时，乾隆皇帝写的一首诗，表达了他对灾区人民境遇的关心。乾隆七年夏秋之际，江南一带连降暴雨，淮黄交涨。为了防止河堤溃决，当年七月初，河臣完颜伟下令开放洪泽湖内减水坝，河湖之水四下漫溢，在江苏、安徽两省北起徐州、宿迁、清河，南至寿州、凤阳、宿州、灵璧、泗州，东至淮安、宝应、高邮、扬州、兴化、盐城等四十八州县的广大地区内泛滥成灾，"民间自中人之家以及极贫下户，皆流离四散"。[79]得知这一消息，乾隆皇帝食不下咽，焦急异常，指令该地督抚"不得拘于常例，务须多方设法，竭力拯救"。[80]根据他的指示，七月间，大学士鄂尔泰、直隶总督高斌、户部侍郎周学健先后携带帑银二百五十万两，前往该地办赈。与此同时，乾隆皇帝还将两省被水地方，雍正十三年以前积欠逋赋及本年应征地丁钱、漕概予豁免。随着对灾害程度的进一步了解，乾隆皇帝一方面命令相邻各省安插灾区流民，一方面加拨部帑二百九十万两，截漕及协拨各省粮米二百二十万石，对灾区人民进行普遍的赈济。九月以后，水势稍退，乾隆皇帝愁眉稍展。在办理赈务的同时，又谕令各州县贷给灾民籽种，筹备秋播春种。半年多的时间里，除治河所需帑项外，国家蠲免及赈济所用几近千万，才使灾区生产恢复正常，人民生活也大致安定下来。

乾隆十二年秋，山东大部分地区遭受严重水灾。当年冬，乾隆皇帝曾命截漕二十万石进行赈济，并以乾隆十三年是山东轮免地丁钱粮之年而将全省乾隆十二年应征未完钱粮缓至乾隆十四年征收。乾隆十三年春，灾情继续发展。继上年水灾之后，全省又遇严重旱灾，广大饥民四散逃亡。是年春，乾隆皇帝东巡曲阜，路途中目睹了灾区"村落多萧条，老幼率惨懔，腹饥嗷鸿哀，衣薄状鹤濙"[81]的惨状，这使他感到："东省此次荒歉，非比寻常。邹、滕以南，小民之艰苦尤甚。拯救之方，刻不容缓。"[82]为此，他破例将巡幸沿途蠲免地丁钱粮十分之三按数发给灾民。与此同时，又截漕六十万石并协拨直隶、河南、安徽、江苏四省储粮，对灾区人民进行赈济。乾隆皇帝认为，办好赈务，关键在于办赈官员。他说："救荒无良策"，"地方官尽得一分心，民受一分之惠；灾黎得一日赈，即度一日之命。"[83]为此，他专调办赈有方的浙江布政使唐绥祖任山东布政使，直接负责办赈事务。与此同时，他还令大学士高斌、左都御史刘统勋带领御史四员及一些候补、候选州县官前赴灾区，查办和具体负责办赈事务。针对老弱妇孺不能远行的情况，乾隆皇帝指令办赈官员送米下乡就近放赈。为了减轻灾民痛苦，乾隆皇帝还劝谕业主减除当年租额，并谕令相邻各省收容灾区流民。五月间，全省得雨，旱象解除，二麦得收，灾害基本度过。这时，乾隆皇帝又谕令高斌、刘统勋等就势查勘山东水利，以防水、旱自然灾害再度发生。谕令各地官员加倍出借种子，及时播种，恢复生产。至此，这场历时半年多的办赈活动方告结束。

乾隆十六年春，浙东八府七十余州县久旱不雨。五月以后，旱情进一步发展，至当年七月，滴雨未下，夏粮失收，秋收无望，市场米价腾贵，每石骤增至二两以上。百姓无食，有吃石粉以充饥者。[84]得知这一消息，乾隆皇帝认为，"浙省今年被灾较重，非寻常偏隅水旱可比"。[85]为了拯救灾民，他首先分别蠲、缓灾区应征钱漕，以纾民力。[86]尔后，又根据各地灾害程度，开放当地常平仓，截漕五十万石，协拨邻省米谷三十万石，对灾区人民进行赈济。在办赈过程中，为了防止吏胥侵蚀，乾隆皇帝命令当地官员根据直隶办赈方法做出相应规定。除此之外，乾隆皇帝还先后下令开放海禁、禁米出洋、免征入浙商贩米税、准许江浙生俊在浙纳粟捐监以扩大当地米谷来源，劝令有粟富民及贩米商人照市价减粜惠民，以减轻人民痛苦。[87]九月以后，灾轻地区晚稻陆续开始收获，米价有所下降，灾情缓解。这时，乾隆皇帝又谕令对重灾地区人民进行展赈，以待次年麦收。一直到次年五月夏粮收获之时，这场历时将近一年的赈济活动方才结束。

> 下河十岁九被涝，今年洪水乃异常。
> 五坝平分势未杀，高堰一线危骑墙。
> 宝应高邮受水地，通运一望成汪洋。
> 车逻疏泄涨莫御，河臣束手无良方。
> 秋风西北势复暴，遂致冲溃田禾伤。
> 哀哉吾民雁昏垫，麦收何救西成荒。
> 截漕出帑敕大吏，无遗宁滥丁宁详。
> 百千无过救十一，何如多稼歌丰穰。
> 旧闻河徙夺淮地，自兹水患恒南方。
> 复古去患言岂易，愁焉南望心彷徨。[88]

这是乾隆十八年秋江南黄河溃决后乾隆皇帝写的一首悯农诗，记述了这次水灾和乾隆皇帝组织赈济的大致情况。乾隆十八年六月，江苏境内黄河盛涨，相连河湖水势亦超出常年。七月初，邵伯湖边的两个减水闸及高邮湖边的车逻镇大坝首先溃决，湖西一带一片汪洋，堤东一带亦多被淹。[89]西起铜山、东至海州一带广大民田普遍遭灾，百万生灵嗷嗷待哺，"河堤溃决实乃非常之灾"。[90]有鉴灾情重大，区域广泛，当年八月，乾隆皇帝截漕四十万石并调拨大量库银，对灾区人民进行赈济。然而，在这一活动刚刚开始不久，由于历年来河臣侵蚀治河款项，工非实工，料非实料，冒销浮混，无所不至，九月上旬，黄河又于江苏省上游地段张家马路溃决。不但历年治河之公帑付之东流，两江人民也雪上加霜。"数郡之田庐，俱遭荡析。"[91]对此，乾隆皇帝又气又急。他一方面派员清查南河亏空，严惩有关官员，并加拨白银百万两，堵塞黄河决口；一方面加截江、浙、安徽漕米六十五万石，协拨河南、山东、湖北、江西、浙江等省米谷六十五万石对灾区人民进行赈济。与此同时，还分别各地灾情轻重，蠲、缓灾区地丁钱漕。按照他的要求，办赈官员"挨户给赈，并亲身督率，派员查察"。[92]当年十二月，两处决口同时堵塞，水势开始减退。这时，乾隆皇帝又指示当地官员疏消积水，播种早禾，恢复生产。命令办赈官员展赈一二月以待次年麦收。至乾隆十九年夏收前，前后十个来月，不计河工所耗帑项，但就蠲免、赈济银米而言，有千万之多。

上述几例，不过是乾隆皇帝大量灾蠲活动中的个别事例，乾隆时期，其他地区性的灾蠲不胜枚举。其他各种形式的蠲免如减除旧额、差役蠲免、巡幸蠲免和全国性的普免钱漕活动也史不绝书。在这些蠲免活动中，影响较大的是乾隆皇帝效法其祖康熙皇帝而进行的几次全国性的普免钱漕活动。

第一次全国性的蠲免活动是在乾隆十年。当时，经过即位之后统治政策的调整和十来年的休养生息，国家府库充实，开支减少。"左藏所储，可以供数年之经"，[93]"寰宇粢宁，既鲜糜费之端，亦无兵役之耗"。[94]凭借这些雄厚的物资积存，为使普天之下"一民一物，无不均沾大泽"，[95]是年六月，乾隆皇帝效法康熙五十一年普免天下钱粮旧例，决定将乾隆十一年全国直省地丁钱粮一概蠲免。与此同时，乾隆皇帝还决定，各省蠲免正赋之年如有未完旧欠，"一并停其征收，展至开征之年，令其照例输纳"，以免民间有追呼之扰。[96]如果各省于应蠲之年遇有水旱灾害，出于特恩又行蠲免者，则将之登于档册，再于开征之年补行豁除。为使业主、佃户均沾惠泽，乾隆皇帝还谕令各省督抚转饬州县官劝谕各地业主酌减租粮。以往历次蠲赋，耗羡照例输纳，以供有司养廉及办理公务之用，为使"闾阎之间，终岁不闻催科之声"，[97]乾隆十一年正月，乾隆皇帝又做出补充决定，"蠲赋之年应征耗羡，一并缓至开征之年按数完纳"。[98]按照这些规定，从乾隆十一年到乾隆十三年，全国各省地丁钱粮分作三年普免一周，总计此次普免钱粮总数达二千八百二十四万余两。

乾隆二十四年以后，西域平定，中央政府直接控制的版图空前扩大，军费开支却大幅度降低，兼之以连岁年谷顺成，庶务丰殖，国家财政收入较之于乾隆前期又大大增加。在这样的情况下，为使"薄海亿兆，并裕仓箱之庆"，[99]乾隆皇帝又进行了第二次全国性的蠲免活动。乾隆三十一年正月元日，乾隆皇帝颁布谕旨，普免全国本年应征漕粮。根据这一决定，从乾隆三十一年到乾隆三十五年，湖广、江西、浙江、江苏、安徽、河南、山东八省普被蠲免一次，总计蠲粮不下四百万石。

乾隆皇帝二十五岁登基，至乾隆三十五年，已经年届六十。为了庆祝自己六十诞辰以及次年乾隆皇帝生母崇庆皇太后的八十大寿，根据国家财政空前良好的情况，继乾隆十一年、三十一年两次普免全国钱漕之后，乾隆三十五年正月元日，乾隆皇帝再颁谕旨，从本年起，分三年时间，将全国应征地丁钱粮再行普免一周。与此同时，为使广大佃户也"分沾渥泽"，乾隆皇帝又做出规定，"轮蠲之年，遍行劝谕各业户等，照应免粮银十分之四，令佃户准值减租，使得一体仰邀庆惠"。[100]此次蠲免总数达二千七百九十四万余两。

此次蠲免之后，乾隆皇帝还将此奉为国家定制，一直坚持到他去世之前。如乾隆四十二年、乾隆五十五年、嘉庆元年又三次普免全国地丁钱粮。乾隆四十五年、乾隆五十九年又两次普免全国漕粮。总计八次蠲免，银两不下一亿四千万，粮谷一千二百万石。如果再加上其他蠲免赈恤数字，总数将在二亿三千万两以上。不但和他的祖父康熙皇帝相比起来是有过之而无不及，而且在两千多年的中国封建社会的帝王群体中也是空前绝后、绝无仅有的。

作为乾隆皇帝一生政治生活中的一个重要内容，乾隆皇帝进行的蠲赈活动对当时的政治形势和社会经济的发展都起了重大的作用。

首先，中国古代自然灾害相当频繁，由于封建剥削极为沉重，兼之以广大农民生产条件简单，产量低下，极少积储，因而每次自然灾害都使灾区广大人民流离失所甚至成批死亡，从而使生产停滞，社会经济遭受严重破坏。乾隆皇帝的这些蠲赈活动，使得这些历史上多次发生的现象大大减轻，既保障了全社会的基本安定，同时又使社会经济得以继续向前发展。

其次，在中国封建社会里，土地是广大农民赖以生存的基础。自然灾害发生之日，往往是地主、商人和官僚兼并土地剧烈之时，土地兼并使得阶级对立愈益严重。乾隆皇帝的蠲赈活动，一定程度上延缓了广大农民失去土地的过程，对于缓和阶级矛盾，消弭广大人民的反抗斗争起了重要的作用。不仅如此，因为清朝是以满洲贵族为主体建立起来的一个王朝，满汉民族矛盾一直相当严重。乾隆皇帝的这些蠲赈活动，受惠面遍及汉族官僚、地主、士人、商贾、自耕农、佃农等各个阶级、阶层，对于民族矛盾的缓和也起到了重要的作用。

再次，乾隆皇帝亲政之后，为了加强自己的专制统治，先后在统治集团内部掀起了一次又一次的斗争。与此同时，对地主阶级、各级官吏和广大知识分子的控制也不断加强，对广大人民反抗斗争的镇压也不遗余力。所有这些，都在社会上引起了强烈的不满。乾隆皇帝的蠲赈活动一定程度上抵消了各阶层人士的不满情绪，对于加强自己的专制统治也起到了重要的作用。

二、重视积贮备荒

各种蠲赈活动之外，对于积贮备荒，乾隆皇帝也极为重视。早在即位之初，乾隆皇帝便留意对前朝粮食积贮制度的整顿和其中弊端的厘剔。如有的地方官因怕造成亏空影响考成而虚报仓储，实则封银于库；有的地区则因主管官吏保管不善而使积贮粮食朽烂变质，不堪食用。也有一些地区，买补出粜，全靠行政命令，"出粜之时，则派单令其纳银领谷若干；及买补之时，则派单令其纳谷领银若干。纳银则收书重取其赢余，纳谷则仓胥大肆其勒抑。甚至以霉烂之谷充为干洁，小民畏势，不敢不领，惟有隐忍赔累而已"。[101]还有一些地区，"买补之际，往往择县中富户，发给银两，令其交谷，有照时价短发十之一二者"，"出粜之时，惟附近居民就近赴买，而乡民则往返守候，不能遍及"。[102]对于这些问题，乾隆皇帝即位之后即分别采取措施加以清厘。如针对粮食保管不善以致霉烂的问题，则命令各地改善通风条件，或根据具体情况由贮米改为贮谷，并及时出陈易新。对于买补、出粜中的一些弊病，也先后下令制止。除此之外，为了使各地仓贮切实发挥惠民作用，乾隆皇帝还改变出借仓谷一石归还时加息一斗的旧例，规定欠岁出借，"止应完纳正谷，不应令其加息"。[103]经过乾隆皇帝的整顿，清代仓贮制度更加健全，并在乾隆时期备荒活动中发挥了重要的作用。

乾隆三年之后，乾隆皇帝对仓贮制度愈益重视，先后采取各种措施扩大粮食积贮数量。他在亲政之初，为了加强对全国情况的了解，先后命令各省按时奏报当地市场粮价，按年奏报民数、谷数。通过各地汇奏，乾隆皇帝发现，各地粮食价格一直不断上涨，全国人口也已高达一亿四千多万，几乎超过康、雍时期统计数字的五六倍。所有这些情况，都使乾隆皇帝深深地感到全国人民生计问题对于自己巩固统治的重要性。为了平抑粮价以解决广大人民生计，乾隆皇帝一方面做出规定，禁止商人囤积居奇、禁米出洋，减税或免税以招徕外国米船进口，永免全国各地商人米税；一方面对于积贮粮食表示了高度的重视。他认为，"储蓄之道，实为吾民养命之源"。[104]"从来养民之道，首重积贮。"[105]为了引起各级官员的重视，他还在一道谕旨中说："目今生齿益众，民食愈艰，使猝遇旱干水溢，其将何以为计？我君臣不及时筹画，又将何待？岁月如流，迄以无成，乃曰俟诸后人，不几为天下后世笑乎！"[106]在这些思想的指导下，乾隆皇帝开始把增加贮粮机构、扩大贮粮数额作为积贮工作中的重要任务。

首先，乾隆皇帝非常重视民间贮粮。他多次要求各地督抚"于民间有余之时，教之撙节之方，使人自为计，户有盖藏，庶几长保盈宁"。[107]在乾隆皇帝的提倡下，除了各户自行存贮之外，各种民间贮粮机构如社仓、义仓等存粮大量增加。如广西一省，仅乾隆四、五两年，社仓存谷已有两万八千余石。[108]为了鼓励社仓捐输，一些地方官员还在原来有关规定的基础上制定了更加详细的奖励办法。乾隆元年，乾隆皇帝曾规定，捐谷"十石以上者，给以花红；三十石以上者，奖以匾额；至三四百石者，督抚奏闻，给以八品顶戴"。[109]乾隆六年八月，浙江官员即根据上述精神进一步规定："士民捐谷至十石以上者，州县给花红，鼓乐导送；三十石以上，州县给匾；……五十石以上，详报知府给匾；一百石以上，详报布政使给匾；一百五十石以上，详请督抚、二院给匾；年久乐输，多至三四百石者，照例题请，给八品顶戴荣身；如捐至千石以上，又系有职之员，奏闻，分别职衔大小，酌量议叙。捐输杂粮，亦照谷石之数，画一奖励。"[110]

其次，对于各种传统的贮粮机构如旗仓、营仓、灶仓、水次仓等，乾隆皇帝也表示重视，并设法添设贮粮地点，增加贮粮数额。如乾隆五年，乾隆皇帝应河道总督白钟山之请设立河标营仓，买粮分贮。[111]同年三月，应盛京户部侍郎双喜之请，于广宁、义州二处增设旗仓。[112]

再次是截留漕米，充实地方仓廪，以备赈贷之用。漕粮原是专供京畿地区的军队、王公百官和居民食用的粮食，只有在地方严重缺粮的情况下才由皇帝批准截存于受灾地方，因而历朝截漕数额一般较小。如康熙皇帝在位六十一年，截漕总数计二百四十万石；雍正皇帝在位十三年，截漕总数达二百九十万石。乾隆皇帝即位后，为了地方赈贷及存贮之用，截漕次数和数额都大大超过康、雍两朝，仅乾隆八年七月一次截漕即达九十万石，分贮于江苏、安徽、浙江、江西、湖北、湖南、福建、广东各省以备缓急之用。[113]至乾隆二十三年正月，截漕数字已达到一千三百二十万石，相当于康、雍两朝截漕总数的两倍半。[114]

在通过上述各种方式积贮粮食的同时，乾隆皇帝还将主要精力放在纳粟捐监和动帑采买上，通过这两种方式，国家先后积贮了大量的粮食。其中仅捐监一项，从乾隆三年正月至乾隆八年四月，五年多的时间里，收粟数额便已达六百余万石。经过乾隆皇帝的努力，整个乾隆前期，国家常年存粮一直在三千万石以上，其中乾隆三十八年还突破四千万石大关，对于解决广大人民生计发挥了重要的作用。

乾隆皇帝重视粮食积贮和全国积贮粮食的大幅度增加固然有其积极作用，然而由于乾隆皇帝过分强调积贮，执行的官吏又在采买粮食过程中经理不善，也使筹集米谷活动受到了一些挫折，并给广大人民生计带来了不少问题。乾隆三年以后，根据全国粮食价格不断上涨和人口大量增加的情况，乾隆皇帝曾不切实际地把筹集粮食的希望寄托在各地地主子弟的纳粟捐监上，指望通过这种方式，分文不花，在全国征集到三千二百万石粮食。乾隆三年正月，乾隆皇帝做出决定，将原来由户部掌管的折色捐监移于各省，改收本色。[115]因为所定征集数额过高，效果并不理想。实行三年，各省所纳粟数仅二百五十余万石，合计尚不足十分之一。[116]后来，乾隆皇帝又放宽捐监地区限制，降低捐监米谷数额，赴部、在省捐监悉听士民之便，[117]纳谷数额也由原来的二百二十石减至一百八十石，以鼓励地主子弟捐监。实行之后，所捐米谷又有三百五十万石。数量虽有增加，但是和原定数额还相距甚远。而且，越到后来，赴捐人数越少，各省纳粟捐监已有名无实。[118]这样，乾隆十年十月，乾隆皇帝不得不将各省纳粟捐监之例停止，仍由户部改收折色。乾隆皇帝企图以纳粟捐监大幅度地增加国家粮食积贮的活动基本上失败了。

　　纳粟捐监之外，乾隆皇帝还将动帑采买作为扩大积贮的一个重要手段。一个时期之内，他不考虑全国实际粮食总产量和社会需要，先后拨出大量库帑，采买粮食。在他看来，只要政府拿出银钱，各地粮食便可源源不绝地征集上来。为此，他制定了一个采买粮食四千八百万石的计划，并将此数额摊派各省，限令完成。在他的严旨督催下，从乾隆七年以后，全国各地"处处积贮，年年采买，民间所出，半入仓庾"，[119]而且不少地区还只买不粜，一些地区即使出粜，其间也弊端种种。这种掠夺式的采买产生了严重的后果，"是未收积储备用之益，而先贻谷贵病民之扰"，[120]以致全国米价无处不昂，广大贫民怨声载道，不少地区还因此而发生多次闹赈、抗粮斗争。为了平息广大人民的不满情绪，经过征询各地督抚意见，乾隆十三年七月，乾隆皇帝放弃了原来不切实际的采买计划，停止采买，恢复米税，以次平粜粮食一千多万石，[121]将全国贮粮定额规定在三千三百七十九万石左右。[122]这一定额，虽比雍正时期贮粮旧额二千八百万石多出六百万石，但却比不切实际的乾隆定额四千八百万石减少了一千四百余万石。后来，乾隆皇帝又规定，全国各地积贮粮食，如已达到规定数目的十分之三四，"即不必亟资买补"。[123]这样，全国粮价开始下降，因为人为地过度采买而导致的全国米价上涨、民食艰难的问题才算大致解决。

---

1 《清高宗实录》卷一六二，乾隆七年三月庚申。

2 《清高宗实录》卷四二，乾隆二年五月庚子。

3 《清高宗实录》卷一九五，乾隆八年六月壬申。

4 《清高宗实录》卷一九七，乾隆八年七月。

5 《清高宗实录》卷四二，乾隆二年五月庚子。

6 《清高宗实录》卷一八八，乾隆八年四月辛卯。

7 《清高宗实录》卷一九七，乾隆八年七月。

8 《清高宗实录》卷四，雍正十三年十月乙亥。

9 《清通典》卷一《食货一》。

10 《清通典》卷一《食货一》。

11 《清通典》卷一《食货一》。

12 《清高宗实录》卷七二五，乾隆二十九年十二月。

13 《清高宗实录》卷七八七，乾隆三十二年六月。

14 《清高宗实录》卷九二七，乾隆三十八年二月己卯。

15 《清高宗实录》卷九二七，乾隆三十八年二月己卯。

16 《清高宗实录》卷一二七，乾隆五年九月丁酉。

17 《清高宗实录》卷三七一，乾隆十五年八月甲午。

18 《清高宗实录》卷一九五，乾隆八年六月丁丑。

19 《清高宗实录》卷二〇八，乾隆九年正月癸巳。

20 《清高宗实录》卷三五六，乾隆十五年正月乙卯。

21 《清高宗实录》卷三五二，乾隆十四年十月癸巳。

22 《清高宗实录》卷四五二，乾隆十八年十二月戊子。

23 《清高宗实录》卷七五六，乾隆三十一年三月癸酉。

24 《清高宗实录》卷一五，乾隆元年三月丁巳。

25 《清高宗实录》卷六〇四，乾隆二十五年正月庚申。

26 《清高宗实录》卷三〇四，乾隆十二年十二月己未。

27 《清高宗实录》卷三四八，乾隆十四年九月丁未。

28 《清高宗实录》卷一三八，乾隆六年三月戊寅。

29 《清高宗实录》卷三六七，乾隆十五年六月戊子。

30 《清高宗实录》卷六〇四，乾隆二十五年正月庚申。

31 《清高宗实录》卷七八四，乾隆三十二年五月壬申。

32 《清高宗实录》卷四一八，乾隆十七年七月己未。

33 《清高宗实录》卷三五六，乾隆十五年正月乙卯。

34 《清高宗实录》卷三四八，乾隆十四年九月丁未。

35 《清高宗实录》卷八四五，乾隆三十四年十月癸酉。

36 《清高宗实录》卷二〇，乾隆元年六月辛未。

37 《清高宗实录》卷二〇，乾隆元年六月辛未。

38 《清高宗实录》卷二〇，乾隆元年六月辛未。

39 《清通典》卷五《食货五》。

40 《清高宗实录》卷四九，乾隆二年八月甲戌。

41 《清高宗实录》卷四七，乾隆二年七月癸卯。

42 《清高宗实录》卷四七，乾隆二年七月癸卯。

43 《清高宗实录》卷五一，乾隆二年九月己酉。

44 《清高宗实录》卷四七，乾隆二年七月癸卯。

45 《清高宗实录》卷三一四，乾隆十三年五月乙未。

46 《清高宗实录》卷七七一，乾隆三十一年十月戊午。

47 《清高宗实录》卷六八四，乾隆二十八年四月癸巳。

48 《清高宗实录》卷七九三，乾隆三十二年八月。

49 《清高宗实录》卷七〇九，乾隆二十九年四月。

50 《清高宗实录》卷七七五，乾隆三十一年十二月。

51 《清高宗实录》卷二五，乾隆元年八月乙酉。

52 《清高宗实录》卷一〇五，乾隆四年十一月辛酉。

53 《清高宗实录》卷五八，乾隆二年十二月戊戌。

54 《清高宗实录》卷七〇，乾隆三年六月乙未。

55 《清高宗实录》卷九七二，乾隆三十九年十二月壬辰。

56 《清史稿》卷一二四《食货五·矿政》。

57 《清高宗实录》卷三〇九，乾隆十三年二月。

58 《清高宗实录》卷六五〇，乾隆二十六年十二月庚午。

59 《清高宗实录》卷八七六，乾隆三十六年正月丁未。

60 《清高宗实录》卷九二三，乾隆

三十七年十二月戊子。

61　《清高宗实录》卷五五三，乾隆二十二年十二月。

62　《清高宗实录》卷七六四，乾隆三十一年七月壬申。

63　《清高宗实录》卷七二五，乾隆二十九年十二月戊戌。

64　《清高宗实录》卷二一六，乾隆九年五月丙戌。

65　《清高宗实录》卷三五三，乾隆十年十一月丙戌。

66　《清高宗实录》卷七六四，乾隆三十一年七月壬申。

67　《清高宗实录》卷九七二，乾隆三十九年十二月壬辰。

68　《清高宗实录》卷六八七，乾隆二十八年五月庚辰。

69　法式善：《陶庐杂录》卷一。

70　常建华：《乾隆朝蠲免钱粮问题试探》，《南开史学》1984年第2期。

71　《清高宗实录》卷三一一，乾隆十三年三月丙午。

72　《清高宗实录》卷六八，乾隆三年五月丙寅。

73　《清高宗实录》卷四，雍正十三年十月辛未。

74　《清高宗实录》卷一四四，乾隆六年六月乙未。

75　《清高宗实录》卷四一，乾隆二年四月丙子。

76　《清高宗实录》卷四三，乾隆二年五月戊申。

77　《清高宗实录》卷四六，乾隆二年七月甲午。

78　《清高宗御制诗初集》卷一〇《览河臣奏报洪湖水势》。

79　《清高宗实录》卷一七二，乾隆七年八月戊子。

80　《清高宗实录》卷一七二，乾隆七年八月戊子。

81　《清高宗御制诗二集》卷二《山东上年被灾州县颇多虽屡加恩期灾民不致失所而清跸所历深用恻然再降旨加恩普赈一月以示优恤》。

82　《清高宗实录》卷三一一，乾隆十三年三月丙午。

83　《清高宗实录》卷三一一，乾隆十三年三月丙午。

84　《清高宗御制诗二集》卷三一《命加赈浙省去岁被灾州县诗以示意》。

85　《清高宗实录》卷三九六，乾隆十六年八月丁未。

86　《清高宗实录》卷三九四，乾隆十六年七月己卯。

87　《清高宗实录》卷三九五，乾隆十六年三月癸巳。

88　《清高宗御制诗二集》卷四三《下河叹》。

89　《清高宗实录》卷四四三，乾隆十八年七月己巳。

90　《清高宗实录》卷四五〇，乾隆十八年十一月庚申。

91　《清高宗实录》卷四四七，乾隆十八年九月丙子。

98　《清高宗实录》卷四五一，乾隆十八年十一月。

93　《清高宗实录》卷二四三，乾隆十年六月壬戌。

94　《清高宗实录》卷二四二，乾隆十年六月丁未。

95　《清高宗实录》卷二四二，乾隆十年六月丁未。

96　《清高宗实录》卷二四三，乾隆十年六月乙丑。

97　《清高宗实录》卷二五六，乾隆十一年正月辛未。

98　《清高宗实录》卷二五六，乾隆十一年正月辛未。

99　《清高宗实录》卷七五二，乾隆三十一年正月壬申。

100　《清高宗实录》卷八五○，乾隆三十五年正月癸未。

101　《清高宗实录》卷二二，乾隆元年七月己亥。

102　《清高宗实录》卷五八，乾隆二年十二月丁酉。

103　《清高宗实录》卷四四，乾隆二年六月丙寅。

104　《清高宗实录》卷七七，乾隆三年九月丁丑。

105　《清高宗实录》卷九七，乾隆四年七月壬申。

106　《清高宗实录》卷一六二，乾隆七年三月庚申。

107　《清高宗实录》卷一四二，乾隆六年五月甲戌。

108　《清高宗实录》卷一四七，乾隆六年七月。

109　中国第一历史档案馆藏乾隆朝题本《仓贮类》，乾隆元年二月初七日宋筠奏《为积贮原以备荒等事》。

110　《清高宗实录》卷一四八，乾隆六年八月己亥。

111　《清通典》卷一四《食货一四》。

112　《清高宗实录》卷一一三，乾隆五年三月庚午。

113　《清高宗实录》卷一九六，乾隆八年七月壬辰。

114　《清高宗实录》卷五五五，乾隆二十三年正月丙辰。

115　《清高宗实录》卷六一，乾隆三年正月庚午。

116　《清高宗实录》卷一三六，乾隆六年二月癸卯。

117　《清高宗实录》卷一三六，乾隆六年二月癸卯。

118　《清高宗实录》卷二五○，乾隆十年十月戊申。

119　《清高宗实录》卷三○四，乾隆十二年十二月戊辰。

120　《清高宗实录》卷一八九，乾隆八年四月己亥。

121　《清高宗实录》卷三一九，乾隆十三年七月辛丑。

122　《清高宗实录》卷三三○，乾隆十三年十二月壬辰。

123　《清高宗实录》卷四一八，乾隆十七年七月丙寅。

第五章　寰宇一统

随着乾隆皇帝专制统治的巩固和加强，乾隆十年以后，乾隆皇帝将目光转向了统治较为薄弱的边疆少数民族地区。为了加强对这些地区的控制，凭借雍正以来长期安定局面下积攒起来的雄厚的物质财富，乾隆皇帝先后进行了多次大规模的平叛战争。通过这些战争，不但清朝政府的直接统治区域大大扩展，而且在很大程度上进一步巩固了国家的统一，对于清朝统治全盛局面的形成，对于中国疆域的最后固定，都有着极为重要的意义。

第一节　用兵西南

一、征剿上下瞻对

上、下瞻对之役是乾隆皇帝在位期间进行的第一次较大规模的平叛战争。上、下瞻对地处四川西部雅砻江上游的群山之中，各有二十余寨。多年以来，一直是藏族人民聚居地区之一。该地南邻里塘，北界甘孜，东接道孚、炉霍，西连白玉，控内地入藏之要道，战略地位相当重要。清朝政府入关以后，为了争取当地土司势力的支持，对于该地原有的土司、土舍制度，概予承认。由于当地社会发展阶段颇为原始，至雍、乾时期，尚且部族林立，土司内部和各个土司之间经常为承袭和争夺土地而互相械斗，一般部民间的劫夺之风也极为盛行。与此同时，一些势力强大的土司如下瞻对土司策冷工布、班滚等还长期拒向政府交纳贡赋。这些现象的存在，不但严重地影响了清朝政府对当地和西藏地区的管理和统治，而且也使当地人民和往来西藏与内地之间的商旅、官员和兵丁都深受其害。为此，雍正八年，雍正皇帝曾派军队前往进剿，情况一度有所好转。但至乾隆初年，由于当地土司势力的发展，拒交贡赋，施放"夹坝"（——劫掠者）的现象又渐趋严重。乾隆九年，驻藏官兵在换防返川途中，所携行李又被下瞻对土司班滚所放"夹坝"抢劫一空，甚至驻藏大臣傅清赴藏上任，"尚须拨兵护送，甚不成体统"。[1]为此，四川巡抚纪山、川陕总督庆复等当地官员多次要求加兵惩创。为了确保西藏来往内地交通道路的安全，乾隆十年初，乾隆皇帝决定再度派兵进剿。这样，从乾隆十年七月至乾隆十一年四月，清朝政府进行了征剿上、下瞻对的战争行动。

为了组织军事征剿，乾隆十年四月，乾隆皇帝指令调遣当地汉、土官兵和西藏番兵一万四千名，调拨军需银米五十万两。七月下旬，各项准备工作大致就绪，由四川提督李质粹统率，分兵三路向瞻对发起进攻。其中，夔州协副将马良柱由南路从里塘进攻，松潘镇总兵宋宗璋由北路自甘孜进攻，建昌镇总兵袁士弼由中路自沙普隆进攻，李质粹自率部分军队驻扎东俄洛以调度策应。在清朝政府的军事压力下，军事进剿最初尚为顺利。当地土司势力发生分化，上瞻对应袭土司肯朱及其所属头目骚邦达等亲赴中路袁士弼营献寨投诚，上瞻对另一土舍四郎的母亲则赴北路宋宗璋营投诚。

　　然而，由于指挥作战的庆复、李质粹等布置失宜，使得这一良机转瞬即逝。不但下瞻对土司班滚凭借险要地势对进剿清军进行了极其顽强的抵抗，而且，原先表示愿意投诚的上瞻对土舍四郎也和班滚联合起来共同对抗官军。兼之以当地地势险要，碉卡林立，"或在山顶，或居山腰，地势险恶，墙垣坚固，藉此抗拒官兵，我兵难施技勇"，[2]致使清兵每破一碉、每取一寨都要付出很大的代价，战争无形中被长期拖了下来。与此同时，清军内部的一些问题也开始暴露。一是指挥作战的四川提督李质粹为了掩饰自己军事指挥的无能而谎报军情，夸大战绩。上给乾隆皇帝的奏折不是昨日杀敌若干，就是今日克碉几座，而实际上却无尺寸之功。二是各路将领之间互不协作，影响大局。三是进剿军队数量虽多，但是由于来源不一，未加整顿，军纪不严，赏罚不明，号令不一。其中西藏千名进剿番兵，开战不久便因带兵台吉冷宗鼐生病先归，无人统率而各自散去。至乾隆十一年二月，"出师已逾七月"，"军饷用至百万"，[3]而战场形势却是"将弁气沮，士卒离心"，"贼势益张，夹坝四出"。[4]

　　乾隆皇帝在了解到这些情况后，极为震怒，从乾隆十一年二月以后，先后采取一系列措施以扭转战局。增兵、增饷之外，还派遣内大臣班第、努三等至军，以加强对战争的领导。在乾隆皇帝的严令督催下，三月以后，清军加强了进攻。当月，官军攻克兆乌石、甲纳沟等寨，战场逼近下瞻对土司班滚巢穴如郎。眼见大势已去，四月，下瞻对土司班滚、恶木劳丁、姜错太等自焚所踞泥日官寨后潜逃他地。四月二十三日，官兵克复下瞻对泥日官寨，这场历时十个月之久的征讨瞻对的战争才告结束。

　　征剿瞻对战争结束后，为了加强对该地的控制，乾隆十一年十二月，乾隆皇帝采纳川陕总督庆复的建议，将原属瞻对的一些险要村寨划归临近各土司。剩余地盘，由清朝政府委任忠顺于清朝政府的土司肯朱、俄木丁等进行管理。与此同时，还规定其应纳贡赋，以确定其对清朝政府的臣属关系；每年派员巡查，以加强对当地土司的监督；拆毁现有碉卡，以防止当地土司进行反抗；禁止抢劫，以维护当地治安和商旅的和平往来。此后半个多世纪中，瞻对地区一直维持着和平、安定的局面，对于当地的社会发展和进步，对于清朝政府对当地和西藏地区控制的加强，都起了一定的作用。

二、平定大金川叛乱

　　上、下瞻对之役结束不久，从乾隆十二年开始，乾隆皇帝又进行了平定大金川叛乱的战争。

　　大、小金川地处四川西北大渡河上游，和上、下瞻对一样，该地也是藏族聚居地区之一，盛行土司制度。除大、小金川两土司外，其他相邻之土司尚有杂谷、绰斯甲布、革布什咱、梭磨、沃日、巴底等。其中大金川土司势力最强，经常对附近土司进行攻掠，侵占土地，抢夺财物。如乾隆四年七月，大金川土司莎罗奔发兵攻打革布什咱。[5]乾隆九年，除继续攻打革布什咱外，又挑起了与巴底土司之间的战争。[6]因为当时乾隆皇帝的注意力正集中在上、下瞻对地方，大金川土司莎罗奔愈益猖獗。乾隆十一年底，他使用阴谋手段诱夺小金川土司泽旺之印信，企图吞并其土地、人民。[7]乾隆十二年三月，又"勾结党与，攻围霍耳、章谷"。[8]清朝地方官员派兵镇压，莎罗奔竟悍然向官兵开火，并攻打附近另一土司沃日。为了维持清朝政府对当地的统治，乾隆皇帝决定加兵惩创。他一方面命令四川当地官员速派军队以救沃日之围；一方面以攻打瞻对的汉、土官兵为基础，增调川、黔、陕各省军队，调拨粮饷一百二十万两，计划向大金川大举进攻。为了加强指挥，他还选派素以干练著称的名将张广泗为川陕总督，直接部署攻打大金川事宜，"务令逆酋授首，划绝根株，以期永靖边陲"。[9]

大金川虽曾多次向邻近各土司发动进攻，但由于未曾预料到清朝中央政府会直接出兵大金川，故而其内部防御相对不足。乾隆十二年四月，松茂协副将马良柱率兵一千五百名解沃日之围后，一度乘势直下小金川、丹噶，逼近大金川。此时，大金川人心浮动，"贼众四散"。清军本可乘此有利时机一鼓作气，直捣大金川巢穴刮耳崖，但可惜的是，当时正值指挥作战的庆复、张广泗交卸之际，对此无暇顾及，而率兵解沃日之围的马良柱又见不及此，致使这一时机失之交臂。

大金川土司莎罗奔、郎卡等借此机会，从容布置，尽据险要，增碉备御，兼之以指挥作战的乾隆皇帝和张广泗等在战略调度、战役指挥上也都犯了许多错误，使得本来极易解决的大金川问题反而变得十分复杂起来。

首先是直接指挥作战的张广泗在军事指挥上犯了许多错误。乾隆十二年六月，张广泗至军。此时，经过陆续征调，前线清军已经集结三万余人，和大金川兵力仅有七八千人相比，已占压倒性优势。凭借明显的军事优势，张广泗制定了分兵七路从西、南两个方向同时进攻的作战计划。当年六月底，清军发动军事进攻。至是年八月，一个多月的时间里，清军西路军已进至距离金川中心刮耳崖只有二十余里的地方。但是，由于自五月以后，大金川争取了一个修建战碉的机会，兼之以大金川地势极其险要，"尺寸皆山，险要处皆设碉楼，防范周密，枪炮俱不能破"，[10]因而此后两个多月的时间里，清军几乎毫无进展。"去巢愈近，贼守弥固，是以各路虽据报有攻击斩获，而未能直捣贼巢。"[11]在这样的情况下，张广泗不是根据当地地理特点，改弦易辙、另想办法，而是头疼医头、脚疼医脚，在继续坚持分路进兵的同时，又极为笨拙地将主要兵力用以攻打敌人碉卡。在他的指挥下，各路军队"多砍薪木，堆积贼碉附近，临攻时，各兵齐力运至碉墙之下，举火焚烧，再发大炮"，或是挖掘地道至敌碉下埋药炸碉。[12]因为大金川各地碉卡甚多，进攻军队不敷分配，这样，张广泗又多次向乾隆皇帝伸手要兵。至乾隆十二年底，在营兵力已五万有余，日需米面五百石。[13]当时，由成都一带运米至军，每石运价高达二十五两。单是军食一项，每天即耗银二万五千余两，因而增派军队不但未对战役进展起什么好作用，反而极大地加重了清朝政府的财政负担。除此之外，张广泗还信任小金川汉奸良尔吉、王秋等，"专为莎罗奔耳目，军中动息辄报贼预为备，所向扞格"。[14]另外，张广泗治军，御下过严，赏少罚多以及徇庇所属黔省将弁，也在广大出征将士中引起了强烈的不满，并明显地影响了他们的作战情绪，"将弁怯懦，兵心涣散，土番因此观望"。[15]所有这些，都大大延缓了战争的进度，使得张广泗"九、十两月进取贼巢"的诺言变成了空话。由于川北天气早寒，九月间，丹坝一带大雪飞舞，乾隆皇帝不得不下令暂且休战，以使士卒过冬，待春初再行进攻。

在清军屯兵不进的同时，由于有了与清军主力部队直接交手的作战经验，大金川土司莎罗奔的气焰嚣张起来，不断向各路驻守清军发动偷袭。"各营驻扎逼近贼卡之处，屡被侵犯。……彼据险扼吭，转得乘我之隙，以逸待劳，以寡扰众，而我军应接不暇，不能制敌，而反为敌所制。"[16]乾隆十二年十二月至次年正月，副将张兴、游击孟臣等相继阵亡，张广泗原先计划二、三月间攻克敌巢的设想又落空了。张广泗羞愤交加，为了挽回战局，又增调部队，积极布置，拟于乾隆十三年五月间分十路进攻大金川。前线师期一拖再拖，使得乾隆皇帝对张广泗的指挥能力产生了怀疑。还使他感到焦躁不安的是，前线部队大都是由客兵及蛮司土卒所组成，"本非世受深恩，为我心膂"，"劳役不已，奏凯无期，版筑方殷，锋锐莫展。肘腋之患，良可寒心"。[17]为了防止"大兵聚久，变患易生"，乾隆皇帝渴望早日结束战争。为此，乾隆十三年正月以后，他先后派遣兵部尚书班第等赴金川帮助料理粮饷，起用废将岳钟琪、傅尔丹两人至军助战。当年五月，他又以首席军机大臣讷亲为经略大臣，前往金川军营总理一切军务储糈事务。乾隆皇帝添派班第、岳钟琪、傅尔丹等至军助战，固属必要，派遣讷亲前往视师一举却甚无知人之明。讷亲出身贵族世家，以其能力而言，远在鄂尔泰之下。他之所以在雍正、乾隆间屡蒙升擢，并于乾隆十年鄂尔泰死后被擢为首席军机大臣，完全是因为他适应了这一时期封建专制空前加强的需要，办事勤慎，一以乾隆皇帝的意旨为准，不敢稍有逾矩。实际上，他却毫无行政才干，在军事上更属外行。这样，由于乾隆皇帝的用人不当，不但使清军在前线作战中毫无起色，反而又遭受了一系列新的挫折。

乾隆十三年六月，讷亲至金川军营。当时，清军正在按照张广泗的布置发动进攻。讷亲至军后，一不对张广泗错误的分路进兵计划进行必要的更动，二不对当时敌我各方面的情况进行周密调查，而是专横武断地撇开张广泗，限令全军三日内夺取刮耳崖。在他的错误指挥下，清军虽然倾尽全力进攻，但却毫无进展，反而遭到了重大损失。总兵任举、参将买国良等相继阵亡。在遭到挫折之后，讷亲又由原来的专断一变而为推诿，"仍倚张广泗办贼"，"张广泗轻讷亲不知兵而气凌己上，故以军事推让而实困之。将相不和，士皆解体"。[18]与此同时，讷亲还不辨攻守之势，竟然仿效金川而大筑其碉，大建其卡，且名之曰以碉逼碉，以卡逼卡。尤为可笑的是，他还异想天开地邀请终南道士、西藏达赖喇嘛来施用巫术破敌，念咒退兵。因为尽搞歪门邪道，士卒作战情绪进一步下降。当年闰七月底，清军出动三千人进攻大金川喇底一带山梁，行进途中，"忽闻贼番数十人从山梁呐喊，压下应援。三千余众拥挤奔回，多有伤损"。[19]至此，讷亲黔驴技穷，一筹莫展，对于攻打金川能否取胜也失去了信心，因而在上给乾隆皇帝的奏折中，在提出"加调精锐三万"明岁接办的同时，又自相矛盾地提出了撤兵，"俟二三年后，再调兵乘困进捣"的建议。[20]清军进退维谷，处于极为被动的形势之下。

面对四万清军"既不能分路进攻，又不能长驱深入"[21]的被动局面，乾隆皇帝气急败坏。是年九月，他先是降旨令讷亲、张广泗二人回京述职，在其离开军营后，随即将他们革职拿问，先后处死。与此同时，改派军机大臣、自己的妻舅傅恒为经略大臣，前往金川主持征讨事务。为了保证战争的胜利，乾隆皇帝先后调拨京城、东北各省驻防满洲八旗兵九千和陕甘、云贵、两湖绿营兵二万五千名陆续开赴金川前线，添拨军饷二百万两以济军需。与此同时，还严谕在金川军营之岳钟琪、傅尔丹于傅恒未至之前相机进兵，"奋勉建功"。[22]傅恒至军后，首先下令将良尔吉、王秋等内奸分别处死，又将讷亲、张广泗以碉逼碉、分路进攻等不切实际的战略安排概加废弃，决定分南北两路，选锐深入，重点进攻大金川巢穴勒乌围、刮耳崖。北路由岳钟琪统率自丹坝进攻，南路由傅尔丹统率自卡撒进攻。

这时，经过了将近两年的战争消耗，清朝政府和大金川战争双方都处于非常困难的地步。就大金川而言，由于物资匮乏，作战人员大大减少，已经无力抵抗清军的大规模进攻。

因而从乾隆十三年底开始，陆续派遣头目至清军营中乞降。就清朝政府而言，由于战期一拖再拖，广大官吏兵丁和人民群众的不满情绪都明显增长。尤其是四川一省，连年困于征发，民力实已劳惫不支，阶级矛盾开始激化。[23]此外，两年战争的军费开支近两千万两，国库存银急剧减少，至乾隆十三年底，部库所存仅二千七百余万。[24]所有这些，都使乾隆皇帝极为忧虑。"设有奸徒，从而煽诱，以易动之民，当困惫之际，内地少有疏虞，诸事深为可虑"，[25]"各省协拨钱粮，已动及留备"，"设令内地偶有急需，计将安出"。[26]金川战争成了乾隆皇帝身上一个沉重的包袱。因而，乾隆皇帝不但对上年兴兵攻打大金川一事后悔不已，对当时正在进行的这场战争的前景也极为悲观。他说："上年办理，实属错误"，"万无可望成功之理，朕思之甚熟。"[27]在他看来，"目今若能直捣勒乌围，擒其渠首，固为快惬。或鼓勇摧锋，屡有克捷，贼酋穷迫乞命，因而开三面之网，俯准纳降，亦可绥靖边徼"。[28]换言之，只要象征性地取得一些胜利，为他挽回一些面子即可收兵回京了。为此，在傅恒离京赴军后不久，乾隆皇帝即连颁谕旨，劝令傅恒还朝。乾隆十四年正月，乾隆皇帝还搬出向不与政的崇庆皇太后，由她降谕令傅恒罢兵。这样，傅恒在金川军营不过待了一个多月。在此期间，他利用莎罗奔乞降的有利时机，使原为莎罗奔上司的岳钟琪带领随从四五十人轻装进入勒乌围，与莎罗奔商定纳降事宜。二月初，岳钟琪亲自导引大金川土司莎罗奔、郎卡等至傅恒营中求降。傅恒代表清朝政府纳降后，仍使莎罗奔等为大金川土司，然后匆匆奏凯还朝。至此，这场历时两年、调兵八万、耗帑银近两千万两的战争才草草结束。

金川战役是乾隆皇帝即位后进行的一次大规模的战争。由于乾隆皇帝和主要负责官员讷亲、张广泗的错误指挥，使得广大劳动人民和出征兵丁遭受了深重的苦难，国家也为此多耗了许多银钱，实际战果也远不像乾隆皇帝本人所吹嘘的那样辉煌。但是，这毕竟是一场为了巩固统一而进行的战争，虽然未能达到彻底消灭当地土司割据势力的目的，但是使当地土司的叛乱活动在一个时期内有所收敛。因而，这场战争对于四川少数民族地区的安定，对于乾隆皇帝统治的加强都起到了一定的作用。

三、平定西藏叛乱

大金川战争刚刚结束，西藏形势又紧张起来。这样，乾隆皇帝又把注意力转向了西南边疆。

乾隆初年，主持西藏行政事务的是西藏贵族颇罗鼐。康、雍时期，在反对准噶尔入侵和平定西藏地方势力反清叛乱的历次战争中，颇罗鼐累建功勋，因而受到清朝中央政府的赏识和器重，先后由一般的扎萨克台吉提拔为主持西藏行政事务的贝子、贝勒、多罗贝勒。乾隆四年，乾隆皇帝又以他"遵奉谕旨，敬信黄教，振兴经典，练兵防卡，甚属黾勉"而将之晋封为郡王。[29]颇罗鼐当政期间，依靠清朝驻藏大臣，团结以达赖喇嘛为首的广大僧俗人士，共同抵御准噶尔分裂势力的侵扰，使西藏地区出现了比较安定的局面。为了酬答颇罗鼐为维护国家统一所做的贡献，乾隆十一年，乾隆皇帝特准封颇罗鼐一子为长子，"日后袭王爵，总理彼处事务"。[30] 乾隆十二年二月，颇罗鼐病故。乾隆皇帝又赐银一千两料理后事，并派大臣索拜前往祭奠。作为一个对维护祖国统一做出过重要贡献的藏族民族英雄，颇罗鼐将永远值得人们怀念。

颇罗鼐死后，颇罗鼐次子珠尔墨特那木扎勒袭封郡王，主持全藏行政事务。因为他是以次子袭封王位，便把自己的兄长、主持阿里克地区事务的珠尔墨特策布登视为眼中钉、肉中刺，必欲除之而后快。为此，他先后多次向驻藏大臣诬告其兄欲图杀害他所补放的官员，抢夺商贾财物，"用兵把守通藏要路，声言欲来西藏"。[31] 为了维持西藏地区的安定局面，乾隆皇帝颁布谕旨各加训斥，并令其兄弟和好。对此，珠尔墨特那木扎勒非但不痛改前非，反而恩将仇报，迁怒于驻藏大臣和驻藏军队，将之视为自己独霸西藏的主要障碍。乾隆十四年初，驻藏大臣纪山赴拉萨上任，珠尔墨特那木扎勒倨傲不恭，"直至一月后始出见，颇有轻忽之意"。[32] 此后，又对驻藏大臣的活动严加监视，[33] 甚至还提出了撤出驻藏部队的无理要求。与此同时，他还采取阴谋手段遣人刺杀其兄，诡称病死，欺骗朝廷。对于反对他的这些倒行逆施行为的宗教界领袖达赖喇嘛和班第达等行政官员，不是怀恨在心，就是伺机报复，以致"颇罗鼐所用旧人，杀害、抄没、黜革者甚多"。[34] "藏中有异己者，将尽逐之，势且延及达赖喇嘛，为雄长一方之计。"[35] 从他袭封郡王以后，西藏地方政权和清朝中央政府之间的关系日趋紧张，一场武装叛乱正在酝酿之中。

应该指出，珠尔墨特那木扎勒的分裂活动与驻藏大臣纪山的姑息纵容有着直接的关系。在担任驻藏大臣期间，面对珠尔墨特那木扎勒的分裂活动，纪山非但不对之加以限制，反而与其大拉私人关系。为了取悦于珠尔墨特那木扎勒，入藏之初，他即非常卑下地与之设誓盟好，"甚至具折请安、奏事，皆与一同列名"。[36]除此之外，他还馈送珠尔墨特那木扎勒八轿，并派自己的轿夫前往"教演番奴抬轿，以肆其志"，时常和其一起"宴会观剧，日在醉乡"。[37]尤其严重的是，他还出卖原则，泄露机密，欺骗朝廷，多次将乾隆皇帝关于西藏问题的许多重要指示泄露给珠尔墨特那木扎勒，并在上给乾隆皇帝的奏折中为其开脱，从而使乾隆皇帝无法得知西藏事态发展的真实情况。为了加强对西藏的控制，乾隆十四年底，乾隆皇帝调回纪山，改派傅清、拉布敦二人为驻藏大臣。傅清、拉布敦至藏后，开始对珠尔墨特那木扎勒的不法行为进行限制。对此，珠尔墨特那木扎勒愈加愤恨。为了达到分裂祖国、自立名号的罪恶目的，他一方面"潜遣其心腹坚参扎锡等通款准噶尔，称策旺多尔济那木扎勒为汗，且求其发兵至拉达克地方以为声援"，[38]一方面设法将四百余名汉兵逐回内地，并声称"其余若不知机早回，必尽行诛戮"。[39]与此同时，他行令西藏各地，"沿途汉、土兵民及文书，俱不许往来出入"。[40]一场大规模的武装暴乱迫在眉睫。

眼见"塘汛文书，禁绝不通，悖逆情形，渐益昭著"[41]，形势异常险恶，傅清、拉布敦两位驻藏大臣除将上述情形于乾隆十五年九月飞报乾隆皇帝之外，还当机立断，决定在没有得到乾隆皇帝有关指示的情况下便宜行事，"俟珠尔墨特那木扎勒由打克萨回来接见之时，即为擒拿，翦除此孽"。[42]乾隆十五年十月十三日，傅清、拉布敦以议事为名，将珠尔墨特那木扎勒传至驻藏大臣所在地楼上，当即拔刃将其杀死。跟随珠尔墨特那木扎勒前来的亲信党羽卓呢罗卜藏扎什见状大惊，跳楼逃跑，传唤同党，聚兵围楼，枪炮齐发。在叛乱暴徒的武装进攻下，两位驻藏大臣当场壮烈殉国。与此同时，叛乱分子在卓呢罗卜藏扎什的带领下抢劫仓库，大肆屠杀居住在西藏的满汉兵民，以致叛乱发生当天，库银八万五千余两被洗劫一空，在藏满汉官员、兵丁、商民一百二十八人也一起遇害。叛乱分子的暴行激起了西藏广大僧俗爱国人士强烈的愤慨，他们迅速地团结在达赖喇嘛的周围，向叛乱分子发动了武装反击。十月十四日，达赖喇嘛组成临时政府，收集余兵，安抚人众，着手进行平叛事宜。卓呢罗卜藏扎什等叛乱分子眼见叛乱不得人心，只好四散逃命。十月十八日，达赖喇嘛传令沿途台站，"照旧应付官兵"，严禁杀害汉人。[43]尔后不久，叛乱头子卓呢罗卜藏扎什等十三人先后被捉拿归案。当月二十三日，叛乱贼众已擒获过半，所劫国库银两也追回二万余两，整个西藏形势开始好转，在驻藏官兵和西藏广大僧俗人众的联合反击下，这场叛乱极为迅速地被平定下去了。

乾隆皇帝收到傅清、拉布敦二人要求便宜行事、乘机除掉叛乱头子珠尔墨特那木扎勒的秘密奏折时，已是当年十月初八。出于加强中央对西藏地区控制的目的，他对二人关于除掉珠尔墨特那木扎勒的建议表示同意，但认为他们选择的方式"甚属冒险"，令其不可轻动。[44]因为拉萨至京路途遥远，已经来不及制止他们的行动，为此，他飞谕四川总督策楞、提督岳钟琪预调川兵，一旦闻知西藏有事，即刻率军出发。十一月初，西藏叛乱和傅清、拉布敦殉职的消息传至成都，策楞、岳钟琪当即挥师入藏。为了安定地方，乾隆皇帝指示他们"惟务搜除逆党，以安地方。凡非亲信逆党，一无株及。被难民番，优加恤赏"。[45]根据乾隆皇帝的这一指示精神，策楞至藏后，团结广大僧俗人众，彻底清查叛乱分子余党，西藏形势进一步安定下来。这时，为了进一步加强对西藏地方的控制，乾隆皇帝还乘平叛胜利的有利时机，先后指示入藏官员策楞、兆惠等废除弊端甚多的藏王制度，"众建而分其势"，[46]并采取措施进一步提高驻藏大臣的权力。

根据这些指示，乾隆十六年三月，策楞制定了《西藏善后章程》十三款。其主要内容是：（一）废除行之十几年之久的藏王制度，将其权力转移至集体负责的噶隆之手。（二）噶隆办事，应在公所。所办重要事务，皆须请示达赖喇嘛和驻藏大臣，钤用达赖喇嘛印信、钦差大臣关防遵行。（三）补放或撤换第巴等重要官员皆须按规定办理，并经达赖喇嘛和驻藏大臣批准。（四）添设管理军队之高级官员——代奔名额以防专擅，并对噶隆、代奔等官各给敕书，以加强中央政府对西藏地方官员的控制。（五）禁止各级西藏贵族随意占有或役使一般平民等。[47]这些规定，进一步提高了驻藏大臣在处理西藏事务中的地位，也赋予达赖喇嘛以一定的职权，使得中央政府对西藏地区的控制有了进一步的加强，对于乾隆时期西南边疆的安定和统一的多民族国家的巩固起了积极作用。

应该指出，在这次平定西藏叛乱的过程中，两位驻藏大臣傅清、拉布敦起了非常突出的作用。正是由于他们不怕牺牲，当机立断，先发制敌，才使这次叛乱的规模大大缩小，叛乱时间也大大缩短，从而使其成为乾隆时期多起平叛战争中付出代价最小、收效最快的一场战争。为了表彰他们二人为维护祖国统一所做出的贡献，乾隆皇帝分别将他们追赠为一等伯，着入贤良祠、昭忠祠，春秋致祭。乾隆十六年四月，又于拉萨、北京两地建立双忠祠，以使全国各族人民表达对他们的崇敬和怀念。

第二节　扫定西北

在乾隆皇帝自我标榜的"十全武功"中，最有意义的还是乾隆二十年到乾隆二十四年进行的平定准噶尔叛乱和平定回疆叛乱这两次战争。通过这两次战争，清朝政府直接控制的版图大大扩展，进一步加强了西北边防，巩固了国家的统一。

一、乘乱兴师，消灭准噶尔地方政权

清朝政府在全国统治地位确立之后的半个多世纪里，准噶尔地方政权一直是清朝政府实现全国进一步统一的主要障碍。为此，康、雍两帝先后兴师，大张挞伐。这些战争，虽然严重地打击了准噶尔贵族集团破坏国家统一的罪恶行径，但是清朝政府本身也损失甚大。为了休养生息，乾隆皇帝即位之初，曾与准噶尔地方政权停战议和，划界通商，但是，这不过是双方势力不相上下时的一个临时措施。乾隆十年以后，准噶尔政权贵族集团的内讧打破了双方势力的平衡局面，在这样的情况下，为了完成康、雍两朝的"未竟之绪"，乾隆皇帝进军西北，进行了一场消灭准噶尔地方政权的战争。

　　乾隆十年九月，称雄西北达十八年之久的准噶尔台吉噶尔丹策零病死。从此之后的十来年间，围绕着争夺汗位这一中心问题，准噶尔贵族集团内部展开了一场大厮杀。噶尔丹策零生有三子一女。长子喇嘛达尔札，次子策旺多尔济那木扎勒，三子策妄达什，女乌兰巴雅尔。其中，策旺多尔济那木扎勒以系正妻所生，得袭汗位。但其继位后，昏愦无行，残暴嗜杀，其姊乌兰巴雅尔时常对其加以规劝，策旺多尔济那木扎勒不但不听，反而将她连同其夫赛音伯勒克一并拘禁。与此同时，他还视庶兄喇嘛达尔札如同寇仇，欲行杀害。他的这些暴行引起了各级贵族普遍的不满和反对。乾隆十五年

春，在准部贵族和众宰桑的支持下，喇嘛达尔札乘其外出行围之际发动政变，将其废弃而自立为台吉。喇嘛达尔札上台后，也大行诛除异己，在杀死策旺多尔济那木扎勒的主要支持者达什达瓦的同时，又向本部贵族达瓦齐和辉特部台吉阿睦尔撒纳发动进攻。为了进行反

达瓦齐像　（清）佚名绘

击，乾隆十七年底，达瓦齐与阿睦尔撒纳联合起来，率军偷袭伊犁，杀死喇嘛达尔札，达瓦齐乘机登上汗位。达瓦齐篡位后，为了报复，同样大开杀戒，先后杀死喇嘛达尔札亲信多人。与此同时，为了争权夺利，又从乾隆十八年十月起与阿睦尔撒纳反目成仇。他先是派遣沙克都尔曼集台吉率兵攻打辉特部居地塔尔巴哈台，在阿睦尔撒纳失败逃跑时，又命宰桑巴雅尔、玛木特等进行追剿。

长期内乱给广大准噶尔人民带来了深重的灾难，不少准噶尔部民为求生存，纷纷在其台吉、宰桑带领下投降清政府，入边避难。其主要者有乾隆十五年九月达什达瓦被杀后，属下宰桑萨喇勒率其部民一千余户投降清朝；乾隆十八年十月，杜尔伯特部台吉车凌、车凌乌巴什、车凌孟克率众三千户入边求抚；乾隆十九年七月，在与达瓦齐争斗失败后，辉特部台吉阿睦尔撒纳携带兵丁四千、老弱二万余口投奔清王朝。准噶尔内乱和大批人员先后降清，大大削弱了准噶尔政权的军事实力。与此相反，经过乾隆前期十几年的和平发展和乾隆皇帝的积极整顿，清朝国力进一步强盛。这样，出兵消灭准噶尔地方政权以实现国家进一步统一的时机逐渐成熟了。

对于是否出兵平定准噶尔叛乱，乾隆皇帝的认识经过了一个发展过程。准噶尔内乱发生之初，乾隆皇帝虽然对事态发展密切注视，但其态度却偏于自保。如乾隆十年十一月，在得知噶尔丹策零死讯后，乾隆皇帝认为，不应"乘伊有丧之际发兵征讨"，"惟当示以大义，固守边疆，严谨卡伦"。[48]策旺多尔济那木扎勒被弑之后，为了防止准部统治者进攻内地以转移属下人民视线，乾隆皇帝又指示边防部队加强侦察、巡防活动。[49]乾隆十八年以后，准噶尔内部愈益混乱，降者愈众。至乾隆十九年七月，总数已不下四万余人。乾隆皇帝开始认识到，此次准噶尔内乱是一个千载难逢的好机会。"伊部落数年以来内乱相寻，又与哈萨克为难，此正可乘之机。"[50]如果错过这一机会，待到准噶尔内部安定之后再发兵征讨，"其劳费必且更倍于今"。[51]兼之以降人众多，安插困难，"若令附入喀尔喀游牧，非惟喀尔喀等生计窘迫，数年后必有起衅逃避之事，则喀尔喀等转受其累矣"。[52]他认为，"机不可失，明岁拟欲两路进兵，直抵伊犁，即将车凌等分驻游牧，众建以分其势"。[53]为此，他不顾大多数廷臣的反对，毅然决定乘乱兴师，对准噶尔政权进行讨伐。根据他的指示，乾隆十九年夏天以后，清朝政府停止了双边贸易，清朝戍边部队将边卡向外移设，京城和内地各省军队也开始向西北边境调动。与此同时，其他各种准备工作也在紧张地进行之中。

　　乾隆十九年七月辉特部台吉阿睦尔撒纳的率部投降加速了乾隆皇帝平叛计划的实施。阿睦尔撒纳是准噶尔四汗之一，势力强大；在与达瓦齐作战失败之后，他率部东迁，投降清朝政府，企图借清朝政府之力达到其"专制西域"为四部总汗的目的。对于阿睦尔撒纳的这一企图，乾隆皇帝心中非常清楚。但他是当时准噶尔各支势力中唯一可以和达瓦齐相抗衡的势力，在准噶尔部众中有较强的号召力，故而乾隆皇帝对其来归予以极大的重视。在得知阿睦尔撒纳前来投降的消息之后，他即刻指示驻边大臣策楞等，"阿睦尔撒纳乃最要之人，伊若来降，明年进兵大有裨益"。[54]在阿睦尔撒纳率部进入清朝统治地区之后，又指示有关官员即刻接济牲畜、口粮、茶叶、布匹，妥善安置全部部属并安排其入觐事宜。乾隆十九年十一月，乾隆皇帝刚刚结束东巡盛京，不顾鞍马劳顿，又再次赶赴热河避暑山庄，接受阿睦尔撒纳觐见，将其加封为亲王，并倾听其关于进兵准噶尔的意见。阿睦尔撒纳提出，应于明年春初进兵，那时，准噶尔地区青草未萌，马畜疲乏，易于成功。根据阿睦尔撒纳的建议，乾隆皇帝对出师日期作了重要更动，由次年四月提前至次年二月。与此同时，阿睦尔撒纳等投降人员还被委以重任，各赴前线，筹备进兵事宜。

乾隆二十年二月，清军五万余人，分北、西两路，向准噶尔地区进兵。其中北路以定北将军班第为统帅，定边左副将军阿睦尔撒纳为先锋，由乌里雅苏台进兵；西路以定西将军永常为统帅，定边右副将军萨喇勒为先锋，由巴里坤出师，约期会于伊犁北部三百余里的博罗塔拉。由于经过长期的准备，出征清军士气饱满，进展神速。与此相反，准噶尔台吉达瓦齐却因预料"大兵前来，须待明年草青"[55]而日在醉

《万树园赐宴图》轴　（清）郎世宁等绘

乡，未做任何防御。直至清军出师一个月后，达瓦齐才得知清军出师消息而手忙脚乱地征调军队，布置防御事务。然而，由于多年内乱，准噶尔内部早已人心涣散。从清军起程之日始，大批准噶尔部众在其台吉、宰桑的带领下，纷纷向路过清军投诚。"各部落大者数千户，小者数百户，无不携酒牵羊以降，兵行数千里，无一人敢抗者。"[56]对于投诚人员，乾隆皇帝则"视其所辖人数，酌量加恩"，[57]从而使进军更为顺利。五月初，清军渡过伊犁河，克复准噶尔首府伊犁。在清军的强大攻势下，达瓦齐带领余众万人退往伊犁附近的格登山，妄图凭借险要地势负隅顽抗。阿睦尔撒纳穷追不舍。五月十四日，阿睦尔撒纳派遣厄鲁特降人阿玉锡、济尔噶尔等二十二人夜探敌营。此时，达瓦齐军队已是惊弓之鸟，深夜中听到炮声四起，以为是清军主力前来进攻，所属部众四下溃散，各自逃命，达瓦齐本人则率残部两千人越过天山，遁往回疆。次日，阿睦尔撒纳乘机急进，招抚达瓦齐溃散部众，并缴获其遗弃兵仗器械不计其数，雍正年间由青海叛投准噶尔的罗卜藏丹津也一起被清军擒获。六月间，达瓦齐也被南疆乌什城主霍集斯所擒献，征讨准噶尔之役取得了完全的胜利。

出师不到三个月，准噶尔全境荡平，消息传来，乾隆皇帝极为振奋。在得知克复伊犁的当天，乾隆皇帝便亲诣畅春园，将此特大喜讯告诉他的母亲崇庆皇太后。尔后，又对与事诸臣加官晋爵，普加封赏。其中阿睦尔撒纳原已封为亲王，无可再加，但是为了酬劳其功勋，又赏食亲王双俸，封一子为世子。班第、萨喇勒各晋一等公，大学士忠勇公傅恒因为力赞用兵而再授一等公爵,"以为力矫积习,为国任事者劝"。[58]为了庆贺胜利,乾隆皇帝还指示臣下议定告祭天、地、太庙、社、稷、陵寝礼仪,办理凯旋、筵宴、赏赉,恭上皇太后徽号,颁诏天下,御制碑文勒石太学,在大兵所过之处及伊犁等地勒石纪功,以及开馆纂修《平定准噶尔方略》事宜。与此同时,对于准噶尔平定之后的善后工作,乾隆皇帝也作了一些必要的安置和部署。其主要内容是:(一)本着众建头人而少其力的精神,将准噶尔旧地及其所属人众按原来绰罗斯、和硕特、杜尔伯特、辉特四部分任命四汗。(二)于伊犁留驻大臣班第、鄂容安及察哈尔、喀尔喀兵丁五百名,其余征讨部队全部撤回内地。(三)伊犁至哈密,巴里坤至乌里雅苏台俱设台站。(四)划定喀尔喀与厄鲁特游牧界限,以免引起新的争端。(五)四卫拉特所纳赋税,各汗自行掌管;各卫拉特原向噶尔丹策零交纳之赋税,改行交官。[59]根据这些部署,从乾隆二十年六月起,各路出征军队陆续撤回内地,留守大臣班第、鄂容安等着手安排各部归顺之台吉、宰桑至热河入觐事宜。然而,就在乾隆皇帝和朝廷内外都喜气洋洋地欢庆胜利的时候,由于平叛大军的撤离,一场由阿睦尔撒纳掀起的遍及准噶尔全境的更大规模的叛乱发生了。

如上所述,阿睦尔撒纳投降清朝政府乃是想借清朝政府的军事力量以实现其取代达瓦齐、专制西域的目的,因而其在投降之初极力怂恿清朝政府迅速出兵、大张挞伐的同时,还使其党羽散布"事成后封阿睦尔撒纳为汗"的舆论。[60]对于阿睦尔撒纳的这一企图,乾隆皇帝认为,"若果如此,是仍如达瓦齐矣",坚决拒绝。[61]为了利用阿睦尔撒纳的军事力量并限制其分裂割据的野心，乾隆皇帝虽然将之委任为定边左副将军，但派遣额驸、科尔沁亲王色布腾巴勒珠尔与之同行，对其行踪密加防范，又让班第等随时将其"言动举止，密加查察，据实陈奏"。[62]与此同时，还对其企图扩大个人势力的非分行为和要求施加限制。如西征开始前，阿睦尔撒纳出于多取属人、占据地方以为其日后独霸准噶尔张本的目的，要求乾隆皇帝"赏给印文"，前往招降从前离散部众。[63]对此，乾隆皇帝虽然同意其招降原属部下，但却拒绝发给印文敕书，以防其利用乾隆皇帝名义扩充个人势力。

然而，阿睦尔撒纳的野心并未因此而有所收敛，出师之初，刚行至塔本集赛一带地方时，便屯兵不进，专以招降属人扩大势力为事。随着平叛战争的不断胜利和达瓦齐政权的崩溃，阿睦尔撒纳企图篡夺胜利果实的阴谋活动也进入了高潮。进入伊犁之初，他便"纵属下肆心劫夺，不行禁止"，并将达瓦齐所有财产据为己有。对于官军派人清查达瓦齐财物，则百计阻挠。[64]为了另立中心，他不穿清朝官服，"将所赏黄带、孔雀翎置而不用，并不将已经内附受恩之处告知厄鲁特人众"，[65]隐以总汗自居，用兵行令不用定边左副将军印信，而是"私用噶尔丹策零小红钤记"。[66]对于清朝政府的撤兵命令，则借口拖延；对于安排归顺台吉、宰桑人等入觐事宜，则加以篡改，将不附于己者悉令入觐，而将其亲信党羽留下不遣。与此同时，他还越权行事，"私调精兵九千人，防守哈萨克"，并在致哈萨克、俄罗斯等国文书中皆不言降顺清朝，"但谓率满洲、蒙古兵来定准噶尔"。[67]除此之外，他还将服从清朝政府指挥的归顺将领萨喇勒等视若寇仇，"潜行猜忌"，想方设法诛除异己，"众心怨恨"。[68]尤为恶劣的是，为了达到割据西域的罪恶目的，他还背着清朝政府官员，"与各宰桑头目私行往来，行踪诡秘"，[69]并通过其亲信死党大造反清舆论，"如不令阿睦尔撒纳统领驻扎，伊等宁剖腹而死，不能贪生，别事他人"。[70]阿睦尔撒纳的种种倒行逆施表明，在达瓦齐叛乱平定之后，他已成为准噶尔地区分裂割据势力的总代表。

为了铲除这股割据势力，乾隆二十年六月底，乾隆皇帝温旨谕其入觐以使其离开准噶尔，与此同时，却密令班第、鄂容安乘机将之翦除。因为大军已撤，班第、鄂容安兵微将寡，无力翦除，只好听其就道入觐。阿睦尔撒纳就道后，一路迁延，迨至八月十九日行至乌陇古地方，诡言回游牧治装，从额尔齐斯地方逃出，公开树起叛旗，直扑准噶尔首府伊犁。三四天后，在他的死党的煽惑下，伊犁也发生了喇嘛叛乱。班第、鄂容安等突围不胜，自杀殉国，萨喇勒被俘。此时，西路军统帅永常尚率五千军队驻扎乌鲁木齐，竟被这场叛乱吓破了胆，不但不率军赴援，反而逃至巴里坤。这样，大兵撤离准噶尔不过两个月，准噶尔又陷入一片混乱之中。为了恢复对准噶尔地区的统治，乾隆皇帝开始了更为艰苦的平定阿睦尔撒纳叛乱的战争。

乾隆二十年九月，乾隆皇帝任命策楞为定西将军，达勒党阿为定边左副将军，扎拉丰阿为定边右副将军，哈达哈、玉保为参赞大臣，以西路为重点，向伊犁地区发动进攻。与此同时，为了孤立阿睦尔撒纳等一小撮叛乱分子，乾隆皇帝分别将噶勒藏多尔济、车凌、沙克都尔曼集、巴雅尔封为绰罗斯汗、杜尔伯特汗、和硕特汗和辉特汗，征调所属厄鲁特部队，对阿睦尔撒纳进行讨伐。在清军和厄鲁特军队的联合打击下，各路叛军或被剿灭，或者由其台吉率领投诚，要求擒贼自效。此时，由于有和卓木叛乱回族军队相应援，阿睦尔撒纳势力亦颇强大，屯军博罗塔拉，并企图进军伊犁。当年十二月，叛军与从贼营反正的萨喇勒军队在伊犁附近的诺罗斯哈济拜牲地方相遇，经过两日激战，阿睦尔撒纳进入伊犁。得知这一消息，乾隆皇帝指示各路进剿部队向伊犁靠拢，以对阿睦尔撒纳形成包围之势。阿睦尔撒纳见势不妙，于乾隆二十一年正月弃城而出，向西北哈萨克方向逃跑。此时，负责追击的清军将领玉保与其相距仅一日程。为了摆脱清军，阿睦尔撒纳玩弄诡计，使人至清军营中告知，阿睦尔撒纳已经就擒，不日即将擒献。受其欺骗，玉保等以为大功已经告成，驻兵不进，并以红旗驰报全军主帅策楞。策楞得报后，亦不审虚实，率尔露布告捷。二月中，这一"捷音"传至京师，乾隆皇帝大喜过望，将在事诸臣分别加官晋爵，并以军务告竣颁诏中外。这天，乾隆皇帝原来计划动身前赴曲阜，也因此事而临时改变主意，改赴易州泰陵，向雍正皇帝的亡灵报告这一"特大喜讯"。就在西征部队和朝廷上下都欢庆胜利的时候，阿睦尔撒纳已安全地逃入哈萨克境内。不久之后，事实澄清，乾隆皇帝羞愤交加，将策楞、玉保拿解入京治罪，以达勒党阿署定西将军，兆惠署定边右副将军，继续进行平叛战争。

　　乾隆二十一年四月，达勒党阿率兵二千，哈达哈率兵四千，分别从西、北两路进兵哈萨克。当年七月，西路达勒党阿大败哈萨克、阿睦尔撒纳联军。不久，又以寡击众，再度重创哈萨克、阿睦尔撒纳联军，并几乎擒获阿睦尔撒纳本人。仅因阿睦尔撒纳再施诡计，战场之上"恐被大兵认识，改换蓝纛"，[71]战败之后，又诡使人来言哈萨克即将执献阿睦尔撒纳。达勒党阿被其所愚，"遽下令驻兵"，"阿逆复徐扬去"。[72]由于征讨阿睦尔撒纳屡受挫折，兼之以此时又先后发生了喀尔喀贵族青滚杂卜和原先受封的准噶尔地区绰罗斯汗、辉特汗的叛乱活动，乾隆二十一年秋，乾隆皇帝不得不下令暂时停止进剿阿睦尔撒纳，而将主要兵力用于内地叛乱的平定。

　　青滚杂卜是成吉思汗后裔，喀尔喀和托辉特部郡王。在清朝政府出兵讨伐达瓦齐时，他被派令带军随同阿睦尔撒纳自北路进攻。由于在出兵攻打准噶尔之初，清朝政府曾多次向喀尔喀征调马驼、兵丁、跟役人等，给当地人民带来很大的骚扰，青滚杂卜等部分喀尔喀贵族的利益也受到了损害，"以连年用兵为累"[73]，因而在进军途中，很自然地便与对清朝政府怀有贰心的阿睦尔撒纳亲近起来。征途之中，他多次向阿睦尔撒纳泄露班第、鄂容安等重要清朝官员对阿睦尔撒纳的看法。阿睦尔撒纳叛乱发生之后，乾隆皇帝追究责任，将科尔沁亲王额驸色布腾巴勒珠尔削爵，将另一亲王额琳沁多尔济处死，并数次密令有关官员将青滚杂卜擒拿治罪。仅因青滚杂卜手握重兵，出于平定准噶尔叛乱和安定喀尔喀内部形势的需要，乾隆皇帝才收回成命。对此，青滚杂卜甚为疑惧不安。乾隆二十一年七月，他铤而走险，公开扯起叛旗，带领部属返回原游牧地区。在他的影响下，一些随军出征的喀尔喀王公如车登扎布、车布登等亦纷纷撤回所属守卡兵丁，抢劫台站财物，劫夺过往客商布匹、茶叶。一时之间，北路台站自十六站至二十九站悉行断绝，邮驿不通，准噶尔地区的平叛部队给养断绝，形势极为严重。为了平定叛乱，乾隆皇帝一方面利用宗教影响，使章嘉呼图克图与哲布尊丹巴呼图克图率同喀尔喀各王公会盟，让各部王公"晓谕擅弃卡座、台站人等仍回各处当差"，[74]以制止叛乱的进一步扩大并孤立青滚杂卜；一方面任命超勇亲王额驸策凌之子成衮扎布为定边左副将军，调集军队，对叛乱分子进行军事讨伐。这样，叛乱发生不久，青滚杂卜即极感孤立，转求哲布尊丹巴呼图克图代奏，请求宽宥。对此，乾隆皇帝断然拒绝，他说："此而可宥，国法安在"，[75]严令成衮扎布"速遵节次所降谕旨，擒拿青滚杂卜治罪，以昭国法"。[76]在清军的沉重打击下，不少叛乱分子先后投降，青滚杂卜被迫只身遁逃中俄边界杭哈奖噶斯地方，并于当年十一月底被追击清军擒拿归案。这场由蒙古王公掀起的叛乱相当迅速地被平定下去。

在青滚杂卜发动叛乱的同时，准噶尔地区的叛乱活动也彼伏此起，一时之间，平叛官军的处境极为困难。都统和起阵亡，原统帅策楞、玉保等革职逮问，途中也被杀害。兆惠率军自伊犁撤退，中途被叛军包围达两月之久。发动叛乱的各部准噶尔台吉、宰桑还自相攻杀，形势异常混乱。为了平定叛乱，乾隆二十二年三月，乾隆皇帝任命成衮扎布为定边将军，其弟车布登扎布署定边左副将军，率军七千人，两路出师进行讨伐。由于准噶尔各部台吉旋抚旋叛，乾隆皇帝对之极为痛恨，因而在平叛活动中，也暴露了他残忍的一面。

早在乾隆二十一年十一月，他在谕旨中即要求兆惠等"遇背叛贼人，悉行剿灭"。[77]根据乾隆皇帝的这一指示，清军对准噶尔反叛部民众进行了剿杀。参与叛乱的台吉、宰桑及其部属皆被剿杀无遗，这一活动从乾隆二十二年初即已开始，至乾隆二十三年进军回部后仍在继续。恰在此时，准噶尔地区"痘疫盛行，死亡相望"，[78]因而准部平定之后，当地人口锐减，经济破坏也极为严重。

在准噶尔地区各部叛乱达到高潮的时候，阿睦尔撒纳又像幽灵一样乘机返回准噶尔，并于乾隆二十二年二月到达博罗塔拉。为了进一步扩大战乱，他一方面派人前往喀尔喀，企图与青滚杂卜取得联系，一方面向哈萨克借兵以壮大自己的军事实力。对于阿睦尔撒纳的这些活动，乾隆皇帝极为注意。他说，"叛贼一日不获，则伊犁一日不安，边陲之事一日不靖"。[79]在达勒党阿、哈达哈撒兵之初，乾隆皇帝便遣使传谕哈萨克阿布赉汗巴巴，令其擒献阿睦尔撒纳；又命兆惠酌量派兵往袭哈萨克，使贼不得宁处，[80]但因为准噶尔各地变乱蜂起，兆惠被迫自伊犁撤军，这一计划未能实现。

准噶尔各地大致平定之后，清军开始对阿睦尔撒纳发动攻势。乾隆二十二年三月，参赞大臣富德率兵与阿睦尔撒纳军队接火，"剿灭贼党甚众"，阿睦尔撒纳不敢迎战，"望风而遁"。[81]兆惠闻讯后率军来追。乾隆皇帝得知这一消息后，指令兆惠、富德两路合为一路，追击阿睦尔撒纳。为了防止其外窜俄罗斯，乾隆皇帝还令兆惠、富德预堵其退往俄罗斯的道路。在清军的追击下，是年五月，阿睦尔撒纳退往老巢塔尔巴哈台，不久，复投哈萨克。此时，由于哈萨克汗和阿睦尔撒纳之间已经发生矛盾，兼之以受到清朝政府对外政策的感召，阿睦尔撒纳一入哈萨克境内，哈萨克汗即派人散其马匹，欲将其擒献清朝政府。阿睦尔撒纳发觉后，非常狼狈地抛弃衣物，率领少数亲信徒步逃入俄罗斯境内。几个月后，出痘死在那里。为了拿获叛乱元凶，当年九月，乾隆皇帝令理藩院行文俄罗斯萨纳特衙门，要求引渡阿睦尔撒纳。乾隆二十三年正月，俄罗斯遣使告知阿睦尔撒纳已死，并将其尸身送至恰克图，要求清朝政府派人验看。随经乾隆皇帝遣使验看无误，回京复命。至此，持续三年之久的准噶尔叛乱以叛乱头子阿睦尔撒纳身死异域而宣告结束。

为了加强对准噶尔地区的管理，乾隆二十七年，乾隆皇帝于惠远城设伊犁将军，总统天山南北两路事务。伊犁将军之下，于乌鲁木齐设都统，统率乌鲁木齐、古城、巴里坤及吐鲁番等地驻军；于塔尔巴哈台设参赞大臣，统率塔城地区驻军。这对于防止沙俄政府对这一地区的侵略、巩固国家的统一起了重要的作用。为了恢复当地的经济，根据乾隆皇帝的指示，清朝政府先后从内地迁来大批移民，兴办军屯、旗屯、回屯、民屯、商屯等各种形式的屯田。不到二十年的时间，各种屯田数字已达五十六万多亩。不少地区"村落连属，烟火相望，巷陌间羊马成群，皮角毡褐之所出，商贾辐凑"，[82]一片兴旺景象。

二、进军回疆，统一天山南路

厄鲁荡平回部连，止戈毕竟是何年。

因缘弦上矢必发，终愧阶前羽舞旋。

勃律正闻踵来接，坚昆伫待首诛骈。

山庄行庆暇奚念，念到库车阿那边。[83]

在阿睦尔撒纳叛乱大致平定之后，为了统一天山南路，从乾隆二十三年到乾隆二十四年，乾隆皇帝又挥师南下，进行了平定大、小和卓木叛乱的战争。

长期以来，天山南路一直是回族人民的世居地。该地人民大都以务农为生，信仰伊斯兰教，与准噶尔地区人民在民族、宗教信仰和谋生手段上各不相同。明末清初，准噶尔地方政权兴起，并将天山南路回部各城也置于自己的控制之下。天山南路回部宗教首领阿布都什特、玛罕木特、布拉呢敦、霍集占等先后被拘禁于伊犁，广大回族人民还要向准噶尔政权按年交纳数额巨大的贡赋。清朝政府出兵平定准噶尔叛乱，使得回部各城摆脱了准噶尔政权的控制。达瓦齐叛乱平定之后，根据乾隆皇帝的指示，清军即将长期被拘禁的回族宗教领袖大和卓木布拉呢敦释归南疆，使其安抚回部各城。布拉呢敦之弟、另一宗教领袖小和卓木霍集占则仍留于伊犁，统辖当地回人。不久，乾隆皇帝又先后派遣侍卫托伦泰、副都统阿敏道等前往回部，晓谕诸城归顺清朝统治。与此同时，还决定减轻回部各地人民交纳的贡赋。[84]在清朝政府政策的感召下，受广大回族人民要求统一愿望的推动，布拉呢敦释归之初，一度表示服从清朝政府的统治。另一宗教首领霍集占虽然被胁参加了阿睦尔撒纳叛乱，但在清朝政府出兵平叛时，也乘机反戈，率领所属回族军队攻打阿睦尔撒纳，并于此后不久返回南疆。[85]不仅如此，他们还先后三次遣使至清军营中，"探听大兵抵伊犁信息，欲来投诚"。[86]这些情况表明，广大回族人民渴望在摆脱准噶尔控制之后回到祖国怀抱，渴望在清朝中央政府的统一领导下加强团结，共同进步。

然而，由于以霍集占为首的一小撮回族上层分子的阻挠，广大回族人民的这一意愿未能立即实现。霍集占在回到南疆后，由于被分裂、割据的思想冲昏了头脑，对形势做出了完全错误的估计。他一方面错误地将归顺中央政府与接受准噶尔政权的控制混为一谈，胡说："若听大皇帝谕旨，你我二人中必有一人唤至北京以为质，当与禁锢何异？"[87]另一方面又过高地估计了清军讨伐叛乱的困难和自己搞分裂、割据的有利条件，"莫若与中国抗拒，地方险远，中国兵不能一时即来，来亦率皆疲惫，粮运难继，应亦无奈我何。且准噶尔已灭，近地并无强邻，收罗城池，可以自立"。[88]为了达到分裂、割据的罪恶目的，他一方面传示属下，"整顿鞍马器械"，[89]自称巴图尔汗，拥兵自立；一方面杀害旧台吉素尔统后嗣和主张降清的许多官员、贵族及其家属。与此同时，他还将清朝政府遣往南疆收抚回部的副都统阿敏道加以拘禁并行杀害。对于霍集占、布拉呢敦的这些叛乱活动，清军将领兆惠、成衮扎布等先后上书乾隆皇帝，要求出兵讨伐。为了不影响平定阿睦尔撒纳叛乱的大局，乾隆皇帝决定："俟平定厄鲁特后，再行办理。"[90]乾隆二十二年七月以后，由于准噶尔各地叛乱的陆续平定和阿睦尔撒纳的外逃，平定准噶尔叛乱已经进入扫尾阶段。根据乾隆皇帝的指示，驻守准噶尔地区的清军加紧了平定回疆叛乱的准备工作。次年初，正式开始了平定回疆叛乱的军事行动。

　　乾隆二十三年正月，在确知阿睦尔撒纳已死之后，乾隆皇帝正式下达了进军回疆、讨伐霍集占叛乱的命令。根据事先安排，靖逆将军雅尔哈善率领八旗、绿营军队一万余人攻打回疆北部的重要城镇库车。当年五月，雅尔哈善进抵库车城下开始攻城。当时，被大、小和卓木派驻库车的是其亲信阿奇木伯克阿布都克勒木。闻知清军来攻，当即负隅顽抗，固守待援。六月间，大、小和卓木率领各城兵马三千余人，越过阿克苏戈壁驰援。雅尔哈善组织军队，围城打援，虽然重创救援叛军，但是由于指挥无能，仍使霍集占等进入城中。六月下旬，霍集占率军乘夜突围。由于雅尔哈善的调度无方和具体负责将领顺德讷等人的疏于防备，又使敌人远扬而去。

眼见指挥接连失误，乾隆皇帝极为气恼，对雅尔哈善严加斥责，令其一面攻围库车，一面追擒霍集占自赎。与此同时，又从京师加调健锐营官兵一千人开赴库车助战。在乾隆皇帝的严旨督催下，雅尔哈善采纳绿营将领马得胜的建议，穴地攻城，但旋即被守城回兵所破。雅尔哈善束手无策，只好长期围困，待其粮尽自溃。当年八月，城内粮尽，阿布都克勒木弃城遁往南疆，所余老弱三千余人出降。围城三月，所得仅一空城，乾隆皇帝气恼之余，将雅尔哈善拿京治罪，顺德讷就地正法，谕令兆惠由准噶尔速赴回疆，负责全部平叛事宜。

　　乾隆二十三年八月，兆惠率军进抵南疆。此时，在各路清军的进攻下，回疆各城纷纷摆脱大、小和卓木的控制而向清军投降。霍集占自库车逃往阿克苏，阿克苏城人民"闭城拒敌"，霍集占又逃往乌什，乌什城主霍集斯也"闭城不纳"。

大、小和卓木穷蹙无依，分别率领残部遁往回疆南部的喀什噶尔和叶尔羌，妄图各据一城，互为犄角，负隅顽抗。为了平定叛乱，兆惠一方面布置军队分取其他各城，一方面亲自率军四千，自乌什起程，越过一千五百余里的大沙漠。当年十月初，进抵距叶尔羌仅四十里的辉齐阿里克。由于清军进入回疆地区后，除库车之役外，始终未和叛军发生

绥疆懋绩

兆惠像 （清）沈贞绘

过较大的战役，叛乱分子虽然失地不少，但是军队主力却未曾受到损失，兼之以兆惠孤军深入，在抵达叶尔羌之后不久，便发生了著名的黑水营之战。

兆惠到达叶尔羌后，亟图进取。他先派副都统爱隆阿等率兵将叶尔羌通往邻近各城的路卡一概堵截，以防叶尔羌守敌外逸及外敌前来救援，尔后率军渡过叶尔羌城东之喀喇乌苏河（黑水河），攻打该城南部的英峨奇盘山，以掠其牲畜。但当清军前锋刚刚开始渡河之际，小和卓木霍集占率军自城中突出，将清军截为数段，向清军发动了猛烈的进攻。在异常不利的形势下，清军奋勇应战，先后杀死敌兵多人。但因众寡悬殊，清军损失重大，主要将领兆惠、明瑞等皆负伤多

处，总兵高天喜，前锋统领、侍卫鄂实，副都统三格，侍卫特通额等一百余人相继阵亡。眼见形势非常险恶，兆惠一方面派人突围至阿克苏要求后继部队速来救援，一方面继续率军激战。经过五昼夜激烈战斗，兆惠率军突围而出，还据叶尔羌城东大营。这时，霍集占军队又尾随而至，将大营团团围住。不久，大和卓木布拉呢敦也率军万人自喀什噶尔赶来，一起向被围清军发动了极其猛烈的进攻。在外援断绝的情况下，清军主将兆惠临危不乱，团结全军将士，严密防守，沉着应战，伺机杀敌。叛军先是环绕清军营地构筑长围，以待清军食尽自毙。清军则杀食军中驼马，并发掘当地回人窖藏之粟，以济军食。见此不能取胜，叛军又掘水灌营，清军则挖沟排水，将之泄于下游。后来叛军又突破长围，以苇扫蔽体来犯，清军见弓箭、鸟枪不能奏效，便改用火攻之法。这样，尽管被围清军粮食奇缺，弹药不足，处境极为恶劣，但是在兆惠

《平定伊犁回部战图册·黑水解围》　（清）郎世宁等绘

的率领下，全军士气高昂，先后给予进犯之敌以沉重的打击，以致敌军包围三个多月，竟无法跨进清军营垒一步。在维护祖国统一的战争中，清军广大将士表现出了可贵的牺牲精神，做出了突出的贡献。

十月二十日以后，兆惠派出的告急使者阿勒丹察等人到达阿克苏。阿克苏办事头等侍卫舒赫德见情况异常紧急，立即飞章入奏乾隆皇帝，并移文尚在乌鲁木齐的参赞大臣富德、阿里衮等马步兼行，速往阿克苏。他还亲自率领阿克苏附近各城清军三千五百名向叶尔羌进发。十一月中旬，乾隆皇帝得知黑水营被围消息，飞令富德为定边右副将军，择其军中"马力有余者，作速前往"，"惟应援兆惠为要"。[91]他还急调索伦兵，健锐营，察哈尔、西安、达什达瓦清军及绿旗军队一万五六千名千里赴援，挺进回疆。乾隆二十三年十二月，舒赫德与富德所率军队两路会合，一起前赴叶尔羌以北的巴尔楚克。此时，闻知救援清兵将至，大、小和卓木一方面集中主要兵力急攻被围的兆惠营寨，一方面分兵五千邀击救援清军于呼尔璊。两军接战三日后，清军后队阿里衮又率军赶至，大破叛军。闻知救援军队前来，兆惠等被围清军也乘机向包围营地的叛军发动进攻。乾隆二十四年正月十四日，大、小和卓木兵败遁走，兆惠和舒赫德、富德等合兵一处，返回阿克苏休整。长达三个多月的黑水营保卫战遂以清军的最后胜利而告结束。

黑水营战后，兆惠、富德等稍事休整，二月以后，即调动军队向在黑水营被围时失陷于敌的和田进攻，逐次将之收复，以防敌军由此逃入西藏。这一计划实现后，从五月开始，因为内地增援兵丁、粮饷陆续到达，兆惠等人又积极部署攻取叶尔羌、喀什噶尔事宜。根据安排，六月初，兆惠率军由乌什进攻喀什噶尔，富德率军自和田直向叶尔羌。经过黑水营之战，大、小和卓木早已心惊胆寒，兼之以连年战争给广大人民带来了深重的灾难并引起了人民的不满和反对，使得他们无法再在两城驻扎。故而在当年四月，大、小和卓木便准备弃城西遁。六月二十七日，在大兵压城之际，布拉呢敦首先弃城西走。几天之后，霍集占也放弃叶尔羌，逃往英吉沙尔。闰六月十四日和十八日，在两城回族人众的欢迎下，兆惠、富德分别率军进入喀什噶尔和叶尔羌，平定回疆战役取得了决定性的胜利。

两城克复之后，为了追歼穷寇，不遗后患，闰六月十五日，参赞大臣明瑞等率兵二千昼夜追击。尔后，其他部队也相继出发。当月底，首败叛军于霍斯库鲁克岭；七月十日至十二日，又大败叛军于巴达克山国相邻的叶什尔库尔诺尔。眼见大、小和卓木大势已去，被胁外逃的回族人民纷纷携眷下山投奔清军，"声如奔雷，霍集占禁之不能止"。[92]大、小和卓木只好带领少数亲信逃往巴达克山国，旋因清朝政府派员交涉而被当地酋长素尔坦沙所擒斩，平定回疆叛乱获得了最后的胜利。

回疆叛乱平定之后，为了加强中央政府对这些地区的控制，乾隆皇帝于喀什噶尔设参赞大臣，节制天山南路各城。参赞大臣之下，于叶尔羌、英吉沙尔、和田、乌什、阿克苏、库车、辟展、哈密、吐鲁番等城分设办事大臣或领队大臣，皆由清朝政府直接派员管理。这些大臣之下，另于回部贵族中任命阿奇木伯克管理所属各地回民事务，"自三品至六品，各随年班入觐，不得专生杀"。[93]对于宗教势力，则加以裁抑，禁止教职人员阿訇干涉政务。[94]为了发展当地经济，乾隆皇帝先后决定减轻当地回众赋役负担，二十取一；组织军队屯田；开炉鼓铸"乾隆通宝"，发展商业等。在各族人民的辛勤劳动下，回疆经济得到了比较迅速的发展，喀什噶尔、阿克苏、和田等许多地区皆"土田平旷，沃野千里，户口繁多"，物产丰富，对乾隆时期全国经济的发展和清朝统治全盛局面的形成起到了一定的积极作用。

三、接受土尔扈特异域来归

准噶尔叛乱的平定解除了准噶尔地方政权对相邻各部的压迫，直接导致了乾隆三十六年发生的土尔扈特蒙古的重返祖国。

土尔扈特部蒙古原是厄鲁特蒙古四部之一。十七世纪二十年代以前，该部一直和准噶尔、和硕特、杜尔伯特三部一起居于准噶尔地区。明朝崇祯初年，该部因无法忍受绰罗斯部贵族的控制和压迫，在其首领和鄂尔勒克的率领下离开世代居住的塔尔巴哈台一带地方，几经辗转之后，定居于伏尔加河下游一带。在旅居国外的一个多世纪，面对异国殊俗，土尔扈特部人民无时无刻不在思念自己的祖国，并且不顾山险路长，一直和中央政府以及留居原地的厄鲁特各部保持着密切的联系。与此同时，清朝中央政府也对远在异域的土尔扈特部人民表示深切的关怀。康熙五十一年，康熙皇帝专派

《西域图册·土尔扈特风情》 （清）明福绘

侍读学士殷扎纳、内阁侍读图里琛等前往伏尔加河下游，探望土尔扈特人民。

　　对于土尔扈特人民和清朝中央政府间的密切关系，沙俄当局极为不快。为了加强对土尔扈特部人民的控制，沙俄政府一方面通过改组土尔扈特部落会议，限制土尔扈特汗的权力；一方面又实行宗教渗透，逼迫广大土尔扈特部人民改宗东正教。不仅如此，他们还把广大土尔扈特丁壮作为炮灰，大量征调他们参军，去和瑞典、奥斯曼土耳其等国作战，"拣土尔扈特人众当其前锋"，"归来者十之一二"。[95]沙俄当局对土尔扈特人民控制的加强，并未能动摇广大土尔扈特人民心向祖国的坚定意愿，乾隆二十一年，土尔扈特使者吹扎布冲破重重阻挠再度来京。在乾隆皇帝接见时，他一方面向乾隆皇帝陈述了广大土尔扈特人民在沙俄当局压榨下的痛苦；一方面又极其明确地表示，土尔扈特对沙俄只是"附之，非降之也。非大皇帝有命，安肯为人臣仆"，[96]以实际行动给予沙俄当局以沉重的回击。

沙俄当局对其控制的加强既使他们不能忍受，准噶尔叛乱的平定又使他们返回原居地成为可能。乾隆三十五年十一月，在土尔扈特汗渥巴锡的率领下，居住于伏尔加河南岸的十七万土尔扈特人民同时发动了反抗沙俄大起义，彻底摆脱沙俄政府的控制，浩浩荡荡地踏上了重返祖国的征程。在回国途中，他们击退了沙俄军队的追击，战胜了哈萨克、布鲁特等部的骚扰，克服了给养缺乏、疾疫流行等许多难以想象的困难，终于在乾隆三十六年六月进入中国境内，实现了他们长期以来要求返回祖国的愿望。

乾隆三十六年三月，清朝政府即得知土尔扈特正在向中国边境转移的消息。由于在来归土尔扈特部众中，有在平定准噶尔叛乱时叛逃国外的舍楞、劳章扎布等人，而这些人在来归之初是以袭击伊犁一带地方为目的，只是在遭到俄罗斯、哈萨克等国军队追击的情况下，进退无路，才改变态度要求归顺清朝，因而土尔扈特部之来归使得清朝政府中的不少官员疑虑重重。他们一则害怕此次投顺不过是一个诡计，二又害怕收受"俄罗斯叛臣"会引起俄国方面的干涉。一时之间，对于是否接纳土尔扈特来归的问题，朝廷上下"议论沸起"。[97]乾隆皇帝在对土尔扈特来归前后的整个形势进行通盘考虑之后认为，"舍楞一人，岂能耸动渥巴锡等全部？且俄罗斯亦大国也，彼既背弃而来，又扰我大国边界，进退无据，彼将焉往？是以归顺之事十之九，诡计之伏十之一耳"。[98]针对一些臣下恐怕引起俄罗斯干涉的顾虑，他说，从前"舍楞即我之叛臣，归俄罗斯者，何尝不一再索取，而俄罗斯迄未与我也。今既来归，即以此语折俄罗斯，彼亦将无辞以对"。[99]对于原先的叛逃人员又复来投，他说，"伊等逃奔俄罗斯，理应索取治罪。今伊等不得安居于俄罗斯，自愿请求归顺，故往咎概不介意，前罪一律宽宥"。[100]与此同时，他还指出，如果拒其投顺，倒有可能招致祸乱。"数万乏食之人，既至近界，驱之使去。彼不劫掠畜牧，将何以生。……夫明知人以向化而来，而我以畏事而止，且反致寇，甚无谓也。"[101]因此，乾隆皇帝决定，对于万里来归的土尔扈特部众予以热情的欢迎。

乾隆皇帝首先选调得力大臣舒赫德前赴伊犁，全面处理接受土尔扈特归顺事宜。为了使土尔扈特人众了解清朝政府对其来投的态度，当年六月初，在大队土尔扈特部众刚刚进入中国境内之后，便让舒赫德宣谕渥巴锡，"尔等俱系久居准噶尔之人，与俄罗斯之俗不同，不能安居，闻厄鲁特等受朕重恩，带领妻子前来投顺，甚属可悯，理宜急加抚绥安插"。[102]为了解除舍楞等人的疑惧心情，乾隆皇帝特派使者到其驻地面传谕旨："朕断不究其前罪，务与渥巴锡等一体加恩。"[103]针对土尔扈特人众远道跋涉，各种生活用品奇缺的情况，根据乾隆皇帝"口给以食，人授之衣"的指示，[104]大批清朝官员投入了赈济来归人众的具体工作之中。为了救急，乾隆皇帝除指令土尔扈特人众所至之地官员动用库存衣物、茶叶、布匹、粮食和官中牛羊之外，还专拨库帑二十万两，派遣陕西巡抚文绶带人前赴巴里坤、哈密等处购办牛羊、衣物，"作速解往伊犁，均匀分给"。[105]派遣张家口都统常青解送当地牧群，"驱往供馈"，[106]陕甘总督吴达善负责"发帑运茶，市羊及裘"。[107]对于其耕牧地区，乾隆皇帝也作了妥善的安置，将渥巴锡属下土尔扈特人众安置在珠勒都司一带地方，将舍楞所属部众安置在科布多一带。在一切安置就绪之后，当年九月，乾隆皇帝在热河避暑山庄隆重地接见了前来入觐的土尔扈特首领渥巴锡一行，封渥巴锡为卓哩克图汗，封其弟策伯克多尔济为布延图亲王，封舍楞为弼里克图郡王。其他来归头目也都分别封为郡王、贝勒、贝子、辅国公、台吉等，俾其"管理所属，咸务生理，延及子孙，永荷安全之福"。[108]由于乾隆皇帝对土尔扈特部之来归态度积极，安置妥善，从而使这些"新投之人，一至如归"，[109]很快地安下心来，和全国各族人民一起，投入到建设和保卫边疆的斗争之中。不长时间，土尔扈特居地便"游牧安帖，田禾茂盛"，一片繁荣景象，[110]乾隆皇帝接受土尔扈特部人民来归取得了完全的成功。

土尔扈特人民回国定居后不久，沙俄政府便行文清朝政府，一方面胡说"渥巴锡人等俱系悖教匪人，不当收留"；另一方面还节外生枝地声称土尔扈特部回国时曾将一百五十多名俄罗斯人带入中国境内，要求查出放回。此外，沙俄政府还蛮横无理地威胁清朝政府，如不交出，"恐兵戈不息，人无宁居"。[111]对于这些无理要求，乾隆皇帝下令于理藩院回文中予以严词驳斥："土尔扈特渥巴锡人等，与尔别一部落，原非属人", 只是因为"尔国征调烦苛, 不堪其苦"才返国定居的。[112]对于沙俄政府的武力恫吓, 也明确表示, "或以兵戈, 或守和好, 我天朝惟视尔之自取而已"。[113]乾隆皇帝的这种严正立场, 打击了沙俄当局的嚣张气焰, 挫败了沙俄政府重新奴役土尔扈特部人民的企图。

1 《清高宗实录》卷二三九, 乾隆十年四月戊午。

2 《清高宗实录》卷二六一, 乾隆十一年三月丙戌。

3 《清高宗实录》卷二五九, 乾隆十一年二月丙寅。

4 《清高宗实录》卷二六〇, 乾隆十一年三月戊寅。

5 《清高宗实录》卷一〇一, 乾隆四年九月。

6 《清高宗实录》卷二一九, 乾隆九年六月。

7 《清高宗实录》卷二七九, 乾隆十二年二月癸酉。

8 《清高宗实录》卷二八七, 乾隆十二年三月己酉。

9 《清高宗实录》卷二八七, 乾隆十二年三月己酉。

10 《清高宗实录》卷二九八, 乾隆十二年九月庚子。

11 《清高宗实录》卷三〇〇, 乾隆十二年十月辛酉。

12 《清高宗实录》卷二九八, 乾隆十二年九月庚子。

13 《清高宗实录》卷三〇六, 乾隆十三年正月乙未。

14 魏源:《圣武记》卷七《乾隆初定金川土司记》。

15 《清高宗实录》卷三〇九, 乾隆十三年二月。

16 《清高宗实录》卷三一三, 乾隆十三年四月乙亥。

17 《清高宗实录》卷三一八, 乾隆十三年七月甲午。

18 魏源:《圣武记》卷七《乾隆初定金川土司记》。

19 《清高宗实录》卷三二三, 乾隆十三年八月庚子。

20 《清高宗实录》卷三二一, 乾隆十三年七月辛未。

21 《清高宗实录》卷三二四, 乾隆十三年九月己未。

22 《清高宗实录》卷三二七, 乾隆十三年十月己亥。

23 《清高宗实录》卷三三二, 乾隆十四年正月丙辰。

24 《清高宗实录》卷三三一, 乾隆十三年十二月乙巳。

25 《清高宗实录》卷三三一, 乾隆十三年十二月丁酉。

26 《清高宗实录》卷三三一, 乾隆十三年十二月乙巳。

27 《清高宗实录》卷三三三, 乾隆十四年正月乙丑。

28 《清高宗实录》卷三三一, 乾隆十三年十二月丁酉。

29 《清高宗实录》卷一〇六, 乾隆四年十二月乙酉。

30　《清高宗实录》卷二五六，乾隆十一年正月甲戌。

31　《清高宗实录》卷三五四，乾隆十四年十二月乙酉。

32　《清高宗实录》卷三五四，乾隆十四年十二月丙戌。

33　福康安：《双忠祠碑记》。

34　《清高宗实录》卷三七二，乾隆十五年九月丙午。

35　福康安：《双忠祠碑记》。

36　《清高宗实录》卷三五五，乾隆十四年十二月庚子。

37　《清高宗实录》卷三八五，乾隆十六年三月乙丑。

38　《清高宗实录》卷三八六，乾隆十六年四月辛巳。

39　《清高宗实录》卷三七六，乾隆十五年十一月癸丑。

40　《清高宗实录》卷三七六，乾隆十五年十一月癸丑。

41　《清高宗实录》卷三七七，乾隆十五年十一月乙卯。

42　《清高宗实录》卷三七四，乾隆十五年十月丁丑。

43　《清高宗实录》卷三七六，乾隆十五年十一月癸丑。

44　《清代藏事辑要》卷二，乾隆十五年十月丁丑。

45　《清高宗实录》卷三七六，乾隆十五年十一月甲寅。

46　《清高宗实录》卷三七七，乾隆十五年十一月乙卯。

47　《清代藏事辑要》卷二，乾隆十六年三月乙丑。

48　《清高宗实录》卷二五二，乾隆十年十一月壬午。

49　《清高宗实录》卷四〇七，乾隆十七

年正月己丑。

50　《清高宗实录》卷四六四，乾隆十九年五月壬午。

51　《清高宗实录》卷四六四，乾隆十九年五月壬午。

52　《清高宗实录》卷四七四，乾隆十九年十月戊午。

53　《清高宗实录》卷四六四，乾隆十九年五月壬午。

54　《清高宗实录》卷四六八，乾隆十九年七月己丑。

55　《清高宗实录》卷四八〇，乾隆二十年正月癸未。

56　昭梿：《啸亭杂录》卷三《西域用兵始末》。

57　《清高宗实录》卷四八六，乾隆二十年四月戊申。

58　《清高宗实录》卷四八九，乾隆二十年五月壬辰。

59　《清高宗实录》卷四九二，乾隆二十年七月庚辰。

60　《清高宗实录》卷四八一，乾隆二十年正月辛卯。

61　《清高宗实录》卷四八一，乾隆二十年正月辛卯。

62　《清高宗实录》卷四八二，乾隆二十年二月丁巳。

63　《清高宗实录》卷四八一，乾隆二十年正月戊戌。

64　《清高宗实录》卷四九一，乾隆二十年六月甲子。

65　《清高宗实录》卷四九二，乾隆二十年七月乙酉。

66　《清高宗实录》卷四九一，乾隆二十年六月庚午。

67　昭梿：《啸亭杂录》卷三《西域用兵始末》。

68　《清高宗实录》卷四九一，乾隆二十

年六月甲子。

69 《清高宗实录》卷四九一，乾隆二十年六月甲子。

70 《清高宗实录》卷四九三，乾隆二十年七月辛丑。

71 《清高宗实录》卷五二〇，乾隆二十一年九月己巳。

72 魏源：《圣武记》卷四《乾隆荡平准部记》。

73 《清高宗实录》卷五一七，乾隆二十一年七月己丑。

74 《清高宗实录》卷五一九，乾隆二十一年八月戊午。

75 《清高宗实录》卷五二二，乾隆二十一年闰九月戊戌。

76 《清高宗实录》卷五二二，乾隆二十一年闰九月戊戌。

77 《清高宗实录》卷五二七，乾隆二十一年十一月丙辰。

78 魏源：《圣武记》卷四《乾隆荡平准部记》。

79 《清高宗实录》卷五二七，乾隆二十一年十一月庚戌。

80 《清高宗实录》卷五二四，乾隆二十一年十月丙寅。

81 《清高宗实录》卷五三七，乾隆二十二年四月庚寅。

82 赵翼：《皇朝武功纪盛》卷二。

83 《清高宗御制诗二集》卷八一《即事》。

84 《清高宗实录》卷四九二，乾隆二十年七月庚辰。

85 《清高宗实录》卷五〇七，乾隆二十一年二月甲子。

86 《清高宗实录》卷五一一，乾隆二十一年四月丙寅。

87 《异域琐谈》，转引自庄吉发《清高宗十全武功研究》，台北故宫博物院，1982年。

88 《异域琐谈》，转引自庄吉发《清高宗十全武功研究》。

89 《异域琐谈》，转引自庄吉发《清高宗十全武功研究》。

90 《清高宗实录》卷五三九，乾隆二十二年五月丁未。

91 《清高宗实录》卷五七四，乾隆二十三年十一月丁酉。

92 魏源：《圣武记》卷四《乾隆勘定回疆记》。

93 魏源：《圣武记》卷四《乾隆勘定回疆记》。

94 《清高宗实录》卷六一五，乾隆二十五年六月辛丑。

95 《西域总志》卷二《土尔扈特投诚纪略》。

96 祁韵士：《皇朝藩部要略》卷一三《厄鲁特要略》。

97 《清高宗实录》卷八九二，乾隆三十六年九月乙巳。

98 《清高宗实录》卷八九二，乾隆三十六年九月乙巳。

99 《清高宗实录》卷八九二，乾隆三十六年九月乙巳。

100 中国第一历史档案馆藏满文土尔扈特档，乾隆三十六年三月，转引自马大正《清政府对蒙古土尔扈特部的安置》，《清史研究集》第二辑，中国人民大学出版社，1982年。

101 《清高宗实录》卷八九二，乾隆三十六年九月乙巳。

102 《清高宗实录》卷八八七，乾隆三十六年六月丁亥。

103 《清高宗实录》卷八八七，乾隆三十六年六月丁亥。

104 《清高宗实录》卷八九二，乾隆三十六年九月乙巳。

105 《清高宗实录》卷八八九，乾隆三十六年七月庚申。

106 《清高宗实录》卷八九二，乾隆三十六年九月乙巳。

107 《清高宗实录》卷八九二，乾隆三十六年九月乙巳。

108 《清高宗实录》卷八九二，乾隆三十六年九月辛亥。

109 《清高宗实录》卷八九二，乾隆三十六年九月乙巳。

110 《清高宗实录》卷九三一，乾隆三十八年闰三月辛巳。

111 《清高宗实录》卷九一四，乾隆三十七年八月丙寅。

112 《清高宗实录》卷九一四，乾隆三十七年八月丙寅。

113 《清高宗实录》卷九一四，乾隆三十七年八月丙寅。

第六章　文治功罪

乾隆时期，清朝统治进入了全盛时期。在政治上和军事上不断取得重要成就的同时，继乃祖康熙皇帝之后，乾隆皇帝在文化事业上也做出了重要的建树。他在位期间，利用政府力量，先后组织学者进行了大规模的编修书籍和搜集、整理古典文献的活动，从而使乾隆时期的文化事业在康、雍两朝的基础上又得到了进一步的发展，进入了清朝建立以来最发达的时期。

第一节　编定群书

一、稽古右文

和中国历史上其他少数民族皇帝不同的是，乾隆皇帝有着较高的文化素养。早在备位藩封的青少年时代，在其父雍正皇帝的关心下，乾隆皇帝即"熟读《诗》、《书》、四子，背诵不遗一字"。"精研《易》、《春秋》、《戴氏礼》、宋儒性理诸书，旁及《通鉴纲目》、《史》《汉》八家之文。"[1]满、汉、蒙古文字，无一不通；论赋诗词，无所不能；七八年间，积稿盈尺，并先后将之汇为《日知荟说》和《乐善堂全集》二书刊刻行世。此外，他还认真钻研书法和学习绘画，并各有一定的造诣。青少年时代所受的系统的文化教育，使得乾隆皇帝对汉族文化产生了浓厚的兴趣。即位之后，他仍以"书生"自许，经常与臣下讲诗论文，数十年中，吟诵不绝，新篇迭出。据其自称："若三日不吟，辄恍恍如有所失。"[2]据统计，在他一生中，以他的名义刊行的诗、文集有十二种之多，其中诗作四万多首，文章将近两千篇。如此数量的诗作和文章，不但在历代少数民族皇帝中绝无仅有，而且在包括汉族皇帝在内的全部帝王群中也是首屈一指的。

乾隆皇帝在位期间，一直致力于文化事业的发展。即位之初，针对长期以来儒生社会地位较低的问题，乾隆皇帝先后采取各种措施，提高儒生的社会地位。乾隆元年二月，他决定"嗣后举贡生员等概行免派杂差"。[3]同年九月规定，职官及举贡生监犯罪发遣，"一概免其为奴"，[4]十一月间，又下令严禁地方官擅行斥革生员。[5]不仅如此，他还适当提高了国子监和各省教职官员品级，改变了过去教职人员两官同食一俸的旧例，给予全俸。其中地位较高者，还给予颇为优厚的养廉银。对于士子仕途，他也大开绿灯。正常乡试、会试之外，他还累开博学鸿词科和各种恩科乡、会试达十四五次之多，将一批又一批的封建儒生吸收到各级封建政权中来。此外，他还利用外出巡幸之时对沿途进献诗赋者进行考试，中式者特授举人、进士并量授官职，以表示自己对儒生的重视。

对于全国的教育事业，乾隆皇帝也极为关心。即位之初，即多次颁发经、史诸书于国子监和各直省官学，并先后多次扩大各地府、州、县学的入学名额。尔后不久，又弛坊间刻书之禁，[6]准予各种学术著作自由刊印和流传。随着统一战争的胜利和中央政府直接控制的版图不断扩大，在乾隆皇帝的关心下，边疆地区的教育事业也有了很大的发展。东北三省、海南岛黎族地区和新疆乌鲁木齐地区先后兴办了多所学校，教育事业进一步普及。学校之外，对于各地书院，乾隆皇帝也相当重视。雍正中，雍正皇帝决定各省省城普建书院一所，但是对其在当地教育事业中的地位及其和府、州、县学之间的关系，未作出明确规定。乾隆皇帝即位后，明确规定，各省书院，实即古代侯国之学，地位当在府、州、县学之上。为了切实发挥书院在教育和学术研究活动中的骨干带头作用，他还多次加拨帑银，以供购买书籍及师生膏火之需，并要求各省督抚仿效朱熹白鹿洞书院先例，设立规条，慎选院长、生徒，"居讲席者，固宜老成宿望，而从游之士，亦必立品勤学"。[7]

这样，在乾隆皇帝的关心下，儒生社会地位有了一定的提高，教育事业也有了较大的发展，学术研究气氛渐趋活跃，整个社会文化事业出现了蓬勃发展的局面。

二、征求遗书

乾隆皇帝重视文化事业的另一个主要表现，是他继汉、隋、唐、宋、明历朝之后，为了扩大政府藏书，在全国范围内进行了大规模的征求遗书的活动。

乾隆皇帝即位之初，出于巩固统治的需要和个人的爱好，曾多次下诏求书。如乾隆元年，为了续修雍正朝国史，他曾敕下八旗、直省，将雍正中"诸王文武群臣谱牒、行状、家乘、碑志、奏疏、文集"等"查明申送史馆，以备采录传述"。[8]乾隆六年正月和乾隆十五年二月，又两次命令各省督抚、学政采访元明以来各家儒学著作，"以广石渠、天禄之储"。[9]除此之外，出于纂修书籍的需要，乾隆皇帝有时还专命有关官员采访一些当代学者的学术著作。然而由于政务繁殷、军事活动较多和缺乏求书经验，这些求书活动时起时落，采访的书籍也相当狭隘、零碎，总的看来，效果并不理想。

乾隆三十七年正月初四，乾隆皇帝再次颁布求书谕旨。谕旨中称：

> 今内府藏书，插架不为不富，然古来著作之手，无虑数百千家，或逸在名山，未登柱史，正宜及时采集，汇送京师，以彰千古同文之盛。其令直省督抚会同学政等通饬所属，加意购访。[10]

与此前各次求书谕旨相比较，乾隆皇帝此次求书，有两点值得注意。一是将求书范围扩大到全部现存古典文献，可见乾隆皇帝的目的，是要通过此次求书对全部现存文献进行一番总清理；二是加强领导，不达目的，决不罢休。半年多以后，乾隆皇帝发现各地督抚竟无一人"将书名录奏"，当年十月，再颁谕旨，对近畿之北五省及书肆最多之江浙地方官员严厉指责。在乾隆皇帝的督促下，安徽学政朱筠率先行动，于安庆、徽州、宁国、太平、凤阳、颍州、庐州等地访得唐朝以来遗书多种，而后各省相继行动。这样，一个由乾隆皇帝亲自发动，由各省主要官员直接负责的声势浩大的征求遗书的活动全面铺开了。

各级官员直接负责征求遗书，只是求书能够取得进展的一个方面，更重要地还是在于藏书之家肯不肯献出家藏图书。为此，乾隆皇帝吸取了汉、隋以来历代求书的经验，在三十七年正月的求书谕旨中规定："在坊肆者，或量为给价；家藏者，或官为装印。其有未经镌刊只系钞本者，不妨缮录副本，仍将原书给还。并严饬所属，一切善为经理，毋使吏胥藉端滋扰。"[11]有了这些规定，书商和国家的关系是平买平卖的关系，藏书人和官府是书主和借阅人的关系，藏书家的基本利益得到了保障，求书活动才逐渐开展起来。

求书活动开展起来之后，主要问题在于能否求得善书。所谓善书，主要是指唐宋以来的名家著作、学术价值较高的史学著作和一些海内孤本、名家手稿等。这一工作的主要阻力是，藏书之家和经办官吏深鉴于顺、康以来文字狱株连之广和诛戮之惨，不敢献出或搜求明清之际有价值的史学著作和名人文集。此外，藏书之家还怕政府言而无信，背弃借抄归还的诺言，舍不得献出自己累世收藏的善本书籍。故而一个时期之中，求书活动虽在表面上热闹非常，但是核其所得，不但为数无多，而且就其内容而言，也多半是一些价值不高的"近人解经论学诗文私集"。[12]

针对广大臣民惧怕因文字获咎而畏疑不前的心情，乾隆皇帝除从求书的大局出发，在求书高潮的乾隆三十八、三十九两年基本上未搞文字狱之外，还连颁谕旨反复解释："朕办事光明正大，可以共信于天下，岂有下诏访求遗籍，顾于书中寻摘瑕疵，罪及藏书之人乎？"[13] "书中即有忌讳字面……与藏书之人并无关涉，又何所用其畏疑乎？"[14] 针对藏书之家担心书出不还的问题，乾隆皇帝一方面对那些希旨逢迎而逼迫藏书之家声称愿"以家藏旧书上充秘府"的官吏进行批评，指责他们这样做是"未能深喻朕意"；[15] 另一方面，又向各地藏书之家再次保证，"所有各家进到遗书，俟校办完竣日，仍行给还原献之家"。[16] 为了使这项规定能够贯彻执行，乾隆皇帝下令，各藏书家书籍献到之日，便于所进书籍面页加盖清朝政府和翰林院图章，注明进书年月，进书官员，书属何家，并另造一册逐一登记上述条款。待发还之日，按照图书登记册上之内容和所进图书面页上所载各项一一核对，"如有交发不明，惟该督抚是问"。经过这么一套复杂而完整的手续，使藏书家"仍得全其故物"。[17] 对于归还借抄图书，乾隆皇帝不但事先有规定，而且事后还有检查。如在乾隆四十二年四月的一道谕旨中便催促经办官吏将应还之书"给还藏书之家，俾得将原献书籍永远珍藏，并严饬承办各员善为经理，勿使吏胥等扣留需索"。[18] 乾隆皇帝的这些规定，解决了求书过程中经办官员和藏书之家最关心的问题。自乾隆三十八年五月以后，在各地官员和藏书家的共同努力下，大批珍贵图书先后集中到了北京，这场由乾隆皇帝亲自发起的求书活动至此才真正见到了效果。

乾隆三十八年和乾隆三十九年是各地献书的高潮时期，为了促使藏书之家献出更多更好的书籍，在上述规定的基础上，乾隆皇帝还绞尽脑汁，想出了许多促人献书的"好"方法。

其一是皇帝题词。乾隆皇帝规定，"其进书百种以上者，并命择其中精醇之本进呈乙览，朕几余亲为评咏，题识简端。……俾收藏之家，益增荣幸"。[19]在封建社会中，君主即是人间的上帝。能够因进献图书而得到乾隆皇帝的亲笔题词，对藏书家来说，简直是做梦都不敢想到的恩荣。乾隆皇帝就是利用人们对封建帝王的崇拜和迷信，以题词为诱饵，从民间征集了不少好书。

其二是以书易书。乾隆皇帝在求书过程中，摸透了藏书家们的脾气和嗜好，深知这些人大都嗜书如命。要想求得好书，只能投其所好，以书易书。当时，几部官修大型书籍刚刚印出不久，社会上一时颇难得到。乾隆皇帝便采取了以其所有、易其所无的方法，在乾隆三十九年五月十四日的谕旨中规定，进献书籍五百种以上的浙江鲍士恭、范懋柱、汪启淑和两淮之马裕四家，各赏《古今图书集成》一部，其他进书百种以上的士民官吏，各赏初印的《佩文韵府》一部。这样，藏书家仅将家藏图书借给政府一段时间，便平白得到皇帝赏赐的大部头书籍，不但经济上划算，而且还有荣誉，可谓名利双收。因此，也就更乐于主动地将自己的家藏秘籍献给政府了。

其三是《总目》留名。封建社会里的官僚和藏书家，大多都是熟读四书五经的儒学人士，显亲扬名、荣宗耀祖、封妻荫子、光前裕后的思想浸透了他们的每一个细胞。利用他们的这种心理，乾隆皇帝在乾隆三十九年七月二十五日的上谕中宣称："着通查各省进到之书，其一人而收藏百种以上者，可称为藏书之家，即应将其姓名附载于各书提要末。其在百种以下者，亦应将由某省督抚某人采访所得附载于后。"[20]根据这一规定，献书多的藏书家和求书得力的官员，都可在《四库全书总目》中留下自己的姓名。在他们看来，这是万古不朽的盛事。因此，这一规定也极大地调动了各地官员求书和藏书家献书的积极性。

由于采取了上述措施，截至乾隆三十九年八月，各省进到图书数量已在万种以上，而且还在不断增加。经过层层审查，除其中部分书籍被禁毁之外，其他都复制了副本，有的还当即发刊行世，从而大大充实了国家的藏书数量，乾隆皇帝发起的这次征求遗书活动取得了成功。

三、编订群籍

在大力征求遗书的同时，乾隆皇帝又先后组织学者进行了大规模的编修书籍的活动。

乾隆皇帝编书，有几个特点。首先是修书种数多，卷帙浩繁。据统计，乾隆皇帝一生主持纂修之书籍约在一百一十种、七千卷以上。如果再加上对各种古典文献汇辑、整理而成的《四库全书》和《四库全书荟要》等，则其总卷数将近十万卷。这一数字，使得包括康熙皇帝在内的所有以修书而著称的各代帝王无不相形见绌。

其次是门类齐全，内容丰富，经史子集无所不有。其中经部书籍有《周易述义》《诗经折中》《周官义疏》《仪礼义疏》《礼记义疏》《春秋直解》等，小学书籍有《同文韵统》《叶韵汇辑》《音韵述微》《清文鉴》等；子部书籍中有关天文者有《仪象考成》《历象考成》，有关医学者有《医宗金鉴》，有关农学者有《授时通考》等；集部书籍中有关书画者有《秘殿珠林》《石渠宝笈》，有关古器、古钱币者有《西清古鉴》《西清研谱》《钱录》等，有关诗词文章者有《唐宋文醇》《唐宋诗醇》《皇清文颖》等；至于史部书籍更是琳琅满目，应有尽有。

再次是讲究实用。乾隆皇帝修书，都有相当明确的目的和针对性，除所修经史各书皆为加强思想统治之外，其他所修各书无不对人民衣食住行和提高社会文化知识有所裨益。而且，为了满足满族人民的文化需求，有些重要书籍修成后还特地译成满文。

再其次，乾隆皇帝修书，也比较重视质量。各书纂修，大多都宽以时日，一般不搞急就章。一书修成，往往历时多年。如《八旗满洲氏族通谱》《三礼传说》《音韵述微》《平定准噶尔方略》《热河志》等书从决定纂修到全书告成，大都历时十几年以上。为了保证质量，有些书籍在修成、刊印之后，还要订正错讹，补充史实，进行重修。所有这些，使得乾隆时期官修各书内容一般都信实可据，并都在学术界产生了一定的影响。据《清实录》记载，乾隆皇帝在位六十多年的时间里，各种书籍的纂修活动从未停止。一般情况下，每年都有几部书在同时纂修并皆有新书行世。《四库全书》纂修期间，为了将一些敕撰本纳入《四库全书》，甚至还出现了十六种书籍同时编修的情况。所有这些，都反映出在乾隆皇帝主持下的官修图书事业是十分兴盛的。

在乾隆皇帝主持编修各种书籍的活动中，特别值得一提的是历史书籍的编修。乾隆皇帝即位前熟读史书，深知历史书籍和历史知识对于治理国家、巩固统治有着极为重要的意义，因而他在位期间，极为注意历史书籍的编修。据统计，乾隆一朝官修史书几乎占了所修书籍的半数左右。其中通史一类著作虽然为数不多，但却各具特色。如《通鉴辑览》《历代职官表》《古今储贰金鉴》等即为通贯古今之作；《续三通》则是对杜佑、郑樵、马端临等人著作的续修之作；《辽金元三史国语解》又是订正旧史讹误之作。这些书籍，虽然在史书体裁上无所创新，也基本上没有发掘出什么新史料，但毕竟对原来成书的各种史书进行了一番再处理，从而在一定程度上丰富了历史著作的内容。

对于明朝史书的编修，因为它和清朝政治关系极大，乾隆皇帝更为重视。明亡以后，学术界撰著明史之风一度极盛。因其作者多是故明遗民，这些著作大多渗透着强烈的民族感情，并对清朝先世臣属于明和清兵入关后的暴行有所揭露。为了维护清朝的统治，康熙以后，历代清朝皇帝迭兴大狱，残酷镇压意图撰著明史的汉族知识分子，禁毁有关明史的各种著作。与此同时，还特开明史馆，纂修《明史》，企图垄断明代历史的编修权利。乾隆皇帝在位期间，除继续制造多起文字狱，禁止私人搜集明史史料和编修明史著作外，还继《明史》刊行之后，又先后主持编修了《明纪纲目》《通鉴纲目续编》《明臣奏议》《胜朝殉节诸臣录》等书，从而使各种明史著作体裁愈益完备，不给私人以插足编修明史著作之余地。与此同时，为了使各种官修明史著作能够在学术上站得住脚，乾隆皇帝还比较注意订正所修各书讹误，补充一些新史料。如明季福王朱常洵之国赐田，《明纪纲目》所载为四万顷。乾隆四十年五月，乾隆皇帝披阅《叶向高集·论福藩田土疏》一文，始知原拟分封四万顷，后以诸臣谏诤和福王上疏具辞，实予二万顷。为此，乾隆皇帝指令方略馆重新改纂该书，"以昭传信"。[21] 又如《明史·英宗本纪》正统十四年载英宗一日而杀两御史却不著其获罪之由，又于土木堡之役条下不书王振事，对于这些明显疏略，乾隆皇帝也下令大学士等"将原本逐一考核添修"，"重刊颁行，用昭传信"。[22] 再如明末福王建号和唐、桂二王事迹以及李定国、白文选等人的抗清活动，世所周知。然而各种官修明代史书以其事涉清朝开创之初，恐触忌讳，皆将明朝灭亡断于崇祯十七年甲申，三王所纪年号，"例从芟削"。对于那些抗清死难人士，又概不立传，不得已而涉及时，"多以伪官目之"。对此，乾隆皇帝认为，福王南渡，"偏安之规模未失，不可遽以国亡书法绝之"；唐、桂二王"究为明室宗支，与异姓僭窃者不同"，"且其始末虽不足道，而奔窜事迹，亦多有可考"；那些抗清死难人士，"各为其主，始终不屈"，"较之宋末之文天祥、陆秀夫实相仿佛"。[23] 因而，他决定《通鉴辑览》一书应将明亡年限定于福王芜湖被执，并当于该书中附记唐、桂二王事迹。所有抗清死难人士皆当书为"某王之官某，不必斥之为伪"，并决定搜集他们的生平活动和抗清事迹宣付刊行。乾隆皇帝这样做的寓意，无非是藉此表示自己的"大公之心"，并制止和取代其他私修明代史著，但以政府之力，毕竟较易搜得较为准确、完备的明末史料，客观上为后人深入研究明朝史实提供了方便。

对于本朝历史的编修，乾隆皇帝尤其重视。他看到，前代诸史，皆在该朝灭亡之后由后世史官编修。因为历年久远，许多可信史料湮没失传，为了成书起见，不得不凭借史料价值极不可靠的稗官野乘。有鉴于此，乾隆皇帝认为，与其让后人没有根据地胡说，"何如及早裒集，免致闻见失真，传疑袭误"。因此，早在即位之初，在循照先例开馆纂修《世宗实录》的同时，乾隆皇帝又决定征集有关资料，纂修雍正朝国史。在乾隆皇帝的关心下，乾隆六年十二月，《世宗实录》首先告成。为此，乾隆皇帝还召集百官，举行了隆重的庆贺仪式。乾隆十四年十二月，包括雍正朝史事在内的五朝国史亦告完成。因为该书质量不高，"一经披览，开卷即有大谬之处"，[24]所撰列传，"止有褒善，恶者惟贬而不录"，不足以传信，[25]乾隆皇帝颇不满意。尔后，由于战争频繁，乾隆皇帝的注意力转向了方略的纂修，国史纂修活动一度中断。乾隆三十年七月，根据形势的需要，乾隆皇帝重开国史馆，决定将开国以来王公大臣及在朝满汉文武"内而卿贰以上，外而将军、督抚、提督以上并宜综其生平实迹，各为列传"。[26]根据这一指示，国史馆开始了纂修《满汉臣工表传》《宗室王公功绩表传》《蒙古王公功绩表传》《明季贰臣传》等书的工作。由于当时文狱迭兴，而且绝大多数皆因明清之际历史著作而引起，兼之以清朝建立以后，统治集团内部斗争十分频繁，事涉不少满汉大臣，因此馆臣疑虑重重，含毫相向，迄无进展。开馆十七年间，"纂成进御之书，甚属寥寥"。[27]乾隆皇帝对此极为不满，为了加快国史纂修速度，一方面规定成书限期，要求国史馆将所修各书二十日进呈一次，限令乾隆五十一年完成；一方面开放乾隆四十年以前军机处档案，以为国史纂修提供方便。乾隆五十三年，又进一步将国史编修下限延长到乾隆五十年，因之，乾隆五十年以前的各种军机处档案亦相应地向馆臣开放。

为了使纂修国史合乎要求，乾隆皇帝还亲自出马，对国史纂修中的一些难题拍板定音。如明清之际降清的一些故明将领和士大夫为数甚多，且对明末清初政治形势的发展发挥过十分重要的作用，如果因其身事两朝，概为削而不书则不足以传信，如各为立传并叙其功绩、封爵，则又与开国功臣无所区别。为了保存有关史料而又贯彻"彰善瘅恶"的修史原则，乾隆皇帝特命专立《贰臣传》。后来，又因这些人物结局不一，有如李永芳、洪承畴等降清之后著有劳绩者，有如吴三桂、李建泰等降而复叛者，概入一编仍然未昭公允，乾隆皇帝又决定于《贰臣传》外另立《逆臣传》，以记载降而复叛的吴三桂、耿精忠、李建泰等人事迹。[28]乾隆皇帝这样做显然是为了宣扬纲常名教，但是较之馆臣原来决定不立专传仅入各表来说，毕竟保存了较多的史料。另外，对于馆臣因怕触犯忌讳而不敢使用的一些史料，乾隆皇帝发现后也要求补入所修各书。如康熙年间左都御史郭琇弹劾明珠、高士奇、王鸿绪原疏，本来极有史料价值，然而馆臣却以郭琇后来被康熙皇帝治罪而不敢使用。为此，乾隆皇帝指令国史馆于所进王鸿绪传内补入该疏，"既可令海内传为美谈，且足令朝臣共知鉴戒"。[29]又如南明史可法复睿王多尔衮书，是南明和清朝政权之间关系的重要文件，前此各史皆不曾载。乾隆四十二年，乾隆皇帝于内阁册库中发现了这一文件，因命附于《宗室王公功绩表传》睿王传后。在乾隆皇帝的关心下，乾隆四十七年以后，国史修纂工作进展相当迅速，先后完成之书籍有《满汉名臣传》《宗室王公功绩表传》《蒙古王公功绩表传》《贰臣传》《回部王公表传》《台湾安南将弁官员列传》等，不但在当时为国史纂修奠定了一个很好的基础，而且也为后人研究清史提供了相当丰富的资料。

　　纂修国史之外，乾隆皇帝还从巩固统一、加强统治和施政的需要出发，以方略、政书为重点，先后编修了大量的有关本朝历史的书籍。其中，《平定金川方略》《平定准噶尔方略》《平定两金川方略》《平定廓尔喀纪略》记载了乾隆皇帝平定各地叛乱、维护国家统一的各次战争的经过；《临清纪略》《兰州纪略》《石峰堡纪略》《台湾纪略》等则记载了乾隆皇帝镇压各次农民起义的经过。《清三通》《大清会典》《大清会典则例》《大清通礼》《皇朝礼器图式》《满洲祭神祭天典礼》《国子监志》等书则将清初以来历代皇帝有关各种政务处理的谕旨集中起来，加以制度化，以便臣下遵行。除此之外，为了反映大一统的政治局面和夸耀自己的文治武功，乾隆皇帝还主持纂修了《大清一统志》《皇舆西域图志》《皇清职贡图》《日下旧闻考》《盛京通志》《河源纪略》《南巡盛典》《庆典成案》等书，内容涉及清朝政治、经济、军事、文化、地理、民族、宫廷、外交等许多方面。所有这些，不但直接促进了当时文化事业繁荣局面的形成，而且也大大地丰富了我国古代文化的宝库。乾隆皇帝"稽古右文"、编订群籍，对于中国古代文化事业的发展做出了重要的贡献。

我们在肯定乾隆皇帝编修群书对中国古代文化和当时学术事业的繁荣做出重要贡献的同时，也应看到，乾隆皇帝编修群书的文化活动也存在着相当严重的问题和缺陷。首先，乾隆时期是中国封建社会君主专制制度极度发展的时期，各种书籍的编修也成了乾隆皇帝加强封建专制统治的一种手段。在所修各种书籍中，不是大肆宣扬纲常名教和忠孝节义等封建伦理道德，就是极力铺陈乾隆皇帝的文治武功，至于歪曲史实、故为曲笔之处更是比比皆是，不胜枚举。所有这些，不但使所修各书内容相当陈腐，立场极为保守，也使其学术质量大受影响。其次，由于各种书籍之纂修大多是为了加强封建专制统治，因而所修各书，经、史两类数量最多，有关自然科学知识的书籍则为数甚少，至于介绍西方先进自然科学知识的书籍则更是微乎其微，从而使明末以来一度缩小了的中西方科技知识差距重新扩大。在这方面，乾隆皇帝和其推行的文化政策是应负有一定的责任的。

第二节　纂修《四库》

在乾隆皇帝主持编修的各种书籍中，影响最大的是《四库全书》。乾隆三十八年以后，为了进一步表示自己"稽古右文"，凭借长期以来积攒起来的雄厚的物质财富，在历次求书、修书的基础上，乾隆皇帝又动用全国力量，主持编修了这部囊括古往今来一切主要著述的卷帙浩繁的《四库全书》，从而把清朝建立以来的政府修书活动推向了最高峰。

　　《四库全书》之纂修，肇始于乾隆三十七年正月乾隆皇帝之征求天下遗书。最初，乾隆皇帝只是企图扩大政府藏书，"以彰千古同文之盛"。但是，随着征求遗书活动的开展，怎样征集遗书和如何处理所征遗书的问题便提上了议事日程。这时，安徽学政朱筠首先向乾隆皇帝提出了开馆校书的建议。朱筠的建议包括四项内容：第一，征求遗书当以汉、唐以来尤其是辽、宋、金、元四朝的文献价值较高而又传世甚稀的旧本、抄本为重点。第二，由清朝政府组织人力先对内府藏书进行一次普查并将其目录"宣示外廷"，以便各地献内府所未备者。在这条建议中，朱筠还特别提出，清朝政府收藏的《永乐大典》是明初以前各种著述之渊薮，其中多存"世不恒觏"之书。他要求由政府组织人员，"择其中古书完者若干部，分别缮写，各自为书"。第三，朱筠建议政府充分吸收汉、隋、唐、宋以来历次整理文献的经验，不仅征求遗书，而且对之进行校勘，同时还应组织人员对所收书籍"或依《七略》，或准四部"，分门别类地"校其得失，撮举大旨，叙于本书卷首"。为此，他要求政府建立专门机构完成这项工作。第四，在征求民间遗书时，应将采访范围进一步扩大，凡是具有文献价值的钟铭碑刻、金石图谱，都当在搜求范围之内。[30]由上可见，朱筠这些建议的总精神是要求政府对全部现存文献进行一次继汉、隋、唐、宋之后的总清理。因为这一建议和乾隆皇帝好大喜功的心理正相符合，乾隆皇帝对之异常重视。他立刻派员校核《永乐大典》中所存佚书的情况，在经过调查了解到这一建议确实可行之后，便立即组成了以军机大臣为总裁官、由许多翰林参加的专门机构，以进行辑佚活动。受朱筠建议启发，乾隆皇帝改变了单纯求书的初衷，决计编纂一部囊括古往今来一切主要著述的巨型丛书——《四库全书》。根据他的指示，乾隆三十八年二月，"四库全书馆"于翰林院正式成立，一个由政府组织的、规模空前的编纂《四库全书》的活动便由此开始了。

根据乾隆皇帝的指示成立起来的"四库全书馆"机构庞大，大小负责官员达三百六十人。其中之总裁官、副总裁官为总揽全馆事务之主要官员，因统筹全局，责任重大，故特设正总裁官十六员，副总裁官十员，皆分别从大学士、六部尚书、侍郎中拣选。为了加强自己对"四库全书馆"的控制，乾隆皇帝还特派皇六子永瑢、皇八子永璇、皇十一子永瑆充任总裁官。总裁、副总裁之下，设总阅官十五人，总管阅定各书之事；总纂官三人，总理编书之事；总校官一人，总理校订之事；缮书处总校官四人，专掌抄书及总理校对脱误之事。上述每一机构之下，又设有具体办事官员多人，分管校勘、编纂、刊刻、装订、整理之事。此外，在全书纂修过程中，还以各种方式招收抄写誊录的书手、绘画的手工工人和刻字印刷的工匠四千余人。这一专门机构的成立，对于《四库全书》纂修的成功，起了重要的保证作用。

在上述所设各职中，总纂官、总校官及其下属各机构是《全书》编纂过程中的关键环节，对于《全书》能否修成和质量好坏起着决定性的作用。为此，乾隆皇帝特别注意选拔知名的学者和在各方面有专深造诣的人充任上述各职。除由乾隆皇帝亲自任命当时的著名学者纪昀、陆锡熊为总纂官，陆费墀为总校官之外，还分别以大臣荐举、政府征辟等方式将

纪昀画像　（清）佚名绘

一大批学识渊博而又年富力强的著名学者安排到纂修官、分校官等各个重要岗位上。如著名经学家戴震、著名校勘学家周永年、著名史学家邵晋涵即分别被任命为校勘《永乐大典》纂修官兼分校官；著名经学家姚鼐、翁方纲、朱筠则分别被任命为校办各省送到遗书纂修官，并分别在自己的工作领域内为《全书》的纂修做出了重要的贡献。与此同时，其他一些著名学者如程晋芳、任大椿、金榜、王念孙等也都各据所长，在四库全书馆担任了相应的职务，成为《全书》纂修中的骨干力量。由于他们的辛勤劳动，《四库全书》在各方面都达到了较高的学术水平。

由于自清初以来，清朝政府即注意图书的搜集、庋藏和纂修，而《四库全书》的纂修又是结合当时正在进行的对《永乐大典》的辑佚以及大规模的征求民间遗书两项活动同时进行的，故而《四库全书》纂修中的书籍来源极为广泛。大致说来，可分政府固有藏书和各省所进遗书两大项。其中的政府固有藏书，包括自清初以至乾隆时臣下遵照皇帝敕旨编修的敕撰本、内廷各藏书机构原藏的内府本和当时正在进行的《永乐大典》中所辑的各种佚书即所谓《永乐大典》本；

各省所进遗书则包括各省督抚在此次求书中或从市场购买、或向藏书家借抄而送馆备用的各省采进本，各地藏书家因乾隆皇帝求书上谕曾经提及而不得不将家藏秘书献出的私人进献本，以及当时社会上最流行的通行本。自《四库全书》开馆至乾隆三十九年八月一年半的时间里，仅各省所进遗书一项，已逾万种，而且此后还在继续增加，如果再加上政府固有藏书、从《永乐大典》中新辑之书以及为编入《四库全书》而临时敕撰之书，其数量也真够可观的了。

面对这些来源不同、版本不同而又为数浩繁的书籍，《四库全书》显然不能不予区别地悉加收录。为此，乾隆皇帝在乾隆三十八年五月十七日的上谕中规定："所有进到各书，并交总裁等同《永乐大典》内现有各种详加核勘，分别刊、抄，择其中罕见之书，有益于世道人心者，寿之梨枣，以广流传；余则选派誊录，汇缮成编，陈之册府；其中有俚浅讹谬者，止存书名，汇入《总目》，以彰右文之盛。"[31]根据乾隆皇帝的这些指示精神，在遗书到馆之日，各纂修官便根据原先分工对每一种书籍之不同版本进行校勘，并就其作者、成书时代、内容异同、版本优劣进行考证，将其考证成果以另纸粘于该书每卷之末。同时，还仿汉朝刘向、刘歆校书之旧例，为每书撰写提要一篇，于其中叙作者之时代爵里、本人事迹以及内容得失，并根据该书之价值预拟出应刻、应抄、应存目三种意见，一并交总纂官审定修改。此后再由总裁官奏闻，候旨决定。经乾隆皇帝同意后，除其中判为应存目之书，因价值寻常或虽有一定价值，但其内容中却有和儒家经典相悖谬之处而仅入《四库全书总目》，不再录入《四库全书》外，其他应刊、应抄之两种书籍皆交缮书处组织人员按既定规格进行抄录，录入《四库全书》。其中应刊之书籍因价值较高、世间罕传，除缮写外，还由武英殿修书处以《武英殿聚珍版丛书》为名刊印行世，以广流传。

"四库全书馆"开馆之初，根据乾隆皇帝的指示，所编书籍不过是《四库全书》和《四库全书总目》二种，然而，随着《四库全书》纂修活动的全面铺开，乾隆皇帝的修书计划也愈益庞大。

一是增纂书籍越来越多。首先是决定增纂《四库全书荟要》。乾隆三十八年五月，乾隆皇帝以为《四库全书》卷帙浩繁，一时难期速成，而且即使修成亦因部头太大而不易检阅。因命馆臣于《全书》中"撷其精华，缮为《荟要》"，以使两书互相补充，并行于世。[32]这样，馆臣选录收入《四库全书》之书籍四百七十三种，一万九千九百三十卷，编为《四库全书荟要》一书。该书于乾隆四十三年首先告成。共抄两部，一部存于内府御花园内的摛藻堂，一部置于京西圆明园之味腴书屋。乾隆三十九年，乾隆皇帝又决定编修《四库全书简明目录》一书。当年七月，乾隆皇帝发现，各书提要编写就绪者已在万种以上，将来抄刻成书，必定卷帙浩繁，不易翻阅，于是又命馆臣于《总目》之外另编《简明目录》一书，"篇目不繁而检查较易，俾学者由书目而寻提要，由提要而得全书，嘉与海内之士，考镜源流，用昭我朝文治之盛"。[33]这样，馆臣略去《总目》各类总序、小序和存目类各书提要，并将其他各书提要也大加压缩，"只载某书若干卷，注某朝某人撰"，[34]于乾隆四十七年，汇为《简明目录》二十卷，从而为学者了解十八世纪以前各种主要著述的大致情况提供了方便。除此之外，在《四库全书》纂修过程中，纂修官员曾对收入《四库全书》各书的不同版本进行校勘，并对各书作者、成书时代、内容异同等做了一些考证工作。这一部分文字经乾隆皇帝批准后，都以附录的形式抄入《四库全书》所收各书的每卷之末。因为全书仅抄数部，流传不广，海内承学之士无从窥见其研究成果。为了嘉惠士林，乾隆四十一年九月，乾隆皇帝又特命将"所有诸书校订各签，并着该总裁等另为编次，与《总目提要》一体付聚珍版，排列流传"。[35]该书遂以《四库全书考证》为名行世。全书一百卷，对于学者校订各种古籍，有着一定的参考价值。

二是《全书》抄写份数成倍增长。始修《四库全书》时，乾隆皇帝的思想尚未脱离扩大政府藏书之窠臼，因而只是谕令将《全书》抄录四份，分别庋藏于紫禁城、圆明园、热河避暑山庄和盛京故宫四处。随着《四库全书》纂修活动的全面开展，其社会影响也越来越大。为了满足社会需要，乾隆四十二年八月，乾隆皇帝决定于四份《全书》外另缮一份副本贮于翰林院，"既可备耽书之人入署就阅，而传布词林，亦为玉堂增一佳话"。[36]乾隆四十七年七月，在北四阁四份《全书》陆续告竣之时，乾隆皇帝以为江浙为"人文渊薮"之地，为了方便当地士子"就近观摩誊录"，又命再行缮写三份《全书》，分贮于扬州、镇江和杭州三地。如果连同两份《四库全书荟要》也需人力抄写，则抄写字数较之以前增加了一倍还多。

与此同时，随着《四库全书》纂修活动之进展，乾隆皇帝还筹及建阁贮书事宜。乾隆三十九年到乾隆四十一年，在乾隆皇帝的指令下，先后修建了紫禁城文渊阁、圆明园文源阁和热河避暑山庄文津阁。乾隆四十七年，又在盛京故宫内建造了文溯阁。为了达到防火、防潮、防蠹、长期保存图书的目的，在动工之前，他专派杭州织造寅著到宁波了解已有二百多年藏书历史的范氏天一阁的建筑情况，并令其"烫成式样，开明丈尺"，以便取法。[37] 北四阁的建筑程式就是仿照天一阁而建立起来的。阁成之后，乾隆皇帝还一一为之作记。从乾隆四十四年到四十九年，乾隆皇帝又先后兴建了扬州大观堂之文汇阁、镇江金山寺之文宗阁，并谕令将杭州西湖圣因寺之玉兰堂改建成文澜阁，用以庋藏续抄三份《全书》。所有这些，不但使所修各书珠联璧合，配龙成套，而且因其服务面超出宫廷而扩大到一般士子文人，也使《四库全书》纂修活动的影响显著扩大，使其成为西汉以来政府组织的历次文化活动中最有意义的一次。

由于《全书》卷帙浩繁，而根据乾隆皇帝的指示，该书需缮录八份，如果再加上两份《四库全书荟要》也需人力抄写，则其总字数约在八十亿以上，因而《全书》的缮录和校勘便成了该书编修后期最艰巨的工作。为了保证《全书》的缮写质量和进度，"四库全书馆"于缮书处专设总校官四人，分校官一百八十二人。也就是说，全馆半数以上的官员都直接参加了该书缮录过程中的校勘工作。与此同时，在北四阁《全书》抄写时，以保举和考试的方式先后招收书手二千八百二十六人；续缮南三阁三份《全书》时，还专拨内帑百万两添雇书手一千人。此外，还规定了三个月一考核的《功过处分条例》以进行督促、检查。经过全馆人员的努力工作，乾隆四十六年十二月，第一份《全书》告成，随即入贮文渊阁；至乾隆四十九年十一月，北四阁其他三份《全书》也陆续抄写完毕。乾隆五十二年，翰林院之副本和南三阁四份《全书》也最后抄成。从乾隆三十八年二月"四库全书馆"开馆，至乾隆五十二年八份《全书》、两份《荟要》最后完成，其间经历了十五个年头。据统计，收入《四库全书》之书籍3461种，79309卷，分装为36300册，6752函；收入《四库全书荟要》之书籍为473种，19930卷，分装为11251册，2001函。也就是说，十五年的时间里，国家藏书增加了近七十万卷，这实在是中国古代图书事业史上的空前壮举。

在乾隆皇帝的关心下，由人力抄成的《四库全书》不但卷帙浩繁，内容宏博，而且在纸张的遴选、书写和装帧的方式上也极其讲究、尽善尽美。以所用纸张而言，八份《全书》皆分别使用了上等的开化榜纸和太史连纸；以书写格式而言，又全都是在预先打好直行红格的朱丝栏内端笔正楷书写，每半页八行，行二十一字；有注文的地方，则于竖格内写双行小字，有些书内还绘有精美的插图；以装帧而言，八份《全书》近三十万册全都是绢面包背装，而且经、史、子、集各部中绢面的颜色还各不相同，如经部是绿色（独文澜阁经部为葵绿色）、史部是红色、子部是蓝色（文宗、文汇两阁子部为玉色，文澜阁子部为月白色）、集部是灰色（文宗、文汇两阁集部为藕合色，文澜阁集部为灰黑色），以象征一年四季之色。每若干册贮在一个楸木匣内，名为一函。函面上刻有函内所装之书名。函内之书用香楠木片上下夹住，再用绸带系紧。函面之字，函内系书之绸带和书的绢面，颜色完全相同。用这种方法保存书籍，不但防霉、防虫，而且形式上也极其整齐美观，有着极高的艺术价值。同时，对于每种书籍在阁内架上的陈列位置，也都作有具体规定，并且专门画出图样，名为《四库全书排架图》，对于学者入阁查书，也提供了很大的方便。

在整个《四库全书》纂修活动中，乾隆皇帝本人为之花费了极大的心血。从征求天下遗书、搜辑《永乐大典》中的佚书到拣选负责官员，从《全书》收录书目、版本以至编排体例、抄写格式和建阁贮书，十几年的时间里，无论是盛夏

还是严冬，无论是在战争环境还是在和平环境，无论是留京还是在巡幸途中，乾隆皇帝先后就此颁布了上百道谕旨。正是由于乾隆皇帝的亲自领导，使得此次《四库全书》纂修活动成果辉煌，意义重大，影响深远。

首先是其保存和传播文化之功不可泯灭。由于该书的纂修是与从《永乐大典》中辑佚书和大规模的征求民间遗书两项活动同时进行的，这就使《全书》在收书范围和质量上都远在前此同种书籍之上。各地藏书家累世珍藏的宋刻、元抄善本书和失传几百年而文献价值极高的珍本秘籍都因此而化私为公、变零为整。而且，在《四库全书》纂修中，还对之进行了分门别类的系统整理和反复的校勘、考证，并于修成之后分八处存放于东北、华北和江浙三地，不但在当时为保存和传播古典文献做出了重要的贡献，而且也为后世学者研究古代政治、经济、文化、军事、民族、外交等提供了可贵的资料。

其次，《四库全书》的纂修活动也有力地推动了乾隆中期以后出现的整理古典文献的热潮。其中，从《永乐大典》中辑佚书的活动、《四库全书总目》和《四库全书考证》的编修和刊刻，都对此后学术界中目录、版本、校勘、辨伪、辑佚、考据等学科以极大的影响，至于以整理文献为目的而编刊丛书者更不胜枚举。总之，《四库全书》的纂修是我国古代文化发展史上的空前壮举，作为这一巨大工程的最高主持人的乾隆皇帝，也对中国古代文化事业的发展做出了突出的贡献。

我们也应看到，由于乾隆皇帝主持编修《四库全书》的主要目的并非是为了保存和传播古典文献，繁荣、发展民族文化，而是将之作为夸耀自己的文治武功，宣传封建道德、加强封建专制统治和民族压迫以及笼络汉族知识分子的一种手段，因而该书纂修中也存在着一些严重的问题。最为严重的是，乾隆皇帝借修书为名，查禁和销毁了大量的具有民族、民主思想，价值极高的图书。据前人估计，在《四库全书》纂修期间，所销毁的各种图书总量约在三千种左右，六七万卷以上，几和《四库全书》收书量大体相等，从而使中国古代文化遭到了自秦始皇焚书以来的又一次浩劫。一些图书即使侥幸未被销毁，也因为不符合乾隆皇帝规定的"为天地立心，为生民立道，为往圣继绝学，为万世开太平"的封建道德标准而被判入存目类，摒弃于《四库全书》之外，[38]有的甚至连存目类也不予登录。此外，对于所收之书也因忌讳多端而对之进行多方抽毁和窜改，使得许多珍贵古籍尤其是明清之际的各种古籍或遭肢解，或者严重失真。

其次，由于该书是官修之书，最高统治者的目的是借此粉饰太平，相当一部分纂修、校订官员又将此作为仕宦之捷径，对分工所修之书采取了敷衍塞责、极不负责的态度，从始至终以认真、负责态度进行工作的只有少数学者，使得该书的学术质量也受到了严重的影响。其主要者，如《永乐大典》一书，本为明初以前各种古籍的渊薮，只要认真辑书，本可以辑出更多之书，而决不止此次所辑之五百一十六种。但是由于馆臣贪近就便，仅是信手抄录其较为完全之书，对于其他稍需花费气力者，则一概弃之不顾，更不用说将辑佚活动扩大到其他各种古籍了。又如该书之抄写工作是《全书》成书中的重要环节，无论抄写人员或者校对人员都应认真对待，以保证《全书》之质量。但是由于馆中人员上下欺瞒、不负责任，竟使该书在缮录过程中有整篇、整卷甚至整部都漏抄者，如乾隆五十四年到五十五年，陆锡熊到文溯阁校书，就查出漏写书二部、错写书三部，因错漏太多需要重新抄写者三部，匣面错刻或漏刻书名者五十七部。乾隆五十七年，纪昀重校文津阁书，仅经部书籍就查出空白和错误一千多处。乾隆五十九年，又查出文源阁《全书》漏写《盐铁论》卷末《杂论》一篇。其他南三阁《全书》中类似问题也所在多有，无法悉举。

　　所有这些，都使《全书》的学术质量大受影响，作为《全书》纂修活动最高主持者，乾隆皇帝也难辞其咎。尽管如此，这场修书活动毕竟对中国古典文献做了一次比较全面的清理和总结，因而，我们对乾隆皇帝在位期间纂修《四库全书》的活动还是应予充分的肯定。

第三节 学风丕变

乾隆皇帝在文化事业上的另一重要举措，是对以整理、考据古典文献为主要研究内容的学者给予积极的鼓励和支持。正是在他的扶持下，乾隆时期整理、考据古典文献的学术活动进入了高潮，并形成了著名的乾嘉学派。一时之间，学术界人才辈出，硕果累累，一片繁荣景象，对于中国古代文化事业的发展做出了重要的贡献。

乾隆皇帝之所以对整理、考据古典文献的学者表示重视，源于他对程朱理学和理学名臣的厌弃。清朝初年，在建立和巩固政权的过程中，程朱理学尤其是理学名臣立下了汗马功劳。儒家经典的政治含义是经他们的解释才被最高统治者理解和接受，清朝政府的各种政治和社会政策经过他们的宣传才和汉族人民心目中的圣人孔孟挂上了钩，因而入关之初，清朝政府即将程朱理学确定为官方哲学思想，对于理学名臣也不次擢用，优宠备至。当时，虽有一些学者从事古典文献的考据和整理，但是就其构成人员而言，大多是民族意识较为浓厚的汉族知识分子，整理文献之目的，又大多是以此作为思想上的一种寄托和拒绝与清朝政权进行合作的一种斗争方式。后来，由于清朝统治的进一步巩固，在清朝统治下成长起来的知识分子陆续加入学术队伍，这一学术派别中的反清的政治色彩日益淡漠。但是，因为他们的学术活动与最高统治者加强政治统治的关系不大，除了最高统治者为了表示自己"稽古右文"而偶尔对其中的个别人表示礼遇之外，其他绝大多数人都是布衣终生。在这样的环境下出生的乾隆皇帝，从其幼年开始，即接受了比较系统的理学教育，相当长的时间里，对理学笃信甚诚，习诵不辍。他说："朕自幼读书，研究义理，至今《朱子全书》，未尝释手。"**39** "有宋周、程、张、朱子，于天人性命、大本大原之所在，与夫用功节目之详，得孔孟之心传，而于理欲、公私、义利之界，辨之至明。循之则为君子，悖之则为小人。为国家者，由之则治，失之则乱，实有裨于化民成俗、修己治人之要，所谓入圣之阶梯，求道之途辙也。"**40** 对于先朝理学名臣如鄂尔泰、张廷玉等，也放手使用，信任有加，尊崇备至。然而，随着乾隆皇帝专制统治的不断加强，理学名臣和程朱理学中的一些内容先后成了皇权进一步加强过程中的绊脚石，从而遭到了乾隆皇帝的冷遇。

　　首先是理学名臣成了乾隆皇帝加强皇权的绊脚石。乾隆初年，最高统治集团主要是由标榜理学的雍正旧臣所组成，其中又以鄂尔泰、张廷玉两人地位最高，职权最重。然而，使乾隆皇帝感到失望的是，虽然他对他们极为信任和尊崇，他们却仍然贪不知足，利用雍、乾之交最高权力过渡之际，皇权暂时削弱之机，极力扩张自己的政治、经济实力，甚至彼此之间为了争夺权力而各结私党，明争暗斗，互相攻讦，严重地影响了朝廷政局的安定和乾隆皇帝专制统治的加强。对于朋党之争，乾隆皇帝极为反感；对于他们互相攻讦而揭发出来的一些内幕，乾隆皇帝尤为厌恶。他们的所作所为，使得乾隆皇帝感到，自己昔日所十分敬重的这些师傅之辈原来都是一批口是心非的假道学、伪君子。因而，在累次训诫臣下"研精理学"的同时，还着重指出，"讲学之人，有诚有伪，诚者不可多得，而伪者托于道德性命之说，欺世盗名，渐启标榜门户之害"。[41]这样，包括鄂、张在内的不少廷臣因为涉嫌党争和标榜理学，先后遭到了乾隆皇帝的斥逐和疏远。

其次是程朱理学的一些内容因为和乾隆皇帝加强统治的要求不相适应而被其弃置。乾隆皇帝整治朋党之初，尚将程朱理学与理学名臣分而视之。在他看来，虽然理学名臣"有诚有伪"，但是程朱理学却完全正确。"经术之精微，必得宋儒参考而阐发之，然后圣人之微言大义，如揭日月而行也。"[42]然而，随着对宋儒诸书了解的日益全面，他发现，程朱理学对儒家经典的一些解释和一些程朱理学著作中所阐发的思想，并不利于清朝统治的巩固和自己专制统治的加强。即如《春秋》一书，本是一部重要的儒家经典。因其文简义奥，南宋时期，胡安国为之作传。明朝以后，科举考试奉为程式，迄至清朝，相沿未改。但胡氏生逢宋、金对峙之际，传释《春秋》，多以"复仇"立说，不但曲解经文原义，而且也不利于清朝政府的统治。幸而一帮封建儒生只是为科举考试而诵习此书，如果真照《胡传》原意去做，岂不是坏了大事！又如朱熹之《名臣言行录》一书，在乾隆皇帝看来，也有易启门户争执、侵犯君权之嫌。为此，继惩治鄂、张朋党之后，乾隆皇帝对程朱理学的态度也发生了变化。如乾隆十九年四月，他在殿试试题中即提出了道学流行后"大道愈晦"的看法。[43]乾隆二十三年，在为《春秋直解》一书所作的序言中，他又对胡安国《春秋传》一书进行了公开的批评，并且发出了"曲说之离经，甚于曲学之泥经"的感慨。[44]后来，又在科举考试中干脆废弃胡《传》，"嗣后《春秋》题，俱以《左传》本事为文，参用《公羊》《穀梁》"。45对于朱熹《名臣言行录》一书，虽然以其为朱子所作，乾隆皇帝不能显加指斥，但当发现致仕大理寺卿尹嘉铨步其后尘著《本朝名臣言行录》一书时，乾隆皇帝即刻大发雷霆，掀起大狱，以发泄他对朱熹的不满情绪。与此同时，和前期相比，乾隆皇帝对各起批评理学著作的文字狱案件的处理却明显放宽。乾隆二十年以后，文字狱进入了高潮时期，但是对于批评程朱的著作，乾隆皇帝却网开一面，很少予以处理，有时还对借此兴狱的官员严厉呵斥。所有这些，表明了乾隆皇帝对于程朱理学的热情显著下降。由于失去了最高统治者的支持，程朱理学的黄金时期一去不返，不可避免地进入了它的衰落阶段。

在程朱理学遭到乾隆皇帝冷遇的同时，对于当时以整理和考据古典文献为业的一些学者，乾隆皇帝却表现了异乎寻常的热情。首先引起乾隆皇帝关注的是乾嘉学派的著名学者无锡人顾栋高。顾栋高是康熙进士，雍正初以建言放归，从此绝意仕进，研治经史。他以和理学家完全不同的方法研究《春秋》，将二百四十二年的春秋时事分门别类、排列成表，著为《春秋大事表》一书，不但大大推动了《春秋》一书研究的深入，而且对于宋儒所胡乱发挥的《春秋》义例也是一个有力的批判。为了表彰他在经学研究中的突出贡献，乾隆皇帝特授其为国子监司业职衔，"以为绩学之劝"。46尔后，钱大昕、江永、戴震、杨昌霖等许多著名学者也先后引起了乾隆皇帝的注意，乾隆皇帝或者指定官员搜求其生平著作，或者由布衣特授官职。他之所以对这些学者如此重视，既有政治上的原因，又有学术上的原因。就政治原因而言，一是经过一个多世纪的发展，整个学术界皆已对清朝统治表示拥护，使用这些人不但不会影响自己的统治，反而可以扩大自己的统治基础。二则这些学者大多出身社会下层，和高级官吏瓜葛不多，使用他们既可削弱朋党势力，又能逐步改组官吏队伍，增强各级官吏对自己

戴震画像 （清）佚名绘

的向心力。此外，这些人一心向学，功名利禄思想比较淡漠，对于整顿官方、澄清吏治似乎也不无好处。就学术原因而言，中国封建社会经过两千多年的发展，至清朝时，古典文献的积累达到了空前的地步。由于长期流传，其中讹误、亡佚残损现象极其严重，文化事业的发展亟需对之进行一番系统的清理和总结。乾隆时期，国家富庶，社会安定，这一时机逐渐成熟，但是无论总体规划，或是具体整理，人才问题都是关键。乾隆皇帝环顾知识界，只有那些以整理、考据古典文献为业的学者方能膺此重任。正是基于上述诸多原因，乾隆皇帝才对这些学者表示了特别的关注。也正是在乾隆皇帝的特别关注下，这些学者才在政治上由地主阶级的在野派转化

成为当权派，在学术上由原来各自为战的散兵游勇发展成为一个极有影响的学术派别——乾嘉学派。

为了促成这些学者政治地位的转化和学术研究活动的开展，乾隆皇帝主要使用了科举考试这个杠杆。在此之前，各种层次的科举考试理学气味极浓，对于以整理和考据古典文献为业的学者来说，登仕极为不易。为了扭转这种情况，乾隆十年以后，乾隆皇帝首先在殿试时务策时加上了经、史方面的内容，随着时间的推移，这一部分试题的比重愈来愈大。如乾隆十年殿试试题云："五、六、七、九、十一、十三之经，其名何昉？其分何代？其藏何人？其出何地？其献何时？传之者有几家？用以取士者有几代？得缕晰而历数欤。"[47]又如乾隆三十一年殿试试题云："《易》传三义，《书》分六体，《诗》有三作，《春秋》著五始，《戴记》多后儒之所增，《周礼》以《冬官》为散见，其说可胪举欤？"[48]乾隆五十四年殿试试题亦云："《诗》三百十一篇名见《礼》及《左传》者凡几，十五国风或谓斟酌序次，或谓以两相比，语出何氏？"[49]都是就经部文献所出之题。至于以史籍出题者更是不胜枚举，略举数例，以见其大致情况。如乾隆二十八年殿试试题云："史有二体，纪传法《尚书》，编年法《春秋》……有志三长之学者，夙习发明书法，考异集览诸家之言，能研核折衷而切指其利病否？"[50]乾隆三十一年试题云："史以垂彰瘅而体例不必尽同，《循吏》《儒林》始于《史记》，《文苑》《独行》始于《后汉书》，《忠义》始于《晋书》，《道学》始于《宋史》，其分门各当否？《梁书》有《止足传》，《隋书》有《诚节传》，《唐书》有《卓行传》，同异果何如也？"[51]乾隆五十二年殿试试题云："史非徒纪事，所以监先式后，等百世以为因革损益者也，则表、志尚矣。顾曰书、曰志、曰考，或有或无，或取他家以益之，或越数代以补之，或统及古今，或并详五朝，征其体例，能较然欤？"[52]乾隆五十五年试题又问及《通鉴》一书，"同撰者何人，分代者何属，采取者正史外何书，略而为目录，析而为甲子纪年，订而为《考异》，别而为《稽古录》，体例可陈欤"？[53]

《四库全书》纂修期间，殿试题中又增加了讨论《四库》收书范围或历代官私目录收录图书的问题。如乾隆四十三年殿试试题即云："前言往行，悉载于书，自周有柱下史，汉、魏有石渠、东观，以至甲乙丙丁之部，《七略》《七录》之遗，代有藏书，孰轶孰传，孰优孰劣，可约略指数欤？"[54]这些题目，对于研经治史的学者来说，并不为难；然而对于不读经史而又高谈理、气、性、命的理学家和只会使用"且夫""尝谓"之类的词眼写作八股的文人来说，则很难入彀。还值得注意的是，在历次殿试中，乾隆皇帝很少就理学出题。偶尔出上一道半道，也不限定答案，而是鼓励士子自由思考，特别是启发人们从反面思考。如乾隆十九年殿试试题即云："自宋诸儒出，于是有道学之称。然其时尊德性、道问学，已讥其分途，而标榜名目，随声附和者，遂藉以为立名之地，而大道愈晦。今欲使先圣先贤之微言大义，昭如日星，学者宜何所致力欤？"[55]看，提倡乾嘉学派治学方法的答案简直呼之欲出了。

就是通过这样的方法，乾隆皇帝大大限制了理学信徒的入仕途径，而将一大批经史研究有成的学者吸收到各级政权中来。其主要者有庄存与（乾隆十年），卢文弨（乾隆十七年），王鸣盛、钱大昕、纪昀、朱筠、王昶（乾隆十九年），毕沅（乾隆二十五年），赵翼（乾隆二十六年），陆费墀（乾隆三十一年），任大椿（乾隆三十四年），邵晋涵、孔广森、程晋芳、孔继涵（乾隆三十六年），王念孙、戴震（乾隆四十年），章学诚（乾隆四十三年），武亿（乾隆四十五年），孙星衍（乾隆五十二年），洪亮吉、阮元、凌廷堪（乾隆五十五年），潘世恩（乾隆五十八年）等数十人，几乎包括了乾嘉学派的全部骨干。据统计，从乾隆十年始至乾隆六十年止，二十三次会试中，所取进士四千余人，至于中举者则更当十

数倍于此，都由乾隆皇帝一一安排了职务，其中一些人如纪昀、王昶、毕沅、阮元等还仕官显达，内列卿贰，外任督抚，成为乾嘉学派的领袖，不但对官吏队伍进行了一番更新，而且还造就了一代学风。在科举考试的带动下，不少学者竞相将自己研习经史所得汇为文集刊刻行世，由书肆大量发行，以供士子准备科举考试时观摩之用。与此相反，宋儒"濂洛关闽之书"因与科举考试无关，士子纷纷将之"束之高阁，无读之者"，以至书贾为怕蚀本起见，所有理学著作竟不敢刻印发卖了。[56]

科举考试之外，乾隆皇帝组织的频繁的修书活动也对乾嘉学派学术研究活动的开展起了很大的促进作用。乾隆皇帝在位期间，官修图书数量众多，涉及范围也极其宽广。每次修书，都要动员中央政府中相当一批科举出身的官员参与其役。尤其是在《四库全书》纂修期间，中央政府中的文职官员更是几乎全体出动，兼之以该书内容浩瀚，经、史、子、

集四部俱全，研究程序完备，遍及目录、版本、校勘、辨伪、辑佚、考据等整理古典文献技能的所有方面，因而这一活动的进行，不但对入选馆臣来说是一次极好的训练，而且在整个学术界也产生了极其广泛的影响。不少学者即在与修《四库全书》的基础上，退而著述，以成名家；也有相当一批学者虽未参与修《四库全书》，但是受其影响，也在古典文献的研究和整理方面取得了突出的成就。这样，清初以来整理、考据古典文献的涓涓细流终于发展成为一个影响极大的学术流派。

在乾隆皇帝的扶持下，经过乾隆初年以后三四十年的发展，至乾隆后期，学术界整理、考据古典文献的活动进入了高潮。上自名公巨儒，下逮博士学究，无不涉考据之藩篱，整个学术界人才辈出，硕果累累，一片繁荣景象。就经学研究而言，许多学者先后冲破程朱理学的束缚，将平生研究所得撰成各经新注、新疏，从而在很大程度上打破了几百年来程朱理学对经学研究的垄断；与此同时，不少学者为了探求儒家经典原义，或上探汉晋经师旧说，或精研文字、音韵、训诂。这些活动，不但使亡佚已久的汉代以来的解经文献得到了一番普遍的发掘和整理，而且在很大程度上推动了小学研究的深入发展。就史学研究而言，成绩也甚为辉煌。除少数学者对一些旧史进行改修之外，绝大多数学者都集中精力，缩短战线，致力于历代正史表志阙略部分的补修和对古代史实的考据。其中，在补志活动中，有的学者以一人之力而兼补数种表志，有的是数位学者在不同地点共补一表一志而在质量上各有千秋。经由这些学者的努力，使得各代正史所缺表志大抵都有了一种或数种补修之作。至于考史，更是乾嘉学派学者学术活动的热门，几乎所有的学者都程度不同地参与进来。其中有的学者专攻一史，有的学者兼及数史甚至通考全史，由于战线缩短，精力集中，大多具有较高的学术质量。其中最负盛名的是王鸣盛的《十七史商榷》、钱大昕的《廿二史考异》和赵翼的《廿二史札记》。三书之外，专考一代史实之书更是不胜枚举，散见于笔记、文集中的碎金式的考史之作也俯拾即是。由于整理古典文献活动的空前普及和发展，许多学者还专门致力于目录、版本、校勘、辨伪、辑佚等方面的研究，并各有质量甚高的专书问世，使得各种整理古典文献的技能也都有很大提高，并各自发展成为专学而独立于学术之林。所有这些，都是乾嘉学派对中国古代文化发展做出的重要贡献。乾隆皇帝扶持乾嘉学派以繁荣发展文化事业的活动获得了巨大的成功。

但是，也需指出，由于乾隆皇帝扶持乾嘉学派的目的是加强自己的专制统治，对其研究方向乃至研究内容又规定了许多条条框框，因而乾嘉学派的学术研究活动只是一种畸形的、变态的学术研究活动。

首先是研究领域局限于古典文献的考据和整理，范围极其狭隘。在乾隆皇帝的束缚下，不但包括自然科学在内的许多学科研究人员极少，即在乾隆皇帝所热心的经史研究这一狭小的天地之中，也有许多禁忌。就经学研究而言，学者批判宋儒则可，但却不能显斥程朱，尤其不可触及孔孟；在史学研究中，研究古代史则可，研究明史尤其是研究明清之际的历史和当代史则严行禁止。即使是在古代史范围内，凡和清朝统治有关系的一些课题如华夷之辨、正闰之争乃至建储、党争、井田、封建等也均干忌讳，稍不注意，即罹杀身之祸。这样，乾嘉学派的学术研究活动无异是戴着脚镣跳舞，从而大大影响了乾嘉学派的学术成就。即以其成就较为突出的经史方面而言，除其中的少数著作确有识见而为学术发展所必不可少外，相当一批著作都是步前人之后尘，有功力而无识见，可有可无。

其次是研究内容严重脱离社会实际。乾隆皇帝扶持乾嘉学派之目的，只是将此作为粉饰自己专制统治的点缀品，因而乾嘉学派研究的问题，大多严重脱离当时社会实际。其中陈述之思想相当陈腐，研究方法也极为烦琐。不但和民生利病毫无关系，而且和广大人民的文化生活也几乎完全绝缘。这样，这些研究成就只能成为基层社会所无法欣赏的"阳春白雪"，对于社会进步基本上没有发挥什么积极作用。

尽管如此，这种活动仍然是一种学术活动，而且，历史地来看，扶持乾嘉学派也比扶持程朱理学要好。由于乾隆皇帝的支持，乾嘉学派的不少学者也确实在整理、考据古典文献方面下了一番功夫，取得了相当的成就。就此而言，在乾隆皇帝一生的各种活动中，扶持乾嘉学派以发展学术文化事业基本上还是一项应予肯定的活动。

第四节　迭兴文狱

在通过求书、修书而对文化事业的发展做出一定贡献的同时，为了加强自己的专制统治，乾隆皇帝还迭兴文字狱并厉行查缴、销毁禁书。据统计，终乾隆一朝，各种类型的文字狱约在一百一十起以上，焚毁书籍也达三千部之多。乾隆皇帝的这些活动，对于文化事业的发展犯下了不可饶恕的罪行，不但使中国古代文化遭受了一场空前的浩劫，同时对当时和此后中国社会的发展产生了极为恶劣的影响。

一、乾隆前朝的文字狱

乾隆皇帝即位之初，有鉴于前朝文字狱在统治集团中造成的恐怖气氛及给整个社会带来的动荡和不安，一度采取了比较缓和的政策。不但对前朝文字狱造成的遗留问题有所匡正，对于当时社会上出现的一些不符合统治者胃口和需要的著作，也没有采取十分过激的做法。如乾隆元年正月，御史谢济世进上自著《学庸注疏》一书。该书认为，明初帝王所以把朱熹的《四书集注》捧上了天，是因为朱熹与明朝皇帝同姓的缘故，表面上看起来是在表彰古圣先贤，实则是在吹捧自己。对于这种包含反对程朱理学内容的著作，乾隆皇帝虽然认为其"谬妄无稽，甚为学术人心之害"，但在具体处理上，也仅是"发还其书"。[57]后来，随着乾隆皇帝统治地位的逐渐巩固，对于一些有碍封建统治的著作的处理也开始升级。乾隆六年八月，湖北通山县全崇相刊刻了其父全渊所著的《四书宗注录》一书，中有"推崇逆犯吕留良之处"。乾隆皇帝得知后，即令"追出书版销毁"。[58]同年九月，又因湖南督粮道谢济世所刊自注经书"肆诋程朱，甚属狂妄"，"殊非一道同风之义"，下令湖广总督孙嘉淦将其有关著作"即行销毁，毋得存留"。[59]但是对于这些书籍的作者，乾隆皇帝并没有做进一步的处理。而且，在谢济世因受上司诬陷而遭到迫害时，乾隆皇帝还委派官吏，查明情况，严肃处理。因而，一直到乾隆十六年夏天以前，文字狱案件次数极少，康、雍两朝对文字狱涉及人员残酷打击、迫害的现象基本上没有再次发生。

乾隆十六年夏，发生了一起轰动全国的伪孙嘉淦奏稿案。这一奏稿言词之激烈、内容之尖锐、传播范围之广泛和政治影响之大都远远地超出了乾隆皇帝的想象。因而，这一事件的发生使得乾隆皇帝极感被动与孤立，进而对形势做出了完全错误的估计。他感到，不但在各级官吏队伍中存在一股和自己相对立的势力，而且，因为固有的满汉民族矛盾，这一势力还有着极为深刻的历史的和社会的基础。为了进一步巩固清朝政权和加强自己的专制统治，乾隆皇帝除动用全国力量追查伪奏稿作者，并寻找时机对各级官员中的反对势力严厉打击之外，还大幅度地扭转文化政策。几十年的时间里，先后制造了上百起文字狱，对广大知识分子进行了残酷的迫害和镇压。这样，文化界在经过乾隆初年短暂的平静时期之后，又进入了一个新的动荡而又混乱的时期。

乾隆皇帝对形势估计已经错误，实践中自然就会出偏差。文字狱案发动之初，虽然来势甚为凶猛，数量也相当众多，但就涉及人员而言，不是满口胡言的疯人，就是不安本分、热衷躁进的下层士人，真正意图反清和反对乾隆皇帝专制统治的几乎没有。如王肇基、丁文彬、刘裕后、杨淮震等案便都是疯人惹祸，而刘震宇、李冠春等案又全是士人不安本分而自投罗网。为此兴师动众，很难说对加强乾隆皇帝专制统治和巩固清朝政权有什么意义。尽管如此，为了造成声势，乾隆皇帝还是都给予了极其严厉的制裁。不仅如此，乾隆二十年和乾隆二十二年，乾隆皇帝还亲自出马，先后制造了胡中藻《坚磨生诗抄》案和彭家屏私藏禁书案两起文字狱大案，以对全国各地官员进行指导。在乾隆皇帝的带动下，各地官员望风希旨，如法炮制，将乾隆皇帝制造胡、彭两案时所使用的强拉硬扯、穿凿附会、深文周纳等各种方法照抄不误。一时之间，各种不同类型的文字狱案件大量出现，全

国各地的文字狱进入了高潮。据统计，从乾隆二十年春胡中藻案开始至乾隆三十八年纂修《四库全书》之前，文字狱案件不下五十余起，文字狱所强加的罪名也甚为繁多，有妄议朝政，谤讪君上；隐寓讥讽，私怀怨望；妄为著述，不避圣讳；收藏禁书，隐匿不首；纂拟禁史，怀恋胜国等，总数不下十几种。因文字而罹祸的人员，除中下层封建儒生之外，尚有宗室贵族、政府官员和不少平民百姓。对其涉及人员的处理，不是凌迟处死、籍没家产，就是革职拿问、遣戍边远。兼之以在文字狱的高潮期间，又有经办官吏的断章取义以扩大案情和民间的告密诬陷以泄私愤，都大大加重了对人民和社会的危害程度，以致求学的士子、坊肆的书贾、种田的百姓甚至供职的官吏无不人人自危，整个社会处于一片恐怖气氛之中。于此对胡、彭两案发生后主要的文字狱案件略作概述，以见此时文字狱之大致情况。

胡中藻案发生之后，江苏地方官首先闻风而动。当年秋

冬之际，连续制造了程馨《秋水诗抄》案和朱思藻吊时案两起文字狱案件。其中比较典型的是朱思藻吊时案。朱思藻，常熟民人，"读书未成，粗知文义"。乾隆二十年，江苏遭灾，地方官办赈不力，灾区人民生活极为困苦。朱思藻遂摘取四书中斥责暴君污吏之语连缀成文，"以泄其怨望之私愤"。对此，乾隆皇帝极为愠怒，以其"怨望谤讪，狂悖不法"，"侮圣非法，实乃莠民"，将其发配黑龙江。[60]继此两案之后，乾隆二十一年四月，山东又发生了疯人刘德照书写悖逆字帖一案。因为其中有"兴明兴汉及削发拧绳之语"，乾隆皇帝十分痛恨，甚至对其是否疯人也表示怀疑。他说："当此光天化日之下，如此肆行狂吠，岂疯颠人语耶！"[61]因此，刘德照被处死，并不知情而又屏居异县的亲属也被发往黑龙江给披甲人为奴。[62]乾隆二十二年，受彭家屏私藏禁书案的影响，以收藏禁书而入罪的文字狱案件也开始出现。此时，起而响应的除江苏之外，还有浙江、湖南两省的地方官。其中，湖南巡抚富勒浑因为不谙汉语文义，竟将当地生员陈安兆所著之《大学疑断》等也当作了禁书，受到了乾隆皇帝的呵斥。[63]倒是江苏、浙江两省官员善于窥测方向，一则以周瑞南藏匿"妄谈运数"之"妖书"而成狱，[64]一则以生员陈邦彦藏匿、披阅载有"明季伪号"的《纲鉴辑略》一书而上报，得到了乾隆皇帝的赞许。周、陈二人被严惩治罪，所有书籍传本及书板均令查出销毁。[65]

乾隆二十四年以后，各种类型的文字狱案件数量更多，办理更为严厉。单是乾隆二十六年一年，即达九起。其中，江西李雍和潜递呈词案、甘肃王寂元投词案和浙江林志功捏造诸葛碑文案虽皆是疯人所为，但因李雍和呈词中有"怨天、怨孔子，指斥乘舆之语"，[66] 王寂元投词中有"大逆之语"，[67] 因而皆被凌迟处死。两人亲属也受到株连，或处斩立决，或处斩监候。林志功虽无"悖逆之句"，也因"妄称诸葛，自比关王"而发遣边远。[68] 三案之外，对于其他各案，乾隆皇帝也都做出了十分严厉的处理。如陈九如一案，仅因其家中对联上有"朱朝吏部尚书""影内封为大夫"等字迹便被捉拿治罪。[69] 江苏沛县监生阎大镛所著《俣俣集》中，因有"讥刺官吏，愤激不平，甚至不避庙讳"之语，也被乾隆皇帝谕令照吕留良之例办理。[70] 还有浙江临海训导章知邺，为了发泄他对本省学政窦光鼐的不满情绪，戏作《讨奸邪窦光鼐》一文，自作"悖逆"之语加之于窦，而又为文驳诘，也被乾隆皇帝砍掉了脑袋。[71]

　　乾隆二十七年以后，随着政治形势的变化，文字狱案件数量上虽有起伏，但却一直连绵不绝。一般情况下每年少则二三起，多则五六起。其主要者，在乾隆二十八年有林时元投掷词帖案和刘三元缮写逆词案；在乾隆二十九年有邓文亮捏造梦呓案和赖宏典书写逆词案；在乾隆三十二年有蔡显《闲闲录》案和齐周华文字狱案；在乾隆三十四年有李超海《立品集》案、安敬能试卷诗案；在乾隆三十六年有吴士洪呈控收漕弊端案；在乾隆三十七年有查世桂私纂《全史辑略》案等。在这些文字狱案件中，影响较大的是乾隆三十二年时发生的蔡显《闲闲录》案和齐周华文字狱案。

　　蔡显《闲闲录》案发生在乾隆三十二年五月。蔡显，字景真，号闲渔，江苏华亭人，雍正举人。雍、乾间，在籍教书为业，先后刊行已著《宵行杂识》《红蕉诗话》《闲闲录》等书。因为他在这些著作中对当地官员、乡绅的不法行为有所揭露，当地官绅遂摘取其所著书籍中的一些诗句指为怨望讪谤，并散发匿名揭帖对其进行陷害。蔡显被迫携其所作各书向当地官员自首。蔡显本意，原是希望官府代为剖白，而当地官员竟以此入罪，拟以凌迟处死。乾隆皇帝在重新审理此案时，又发现了许多以前未曾发现的"悖逆"罪证。如《闲闲录》一书对前朝文字狱情况有所记载，称戴名世以《南山集》弃市，钱名世以年羹尧案而得罪，以及一些"大逆不道"的诗句，如"风雨从所好，南北杳难分"，"莫教行化乌肠国，风雨龙王欲怒嗔"，又如抄写前人所作之《紫牡丹》诗句"夺朱非正色，异种尽称王"。对此，乾隆皇帝穿凿附会地予以解释，指斥蔡显"有心隐跃其词，甘与恶逆之人为伍，实为该犯罪案所系"。[72]因此，他下令将蔡显立行斩首，所刊书籍通行销书毁板，所有为蔡书作序和帮助校刻的二十四个学者也分别遣戍边远。两江总督高晋因为委任幕僚办理此案未曾发现这些重要罪证，也受到了乾隆皇帝的严厉斥责。

　　齐周华文字狱案发生在乾隆三十二年十月。齐周华原是浙江天台县的一个秀才，敢于对时事和一些学术问题发表个人见解。雍正中，雍正皇帝在处理曾静、吕留良文字狱案时，曾经装模作样地征求天下生监意见。齐周华因赴刑部具呈己见，要求释放吕留良子孙，而被押解回浙，严加锁锢。乾隆皇帝即位，大赦天下，齐周华得被省释，仍以著述为业。在此期间，他著成《名山藏初集》等十余种书籍并将之刊刻行世。乾隆三十二年十月，齐周华以其所著书籍求序于浙江巡抚熊学鹏，案情因以揭露。经过对所著书籍进行检查，发现其中有《狱中祭吕留良》一文，"将逆贼吕留良极力推崇，比之夷、齐、孟子"，"庙讳御名，公然不避"。[73]乾隆皇帝下令将齐周华凌迟处死，所刻书籍通通收缴，与板片一起销毁。与此同时，乾隆皇帝还严令追查为齐周华著作作序的一些学者。受此牵连，李绂、谢济世、沈德潜等或者本人及家属受到提讯，或者著作受到审查。其中如谢济世的一些著作还因此而被禁毁，曾经担任过礼部侍郎的齐召南因与齐周华一族，且又为其《天台山游记》一文作过跋文，也被递解回籍，查抄家产，忧惧而死。

通观乾隆前期的各起文字狱，虽然数量众多，而且罪名也定得吓人，但是核其实际案情，大多都是毛举细故，真正意图反清的几乎没有，至多不过是对清朝政府的一些具体政策和个别地方官员有不满情绪，而乾隆皇帝对此却不分青红皂白，概予严惩。因而，这一活动在全国的蔓延造成了相当严重的后果，广大人民重足而立，侧目而视，整个社会也因此而动荡不安。

为了维护正常的封建统治秩序，一些官员如御史汤先甲等上疏乾隆皇帝，对当时"内外问刑衙门遇有造作妖言、收藏野史之类多丽逆案"的做法提出了批评，要求对于此类案件"宜坐以所犯罪名，不必视为大案，极意搜罗"。[74]然而，这时乾隆皇帝搞文字狱正起劲，哪里听得进去这些逆耳之言。他强词夺理地辩解道："即如收藏野史案内法在必治者，如《东明历》等书，不但邪言左道煽惑愚民，且有肆行诋毁本朝之语。此而不谓之逆，则必如何而后谓之逆者。凡在食毛践土之人，自当见而发指，而犹存迁就宽贷之意，必其人非本朝之臣子而后可。"并表示："干犯法纪之人，莫如悖逆、贪污二者，于法断无可纵。……若煦煦以姑息为仁，将官方国纪、风俗人心何所底止。"[75]这样一来，谁也不敢说话了。倒是有一些臣下迎合乾隆皇帝的意旨，大扯顺风旗。如乾隆二十八年十月，湖南巡抚陈宏谋奏请将各地"疯人"锁锢，免得他们"播弄笔墨，滋生事端"，给政府找麻烦。[76]同年，福建学政纪昀奏请将坊本经书和武英殿所刻各种经书俱效开成石经、宋监本先例，凡遇本朝庙讳、御名均刊去末笔以示避讳，并要求将此载入科场条例及行文各省，让全国统一奉行。[77]这样，乾隆十六年以后，由乾隆皇帝掀起的这股文字狱歪风愈演愈烈，一直延续到他的晚年。

二、查缴禁书

文字狱对于打击反满思想、加强专制统治固然颇有作用，但是，对于禁绝反清著作而言，则效果不佳。一则以中国之大，文字狱涉及人员、著作毕竟有限，劳多功少；二则利用文字狱的方式禁绝反清书籍的流传，终显方法被动。为了禁绝一切反清书籍，乾隆后期，乾隆皇帝在继续制造文字狱的同时，还借纂修《四库全书》征集全国图书的名义，在全国范围内开展了一场大规模的查缴禁书活动。

乾隆三十七年正月至乾隆三十九年年中，是乾隆皇帝访求遗书的发动时期。为了不影响访求遗书活动的进行，不独文字狱暂时停了下来，对于违碍书籍的处理办法，也仅是轻描淡写地说："不过将书毁弃。"[78]至于大规模地查缴禁书，则更是只字不提。直到乾隆三十九年八月全国献书活动进入高潮，大批图书集中到北京之时，乾隆皇帝才暴露出了他的寓禁于征的真实意图。他说："明季末造，野史甚多，其间毁誉任意，传闻异词，必有诋触本朝之语。正当及此一番查办，尽行销毁，杜遏邪言，以正人心而厚风俗。"[79]尔后，他又连下谕旨，严令各省把查缴禁书放在访求遗书的首要地位。与此同时，又责令"四库全书馆"将各省进到之书详细检查，发现有关碍者，即行撤出，准备销毁。至此，访求遗书活动发展成为一场大规模的查缴禁书活动。

在乾隆皇帝关于查缴禁书的严旨督催下，各省纷纷行动。一般都是先行"刊刷誊黄，遍贴晓谕"，造成声势，劝告藏书之家尽量呈交；继又派出专人，或指定地方士绅、各学生监，深入民间详细察访。除此之外，各省督抚还八仙过海，各显神通，根据各地具体情况，分别采取了一些查缴禁书的新方法。其中江西省是"传集地保，逐户宣谕，无论全书废卷，俱令呈缴，按书偿以倍价"。[80]用此方法，两年中收缴禁书逾八千部。浙江则将候补教职人员分发原籍，因亲及友，清查禁书，并规定："将来即以缴书多寡，为补用名次后先。"[81]在各级官吏的威胁利诱下，全国各地先后缴出大量的违碍书籍。这些书籍，先在各省进行初步甄别，由地方官员分门别类，开具缘由，缮写清单，具折奏进。然后把书籍逐一包封，连同板片一起派员解缴军机处。此外，"四库全书馆"也对各省采进本进行反复审查，查出禁书亦交军机处。军机处收到这两条渠道解交的禁书，按韵编号，再交翰林院官员将书中"悖谬"之处逐条写成黄签贴于书眉，或将应毁原因摘要开单呈进，经乾隆皇帝最后批准，即将书籍送到武英殿之字纸炉前，在军机满汉司员的监视下点火销毁。

随着查缴禁书活动的开展，查缴禁书的范围也日渐扩大。最初，所禁书籍不过是有"诋毁本朝之语"的"明季末造野史"和"国初伪妄诗文"，乾隆四十二年《字贯》案发生后，禁书范围扩大到了当代人的著作。乾隆四十三年颁布的《查办违碍书籍条款》又将宋人谈抗金、明人谈反元而"议论偏缪尤甚"的著作也列入销毁之列。[82]乾隆四十四年十一月到四十六年二月，又先后扩大到收录禁书目录及其某些内容的地方志，涉及明末清初和宋金之际事迹的地方戏曲的剧本以及"天文占验妄言祸福之书"。在查禁范围不断扩大的同时，由于在禁书过程中发现了不少新的实际问题，禁书方法也日趋严密。如针对宋人著作中有攻击女真字样，明人著作中偶及清朝先世，一些类书和清人文集征引或转载有关禁书内容，清初官修各书未能为后来各帝避讳等问题，则分别抽毁其违碍部分，改动其违碍字句，一些典籍就是这样遭到了肢解和窜改。此外，对一些"诋毁之处更多，较寻常违禁各书更为狂悖不法"的反清反专制情绪强烈的书籍则斩草除根，不仅禁书，而且毁板，"一并起出"，"尽数解京销毁，毋使片纸只字存留"。[83]据统计，自乾隆三十八年十二月至乾隆四十六年九月，八年之间，政府收缴到的应毁书板达六万七千多块，通通作为木柴而焚毁净尽！

自乾隆三十九年开始查缴禁书，乾隆四十三年十一月，在各省督抚的请求下，展限两年。乾隆四十五年限满之后，又一再延期并将此项活动作为经常性的活动而持续到乾隆末年。二十多年的时间里，约有三千余种，六七万卷以上的书籍遭到了禁毁，[84]民间惧怕得咎而私自销毁者更无法统计。这是继秦始皇焚书之后我国古典文献的又一次浩劫，乾隆皇帝推行的反动的查缴禁书的政策使得我国的古代文化遭受了不可弥补的损失。

三、乾隆后期的文字狱

乾隆后期，随着专制统治强化到了顶点和查缴禁书活动在全国的普遍开展，乾隆帝又把文字狱推向新的高潮。据统计，从乾隆三十八年开馆纂修《四库全书》至其归政前，各种类型的文字狱又有五十余起，因文字之祸而受到株连的各阶层人士，不但在范围上遍及全国，而且在数量上也大大超过乾隆前期，对于乾隆后期以至十九世纪上半叶清朝政局的发展，对于当时的文化事业都产生了极为恶劣的影响。

在乾隆后期制造的多起文字狱中，禁毁明清之际渗透着强烈的民族情绪的历史著作和打击社会上的反清思想仍是一个重点。如乾隆三十九年十一月，刚刚颁布查缴禁书谕旨不到三个月，乾隆皇帝便一手制造了屈大均诗文案。他一方面严令广东官员传谕屈氏子孙呈缴明末清初抗清志士屈大均的《广东新语》和所刊诗文；一方面又令两江总督高晋至南京城外雨花台一带确访屈大均衣冠冢，企图毁坟灭迹。仅因查缴禁书活动刚刚开始，乾隆皇帝才未将屈氏子孙治罪，兼之以年代久远，屈大均衣冠冢旧迹不存，刨坟灭迹一事也不了了之。屈案后，明末清初抗清志士金堡所著之《遍行堂集》，明人陈建所著之《皇明通纪》，署名清笑生所著之《喜逢春传奇》，沈德潜所辑之《国朝诗别裁集》，明人袁继咸所作之《六柳堂集》，康雍时期陶煊、张灿所辑之《国朝诗的》亦先后被禁，所有书籍通行查缴，连同板片一起解京销毁。受此牵连，原书作者、辑者和主持刊刻上述各书人的后裔也分别被追究或者受到刑罚处分。随着查缴禁书活动的深入开展，乾隆四十四年以后，类似案件更是层出不穷。

与此同时，乾隆皇帝对各案涉及人员的处理也更为严厉。乾隆四十四年正月，江苏兴化县查出明末清初李驎所著的《虬峰集》一书，中有诗云："白头孙子旧遗民，报国文章积等身。瞻拜墓前颜不愧，布袍宽袖浩然巾。"被认为"系怀胜国，望明复兴，显属悖逆"。[85] 因为李驎无后，乾隆皇帝无法施其淫威，销书毁板之外，只好掘墓、锉尸、枭首以泄其愤。同年三月，福建省又查出兴国州候选训导冯王孙所著之《五经简咏》一书中有"复明削清"之语，对此，乾隆皇帝指令该地官员"照大逆凌迟缘坐例，迅速问拟具奏，以正人心而伸法纪。并将所有刷印各本尽行查缴，毋使片纸存留，并查此外不法诗文，一并解京销毁"。[86] 同年十一月，江西德兴查出已故生员祝廷诤所作之《续三字经》一书，"胆敢品评列代帝王，任意褒贬"，而且该书在叙述元朝史实时还有"发披左，衣冠更，难华夏，遍地僧"等影射攻击清朝剃发的文字。祝廷诤虽死，"仍照大逆凌迟律开棺戮尸，以彰国法而快人心"。[87] 家产抄没，孙辈现存者通通斩立决。乾隆四十五年

四、五月间，又相继发生了魏塾妄批江统《徙戎论》案和戴移孝《碧落后人诗集》案两起文字狱大案。魏塾本是山东寿光县的一个普通民人，因为不满本县官吏借差科派，欲赴上官衙门控告。该县县官闻知后，先下手为强，派人搜检其家，发现其收有禁书并在江统《徙戎论》一文中写了一些体会，即刻以此入罪。因为戎、狄触犯忌讳，乾隆皇帝处理此案时，魏塾立斩，嫡属一律斩监候。[88]安徽和州戴移孝文字狱案，是因戴移孝与其子戴昆合著之《碧落后人诗》《约亭遗诗》中有"长明宁易得"，"短发直长恨"，"且去从人卜太平"等"悖逆"文字而引起。据此，乾隆皇帝将戴移孝父子戮尸枭首，收藏该书之戴世道立斩。不仅如此，乾隆皇帝还严令各地督抚将上述两书社会上流传之本及所有板片概行查缴，全部销毁。"俾狂吠诗词，搜毁净尽，以正风俗而厚人心。倘有片纸只字存留，将来别经发觉，惟该督抚等是问。"[89]乾隆四十七年二月，浙江仁和又发生了监生卓天柱收藏先人卓长龄《忆鸣诗集》案。卓长龄生当清初，对清军南下时的种种暴行极为愤恨，因而所作诗篇大都渗透着强烈的民族感情。如其一诗云："可知草莽偷垂泪，尽是诗书未死心，楚衽乃知原尚左，剃头轻卸一层毡"，即对清军暴行进行了揭露。对于这些，乾隆皇帝极为痛恨，除将卓长龄等五人开棺戮尸外，收藏该书的卓天柱也受到斩立决的严厉处分。[90]

在这一时期乾隆皇帝处理的多起类似案件中，比较有名的是对徐述夔诗狱案的处理。徐述夔是江苏东台县的一个举人，生前著有诗文多种。徐死之后，由其子徐怀祖将其遗作请人校订之后刊印行世。乾隆四十三年夏，徐述夔之孙徐食田因田土纠纷同本县监生蔡嘉树结仇，蔡嘉树因赴官府首告徐食田私藏禁书。江苏布政使陶易受理此案时，因蔡嘉树举止甚属卑污，不准所控，并拟将蔡坐以反诬之罪。但在乾隆皇帝得知此事后，案情戏剧性地发生了变化。经过对该书的审查，乾隆皇帝从中发现了许多反对清朝统治的罪证。如徐述夔在《咏正德杯》一诗中称："大明天子重相见，且把壶儿搁半边。"其《一柱楼》诗称："明朝期振翮，一举去清都。"在他看来，"大明天子"不用说是指明朝皇帝，"壶儿"者，"胡儿"之谐音也；"明朝期振翮，一举去清都"也被他牵强附会地解释为"借朝夕之朝作朝代之朝；且不言到清都而云去清都，显有欲兴明朝去本朝之意"。[91]这样一加解释，徐述夔"系怀胜国，暗肆诋讥，谬妄悖逆，实为罪大恶极"。[92]除此之外，乾隆皇帝还发现，为徐述夔校订诗作的两个学者一名徐首发，一名沈成濯，均非命名正理，"必因为逆犯校书后，始行更改此名"，"诋毁本朝剃发之制，其为逆党显然"。"此等鬼蜮伎俩，岂能逃朕之洞鉴。"[93]为此，他严令两江总督萨载将隐匿禁书之徐食田及所有干连人犯拿解至京，所有该书流传抄录之本，概行搜缴净尽，"务使犬吠狼嗥，根株尽绝"。[94]经过严刑审讯，最后定案：徐述夔、徐怀祖父子被开棺戮尸；曾为徐述夔作传的致仕礼部尚书沈德潜虽已死去，也被扑倒墓碑，追夺官职、谥法；其他干连人犯如藏匿该书之徐食田，为该书作跋之毛澄，校订该书之徐首发、沈成濯，处理该案不力的江苏布政使陶易、东台知县涂跃龙和陶易幕友陆炎等通通处以斩监候，秋后处决，这一大案始告结束。

在针对明清之际的历史著作和社会上的反清思想而屡兴

大狱的同时，乾隆皇帝还从加强专制统治的政治需要出发，对触犯皇帝尊严和侵犯皇权、违制上书言事的士民官吏也大开杀戒。

首先是对触犯庙讳、御名者予以严厉制裁。乾隆皇帝即位之初，对于庙讳、御名的避讳问题并不讲究。臣下申请改动人名、地名以行避讳者，不是责怪其多事，"尊君亲上，原不在此"，[95]就是批评其孤陋寡闻，不曾熟读《礼记》。[96]随着乾隆皇帝专制统治的加强，因行文不慎触犯庙讳、御名而遭到制裁者虽然时有发生，但在当时不过是所定罪状之一，纯因犯讳而予治罪者尚无先例。乾隆后期，由于专制统治的极端加强，在著作、诗文中冒犯庙讳、御名成了入罪成狱的一条主要罪状，许多文人就因这样的无心之过而丢掉了脑袋。如乾隆四十三年十一月，河南祥符县民刘峨刷卖《圣讳实录》。刘峨之本意，在于提醒人们注意避讳，而乾隆皇帝发现此案后，却认为该书"竟敢将庙讳及朕御名各依本字全体写刊，不法已极，实与王锡侯《字贯》无异。自当根究刊著之人，按律治罪"。[97]刷卖者刘峨等被治罪之外，所有流传之书及板片也概行查缴，解京销毁。乾隆四十四年十一月，湖北黄梅监生石卓槐以所刊《芥圃诗》不避庙讳、御名，书遭禁毁，人被凌迟处死。[98]乾隆四十六年闰五月，游僧昙亮以所携经卷中直书御名而被斩决。[99]十一月，湖北黄梅民人吴碧峰因在刊刻明人瞿罕所著的《孝经对问》《体孝录》二书时，"庙讳、御名均未敬避"，而被监毙狱中。[100]

庙讳、御名如此，推而广之，对于敢于使用习惯上为皇帝所专用的一些词眼的文人，乾隆皇帝也极不客气。如乾隆四十年四月，江西疯人王作梁因在投递书信上写有"坤治"年号而被凌迟处死。[101]四十三年十月，江苏赣榆县廪生韦玉振为父刊刻行述，使用了"于佃户之贫者，赦不加息"字样，被捉拿治罪。[102]同年十二月，革职知县龙凤祥因在镌刻图章中有狂诞、怨望之语而被发配伊犁。乾隆四十六年三月，寓居河南的湖北孝感生员程明禋在为他人书写寿文中写有"绍芳声于湖北，创大业于河南"的文字，案发后于次年五月被乾隆皇帝拟以斩立决。[103]

此外，由于此时乾隆皇帝在位已四十多年，年已老迈，而且数十年来屡兴大狱，惭德极多，因而对于"老""死"一类字眼也极为忌讳。[104]逢到臣下和士人在著作、文章中使用这些字眼，总是推敲再三并怀疑其意存诅咒而严加惩处。如乾隆四十四年四月，直隶民人智天豹使其徒弟于乾隆皇帝巡幸途中献上本朝万年书。智天豹原意，是想以此向乾隆皇帝邀宠，不料乾隆皇帝看过后，却以该书仅编至乾隆五十七年，其意是在诅咒自己早死，下令将智天豹斩决。[105]又如同年五月，安徽天长县贡生程树榴于所刻诗文序言中有指斥上天之语，文云："有造物者之心，愈老而愈辣，斯所操之术，乃愈出而愈巧。"[106]对于这些牢骚话，乾隆皇帝歪着脑袋看来看去，越看越觉得是在说自己。他说："天有何老少，必因近日王锡侯、徐述夔二案，借造物以为比拟，忍心害理，莫此为甚。"因此，他下令将程树榴立即斩首，程树榴之子和处理该案不力的天长知县高见龙也被处以斩监候的严厉处分。[107]

在因臣民文字触犯忌讳而掀起的各起文字狱中，以王锡侯的《字贯》案和尹嘉铨为父请谥并从祀孔庙案最为有名。

《字贯》案发生在乾隆四十二年十月,是由江西新昌举人王锡侯看到《康熙字典》存在着一些问题,对之删改编成《字贯》一书而引起的。《康熙字典》是康熙皇帝钦定之书,敢于对该书进行批评,自然是"罪不容诛"。江西巡抚海成侦知此事后,立即奏请乾隆皇帝,将王锡侯革去举人,进行审讯。但乾隆皇帝在审理该案的过程中,又发现《字贯》一书的凡例中"将圣祖、世宗庙讳及朕御名字样开列,深堪发指",[108]便认为这是更重要的罪证,命令将其拿解至京,照大逆律处决。与此同时,还通令江西及相邻各省查禁王锡侯的所有著作和板片。江西巡抚海成虽然首举此案,但因没有发现这一重大问题而被乾隆皇帝斥为"天良昧尽",革职下狱。受此案牵连,已故尚书史贻直和钱陈群的子孙遭到提讯,两江总督高晋和江西布、按两司官员也分别受到降级革职的处分。

尹嘉铨为父请谥并从祀孔庙案发生在乾隆四十六年。是年三月,乾隆皇帝西巡五台返京途中,休致大理寺卿尹嘉铨使其子赶赴保定行在上书乾隆皇帝,为其父尹会一请谥,并要求将其父与本朝名臣汤斌、范文程、李光地、顾八代、张伯行等一起从祀孔子庙。在中国封建社会里,赐谥与否、赐予何谥以及决定让谁从祀孔子庙,都是最高统治者皇帝的权力。尹嘉铨竟然直接向乾隆皇帝乞求,显然是干犯皇帝权力的越轨行为。乾隆皇帝对此极为愤怒,指责尹嘉铨"如此丧心病狂,毫无忌惮,其视朕为何如主耶","此而不严行治罪,何以彰国宪而惩将来"。[109]他立即命令将尹革去顶戴、拿交刑部治罪,查封其博野原籍和在京家产,并对其所著书籍进行审查。结果，又发现其著作中"狂妄悖谬之处不可枚举"。其主要者，如自雍正以来，雍、乾两帝相继严厉指斥朋党，压抑臣权，提高君权，"乃尹嘉铨竟有朋党之说起而父师之教衰，君亦安能独尊于上哉之语"；其书中有"为帝者师之句"，"俨然以师傅自居"；其所著《名臣言行录》一书，"将本朝大臣如高士奇、高其位、蒋廷锡、鄂尔泰、张廷玉、史贻直等悉行胪列"，并于所著各书中称大学士、协办大学士为"相国"；乾隆皇帝御制《古稀说》，自称"古稀天子"，而尹嘉铨竟也自称"古稀老人"。所有这些，在一意提高皇权的乾隆皇帝看来，都是有意识地在和他唱对台戏。因此，他认为，"光天化日之下，此种败类自断不可复留"。[110]尹嘉铨因此而被处以绞立决，所有著作、板片通行查禁，解京销毁。经过半年多的时间，这场轰动一时的文字狱大案才宣告结束。

其次，对于指斥时政和违制上书言事者，乾隆皇帝也都给予了严厉的惩罚。乾隆后期，朝政腐败，贪官横行，人民负担空前加重，社会矛盾日益尖锐。一些士人或公开建言，或私下著书，对朝廷和地方弊政进行揭露。其主要者，如乾隆四十四年七月，安徽生员王大蕃远赴安徽学政戴第元江西南昌原籍投递书信，并附有奏疏一纸，内列"漕粮、考试、收税诸弊"及"贪官害民"之事。[111]乾隆四十五年七月，又有广西平南县学生员吴英向布政使朱椿投递策书，"请蠲免钱粮、添设义仓及革除盐商、盗案连坐、禁止种烟、裁减寺僧五条"。[112]同年八月，湖北乡试时，发生了宜昌生员艾家鉴于试卷之上书写条陈指斥书吏舞弊殃民一案。[113]对此，乾隆皇帝不但不予考虑，反而视为"不安本分"而分别予以严厉制裁。如对王大蕃奏疏，虽然其中并无"悖逆"之语，但仍以其不安本分而将之发遣伊犁。对于吴英、艾家鉴两案，更因其语涉狂诞、迭犯御名而分别处死。尽管如此，由于政治黑暗，士人私下著书指斥时政者仍然时有发生。其中，比较典型的是乾隆五十三年七月发生的贺世盛《笃国策》案。贺世盛是湖南耒阳的一个老秀才，久困科场，为了抒发胸中的抑郁不平之气，著成《笃国策》一书，于中指斥朝廷开捐"终为财动，有妨正途"，并对州县钱粮征收中的"淋尖、踢斛、高价折收"和官场上的贿买官职的黑暗现象进行了揭露。此时，由于年迈和怠于政事，乾隆皇帝已有数年不搞文字狱，

但在发现此案后，杀机又起。他颁布谕旨，大讲自己在位五十三年间蠲漕免粮的德政，同时极力为自己开捐辩解。对于贺世盛本人，他认为："此等狂悖之人，若竟从宽典，俾安坐囹圄，势必更肆狂吠，又如曾静之罪大恶极，寸磔不足蔽辜。"[114]因而在销毁其著作的同时，下令将其立斩。就是通过这样残酷镇压的方式，乾隆皇帝的专制统治强化到了有史以来的最高峰。

乾隆五十年以后，各地人民起义风起云涌，兼之以乾隆皇帝老境来临，精力不济，怠于政事，因而文字狱的数量显著减少，与此同时，乾隆皇帝对各起文字狱案件的处理也明显放宽。如乾隆五十年七月，步军统领衙门在审理刘遇奇《慎余堂集》《清风亭集》案件时，因为其中有"对明月而为良友，吸清风而为醉侯"以及未避庙讳、御名等问题而欲将该书禁毁，并将其子孙治以悖逆之罪时，乾隆皇帝即指出："清风明月，乃词人引用成语。此而目为悖妄，则欲将

'清''明'二字避而不用，有是理乎?"至于未避庙讳、御名，且不说作者生当顺治时期，无法予为避讳，"即现在乡曲愚民，其不知庙讳者甚多，岂能家喻户晓。即偶有未经避写，亦无足深责"。[115]为此，他下令将所有人众概行省释，不再追究。又如乾隆五十五年十一月，江苏沭阳县民张怀路诬告监生仲见龙之祖仲绳所著《奈何吟》一书，"词多狂悖"，江苏官员因此将仲见龙捉拿治罪。而乾隆皇帝在细阅该书后，发现所谓谬妄之处，是指明季而言，"不值代胜国追究，将其裔孙治罪"，[116]因而指斥当地官员处理此案失于允当。乾隆皇帝之本意，似在以此平息人民的不满情绪，然而，由于连绵不断的文字狱和长期以来的专制统治，早已使乾隆皇帝的统治基础受到了严重的损害。乾隆皇帝采取的这些措施，为时已晚，根本无济于事，人民不满情绪继续增长，乾隆皇帝的专制统治就像将要倾倒的大厦一样处于摇摇欲坠的状态之中。

　　制造文字狱是乾隆皇帝一生政治活动中的一个重要内容，也是其文化政策中的一个重要组成部分，对乾隆时期的政局和文化事业的发展都产生了极为深刻的影响。

　　首先是社会动荡、政治黑暗，直接促成了乾隆皇帝专制统治的衰落。清朝初期，满汉民族矛盾尚颇尖锐，皇权也有继续加强的必要。因而，康、雍两帝于正常封建法律之外，有控制地使用文字狱这个武器，在社会上对反清民族思想进行镇压，在统治机构内部对影响皇权增长的异己力量进行清洗，手段虽显残酷，却是当时形势所必须，而且也在客观上收到了巩固清朝统治、加强皇权的效果。乾隆时期，清朝入关已经百年以上，民族矛盾早已降为次要矛盾，随着各种政治机构的不断完备，皇权也已发展到登峰造极的地步。在这样的情况下，乾隆皇帝却片面地夸大敌情，毫无节制地滥兴文字狱，这就不可避免地大大地扩大了打击面，使得许多并不反对清朝统治甚至拥护清朝统治的士民官吏受到了极其残酷的打击和迫害，从而人为地扩大和激化了社会矛盾，并在很大程度上削弱和破坏了自己的统治基础。而且，在文字狱的高潮期间，所有统治机器都通通为了清查案情、追究同党、查缴销毁书籍板片而全速运转，也大大影响了国家日常事务的处理。不但为吏治败坏提供了适宜的客观环境，也因株连过甚而使政治黑暗，社会动荡不安。因而，乾隆皇帝制造文字狱，虽然是踵康、雍两帝之故伎以求达到加强专制统治的目的，在一个时期之内确实也收到了一些效果，但就乾隆一朝的总趋势而言，这一活动的长期开展，不但严重地削弱了清朝政府的政治统治，也直接导致了乾隆皇帝专制统治的衰落。

其次是摧残文化，禁锢思想。乾隆皇帝制造文字狱，不但使古代典籍尤其是明清之际的典籍遭到了一场浩劫，而且由于这一时期文字狱数量多、持续时间长和处理极为严厉，也对生活在这一时期中的两三代人的思想、精神和文化生活产生了极大的影响。广大知识分子为求避祸，除了盲目颂扬天子圣明之外，就是钻在乾隆皇帝所划定的几部经史书籍中讨生活，搞考证，文化生活极为贫乏，严重地禁锢了人民的思想，使之大大落后于世界潮流。两三代人的思想长期遭到禁锢对社会的进步和文化事业的发展产生了巨大的副作用，从而导致了近代以后被动挨打局面的形成。对此，乾隆皇帝的专制统治及其推行的制造文字狱的政策，有着不可推卸的责任。

总之，乾隆皇帝制造文字狱不但在政治上纯属败政，一无可取，而且对文化发展和社会进步也危害很大。它完全是乾隆皇帝专制统治的产物，集中表现了乾隆皇帝的落后、反动方面，对于乾隆朝政局的发展，对于中国古代的文化事业和十九世纪以后中国社会的发展，都产生了恶劣影响。

1　《乐善堂全集定本》朱轼序。

2　《清高宗御制诗初集》跋。

3　《清高宗实录》卷一二，乾隆元年二月丙寅。

4　《清高宗实录》卷二六，乾隆元年九月甲辰。

5　《清高宗实录》卷三〇，乾隆元年十一月庚子。

6　《清高宗实录》卷二一，乾隆元年六月己卯。

7　《清高宗实录》卷二〇，乾隆元年六月甲子。

8　《清高宗实录》卷一五，乾隆元年三月癸丑。

9　《清高宗实录》卷一三四，乾隆六年正月庚午。

10　《清高宗实录》卷九〇〇，乾隆三十七年正月庚子。

11　《清高宗实录》卷九〇〇，乾隆三十七年正月庚子。

12　《清高宗实录》卷九二九，乾隆三十八年三月丁巳。

13　《清高宗实录》卷九二九，乾隆三十八年三月丁巳。

14　《清高宗实录》卷九二九，乾隆三十八年三月丁巳。

15　《清高宗实录》卷九三五，乾隆三十八年五月甲戌。

16　《清高宗实录》卷九三五，乾隆三十八年五月甲戌。

17　《清高宗实录》卷九三五，乾隆三十八年五月甲戌。

18　《清高宗实录》卷一〇三〇，乾隆四十二年四月丁未。

19　《清高宗实录》卷九五八，乾隆三十九年五月丙寅。

20　《清高宗实录》卷九六三，乾隆三十九年七月丙子。

21　《清高宗实录》卷九八二，乾隆四十年五月辛酉。

22　《清高宗实录》卷一〇三二，乾隆四十二年五月丁丑。

23　《清高宗实录》卷九九五，乾隆四十年闰十月己巳。

24　《清高宗实录》卷三九八，乾隆十六年九月乙亥。

25　《清高宗实录》卷七四四，乾隆三十年九月戊子。

26　《清高宗实录》卷七三九，乾隆三十年六月丁卯。

27　《清高宗实录》卷一一四二，乾隆

四十六年十月癸酉。

28 《清高宗实录》卷一三四四，乾隆五十四年十二月庚申。

29 《清高宗实录》卷九七九，乾隆四十年三月戊辰。

30 王重民辑：《办理四库全书档案》，乾隆三十七年，国立北平图书馆排印本，1934年。

31 《清高宗实录》卷九三五，乾隆三十八年五月甲戌。

32 《清高宗实录》卷九三四，乾隆三十八年五月己未。

33 《清高宗实录》卷九六三，乾隆三十九年七月丙子。

34 《清高宗实录》卷九六三，乾隆三十九年七月丙子。

35 《清高宗实录》卷一〇一七，乾隆四十一年九月丁酉。

36 《清高宗实录》卷一〇三九，乾隆四十二年八月壬子。

37 《清高宗实录》卷九六一，乾隆三十九年六月丁未。

38 《清高宗实录》卷九六八，乾隆三十九年十月乙未。

39 《清高宗实录》卷一四六，乾隆六年七月癸亥。

40 《清高宗实录》卷一二八，乾隆五年十月己酉。

41 《清高宗实录》卷一二八，乾隆五年十月己酉。

42 《清高宗实录》卷一二八，乾隆五年十月己酉。

43 《清高宗实录》卷四六一，乾隆十九年四月乙巳。

44 《清高宗实录》卷五六八，乾隆二十三年八月丁卯。

45 《清高宗实录》卷一四一九，乾隆五十七年十二月壬午。

46 《清高宗实录》卷三九六，乾隆十六年八月丙申。

47 《清高宗实录》卷二三九，乾隆十年四月戊辰。

48 《清高宗实录》卷七五九，乾隆三十一年四月庚申。

49 《清高宗实录》卷一三二七，乾隆五十四年四月丁未。

50 《清高宗实录》卷六八五，乾隆二十八年四月戊申。

51 《清高宗实录》卷七五九，乾隆三十一年四月戊申。

52 《清高宗实录》卷一二七九，乾隆五十二年四月戊午。

53 《清高宗实录》卷一三五三，乾隆五十五年四月辛未。

54 《清高宗实录》卷一〇五五，乾隆四十三年四月辛亥。

55 《清高宗实录》卷四六一，乾隆十九年四月乙巳。

56 昭梿：《啸亭杂录》卷一〇《书贾语》。

57 《清高宗实录》卷一一，乾隆元年正月乙卯。

58 《清高宗实录》卷一四九，乾隆六年八月。

59 《清高宗实录》卷一五一，乾隆六年九月丁亥。

60 《清高宗实录》卷五〇五，乾隆二十一年正月丁亥。

61 《清高宗实录》卷五一一，乾隆二十一年四月壬戌。

62 《清高宗实录》卷五一三，乾隆二十一年五月戊子。

63 《清代文字狱档》第二辑《陈安兆著书案》。

64 《清高宗实录》卷五五一，乾隆二十二年十一月。

65 《清高宗实录》卷五四六，乾隆二十二年九月癸卯。

66 《清代文字狱档》第八辑《李雍和潜递呈词案》。

67 《清代文字狱档》第八辑《王寂元投词案》。

68 《清代文字狱档》第八辑《林志功捏造诸葛碑文案》。

69 《清高宗实录》卷六三九，乾隆二十六年六月庚寅。

70 《清高宗实录》卷六三九，乾隆二十六年六月。

71 《清高宗实录》卷六五〇，乾隆二十六年十二月戊辰。

72 《清高宗实录》卷七六八，乾隆三十二年六月丁酉。

73 《清代文字狱档》第二辑《齐召南跋齐周华天台山游记案》。

74 《清高宗实录》卷五七六，乾隆二十三年十二月甲寅。

75 《清高宗实录》卷五七六，乾隆二十三年十二月甲寅。

76 《清高宗实录》卷六九六，乾隆二十八年十月乙未。

77 《清高宗实录》卷六九六，乾隆二十八年十月丁酉。

78 《清高宗实录》卷九二九，乾隆三十八年三月戊午。

79 《清高宗实录》卷九六四，乾隆三十九年八月丙戌。

80 《清高宗实录》卷九七四，乾隆四十年正月丁巳。

81 《清高宗实录》卷一〇三九，乾隆四十二年八月癸丑。

82 《办理四库全书档案》，乾隆四十三年十二月初一日。

83 《清高宗实录》卷一〇七二，乾隆四十三年十二月乙丑。

84 孙殿起：《清代禁书知见录》自序。

85 《清代文字狱档》第四辑《李骐虬峰集案》。

86 《清高宗实录》卷一〇七九，乾隆四十四年三月庚子。

87 《清代文字狱档》第四辑《祝廷诤续三字经案》。

88 《清代文字狱档》第五辑《魏塾妄批江统徙戎论案》。

89 《清高宗实录》卷一一〇七，乾隆四十五年五月甲午。

90 《清代文字狱档》第五辑《卓长龄等忆鸣诗集案》。

91 《清高宗实录》卷一〇六九，乾隆四十三年十月辛巳。

92 《清高宗实录》卷一〇六六，乾隆四十三年九月己亥。

93 《清高宗实录》卷一〇六七，乾隆四十三年九月丁未。

94 《清高宗实录》卷一〇六六，乾隆四十三年九月己亥。

95 《清高宗实录》卷一五三，乾隆六年十月。

96 《清高宗实录》卷二六五，乾隆十一年四月。

97 《清高宗实录》卷一〇七一，乾隆四十三年十一月丁未。

98 《清代文字狱档》第四辑《石卓槐芥圃诗案》。

99 《清高宗实录》卷一一三二，乾隆四十六年闰五月辛亥。

100 《清代文字狱档》第五辑《吴碧峰刊刻孝经对问及体孝录案》。

101 《清高宗实录》卷九八一，乾隆四十年四月丁酉。

102 《清高宗实录》卷一〇六九，乾隆四十三年十月辛巳。

103 《清代文字狱档》第五辑《程明裡

代作寿文案》。

104 《朝鲜李朝实录中的中国史料》
第11册,正宗二年(乾隆四十三年)七
月戊子。

105 《清代文字狱档》第四辑《智天豹
编造本朝万年书案》。

106 《清高宗实录》卷一〇八三,乾隆
四十四年五月壬子。

107 《清高宗实录》卷一〇八七,乾隆
四十四年七月己亥。

108 《清高宗实录》卷一〇四三,乾隆
四十二年十月癸丑。

109 《清高宗实录》卷一一二七,乾隆
四十六年三月辛卯。

110 《清代文字狱档》第六辑《尹嘉铨
为父请谥并从祀文庙案》。

111 《清代文字狱档》第七辑《王大蕃
撰寄奏疏书信案》。

112 《清代文字狱档》第五辑《吴英拦
舆献策案》。

113 《清代文字狱档》第四辑《艾家鉴
试卷书写条陈案》。

114 《清高宗实录》卷一三〇九,乾隆
五十三年七月甲申。

115 《清高宗实录》卷一二三五,乾隆
五十年七月庚午。

116 《清高宗实录》卷一三七四,乾隆
五十六年三月癸未。

第七章　对外关系

第一节　来华西士

明末清初，随着海上交通的日益发达，作为西方殖民主义国家对外扩张的先头部队，西方传教士势力开始渗入中国。在这方面，活动最为积极的是葡萄牙政府所支持的耶稣会。从明朝后期以来，一个多世纪的时间里，先后有数百名耶稣会教士来华，从事传教活动。在传教活动中，他们适应中国特点，尊重中国固有的礼仪风俗，尊重儒家学说，因而得到了部分士大夫甚至皇帝的好感。与此同时，他们还利用中西文明之间的差距，以传播先进的西方科学技术作掩护，或出入宫廷，充当皇帝侍从、顾问，刺探情报，或潜往各地，发展教徒。在他们的积极活动下，天主教在中国得到了比较广泛的传播。截至康熙初年，全国各地所建教堂已在百座以上，受洗入教的中国人民有二十万左右。康熙皇帝亲政后，由于全国的统一和政权的巩固，对外政策愈益开放。康熙三十一年，康熙皇帝下令允许民人自由信奉天主教，与佛教一视同仁。这样，天主教的传播愈益广泛，随着天主教在华势力的不断壮大，罗马教廷逐渐暴露了其干涉中国内务、侵略中国的野心。康熙四十四年、康熙五十九年，罗马教廷先后派遣特使铎罗、嘉乐二人来华，禁止中国教民祭孔、祀祖，并要求他们将天主教概念中的"上帝""天主"和中国人所崇奉的"天""帝"严加区别。罗马教廷对中国内部事务的这种粗暴的干涉，激起了康熙皇帝的愤怒。为此，他一改其允许中国人民自由信奉天主教的政策，下令禁教。雍正皇帝即位后，又发现传教士曾经插手皇室内部斗争，支持他的政敌允禵、允禩，因此，执行禁教政策也愈益严厉。雍正元年，他规定，除在内廷效力和在钦天监供职的少数传教士之外，其他在全国各地传教的西方传教士一律迁往澳门，勒令回国。所有教堂一概关闭，改作他用，受洗华人则限令他们放弃信仰。这样，天主教在华势力受到了一次极为沉重的打击。

乾隆皇帝即位后，在对待传教士的态度上，和其父雍正皇帝相比，基本上没有什么变化。概括起来，大致有二：一是对来华效力的西方传教士继续加以优礼，二是为了巩固自己的统治而仍然坚持禁教政策。

十八世纪，由于社会制度的巨大变革，西方科学技术有了突飞猛进的发展。相形之下，中西科技差距日益扩大。对于这种差距，乾隆皇帝并不讳言。他说："从天文学、绘画、科学、技术来说，中国人与西洋人如果相比较，中国人不过还是个幼童。"[1]为了吸收并利用西方先进的科学技术知识，乾隆皇帝即位之后，对于来华效力的西方传教士，表现了积极热情的态度。

首先是对康雍时期留华效力的西方传教士，乾隆皇帝极表器重和礼遇，分别任命他们为清朝官吏，有时还专在宫中为他们举行盛大的宴会，并给予大量的赏赐，从而使康雍时期来华的不少传教士如郎士宁、罗怀忠、戴进贤、徐懋德、陈善策、巴多明、殷弘绪、冯秉政、费隐、德玛诺、宋君荣、沙叩玉、孙章、德理格等都能不受干扰地安心工作，并在自己的工作中发挥所长，为传播先进的西方自然科学知识做出了贡献。

其次，为了进一步吸收西方文明，除对康雍时期留华的西方传教士表示礼遇和信用之外，对于愿意来华效力的西方传教士，乾隆皇帝仍然表示欢迎并积极地加以招徕。在他即位之后，不少学有专长的西方传教士又相继来华，其主要者有赵圣修（乾隆二年），杨自新、王致诚、魏继晋、刘松龄、傅作霖（乾隆三年），汤执中（乾隆五年），蒋友仁（乾隆九年），艾启蒙（乾隆十年），钱德明（乾隆十五年），高慎思（乾隆十六年），安国宁（乾隆二十三年），索德超、方守义、韩国英（乾隆二十四年），汪达洪（乾隆三十一年），晁俊秀、金济时（乾隆三十二年），葛拉门（乾隆三十三年），贺清泰、西波拉（乾隆三十五年），潘廷樟（乾隆三十六年）等。乾隆后期，因为康雍时期和乾隆前期来华效力的西方传教士相继物故，不敷派拨，乾隆四十三年九月和乾隆四十六年五月，乾隆皇帝还两度传令两广总督："如遇有此等西洋人情愿来京，即行奏闻，遣令赴京当差，勿为阻拒。"[2]在乾隆皇帝的招徕下，乾隆四十八年、四十九年，又有罗机洲、颜诗谟、麦守德、德天赐、汤士选等六人先后来华。[3]他们当中，既有著名画家、语言学家、音乐家，又有著名的植物学家、医药学家、数学家和天文学家。为了发挥他们的聪明才智，乾隆皇帝据其所长，一一安排职务。对于他们的生活，乾隆皇帝也极表关心。乾隆四十年正月，传教士聚居地之一北京南堂失火被毁。乾隆皇帝拨银万两，重新修建。修成之后，还亲书匾额对联，悬挂堂中，以复旧观。

除此之外，为了保存和传播西洋文化知识，纂修《四库全书》期间，经乾隆皇帝批准，还将利玛窦所著的《天主实义》、阳玛诺所著的《七克》和南怀仁所著的《数要序论》等书也一起收入了《四库全书》。与此同时，一些留华传教士也将中国历史著作译为西方文字，或将在中国见闻著成专书在西方发行流传。所有这些，对于西方自然科学知识的输入和中西文化的交流都起到了重要的作用。

在对来华效力的西方传教士加以优礼的同时，对于不经清朝政府允许私行潜入内地进行传教活动的西方传教士，乾隆皇帝则采取了严厉禁绝的态度。由于对国际形势极少了解，乾隆皇帝往往将天主教与国内各种秘密宗教相提并论，因而乾隆皇帝的禁教活动和国内阶级斗争形势关系甚为密切。一般来说，乾隆皇帝大力镇压秘密宗教之日，往往就是禁教活动趋于严厉之时。于此对其禁教过程略加介绍，以见乾隆皇帝禁教之大致情况。

乾隆皇帝即位之初，在对僧道势力进行打击和限制的同时，对于西方传教士的传教活动，禁令也渐趋严厉。尔后不久，由于秘密宗教的活动日益活跃，天主教势力又被作为秘密宗教之一而遭到镇压。乾隆十一年春，云贵、四川、湖广等地相继发现了白莲教准备起义的重大案情，许多白莲教首领、徒众因此而相继被捕，惨遭杀害。当年五月，根据福建地方官员奏报，因为有西方传教士费若用等潜至该地传教，福建福宁府属之福安县信奉天主教者竟达两千六百余人。[4]这使乾隆皇帝极为不安。他说："西洋人倡行天主教，招致男女，礼拜诵经，又以番民诱骗愚氓，设立会长，创建教堂，种种不法，挟其左道，煽惑人心，甚为风俗之害。天主教久经严禁，福建如此，或有潜散各省，亦未可知。"[5]他下令传谕各省督抚，"密饬该地方官，严加访缉，如有以天主教引诱男妇聚众诵经者，立即查拿，分别首从，按法惩治。其西洋人俱递解广东，勒限搭船回国，毋得容留滋事。倘地方官有不实心查拿、容留不报者，该督抚即行参处"。[6]从此开始，全国各地开展了一场大规模的禁教活动。当年八月，山东德州清查出了王七、冯海若、魏衍等"被西洋人引诱入教"者，并"获有天主图像、经卷、念珠等物"。[7]不久，江西又查出教民五十余人"交地保严加约束，经卷、图像销毁；旧有教堂，查照入官"。[8]当年十一月间，该地地方官于鄱阳县拿获了意大利传教士李世辅。经过审讯得知，早在乾隆五年时，李世辅即潜至山西、陕西一带传教。为此，乾隆皇帝下令将其于江西永远监禁。[9]次年，江苏又拿获了潜至当地传教的西方传教士王安多尼、谈方济两人，并拟以斩监候之罪。[10]与此同时，全国其他地区如山西、陕西、湖广、广西、四川等地也发生了多起类似案件。按照乾隆皇帝的指示，除个别情罪重大的西方传教士被依法处死或长期监禁之外，其他传教士则被押赴广州，搭船回国。中国教徒皆被刺字于额，充军伊犁，这场历时两年之久的禁教活动方告大致结束。

乾隆十七年四月，湖北爆发了著名的马朝柱起义，虽然起义发动之后不久即遭镇压，但是主要起义领袖马朝柱却迄未就获。根据起义被俘人员供词，马朝柱活动根据地有一个"西洋寨"，因而在查拿马朝柱的活动中，西方传教士成了清朝官员的重点盘查对象，并因此而出现了第二次大规模的禁教活动。当年，湖北襄阳地方官员首先盘获了"信从天主教之曹殿邦写寄万一举番字经札、药方等物"。[11]不久，一些地区如广东地方官员还在属下龙溪等县捕拿中国教徒"严究有无交通外国"及"此外传教伙党"，"一并严拿务获，分别按拟"。[12]江苏、福建亦相继采取类似行动，分别拿获潜至内地传教的西方传教士张若瑟、冯大千等。因为当时马朝柱起义已被镇压下去，在盘查活动中也没有发现西方传教士与马朝柱互相勾结的确凿证据，因而乾隆皇帝的态度比较平和。对于奉教民人的处理，他认为："西洋人之崇奉天主教，自是该国习俗。闽、广濒海愚民，多有习于其教者，究之尚与邪术煽惑有间。……若必概行查拿，则未免滋扰，且于整饬人心风俗之处，亦未见有益，当以不必深究为是。"[13]对于潜入内地传教的西方传教士，他也指示有关官员不必扩大事端，"只可就案完结，毋致滋蔓"。[14]在此期间，他还下令将从前监禁于江西的西方传教士李世辅释放回国。[15]根据他的这些指示，各地官员捕拿教民的活动停止下来，张若瑟等五名西方传教士也在被监禁一年之后释回澳门。

乾隆三十年以后，乾隆皇帝的专制统治极端加强，因而执行禁绝天主教的命令也更加严厉，并且将之作为一项经常性的政策一直坚持到乾隆皇帝在位之末。如乾隆三十二年八月，江西、广东相继拿获潜入当地传教的西方传教士安当呢都和不少中国教徒。[16]乾隆皇帝下令将信奉天主教的中国教徒发遣伊犁、黑龙江等处给披甲人为奴，西方传教士安当呢都则在严加训饬之后遣回本国。[17]乾隆三十三年，河南发现了桐柏县民人刘天祥、项德臣演传天主教一案，案情牵扯湖广，乾隆皇帝当即传令当地官员"即行密速访拿，并此外有无同伙一并查缉，遴员解赴河南，并案研鞫，无使兔脱远扬"。[18]对于入教旗人，禁令尤其严厉。凡入教者，则下令销去旗籍，重责之后，"发往伊犁，赏给厄鲁特为奴"。[19]即使对于表示愿意来华效力的西方传教士，也要求他们做出保证："情愿长住中国，不复告回"，并下令两广总督衙门将之存记档案。[20]此外，在镇压各地秘密宗教反清起义的过程中，乾隆皇帝还不时把打击的矛头指向了信奉天主教的中国教徒。如乾隆三十九年王伦起义失败后，乾隆皇帝颁布上谕，严厉取缔国内邪教。这样，不少地区的官员在捕拿"邪教"教徒时，也将天主教徒加以逮捕、惩治。[21]乾隆四十二年底，甘肃河州地区王伏林领导的白莲教起义爆发。这时，陕西西安、直隶霸州又都发生了矛头指向天主教徒的禁教活动。[22]乾隆四十六年，甘肃循化厅一带爆发了苏四十三领导的撒拉族新教人民反清起义。次年底，直隶宝坻一带官员即因当地天主教徒"私盖天主教堂，聚众念经"而兴起大狱。[23]一直到乾隆六十年七月，乾隆皇帝还下令将潜至陕西一带"希图煽惑传教"的西方传教士陈玛禄解京治罪。[24]在这些禁教活动中，规模最大的是乾隆四十九年到乾隆五十一年进行的一场遍及全国的禁教活动。

乾隆四十九年春，居住广州的西方传教士罗玛当无视清朝政府的禁教政策，私向内地派出传教士十人，"分往直隶、山东、山西、湖广传教"。[25]当年八月，其中的吧地哩映等四名传教士在前往西安途中，于襄阳一带被当地官员盘获。得知此事，乾隆皇帝马上将之和刚刚发生的田五领导的新教回民起义联系在一起。他说："西洋人与回人向属一教，恐其得有逆回滋事之信，故遣人赴陕，潜通信息。"[26]他指令有关官员严加审讯，各地官员"严行躧缉"接送西方传教士的中国教徒蔡伯多禄、谢隆茂、张永信等。[27]随着清查活动的深入进行，当年十一月间，陕西地方官又拿获了潜往该地传教的西方传教士呢吗方济各和马诺两人，其中呢吗方济各在陕潜行居住传教已达二十三年之久。在审讯中，他还供出："该省汉中府、山西洪洞县、潞安府、大同府及山东、湖广、直隶等省，俱有学习天主教及西洋人在彼传教。"[28]这使乾隆皇帝极觉惊诧。在他看来，早在雍正年间，天主教即遭严禁，何以呢吗方济各等竟然毫无顾忌地在内地传教二十多年，而地方官于此竟一无所知。恰在此时，广州又发生了英船水手乱放枪炮打死中国民船水手吴亚科、王运发的严重事件。对于这一严重事件，广东巡抚孙士毅在处理中竟然应英船大副之请，将肇事凶手"发还该国，自行惩治"。[29]所有这些，都使乾隆皇帝感到事态十分严重。他一方面对孙士毅严加斥责并不准其参加来春在京举行的千叟宴以示惩罚，一方面下令各地督抚严行查禁天主教。他说：

　　至山西、山东、湖广、直隶各省，据供俱有西洋及内地人辗转传教，最为人心风俗之害。着刘峨、农起、明兴、特成额、陆燿一体严密查拿，将紧要之犯迅速解京，毋使该犯等得以闻风远扬，致稽弋获。如各省经此次查办之后，复有勾引西洋人及私自传习邪教之案，则是该督抚查办不力，漫不经心，将来别经发觉，惟该督抚是问。[30]

这样，在乾隆皇帝的严旨督催下，各省督抚相继采取行动。乾隆四十九年十一月，山西、陕西分别拿获了西方传教士安多尼、王亚各比二人。[31]乾隆五十年二月，山东、四川又分别拿获了西方传教士吧地哩哑喥和冯若望、李多林三人。[32]四月间，江西也拿获了西方传教士方济觉即咈兰嘶提噶。[33]在大力查拿西方传教士的同时，对于受有神职以及信教的内地民人，乾隆皇帝也各予严厉惩罚。他说：

现在各省神甫名目，尤当严禁。内地民人有称神甫者，即与受其官职无异。本应重治其罪，姑念愚民被惑，且利其财物资助，审明后，应拟发往伊犁，给厄鲁特为奴。该犯等曾受其番银者，其原籍家产并应查抄入官，所有接引传教之人，亦应发往伊犁，给厄鲁特为奴，以示惩儆。至内地民人，因祖父相传，持戒供奉，自当勒令悛改，即将呈出经卷等项销毁，照例办理，毋庸深究。[34]

除此之外，对于原来一直执行的招徕西方传教士进京效力的政策，也以在京"西洋人已敷当差"为由而下令停止执行，"嗣后可毋庸选派"。[35]为了禁绝传教士继续潜来内地，他还下令广东巡抚孙士毅向在华夷人、洋商发出警告："如再有干犯功令、私行派往者，必当从重严办，不能再邀宽典。"³⁶乾隆五十年十月，乾隆皇帝宣布处理决定："所有吧地哩映等十二犯，俱着加恩释放。如有愿留京城者，即准其赴堂安分居住；如情愿回洋者，着该部派司员押送回粤。"³⁷至此，经过一年多的时间，这场遍及全国的禁教活动才告结束。

作为乾隆皇帝对外政策的一个组成部分，乾隆皇帝对待西方传教士的政策对于当时中国社会的发展产生了一定的影响。其中，招徕西方传教士供奉内廷之举，虽然主要是出于个人享乐的需要，但在客观上却为中国了解西方留下了一个小窗口，也输入了部分西方文明。禁教政策虽在主观上是为了巩固自己的专制统治，并在很大程度上受国内阶级矛盾的制约而时起时伏，但在客观上却起到了遏制西方殖民主义国家进行宗教侵略的作用。就此而言，乾隆皇帝对待西方传教士的政策对于维护国家的独立和统一以及中国社会的进步都有着一定的积极作用，因而这一政策基本上还是应予肯定的。

第二节　闭关政策

在乾隆时期的对外交往中，对当时和以后都产生过重要影响的是闭关政策的制定和执行。

十八世纪，西方国家先后经过了社会制度的重大变革，资本主义生产方式逐渐占据了主导地位。为了扩大原料来源和商品市场，地大物博、人口众多的中国愈来愈引起西方国家的注意，至乾隆时期，西方国家对华贸易额急剧增长。据有关资料统计，到乾隆二十九年时，从欧洲输入中国的商品总值已达白银一百九十一万两，而从中国输往欧洲的商品总值更高达三百六十四万两，而且还以每二十年增加一倍的速度急剧发展。随着西方国家对华贸易数量的急剧增长，清朝政府原有的各种对外贸易制度越来越不能适应西方国家的要求。

首先是贸易地区的限制阻碍了中外贸易的发展。康熙皇帝统一台湾之后，曾经下令开放海禁，指定广州、漳州、宁波、云台山四处为通商口岸。由于当时西方资本主义尚处在初期发展阶段，对华贸易数额不大，因而通商地点习惯上还是集中于广州一地。而至乾隆时期，因为中外贸易的发展，一口通商变成了中外贸易的障碍。

其次，清朝海关吏治败坏以及清初以来一直坚持的行商贸易机构也在很大程度上限制了中外贸易的发展。按照清朝政府的规定，西方商人来华，所携货物需交行商代售；采办中国商品，亦由行商代为购买。行商之上，又有粤海关监督管理其事。这样，作为中外贸易的管理者和中介人，粤海关监督和行商几乎控制了西方商人的命运。西方商人前来贸易，不但税则颇重，而且在正税之外，还有数不清的陋规。乾隆二十二年时，广州行商已经发展到二十六家，对外商的控制愈益严密。一口通商已使西方商人之间的竞争相当激烈，清朝政府坚持的行商制度和粤海关对外商的无厌勒索更使外商极为不满。为了摆脱因此造成的"生意平常"的局面，在通商口岸上，距离中国内地较近、各种中国产品价格又颇低廉的宁波引起了西方商人的注意。不仅如此，这些西方商人还企图摆脱行商的控制而直接与中国民众打交道。从乾隆二十年以后，一些西方国家的商船径赴宁波进行贸易，而西方商人直接与中国民人进行贸易的现象也不时发生。对于这些新问题，乾隆皇帝不但不审时度势，采取措施，扩大中外贸易来往，反而从巩固自己专制统治的政治需要出发予以严厉限制，并将之发展成为闭关政策，对于当时和此后中国社会的发展都产生了极其严重的影响。

乾隆二十年四月和乾隆二十一年七月，根据浙江地方官员奏报，先后有两艘西方商船进入宁波进行贸易，这使乾隆皇帝极为注意。他说："向来洋船进口，俱由广东之澳门等处……近年乃多有专为贸易而至（宁波）者。将来熟悉此路，进口船只，不免日增，是又成一市集之所；在国家绥远通商，宁波原与岙门无异。但于此复多一市场，恐积久留居内地者益众，海滨要地，殊非防微杜渐之道。"[38]"内地海疆，关系紧要"，"浙民习俗易嚣，洋商错处，必致滋事，若不立法杜绝，恐将来到浙者众，宁波又成一洋船市集之所"。[39]为了制止这种现象的继续发展，乾隆皇帝指令闽浙总督喀尔吉善"照广省海关现行则例再为酌量加重，俾至浙者获利甚微，庶商船仍俱归澳门一带，而小人不得勾串滋事"。[40]当年十月，他又颁旨于喀尔吉善，强调："浙省只有较粤省重定税例一法，彼不期禁而自不来矣。"[41]根据这些指示，喀尔吉善制定了宁波海关则例，"将浙海关征收外洋正税，照粤海关则例，酌议加征"。[42]乾隆二十二年冬，两广总督杨应琚移督闽浙，乾隆皇帝又令其向外商宣布，如夷商再来宁波，"必令原船返棹至广，不准入浙江海口"。[43]与此同时，还令继任两广总督李侍尧将同样内容晓谕在广外商。西方商人开设新的通商口岸的企图遭到了失败。

乾隆皇帝规定的一口通商政策严重地损害了西方商人的利益。乾隆二十四年六月，英国商人洪任辉在继续前赴宁波进行贸易的同时，还"以迩年在粤贸易有负屈之处，特赴天津呈诉"。[44]在呈词中，洪任辉揭露，粤海关监督李永标利用职权"自买货物，全不酬价"，以及行商黎光华拖欠外商巨额银两等严重问题。[45]对此，乾隆皇帝认为："看其情形，必有内地奸民潜为勾引，事关海疆，自应彻底根究，以戢刁风。而该商等在浙闽、天津处处呈控，亦不无挟制居奇之意。不知外洋货物，内地何一不有，岂必借伊来贸易，始可足用。是在内地奸人果有为之商谋者，审出固当按法严治，而番商立意把持，必欲去粤向浙，情理亦属可恶，不可不申明国宪，示以限制。"[46]为此，他专派福州将军新柱等前赴广州，会同两广总督李侍尧审理此案。经过调查，发现洪任辉所控各款大抵属实。与此同时，还发现了洪任辉勾通安徽婺源县生员汪圣仪父子，"借领资本"，为其在宁波、江苏各处"包运茶叶"，以及四川民人刘亚匾为其代作呈词等重要情节。[47]在该案基本查清之后，乾隆皇帝下令将李永标革职，查抄家产，将刘亚匾正法，将汪圣仪发遣，"以为贪利狡诡，潜通外夷者戒"。[48]对于洪任辉，尽管所控大多属实，乾隆皇帝也以其"勾串内地奸民，代为列款，希冀违例别通海口"为罪名，下令将其"在澳门圈禁三年，满日逐回本国，不准逗留生事"。[49]

洪任辉事件发生以后，出于巩固自己专制统治的目的，在坚持一口通商和行商制度的同时，乾隆皇帝又陆续采取各种措施，进一步加强了对外贸事务的管理。

首先是采取措施加强对西方商人的防范。乾隆二十四年十二月，两广总督李侍尧制定了防范外夷规条。其主要内容是：（一）"禁止夷商在省住冬"；（二）"夷人到粤，宜令寓居行商，管束稽查"；（三）"借领外夷资本及雇请汉人役使，并应查禁"；（四）"严禁外夷雇人传递信息积弊"；（五）"夷船泊处，请酌拨营员，弹压稽查"。[50]因为这些规定的目的在于防止和限制西方商人和中国民人之间的直接来往，对乾隆皇帝巩固自己的专制统治异常有利，当即被乾隆皇帝批准照办。

其次是对出口商品品种和数量严加限制。乾隆初年，除循康、雍旧制，禁止军械、火药、硝磺等物出口之外，对于其他物品，一般未作限制。乾隆七年以后，所禁物品扩大到了粮食。洪任辉事件发生后，禁止出口的商品越来越多。乾隆二十四年闰六月，乾隆皇帝首先采纳御史李兆鹏建议，禁止蚕丝出洋。[51]当年十二月，绸缎丝绢也列入应禁范围，"如有偷漏私贩者，亦按斤两多寡，分别科罪；失察文武官弁，照例议处"。[52]乾隆二十九年，虽因外商恳请而将蚕丝弛禁，然而绸绫缎匹却仍在禁止之列。[53]对于蚕丝等弛禁物品售卖斤数，还作有各种限制。

再次是采取各种方法，不许发生"夷欠"，尽量减少中外贸易中的财物争端。由于对外贸易全由行商垄断，西方商人货物到达广州洋行后，行商既不能预定销售之难易，又无力预垫资金，兼之以西方商人无法在华久住，久而久之，在对外贸易中，一些行商出现为数甚多的积欠。如乾隆二十四年时，行商黎光华积欠外商银两五万余两。乾隆四十一年时，倪宏文欠英商银两一万余两。后来，这种欠银情况愈益普遍，数额也越来越大。如乾隆四十四年时，行商颜时瑛、张天球积欠英商银两高达二百八十余万元；乾隆四十九年，蔡昭欠银十六万余两；乾隆五十六年，平太行商吴昭平拖欠外商番银四十多万元；乾隆六十年时，石中和积欠外商货银数字更大，除变产抵还外，尚欠五十九万八千余两。[54]数目庞大的积欠往往会触发各种不测事件。如乾隆四十四年时，为了索取欠款，英印政府还曾派遣军舰到广州，进行战争恫吓。直至清朝政府将颜时瑛、张天球二人遣戍伊犁，并责令全体行商摊赔之后方才罢休。因而，对于"夷欠"，乾隆皇帝极表重视。他说："外国夷商贩货来售，内地民人与之交易，自应将价值照数清还，若因拖欠控告到官，尤宜上紧严追给领，并将拖欠之人从重究治，庶免夷人羁滞中华，而奸徒知所惩儆。"[55]

对于积欠夷商银两较多、情节严重的行商，他多次下令予以严惩。如乾隆四十一年倪宏文积欠案发后，乾隆皇帝下令"转饬该犯原籍，查产变抵，照数给与夷商收领，其不敷之数，勒限一年追清。如限满不能全完，即令该省督抚司道及承审此案之府州县官，于养廉内按数摊赔"。[56]对于倪宏文等人，则分别"发往伊犁，永远安插，以示惩儆"。与此同时，他还颁发长篇上谕，指出："涓涓不杜，将成江河。"告诫有关官员，此事关系甚大，而不得视之为"钱债细故，轻心掉之"。要求他们"遇有交涉词讼之事，断不可徇民人以抑外夷"；严令他们将此入于离任交待，"令各后任永远遵行，勿稍玩忽"。在这道上谕中，他告诫自己的后世子孙"敬体朕训，守而勿失，亿万年无疆之庆，讵不在是矣"。[57]为了防止类似案件再度发生，在对各种积欠事件严肃处理的同时，乾隆六十年七月，乾隆皇帝又进一步作出决定："嗣后洋商拖欠夷人货价，每年结算，不得过十余万两。如有拖欠过多者，随时勒令清还，即自今岁为始。通饬各洋商，一体遵照办理。"[58]

限制外商对华贸易之外，为了加强对广大人民的控制，对于沿海一带民人出洋贸易，乾隆皇帝也百般限制。中国人出海贸易，不许携带违禁物品。除此之外，还对船只大小、人员多少、出海时间也都做有明确规定，违犯者即予处罚，对于在外娶妻生子者还特别加以严惩。这样，在海上贸易日益发展的十八世纪，中国的海上贸易事业却急剧地衰落下去，这对于沿海一带人民的生计与中国社会的发展都产生了极其不利的影响。

从乾隆皇帝严格限制一口通商以及认真清理"夷欠"的各种言论看来，乾隆皇帝已经朦朦胧胧地感到了西方国家对中国的潜在的威胁。然而，乾隆皇帝并不是以积极的态度发展对外贸易、增强国力以对付西方国家的侵略野心，而是通过消极地限制贸易、尽量减少和避免中外接触的方式，来维持自己的统治和保护国家的独立。因而，这种政策的推行产生了极为严重的后果，它严重地妨碍了中国人民学习世界先进的思想文化和科学技术，阻碍了中国社会的进步和社会生产力的发展。由于闭关政策的推行，当时的中国虽然暂时地维持了独立自主的局面，并且在表面上也是世界上最强大的国家之一，但是不长时间之后，中西实力差距日益扩大。为了维护国家的独立和统一，为了跟上世界先进民族前进的步伐，中国人民不得不付出极其高昂的代价。乾隆时期以来的这个历史的教训，永远值得我们汲取。

第三节 中俄关系

俄国与中国地土相接，十七世纪以后，它极力奉行对外扩张的政策，至乾隆皇帝在位的十八世纪中后期，中国成了沙俄当局对外扩张的一个主要目标。本来，通过雍正年间签订的《恰克图条约》，沙俄当局已将恰克图以北的大片中国领土据为己有。然而，沙俄当局并不以此为满足。在他们看来，彼得大帝所宣称的"占领黑龙江口""直达中国的长城"才是他们所致力的目标。为此，他们除了利用中国少数民族上层分子发动叛乱之机支持叛乱，企图一举分裂大片中国领土之外，更多的情况下则是不露声色地推行蚕食政策，先后侵占了大片中国领土。与此同时，在双方贸易和其他各种双边事务中，他们也不遵守有关规定，或者私增货物价值，或者公然容纳逋逃，或者悍然派人越境抢劫。所有这些，都为当时中俄关系的发展蒙上了一层阴影。

对于沙俄当局的侵略活动，一般说来，乾隆皇帝都能保持警惕并分别采取各种措施，捍卫国家的独立和领土的完整。首先，对于沙俄当局发动的几次大的侵略活动，乾隆皇帝都能坚持原则，针锋相对，毫不让步。如准噶尔叛乱平定之初，叛乱头子阿睦尔撒纳外逃俄罗斯。为了杜绝后患，乾隆皇帝明知沙俄当局是阿睦尔撒纳的后台老板，却偏偏下令理藩院行文俄罗斯萨纳特衙门，坚决要求引渡阿睦尔撒纳。由于乾隆皇帝态度坚决，义正词严，沙俄当局不得不将阿睦尔撒纳的尸体送至恰克图边境，从而挫败了沙俄当局企图利用阿睦尔撒纳建立傀儡政权、分裂中国领土的阴谋。乾隆二十一年秋，喀尔喀蒙古贵族青滚杂卜发动叛乱。得知这一消息，沙俄当局欣喜若狂，不择手段地采取各种措施，企图煽动其他喀尔喀蒙古贵族一起发动叛乱，以便实现其分裂并吞喀尔喀蒙古，进而侵略黑龙江地区的狼子野心。这时，乾隆皇帝果断地将平定准噶尔叛乱的军事行动暂时停止下来，集中全力先行平定青滚杂卜叛乱，不到半年时间，即将叛乱平定，叛乱头子青滚杂卜也被擒拿归案，再次挫败了沙俄当局分裂中国领土的阴谋。乾隆二十二年，沙俄当局出兵远东，在堪察加一带进行领土扩张。因为俄国境内山路崎岖，粮运为难，沙俄当局异想天开，企图借道中国东北运送粮食。为此，沙俄当局指令萨纳特衙门行文中国理藩院，诡称其"东北边界居人被灾"，要求清朝政府准其于阴葛达河、额尔衮河和黑龙江等中国内河航行运粮。[59]乾隆皇帝洞察沙俄当局的这一阴谋，对于这种公然侵犯中国主权的行径，断然予以拒绝。乾隆三十五年，为了反对沙俄当局的压迫，旅居伏尔加河下游的土尔扈特部人民发动反俄起义，于乾隆三十六年夏返回祖国。对此，沙俄当局恼羞成怒，公然向清朝政府提出了将土尔扈特部人民交回俄国的无理要求，并且还以战争相威胁。对此，乾隆皇帝寸步不让，严词驳斥，又一次挫败了沙俄当局干涉中国内政、企图奴役中国人民的阴谋。在与沙俄当局的侵略行径进行斗争的过程中，乾隆皇帝积累了丰富的经验。

他说:"驾驭外藩之道,示之以谦则愈骄,怵之以威则自畏。此二言,若子孙世世能守,实大清国亿万年无疆之庥也。"[60]

其次,对于沙俄当局对中国领土经常性的蚕食和骚扰活动,乾隆皇帝也比较注意。为了保护边境安全,他很留意将"汉仗好,谙悉事务之人"选充为戍边官员,[61]并多次下令增设边境哨卡和驻防兵丁,一旦发现越界树栅等侵略活动,立即强行拆除,逐回原地。乾隆二十三年正月,在平定阿睦尔撒纳、青滚杂卜叛乱后,乾隆皇帝指令黑龙江将军和喀尔喀亲王桑寨多尔济在中俄边界一带添设卡座六十六个,分兵驻卡,"日一会哨,对换执照"。[62]针对沙俄当局利用清朝政府平定准噶尔叛乱和青滚杂卜叛乱期间不断蚕食中国领土的侵略行为,乾隆二十七年初,他指令喀尔喀亲王桑寨多尔济派员查边,"照原定疆界图样,视俄罗斯现定木栅",发现逾越侵占,"即行拆毁,不必游移"。[63]与此同时,他还派遣参赞大臣阿桂巡查塔城一带边防,于中俄交界之处,或者立木,或者垒石以为标记,俟以后驻兵时,"再将所立木石记号之处,酌量设卡"。[64]对于东北一带边防,乾隆皇帝也非常重视。乾隆三十年八月,他下令黑龙江一带官兵每年由下级官员带领巡视边防,每三年由副总管一级的高级官员带领巡视一周。[65]因为边界地区多次发生俄人越境,抢劫牲畜、财物事件,乾隆四十四年九月,乾隆皇帝在将失察的总管、将军分别严行治罪的同时,还通令与俄国接壤的所有边卡,"嗣后如有外国人等私越我境,无论是否贼匪,即行擒拿","倘敢如衮布等任意贿纵,查出即行正法"。[66]这些规定的推行,对于维护清朝政府边境地区的主权,起到了重要的作用。

再次，为了打击沙俄当局的侵略气焰，乾隆皇帝还时以停止贸易为武器，迫其就范。如乾隆二十九年，因为沙俄当局"背原定价值，加增货税，一切诸事，推托支吾，不肯简速办理"，[67]乾隆皇帝下令停止互市。只是因为沙俄政府多次乞请并表示愿意遵循中国政府制定的恰克图通商十三条，[68]四年之后，乾隆皇帝才允许重开互市。乾隆四十四年三月，因为沙俄当局违背双方互惠规定，不准中国使者进入俄国境内递交文书以及不对私自越境之俄罗斯人加以惩治，乾隆皇帝再度下令，停止恰克图及齐齐哈尔两处互市。[69]直至沙俄当局"再四恳求开通贸易"，并将私自越境之十七人解赴中俄交界处当面治罪之后，方才复准贸易。[70]乾隆五十四年，乾隆皇帝又以沙俄当局"不守定约，将为匪贼犯，不遵共定章程办理"，再停中俄互市并严禁大黄、茶叶等物出口。[71]直到乾隆五十七年，在沙俄当局多次乞求之后，方才与之订立《恰克图市约》，准予互市贸易。

乾隆时期，俄国对华贸易数额一直相当巨大。如乾隆十年前后，俄国在恰克图贸易中的周转额，每年达五六十万卢布，乾隆十五年以后，又进一步发展到八九十万卢布。[72]对华贸易的商税收入成了沙俄政府财政收入的一个重要来源。为了保证政府财税收入，每逢乾隆皇帝下令停止贸易之时，沙俄当局总是不得不表示屈服。因为当时清朝国力强盛，敢于和沙俄当局的侵略行径作针锋相对的斗争，兼之以使用了贸易这个武器，终乾隆之世，清朝政府的对俄关系一直处于比较主动有利的地位，对于遏制沙俄当局的侵略野心，对于捍卫国家的独立和主权都起到了重要的作用。

但是，也应看到，由于乾隆皇帝的主要注意力集中在加强对内统治方面，除了对沙俄当局发动的几次大的侵略活动比较注意之外，他对于沙俄当局采取的蚕食中国边境领土的行径却相当忽视。而且，对于沙俄当局侵略中国的战略计划，乾隆皇帝也缺乏应有的认识。这样，即使在国力极为强盛的乾隆时期，由于沙俄当局的蚕食政策，中国已经失去了西北准噶尔地区不少的领土。而后，随着乾隆时代的结束和清朝统治的衰落，沙俄当局更是磨刀霍霍，进行了更大规模的侵略活动。咸丰末年，第二次鸦片战争失败后，沙俄当局通过《瑷珲条约》《北京条约》和一系列勘界条约，侵占了中国一百五十多万平方公里的领土。其时，距离乾隆皇帝去世不过六十来年。

第四节　征缅之役

乾隆前期，在对外关系中，还有一起重要的战争也须一述，这就是乾隆三十一年至乾隆三十四年乾隆皇帝发动的征缅之役。

缅甸是中国的南方邻邦。清朝建立以后，虽然两国政府来往不多，但是由于两国边界地区"犬牙交错"、人民"世联婚姻"，[73]民间贸易一直络绎不绝。在民间贸易的推动下，乾隆十六年，缅甸政府首次遣使入贡，标志着两国政府间的关系有了一个新的发展。可惜的是，这种良好关系不久便为两国统治者的领土扩张行为所破坏，以致兵戎相见，给两国人民也带来了巨大的灾难。

中缅关系日益恶化，缅甸统治者负有不可推卸的责任。乾隆十七年，缅甸发生内乱，东吁王朝灭亡，木梳部酋长雍藉牙建立了贡榜王朝。为了发展势力，十几年的时间里，雍藉牙及其后继者莽纪觉、懵驳等对内用兵统一缅甸各部，对外用兵暹罗。与此同时，还向中国云南边境地区发动了进攻。乾隆二十七年冬，缅甸政府军和所属各部土司武装部队以"催取耿马贡项"为借口，[74]分别入侵普洱府属车里和顺宁府属孟定等土司，大肆杀掠。次年冬，缅王莽纪觉又以"普洱之十三版纳原隶缅甸"，[75]率众骚扰车里地区。直至次年春，始行撤出。乾隆三十年，缅军再次侵犯车里，所至焚掠，并且一度逼近思茅内地。当地土练不能抵御，纷纷溃逃。为了保护边界安宁，乾隆皇帝指令当地官员调集军队，"大加惩创"，"穷力追擒，捣其巢穴，务使根株尽绝，边徼肃清"。[76]为此，云贵总督刘藻调集绿营、土练七八千人前往进剿，但因指挥不当，伤亡惨重。有鉴于刘藻不娴军旅，乾隆三十一年正月，乾隆皇帝将刘藻调任湖广总督，旋又将之革职，而将大学士、陕甘总督杨应琚调任云贵总督，全面经理对缅事宜。

乾隆三十一年三月，杨应琚至云南普洱。当时，恰值入侵缅军饱掠后退出之时，杨应琚得以比较顺利地收复车里、孟艮各土司失地。由于被暂时的胜利冲昏了头脑，杨应琚上书乾隆皇帝，"密奏缅甸可取状"。[77]准部、回疆之役后，乾隆皇帝一直为自己"不越五载"，"关门以西万有余里悉入版图"而自我陶醉，[78]在他看来，"我大清国全盛之势，何事不可"，[79]因而对于杨应琚的建议当即批准照办。他说："缅夷虽僻处南荒，其在明季，尚入隶版图，亦非不可臣服之境。……如将来办理，或可相机调发，克期奏功，不至大需兵力，自不妨乘时集事。"[80]根据乾隆皇帝的这些指示，杨应琚一方面行文缅甸，"号称合各国精兵五十万，大炮千尊，有大树将军统领"，以对缅甸进行战争恫吓；[81]另一方面，又采取各种手段诱迫近边缅属各土司木邦、蛮暮、整卖、景线等先后蓄发内附。与此同时，他还从省城赶赴永昌，调集合省兵力一万四千余人，计划对缅甸大举用兵。

得知清朝政府出兵消息，缅甸政府立即调集数万军队，"分道四出，一由蛮暮，一由猛密、猛育，一由木邦，一由滚弄江"，[82]向内附土司和中国内地发动了进攻。其中木邦一路缅军首先攻克木邦，头人瓮团逃入中国境内。尔后，西路缅军亦溯江而上，进抵新街。帮助蛮暮土司戍守的清朝将领赵宏榜作战失败，置蛮暮于不顾，窜回铁壁关。为此，杨应琚两路出兵，一以永顺镇总兵乌尔登额出宛顶以攻木邦，一以永北镇总兵朱崙出铁壁关以复新街。但因交战不利，致令西路缅军于当年冬攻克万仞、铜壁两关，并对边内盏达、干崖、户撒等土司地区肆行骚扰。尔后不久，入侵缅军又挥师东向，围困猛卯达十一日之久，重创赴援清军之后，始由宛顶出境而去。与此同时，东线两路缅军亦分别入侵孟连、耿马、孟定、九龙江一带地方，"四出焚劫，夷民仓猝不知贼至，尚贸易于街场，力作于田亩，均为掳掠"。[83]"凡盘踞二十余日，贼始由滚弄江两路而去。"[84]杨应琚轻启边衅的行为受到了严厉的惩罚，也给云南边境地区人民带来了巨大的灾难。

为了掩饰失败，将就了事，杨应琚在上给乾隆皇帝的奏折中，一方面虚张粉饰，谎报战功，诳称打死缅军上万人；一方面又奏称"缅甸原系边南大国，密箐崇山，阻江为险，水土恶劣，瘴疬时行，若欲直捣巢穴，恐旷日持久，得不偿失。如猛毒果倾心凛惧，愿效臣服，似即可宥其前愆，酌与自新之路"。[85]接到杨应琚的这一奏折，乾隆皇帝极为愤怒，对杨应琚严加斥责："该督始则冒昧贪功，继则欲图苟且完事，肺肝如揭。而前此奏报杀贼之虚诳，益复显然。""我国家正当全盛之时，准夷、回部，悉皆底定，何有此区区缅甸，而不加剿灭乎？而杨应琚竟思就事完事，实为大谬。"[86]他表示：

"今缅匪敢于抗拒大兵，伤我士卒，并且窜入内地侵扰，已成骑虎之势，断难中止，此而不大张挞伐，何以振国威而申天讨耶？"[87]因此，乾隆三十二年二月，他先后降旨将杨应琚及与事官员革职治罪，改派明瑞为总督、鄂宁为巡抚，调集八旗、绿营军队三万余人开赴前线，加拨饷银六百万两解往云南，计划对缅甸发动更大规模的军事入侵活动。

乾隆三十二年五月，明瑞至滇。六月，他制定了一个集中优势兵力、两路进捣缅甸首都阿瓦的军事行动计划。按照这一计划，清军分别由永昌、腾越两路出师缅甸，"俾得联络声援，出奇设疑，使贼疲于奔救"。[88]不久，所调本省和川、黔绿营及京师八旗精卒先后到达滇西，对缅甸的军事入侵活动正式开始。九月间，清军分两路出境作战。一路由明瑞亲自率领，出宛顶、木邦以向锡箔；一路由参赞大臣额尔景额率领，由老官屯进取猛密，两路军队约会于阿瓦。两路之外，还由参赞珠鲁讷别领军队五千人随同明瑞出征，一俟攻克木邦，即驻军戍守该地以通军中驿递及作为两路声援之用。明瑞出师时，适逢连日大雨，山险路滑，人马阻塞，直至十月下旬才进入木邦，即留珠鲁讷戍守，大军继续前进。与此同时，额尔景额一路清军也到达老官屯，并向当地驻守缅军发动了进攻。因为气候恶劣，兼之以缅军顽强抵抗，该路清军伤亡严重。主将额尔景额染瘴身故，改由其弟额尔登额为参赞大臣，继续组织进攻。与在西线顽强抵抗清军的战术相反，对于明瑞一路清军，缅甸方面却采取了坚壁清野、诱敌深入、包抄后路的作战方式。因而明瑞自木邦出发后，一路很少遇到抵抗，连克臼小、蒲卡等处。十一月底，明瑞率师渡过锡箔江，始与正规缅军在蛮结发生战斗。经过激烈战斗，缅军后撤，而清军本身也损失严重，不少士卒死伤，主将明瑞的眼睛也几乎被敌军炮火所打瞎。这时，清军越境作战已近两月，锐气渐消，粮草、弹药也觉不足。不少将领如领队大臣观音保、扎尔丰阿等皆要求退军木邦，整旅再进。然而由于被连日来进军顺利冲昏了头脑，明瑞不顾多数将领的反对，率领军队继续南行。前进途中，困苦万状。路途峭险，"马乏草，牛踣途，贼烧积贮，空村寨，无粮可掠"。[89]十二月间，在清军抵达距离阿瓦仅七十里的象孔时，军粮告罄，再也无法前进，不得已而西向猛笼。得知清军粮尽，缅甸政府开始调集军队对入侵清军进行追剿。在形势异常不利的情况下，明瑞率军自猛笼取道大山土司向木邦进发。还师途中，每天都遭到缅甸军队的围追堵截。明瑞不得不步步为营，且战且退，每日行不过三十里。自象孔至小猛育二千余里，竟足足走了两个月。在明瑞一军陷于困境的同时，乾隆三十二年十二月至次年正月，留守木邦的珠鲁讷一军也遭到了缅军的围攻而全军覆没。至此，内地和明瑞军队之间的联系最后断绝。

为了救援木邦，乾隆皇帝下令西路额尔登额自旱塔（老官屯北四十里）率师东进。一月之间，檄凡十四至。然而，额尔登额等却畏敌如虎，接檄后不但不径往赴援，反而取道铁壁关退回内地，绕道龙陵进抵宛顶，即逗留不进。这不但贻误了救援时机，而且由于在撤军时未曾留兵殿后，致令缅军尾随入境，大肆抢掠。在外援完全断绝的情况下，明瑞率领军队退至距离宛顶约二百余里的小猛育时，再也无法抵抗缅军的进攻。明瑞、观音保等被围自杀，余众溃散，此次征缅之役遭到了彻底的失败。

得知明瑞征缅失败的消息，乾隆皇帝气急败坏。为了泄愤，他下令将拥兵不救的额尔登额凌迟处死。与此同时，又任命大学士傅恒为经略，阿里衮、阿桂为副将军，舒赫德为参赞大臣，拨银二百万两，再次调集八旗绿营军队，计划对缅甸大张挞伐。有鉴于两次出师失利，参赞大臣舒赫德、云贵总督鄂宁联合上疏，在具陈云南、缅甸交界地区山险路峭，行军为难，军需浩繁，难以供支，气候恶劣，内地兵丁水土不服等实际情况的同时，认为征剿缅甸实无胜算，不如暂息兵革，遣使密行招降。当时，乾隆皇帝正在盛怒之际，对于这一正确建议，半句也听不进去，反而严厉斥责。他说，如以云南边外地理险要，气候恶劣，进军为难，何以康熙皇帝能平定吴三桂叛乱。至于秘密招降一节，"更属无耻"，"缅匪屡抗颜行，实声罪致讨所必及"，"若彼未来求，而先示之以意，此宋、明诸朝庸馁不堪者所为，岂我国家势当全盛，转效彼自欺欺人之计耶"。[90]为此，他将舒赫德革职，将鄂宁降授福建巡抚。对于缅甸方面的求和要求，则置之不答。与此同时，继续调发索伦、达呼尔、锡伯、吉林等处八旗兵丁，福建水师，四川瓦寺、杂谷土司军队和一些官员驰赴云南军营待命，所有军用之冲天炮、九节铜炮、火箭、火罐以及祛瘴药物阿魏等均派人送至军前。一时之间，全国骚动。

在所有准备工作大致就绪之后，乾隆三十四年二月，大学士傅恒自北京起程，三月底至滇，和阿里衮、阿桂等统兵将领一起筹划进兵方略。关于出兵日期，群议宜待霜降瘴消后出师，但傅恒以为所有军队将为此坐守四五个月，既糜帑饷，又懈斗志，决定将出师日期提前至七月。关于进兵路线，傅恒等决定三路出师，其中傅恒统率一军自边外戛鸠渡江而南，由猛拱、猛养直捣其木梳老巢，是为正师。另外两路一由阿桂统率自江东南行，一由阿里衮率领水师于江中前进，以相策应。当年七月二十日，傅恒率师自腾越起程，尔后，其他两路军队亦相继出发。因为清军暑日出师，因而对于此次进攻，缅甸方面并不急于迎战，而是先让当地气候好好教训一下清军。果不其然，傅恒出师之初，虽然连下猛拱、猛养，并于十月间在新街之战中获得了胜利，但当深入到老官屯一带地方时，因气候恶劣、水土不服，染瘴病故者与日俱增。兼之以老官屯缅军壁垒森严，攻克为难，作战死亡者也为数甚多，部队减员情况相当严重。截至当年十一月，出师不到四个月，部队已由出征时的三万一千名减至一万三千余名，[91]傅恒本人也因沾染时疫而卧床不起。在这样的情况下，广大将士的厌战情绪也日益增长，"皆惮水土瘴疠，争愿罢兵"，[92]战争实在无法进行下去了。恰在此时，缅甸方面遣使求和，傅恒等乘机与之进行谈判。在对方答应称臣纳贡，放回俘获人员，退还所侵边境土司土地之后，十一月下旬，傅恒撤兵回国，此次征缅战争实际上又遭到了失败。

通计征缅四年，前后调拨军队七八万之众，花费帑银一千三百余万两，除了将数万名将士的尸骸留在缅甸之外，乾隆皇帝毫无所获。乾隆皇帝的穷兵黩武政策受到了严厉的惩罚。但是，乾隆皇帝并不死心，乾隆三十六年冬，再次谕令云贵总督阿桂出兵缅甸。仅因边臣反对和金川役起，这次战争才没有发动。尽管如此，乾隆皇帝并未接受教训，而是于此之后又连续发动内外战争，不但使国内广大百姓深受苦难，也使清朝统治向上发展的盛世局面逐渐停止并走向衰落的新阶段。

1 《一七七一年韩国英在北京写给P·D的信》，转引自中国人民大学清史研究所资料室编《清史译文》第10期，1985年12月油印本。

2 《清高宗实录》卷一一三〇，乾隆四十六年五月乙亥。

3 《清高宗实录》卷一二一九，乾隆四十九年十一月辛巳。

4 《清高宗实录》卷二六七，乾隆十一年五月。

5 《清高宗实录》卷二六九，乾隆十一年六月庚寅。

6 《清高宗实录》卷二六九，乾隆十一年六月庚寅。

7 《清高宗实录》卷二七三，乾隆十一年八月。

8 《清高宗实录》卷二八七，乾隆十二年三月。

9 《清高宗实录》卷二八七，乾隆十二年三月。

10 《清高宗实录》卷三二〇，乾隆十三年闰七月戊午。

11 《清高宗实录》卷四四〇，乾隆十八年六月己亥。

12 《清高宗实录》卷四二九，乾隆十七年十二月乙巳。

13 《清高宗实录》卷四二九，乾隆十七年十二月乙巳。

14 《清高宗实录》卷四六二，乾隆十九

年闰四月甲寅。

15 《清高宗实录》卷四六三，乾隆十九年闰四月戊寅。

16 《清高宗实录》卷七九三，乾隆三十二年八月辛巳。

17 《清高宗实录》卷八〇〇，乾隆三十二年十二月乙亥。

18 《清高宗实录》卷八一九，乾隆三十三年九月壬子。

19 《清高宗实录》卷八五八，乾隆三十五年五月甲申。

20 《清高宗实录》卷九六二，乾隆三十九年七月庚申。

21 《耶稣会士中国书简集》第十一封信，第十四封信，转引自中国人民大学清史研究所资料室编《清史译文》第10期，1985年12月油印本。

22 《耶稣会士中国书简集》第十一封信，第十四封信，转引自中国人民大学清史研究所资料室编《清史译文》第10期，1985年12月油印本。

23 《清高宗实录》卷一一五〇，乾隆四十七年二月辛巳。

24 《清高宗实录》卷一四八二，乾隆六十年七月庚申。

25 《清高宗实录》卷一二一八，乾隆四十九年十一月丙寅。

26 《清高宗实录》卷一二一三，乾隆四十九年八月癸卯。

27 《清高宗实录》卷一二一五，乾隆四十九年九月乙亥。

28 《清高宗实录》卷一二一八，乾隆四十九年十一月壬戌。

29 《清高宗实录》卷一二一八，乾隆四十九年十一月壬戌。

30 《清高宗实录》卷一二一八，乾隆四十九年十一月壬戌。

31 《清高宗实录》卷一二一九，乾隆

32 《清高宗实录》卷一二二五，乾隆五十年二月丙申。

33 《清高宗实录》卷一二二九，乾隆五十年四月庚子。

34 《清高宗实录》卷一二一九，乾隆四十九年十一月辛未。

35 《清高宗实录》卷一二一九，乾隆四十九年十一月辛巳。

36 《清高宗实录》卷一二二七，乾隆五十年三月癸酉。

37 《清高宗实录》卷一二四〇，乾隆五十年十月甲申。

38 《清高宗实录》卷五一六，乾隆二十一年七月乙亥。

39 《清高宗实录》卷五三〇，乾隆二十二年正月庚子。

40 《清高宗实录》卷五二二，乾隆二十一年闰九月乙巳。

41 《清高宗实录》卷五二五，乾隆二十一年十月。

42 《清高宗实录》卷五三三，乾隆二十二年二月甲申。

43 《清高宗实录》卷五五〇，乾隆二十二年十一月戊戌。

44 《清高宗实录》卷五八九，乾隆二十四年六月戊寅。

45 《清高宗实录》卷五九一，乾隆二十四年闰六月。

46 《清高宗实录》卷五九二，乾隆二十四年七月壬戌。

47 《清高宗实录》卷六〇五，乾隆二十四年正月辛未。

48 《清高宗实录》卷六〇五，乾隆二十五年正月辛未。

49 《清高宗实录》卷五九八，乾隆二十四年十月庚辰。

50 《清高宗实录》卷六〇二，乾隆二十

四年十二月戊子。

51 《清高宗实录》卷五九一,乾隆二十四年闰六月壬寅。

52 《清高宗实录》卷六〇三,乾隆二十四年十二月丁酉。

53 《清高宗实录》卷六六〇,乾隆二十七年五月甲辰。

54 《清高宗实录》卷一四八三,乾隆六十年七月丁卯。

55 《清高宗实录》卷一〇二一,乾隆四十一年十一月壬辰。

56 《清高宗实录》卷一〇二一,乾隆四十一年十一月壬辰。

57 《清高宗实录》卷一〇二一,乾隆四十一年十一月甲午。

58 《清高宗实录》卷一四八三,乾隆六十年七月丁卯。

59 《清高宗实录》卷五四四,乾隆二十二年八月庚申。

60 《清高宗实录》卷五五五,乾隆二十三年正月丙午。

61 《清高宗实录》卷七〇三,乾隆二十九年正月戊寅。

62 《清高宗实录》卷五五五,乾隆二十三年正月丁未。

63 《清高宗实录》卷六五三,乾隆二十七年正月癸亥。

64 《清高宗实录》卷六六三,乾隆二十七年闰五月戊寅。

65 《清高宗实录》卷七四三,乾隆三十年八月癸亥。

66 《清高宗实录》卷一〇九〇,乾隆四十四年九月壬午。

67 《清高宗实录》卷七三四,乾隆三十年四月己未。

68 《清高宗实录》卷八一六,乾隆三十三年八月丁卯。

69 《清高宗实录》卷一〇七九,乾隆

四十四年三月庚子。

70 《清高宗实录》卷一〇九六,乾隆四十四年十二月乙丑。

71 《清高宗实录》卷一三二五,乾隆五十四年三月壬午。

72 复旦大学历史系编写组:《沙俄侵华史》第一章,第67页,上海人民出版社,1986年。

73 《清高宗实录》卷五六九,乾隆二十三年八月。

74 《宫中档》,乾隆二十八年三月初三日,吴达善、刘藻奏折。转引自庄吉发《清高宗十全武功研究》。

75 昭梿:《啸亭杂录》卷五《缅甸归诚本末》。

76 《清高宗实录》卷七五一,乾隆三十年十二月庚申。

77 魏源:《圣武记》卷六《乾隆征缅甸记上》。

78 《清高宗实录》卷五九九,乾隆二十四年十月辛丑。

79 《清高宗实录》卷七七七,乾隆三十二年正月辛卯。

80 《清高宗实录》卷七六五,乾隆三十一年七月庚寅。

81 昭梿:《啸亭杂录》卷五《缅甸归诚本末》。

82 昭梿:《啸亭杂录》卷五《缅甸归诚本末》。

83 昭梿:《啸亭杂录》卷五《缅甸归诚本末》。

84 昭梿:《啸亭杂录》卷五《缅甸归诚本末》。

85 《清高宗实录》卷七七六,乾隆三十二年正月乙亥。

86 《清高宗实录》卷七八〇,乾隆三十二年三月乙丑。

87 《清高宗实录》卷七八二,乾隆三十

二年四月甲辰。

88　昭梿:《啸亭杂录》卷五《缅甸归诚本末》。

89　魏源:《圣武记》卷六《乾隆征缅甸记上》。

90　《清高宗实录》卷八〇九,乾隆三十

三年四月丙子。

91　《清高宗实录》卷八四七,乾隆三十四年十一月丙申。

92　魏源:《圣武记》卷六《乾隆征缅甸记下》。

乾隆传

下

白新良 著

中华书局

第八章　反清星火

　　在乾隆皇帝前期的政治活动中，对广大人民的反抗斗争进行残酷镇压是又一重要内容。乾隆前期，经过清初以来的长时期的和平发展，清朝统治进入了它的全盛时期，生产发展，经济繁荣，国力强盛。然而，在"升平之世"的背后，由于封建国家各级官吏和封建地主对广大劳动人民进行了残酷的压迫和剥削，阶级矛盾逐渐激化，不少地区发生了多起人民反抗斗争。这些反抗斗争，不但在当时起到了调整局部封建生产关系、促进社会经济发展的重要作用，而且为后来的更大规模的人民反抗斗争准备了条件。作为封建国家和封建地主阶级利益的最高代表者，为了维持封建秩序并进一步加强自己的专制统治，乾隆皇帝撕下了"爱民"的面纱，对各地人民反抗斗争进行了残酷的镇压。

第一节　民变频仍

一、连绵不断的人民反抗斗争

乾隆前期，广大人民抗租、抗粮、闹赈、反科派等各种形式的斗争又有了新的发展。其主要特点是：地区广，次数多，内容丰富，参加阶层广泛。以地区而言，不只清初以来人民斗争比较集中的江南一带地区的抗租、抗粮、反科派斗争仍在继续发展，而且原来租佃关系颇不发达的北方和少数民族地区也先后发生了多起斗争。以斗争次数而言，在个别农民和个别地主之间租佃诉讼案件进一步增多的同时，广大人民有组织的斗争也明显增多。以斗争内容而言，抗租、抗粮、夺粮、闹赈、反科派斗争无所不有。以参加阶层而言，除农民、手工业者之外，不少地区的城镇居民、雇工甚至流民和一些下层知识分子也都参加到斗争的行列中来。所有这些，标志着广大人民的抗租、抗粮、反科派斗争发展到了一个新的历史时期。

乾隆初年，由于经过雍正皇帝的大力整顿吏治和乾隆皇帝的调整统治政策，广大农民和手工业者的赋役负担一时有所减轻。因而除一般的租佃诉讼案件外，集体抗租、抗粮、闹赈、反科派斗争次数相对较少。其主要者如雍正十三年十月，安徽宣城一部分种植军屯田地的农民因政府逼令他们像屯田军人一样交纳过重的赋税而"聚众罢市"。[1]乾隆元年七月，江苏沛县商民因该县主簿程恪纵容书役私造大斗坑害商民而"众怨沸腾"，聚众垒塞衙署大门。[2]当年十二月，江苏兴化灾民因该县办赈"一任扣克滋弊"而"拥挤县堂哄闹，铺面关闭"。[3]对于这些斗争，乾隆皇帝的态度极为明确。如对安徽民种军田闹事一案，他即认为："聚众罢市，大干法纪，应将为首凶犯，严拿惩治，以儆刁风。"[4]然而，一则由于广大农民、手工业者和封建政府、封建地主阶级之间的阶级对立极为深刻，二则因为乾隆皇帝刚刚即位，镇压人民反抗斗争的经验尚为不足，因而乾隆皇帝的这些镇压措施并未产生什么效果，广大人民的反抗斗争仍然不断发生，并向高潮阶段继续发展。

乾隆皇帝亲政以后，各种形式的人民反抗斗争日趋活跃。其主要表现是，在个别农民和个别地主之间的租佃诉讼案件明显增多的同时，集体抗租、抗粮、闹赈、反科派斗争的次数和激烈程度也都大大超越从前。如乾隆四年九月，河南新乡遭灾，该县顾固寨村民因告灾不准，乘知县时正赴省之际，聚众开赴县城，将四门关闭，不容知县进城。[5]乾隆六年四月，福建屏南县典史纠众下乡征粮，被当地贫民饱打一顿之后逐回县城。[6]乾隆十七年五月，直隶邢台监生王方平等纠集饥民，堵塞县署。[7]乾隆十八年十月，福建惠安县知县下乡催租，"粮户不服拘比，争执棍石"打伤差役多人，甚至知县大人的坐轿中也投满了碎砖烂瓦。[8]在这些群众斗争的基础上，出现了乾隆六年到乾隆八年和乾隆十一年到乾隆十三年的两次斗争高潮。

乾隆六年到乾隆八年，南方各省相继遭灾，然而地主催租、官府征赋依然如故，兼之乾隆皇帝以讲求积贮为名而大量采买粮食，市场米价踊贵。广大农民走投无路，被迫组织起来同各地地主和封建官吏展开了激烈的斗争。乾隆六年六月，广州人民率先发动，先后捣毁米铺多家，"将所贮货物抢去，打毁门墙"。[9]尽管官府出动军队捕拿为首之人，但至是年八月，抢夺米铺事件仍然不时发生。与此同时，潮阳一带民众以政府"停止平粜，米价骤增"，起而罢市，[10]"男妇拥挤县堂，恳求粜米"，"拥入典史衙署，毁碎轿椅等物"，[11]将矛头直接指向了封建官吏。广东之外，江苏各地的人民斗争也风起云涌。当年七月，崇明县因风雨过多，粮田失收，以老施二等人为首的一些贫民首倡"不必还租，打逐业户之语"。[12]广大佃户起而响应，"众人各萌赖租之念"。[13]他们先是殴打并驱逐前来收租的地主，在遭到官府干涉时，又采取行动，夺回被关押的佃户，"将业主寓所、保正房屋肆行烧毁"。[14]受此影响，抗租斗争迅速扩大到其他地区。当年八月，崇明县秦七等"亦敢统众赖租"，他们一方面"胁逼业主，勒写田契，吓诈银两"，[15]一方面又聚众赴县，"伙党挟制该县县丞出示减租"。[16]与此同时，靖江县监生倪凤栖、贫民沙九成等"纠集多人，私立合同，喝令罢市，希图挟官报灾，免粮赖租"。[17]九月，该县徐永祥等人又率领遭灾佃户"纠众赴县争稟，借词报荒，希幸免租"。[18]十二月，镇江丹徒县民"集众告灾"，扬州宝应县贫民"纠众罢市"。[19]

乾隆八年，在江苏各地的抗租、抗粮、闹赈斗争继续发展的同时，湖北、湖南、江西、福建、浙江、直隶和贵州、广西等边远省份的抗租、抗粮、夺粮、闹赈斗争也进入了高潮。以湖北而言，乾隆八年春，京山、江陵一带因上年被水，"艰食者正不止被水饥民"，[20]京山县"有穷民百余人聚集，向村庄各户强借抢粮",江陵县灾民则"借荒为匪,名曰萝筐会,聚集男妇,以借为名,强索米谷"。[21]以湖南而言,衡阳、醴陵、巴陵、耒阳、兴宁、衡山、岳州等地的抢粮斗争此起彼伏,其中以傅老五领导的巴陵县饥民抢米斗争最为激烈。斗争开始之初,他"倡约贫民硬向富户强借谷石",[22]在遭到拒绝后,他"宰猪聚众","写贴传单",纠集村民一百数十人,夺取当地各大户粮食。[23]以江西而言,因为连年灾害,广大人民的生活已经非常困苦,乾隆八年春又遭大水,"所种菜麦多有淹浸",[24]"米价顿昂,每米一石自一两八九钱至二两以外不等,实为江西所未有"。[25]广大贫民为求生存,相率抢夺富户粮食。如当年二月,宜春等县便发生了聚众抢谷之事。[26]四月以后,大庾、崇义、南康、上犹、赣县、万安、峡江、宁都等地饥民也闻风而动,"一邑中竟有抢至百案者"。[27]与此同时,饥民还将斗争矛头直接指向了各级封建官吏。如当年四月间,丰城县饥民黄天爵等"挟制知县朱怀拭给票,押令富家出粜";永丰县肖走脚子等"将知县黄文英拥挤下堂,毁裂衣帽";吉水县刘茂隆等以知县将官谷外运,"闹至县堂","咆哮无状";乐平县邹云从等"乘知县陈讷在米厂监粜,掷石阻挠";崇仁县唐纳等"乘知府唐孝本到县,诱惑无知男妇,向前拥挤求赈,毁轿裂衣"。[28]以福建而言,因为乾隆七年全省歉收,八年春青黄不接,兼之以富户、米铺囤积居奇、哄抬粮价,邵武、南安、延平等县"乡民一时艰于买粜,遂至聚众哄闹。始则相率求请,继而罢市挟制"。[29]其中南安县饥民"相率向富户强借,名曰平仓"。[30]宁化、南平等县也先后发生了饥民聚众罢市、哄闹县衙公署事件。以浙江而言，乾隆九年九月，因为水灾乏食，淳安、上虞等县贫民"肆行勒借富户米谷"和"强赊商米"的案件也层出不穷。[31]以广西而言，乾隆七年冬，苍梧、藤县、平南等地因米价昂贵，"每石卖至一两七八九钱不等"，[32]不少饥民或向富户勒借，或者劫抢外运米船。以贵州而言，乾隆八年七月，毕节、铜仁等地先后发生了多起饥民"索借米谷"事件。[33]

在南方各省人民的抗租、抢粮、闹赈斗争进入高潮的同时，清朝政府直接控制下的京师地区也发生了铸钱工匠的罢工斗争。按照清朝政府规定的铸钱工价，每铸钱一卯，工匠应得价银二十八两。但是因为炉头从中克扣，实到工匠手中者仅有二十三两六钱。广大铸钱工匠对此极为不满。乾隆六年七月底，宝泉局所属四厂铸钱工匠两千余人一起停炉罢工，"要算本年秋季新账，并要找算两年旧账"。[34]为此，步军统领舒赫德派兵前往弹压，广大工匠"俱登厂内土堆，抛砖、掷瓦、喊叫"。[35]因为铸钱工匠人多势众，"若欲查拿为首，则群聚厂内，实有骤难查获之势。况工部两厂亦有千余人，或复效尤而起，则以三千无籍之徒，此倡彼和，各厂分头派兵擒拿，京畿重地，殊失观瞻"。[36]为免激起事端，清朝政府不得不做出妥协，"押令炉头与之算账"，[37]由国库借出银两，"按数分给各匠"。[38]至此，铸钱工匠的这场斗争取得了胜利。

乾隆十一年到乾隆十三年，全国各地的抗租、抗粮、闹赈、反科派斗争再次出现高潮。值得注意的是，除了抗租、抗粮、闹赈等旧有斗争形式之外，反对非法科派的斗争也开始成为人民反抗斗争的一项重要内容。另外，斗争地区也进一步扩大到了山东、河南、陕西、山西、奉天等接近封建统治中心的地区。其中，福建上杭县佃户罗日光等人领导的抗租斗争首先揭开了这场斗争的序幕。乾隆十年六月，乾隆皇帝下诏普免全国钱粮。乾隆十一年是福建轮免之年。当年七月，罗日光等上杭县乡民"聚众会议，欲将纳业户租谷，四六均分"。³⁹为了保护地主阶级的物质利益，该县派出典史和业主一起下乡征租。这时，以罗日光为首的黄砂乡一带佃户即刻组织起来，将其痛打一顿之后逐回县城。为此，当地政府又出动马步军队二百余人前来镇压。罗日光等则聚集当地佃户一千余人分别"把守关隘，各执竹枪木棍，堆积石块于高阜，以作拒捕之势"。⁴⁰官兵到来时，以鸣锣为号，"放三眼鸟枪，蜂拥丢石"，⁴¹和前来镇压的官军进行了英勇的搏斗。后来，这次抗租斗争虽在当地封建政府的武装镇压下失败了，但对其他地区的人民反抗斗争产生了很大的影响。当年八月，江苏宿迁灾民为了逼迫当地政府进行赈济，"缮写罢市知单，嘱令穷民罢市"。⁴²浙江、山西和全国各地的"塞署罢市、抗粮殴官"斗争也不断出现，一浪高过一浪。⁴³

在各地封建政府的镇压下，乾隆十四年以后，全国大多数地区的抗租、抗粮、闹赈斗争开始趋于低落，但是，由于自然灾害的地区性和阶级斗争的不平衡性，以浙江为中心的南方各省的闹赈、抗粮斗争仍在继续发展。如乾隆十六年春夏之间，浙东一带遭受严重旱灾，饥民无食，先后发生多起"乡民赴县请粜，无知童稚拥挤喧哗"和"奸民强抢米石"事件。⁴⁴与此同时，江西和湖南等省的抗粮、闹赈斗争也不时发生。如乾隆十六年五月，江西峡江、临川等县多次发生饥民强抢富户粮食及过境米船事件。[45]乾隆十七年六月，湖南湘乡因平粜仓谷时知县限令不得多买而发生了饥民周二领导的"率众搬石县门，喝令罢市"事件。[46]所有这些，都给封建地主阶级和各级封建政府以沉重的打击。

二、乾隆皇帝对人民反抗斗争的镇压

在全国各地人民抗租、抗粮、闹赈、反科派斗争进入高潮的时候，乾隆皇帝一方面惊呼"民气渐骄"，并且颠倒是非对广大人民的合理要求进行诬蔑，一方面又采取各种措施对广大人民的反抗斗争进行了极其残酷的镇压。

乾隆皇帝认为佃户交租、农民纳粮乃是天经地义，因而在蠲免各地地丁钱粮时，对于一些官员要求由政府行文"劝谕有田者，将本年粮粒与佃户平分，积年宿逋不得一概追索"的建议，乾隆皇帝当即予以批驳。他说："有田之户，经营业产，纳粮供赋，亦图自赡身家。岂能迫以禁令，俾其推以予人。"[47]对于广大佃农的减租要求与抗租斗争，他更是极力反对。他认为："田户之与业主，其减与不减，应听业主酌量，即功令亦难绳以定程也，岂有任佃户自减额数、抗不交租之理？……此乃国法之所难宥，断不可稍存宽纵者……着严拿从重究处，以儆刁顽，毋得疏纵。"[48]对于广大人民因为不堪封建官吏的玩视民瘼、科派盘剥而掀起的闹赈、反科派斗争，乾隆皇帝一方面轻描淡写地批评有关官吏"若果有司办理不善，咎固难辞"；一方面又恶狠狠地对广大人民进行威胁，"至于百姓罢市，闹入官署，此风断不可长。必应严加惩治，以儆刁风，不可少为宽纵"。[49]在他看来，广大人民"当知尊卑之分决不可逾，法度之严决不可犯"，"即使地方官政事少未妥协，督抚司道昭布森列，自当据实陈诉，静听申理，何至无所控吁，铤而走险，犯上作乱，凶暴公行"。[50]他认为："涓涓不绝，将成江河；萌芽不剪，将寻斧柯。"[51]为了防止这些零星斗争发展到不可收拾的地步，他多次颁布谕旨，"严禁刁民敛钱告赈传单胁官恶习"，"整饬刁悍民风"。

　　与此同时，还对各地人民反抗斗争进行了极其残酷的镇压。首先是严拿为首，从重究治。乾隆皇帝深知，各地人民反抗斗争的领导者，在历次人民反抗斗争中发挥着极为重要的作用。斗争发动之前，他们私下串连，组织发动群众，对群众情绪有比较深切的了解；斗争发动之后，又带领群众向封建地主和封建政府做针锋相对的斗争，对于封建官吏和封建地主的本质认识比较深刻，揭露、打击也比较得力。因此，他们在广大群众中有较高的威信，也成了乾隆皇帝镇压人民反抗斗争的重点打击对象。每次斗争发生之后，他都是命令当地官员严拿首犯。不仅如此，他还命令臣下改动法律条文和惩治依据的旧例，扩大惩治范围，加重惩治程度。如乾隆十三年江苏顾尧年闹赈斗争被镇压后，乾隆皇帝规定："嗣后直省刁民聚众殴官积至四五十人以上者，为首照例拟斩立决，仍照强盗杀人例枭示。其有同谋聚众、转相纠约、下手殴官者，系同恶相济，亦应照光棍例拟斩立决；其余为从之犯，照例拟绞监候；其被胁同行、审无别情者，照例各杖一百……如系实在首恶，即一面具奏，一面正法枭示，并将犯由及该犯姓名遍贴城乡，使愚民咸知儆惕。"[52]

其次是进一步加重对参加斗争的一般群众的刑罚处罚。乾隆初政推行时期，对于一般饥民的扒抢行为，清朝政府曾经一度减轻惩罚程度，"分别流徒枷责"。[53]乾隆十三年，山东地区遭灾，饥民抢米风潮再度涌起。对此，乾隆皇帝指示山东巡抚阿里衮，"现在所办各案，俱着照伊应得之罪按律分别定拟，不得概援饥民扒抢之例率请减等"。[54]乾隆十八年，又进一步规定："嗣后各省有殴差、夺犯致毙人命者，俱着不分首从，即行正法；其但经聚众夺犯，无论曾否殴伤差役，即照因而伤人律，从重拟绞。"[55]

再次，各地群众反抗斗争，大多都是因为当地官吏的苛征暴敛，因而封建政府在镇压人民反抗的同时，对于肇事官员也往往予以参革处分。对此，乾隆皇帝颇不以为然。他说："刁民闹账而即参知县，将来刁风益炽矣，尚当酌量。"[56] "若因刁民滋事，将地方官即登白简，将来愚顽之徒，必且以此胁制官长，殊非整饬刁风之道。"[57]为此，他明白地规定："地方聚众案件，不必将该州县官附疏题参，恐长刁顽之风。"[58]

再其次，为了防患于未然，乾隆皇帝还指示各地官员利用封建宗族关系和地方保甲机构加强对百姓的控制。如乾隆七年，他即指示大学士等"严饬有司，力为整顿……令伊父兄族长，严加管束，去其跃冶之习。如无父兄族长者，令乡保多方查察劝导之。倘仍不知悛改，父兄、族长、乡保即时举报，按律究惩。如或有意纵庇及曲为容隐，查出一并治罪"。[59]与此同时，对于发生反抗斗争而不行上报或虽然上报但却镇压不力的官员，不是严行申斥、降级、革职，就是照苗疆失守例，下狱治罪。这样，在乾隆皇帝的严厉镇压下，乾隆十九年以后，全国各地的抗租、抗粮、闹赈、反科派斗争次数减少，规模缩小，进入了它的低潮阶段。

乾隆十九年以后，全国人民的反抗斗争虽因乾隆皇帝的镇压而相对低落，但是和康、雍两朝相比，无论就斗争次数、斗争规模或是就斗争涉及地区而言，仍然有所超越。尤其值得注意的是，这些斗争一直连绵不绝，很少发生间断。如乾隆二十年春，江苏昆山发生饥民告灾闹赈事件。[60]乾隆二十一年春，浙江吴兴石米三两四钱，"民杂食榆皮，甚有抢粮者"。[61]乾隆二十二年春，广东高要粮荒，"饥民掠富户谷"。[62]乾隆二十三年四月，江苏流民涌入湖北，"携带刀斧，攫物拒捕，格伤居民"。[63]同年十月，江苏崇明抗租斗争又起，佃户姚受、施仲文等散发免租稿，动员佃户烧毁业户房屋，并执械打伤来捕差役。[64]乾隆二十八年三月，直隶遵化发生了饥民因借仓粮而率众闹堂事件。[65]乾隆二十九年九月，湖南新宁县又发生了县民刘周祜等控告书役舞弊而遭拘禁致民散帖罢市一案。[66]乾隆三十二年三月，陕西长武因书役需索、短发草价而被该县人民一百多人"以告借籽种为词，将书役七家房屋拆毁"。[67]同年九月，河南新野因知县曹承宣捏称"办差赔垫，勒令士民捐派，人心不服，县差复任意作践"，以致县民聚众扒毁书役房屋。[68]乾隆三十三年十一月，江苏江阴又发生了民众告灾"哄闹进署，凶悍毁物"事件。[69]乾隆三十四年八月，甘肃成县因县役武时发、姜选二人催征追逼，打骂花户，招致众怒，而被当地农民七八十人将其房屋烧毁。[70]乾隆三十五年，贵州桐梓县民赵式壁等领导的反科派斗争规模更大。是年二月，当地官员额外摊派军需，招致众怒。赵式璧等分头宣传，通知粮户，"俱不许出马缴价差"，"并立簿册，敛聚钱文，到京折告"，"作布旗一张，上书'桐梓五里难民'字样"。与此同时，他们还"打锣号召众人赴城"，将因抗交摊派而被知县"枷号示众"的周文佟等三人劈枷开释。案发之后，当地军队进行镇压，才将事件平定下去。[71]乾隆三十九年，广西雒容县还发生了僮民易法权"聚众敛钱，抗租不交"事件。[72]由于乾隆皇帝的无情镇压，和前一时期的人民反抗斗争一样，这些斗争都先后遭到了失败。然而，也须指出，所有这些斗争，不但在一定程度上影响了乾隆皇帝的统治政策，推动了当时社会经济的发展，而且对于当时全国各地发生的农民起义也起到了同盟军的重要作用。

第二节　起义风潮

乾隆前期，在各地抗租、抗粮、反科派斗争不断高涨的同时，各种类型的农民起义也较康、雍时期显著增多。据统计，自乾隆皇帝即位至乾隆三十九年王伦起义前，各地人民起义总数不下四十余起。其中，秘密宗教组织的人民起义出现了清朝建立以来的第一个高潮。其他人民起义也大多政治目标明确，反清色彩强烈。与此同时，少数民族反清起义也不断发生，有的起义还有一定规模并给清朝统治以沉重的打击。为了巩固对全国的统治，凭借强大的军事力量，乾隆皇帝对这些人民起义进行了残酷的镇压。

一、镇压秘密宗教及其组织的人民起义

乾隆前期，在全国各地人民反抗斗争日益高涨的同时，秘密宗教也得到了广泛的传播，呈现出许多不同于以前的特点。

首先是教派众多。明朝末年以后，白莲教一直是广大人民反抗封建压迫斗争中所使用的主要宗教形式。而在进入乾隆时期以后，为了对付封建统治者的残酷镇压，不少地区的白莲教在保持其原来宗教教义的同时改换成不同的名称。与此同时，和白莲教教义不甚相同的秘密宗教也大量出现。一时之间，全国各地的秘密宗教空前增多。据记载，除白莲教之外，此时在全国各地传播的秘密宗教还有缘明教、斗母教、五恩教、长生教、燃灯教、天圆教、弥勒教、空子教、大乘教、收元教、清水教、宏阳教、无为教、罗祖教、子孙教、长生道、五荤道、龙华会、天官会、地官会、水官会、火官会、铁船会、父母会、比帝会、铁尺会、老官斋会等，总数不下几十种。

其次是传播地区广泛，人员数量增多。明末以来，黄河流域一度是秘密宗教活动的主要地区。进入乾隆时期以后，由于封建统治相对薄弱，阶级矛盾比较尖锐等许多原因，南方各省尤其是四川、湖广、江苏、福建、贵州、云南等省开始成为秘密宗教传播的中心地区。在秘密宗教活动中心不断南移的同时，参加秘密宗教的穷苦人民的数量也空前增长。据一些史料记载，乾隆四年时，江苏江阴一县信奉大乘教者已达二百余人。[73]乾隆八、九年间，空子教在河南、湖广，多

有传授。[74]乾隆十一年前后，湖北一省"被惑从（大乘）教者不下一千余人"。[75]与此大体同时，福建瓯宁一带老官斋会拥众一千多人。[76]北京地区的宏阳教，"牵引十四州县"。[77]

再次是政治色彩浓厚。随着入教人员的增多，一些秘密宗教提出了比较明确的反清政治主张。如当时之大乘教教徒宣称："如今该弥勒佛管天下了，皇帝是李开花。"[78]福建地区的老官斋会则公然树起了"劝富济贫""代天行事"的旗帜。[79]为了实现这些政治主张，一些秘密宗教积极准备并先后举事。其主要者有乾隆四年发生的河南伊阳县白莲教起义、乾隆十一年遍及云贵、四川、湖广的大乘教起义的准备活动、乾隆十三年闽西地区先后发生的老官斋会起义和罗祖教教徒的抗官拒捕斗争等。为了巩固自己的政治统治，乾隆皇帝先后对这些起义进行了残酷镇压。

在各起秘密宗教起义中，河南伊阳白莲教举事最早。乾隆初年，"湖广、山东、河南等省，常有邪教之事"。[80]其中，伊阳地处豫西丛山之中，封建统治相对薄弱，因而白莲教势力较之其他地区更强大。当地白莲教首领是一个四十来岁的妇女蔡氏，绰号一枝花，"众人崇奉，呼为女总领"，[81]在当地教徒和人民群众中有着很高的威望。民间谚谣云："一枝花，十七八，能敌千军万马。"[82]一枝花之外，侯家集梁朝凤也在当地教徒中有着较大的影响。两人结拜为干姊妹，使得当地白莲教的传教活动搞得热火朝天。乾隆四年夏，官府出动差役下乡拘捕。梁朝凤等聚集教徒宰猪祭天，公开举事。因为寡不敌众，梁朝凤被捕，一枝花潜逃附近山中，起义失败。但是，这次起义却使以乾隆皇帝为首的各级封建统治者初步感到了秘密宗教对封建统治的威胁。他们认为："与其发觉后四出擒拿，尽置诸法，何如豫先防察晓谕，设法潜消。"[83]为了制止各种秘密宗教的流传，各级封建政府一方面"出示开谕"劝告入教人民自首，并在朔望宣讲圣谕时加上了有关惩治"邪教妖言"的内容；一方面增派兵弁差役"密行稽查"，"严拿究治"。[84]然而，由于秘密宗教的群众基础极为深厚，兼之以各级官吏办事疲玩，秘密宗教的传播不但未能被制止，反而愈加广泛。这样，乾隆十一年以后，乾隆皇帝只好亲自出马，以清查云贵、四川、湖广一带流传的大乘教为重点，对各种秘密宗教进行了普遍的镇压。

　　大乘教，又名大成教，是乾隆前期各种秘密宗教中发展最快、传播最广的一个秘密宗教。该教首创人是云南景东府的一个贡生张宝太。康熙二十年以后，张宝太开始在大理鸡足山一带开堂倡教。雍、乾中，张宝太以传播邪教两度被捕，监毙狱中，由其子张晓继续传习其教。由于长期传播，该教徒众遍及云贵、四川、湖广、江苏、江西、河南、山西、广东等许多省份。随着信教徒众日益增多，张宝太和各地教首先后进行了大量的反清政治宣传和发动起义的组织准备工作。其一是编刻书籍，宣传反清。张宝太在世时，即先后编刻《皇经注解》《先后天图》等书籍多种。张宝太死后，各地教首又继续编印图书，"率多大逆不道之语"。[85]其二是封赠官职，互相串连。如贵州教首魏斋婆即被张宝太封为"右中宫兼管左中宫，加升总统宫元佛权"。[86]她的儿子魏之瑗则被封为"果位金刚"，其他教首唐世勋、吕仕聘、魏之璧、魏明璋、雷大绥等也先后被封为"承中授记""上绕授记"等。为了协调彼此行动，共谋举事，各地教首之间还经常互相串连。如乾隆三年江苏夏天祐亲往云南见张宝太"传授经卷"。乾隆八年，贵州教首魏斋婆前往四川，谒见该地教首刘奇，兼与另一教首苏君贤互通消息。[87]其三是推举皇帝，密谋举事。张宝太死后，各地教首为了团结各支教徒，遂推举四川刘奇为总教主，"诡称张宝太已借四川刘奇之窍，临凡度众"。[88]与此同时，他们还将苏君贤推为皇帝，以便和刘奇一起领导即将到来的武装起义。

正在各地教首积极准备武装起义的时候，乾隆十一年春，贵州巡抚张广泗侦知其情，逮捕魏斋婆、唐世勋等当地教首、徒众一百四十余人，"搜获与首逆张晓、刘奇来往密札、格簿、敕帖"。[89]根据张广泗提供的线索，云南方面也采取相应行动，"拿获不轨要犯，搜查字迹，究出谋逆情由"。[90]大乘教整个起义计划全部暴露。得知这些情况，乾隆皇帝深感全部问题之严重。他指出："看来此等匪犯，显系彼此连结，声息相通，蔓延各省，非一乡一邑之邪教诱人钱财者可比。"[91]为此，他一方面对禁教不力的四川、江苏等省督抚严加训斥，并下令各地督抚"速行逦缉查拿，将布散羽党，跟踪弋获"；[92]一方面又采取措施，进一步加强了对传授秘密宗教人员的惩治。其中各地教首"情罪重大"，按律正法，自不待说；即使从犯，乾隆皇帝也下令从严惩治。"凡系为从，概不可宽。"[93]"此时若不留心办理，以净根株，则首恶虽除，而为从者仍可继起为害。"[94]根据他的这些指示，从当年五月到八月，四川、云南、湖广、江苏和全国大多数省份都进行了清查秘密宗教、缉拿教首的活动，并对缉获的教首和其中的骨干人员进行了极其残酷的屠杀。魏斋婆、张晓、刘奇、苏君贤、莫少康等许多教首先后被凌迟处死，其余相当一批教徒被遣发黑龙江等处，"以杜复行勾结之患"。[95]总教首张宝太虽已死去，也被戮尸平坟。所有查获邪教书籍"俱着该督抚于结案之后查明销毁，毋致留存，以滋后患"。[96]各处经堂概行没收，充作堆铺、社仓、义学，并不时派人查察。在乾隆皇帝的严厉镇压下，云贵、四川、湖广一带秘密宗教的活动暂时进入了低潮。

这时，由于各地秘密宗教发展的不平衡性，福建地区的罗祖教却得到了广泛的传播，并在乾隆十三年先后两次掀起斗争高潮，这就是瓯宁县老官斋会领导的武装起义和宁化县罗祖教教徒进行的抗官拒捕斗争。

老官斋会为罗祖教之别名，"入会吃斋之人，乡里皆称老官"，因称老官斋会。和大乘教一样，该教亦尊奉弥勒佛，两者似乎同出白莲教一源。雍正时期，该教于直隶、江苏、山东、浙江、福建、江西一带传播甚广。雍正七年，雍正皇帝曾下令上述各地严行查禁。自此之后，该教活动一度转入低潮。乾隆前期，在福建人民反抗斗争的带动下，老官斋会的活动又趋活跃，信徒增多，活动频繁。瓯宁、建安两县各村，纷纷设立斋堂。"各堂入会男妇，朔望聚会一次，或数十人、百余人不等。"[97]这样，其和封建政府之间的矛盾便日益尖锐。作为这种矛盾公开爆发的主要表现是乾隆十三年正月老官斋会领导的瓯宁人民起义。

乾隆十二年十一月，瓯宁遗立村老官斋会会首陈光耀等因聚会多人搭厂诵经，被瓯宁县逮捕监禁。为了营救这些会员，老官斋会"密邀会首，日夜聚谋"，商讨起义事宜。在此期间，他们将各级宗教组织军事化，设立元帅、总帅、总兵、副将、游击、守备、千总等官职，制造札付、兵簿、旗帜，"搜括旧存鸟枪、顺刀、钢叉、火药、硝磺，制造包头绸布，各用无极圣祖图记，人给一块为记"[98]。经过一个多月的紧张准备，乾隆十三年正月十二日，他们借女巫严氏之口，宣称"弥勒佛欲入府城"，[99]向各地会众发布了起义动员令。十四日，当地九村会众一千余人齐集各堂。十五日，首先由女巫严氏"乘轿张盖，率众先驱，扛抬神像，跳跃而行"，[100]尔后，其余起义部众分别打着"劝富济贫""代天行事""无为大道"等多面旗帜，手执枪刀器械，浩浩荡荡地杀向建宁府城。当地官府得知这一消息，急调军队前来镇压。由于广大起义会众组织松散，除少数骨干进行了一些零星抵抗外，其他多数会众一见全副武装的官军前来镇压，当即一哄而散。得知起义发动的消息，乾隆皇帝极为震惊，为了扑灭这场人民起义的烈火，他急令闽浙总督喀尔吉善赶回福建，会同福州将军新柱率领兵丁，"将此案各犯，逐一严拿务获，无使一名兔脱"。[101]与此同时，乾隆皇帝还要求他们采取严厉措施，对捕获起义群众进行镇压。"此种逆匪，既称聚众千人，即诛戮五六十人，亦不为多。但得实情，应即正法。宁从惩创，以褫奸恶之魄，而警愚民之心，断不可稍存姑息，使藐视国法，又生事端。"[102]在乾隆皇帝的严旨督催下，喀尔吉善等纵兵大肆搜捕，"两旬内获犯三百余名"，[103]进行了残酷的屠杀和处罚。首恶凌迟，助谋为从者立斩，传教者绞候，一般会众充发乌喇，虽非会众而知情不举者流徒边远，吃斋者枷责。

然而屠杀政策并没有吓倒人民，就在统治阶级挥舞屠刀对广大起义群众横加杀戮的时候，各地会众的反抗斗争仍然不断发生，以致乾隆皇帝本人也无可奈何地哀叹："奸徒之固结，愍不畏死，实乃德不能感，威不能制，何闽省人心风俗，败坏一至于此。"[104]就是在这些人民反抗斗争的浪潮中，宁化一带又发生了罗祖教组织的抗官拒捕斗争。

乾隆十三年十月，在全国上下缉拿"邪教"的声浪中，宁化县知县周天福亲率衙役民壮百余人前往该县龙上里，缉捕自江西逃来的罗祖教骨干严友辉。不仅当即将其擒拿，而且搜出经像、符印等物。得知教友被捕消息，本村罗祖教骨干严玉、曾钟吉等立即率领教众百余人赶至，将周天福所据房屋团团围住，抛砖掷瓦，堆草放火，勒令放人。面对愤怒已极的群众，平日作威作福的知县和那些衙役都吓破了胆，乖乖地将所掳人、物交出，狼狈不堪地逃回县城。对此，乾隆皇帝大发雷霆，一方面严厉训斥周天福"畏葸无能"，"不知大义"，"于民生有何裨益"，[105]严令喀尔吉善将其参革；一方面命令喀尔吉善等将此案首从各犯皆照处分老官斋起义人员之例"速行严拿务获，从重案拟"。[106]这样，封建政府对当地抗官拒捕的罗祖教教徒进行了极其凶残的报复，其中二十五人"照新定刁民聚众抗官之例"通通正法。

福建罗祖教抗官拒捕斗争镇压下去之后，乾隆皇帝又先后制定了许多措施以禁止秘密宗教的活动和传播。如乾隆十四年五月，乾隆皇帝规定，凡失察邪教者，"地方官例降一级调用者，上司罚俸一年，督抚罚俸六个月。地方官例降二级调用者，上司降一级留任，督抚罚俸九个月"。[107]与此同时，对于传播秘密宗教的教首的处分也进一步严厉。如乾隆二十二年四月，乾隆皇帝规定，凡传播邪教之人，"为首者即行杖毙，其党羽充发黑龙江当苦差，俾奸恶知所警戒"。[108]在乾隆皇帝的强力镇压下，全国各地秘密宗教的活动进入了低潮。不过需要指出的是，这种低潮只是形式上的低潮。为了对付封建统治者的镇压，许多秘密宗教由原来的半公开转入地下，内部组织也更加严密。与此同时，传教方式也更加灵活，如河南荣华会即将教义编成广大群众所喜闻乐见的鼓儿词、歌词进行传播，[109]从而为乾隆后期发生的秘密宗教反清大起义准备了充分的条件。

二、镇压宗教色彩较为淡薄的人民起义

在秘密宗教组织反清起义的同时，宗教色彩颇为淡薄的农民起义也此起彼伏。大体说来，乾隆十七年以前，这些起义大多都是农民抗租斗争的继续和扩大，缺乏长期的准备和明确的政治目标，而且大多未曾发动或刚刚发动即被镇压下去。然而，随着人民反抗斗争的不断深入，乾隆十七年以后，各次农民起义大多都有了较为鲜明的反清政治色彩。与此同时，斗争规模不断扩大，坚持时间逐渐延长，不但在当时给封建统治阶级以相当沉重的打击，而且也为此后更大规模的人民反抗斗争提供了丰富的斗争经验。于此择其要者略作介绍，以见乾隆皇帝镇压农民起义之大概情况。

1. 马朝柱领导的鄂、皖人民起义

在乾隆前期发生的多起农民起义中，反清政治色彩较为

鲜明并对全国产生较大影响的是乾隆十七年马朝柱领导的鄂、皖农民起义。

马朝柱，又名马太朝，湖北蕲州人。以家贫难以度日，在当地白云庵和尚正修的影响下，立下了武装反清的志向，并于乾隆十二年以后，进行了武装起义的宣传发动工作。利用广大群众的迷信思想，他多次宣称天神向他传授了兵书、宝剑、金镜、旗帜，以树立自己在广大贫苦人民心目中的威望。与此同时，他又以明代后裔朱洪锦为号召，宣称朱洪锦现在西洋，有兵三万七千，张锡玉为其大学士，吴三桂后裔吴乘云和李开花为其大将，自己是其军师，极其鲜明地提出了"反清复明"的政治纲领。为了启发广大汉族人民的民族意识，他还公开揭露清朝"祖皇帝是从口外来的，满洲兵来历不清"等重要历史事实。[110]乾隆十五年以后，马朝柱以湖北罗田县天堂寨为根据地，在当地烧炭农民中广泛发动群众。在他的鼓动下，不只当地挖山烧炭穷苦农民"被诱上名者遂众"，[111]安徽、湖广、河南、四川、江西一带的信徒也在在皆是，皆以"发辫外圈蓄发为记"。[112]马朝柱还"散札招军，积饷制械"，[113]积极准备武装起义。然而，就在此时，马朝柱秘密打造兵器之处被蕲州知府李泌所侦知，起义计划全部暴露。得知这一消息，乾隆皇帝惊恐异常。他一方面对广大起义群众破口大骂："此等匪徒，赋性顽逆，原非人类所宜有。"[114]一方面下令湖广总督永常、两江总督尹继善"无分彼此，立行查办"。[115]根据他的指示，清军自东西两路向罗田一带集中。这时，马朝柱立即将"太朝军令"四字印旗发往各地，要求各路起义人员"分路纠合"，一齐举事。因为各路清军戒备森严，这一目的未能实现。四月初，马朝柱率当地起义部众二百余人退守安徽英山天马寨，孤军拒敌。在清军的进剿下，两天之后，山寨失守，马朝柱和其他一些起义骨干乘乱逃出，不知所终，其余二百多人全被捕获，并被极其残酷地处以死刑，起义最后失败。

2.蔡荣祖领导的福建漳州人民起义

乾隆前期，福建地区人民反抗斗争相当频繁。除抗租、抗粮斗争之外，小规模的农民起义也经常发生。在这些人民反抗斗争的基础上，乾隆十七年十二月，发生了反清政治色彩颇为浓厚的蔡荣祖领导的漳州人民起义。

蔡荣祖是福建平和县的一个秀才，因为不满清朝政府和地主对佃户的剥削和压迫，而与他的密友南靖县道士冯珩密谋反清。乾隆十六年十一月，他首先串连数人至冯家密商"同举大事"。次年二月，又以为冯祝寿为名，聚集多人结盟，自为盟主，以冯珩为军师。四月间，蔡荣祖定国号为"大宁国"，[116]六月后，分遣骨干人员"各往召人入伙"。经过发动，大批贫民甚至部分政府低级办事人员和兵丁都加入了这一秘密组织。从十月开始，蔡荣祖等积极准备武装起义。一方面委人制作札付、器械、旗帜、印信等物；一方面将起义部众分为漳州、漳浦、海澄、厦门、琯溪五路，皆以白布缚腰为号，约定当年十二月二十七日会集于漳州南门外，分散城内城外，"黄昏以后，放火为号，一齐动手攻击"。[117]正在起义进入最后准备阶段的时候，漳州府文武衙门已经侦知了南靖、平和一带即将发生起义的消息，并于岁暮之际加强了巡查。蔡荣祖携带武器刚到南靖县城外，即被巡查兵丁所擒拿，所有刀枪、印信、令旗、空札等均被缴走。尔后，当地政府按名拿人，将各路起义军主要负责人全行逮捕。由于这次起义适值湖北马朝柱起义刚被镇压下去不久，乾隆皇帝在得到起义发动消息之后极为痛恨，当即下令严厉镇压，"此案统宜按照江南英山之例从重处治，庶足惩儆匪逆，安靖海疆"。[118]"一切从严办理，不可稍存姑息，此等不逞之徒，即多戮数人，何足惜耶。"[119]这样，当地官员对参加起义人员进行了极其残酷的大屠杀。兵丁中凡经查出从逆者，"即行斩决，以儆戎行"。[120]所有被捕起义人员二百余人通行正法。在广大起义人员的血泊中，封建统治者恢复并加强了他们对当地人民的统治和压迫。

3. 何佩玉领导的湖北荆门人民起义

由于乾隆皇帝的强力镇压，乾隆十九年以后，各地人民武装起义一度进入了低潮。但是，经过不长时间的平静，乾隆三十一年以后，各地人民起义又趋活跃。其中，乾隆三十三年三月何佩玉领导的湖北荆门人民起义，是一次具有强烈的反抗民族压迫色彩的农民起义。

当时，湖北荆门何家巷农民何佩玉与其婿孙大有聚集当地贫民，"制造枪刀旗帜，声称不日劫饷破城"。[121]为了动员广大人民参加起义，他们揭起了反清复明的大旗。在所造旗帜上大书"大明朱天子天令号"，"中华明君见汉不杀"，"恭行天讨，原非人事"等字样。[122]湖广总督定长闻知此事，急与湖北布政使闵鹗元率兵进剿。对此，起义群众毫无畏惧，"先用茅草放烟为号，擂鼓竖旗，呐喊齐出"，[123]"各执枪刀器械"，杀死官军多人。经过激烈战斗，何佩玉、孙大有等二百名起义人员被捕。得知此次起义被镇压下去的消息，乾隆皇帝非常高兴。在褒奖有功官员的同时，他明谕："此等奸民，原为戾气所生，比之恶兽毒蛇，宇宙间不能无此种类。其天良绝灭，自外生成，实为覆载之所不容。一经破案，即当尽法严究，大示创惩，若仅将首犯数人正法，余党概从宽典，则匪犯罔知警戒，何以戢奸宄而靖地方？"[124]这样，在各级统治者弹冠相庆之时，大批起义者倒在了血泊之中。

4. 黄教领导的台湾冈山人民起义

黄教领导的台湾冈山一带人民起义，是一次坚持时间较长而又影响较大的农民起义。黄教是台湾冈山地区的一个贫苦农民，因为不堪当地封建政府的压迫，于乾隆三十三年夏秋之际，聚集贫苦群众二百余人，掀起反抗当地封建政府的武装斗争。当年十月初二日，黄教竖起大旗，直接向官兵驻地发动进攻，缴获大批军仗器械。面对农民军的进攻，台湾镇总兵王巍胆颤心惊，"观望阅日，始带兵继进，离贼巢数里，辄行驻札，施放空枪，自焚营帐"。[125]乾隆皇帝闻知此信，急调福建提督吴必达率水陆军队数千渡海作战。在数十倍于己的清军的进剿下，黄教率领起义军退入少数民族居住地区，凭借有利地形，继续坚持武装斗争。在南起凤山、北至诸罗一带广阔的地区内出没无常，先后予进剿清军以沉重的打击。乾隆皇帝气急败坏，下令将王巍、吴必达等革去职务，戴罪擒贼自赎。与此同时，他还宣称："黄教一日不获，此案一日不了。"[126]先后增调军队，继续向起义军发动猛烈进攻。在乾隆皇帝的严旨督催下，乾隆三十四年三月底，主持进剿事务的叶相德等以重金收买叛徒，将黄教刺杀于诸罗山中。同时，又分率军队大举进剿，先后捕拿起义部众一百三十余人，坚持斗争达半年之久的黄教起义至此才被镇压下去。

黄教起义虽在乾隆皇帝的军事镇压下失败了，但是却对东南沿海一带的人民反抗斗争起了很大的推动作用。在这次起义的影响下，汀州傅元禧、诏安萧日强、漳浦蔡乌强、龙溪王天送等相继举事，予当地封建统治以沉重的打击。

5. 严金龙领导的湖北京山人民起义

乾隆三十六年十月严金龙领导的湖北京山人民起义，也是一次反清色彩比较强烈的农民起义。此前，严金龙自称鬼谷子转世，能知过去未来，得有神剑、印信，能遣神兵，在湖北京山一带贫苦农民中广为串连。与此同时，他还以练习拳勇为名，联络志同道合之士一百多人，密制"匡复中原"印文，建"天运"年号，封拜官员，积极准备起义事宜。十月初八日夜，严金龙邀集何士荣等骨干二十余人饮酒结盟，约定十月十四日起事，抢劫京山县仓库。但随即被当地官员所发觉并派兵前来镇压。严金龙、何士荣等人逃走，其余部众一百余人被捕。乾隆皇帝得知这次起义消息后，一方面命令将"现有之犯，严讯确情，从重究治，使顽民各知炯戒，不可稍存姑息"，[127]一方面传谕各省，从速擒拿严金龙、何士荣等。当年十二月和次年三月，严、何二人先后被捕并被处以死刑，这次农民起义也以失败而告终。

1 《清高宗实录》卷五，雍正十三年十月。

2 《康雍乾时期城乡人民反抗斗争资料》下册，中华书局，1979年，第553页。

3 《康雍乾时期城乡人民反抗斗争资料》下册，第562页。

4 《清高宗实录》卷五，雍正十三年十月。

5 《康雍乾时期城乡人民反抗斗争资料》上册，第286页。

6 《清高宗实录》卷一四六，乾隆六年七月乙丑。

7 《清高宗实录》卷四一四，乾隆十七年五月癸酉。

8 《清高宗实录》卷四五一，乾隆十八年十一月庚辰。

9 《康雍乾时期城乡人民反抗斗争资料》下册，第587页。

10 《康雍乾时期城乡人民反抗斗争资料》下册，第588页。

11 《清高宗实录》卷一四六，乾隆六年七月庚午。

12 《康雍乾时期城乡人民反抗斗争资料》上册，第31页。

13 《康雍乾时期城乡人民反抗斗争资料》上册，第31页。

14 《康雍乾时期城乡人民反抗斗争资料》上册，第31页。

15 《康雍乾时期城乡人民反抗斗争资料》上册，第31页。

16 《清高宗实录》卷一五一，乾隆六年九月辛卯。

17 《康雍乾时期城乡人民反抗斗争资料》下册，第563页。

18 《清高宗实录》卷一五一，乾隆六年九月辛卯。

19 《清高宗实录》卷一五七，乾隆六年十二月庚申。

20 《康雍乾时期城乡人民反抗斗争资料》上册，第296页。

21 《康雍乾时期城乡人民反抗斗争资料》上册，第296页。

22 《康雍乾时期城乡人民反抗斗争资料》上册，第300—302页。

23 《康雍乾时期城乡人民反抗斗争资料》上册，第300—302页。

24 《康雍乾时期城乡人民反抗斗争资料》上册，第300—302页。

25 《康雍乾时期城乡人民反抗斗争资料》上册，第300—302页。

26 《康雍乾时期城乡人民反抗斗争资料》上册，第300—302页。

27 《清高宗实录》卷二三〇，乾隆九年十二月戊午。

28 《康雍乾时期城乡人民反抗斗争资料》下册，第574页。

29 《康雍乾时期城乡人民反抗斗争资料》上册，第304页。

30 ［乾隆］《南安县志》卷二二。

31 《清高宗实录》卷二二五，乾隆九年九月癸卯；卷二二四，乾隆九年九月丁亥。

32 杨锡绂：《四知堂文集》卷五。

33 《清高宗实录》卷一九七，乾隆八年七月庚戌。

34 《康雍乾时期城乡人民反抗斗争资料》下册，第521页。

35 《康雍乾时期城乡人民反抗斗争资料》下册，第522页。

36 《康雍乾时期城乡人民反抗斗争资料》下册，第521—523页。

37 《康雍乾时期城乡人民反抗斗争资料》下册，第521—523页。

38 《康雍乾时期城乡人民反抗斗争资料》下册，第521—523页。

39　《康雍乾时期城乡人民反抗斗争资料》上册，第103页；下册，第564页。

40　《康雍乾时期城乡人民反抗斗争资料》上册，第103页；下册，第564页。

41　《康雍乾时期城乡人民反抗斗争资料》上册，第104页；下册，第564页。

42　《康雍乾时期城乡人民反抗斗争资料》上册，第103页；下册，第565页。

43　《清高宗实录》卷二七七，乾隆十一年十月。

44　《清高宗实录》卷三八九，乾隆十六年五月乙丑；卷四一二，乾隆十七年四月壬寅。

45　《清高宗实录》卷三九一，乾隆十六年闰五月乙未。

46　《清高宗实录》卷四一七，乾隆十七年六月戊午。

47　《清高宗实录》卷三三六，乾隆十四年三月乙卯。

48　《清高宗实录》卷二七三，乾隆十一年八月壬辰。

49　《清高宗实录》卷一四六，乾隆六年七月庚午。

50　《清高宗实录》卷二九〇，乾隆十二年五月己亥。

51　《清高宗实录》卷二九〇，乾隆十二年五月辛卯。

52　《清高宗实录》卷三一四，乾隆十三年五月己丑。

53　《清高宗实录》卷三一九，乾隆十三年七月癸卯。

54　《清高宗实录》卷三一九，乾隆十三年七月癸卯。

55　《清高宗实录》卷四三九，乾隆十八年五月己卯。

56　《清高宗实录》卷二九三，乾隆十二年六月辛巳。

57　《清高宗实录》卷四一九，乾隆十七年七月辛巳。

58　《清高宗实录》卷四六二，乾隆十九年闰四月甲子。

59　《清高宗实录》卷一七一，乾隆七年七月乙酉。

60　《清高宗实录》卷五〇二，乾隆二十年二月庚戌。

61　［乾隆］《乌青镇志》卷一。

62　［宣统］《高要县志》卷二五。

63　《清高宗实录》卷五六〇，乾隆二十三年四月丙辰。

64　《清高宗实录》卷五七四，乾隆二十三年十一月戊戌。

65　《清高宗实录》卷六三三，乾隆二十八年三月丁亥。

66　《清高宗实录》卷七一八，乾隆二十九年九月丁巳。

67　《清高宗实录》卷七八一，乾隆三十二年三月。

68　《清高宗实录》卷七九五，乾隆三十二年九月壬子。

69　《康雍乾时期城乡人民反抗斗争资料》上册，第322页。

70　《清高宗实录》卷八四三，乾隆三十四年九月甲辰。

71　《康雍乾时期城乡人民反抗斗争资料》上册，第342页。

72　《清高宗实录》卷九五三，乾隆三十九年二月丙午。

73　《清高宗实录》卷九〇，乾隆四年四月戊子。

74　《清高宗实录》卷二二三，乾隆九年八月。

75　《清高宗实录》卷二七五，乾隆十一年九月。

76　《清高宗实录》卷三〇九，乾隆十三年二月壬申。

77　《清高宗实录》卷二七一，乾隆十一

年七月庚戌。

78 《清高宗实录》卷二七一，乾隆十一年七月己未。

79 《清高宗实录》卷三〇九，乾隆十三年二月壬申。

80 《清高宗实录》卷一〇七，乾隆四年十二月壬辰。

81 《康雍乾时期城乡人民反抗斗争资料》下册，第619页。

82 《康雍乾时期城乡人民反抗斗争资料》下册，第620页。

83 《清高宗实录》卷一〇七，乾隆四年十二月壬辰。

84 《清高宗实录》卷一〇七，乾隆四年十二月壬辰。

85 《康雍乾时期城乡人民反抗斗争资料》下册，第645—646页。

86 《康雍乾时期城乡人民反抗斗争资料》下册，第645—646页。

87 《康雍乾时期城乡人民反抗斗争资料》下册，第645—646页。

88 《清高宗实录》卷二七五，乾隆十一年九月壬戌。

89 《清高宗实录》卷二六七，乾隆十一年五月甲子。

90 《清高宗实录》卷二六八，乾隆十一年六月辛未。

91 《清高宗实录》卷二六九，乾隆十一年六月甲午。

92 《清高宗实录》卷二六八，乾隆十一年六月癸酉。

93 《清高宗实录》卷二六九，乾隆十一年六月甲午。

94 《清高宗实录》卷二七〇，乾隆十一年七月庚子。

95 《清高宗实录》卷二六八，乾隆十一年六月辛未。

96 《清高宗实录》卷二七八，乾隆十一

97 《清高宗实录》卷三〇九，乾隆十三年二月甲申。

98 《清高宗实录》卷三〇九，乾隆十三年二月甲申。

99 《清高宗实录》卷三〇九，乾隆十三年二月甲申。

100 《清高宗实录》卷三〇九，乾隆十三年二月甲申。

101 《清高宗实录》卷三〇九，乾隆十三年二月壬申。

102 《清高宗实录》卷三〇九，乾隆十三年二月壬申。

103 《清高宗实录》卷三一一，乾隆十三年三月。

104 《清高宗实录》卷三一二，乾隆十三年四月壬戌。

105 《清高宗实录》卷三二八，乾隆十三年十一月甲寅。

106 《清高宗实录》卷三二七，乾隆十三年十月丁未。

107 《清高宗实录》卷三四一，乾隆十四年五月己巳。

108 《清高宗实录》卷五三六，乾隆二十二年四月丁卯。

109 《清高宗实录》卷五五一，乾隆二十二年十一月。

110 《康雍乾时期城乡人民反抗斗争资料》下册，第659页。

111 《清高宗实录》卷四一六，乾隆十七年六月甲辰。

112 《清高宗实录》卷四一六，乾隆十七年六月甲辰。

113 《清高宗实录》卷四一三，乾隆十七年四月。

114 《清高宗实录》卷四一三，乾隆十七年四月。

115 《清高宗实录》卷四一三，乾隆

年十一月癸巳。

十七年四月。

116 《康雍乾时期城乡人民反抗斗争资料》下册，第667页。

117 《康雍乾时期城乡人民反抗斗争资料》下册，第668页。

118 《清高宗实录》卷四三〇，乾隆十八年正月丙寅。

119 《清高宗实录》卷四三一，乾隆十八年正月乙亥。

120 《清高宗实录》卷四三二，乾隆十八年二月丙申。

121 《康雍乾时期城乡人民反抗斗争资料》下册，第676页。

122 《康雍乾时期城乡人民反抗斗争资料》下册，第677页。

123 《康雍乾时期城乡人民反抗斗争资料》下册，第676页。

124 《清高宗实录》卷八〇七，乾隆三十三年三月己酉。

125 《清高宗实录》卷八三四，乾隆三十四年五月戊子。

126 《清高宗实录》卷八三二，乾隆三十四年四月癸丑。

127 《清高宗实录》卷八九五，乾隆三十六年十月乙未。

第九章　赤日烈焰

第一节　极度专制

乾隆三十八年，在四海统一、统治相当巩固的情况下，乾隆皇帝跨入了他一生中的晚年时期。回顾即位三十多年来自己走过的历程，环视当时"内无诐谒之女宠、干政之宦官，朝无擅权之贵戚大臣，外无拥兵之强藩巨镇"，皇权空前加强的政治局面，乾隆皇帝异常振奋。这时，对于此后国家事务的治理和自己政治活动的安排，乾隆皇帝说过如下一段话：

> 朕尝读唐史云，人君无不锐始而工于初，其半稍怠，卒乃澶漫不振，朕尝引以为戒。今朕虽逾六表，而精力强盛如常，不惮万幾之劳勤。尝欲俟八旬以后，春秋渐高，酌量精神，视古帝王耄期倦勤之义，或可稍安颐养。而此时正振作有为之日，方当乾惕日加，励精求治，不肯纤毫自懈。大臣中或有高年者，亦当体朕之用心，服勤勿怠。所谓庄敬日强，堂廉交儆之道，亦正在此。[1]

本着这一思想，乾隆皇帝开始了他的统治后期第一阶段的政治活动。

乾隆后期第一阶段大致是从乾隆三十年代后期开始，至乾隆五十年左右结束。在这十几年的时间里，为了进一步加强自己的专制统治，除制造文字狱和查缴禁书之外，乾隆皇帝的主要活动大致有四，一是压抑臣权以提高君权；二是增募军队以加强镇压力量；三是厉行保甲和普禁鸟枪；四是对一些历史遗留问题进行处理。

一、压抑臣权，提高君权

乾隆后期，乾隆皇帝在位已经四十来年，由于乾隆皇帝对政治上异己势力的打击和官吏队伍的自然更新，各级政权机构中的雍正旧臣基本上被清除殆尽，几乎所有官吏都是由乾隆皇帝亲自提拔而来。和君权相比，臣权本已低得可怜，但为了进一步强化自己的专制统治，乾隆皇帝仍然把限制和压抑臣权作为自己的一项主要政治活动。

在所有官吏中，科道、御史等言事官员因为职务关系，和乾隆皇帝的各项政治举措关系密切，因而成了乾隆皇帝的重点限制和打击对象。在他看来，凡是臣下上书言事都是"效明末谏垣门户恶习"，[2]都是对自己权力的侵犯。因而，对于言事官员，稍不遂意，不是降黜，就是发配边远，至于降旨申斥则几乎更是家常便饭。如乾隆三十九年，给事中李漱芳、御史范宜宾先后上言：王伦起义之爆发是因地方官员讳灾不报，饥民无食所引起。与此同时，他们还提到京畿一带地方也有类似情况。对于他们的这些言论，乾隆皇帝不但不予重视，反而下令进行反调查，指斥二人"身为言官，而造作无稽之谈，为乱民饰词卸过，其心实不可问"。³因此，李漱芳被降为主事，范宜宾则被革职发往新疆效力赎罪。三年多以后，礼部循例题请将李漱芳补为员外郎。乾隆皇帝得知后，又大发雷霆，斥礼部尚书永贵的这一做法"乃明季士大夫恶习，党援朋比之风，固结不解"。他表示："我大清列圣相承，朕敬承先志，方以振纲饬纪为务，岂容大臣等之行私藐法乎？"⁴李漱芳官未升成，礼部尚书永贵却因此而被拔去花翎，革职发往乌什办事。因为对言官非常反感，乾隆皇帝还经常对他们奏疏中的字眼百般挑剔，稍有不谨失敬之处，也被视为触犯皇帝尊严而予以惩治。如乾隆五十年三月，御史费孝昌奏请官吏终养父母一疏中有"君设身以处"字样，当即被乾隆皇帝指斥为"措辞乖体"，"全不知敬谨之道"而勒令休致。⁵总之，在此期间，几乎没有一个言官不因上书言事而遭到申斥和处分。在乾隆皇帝的强力压制下，言路闭塞，言官地位也下降到了雍正以来的最低点。

与此同时，乾隆皇帝还采取一切可能的措施进一步加强了对各级官吏的控制。鉴于官吏队伍不断更新，许多官员不谙成例，乾隆皇帝有时反复重申一些过去的旧规定。如乾隆四十四年十一月，直隶布政使单功擢病故，直隶总督杨景素奏请于尚安、于易简二人中简授一员。对此，乾隆皇帝指出，"两司为各省大员，非督抚所当保荐"⁶，便是属于重申旧规定的例证。除此之外，为了防止官吏结党，尾大不掉，乾隆皇帝还在官员回避和具折言事官员的范围上先后做出了一些新规定。关于回避范围，乾隆四十三年六月，乾隆皇帝规定："各部院满汉堂司各官外姻亲属中，母之父及兄弟，妻之父及兄弟，己之女婿、嫡甥在同衙门，令官小者回避；同官者，令后进者回避。"甚至小小的笔帖式也仿此例办理，以防彼此瞻顾之弊。[7]乾隆四十五年七月，乾隆皇帝又规定："嗣后同在一省之上司属员，概不得于现任内结亲，违者照违令议处。"[8]乾隆四十九年还规定："凡委员署理，如缺与原籍住址在五百里内者，亦令呈请回避。"[9]一年多以后，为了迎合乾隆皇帝的心理，一个官员还要求将回避范围扩大到驻防八旗的各级官员。仅因这一建议实难行通，"均令回避，必滋繁扰"，[10]不得已而作罢。为了压抑督抚权力，乾隆四十一年六月，乾隆皇帝又恢复雍正旧制，准予道员委署两司者具折奏事。[11]乾隆四十八年四月还规定："卓异官犯赃，议处原保荐上司。"[12]

在采取措施限制各级官吏的同时，乾隆皇帝还特别注意清除各地官吏的社会影响。乾隆四十五年三月，乾隆皇帝五次南巡，发现杭州西湖花神庙所塑湖神、花神、花后皆系李卫督浙时按照自己形象所塑，以使自己"永享祠祀"。对此，乾隆皇帝极为震怒，当即下令将之拆毁，另行塑造。[13]对于各地树立的历来文武官员去思德政碑也通令各省概行拆毁，并严禁"各省兵民制送上官衣伞"、建造生祠等。[14]为了让各级官员认真贯彻执行，他还做出规定，将之作为官员离任交待的必要内容。在乾隆皇帝的严令督促下，全国各地纷纷将康、雍以来所建的祠碑予以拆毁，其中仅云南、山西两省，便有近六百座。[15]对于表彰本朝名臣的一些著作如《本朝名臣言行录》，乾隆皇帝尤其不能容忍。作者尹嘉铨处死之外，所有流传书籍及书板概行解京销毁。[16]对于该书记载的本朝名臣如范文程、李光地、顾八代、高士奇、高其位、汤斌、张伯行、陆陇其、蒋廷锡、鄂尔泰、张廷玉、史贻直等，则逐一指斥。在他看来，本朝既无奸臣，亦无名臣，所有臣下都是一帮听从皇帝任意驱使的碌碌之辈。为了压抑臣权，乾隆皇帝还向表彰名臣的理学鼻祖二程与朱熹开火。乾隆四十五年九月，他在命令臣下编纂《历代职官表》一书时，便对程颐所说的"天下之安危，系乎宰相"的说法进行了批判。[17]尔后不久，在处理尹嘉铨文字狱案件期间，他还闪烁其词地把批判的矛头指向了朱熹的《名臣言行录》一书，并对尹嘉铨严厉处理以发泄他对朱熹的一腔怒火。在乾隆皇帝的压制下，所有臣下都变成了一群诚惶诚恐地匍匐在乾隆皇帝脚下的奴仆，乾隆皇帝的专制统治强化到了两千多年以来中国封建社会的最高峰。

在压抑臣权、提高君权的各种政治活动中，乾隆皇帝最为注意加强对包括军机大臣在内的所有中央政府中的高级官员的控制。作为这一活动的重要表现，是和珅的不次擢升及其在国家政治生活中发挥的愈益重要的作用。

如上所述，乾隆皇帝自即位伊始，即以加强皇权、压抑臣权为事。乾隆初年，他先是重建军机处以取代总理事务处，尔后，对于军机大臣和其他高级官员也是一换再换。即以处于政权中枢的首席军机大臣而言，最初是以自己培养起来的讷亲、傅恒取代先朝旧臣鄂尔泰、张廷玉；在傅恒死后，又以并非宗室、贵戚的尹继善、刘统勋、于敏中、阿桂等先后担任是职。和讷亲、傅恒一样，尹继善、刘统勋、于敏中、阿桂也都是由乾隆皇帝一手提拔上来的。使用他们，当然不会有什么大的问题。尽管如此，在乾隆皇帝看来，军机大臣和不少高级官吏都仕宦较久，联络广泛，功勋卓著，深孚众望，对于自己专制统治的极端强化仍是一个潜在的威胁。乾隆三十九年七月发生的首席军机大臣于敏中交结太监高云从案件，更使乾隆皇帝的这种顾虑得到了证实。为了处理政务，固然不能舍弃贤才，但是，进一步加强对政府高级官吏特别是加强对军机大臣的控制也是势所必须，迫不可缓。而在此时，乾隆皇帝已经年近七十，精力时或不济。这样，通过代理人以对政府高级官员和军机大臣进行控制便成了乾隆皇帝惟一可行的方法。就是适应乾隆皇帝的这一政治需要，并无寸功但却巧言令色、善窥人主意旨的和珅登上了政治舞台，并且成了一个权倾朝野的大人物。

和珅（1750—1799），字致斋，姓钮祜禄氏，满洲正红旗人。出身寒微，早年卒业于咸安宫官学。乾隆三十四年，进入内务府銮仪卫当上了一名拜唐阿。因为口齿伶俐，应对敏捷，得到了乾隆皇帝的特别宠爱。进入銮仪卫不久，即擢升为仪仗总管，不长时间，又升任三等侍卫。乾隆四十年以后，更是官运亨通。当年，入值乾清门，擢御前侍卫、正蓝旗满洲副都统；次年正月，以乾隆皇帝特旨，全族抬入正黄旗；三月，又奉命在军机处行走；八月，调任镶黄旗满洲副都统；十月，准其于紫禁城骑马；十一月，为国史馆副总裁。尔后，职务越兼越多，权力越来越大。乾隆四十二年十月，兼步军统领。乾隆四十三年，兼崇文门税务监督。乾隆四十四

年，兼御前大臣。乾隆
四十五年，授户部尚书、
议政大臣、正白旗领侍卫
内大臣、四库全书馆正总
裁。乾隆四十七年，加太
子太保，充经筵讲官。乾
隆四十八年，赏戴双眼花
翎、任国史馆正总裁兼文
渊阁提举事、理藩院尚
书。乾隆四十九年，又相
继兼任镶蓝旗满洲都统、
正白旗满洲都统、清字经

和珅画像 （清）佚名绘

馆总裁、吏部尚书、协办大学士等要职。在此期间，秉承乾
隆皇帝的旨意，和珅先后以中央政府中的高级官员为对象，
屡兴大狱。其中影响较大的是李侍尧和于敏中两起大案。

李侍尧曾以总督担任大学士、军机大臣，颇得乾隆皇帝
信任。但其担任军机大臣期间，"儿畜和珅"，[18]因而和珅对
他恨之入骨。后来李侍尧离开军机处，专任云贵总督。和珅
遂以其"贪浊无厌"、收受属员贿赂为借口，将李革职下狱，
并力请乾隆皇帝将之处死。乾隆皇帝以其为功臣李永芳之后，
对其仅仅是籍没家产，饶其一命。[19]李案之后，和珅选择的
另一个打击对象是原任首席军机大臣的于敏中。于在担任首
席军机大臣期间，曾因结交宦官而受到乾隆皇帝的严厉申斥，
宠眷大减。于敏中死后，为迎合乾隆皇帝的心理，和珅以于
敏中之侄于时和非法侵吞于敏中全部家财为借口，再次兴起

大狱。结果，于敏中家财二百余万全被没收，于时和被放逐伊犁，于敏中之妾张氏被削夺夫人诰命。受此影响，于敏中本人及其亲信党羽也信誉扫地。[20]

后来，随着和珅权势的不断增长，凡在军机处、内阁任职的所有高级官员如阿桂、福隆安、福康安、王杰、董诰、刘墉等几乎都成了和珅攻击的对象。为了免遭倾轧陷害，阿桂虽然德高望重，对其也是"刻刻防之"，王杰、董诰等人则更是"循循如属吏"，[21]而和珅则因此几乎成了清朝政府中的"二皇帝"。对于和珅在中央政府中的这种地位和作用，当时出使中国的朝鲜使臣看得很清楚，称其"为人狡黠，善于逢迎，年方三十一，为户部尚书、九门提督……性又阴毒，少有嫌隙，必致中伤，人皆侧目"。[22]正是有了和珅这条走狗，乾隆皇帝对于中央高级官吏的控制空前加强，因而在乾隆皇帝年至七十，身体和精力都颇觉不济之时，国家"政令事为"反而"间多苛严"，"人怀不安"，[23]朝廷上下一片紧张气氛。

乾隆皇帝即位之初，就全国而言，政治上尚未完全实现统一；就统治集团内部而言，两位当朝大臣鄂尔泰、张廷玉之间的党争也对国内政治形势的安定产生了一定的影响。尽管当时君主专制制度已经表现出了许多严重的问题，但在维护、巩固国家的统一和安定，剔除一些角落中最落后的生产关系方面，皇权仍然有其存在的必要和一定的发展余地。适应这一客观形势，乾隆皇帝即位之后，在极力加强皇权的基础上，对内打击政治上的异己势力，对外调动军队，讨逆平叛，巩固统一，从而使乾隆前期的政治形势和国家面貌都发生了巨大的变化，社会经济和文化事业也有了较大的发展，乾隆皇帝的统治空前巩固，清帝国进入了清朝建立以来最兴盛的时期。就此而言，乾隆皇帝个人权力的加强对于当时社会的进步不无作用。然而，作为一个封建君主，乾隆皇帝既不了解皇权加强的客观依据，也不能察觉皇权对社会发展所造成的严重危害，单凭几十年来个人成功的经验，便把加强皇权当作了巩固统治的惟一的法宝，而且在乾隆后期还将这种权力毫无节制地滥加使用，从而使原先不被人们所注意的君主专制的一些弊端日益凸显，并且在国家政治生活中占据了主导地位，一个政治上最黑暗的年代就这样地到来了。

二、增募绿营军队，扩大军费开支

　　乾隆皇帝增加绿营兵额和当时八旗军队的腐化有着直接的关系。乾隆前期，八旗军队是乾隆皇帝赖以巩固自己专制统治的主要武装力量。为了提高八旗子弟在国家政治生活中的地位和保持其较强的作战能力，乾隆皇帝在政治上为之大开仕途，在军事上强调训练骑射，在生活上也对之百般照顾。然而，和乾隆皇帝的期望相反，政治地位的优越和生活上的特殊待遇并没能使八旗子弟振作有为，反而使其更加迅速地趋于腐朽。其中，开放八旗仕途虽然对于乾隆皇帝专制统治的建立一度颇为有利，但是为时不久，随着政治地位的上升，这些官员迅速腐化，贪污现象较之汉官更为普遍和严重，对于乾隆时期吏治的败坏起了极为恶劣的作用。就军事训练而言，虽然乾隆皇帝反复强调，但是由于八旗大臣对之视同具文以及八旗子弟的腐朽，王公子弟、盛京官员不谙骑射者比比皆是，更不用说一般八旗子弟了。如乾隆皇帝曾经规定，满洲举人考试进士者必须考试骑射，但在乾隆四十年二月会试时，与试一百二十五名满洲举人中，自称近视请求免试骑射者竟有七十三人。对此，乾隆皇帝极为生气，所有不能骑射之七十三人一概逐出考场。[24]又如当年七月，乾隆皇帝阅看八旗引见官员骑射，"所射非不至靶，即擦地而去，甚至有任意放箭，几至伤人者"。[25]至于各地驻防满兵，情况更为糟糕。其中盛京一带地方为清朝先世发祥之地，"兵丁技艺，宜较各地加优"，然而可笑的是，当地官员、兵丁竟连打猎都不会，历年进贡之鹿只，都是买自民间猎人之手。[26]乾隆四十九年三月，乾隆皇帝南巡江浙，举行军事演习时，当地满兵"射箭箭虚发，驰马人堕地，当时以为笑谈"。[27]至于沾染汉俗，不语清语，取汉姓、汉名，瓜尔佳氏自称关家氏、富察氏自称傅家氏者更是比比皆是。面对这种情势，乾隆皇帝亦无可奈何。为了保持一支强大的武装力量，乾隆皇帝不得不把目光转向了自己向不重视的绿营军队。

乾隆四十六年闰五月，乾隆皇帝开始实施他的扩军计划。尽管当时八旗军队已经腐朽，但是为了解决八旗生计，乾隆皇帝仍然首先增添京师八旗军队两千多人。[28]与此同时，为了维持京畿一带治安，乾隆皇帝还下令招募民人四千九百人编入绿营军队。[29]同年八月，甘肃撒拉尔族起义平定之初，为了增加军队戍守，乾隆皇帝下令将陕甘两省绿营中的养廉名粮悉行裁革，所有缺额概行招募军队。根据这一指示，两省扩军一万二千九百余人。[30]雍正以后，清朝政府规定，绿营中各营酌留空额钱粮若干，以为提镇以下武职官员养廉和军中公费之用。此外，另拨生息银两以其利息作兵丁红白赏恤之用。乾隆中，生息银两废止，所有兵丁赏恤亦从空额名粮中支取。而在实际执行中，弊端百出，"册上有兵，伍内无兵；纸上有饷，军中无饷"。[31]乾隆皇帝裁革养廉名粮，添补兵额，对于清理营伍弊端不无好处，但因此事涉及全国武职官员，需要由中央政府进行一次统一处理。因此，乾隆皇帝又决定，"所有各省营伍赏恤兵丁红白银两，自乾隆四十七年始，俱着于正项支给，造册报部核销"，各省武职所得公项亦"照文员之例，议给养廉。其所扣兵饷，即可挑补实额"。"官员既无拮据，而各省又增添兵力，于营伍大有裨益。"[32]这样，全国绿营官员一律改发养廉银，所遗空额也陆续招募足数。至乾隆四十七年八月，连同京师、陕甘所添军队，总计扩军近七万人。[33]至此，全国绿营军队多达六十万人，如果再加上二十多万禁旅八旗和驻防八旗，全国正规军总数当在八十万人以上。通过这些措施，乾隆皇帝大大加强了自己的军事力量。

扩军必然导致增饷。根据当时核算，所有绿营官员养廉、军中公费及兵丁红白事例所需每年约近三百万两。对于这一涉及巨额开支的重要问题，首席军机大臣阿桂即提出了不同意见。他说："国家经费，骤加不觉其多，岁支则难为继。"以每年军费开支增加三百万计，二十年后，积累数字将达七千万。因而他要求，除滇、黔、川、闽、粤边地省份及已经扩军之陕甘两省外，"其余腹里省分，均可毋庸挑补实额"，以为国家减少不必要的开支。[34]对于这一正确意见，乾隆皇帝不但不予接受，反而以当时国库存银逾七千万而笑其过虑。这样，这一扩军增饷计划的实行，虽在当时收到了加强统治的效果，但从长远看来，却为乾隆末年以后的国库空虚、财政困难埋下了祸根，并且直接导致了乾隆皇帝专制统治的衰落。

在对绿营官员改发养廉、增募兵额的同时，乾隆皇帝还时刻惦念着他的八旗子弟。从乾隆四十七年起，每逢岁末，乾隆皇帝总是大沛恩膏，赏给八旗兵丁一月钱粮，并且将此作为一项经常性的政策，一直坚持到乾隆皇帝去世之前。

三、厉行保甲，普禁鸟枪

乾隆时期，专制统治空前加强，对于各地基层政权和广大劳动人民的人身控制也愈益严密。其中，清初以来即已普遍实行的保甲制度仍在继续实行并且还有所发展。针对摊丁入地之后人口流动量较大的新情况，乾隆二十二年十月，乾隆皇帝采纳直隶总督方观承的建议，在全国范围内推行了以稽查各地现居人户为主的保甲循环册制度。[35]进入乾隆后期以后，为了防止广大人民的反抗斗争，乾隆皇帝对之更为重视。王伦起义刚刚被镇压下去，他即将直隶省官员厉行保甲"逐细查造，设立循环二簿以及门牌"的经验抄寄各省督抚，令其"严饬所属，一体切实妥办，不得仅以虚文覆奏了事"。[36]与此同时，编设保甲的范围也由内地各省扩大到了边疆地区，由汉人而推广到包括奉天旗人在内的不少少数民族。而且，作为对基层政权和广大劳动人民进行严密控制的一个重要措施，这一制度一直坚持到了乾隆皇帝在位之末。

除厉行保甲之外，为了对广大人民进行防范，乾隆皇帝还非常严厉地查禁民间鸟枪。乾隆初年，社会秩序相对安定，对于民间造用鸟枪的禁令也比较松弛，只是规定不准民间私铸，所用鸟枪一概由政府登记编号而已。[37]乾隆二十四年以后，清朝政府一度采纳福建按察使史奕昂的建议，查禁民间所用鸟枪、竹铳、铁铳等物，[38]但为时不久，旋即弛禁。[39]而且，山西、山东、江西、湖南、两广等省的不少官员还以防守地方为借口，对州县民壮也教习鸟枪。对此，乾隆皇帝本人不但不表示反对，反而以其能"缉盗匪而御凶顽"，"有益地方"而予以称赞。[40]但至乾隆后期，随着专制统治的极端强化，对于民间私自造用鸟枪，乾隆皇帝的态度发生了明显的转变。乾隆三十九年十一月，大学士舒赫德奏请将向来商民为防御盗贼、猛兽呈明地方官制造鸟枪之例"永行停止"，所有民间私藏鸟枪、竹铳、铁铳等也概行查缴，民人逾限不缴及地方官查缴不力者一律治罪，[41]当经乾隆皇帝批准照办。随着查禁鸟枪活动的开展，查禁范围也不断扩大。乾隆四十二年二月，首先禁止各地民壮演习鸟枪。他说："民壮之设，本系由乡民招募充当，虽系在官，究与入伍食粮者有间。况火药所关甚巨，亦未便散给人役。若概使演习鸟枪并令熟练进步连环之法，于戡暴防奸之事，并无裨益。况各省训练纯熟火器者多人，则又不可不豫防其弊。"[42]尔后不久，又以鸟枪为制胜要器，"民间断不宜演习多藏"而禁止各地武科考试鸟枪。[43]与此同时，对于查禁不力的官员的处分也愈益加重。原来，失察官员不过是罚俸，乾隆四十七年正月，乾隆皇帝以为，鸟枪查缴不尽，"皆由地方官奉行不力"，[44]而决定州县官失察者依情节降级留任或降级调用，该管上司或者罚俸，或者降级留任。他还要求各地督抚将查禁情况每年年终向中央汇奏。一直到其在位末年，乾隆皇帝还对查禁鸟枪一事极表重视，并要求有关官员"毋久而懈"。[45]与此相反，在大力查禁内地汉民鸟枪的同时，对于旗人打造、使用鸟枪，乾隆皇帝不但不予禁止，反而予以赞扬。"旗人能打造鸟枪，甚属美事"，并下令东三省将军、都统年终不必汇奏禁止私枪之事。[46]

由上可见，乾隆皇帝厉行保甲、查禁鸟枪，主要用意在于以此制止广大劳动人民尤其是汉族人民的反抗斗争。但是，和他的主观愿望相反，恰恰是在这一时期，各地人民的武装反抗斗争此起彼伏，一浪高过一浪，乾隆皇帝这一愚蠢的活动遭到了彻底的失败。

四、处理历史问题

乾隆后期，出于进一步加强专制统治的需要，乾隆皇帝还对明朝以来尤其是清朝建立以来的一些历史问题进行了统一的处理。

乾隆皇帝处理历史问题，首先是从和清朝政治关系极为密切的明朝历史上的一些遗留问题入手。由于明朝初年统治集团内部的斗争和明朝末年明清两个政权之间的兴废鼎革，不少历史遗留问题未能由明朝统治者循例处理。即如永乐靖难、建文年号革除，迄至明末，对此未作任何处理。又如明朝灭亡前后，不少封建士大夫或在李自成进京之际自杀，或为抵抗清军而尽节。为了收揽人心，清朝政府入关之初，曾对李自成进京时自杀的明朝士大夫范景文等二十人追予谥号，但是对于抗清尽节的不少人士，却一直目之为"伪"。乾隆皇帝即位后，结合《明史》纂修，曾将建文帝追谥"恭闵"，但是由于政务繁殷和其他多种原因，其他问题一直未作处理。乾隆三十年以后，清朝政府重开国史馆纂修国史，明清之际的一些历史遗留问题达到了非解决不可的地步。这时，出于巩固专制统治、提倡忠君爱国的目的，乾隆皇帝改变了原来的习惯看法，对为抗击清兵而殉难尽节的封建士大夫表示了相当的好感，并着手处理这些遗留问题。如乾隆三十一年五月，在国史馆进呈《洪承畴列传》时，乾隆皇帝发现，该传于明唐王政权及所有抗清士大夫皆概加"伪"字，对此，乾隆皇帝颇不以为然。他说："福王之在江宁，尚与宋南渡相仿佛。""明末诸臣如黄道周、史可法等，在当时抗拒王师，固诛戮之所必及，今平情而论，诸臣各为其主，节义究不能掩。朕方嘉之，又岂可概以伪臣目之乎？"[47]因此，他对史馆官员的做法进行了批评，并要求他们据史直书，"不必概从贬斥"。[48]与此相反，对于降清的一些明朝士大夫和将领，他却深恶痛绝并进行了严厉的处理。如对钱谦益，即斥责其"大节有亏，实不齿于人类"，下令将其所有著作概行销毁。[49]对于孙可望，则以其变节降清而停其子孙承袭世职。[50]

在这些活动的基础上，从乾隆四十年底到乾隆四十一年初，乾隆皇帝对明朝遗留历史问题进行了一次比较全面的处理。乾隆四十年十一月，乾隆皇帝颁布谕旨，对抗清殉难的史可法、刘宗周、黄道周、孙承宗、卢象昇等和抵抗李自成义军而死的周遇吉、蔡懋德、孙传庭等备加推崇，称赞他们

"立朝謇谔，抵触龃龉，及遭际时艰，临危受命，均足称一代完人，为褒扬所当及"，命令臣下将"凡诸臣事迹之具于《明史》及《通鉴辑览》者，宜各征考姓名，仍其故官，予以谥号"。[51]次年正月，议谥范围又进一步扩大到了明初靖难殉节诸臣齐泰、黄子澄、方孝孺、景清、铁铉等。[52]这样，臣下遍考《明史》《通鉴辑览》《大清一统志》与各省通志，除名列阉党和投降李自成者之外，将因抵抗李自成及清兵而死的三千六百余人姓名、事迹进呈。对此，乾隆皇帝分别情况，给予专谥、通谥，并令各于其原籍入祀忠义祠，准其后嗣立碑，进行表彰。[53]与此同时，他还下令将所进各人姓名事实摘具梗概，汇编为《胜朝殉节诸臣录》一书，交武英殿刊刻发行。对于其中事迹尤为突出的熊廷弼、袁崇焕等，除予谥、建祠之外，还查访后嗣，量其才能，授予官职，以示褒扬。

在对各种历史遗留问题进行处理时，清朝建立以来的各种历史遗留问题是乾隆皇帝处理的一个重点。清朝入关以后，统治集团内部的政治斗争一直连绵不绝，有时还非常激烈，对于清朝政局的发展也产生了极其深刻的影响。乾隆时期，时过境迁，为了消除这些斗争所造成的不良影响，巩固统治，乾隆皇帝先后对之进行了一番全面的处理。

一是对入关之初发生的睿亲王多尔衮被削爵夺谥一案进行重新处理。多尔衮是清太祖努尔哈赤的爱子，清朝开国元勋。明朝灭亡后，他以摄政王身分率师入关，定都北京，统一全国，为清朝政权的建立和发展立下了不朽的功勋。因为统治集团内部的斗争，顺治七年多尔衮死后，敌对势力掌权。为了对多尔衮进行报复，遂以其死后棺中敛服僭用明黄龙衮，指为谋逆而将其生前封爵、死后谥典概行追夺。受此牵连，多尔衮之同母兄弟阿济格等或被处死，子孙革除宗籍；或被降封郡王，子孙式微不振。从此之后，百余年间，清代最高统治者对此没有再做任何处理。乾隆三十八年二月，乾隆皇帝追念多尔衮统众入关之功，首先命令有关官员对其坟茔"酌加缮葺，仍为量植松楸，并准其近支王公等以时祭扫"。[54]乾隆四十三年正月，在着手处理本朝各种历史遗留问题的过程中，乾隆皇帝又对多尔衮一案进行了彻底的平反。他说："睿亲王多尔衮，当开国时，首先统众入关，扫荡贼氛，肃清宫禁。分遣诸王，追歼流寇，抚定疆陲，一切创制规模，皆所经划，寻即奉迎世祖车驾入都，定国开基，以成一统之业，厥功最著。"[55]又根据《实录》记载指出，多尔衮全部言行，"皆有大功而无叛逆之迹"，足证其一生"立心行事，实能笃忠荩，感厚恩，深明君臣大义，尤为史册所罕觏"。[56]仅因摄政有年，"威福不无专擅"，以致其死之后，诸王大臣乘清世祖年幼之时群相攻讦，诬以叛逆，而被削爵和追夺谥典，构成冤案。他指出，如果多尔衮真要谋逆，何不于"兵权在握"之时谋逆于生前，而直至身后，始以"敛服僭用明黄龙衮"来满足自己的谋逆野心。因此，他决定为多尔衮彻底平反昭雪，配享太庙之外，重新给予"睿亲王"封号，追谥曰"忠"，补入玉牒，并令补继承袭，照亲王园寝制度，修其茔墓，仍令太常寺春秋致祭，所有事迹，由国史馆负责载入《宗室王公功绩传》，"用昭彰阐宗勋至意"。根据他的指示，原来承袭多尔衮爵位的多尔博的四世孙淳颖和多铎后嗣修龄分别袭封为睿亲王、豫亲王，世袭罔替；革除宗籍的武英郡王阿济格子孙也被赐予黄带子，收入玉牒。

二是恢复开国有功诸王、大臣原来封号，并予配享太庙。清朝开国以来，由于形势变迁，不少开国有功诸王的后嗣也历经沧桑。有的被改动了原来的封号，如礼亲王代善之后改封康亲王、郑亲王济尔哈朗之后改封简亲王、肃亲王豪格之后改封显亲王、克勤郡王岳托之后改封为平郡王等；有的子孙式微，如饶余亲王阿巴泰、安亲王岳乐、敬谨亲王尼堪、谦郡王瓦克达、巽亲王满达海、镇国公屯齐等，开国之初，皆功勋显著，而至乾隆时期，因为历次降袭，其子孙多数仅为辅国公、奉恩将军等。"外人不知，妄疑宗藩当国家缔造时，有大勋劳，而后裔均不得长延带砺，似为阙典。"[57]与此同时，一些异姓开国功臣如额亦都、费英东不但后世子孙封号亦被改动，而且最初所定封爵也相对偏低。对于这些问题，乾隆皇帝也都统一做了处理。所有改动封号的开国诸王及异姓功臣后嗣一律改复原封号，并和睿亲王多尔衮一起配享太庙，后世式微的开国诸王公子孙也都加赏公爵世职，世袭罔替；最初所定封爵偏低的额亦都、费英东均晋封一等公，"俾元勋世胄，永膺茂赏"。[58]

三是对雍正时期的允禩、允禟一案和乾隆初年的弘晳一案也进行了重新处理。乾隆皇帝即位之初，对于允禩、允禟案件的相连人员，虽曾做了一些宽大处理，但是碍于当时形势，改正步子有限。允禩、允禟二人子孙虽然给予红带子，但仍然派人看守。其中允禟之子弘晸一直处于监禁之中，而且允禩、允禟两人也一直没有收入玉牒。乾隆皇帝恢复睿亲王多尔衮封爵及给还有功诸王原封爵号使得雍正间允禩、允褆案件在所有本朝历史问题中更为突出，"宗藩远派，既为核实酬庸，而近属本支，岂宜略而不办"。[59]因此，他决定将允禩、允禵二人之名重新收入玉牒，所有子孙也都给予黄带子，承认了他们的宗室地位。对于长期监禁的弘晳，也下令释放，授予官职。与此同时，他还下令将乾隆初年因罪而削除宗籍的理郡王弘晳及其子孙"亦着于玉牒内复其原名"，以昭康熙皇帝一派天潢"麟趾燕贻之盛"。[60]

最后，对于专横跋扈的权臣鳌拜和三藩之乱发生时一些臣下的功罪是非，乾隆皇帝也都进行了处理。其中鳌拜死后，康熙皇帝念其旧勋，将其追赐为一等男，令其弟孙相继承袭。雍正中，雍正皇帝又将鳌拜生前所得之一等公爵也予赐复，世袭罔替。乾隆皇帝认为，"大臣为国宣勤，功铭钟鼎，尤当深自敛抑，律己奉公，以保终始"，而鳌拜专权时期，"自恃政柄在握，辄敢擅权玩法，邀结党羽，残害大臣，罪迹多端，难以枚举"。"若不核其功罪，明示创惩，在鳌拜一家之侥幸，所关犹小；而后之秉钧执政者，无复知所顾忌，将何以肃纲纪而杜佥邪乎？"因此，他下令一俟鳌拜之公爵出缺，即行停袭，仍以男爵世袭，"以为万世子孙有大臣擅权不法者戒"。[61]对于三藩之乱时一些官员将领则分别情况，进行处理。如下三元其人，三藩之乱前任云贵总督，阿附吴三桂，后见其逆迹渐露，托言母病乞休归旗。因此，他不但在吴三桂叛乱中脱然事外，叛乱平定后还邀恩得赐祭葬谥典。为了"肃纲纪而示惩劝"，乾隆四十六年二月，乾隆皇帝下令将其生前官职、死后谥典俱行追夺。[62]对于在平定三藩之乱中做出贡献的张勇、赵良栋、王进宝等人，捐躯而死的傅弘烈、范承谟、甘文焜等人，除本人封赠爵位之外，其后世子孙也量加升用，以为臣下尽忠国事、将帅效命疆场之劝。

第二节　骄奢淫逸

随着乾隆皇帝个人权力无限制的增长，乾隆后期，乾隆皇帝的个人生活也愈益腐化。本来，作为全国之君，乾隆皇帝的个人生活已经远远地高于所有的臣民百姓，然而为了满足自己无厌的享乐欲望，他又先后大兴土木，并利用各种庆典和巡幸之际肆意铺张，前后所费，数字不下亿万。乾隆皇帝的这些活动，构成了他在位期间的一个主要的败政，对于乾隆后期政治形势的发展也产生了极其深刻的影响。

一、大兴土木

康雍时期，为了享乐的需要，最高统治者已经先后兴建过一些大型土木工程。其主要者，京西有畅春园、圆明园等别墅，畿甸有汤山、盘山诸行宫，距京三百里外的承德，还有凉爽宜人的避暑山庄。应该说，可供最高统治者享乐游憩的处所已经为数不少，然而乾隆皇帝即位以后仍不满足，在这些工程的基础上又进行了大规模的土木兴建活动。乾隆五年，乾隆皇帝首先于圆明园东南空隙之地另建长春园、绮春园，[63] 此后不久，又以"仰承祖制，欲举临边讲武之礼"为借口，鸠集工料，重新修建热河避暑山庄。[64] 根据他的指令，工匠日夜兴作，至乾隆二十九年时，避暑山庄中的建筑物已由康雍时期的十六处增加到三十八处。[65]

如果说，由于言官谏阻，乾隆前期，乾隆皇帝对土木建筑还没有放开手脚的话，那么，乾隆后期，随着专制统治的极端加强，乾隆皇帝便更加肆无忌惮。在此期间，圆明园由雍正中的二十八景扩建为四十景，避暑山庄也由康熙时的三十六景增加到七十二景。著名的承德外八庙，大多都是在这一时期中建造或者重修。与此同时，所有京师坛庙、宫殿、城廓、河渠、苑囿、衙署乃至街道市容以及帝后陵寝如裕陵、泰东陵等项工程也无不动工修建，[66]"工役之费不啻累百万"。[67]宫廷土木建筑之外，乾隆三十年以后，乾隆皇帝还专拨库帑五百万两，对全国各地的城池普加修葺。所有这些工程，尽管乾隆皇帝一再宣称物给价、工给值，但在具体执行中，弊端百出，不但大大虚耗了国帑，而且也使广大人民的赋役负担成倍增长，严重地妨碍了社会生产的正常进行。对于这种虚耗国帑、滥用民力、有害无益的活动，连乾隆皇帝本人有时也觉得太过分，乾隆四十六年，他还专门写了一篇《知过论》以自箴。但是，乾隆皇帝知其非而不能改过。乾隆四十六年以后，不但热河避暑山庄的土木工程一直没有停止，而且其他大型土木工程也连绵不绝，对于乾隆末年的国家财政危机和乾隆皇帝专制统治的衰落都起了极为重要的作用。

二、节庆挥霍

除大兴土木之外，乾隆皇帝还利用节庆之际任情挥霍。

其主要者，在乾隆前期是皇太后的几次万寿庆典，在乾隆后期则是乾隆皇帝本人的历次万寿庆典和乾隆五十年、嘉庆元年先后举行的两次千叟宴。

乾隆六年，乾隆皇帝即已开始为其生母崇庆皇太后举行大规模的祝寿活动。是年十一月，皇太后五十寿辰。为了一展孝心，乾隆皇帝效法康熙皇帝五十寿辰庆祝成例，于皇太后自畅春园回宫路上，组织八旗官员、兵丁男妇、太监人等年在六十以上者自西安门至紫光阁各按旗分次序，男左女右，分列道旁，"瞻仰跪接"皇太后銮驾，并对他们各加恩赏。[68]一天之中，仅跪接官民赏赐一项，即开销白银十万八千七百五十两，缎布七万余匹。然而，和后来的皇太后万寿庆祝活动相比较，这些挥霍不值一提。

乾隆十六年，皇太后六十寿辰。这时，由于乾隆皇帝的统治已经巩固，庆典规模更为盛大。当年三月，还在南巡途中时，乾隆皇帝即指令各省督抚先期派人进京，"各按段落，豫备经坛、戏台之类"。[69]根据安排，自万寿山至西直门一带地方，由内务府预备，西直门至西华门一带由各省督抚及在京王公大臣公同分段预备。[70]乾隆皇帝一声令下，臣下闻风而动。四月间，两淮盐政高恒、普福等率先行动，组织人员于布置地段进行准备。尔后，各省亦相继行动。其中一些地区和省份还花样翻新，如顺天府府尹蒋炳呈请合府绅士共建经坛，祝贺万寿。[71]在其影响下，各省在籍官员也普建经坛"以申庆祝"。[72]又如直隶、湖广两省督抚，不顾天寒地冻，各从本省拉了一班老民、老妇，昼夜兼程，进京叩祝皇太后万寿。[73]与此同时，为了把庆典办得隆重热闹，乾隆皇帝和中

央各衙门也忙得不亦乐乎。先
是降谕于次年开恩科乡、会
试，而后又敕谕礼部拟定恭上
皇太后徽号及一应仪节。内务
府各机构也为备办赏赐银两、
缎匹、筵宴桌张而忙得团团打
转。寿期临即，乾隆皇帝遣官
告祭天地、太庙，亲奉皇太后
至万寿寺行礼。十一月二十
日，乾隆皇帝骑马前导，率领
大队人马奉迎皇太后还宫。一
到西直门，进入各省布置地段
后，便目不暇给，热闹异常。
据当时目击者、著名文人赵翼
记载，自西直门外之高梁桥
到西华门十余里长的道路上，

崇庆皇太后朝服像

"张灯结彩，结撰楼阁"，"锦绣山河，金银宫阙，剪彩为花，
铺锦为屋，九华之灯，七宝之座，丹碧相映，不可名状。每
数十步间一戏台，南腔北调，备四方之乐，侲童妙妓，歌扇
舞衫，后部未歇，前部已迎，左顾方惊，右盼复眩。游者如
入蓬莱仙岛，在琼楼玉宇中，听霓裳曲，观羽衣舞也"。[74]除
此之外，不少省份还另有布置。如有的省份用色绢做成高山，
有的省份用锡箔做成大海，还有的省份在台上矗立起一个几
间房子大的祝寿蟠桃。尤为奇特的是，广东省在其布置地段
用无数只孔雀尾建造了一个两三丈高的翡翠亭，湖北省则用

玻璃砖建造了一个"重檐三层"的黄鹤楼，浙江官员又别出心裁，竟用无数面镜子做成一个人造西湖，并建广榭于其上，人人其中，化身千亿，极为壮观。皇太后所到之处，文武百官以至大臣命妇、京师士女，簪缨冠帔，跪伏满途，恭祝万寿。进宫之后，连日筵宴，戏剧、烟火一场接着一场。一连十几天，整个北京城一直热闹非常。

对于这样的阔绰摆设，连皇太后本人也"殊显繁费，甫入宫即命撤去"，然而此后的皇太后七旬、八旬万寿庆典，花费情况依然不减当年。如乾隆二十六年的皇太后七旬庆典准备活动，除循例由各省布置地段之外，还专拨白银一百多万两将西直门至西华门一带两旁街道铺面"统一修葺，俾令整齐可观"。[75] 与此同时，紫禁城内外的寿安宫、万寿寺、正觉寺、弘仁寺、仁寿寺的修整，畅春园外面的水沟疏通和万寿寺西边的人造土山工程也全面进行。因为皇太后极为喜欢江南风景，乾隆皇帝还特命臣下在万寿寺旁仿照江南城市风貌，

《崇庆皇太后圣寿庆典图》卷（局部）　（清）佚名绘

建了一条长达数里的苏州街。[76]寿期临即，又由在京八旗、顺天府和直隶分别组织耆老、老民、老妇各六十三人叩祝万寿。政府又从各地礼请喇嘛一千人进京念经，除日常饭食皆需供应外，还准备了大批银两、缎匹和八百多张饽饽席面以行赏赐。

又如乾隆三十六年皇太后八旬万寿庆典，"京师巨典繁盛，均不减辛未"，而且在一些方面还更加铺张。即如喇嘛念经一项，便规定京城中的十八个寺院统一念经九日；同时，还组织了在京及各省在籍官员二千五百人设立经坛，"虔申诵祝"。除此之外，又拉上了三班九老宴游香山以行助兴。为了讨皇太后喜欢，乾隆皇帝有时还达到了非常荒唐的地步。圆明园福海以东有一个同乐园，是乾隆皇帝经常奉皇太后临幸之处。为了使皇太后开心抒怀，乾隆皇帝特于其中设立了一条买卖街，"凡古玩估衣以及茶馆饭肆，一切动用诸物悉备，外间所有者，无不有之"。[77]其中之店主人以太监充当，店小二、跑堂等，皆挑取外城各肆中声音响亮、口齿伶俐者担任，每至乾隆皇帝奉皇太后临幸之时，跑堂的要菜、店小二报账、掌柜的拨拉算盘珠，"众声杂沓，纷纷并起"。[78]看到这种情形，皇太后"慈颜"大悦，乾隆皇帝本人也以自己有这样的"杰作"而分外得意。

乾隆四十二年，崇庆皇太后死。但是，乾隆皇帝的节庆挥霍并未因此而有所收敛，反而因专制统治的极端加强而越来越甚。除了在他本人寿辰之际大事铺张之外，还另外搞了两次规模盛大的千叟宴，从而把节庆挥霍推向了最高峰。

乾隆皇帝诞辰是八月十三，依据惯例，一般都在避暑

《万国来朝图》轴 （清）佚名绘

山庄举行庆祝活动。乾隆四十五年以前，每逢乾隆皇帝诞辰，不但避暑山庄连日筵宴不绝，热闹非常，而且连同北京至承德三百多里的道边树木上也披红挂彩，装饰一新。乾隆四十五年八月乾隆皇帝七十寿辰时，庆祝活动更为隆重盛大。为了投乾隆皇帝之所好，前期一年，以永瑢、和珅为首的一班子臣便在进贡器物和进贡数字上绞尽脑汁，大做文章。凡进贡物品，皆"取九九之义"。[79]截至乾隆四十四年四月，单是进贡之无量寿佛，便已达一万七千九百六十三尊，计银二十八万七千四百余两。[80]乾隆四十五年七月，各省督抚进献万寿贡品进入了高潮。据当时的朝鲜使臣记载，贡车多达三万辆，此外，人担、驼负、轿驾者更是多不胜数。为了抢运贡品，车辆互相争道催促，"篝火相望，铃铎动地，鞭声震野"。[81]与此同时，班禅额尔德尼、哲布尊丹巴呼图克图等主要宗教领袖和西藏、回部、蒙古等地的贵族王公分别前来入觐，朝鲜、琉球、安南等藩邦属国也都遣使入贡。在内外上下的一片颂扬声中，回顾在位四十五年来自己的各种成就，乾隆皇帝本人也有些飘飘然。这样，就在他陶醉于自己即位以来的统治成就的时候，大量的银两、缎匹经由他手而赏赐给了前来祝嘏的臣下和外藩使臣。

七旬万寿庆典之后，乾隆四十九年三月，乾隆皇帝又决定踵康熙故事举行千叟宴。"凡内外文武官员年在六十以上者，皆与赐宴之列。"[82]为此，还专门成立了一个由六阿哥永瑢、军机大臣阿桂、内务府大臣金简等共同负责的内务府办理千叟宴事务处，全面负责千叟宴筹备事宜。当年十月，乾隆皇帝正式颁布谕旨，定于来年正月初六在京举行千叟宴盛典，"用昭我国家景运昌期，重熙累洽，嘉与中外臣民耆老，介祉延禧之至意"。[83] 根据这一谕旨精神，与宴人数渐次增加到三千六百人，与宴人物也由原来的内外文武官员扩大到各国使臣，边地土司，已患过天花的蒙古、回部王公和地位较卑而又年过七十的耆老士民、八旗兵丁、拜唐阿以及匠役人等。所有与宴人员名单，经乾隆皇帝批准，均由军机处正式行文各省通知他们于年底封印以前进京。这样，从十一月初开始，各省与宴官吏士民先后就道，北上进京。届期，与宴人员齐集乾清宫，按班序列，俟乾隆皇帝升座，乐声大作，与宴人员一齐向乾隆皇帝行三跪九叩大礼，然后各入坐次，宴会正式开始。席间，乾隆皇帝还命皇子、皇孙、皇曾孙等分别向与宴人员执爵献酒，其中年过九十者，还召至御座前亲赐卮酒。[84] 此时，乾隆皇帝想起康熙六十一年新正千叟宴时自己奉命向老臣执爵献酒的情形，眼见当下千叟宴的空前盛况，不禁文思泉涌，当即挥毫作成《御制千叟宴恭依皇祖元韵》七律一首。诗曰：

> 抽秘无须更骋妍，惟将实事纪耆筵。
>
> 追思侍陛髫垂日，讶至当轩手赐年。
>
> 君酢臣酬九重会，天恩国庆万春延。
>
> 祖孙两举千叟宴，史册饶他莫并肩。[85]

此次千叟宴后，乾隆皇帝意犹未足。乾隆六十年十一月，在宣布次年归政的同时，乾隆皇帝决定于嘉庆元年正月再举千叟宴。据史载，此次与宴人员达八千人之多，较之上次人员几乎多出两倍！总计两次千叟宴，备办宴席约两千来桌。而且，宴会结束时，还向与宴臣民"颁赏如意、寿杖、缯绮、貂皮、文玩、银牌等物有差"。[86]其中之银牌，依据受赐者年龄而自十五两至三十两不等，连同其他赏赐，又有上百万两之多。

三、巡幸奢靡

在大兴土木和节庆挥霍的同时，乾隆皇帝还通过频繁的巡幸活动而任情靡费。乾隆六年，乾隆皇帝开始秋狝木兰。乾隆八年，又东巡盛京，从而开始了他一生中极为频繁的巡幸活动。这些巡幸活动，对于乾隆皇帝专制统治的巩固和加强，虽然不无积极作用，但是由于他在巡幸中任意靡费，也大量耗费了多年积攒起来的国库帑银，并给沿途人民造成了巨大的灾难。

乾隆八年乾隆皇帝首次巡幸盛京时，"凡驻跸之地需用水浆，须凿井数十；辇道两旁，复筑扈从臣工径路。经过道路，不能耕种"。[87]而奉天将军额尔图又借此勒派商民捐助，扣发兵丁饷银，闹得当地民怨沸腾。[88]乾隆十三年，乾隆皇帝东巡曲阜。是时正值山东连年遭灾，饿殍遍野，而山东巡抚阿里衮却置灾民赈恤于不顾，一以备办乾隆皇帝巡幸为事。"盖造行宫，修葺寺庙"之外，还将巡幸道路也装点得焕然一新。[89]乾隆十六年乾隆皇帝的首次南巡更使巡幸靡费进入了高潮。前此数年，沿途官吏即已调拨夫役，对康熙皇帝的南巡行宫一一进行修葺。行宫之间，又添设尖营，以供乾隆皇帝一行中途休憩之用。前期一年，又派向导先行出发，勘察道路及各地行宫的陈设情况。为了接待这些"钦差"，所过州县"铺设备极华糜，器用备极精致，多者用至千余金，少亦五六百金"。[90]与此同时，南巡所用随驾马匹五六千匹，乳牛和膳羊上千头也先后由京城运往巡幸沿途。一切准备齐全，乾隆皇帝奉皇太后自京起驾。随驾人员，有后妃、皇子、公主，有满汉文武大臣，有护卫兵弁，有厮养跟役，总数不下两千人。一路之上，浩浩荡荡，如同迁都一样。进入山东境内，早有御舟安福舻、翔凤艇和拉纤河兵数千人在旁恭候；御舟行驶，前有御前大臣率领精壮官兵乘船开道，后有军机大臣和文武百官乘坐的船只随行，岸上还有骑马的官兵沿河行走，以备随时调遣听令。所经三十里以内，地方官员一律朝服接驾，

耆民老妇、绅衿生监排列跪伏，八十岁以上的老民老妇还身着黄布外褂手执高香跪候圣驾。进入扬州、苏州等风景优美的城市，则弃舟登岸，策马进城。所过街道皆用彩绸、彩布高搭棚幔，每户门上各贴"福"字，门前恭设香案，百姓跪伏满途，恭候圣驾光临。[91]此外，河道中还备有龙舟灯舫和戏船台阁等"俚俗游玩之具"。[92]为了点缀风景，在扬州城内，两淮盐商还捐资植梅一万株，以供乾隆皇帝观赏。沿途各处行宫之陈设，也备极华奂，不是极为名贵的书籍、字画、端砚和挂屏，就是价值连城的牙雕和紫檀花梨屏坐等，甚至连痰盂、溺器也都是由银匠精心打制而成。巡幸途中，乾隆皇帝开心之余，随心所欲地对扈从兵丁、水手、拉纤民夫、文武官员、后妃王公以至接驾官员、耆民老妇和商众人等普加赏赐，动辄就是成千上万。一处如此，他处皆然。

因为乾隆皇帝巡幸过于靡费而且扰民特甚，有的官员不愿为虎作伥而告病去职，有的官员如沈廷芳、金溶、和其

衷、钱琦、杭世骏、尹会一和顾栋高等还先后上言，对之进行批评。对此，乾隆皇帝不但不引咎自责，反而强词夺理地百般辩解，并利用手中的权力对批评者乱扣帽子，严加打击。他说："地方有司，因朕南巡，其中有阘茸不堪之员，以办差为苦者，或散布流言，张大其事，势所必有"，"今向导一过，即云惨淡经营若此，明年朕驾亲临，又当如何；朕甫下诏南巡，即已若此，当年皇祖圣祖仁皇帝屡经巡省，又当如何"。[93] 在他看来，是否支持他外出巡幸以及在巡幸中办差是否积极，都是对君上态度的大问题。因此，在一些谕旨中，他多次把谏阻巡幸的官员比作是查嗣庭、卢鲁生一类人物，不是严词训斥，就是革职贬官。乾隆二十年胡中藻文字狱案中，他还将胡诗中的"周穆王车马走不停"作为讽刺自己巡幸的罪证，而对之予以严厉制裁。

在乾隆皇帝的强力压制下，再也无人敢对乾隆皇帝的巡幸奢靡进行批评了，几乎所有的官员都成了马屁精。只要乾隆皇帝外出巡幸，即刻将之当作一项最重要的任务而大肆铺张，这样，进入乾隆后期之后，这股巡幸奢靡的风气愈演愈烈，几乎发展到不可收拾的地步。如乾隆四十一年春，乾隆皇帝以金川平定而先后告祭东、西两陵并东巡曲阜，沿途所经州县像办理皇太后万寿庆典一样接待乾隆皇帝。"每日俱有戏台承应，甚或间以排当"，所过沿途，也大肆点缀，"饰为巷舞衢歌之象"。[94] 乾隆四十八年东巡盛京，当地官员听说乾隆皇帝曾经自造买卖街以取乐，竟也东施效颦，搭盖买卖街席棚。[95] 历次巡幸天津，当地官员皆于途次"豫备彩棚戏台，并设有采莲船只等件"，[96] 还不惜巨金，将"各处行宫，点缀修饰"。[97]对于这些奢华布置，有时乾隆皇帝本人也觉得"过于繁费"，并一再通令禁绝，但至乾隆五十九年再度巡幸时，当地官员仍然备办了龙舟及戏剧杂技等。[98]

　　在这些巡幸活动中，靡费特甚的还是乾隆皇帝的五巡江南活动。继乾隆三十年乾隆皇帝四度南巡之后，乾隆四十五年春，乾隆皇帝五巡江浙。因为十五年来未曾举行南巡盛典，因而巡幸沿途官员竞相铺张，从而使得此次南巡较之于以前数次更为奢华。乾隆皇帝刚刚进入直隶境内，所经州县便"竞尚灯爆，进呈杂戏"，其中，新城县知县申允恭还挖空心思，"别设十层鳌山爆灯"，[99]以备乾隆皇帝驾临时点放。

途经保定长芦隘口，因为该地是"各省富商辐集之所"，接驾活动更为铺张，"众商预输苏杭间彩缎与奇玩，路旁结棚如物形或楼台状，穷极眩采，横亘数十里。店铺之间，待皇帝经过，众商山呼如雷"。[100]这些陈设和布置虽然已经相当奢华，但和整个巡幸中的铺张活动相比，仍不足为道。举例而言，御舟抵达镇江城外时，遥见岸边矗立着一个巨大的寿桃，鲜艳可爱。须臾间，烟火冲天，光焰四射，寿桃开裂，从中涌现出一个剧台，几百名优伶正在演出寿山福海之戏。[101]进入杭州时，因为浙江巡抚王亶望事先不惜巨金，添建屋宇，点缀灯彩，把一个三吴都会装饰得就像人间天堂一样，[102]乾隆皇帝到此，仿佛置身仙境，"龙颜"大悦。虽然在口头上少不了对其奢华布置略为申斥几句，但在实际上把这个大贪污犯看得就像自己的心肝一样。[103]摸准了乾隆皇帝的这个脾气，乾隆四十九年乾隆皇帝六次南巡时，两淮盐政伊龄阿明知乾隆皇帝已有一艘安福舻，却仍然勒索商众再造一艘宝莲航御舟。[104]对此，乾隆皇帝虽然照例申斥，但在实际上异常高兴地将之运进北京备用。与此同时，乾隆皇帝本人也对迎驾官员、百姓和扈从南巡的文武官员、兵弁民夫大手大脚地进行赏赐，数量之多，较之于前四次南巡更是有过之而无不及。

为了替自己的这种奢靡行为找理由，他多次声称，天地间生财止有此数，不散于下，则聚于上。按照他的这一逻辑，他的挥霍靡费不但无害，而且还是有益于穷民的"义举"。就是在这套谬论的指导下，几十年中，广大劳动人民用血汗积攒起来的巨额财富经由他手而付之东流，致使乾隆末年国库空虚，民穷财尽，出现财政危机。乾隆皇帝的任情挥霍给国家和广大人民带来了巨大的灾难。

第三节　再征金川

和政治上的极度专断、生活上的骄奢淫逸相一致，进入乾隆后朝之后，在军事上，乾隆皇帝也穷兵黩武。其主要表现是再次出兵征讨大、小金川。

如前所述，在第一次金川战役中，由于气候恶劣、地势险要和指挥失宜，乾隆皇帝曾经陷于几乎不能自拔的境地。弹丸之地，屯兵七八万，历时两年，耗帑两千万，连诛两大臣，八旗、绿营将士死亡不可胜数，但却未能实现犁庭扫穴的目的。最后还是靠了政治招降，才使这场战争不了了之。因此，相当长的一个时期中，对于金川事务，乾隆皇帝的态度一直颇为消极。乾隆十七年，四川总督策楞、提督岳钟琪曾乘当地土司内讧的有利时机，在当地人民的支持下，出兵杂谷，将其下属一百零六寨改土归流，四万多人因此而"换制衣帽"。[105]与此同时，他们还计划对邻近土司也采取类似行动。然而，由于初次金川之役的教训和缺乏政治远见，乾隆皇帝对此不但不予支持，反而指责与事官员轻举妄动，又生衅端，并下令将已经归流的杂谷地区再设土司。[106]这样，当地土司制度的继续存在便构成了政治局势不安定的一个重要因素。

乾隆二十年，各个土司之间的争斗重新开始，其中最为严重的仍是大金川土司对相邻土司的侵扰活动。在初次金川战役中，大金川并未受到毁灭性的打击，因而战争结束不久，该土司即恢复元气，"自恃地广、人众、力强，与各土司构兵，讫无宁岁。故各土司皆畏之如虎，而以势分力散，又莫能如之何"。[107]为了制止其对邻近土司的侵扰而又不使清朝政府军队直接介入，乾隆皇帝采取的基本政策是"以番攻番"。乾隆二十三年四月，乾隆皇帝谕令川督开泰传知小金川、绰斯甲布、沃日诸土司集合土兵攻打大金川。[108]对此，大金川土司最初颇表畏惧。乾隆二十六年，在其原来土司头目莎罗奔死后，继袭土司郎卡曾经表示屈服，退还侵占各土司土地，战争暂时中止。[109]但是为时不过一年，故态复萌，又向丹坝土司发动了进攻。[110]这时，四川督抚再次组织绰斯甲布、革布什咱、巴旺、小金川、丹坝、沃日、松岗、梭磨、卓克基等九土司联合攻打大金川。[111]由于缺乏统一指挥，兼之以参战各土司有的是土司庸愚，兵力微弱；有的与大金川迹涉姻党，意存观望，首鼠两端，因而攻战四年，效果极不理想。[112]乾隆皇帝不得不改变办法，谕令川督阿尔泰"直入其境，恺切晓谕，以彰威德"，进行政治招降。[113]根据乾隆皇帝的这些指示，乾隆三十一年秋，阿尔泰与大金川达成停战协议：清朝政府谕令九土司撤兵，并答应颁给袭位土司郎卡新印，释放其被拘喇嘛，准其遣使赴藏熬茶以及允其和小金川、绰斯甲布缔姻等；大金川则退还所侵各土司领地、释放所掳各土司人口。[114]这一协议的达成虽使当地获得了暂时的安定，但却使清朝政府精心构制起来的各土司反对大金川的共同联盟最后瓦解。这样，在此后不久大、小金川联合攻打邻近各土司时，乾隆皇帝不得不亲自出马，进行了一场较之第一次金川之役时间更长、规模更大的再征金川的战争。

　　大、小金川缔姻后，气焰愈加嚣张。乾隆三十五年春，小金川土司僧格桑以"沃克什土司用法诅咒，致其父子同时染病"为借口，首先进攻沃克什。[115]尔后不久，又分别进攻明正、瓦寺两土司。[116]与此同时，大金川土司索诺木（郎卡之子）还杀害了革布什咱土司色楞敦多布，并向清朝政府提出了"乞将革布什咱地方百姓赏给当差"的无理要求。[117]川督阿尔泰虽然出动土练弹压，但大、小金川仍然进攻不已。得知这些情况，乾隆皇帝认为，"我大清正当全盛之时，中外一家，岂容近橼弹丸，独轶化外"。[118]"抚驭番蛮，怀畏自应并用。若于梗化之人，不大加惩创，则懦弱几无以自存，而犷悍者必效尤滋甚，渐至徼内土酋，跳梁化外，何以绥靖边圉。"[119]当年七月，乾隆皇帝决定对之用兵。为了集中优势兵力，各个击破，乾隆皇帝决定先取小金川。他指令四川总督阿尔泰、提督董天弼等从成都抽调满洲兵一千，绿营、土练五千分西、南两路，乘敌不备，攻袭小金川，"务擒僧格桑，另立土司，抚定其地"。[120]但阿尔泰本一迂腐官僚，不娴军旅，办事迟缓。至当年九月，尚"安坐打箭炉，并未发一兵，未移一步"，而西路董天弼虽与小金川小有接触，但却因麻痹大意，反而遭到了一些挫折。[121]为此，当年十一月，乾隆皇帝革去阿尔泰之大学士、总督职务，而以温福为大学士，户部侍郎桂林为四川总督，并调拨远在云南的八旗、绿营军队开赴四川，从此开始了长达五年之久的二次金川之役。

温福至川后，为了组织军事进攻，先后奏请增兵增饷。为期一劳永逸，乾隆皇帝允其所请，陆续调拨各省军队开赴金川前线。至乾隆三十七年夏，在川作战之各省军队已不下六七万，与此同时，户部和各省协拨之饷银也达一千万两。凭借雄厚的兵力、财力，从乾隆三十六年冬开始，清军师出三路夹击小金川。在清军的进攻下，各土司失地先后收复，小金川本土的一些重要城寨如郭松、甲木、资哩、噶尔金、僧郭宗也先后被攻克。然而，就在此时，清军内部的一些弱点也开始暴露，并对整个战争全局产生了不好的影响。一是指挥机构内部不团结。就西路而言，作为全军主帅和西路总指挥，大学士温福性情急躁、刚愎自用，因而引起了参赞大臣伍岱以下许多将领的反对。对此，乾隆皇帝不察实情，反而将伍岱革职拿问，严重影响了西路将领的作战情绪，以致从乾隆三十七年春天开始，将近半年的时间里，西路战局基本上没有什么起色。就南线而言，桂林、阿尔泰诸人之间，也矛盾重重。二是因为指挥失宜，清军在南线进攻中遭到了重大失败。乾隆三十七年三月，为了进攻小金川，南线指挥桂林出兵收复大金川控制下的革布什咱全境。这一军事行动，已使清军和大金川处于公开敌对状态，而桂林却毫无戒备地由革布什咱进攻小金川，因而在其军队行至甲尔木山梁时，遭到了大金川的突然阻击，清军三千余人全部战死。为了扭转战争局势，乾隆皇帝将桂林革职拿问，改派阿桂主持南路进攻事宜，并增调陕甘、云南、两湖军队进川作战。阿桂至南路后，悉力整顿，军威又振。当年八月，再克甲尔木山梁。尔后，又连下路顶宗、喀木色尔等重要城寨。十一月初，在扫清河西敌军据点后，挥师渡河。十二月初，攻克距离小金川巢穴美诺不过半日路程的僧格宗。与此同时，温福所率之西路军也扫清沿途据点，并攻克了距离美诺只有十余里的明郭宗。十二月初六，两军联合攻克美诺。[122] 尔后，又乘势直

《平定金川战图册·收复小金川》　（清）徐扬绘

下其最后据点底木达和布朗郭宗。小金川土司泽旺被擒，僧格桑溃围而出，逃往大金川往依索诺木。¹²³至此，攻打小金川的战役取得了胜利。

小金川战役结束后，根据乾隆皇帝的指示，清军除留少量部队戍守小金川之外，从乾隆三十七年十二月底开始，兵分三路，进攻大金川。早在清军征讨小金川的战役中，大金川土司索诺木即以护姊为名，派遣军队帮助小金川戍守，因而"小金川各处经官兵杀获者，金川贼众居多"。¹²⁴甲尔木山梁之役，大金川还直接向清军开火，致使清军蒙受重大损失。对于大金川，乾隆皇帝早已恨得咬牙切齿，只是为了集中兵力，各个击破，才暂置大金川于不问，专攻小金川。因而，小金川战役刚刚结束，乾隆皇帝即刻指令师向大金川。与此同时，又再次增兵增饷。从此开始，清军又进行了长达三年之久的征讨大金川的战争。

大金川战役开始后，由于山路崎岖，碉卡林立，仰攻为难，兼之以长期作战，清军内部的问题也充分暴露，又陷入了二十多年前初征金川时的困境，并继甲尔木山梁失利之后再次遭到了巨大的挫折。首先是三军主帅温福生活极为特殊，在进攻大金川的战役中，他置广大将士生活于不顾，"日与董提督天弼辈置酒高宴"，¹²⁵严重地脱离了广大将士。其次，就工作作风而言，温福也极为主观。"性褊而愎，参赞以下之言，概置不听"，¹²⁶严重地影响了指挥机构内部的团结和广大将士的作战积极性。再次，在军事进攻中，针对大金川碉卡林立的情况，温福不是采取选锐深入的军事策略，而是步张广泗、讷亲之后尘，专以攻取碉卡为事。"不察地势之险易，不知士卒之甘苦，常令攻碉，多伤兵众"，"隔数日派兵攻碉，明知碉坚路险，难以施攻，犹不肯撤退，致兵丁轻冒枪石，无故损伤"。[127]与此同时，他还仿效金川也大筑其碉，"不爱恤兵力，常令伐木运石，筑栅拿卡，不得休息"。修筑碉卡之后，又"派拨万余兵，分守千余卡，以极盛兵力，散处零星，均归无用，实为失策"。[128]对于后方基地和粮草弹药的守护，温福也极为忽视。因而，将近半年的时间里，清军一直未能攻取敌人"紧要碉卡"，反而因索诺木奇袭清军后方而几乎全军覆没。

乾隆三十八年六月初，为了解除围困，在坚守碉卡的同时，大金川土司索诺木率领部分精锐转入外线作战。他们以小金川降番为内应，首先攻袭清军后方基地布朗郭宗、底木达等地，大败当地戍守清军。而后又率军回师，直捣位于大金川之下的温福军队驻守的木果木大营。温福猝不及防，大营登时被攻破，温福以下许多将领被杀，所部军队三千余人或死于敌军锋镝，或者自相践踏毙命，其余一万多人全部溃逃。除僧郭宗以南的个别地区外，小金川全境失守。乾隆皇帝耗帑银三千万两、调军七万余人，奋战两年的全部战果丧失殆尽，清军遭受了金川战役开始以来最大的失败。

木果木失利后，为了扭转战局，乾隆皇帝任命阿桂为定西将军，丰升额、明亮为副将军，招集溃散兵卒，稳定军心；另一方面，又再次下令调拨京城健锐、火器二营和黑龙江、吉林八旗兵丁，伊犁厄鲁特兵和各省绿营兵丁共两万余人开赴前线。不长时间，金川前线清军总数又超过七万。从当年十月下旬开始，在阿桂的率领下，重新向小金川发动了进攻。

由于指挥得当，五日而复小金川全境。尔后，清军又分南、西、北三路，再次进兵大金川。在进攻大金川战役中，有鉴于该地自初次金川之役后，各种军事设施一直没有拆除并不断兴建，严密程度十倍于小金川，阿桂采取了分兵合围、步步为营、稳扎稳打的作战方针。从乾隆三十八年底至三十九年中，先后攻克敌人碉卡多座，并日渐逼近其主要巢穴

阿桂像 （清）沈贞绘

勒乌围。而经过长期战争消耗，大金川也颇感力量不支。乾隆三十九年八月，"索诺木鸩杀僧格桑而献其尸及妻妾头目至军，乞赦己罪"，[129]当即被阿桂等严词拒绝，战争继续进行。乾隆四十年初，大金川形势进一步恶化，"火药无多，粮食亦乏，并选妇人穿男衣，假充兵数"。[130]乘此机会，清军加紧进攻。四、五月间，先后攻克距离勒乌围不过数里之遥的噶尔丹寺和逊克宗两城。八月，攻克勒乌围，索诺木率领余众退保噶喇依（即刮耳崖）。当年底，在扫清噶喇依附近各处碉卡后，三路清军联合包围噶喇依。"筑长围数十里，断水道以困之，大炮昼夜霆击，所至洞墙壁数重。"[131]在清军的强大攻势下，索诺木日暮途穷，众叛亲离。其母阿仓、姑阿青以及异母兄莎罗奔冈达克先后出营乞降。乾隆四十一年二

《平定金川战图册·攻克勒乌围》 （清）徐扬绘

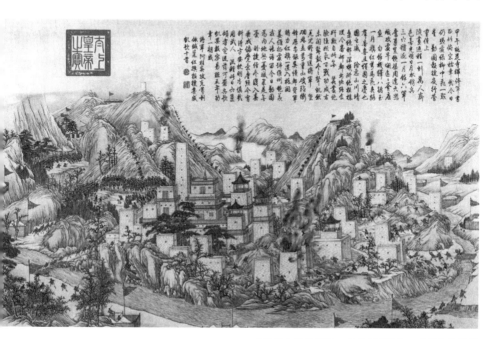

《平定金川战图册·攻克噶喇依》 （清）徐扬绘

月初，"索诺木跪捧印信，带同兄弟并伊妻及其大头人、喇嘛、大小头目二千余人"出寨乞降，[132]八天之后，捷报传至东陵行在。为了庆祝战争的胜利，乾隆皇帝先后拜谒东、西两陵，东巡泰山，告成岱宗，而后又于返京之际为凯旋将士举行了盛大的郊劳大典。返京后，又献俘太庙，宴赏出征将士，图画功臣于紫光阁。至此，这场历时五年，调兵十余万，死亡将士近万人，耗帑银七千万两的战争才告结束。

乾隆皇帝进行的再征金川之役虽然对于巩固国家统一、维持四川少数民族地区的政治安定有着一定的积极意义，然而，由于乾隆皇帝的错误决策和战争中的狂花滥费，也对此后政治形势的发展产生了极为不利的影响。

首先，大、小金川两地，"地不逾五百里，人不满三万众"，[133]在四川已是一隅之地，对全国则更不值一提。如果决意用兵，只须令四川督抚选用得力将领伺机攻取，即可获得成功，在这方面，乾隆十七年四川提督岳钟琪攻取杂谷即是一个成功的先例。而乾隆皇帝却计不出此，始而坚持以番攻番而严禁政府军队介入，一旦介入，又为速胜起见而从北京和各地调集大批军队，地理既不熟悉，情况也全不了解，自然使战争旷日持久，所费不赀，癣疥之疾变成了国家政治生活中的一件大事。

其次是狂花滥费。这场战争进行之日，正是清朝政府的统治达到全盛之时。国库常年存银一直保持在七八千万两之间。国家的富庶使得乾隆皇帝头脑发涨。战争发动之初，他即狂妄地宣称："此时部库所积，多至八千余万，朕每以存积太多为嫌。天地生财，止有此数，今较乾隆初年，已多至一半有余，朕实不欲其多聚，若拨发外省公事动用，稍减盈积之数，亦属调剂之一端。"[134]尔后，在战争进行中，他又多次宣称："现在征剿金川，以期一劳永逸，即多费数十万或百余万金，皆所不惜。"[135]"每念天地生财，只有此数，不在上，即在下，与其聚诸无用之地，曷若使民间多得流通。……今节次拨帑济用，已一千四百万两，而太府之储，未尝少减。……将来攻剿金川，或略延时日，再费二千万两亦可蒇事，库贮尚在五千万以上。"[136]乾隆皇帝的这种态度无疑是鼓励臣下狂花滥费。在他的影响下，金川战役军费开支超过了此前乾隆皇帝进行的各次战争开支的总和而达七千万两之多，对于乾隆后期的国家财政状况产生了深刻的影响。而且，还须指出的是，乾隆皇帝允许狂花滥费的目的虽是为了速胜，然而由于各级将领的任情挥霍，使得上下级之间生活悬殊，广大将士的作战情绪也大受影响。因而，巨额的军费开支反倒对战争进程产生了极为不利的影响。

再次，这场战争虽然发生在四川一隅，但是由于战争中征调之军队南至云贵，北至吉林、黑龙江，东至两湖，西至陕甘，兼之以军需供应、夫役征调，也使上述各地人民的赋役负担空前加重，直接导致了阶级矛盾的激化，并在一定程度上动摇了乾隆皇帝的专制统治。

第四节　贪贿盛行

如上所述，乾隆前期，为了巩固自己的统治，对于贪官污吏，乾隆皇帝往往予以极其严厉的制裁。因而，尽管当时贪污案件极多，却未能影响政治和经济的向前发展。乾隆四十年代以后，官吏贪污行为却得到了最高统治集团的纵容和庇护，从而对整个国家形势产生了极其严重的影响。这样，就在乾隆皇帝的专制统治极端加强之时，乾隆皇帝的统治基础却开始崩溃，乾隆一朝的政治也因此而进入了它的腐败、衰落的后期阶段。

在乾隆后期吏治败坏的过程中，乾隆皇帝本人大开贡献之门、军机大臣和珅肆无忌惮地招权纳贿起了极其恶劣的推波助澜的作用。乾隆皇帝即位之初，为了建立自己的统治，有鉴于贡献无益于吏治民生，一度下令严行禁止。在其统治地位初步巩固之后，禁令虽有所放松，但是对于进贡人员和进贡物品，仍然还有一些限制。其中进贡人员，仅限于外地督抚以上的高级官吏，所进物品也不过是方物土仪之类，允许进贡的目的，只是"借联上下之情"。随着乾隆皇帝专制统治的日益加强，为了满足自己的享乐欲望，从乾隆十六年首次南巡和皇太后六旬万寿庆典开始，乾隆皇帝逐渐将自己原来做出的各种规定一概取消。迎合乾隆皇帝贪财好货的心理，督抚大员之外，藩臬、道员甚至一些商人也开始向乾隆皇帝进贡，进贡物品也由方物土仪改变为古玩字画和大量金玉珠宝。原来进贡时间，只是皇太后和乾隆皇帝本人逢五、逢十的万寿节，这时，也扩大到一年四季的所有节日，甚至乾隆皇帝外出巡幸时各地官员也要依例进贡。乾隆五十五年乾隆皇帝八十寿辰时，乾隆皇帝还允许和珅等人通令全国官吏各捐廉俸、商民合捐银两为其举办庆典活动。为了备办贡品，"督抚取之属员，属员必取之百姓"，[137]不但给全国人民带来了极大的骚扰和痛苦，而且也对吏治产生了极为恶劣的影响。

乾隆皇帝直接勒索之外，权臣和珅也是一个招权纳贿的能手。"性贪黩无厌，征求财货，皇皇如不及。督抚司道畏其倾陷，不得不辇货权门，结为奥援。"[138]这样，从乾隆四十年代以后，和珅住宅几乎成了一个卖官鬻爵的交易所。身着补服前来拜谒送礼的官员络绎不绝，因而附近居地人民将其居地戏称为"补子胡同"，并为诗以记官员前来谒拜之情形。诗云："绣衣成巷接公衙，弯弯曲曲路不差。莫道此间街道窄，有门能达相公家。"就是靠了这样的方式，在专权二十多年的时间里，和珅积累起了数额惊人的财富，过着穷奢极欲的豪华生活。据时人记载，和珅居处"豪奢富丽，拟于皇室，有口皆言，举世侧目"。[139]至于其受贿数额，谁也无法说清。仅据《清仁宗实录》和一些档案的零星记载，其数额已经十分惊人。如《实录》载抄没和珅家产时，"家内银两及衣服等件，数逾千万"，"家内所藏珍宝内珍珠手串，竟有二百余串，较之大内多至数倍，并有大珠，较御用冠顶珠尤大"，"所藏真宝石顶有数十余个，而整块大宝石不计其数，且有内府所无者"；"夹墙藏金二万六千余两，私库藏金六千余两，地窖内并有埋藏银两百余万"；"附近通州、蓟州地方，均有当铺钱店，查计资本，又不下十余万"。[140]另据档案所载，仅其在京房屋一项，即有两千三百四十三间之多，而且还不包括赏给永璘和留给和孝公主的房屋在内。[141]和珅专权期间的贪污总数有多少，由此亦可推知其大概了。

在乾隆皇帝和和珅的带动下，乾隆前期以来本已相当严重的官吏贪污问题愈加严重，不但贪污数额更加巨大，而且贪污方法也无奇不有，对于当时政治形势的发展产生了极为严重的影响。于此摘取数例，以见进入乾隆后期之初吏治腐败之大致情况。

甘肃捐监冒赈案，是乾隆后期发生的一起有名的集体贪污大案。乾隆三十九年，陕甘总督勒尔谨串通首席军机大臣于敏中，以增加甘省仓储为理由，奏请于该省推行纳粟捐监之例。经乾隆皇帝批准后，勒尔谨遂与甘省藩司王亶望等通同作弊，先是将原定各州县捐监移于首府办理，以将其权置于己手；尔后，又于捐监中私自改征折色，并将所收全部银两与全省府、道以上官员私自俵分。就是靠了这种方式，勒尔谨、王亶望等许多甘省官员即刻都成了腰缠万贯的暴发户。其中单是王亶望一人，贪污白银即达三百余万两。与此同时，他们却以甘省连年遭灾须赈为借口，将上报捐监收粮数字陆续开销。因为捏称报捐人员和粮食数量甚多，开捐半年，即报称赴捐人次近两万，捐粮八十二万余石，[142]至乾隆四十二年七月，累报捐粮高达七百多万石，[143]"所捐监生，不下数十万"。[144]一省捐监人数和收入粮食竟然超过了乾隆三年至八年的全国捐监数字，"其情理多有不可解处"，对此，乾隆皇帝不无怀疑。"甘肃人民，艰窘者多，安得有二万人捐监？若系外省商民就彼报捐，则京城现有捐监之例，众人何以舍近而求远？……且甘省向称地瘠民贫，户鲜盖藏，是本地人民食用，尚且不敷，安得有如许余粮，供人采买？若云商贾等从他处搬运至边地上捐，则沿途脚价所费不赀，商人利析秋毫，岂肯为此重费捐纳？若收自近地，则边地素无储蓄，又何以忽尔丰赢？"[145]为此，乾隆四十年，乾隆皇帝专派刑部尚书袁守侗前赴甘肃，依据勒尔谨等所报收粮动存实数进行盘验。[146]因为于敏中等预通消息，勒尔谨、王亶望等事前东挪西借，盘验结果：所收监粮"俱系实贮在仓，委无亏短，并核对节年动用数目，亦属符合。"[147]乾隆四十四年，于敏中死后，甘省捐监冒赈问题开始暴露。如王亶望调任浙抚后，一次便捐白银五十万两助修海塘工程，而继任甘肃布政使王廷赞也一次拿出四万两白银充作军饷，对此，乾隆皇帝更加怀疑，何以担任甘肃藩司之人家计皆如此充裕？[148]乾隆四十六年夏，和珅、阿桂等奉命西行平定苏四十三起义，途次先后奏报甘肃省得雨情形，又和王亶望等"向来俱以被旱须赈为言，几于年年如此"迥然不同。[149]乾隆皇帝因令阿桂、李侍尧就近调查甘省捐监、散赈弊端。经过调查，"通省粮石，尽属纸上空文"，[150]至此，该省督抚通同作弊，"折收于前，冒销于后"的问题才全部暴露。对于这一"从来未有之奇贪异事"，[151]乾隆皇帝极为震怒，当即下令将勒尔谨、王廷赞和调任浙江巡抚的王亶望等所有涉及该案官员一概革职交审。在查清案情后，他下令将勒尔谨、王亶望处死，子孙谪戍伊犁。有鉴于该案涉及官员太多，全部依法处理，甘省道府以上官员将为之一空，乾隆皇帝只好决定将其中侵贪二万两以上者处死，其余则从宽问拟斩监候。即使如此，前后被处死刑者仍达五十六人之多。

　　一波未平，一波又起。甘省捐监冒赈案的处理刚刚告一段落，又发生了闽浙总督兼浙江巡抚陈辉祖利用查抄王亶望家财的机会侵吞抄家物资的案件。一年前，在乾隆皇帝七十寿辰时，王亶望曾向乾隆皇帝进贡玉瓶、玉山子等珍贵器物。乾隆皇帝虽然极为喜爱，但是碍于进九回三的成例，不得不将上述各物发还。这次下令查抄王亶望家产，乾隆皇帝满心想着那几件宝贝可以归为己有，然而，乾隆四十七年七月，在有关官员将抄家物资解送内府之时，乾隆皇帝才发现，不但自己梦寐以求的玉瓶、玉山子早已不翼而飞，全无踪影，就是其他物品，也"大率不堪入目"，没有一件值钱的东西。[152]而且，将抄家底簿和进呈抄家物品相核对，不符之处甚多。底册所开物件未至内府者一百宗，原册所无之物，倒多出了八十九宗。[153]即以黄金而言，抄家底册上明明登记着金叶、金条、金锭共四千七百四十八两，实到内府者，却仅有金叶九两三钱，"抽换那掩情弊"极为明显。[154]为此，乾隆皇帝又专派阿桂、福长安等重臣至浙调查此案。调查结果，原来竟是闽浙总督兼浙江巡抚陈辉祖从中捣鬼。只是因为利令智昏，未曾将抄家底簿先行修改，以致露出了马脚。金银财宝未搞到手，反而为此银铛入狱。因为陈辉祖之所窃正是乾隆皇帝之所求，两人所差，不过五十步、百步，因而乾隆皇帝实在无法将之处死。只是后来他案发生，才将陈辉祖赐死，这场君臣争财的闹剧至此才算结束。

　　山东巡抚国泰、布政使于易简勒索属员、侵亏库帑案，是乾隆后期发生的另一起贪污大案。国泰在担任山东巡抚期间，与布政使于易简等朋比为奸，一方面贿赂朝中要人于敏中、和珅等以寻求政治庇护；一方面又利用手中的权力，恣意勒索州县属员贿赂，以至全省各州县无不亏空。其中最严重的历城等七州县，亏空数额竟高达六七万至八九万不等。[155]而国、于二人却通过这种方法积累了巨额财富，过着花天酒地的生活。巡抚衙署中终年歌舞不绝，乌烟瘴气。有时，国泰和于易简二人还粉墨登场，一饰杨贵妃，一饰唐明皇，共演《长生殿》。乾隆四十七年四月，御史钱沣上书乾隆皇帝，揭露国、于两人"贪纵营私，遇有提升调补，勒索属员贿赂，以致历城等州县仓库亏空"等严重问题。[156]乾隆皇帝便派和珅、刘墉与钱沣一起前往山东处理此案。为了保护国泰、于易简等过关，和珅先是秘密遣使通知国泰等预借商民银两弥补亏空，后来在盘查中又处处作梗，阻挠清查工作的进展。钱沣等不怕威胁利诱，冲破阻挠，坚持清查，进一步掌握了国泰、于易简两人大量的罪证和全省亏空二百万两的事实。[157]因为罪证如山，和珅再也无法加以包庇。乾隆皇帝将国泰、于易简二人处死，家产籍没。有鉴于全案涉及官员太多，乾隆皇帝无法全行撤职查办，只好下令，所有亏空官员仍然各留本任，限期弥补亏空。[158]

除了上述几起大型贪污案件之外，这一时期，全国各地的官员贪污案件层出不穷，这里不再赘述。乾隆皇帝对贪污受贿案件虽做了一些处理，然而上有乾隆皇帝骄奢淫逸、任情挥霍，大开贡献之门，下有和珅等大肆聚敛，不择手段地向各地官员伸手要钱，不贪污的官员根本无法在官场中立足。因而，这股贪风根本无法煞止，并且在进入乾隆五十年代之后还有愈益扩大之势，对于当时社会矛盾的激化，对于乾隆皇帝专制统治的衰落，都起了极其重要的作用。

第五节　暴政恶果

　　乾隆皇帝的各种倒行逆施政策使得广大人民的不满情绪普遍增长，而吏治的进一步腐败又使本已极为深刻的阶级矛盾更加尖锐。就在乾隆皇帝的专制统治强化到了顶点之时，各地人民的反抗斗争也此起彼伏，相当活跃。这样，在乾隆后期，镇压人民的反抗斗争就成了乾隆皇帝各种政治活动中的一个极其重要的内容。

一、镇压王伦起义

　　王伦领导的山东清水教起义是乾隆后期发生的第一次大规模的农民起义。清水教是白莲教之一支，因其教义中有"饮水一瓯，可四十九日不食"，俗称清水教。[159]清初以来，该教一直在山东一带秘密流传。乾隆时期，由于阶级矛盾进一步激化，在王伦担任教首期间，该教传播更为广泛。王伦是山东阳谷县党家庄人士，早年曾为县役，通文墨，有拳勇，精医术。乾隆十六年，他秘密加入了清水教。后来，他以行医为掩护，往来山东各县，在广大贫苦群众中进行传教活动。由于他医术精湛、医德高尚，为人治病"不受值"，因而广大贫苦人民"均感其惠，愿为义儿、义女以报德"，[160]甚至不少县役营兵也"纷纷归教"。[161]十来年的时间里，教徒遍诸各邑。[162]乾隆三十八、三十九年，山东连年遭灾，而地方官又"妄行额外加派"，人民反抗情绪日益增长。利用广大人民的不满情绪，从乾隆三十九年春天开始，王伦开始了起义的准备活动。他先是将各地教徒数千人聚集到东昌、兖州一带地方；尔后，分别任命清水教骨干人员范伟、孟灿、王经隆、乌三娘、杨累等为国师、元帅、将军、总兵等官职，对各支教徒教习枪棒，进行军事训练。

正在各种准备活动积极进行之时，当年八月中旬，寿张县县令沈齐义侦知此事。为了先发制人，王伦当机立断，决定将起义日期提前。八月二十七日深夜，在城内清水教教徒的策应下，王伦率领起义部队一举攻克了寿张县城，"劫库放囚，焚烧军器"，[163] 杀死县令沈齐义和游击赶福；与此同时，堂邑县张四姑庄的清水教教徒也在王伦义子王经隆的领导下发动起义并南下寿张，与王伦所率起义队伍相会合。山东巡抚徐绩、布政使国泰得知起义爆发消息，极为恐慌，急忙进驻东昌，并调集中军参将海明、兖州镇总兵惟一从东昌、东阿一带两路出师，进攻寿张。为了摆脱清军包围，九月初二日，王伦率领起义部队北上，连下阳谷、堂邑二县，又乘胜北上渡河，一举攻克了运河旁边的重要城镇临清旧城。多年以来，山东地区的阶级矛盾一直异常尖锐，而起义军所到之处，除了对贪官污吏进行严惩之外，对广大人民群众一无所扰，攻克临清之后，又采纳范伟的建议，"收人心，不杀劫，一切食物均易之以价"，[164] 因而义军沿途所经之处受到广大人民的热烈欢迎，在攻克临清后也得到了广大人民群众的拥护。"无知细民，咸谓贼无所害，而稍有知识者亦图苟安，不思远避。"[165] 眼见义军挥师北上，连克重镇，山东巡抚徐绩等又改变计划，急调德州、高唐、兖州、东昌等地驻军四面合围，企图将起义军一举歼灭。面对政府军队的四面围剿，王伦等起义领袖无私无畏，率领义军，英勇作战。九月中旬，大败徐绩、惟一和德州城守尉格图肯等于临清郊外的柳林，与此同时，又组织义军向临清新城发动了进攻。在进攻中，他们除轮番使用挖掘地道、火烧敌人城门、敌楼等方式之外，还利用从敌军中缴获的大炮进行轰击，"飞弹入城，声如饿鸥，人人慌恐"。[166]在义军的猛烈进攻下，新城守将叶信和守城清军慌作一团。为了对付义军的进攻，他们竟然于城头之上"裸妇女，血鸡犬厌之"。[167]在王伦起义的打击下，清朝政府在山东的统治面临着全部垮台的危险。

　　临清地处直、鲁、豫三省交界之地，绾毂南北漕运，临清的攻克给了清朝政府以极为沉重的打击。一时之间，南北漕运堵塞，清朝政府的漕运空船无法回南。得知临清失陷消息后，遥在热河行在的乾隆皇帝异常焦急。他先是急令大学士舒赫德佩钦差大臣印信驰驿南下，调集天津、沧州、德州等地驻防满兵进剿义军；与此同时，又令额驸拉旺多尔济、左都御史阿思哈从京挑选健锐、火器二营精锐一千名迅速南下。为了防止义军北上直隶、西攻河南、南下两江，乾隆皇帝还分别下令三省督抚周元理、何煟、高晋等各自派兵严密防守与山东毗连地方及派兵出境作战。在乾隆皇帝加紧对起义军进行围剿的时候，临清新城却因登州、青州等地的满兵前来赴援而久攻不克。面对这种形势，王伦不是改弦更张，寻找敌军薄弱环节发动进攻，而是长期屯兵坚城之下，军事上渐趋被动。与此同时，王伦在生活上也迅速腐化。据当时传教士晁俊秀所记，王伦在攻克临清之后，"除连续的狂欢和宴会以外，没有其它活动。两个剧团不停地演戏。王伦从剧院中外出，仅仅是为了在人们面前炫耀自己。他以很不适宜的威仪通过街道，在这仅有的小片领土上摆着皇帝的架子"。[168]这样，在九月下旬舒赫德率领清军到达临清附近时，起义军面临的形势急剧恶化。面对武器精良、数量众多的清朝正规军队，起义军虽然进行了顽强的战斗，但终因寡不敌众，临清失陷。不少起义领导人被捕，主要领袖王伦自焚身死，起义最后失败。

根据乾隆皇帝的指示，王伦起义失败后，清军对广大起义人员及其家属进行了疯狂的报复。据史载，清军攻入临清之时，杀人已经很多。"官兵往彼剿捕，歼戮甚多"，"旧城街巷，贼尸填积塞路"，然而乾隆皇帝却仍嫌不足，除下令当地军队刨两个大坑将被杀害的起义者"投掷其中"，"使人见而知儆"之外，[169]还对和起义军一起居住过的临清人民也概不放过。他说："旧城居民，有甘心从贼、抗拒官兵者，自应同贼骈诛；其为贼供役之人，即未拒敌，亦当分遣新疆烟瘴，以示惩儆。"[170]此外，他还命令当地官员将主要起义领袖王伦的历代祖坟以及其师张既成、张既成之师袁公溥坟茔一概发掘捣毁，焚尸扬灰。其他起义领导人范伟、王经隆以下十几个人也被押解至京，经过严刑审讯之后凌迟处死。继临清城破时两千多名起义者惨遭杀害之后，所有起义人员的家属、亲戚也都受到株连，或者惨遭杀害，或者发遣边远，所有家产也全部被没收。这样，在广大起义者的血泊之中，乾隆皇帝又恢复了他的统治秩序。

王伦起义虽被镇压下去，但是，相当长的一段时间里，乾隆皇帝一直余悸未消，地方稍有风吹草动，便以为是人民革命风暴重新来临而极度紧张。当年十月，在镇压王伦起义的清军陆续撤离山东之际，一个名叫周曰璜的莘县监生首告其子周振东与朝城、阳谷、冠县等处人士"结党谋反，约定十月二十八日起事"。[171]得到这一报告，乾隆皇帝急令撤离部队仍速"驰驿赴东"[172]，后来，经过对查拿人犯的审讯，方才弄清，原来周曰璜是一个赌徒，因为要把家中仅存的一点米谷粜卖归还赌债，遭到母亲和儿子的一致反对，方才诬告其子谋反，竟使乾隆皇帝为此而受了一场虚惊！

二、镇压苏四十三、田五起义

在乾隆四十年代全国各地人民的反抗斗争中，声势最大的是苏四十三、田五领导的撒拉尔族和回族人民起义。

苏四十三领导的甘肃循化厅撒拉尔族人民起义发生在乾隆四十六年。撒拉尔族人民和回族人民一样信奉伊斯兰教。长期以来，该族宗教领袖教长、阿訇等凭借特殊的宗教地位世袭其职并大量勒索人民财富，形成了反动的门宦制度和天课制度。乾隆二十六年时，安定回民马明心自中亚地区回国，别创新教。和旧教相比，新教不但在宗教仪式上有所不同，"念经时则摇头，念毕则耍拳舞手"，而且在政治上也废止了相沿已久的门宦制度，经济上又"仅取忏钱五十六文"，[173]和旧教之"须用羊只布匹，所费较多"大不相同。对于入教者，还"皆有周济"。因而，"穷民愿归新教者较众"，不长时间，仅撒拉尔族聚居的循化厅一带，改宗新教者已占当地居民的八成左右。[174]新教的迅速传播使得旧教教长、阿訇们的政治地位和经济权益大受影响，因而，他们对新教极其仇视并多次挑起新、旧教之间的械斗。而当地清朝政府官员也和旧教头目沆瀣一气，将马明心逐出循化。这样，撒拉尔族新、旧教之间的冲突发展成为一次大规模的反清武装起义。

乾隆四十六年正月，撒拉尔族新教教徒千余人在新教教首苏四十三、韩二个等人的率领下，攻入清水工河东老教区，杀死当地旧教头目，起义正式发动。清朝官员一方面将马明心及其子婿逮捕，系于兰州狱中；一方面由兰州知府杨士玑、河州协副将新柱等率兵前往弹压。起义群众将杨士玑、新柱处死。三月二十一日，又乘胜攻占河州，杀死官吏，开狱放囚，河西大震。为了防止起义军渡河北上攻取兰州，陕甘总督勒尔谨一方面率兵扼守狄道州，一方面向乾隆皇帝告急并檄调各镇兵马前来救援。然而，苏四十三却出敌不意，暗渡洮河，通过山僻小道，浩浩荡荡地杀向兰州城下。这时，困守兰州的甘肃布政使王廷赞几乎被起义军的声势吓破了胆，急忙乖乖地将马明心子婿送出城外以向起义军求和。[175]得知起义爆发消息，乾隆皇帝极为震惊。除急令西安提督马彪带领绿营军队二千，西安将军伍弥泰、宁夏将军莽古赉各率满洲军队一千人就近驰援外，[176]还命令尚书和珅、额驸拉旺多尔济、领侍卫内大臣海兰察等率领京师健锐、火器二营精锐各二千人前往助剿。与此同时，又令军机大臣阿桂自河南黄河工次径赴甘肃，统一指挥镇压起义事宜。三月二十五日以后，临近兰州的各镇兵马陆续抵达兰州。四月中旬，和珅所率之京师精锐也到达兰州城下，向起义军发动了进攻。这时，起义军解除对兰州的包围，退守兰州西南三十里的华林山。在进攻义军的战斗中，清朝官兵尽管数量众多，但是因为"无总办之人，声势既不联络，纪律又不严整"，在战争中，"兵不顾将，将不顾兵，一遇贼匪，惶遽退回"，[177]因而战况并未有所好转，反而在四月十九日的战斗中，被义军歼灭了固原总兵图钦保以下近千人。

四月二十一日，阿桂至军，首先命令各路官兵移营就敌，设卡安营，对华林山一带进行封锁围困，断其给养；与此同时，增调四川士兵、阿拉善王蒙古军队一千七百人驰赴兰州前线。这样，五月上旬以后，形势变得对起义军不利起来。尽管如此，在当年五月、闰五月两个月中，起义军在严密防守华林山根据地的同时，还不时出击，先后予敌以重创。因而，闰五月以后，阿桂被迫改变战术，"严密围困，使之无路觅食，不战自乱"，[178]义军处境更加困难。六月十五日，乘义军饥疲交加之际，阿桂督率军队攻上华林山，苏四十三以下多数起义人员阵亡，残部约二百余人退守山上之华林寺，继续坚持斗争。尔后，又于六月二十三、二十六等日连续多次打退清军的猛烈进攻。对于起义军的这种顽强战斗精神，连乾隆皇帝本人也极为吃惊。他说："此时余党无多。且要犯、首犯，已皆歼毙，所余不过败残贼众，何以尚然如此死守，实不可解。"[179]直到七月初，在清军的全力进攻下，华林寺才最后失陷。所有起义军"俱尽力抗拒，不肯束手就缚"，全部壮烈牺牲。[180]至此，清朝政府历时半年，调兵两万，损兵折将一千四百多人之后，始将这次起义烈火扑灭下去。

对于苏四十三领导的撒拉尔族人民起义，乾隆皇帝极为痛恨。早在当年五月，他即指示阿桂："新教逆回如此肆扰，实为罪大恶极，不可不严断根株……应于剿贼事平后，趁兵威严整之时，痛加惩治，以儆凶顽，不可姑息了事。"[181] 因而，起义失败后，清军对当地人民进行了疯狂的报复和血腥的屠杀，不只直接参加起义的新教教徒及其家属几乎被斩尽杀绝，家产没收，即使同情起义的一些新教教徒也惨遭杀害。此外，还严禁新教，所有新教礼拜寺概行拆毁。为了防止新教传入内地，还专颁谕旨，禁止撒拉尔族人民和内地回民互相通婚。乾隆皇帝还下令在华林山一带建立营垒、设兵驻防、扩建兰州城池，添募甘省军队等，从而使清朝政府在当地的统治又得到了恢复和加强。

田五领导的甘肃通渭新教回民起义发生在乾隆四十九年。田五是甘肃伏羌县的一个新教阿訇，乾隆四十六年苏四十三起义失败以后，为了替马明心等遇难教友报仇，在他的组织发动下，当地新教教徒在通渭县之石峰堡秘密修筑堡寨，预贮粮食、布匹并打造军器、帐篷、旗帜等物，准备再次发动反清武装起义。与此同时，他还往来各地进行起义的宣传发动工作。不长时间，新教势力又有了新的发展，伏羌县之鹿卢山、静宁州之底店山、潘陇山等地也都成了新教的重要据点。在各项准备工作大致就绪之后，乾隆四十九年正月，田五亲至靖远与当地新教教首哈得成、哈彦等商定起义日期，决定于当年五月五日各地教徒共同发动起义。因为消息走漏，当年四月十五日，田五在盐茶厅之小山一带提前起事，攻克当地之西安土堡。尔后，又率领起义队伍西向攻打靖远县城。这时，得知起义发动消息，陕甘总督李侍尧、甘肃提督刚塔迅速调集各镇兵马前往进剿。在四月二十三、二十四两天的战斗中，起义领导人田五、田介洪、吴二、韩二等先后牺牲，起义队伍遭受了重大的损失。几天之后，起义军队在转移途中又陷入了清军的重重包围之中。为此，乾隆皇帝下令李侍尧、刚塔二人将义军就地歼灭。这时，处于重围之中的起义人员在马胡子、李胡子等人的带领下，克服千难万险，翻越大山，渡过黄河，乘敌不备，南下攻克通渭，并于五月十二日在石峰堡一带一举歼灭西安副都统明善以下官兵一千二百人。与此同时，各地新教教徒也按期举事。一时之间，南至伏羌、秦州，北至靖远、盐茶厅，东至隆德、静宁，西至安定，方圆一千多里的广阔区域中，起义烽火到处燃烧。乾隆皇帝气急败坏，下令将李侍尧、刚塔二人革职拿问，命令阿桂、福康安、海兰察等再次带领京师健锐、火器二营精锐二千人前往征讨。

六月上旬，阿桂、福康安等率领京营到达甘肃，逐次消灭隆德、静宁以及其他各地小股起义部队。为了坚持斗争，各路义军退守石峰堡。石峰堡"踞万山中，四面削险，沟堑纵横"。[182]福康安率军抵达后，首先攻占石峰堡以东的义军四处营盘，尔后，又从上游断绝石峰堡内水源，从而使石峰堡内的义军处于极其困难的境地。七月初，在清军的进攻下石峰堡失陷，起义再次遭到了失败。约有万名起义者被处死，家属老弱四千余人统统被发遣各地为奴。此后不久，因为尸骨遍地，无人掩埋，尸气上蒸，瘟疫流行，又有大批无辜百姓病死，从而使当地赤地千里，一片荒凉，严重地破坏了当地经济的发展。

416

1 《清高宗实录》卷九三二，乾隆三十八年四月庚子。

2 《清高宗实录》卷一〇二三，乾隆四十一年十二月乙卯。

3 《清高宗实录》卷一〇五一，乾隆四十三年二月庚戌。

4 《清高宗实录》卷一〇五一，乾隆四十三年二月庚戌。

5 《清高宗实录》卷一二二七，乾隆五十年三月甲戌。

6 《清高宗实录》卷一〇九五，乾隆四十四年十一月己酉。

7 《清高宗实录》卷一〇五八，乾隆四十三年六月乙未。

8 《清高宗实录》卷一一一一，乾隆四十五年七月庚子。

9 《清高宗实录》卷一二一八，乾隆四十九年十一月癸丑。

10 《清高宗实录》卷一二五〇，乾隆五十一年三月戊午。

11 《清高宗实录》卷一〇一一，乾隆四十一年六月癸亥。

12 《清高宗实录》卷一一七八，乾隆四十八年四月丁卯。

13 《清高宗实录》卷一一〇二，乾隆四十五年三月辛卯。

14 《清高宗实录》卷一二九三，乾隆五十二年十一月庚辰。

15 《清高宗实录》卷一二二八，乾隆五十年四月壬辰；卷一二三二，乾隆五十年六月戊戌。

16 《清代文字狱档》第六辑《尹嘉铨为父请谥并从祀文庙案》。

17 《清高宗实录》卷一一一五，乾隆四十五年九月壬辰。

18 《朝鲜李朝实录中的中国史料》第11册，正宗四年（乾隆四十五年）十一月戊寅。

19 《清高宗实录》卷一一一六，乾隆四十五年十月戊申。

20 《朝鲜李朝实录中的中国史料》第11册，正宗四年（乾隆四十五年）十一月戊寅。

21 《清朝野史大观》卷六《清人逸事·倾轧可畏》。

22 《朝鲜李朝实录中的中国史料》第11册，正宗四年（乾隆四十五年）十一月戊寅。

23 《朝鲜李朝实录中的中国史料》第11册，正宗二年（乾隆四十三年）七月戊子。

24 《清高宗实录》卷九七七，乾隆四十年二月丁酉。

25 《清高宗实录》卷九八六，乾隆四十年七月乙卯。

26 《清高宗实录》卷一〇九〇，乾隆四十四年九月戊子。

27 《清仁宗实录》卷三八，嘉庆四年正月。

28 《清高宗实录》卷一一三二，乾隆四十六年闰五月丙午。

29 《清高宗实录》卷一一三六，乾隆四十六年七月丁未。

30 《清高宗实录》卷一一三八，乾隆四十六年八月甲申。

31 王庆云：《石渠余记》卷二《纪列朝各省兵数》。

32 《清高宗实录》卷一一三八，乾隆四十六年八月乙酉。

33 《清高宗实录》卷一一六三，乾隆四十七年八月壬辰。

34 《清高宗实录》卷一一四一，乾隆四十六年九月丁卯。

35 《清高宗实录》卷五四九，乾隆二十二年十月戊子。

36 《清高宗实录》卷九六九，乾隆三十九年十月丙午。

37 《清高宗实录》卷二〇，乾隆元年六月己巳。

38 《清高宗实录》卷五八〇，乾隆二十四年二月壬子。

39 《清高宗实录》卷六一〇，乾隆二十五年四月甲申。

40 《清高宗实录》卷七六〇，乾隆三十一年五月丁丑。

41 《清高宗实录》卷九七一，乾隆三十九年十一月戊寅。

42 《清高宗实录》卷一〇二七，乾隆四十二年二月壬戌。

43 《清高宗实录》卷一〇四四，乾隆四十二年十一月癸亥。

44 《清高宗实录》卷一一四九，乾隆四十七年正月乙丑。

45 《清高宗实录》卷一四六三，乾隆五十九年十月。

46 《清高宗实录》卷一三四四，乾隆五十四年十二月癸丑。

47 《清高宗实录》卷七六一，乾隆三十一年五月甲午。

48 《清高宗实录》卷七六一，乾隆三十一年五月甲午。

49 《清高宗实录》卷八三六，乾隆三十四年六月丙辰。

50 《清高宗实录》卷八八六，乾隆三十六年六月辛未。

51 《清高宗实录》卷九九六，乾隆四十年十一月癸未。

52 《清高宗实录》卷一〇〇〇，乾隆四十一年正月己卯。

53 《清高宗实录》卷一〇〇二，乾隆四十一年二月庚戌。

54 《清高宗实录》卷九二六，乾隆三十八年二月壬戌。

55 《清高宗实录》卷一〇四八，乾隆四十三年正月辛未。

56 《清高宗实录》卷一〇四八，乾隆四十三年正月辛未。

57 《清高宗实录》卷一〇四八，乾隆四十三年正月辛未。

58 《清高宗实录》卷一〇四八，乾隆四十三年正月辛未。

59 《清高宗实录》卷一〇四八，乾隆四十三年正月甲戌。

60 《清高宗实录》卷一〇四八，乾隆四十三年正月甲戌。

61 《清高宗实录》卷一一二〇，乾隆四十五年十二月庚戌。

62 《清高宗实录》卷一一二四，乾隆四十六年二月乙巳。

63 《清高宗实录》卷一二九，乾隆五年十月丙辰。

64 《清高宗实录》卷一六三，乾隆七年三月庚辰。

65 《清高宗实录》卷七一九，乾隆二十九年九月甲戌。

66 《钦定日下旧闻考》。

67 《朝鲜李朝实录中的中国史料》第11册，正宗四年（乾隆四十五年）四月乙卯。

68 《清高宗实录》卷一五四，乾隆六年十一月丙寅。

69 《清高宗实录》卷三八四，乾隆十六年三月丙午。

70 《清高宗实录》卷三八八，乾隆十六年五月壬寅。

71 《清高宗实录》卷三九九，乾隆十六年九月戊子。

72 《清高宗实录》卷四〇三，乾隆十六年十一月庚戌。

73 《清高宗实录》卷四〇二，乾隆十六年十一月丙子。

74　赵翼:《檐曝杂记》卷一《庆典》。

75　《庆典成案·内务府二》。

76　昭梿:《啸亭杂录》卷一〇《苏州街》。

77　《清朝野史大观》卷一《清宫遗闻·同乐园中买卖街》。

78　《清朝野史大观》卷一《清宫遗闻·同乐园中买卖街》。

79　《清高宗实录》卷一一〇二,乾隆四十五年三月癸未。

80　《庆典成案·内务府一》。

81　朴趾源:《燕岩集》卷一四《万国进贡记》。

82　《清高宗实录》卷一二〇二,乾隆四十九年闰三月己巳。

83　《清高宗实录》卷一二一六,乾隆四十九年十月辛卯。

84　《清高宗实录》卷一二二二,乾隆五十年正月丙辰。

85　《清高宗御制诗五集》。

86　《清高宗实录》卷一二二二,乾隆五十年正月丙辰。

87　《清高宗实录》卷一九七,乾隆八年七月乙巳。

88　《清高宗实录》卷二一八,乾隆九年六月辛酉。

89　《清高宗实录》卷三四〇,乾隆十四年五月戊申。

90　《清高宗实录》卷三六五,乾隆十五年五月辛酉。

91　《清高宗实录》卷四九一,乾隆二十年六月乙巳。

92　《清高宗实录》卷四九二,乾隆二十年七月己卯。

93　《清高宗实录》卷三六五,乾隆十五年五月辛酉。

94　《清高宗实录》卷一〇〇六,乾隆四十一年四月庚戌。

95　《清高宗实录》卷一一八九,乾隆四十八年九月乙卯。

96　《清高宗实录》卷一二九二,乾隆五十二年十一月己巳。

97　《清高宗实录》卷一二九九,乾隆五十三年二月丙辰。

98　《清高宗实录》卷一四四九,乾隆五十九年三月己酉。

99　《朝鲜李朝实录中的中国史料》第11册,正宗四年(乾隆四十五年)四月乙卯。

100　《朝鲜李朝实录中的中国史料》第11册,正宗四年(乾隆四十五年)四月乙卯。

101　《清稗类钞》第24册《豪侈类》。

102　《清高宗实录》卷一一〇二,乾隆四十五年三月丁亥。

103　《清高宗实录》卷一一〇二,乾隆四十五年三月壬辰。

104　《清高宗实录》卷一一九七,乾隆四十九年正月辛丑。

105　《清高宗实录》卷四二三,乾隆十七年九月丁丑。

106　《清高宗实录》卷四三一,乾隆十八年正月丙子。

107　《清高宗实录》卷一〇〇七,乾隆四十一年四月己巳。

108　《清高宗实录》卷五六〇,乾隆二十三年四月乙丑。

109　《清高宗实录》卷六三四,乾隆二十六年四月癸酉。

110　《清高宗实录》卷六七五,乾隆二十七年十一月丙子。

111　《清高宗实录》卷六九五,乾隆二十八年九月。

112　《清高宗实录》卷七六三,乾隆三十一年六月甲寅。

113　《清高宗实录》卷七六三,乾隆

三十一年六月甲寅。

114 《清高宗实录》卷七七七，乾隆三十三年正月。

115 《清高宗实录》卷八九四，乾隆三十六年十月戊辰。

116 《清高宗实录》卷八八八，乾隆三十六年七月丁未。

117 《清高宗实录》卷八八七，乾隆三十六年六月甲午。

118 《清高宗实录》卷八九八，乾隆三十六年十二月甲戌。

119 《清高宗实录》卷八九四，乾隆三十六年十月戊辰。

120 《清高宗实录》卷八八八，乾隆三十六年七月戊申。

121 《清高宗实录》卷八九二，乾隆三十六年九月戊申。

122 《清高宗实录》卷九二三，乾隆三十七年十二月丙子。

123 《清高宗实录》卷九二三，乾隆三十七年十二月辛巳。

124 《清高宗实录》卷九二一，乾隆三十七年十一月戊申。

125 昭梿:《啸亭杂录》卷七《木果木之败》。

126 《清高宗实录》卷九四〇，乾隆三十八年八月辛卯。

127 《清高宗实录》卷九四〇，乾隆三十八年八月辛卯。

128 《清高宗实录》卷九四〇，乾隆三十八年八月辛卯。

129 魏源:《圣武记》卷七《乾隆再定金川土司记》。

130 《清高宗实录》卷九七七，乾隆四十年二月乙未。

131 魏源:《圣武记》卷七《乾隆再定金川土司记》。

132 《清高宗实录》卷一〇〇二，乾隆四十一年二月甲寅。

133 《清高宗实录》卷一〇〇七，乾隆四十一年四月己巳。

134 《清高宗实录》卷九〇〇，乾隆三十七年正月辛亥。

135 《清高宗实录》卷九〇七，乾隆三十七年四月壬午。

136 《清高宗实录》卷九二〇，乾隆三十七年十一月癸卯。

137 《清高宗实录》卷一一六〇，乾隆四十七年七月甲辰。

138 薛福成:《庸庵笔记》卷三。

139 《朝鲜李朝实录中的中国史料》第11册，正宗十八年（乾隆五十九年）三月丁酉。

140 《清仁宗实录》卷三七，嘉庆四年二月甲戌。

141 《史料旬刊》卷七。

142 《清高宗实录》卷九七一，乾隆三十九年十一月戊辰。

143 《清高宗实录》卷一〇三六，乾隆四十二年七月丙子。

144 《清高宗实录》卷一一三八，乾隆四十六年八月辛未。

145 《清高宗实录》卷九七一，乾隆三十九年十一月戊辰。

146 《清高宗实录》卷一〇五二，乾隆四十三年三月壬戌。

147 《清高宗实录》卷一〇五八，乾隆四十三年六月辛卯。

148 《清高宗实录》卷一一三一，乾隆四十六年五月乙未。

149 《清高宗实录》卷一一三四，乾隆四十六年六月癸酉。

150 《清高宗实录》卷一一三六，乾隆四十六年七月癸丑。

151 《清高宗实录》卷一一四〇，乾隆四十六年九月辛亥。

152 《清高宗实录》卷一一六五,乾隆四十七年九月丁巳。

153 《清高宗实录》卷一一六六,乾隆四十七年十月戊辰。

154 《清高宗实录》卷一一六五,乾隆四十七年九月丙辰。

155 《清高宗实录》卷一一五四,乾隆四十七年四月甲戌。

156 《清高宗实录》卷一一五四,乾隆四十七年四月壬申。

157 《清高宗实录》卷一一五九,乾隆四十七年六月丙戌。

158 《清高宗实录》卷一一五五,乾隆四十七年四月乙酉。

159 俞蛟:《临清寇略》。

160 俞蛟:《临清寇略》。

161 秦震钧:《守临清日记》。

162 俞蛟:《临清寇略》。

163 《康雍乾时期城乡人民反抗斗争资料》下册,第751页。

164 俞蛟:《临清寇略》。

165 俞蛟:《临清寇略》。

166 秦震钧:《守临清日记》。

167 魏源:《圣武记》卷八《乾隆临清靖贼记》。

168 《耶稣会士中国书简集》,中国人民大学清史研究所资料室编《清史译文》第10期,1985年12月油印本。

169 《清高宗实录》卷九六八,乾隆三十九年十月壬辰。

170 《清高宗实录》卷九六八,乾隆三十九年十月癸未。

171 《清高宗实录》卷九六九,乾隆三十九年十月丁酉。

172 《清高宗实录》卷九六九,乾隆三十九年十月己亥。

173 《清高宗实录》卷一三四一,乾隆五十四年十月甲戌。

174 《兰州纪略》卷六。

175 《清高宗实录》卷一一三一,乾隆四十六年五月壬辰。

176 《清高宗实录》卷一一二七,乾隆四十六年三月壬寅。

177 《清高宗实录》卷一一二九,乾隆四十六年四月壬申。

178 《清高宗实录》卷一一三三,乾隆四十六年闰五月己未。

179 《清高宗实录》卷一一三五,乾隆四十六年六月癸巳。

180 《阿文成公年谱》卷二四。

181 《清高宗实录》卷一一三〇,乾隆四十六年五月丁丑。

182 魏源:《圣武记》卷七《国朝甘肃再征叛回记》。

第十章　江河日下

第一节　朝政废弛

乾隆四十五年七十寿辰时，乾隆皇帝刻了一块镌有"古稀天子，犹日孜孜"八字铭文的"古稀天子之宝"；乾隆五十五年八十寿辰时，又刻了一块镌有"八征耄念，自强不息"八字铭文的"八征耄念之宝"。在其日常言谈话语中，乾隆皇帝也时时以"适百里者半九十"自戒。乾隆皇帝之本意，是想以此自勉，以使自己的晚年政治更辉煌，然而，由于骄傲情绪的不断滋长和老境来临造成的身体状况的不断恶化，乾隆皇帝的这些自箴之词，一句也没有实现。以乾隆五十年为转折点，乾隆后期的政治在经过一个时期的极度专制之后进入了它的宽纵、废弛的阶段。

一、骄傲浮夸，肆意挥霍

乾隆五十年代以后，由于半个多世纪以来自己专制统治的不断加强，乾隆皇帝的骄傲情绪也空前滋长。乾隆皇帝的

乾隆帝晚年朝服像

一生，在位时间长，政治活动多，涉及面广，其中一些成就还比较大。所有这些，在进入乾隆后期时，几乎都成了乾隆皇帝自我陶醉的资本。在夸耀自己的这些成就时，乾隆皇帝特别喜欢将自己和历代帝王进行比较。开始时是比疆域，比人口，比蠲赈，比政治安定，比统治巩固；七十岁以后，这种比较发展到了非常庸俗无谓的地步。文治武功之外，包括年龄、儿孙和在位时间在内的一切项目都成了乾隆皇帝进行比较的内容。

如早在乾隆四十五年七十寿辰时，乾隆皇帝即亲制《古稀说》，历数秦汉以降历代帝王"寿登古稀者才得六人"，其中之汉武帝、梁武帝、唐明皇、宋高宗等四君皆不值一提，下余两个创业之君元世祖和明太祖，虽然武功甚盛，但其"礼乐政刑，有未遑焉"。而他本人在位期间，"前代所以亡国者，曰强藩，曰外患，曰权臣，曰外戚，曰女谒，曰宦寺，曰奸臣，曰佞幸，今皆无一仿佛者"。[1]尔后，乾隆四十九年三月，乾隆皇帝曾孙奕纯得子载锡，乾隆皇帝五世同堂，群臣纷纷称贺。这时，乾隆皇帝开始和历代帝王比儿孙，命令儒臣查阅《四库》中"自古以耆寿得见元孙者凡几人"，查阅结果，"三代以上不可考，秦汉以后，隋以前未有其人"，自唐迄明，五世同堂者只有唐朝钱朗，宋朝张涛，元朝吴宗元，明朝罗恢、归璿、文徵明等六人，"帝王中臻斯盛者，尤未之前闻"。[2]这样，乾隆皇帝又像打了一场大胜仗一样异常高兴。乾隆五十年，乾隆皇帝迎来了自己即位五十年国庆，于是，乾隆皇帝又和历代帝王比起了在位年代。当年元旦，他挥毫作诗，"七旬登寿凡六帝，五十纪年惟一人。汉武却非所景仰，宋家高、孝更非伦"。[3]乾隆五十五年和乾隆六十年，乾隆皇帝八十寿辰和在位周甲，乾隆皇帝更是年龄、儿孙和在位年代无所不比。如其在乾隆五十五年所作之诗篇中称："八旬开袤春秋永，五代同堂今古稀。"[4]"古稀六帝三登八，所鄙宋、梁所慕元，惟至元称一代杰，逊乾隆看五世孙。"[5]乾隆六十年时又有诗称："三代问谁几周甲，巍躬惕己益增寅。"[6]这样比来比去，在乾隆皇帝看来，历代帝王中没有一个能比得上自己。就是在这样的比较之中，乾隆皇帝得到了极大的满足和乐趣，骄傲情绪也空前滋长。

随着骄傲情绪的空前滋长，乾隆前期本来已经非常严重的浮夸和挥霍行为也愈益严重。如乾隆四十九年乾隆皇帝喜得玄孙，当即命令各省督抚详查治下五世同堂者奏闻。这样，各地官员置行政事务于不顾，陆续查得一百九十四家上奏乾隆皇帝。为此，乾隆皇帝亲制诗篇、御书匾额、赏赐缎匹银两、敕令建坊，不一而足。[7]此番举动之后，乾隆皇帝意犹未足。因为自己"逮事皇祖、皇考，复得元孙，亲见七代，实为古今罕有"，乾隆五十七年，他又花样翻新，再命各省督抚访得臣民中身见七代者七人，优加赏赍。[8]一时之间，全国骚然。与此同时，乾隆皇帝还借各种礼庆活动之际大肆挥霍。乾隆五十年代，乾隆皇帝孙曾多人陆续成婚，这样，乾隆皇帝几乎连年赏赐不绝。其中赏赐最多的一次是乾隆五十四年乾隆皇帝幼女和孝公主下嫁和珅之子丰绅殷德。据史载，"妆奁之侈，十倍于前驸马福隆安时。自过婚翌日，辇送器玩于主第者，概论其值，殆过数百万金。二十七日，皇女于归，特赐帑银三十万"。[9]与此同时，乾隆皇帝本人历次寿辰的庆祝活动也越来越盛大，其中，靡费最甚的是乾隆五十五年举办的八旬万寿庆典。

乾隆四十五年七旬万寿庆典和乾隆五十年正月举办的千叟宴使得乾隆皇帝大为开怀，为了满足自己的侈大心理，刚刚度过自己的七十七岁诞辰后，乾隆皇帝便决定于其八旬寿辰时举行更为盛大而又隆重的庆祝活动。乾隆五十二年八月，他正式颁布谕旨，命令臣下照历次皇太后万寿庆典之例筹办自己的八旬万寿庆典。乾隆五十三年三月，又成立了由军机大臣阿桂、和珅等共同负责的筹备八旬庆典的领导机构。为了筹集庆典资金，和珅等人欺上压下，除向商众大肆勒索之外，还令全国大小官员各捐廉俸。与此同时，各种庆典准备活动也着手进行。首先是动工将紫禁城宫殿、圆明园所有建筑和京城至西山一带所有道路一律重加修整。在这一活动中，和珅等人"务极侈大，内外宫殿，大小仪物，无不新办。自燕京至圆明园，楼台饰以金珠翡翠，假山亦设寺院人物，动其机括，则门窗开阖，人物活动，营办之资，无虑万万"。[10]在这些工程正在紧张施工的时候，北京至承德之间的路面点缀工程也开始着手进行。[11]尔后不久，各省督抚又循例遣人进京，对分派地段进行布置。为了将庆典办得隆重盛大，乾隆皇帝除循例开恩科乡、会试之外，还于五十五年正月颁布谕旨普免全国钱粮，颁诏朝鲜、安南、琉球、暹罗等国令其届期遣使朝贺。

当年七月，万寿庆典首先在热河避暑山庄拉开帷幕。哲布尊丹巴呼图克图等宗教首领，西藏、回部、蒙古、金川、

《乾隆帝八旬万寿图卷·京城市景》之一　（清）佚名绘

台湾等少数民族贵族、头人，朝鲜、安南、缅甸、琉球、哈萨克、南掌等国贡使和扈从巡幸的文武大臣一齐向乾隆皇帝叩祝万寿。尔后，连日赐宴、观剧，赏赉不绝。八月上旬，乾隆皇帝进京，庆典活动进入了高潮。八月十二日，在乐队所奏的《万寿衢歌》乐声之中，乾隆皇帝在子、孙、曾、玄和文武大臣的簇拥下自圆明园起驾进城。一路之上，"夹道左右，彩棚绵亘，饰以金碧锦绣"，[12]较之历次皇太后万寿庆典的布置更为壮丽。乾隆皇帝高兴之余，将像海水一样白花花的银子颁赐给迎驾的"老民、乐工、承应匠役人等"。当日，大宴重华宫，皇子、皇孙、皇曾孙、玄孙彩衣作舞，奉觞上寿。次日，万寿节，乾隆皇帝亲御太和殿，接受宗室、满汉文武大臣、边远土司和外藩使臣的朝贺。尔后，所有人众分作两处举行大宴。万寿节后，一连十来天，观剧之外，就是游幸香山、圆明园，整个北京城也沉浸在一派热烈的气氛之中。这时，乾隆皇帝历数汉唐以来，帝王寿登八十者只有梁武帝、宋高宗、元世祖三人，不是偏安之君，就是未见五代，只有自己统治全国，固若金汤；曾玄绕膝，五世同堂。此情此景，乾隆皇帝倍感欣慰与快活。

二、老年倦勤，政务废弛

在骄傲情绪不断滋长，挥霍靡费日益严重的同时，由于年老昏愦和健康情况恶化，对于国家事务的处理，乾隆皇帝则失去了应有的关心。乾隆皇帝早年，身体一直非常健康，精力也极为充沛。乾隆八年东巡盛京时，途中打猎，用弓达九力之多；平日卯刻即起，听政理事，略无倦怠。对准噶尔用兵期间，"有军报至，虽夜半亦必亲览，趣召军机大臣指示机宜，动千百言"。[13]乾隆二十年以后，左耳重听，四十年以后，又左眼欠明，但是听政理事却从不稍辍。正是因此，使得各种政务都能及时得到处理，乾隆皇帝的专制统治也得到了进一步的巩固和加强。

乾隆四十五年以后，由于老境来临，乾隆皇帝的身体开始衰弱。当年，因年老臂疼而一度不能弯弓射箭。乾隆四十八、四十九年时，又因气滞作疼以及升降台阶时步履维艰而令皇六子永瑢代行上辛、郊祀大典。乾隆四十九年以后，又增失眠之症，"寅初已懒睡，寅正无不醒"。[14]同时，记忆力也显著减退，至乾隆五十九年时，已经达到相当严重的程度。"皇帝早膳已供，而不过霎时，又索早膳。宦侍不敢言已进，而皇帝亦不觉悟。其衰老健忘，推此可知。"[15]苑中射猎用弓，仅达两力半，最多时也不过三四力。精神如此昏愦，身体也如此虚弱，怎能不影响国家事务的处理！乾隆四十九年以后，为了适应自己的身体状况，乾隆皇帝处理政务的时间大大缩短。当年九月，他以"优眷老臣"为名，准三品以上官员年过七十者日出后进朝。[16]乾隆五十六年十月以后，这一规定的适用范围又扩大到了全体在京官员，"俱着于卯正到齐，亦不为迟"。[17]对于各地官员奏进的像小山一样的公文和奏折，乾隆皇帝打心眼里感到腻烦，并为此而多次指责各地官员奏事琐细，"徒滋烦扰"。[18]

由于乾隆皇帝老年倦勤，朝政和各地事务都普遍废弛。即以有过官员和贪污人犯的处理而言，乾隆皇帝不是拖拉不办，就是以"不为已甚去已甚"为理由，竟从宽典。如至乾隆五十二年五月，内外文武大臣中竟有多人连续被革职、革任十余次之后却仍留原职者。[19]受乾隆皇帝影响，各地事务更是一塌糊涂，不可收拾。其中仅湖北一省，自乾隆四十五年至乾隆五十一、五十二年，积压未办案件即有六百余件之多。[20]对于这种政务废弛的现象，出使中国的朝鲜使臣看得很清楚。他们说："皇帝近年颇倦为政，多涉于柔巽，处事每患于优游，恩或多滥，罚必从轻，恩滥故启幸进之门，罚轻故成冒犯之习。文武恬嬉，法纲解弛，有识者颇以为忧。"[21]应该说，这是反映了当时的实际情况的。

还需要指出的是，由于年迈和怠于政事，乾隆皇帝无法掌握全国各地的真实情况，以致对不少问题都做出了完全错误的处理。如乾隆五十一年九月，针对江浙一带水利废弛、浮收多征现象严重、耕地不足等实际问题，御史祝德麟上书乾隆皇帝，要求讲求水利、禁止浮收漕粮、限制族葬坟地。对于这一正确建言，乾隆皇帝却严厉指斥为"竟无一款可行之处"。[22]又如清查户口、造报民数，本是国家重要政务之一。乾隆五十六年时，江苏巡抚长麟因为所属官员敷衍塞责、造报不实，上疏要求"展限核实查造"。而乾隆皇帝得知后，却以恐怕"吏胥借端滋扰，更非安辑闾阎之道"为理由，指令长麟"只须照例造册奏报，毋庸过为稽核，转滋扰累而无实际"。[23]还如对于云南地方官员的查禁烟酒，乾隆皇帝也以其"名为劝谕撙节，适以扰累地方"而下令停止。[24]所有这些，都使较为正直的官员寒心气短，并且导致了国家政务的进一步混乱。在这方面，最为典型的两个例子是对浙江学政窦光鼐和内阁学士尹壮图两起案件的错误处理。

乾隆四十六、四十七年时，浙江先后发生了王亶望和陈辉祖两起贪污大案，全省钱粮亏空高达一百三四十万之多。为此，乾隆皇帝在处死王亶望、陈辉祖的同时，还限令浙省各级官员一年内将亏空全行补齐。然而由于吏治的全面腐败，四五年后，全省亏空不但未能补齐，反而有愈益严重之势。乾隆五十一年，乾隆皇帝派尚书曹文埴、侍郎姜晟等前赴浙省，清仓查库。得知乾隆皇帝派员清查，浙江巡抚福崧以下大小官员闻风而动，一方面借机向百姓摊派加征，一方面用重金收买清查官吏。其中，最为无耻的是平阳县知县黄梅。当时，他的母亲刚刚死去。但是，为了不放过这借机勒索中饱的好机会，他不但匿丧不报，反而借口为其母庆祝九十寿辰在府演戏，收受贺礼；与此同时，他还明目张胆地印发编号田单、印票、借票、收帖等，上注花户姓名及摊征银两，发往各村，逼令乡民交纳。浙江学政窦光鼐得知此事后，立即上书乾隆皇帝，予以揭发。此外，他还将布政使盛柱、总督富勒浑以及永嘉县知县席世维、仙居县知县徐延翰等贪污残民的罪恶事实一并检举。因为他的这一行为触动了浙江官场上的关系网，为了报复，以新任浙江巡抚伊龄阿为首，所有贪官污吏通通联合起来共同对付窦光鼐。他们一方面互相包庇开脱，以使调查无法深入；一方面无中生有，罗织罪状，反诬窦光鼐"污人名节"。乾隆皇帝为其所蛊，置贪官污吏于不问，反而指责窦光鼐"以无根之谈，冒昧陈奏，实属荒唐"。[25]此后不久，他又以窦光鼐此举"恐煽惑人心，致启生监平民人等讦告官长、效尤滋事之风"为理由，将其革职拿交刑部治罪。[26]只是因为窦光鼐已经掌握了不少确凿证据，于访查中得到了黄梅非法摊派票据两千多张，在这些铁证面前，为了防止"浙省士子议论风生"，乾隆皇帝才被迫将窦光鼐释放，转而惩治贪官污吏。由此可以看出，此时乾隆皇帝所理庶政存在着多么严重的问题！

尹壮图奏疏案发生在乾隆五十五年。当时，对于犯有过失的各地督抚，乾隆皇帝往往以罚缴巨额银两代替行政处分。这一措施，不但未收整顿吏治之效果，反而大大地助长了贪风。因为受罚官员如果素有贪污行为，则可借此而肆无忌惮地进行贪污；即使较为清廉的官吏，因为无力缴纳罚项，需要属员资助，再遇属下官员贪污时，也不敢认真办理。为此，

乾隆五十五年十一月，内阁学士尹壮图上疏乾隆皇帝，对于官员处分中的罚银之弊进行了批评，并且揭露"各省督抚借罚项为名，派累属员，致仓库多有亏缺"。[27]这一奏折使得乾隆皇帝极为反感，责令尹壮图将所指具体人事一一复奏。尹壮图在复奏中又进一步指出："各督抚声名狼藉，吏治废弛，经过各省地方，体察官吏贤否，商民半皆蹙额兴叹。各省风气，大抵皆然。"[28]为了证实自己的这种看法，他要求乾隆皇帝简派满洲大臣和他一起密往各省盘查亏空。乾隆后期，吏治进一步腐败，人民生活也极为痛苦。尹壮图的这种看法，基本上反映了当时的实际情况。

然而，当时乾隆皇帝刚刚度过了自己的八旬万寿，传到耳中的全是一片颂扬之声。尹壮图的这一意见，不啻是给乾隆皇帝泼了一瓢冷水。这使乾隆皇帝大发雷霆。他说："朕临御五十五年，子惠元元，恩施优渥，普免天下钱粮四次，普免各省漕粮二次，为数何啻万万。倘遇水旱偏灾，不惜

千百万帑金，补助抚恤，赈贷兼施，菩屋穷檐，共沾实惠，凡身被恩膏者，无不家喻户晓。小民等具有天良，方将感戴之不暇，何至蹙额兴叹，相聚怨咨。"[29] "乃尹壮图忍为此蹙额兴叹之言，直似方今天下，民不聊生，不特诬及朕躬，并将亿兆黎民爱戴惺忱，全为泯没。"[30] 为了对尹壮图进行惩罚，乾隆皇帝令其自备廪给，与侍郎庆成一起前往山西、直隶、山东、江苏等地盘查仓库。所至之处，庆成则游山玩水，大吃大喝，以待当地官员挪借完毕，方才带同尹壮图前往盘查。因而，查来查去，一点问题也未能发现。尹壮图不得不违心地上疏乾隆皇帝，自认愚妄之罪。这时，乾隆皇帝又再次对其进行指责："使小民等受我朝百数十年深仁厚泽，尊亲爱戴之忱，尽行泯没，竟将熙皞之民，诬为朝不谋夕之状，则莠言惑众，其罪实无可解免。"[31] 他下令将尹壮图革职留任，以示惩戒。不久，又以其母老，令其返籍终养，将其逐出北京。出完了这口恶气，乾隆皇帝的情绪方才平定下来。

三、和珅专权，吏治全面腐败

乾隆皇帝年老倦勤对于国家政治产生了极为严重的影响，其直接后果是和珅专权和全国吏治的普遍腐败。

如前所述，乾隆四十年代，出于加强专制统治的需要，和珅在国家政治生活中的地位和作用开始上升。进入乾隆五十年代以后，乾隆皇帝对和珅的依赖性进一步增加。而在此时，为了巩固和发展自己的势力，和珅也对乾隆皇帝极尽阿谀奉承之能事。针对乾隆皇帝年事已高之后喜谀恶谏、贪财好货、爱摆阔气的心理，和珅一方面利用手中掌握的户部尚书、崇文门税务监督等项权力朘剥商民，将其勒索所得解送内库以供乾隆皇帝恣意挥霍，任情靡费；一方面又亲自主持备办乾隆皇帝七旬、八旬两次万寿庆典和千叟宴事宜，备极盛大，使得乾隆皇帝大为开心。对于乾隆皇帝的生活起居，和珅虽为军机大臣，但仍像当年担任乾隆皇帝的近身侍从时一样亲与其事。"皇帝若有咳唾之时，和珅以溺器进之。"[32]"言不称臣，必曰奴才，随旨使令，殆同皂隶。"[33]这样，无论在政治上还是在生活上，和珅都成了乾隆皇帝须臾不可离开的人物，对其愈加宠遇。早在乾隆四十五年时，乾隆皇帝便将自己最为宠爱的幼女和孝公主指配给和珅的儿子丰绅殷德，乾隆五十年后，又专遣内侍"轮番其第"。[34]乾隆五十一年闰七月，又以其补授大学士，管理户部；乾隆五十三年，晋封其为三等忠襄伯，赐紫缰；乾隆五十五年，赐黄带，四开褉袍。一时之间，和珅权势进一步膨胀。为了巩固和发展自己的势力，和珅一方面利用自己的特殊地位，与皇室联姻，将自己的女儿嫁给了康熙皇帝的曾孙贝勒永鋆，将自己的侄女嫁给了乾隆皇帝的孙子质郡王绵庆；[35]一方面采取各种手段，将相当一批亲信党羽安插在中央和地方的各个重要岗位，"内而公卿，外而藩阃，多出其门"。[36]利用手中的权力，和珅还招权纳贿，大肆聚敛，"纳赂谄附者，多得清要；中立不倚者，如非抵罪，亦必潦倒"。[37]"擅弄威福，大开赂门，豪富奢丽，拟于皇室，有口皆言，举世侧目。"[38]这样，乾隆五十年代以后，和珅成了一个仅次于乾隆皇帝的权倾朝野的大人物。

和珅专权不但对广大劳动人民来说是一场严重的灾难，而且使多数高级官吏的利益受到了严重的损害。因而，从其秉政之日起，除其后台乾隆皇帝以及个别死党之外，"上自王公，下至舆儓，莫不侧目唾骂"。³⁹个别具有正义感的封建士人和政府官吏如御史曹锡宝、钱沣、谢振定、武亿等，或者直接上疏乾隆皇帝，指斥和珅专权，或者冒着革职治罪的危险，对其党羽的不法行为进行惩治。如乾隆四十六年，"陕西一儒上疏，极言和珅怙宠卖权之事"。⁴⁰乾隆五十一年六月，御史曹锡宝又上疏乾隆皇帝，揭露和珅家人刘全"服用奢侈，器具完美，恐有招摇撞骗等事"，⁴¹闪烁其词地将抨击的矛头指向了和珅本人。然而，乾隆皇帝此时正将和珅倚如手足，视为心腹，凡是抨击和珅者，无不严加惩治。那个上疏的封建士人，乾隆皇帝将之处以"赤族之祸"，其他抨击和珅的官员，不是对其严加指斥，就是革去官职。这样，在乾隆皇帝的包庇纵容之下，和珅"宠遇愈隆，威势日加"，⁴²对于乾隆后期政治的腐朽和清帝国的衰落，都起了极为重要的作用。

上梁不正下梁歪。在和珅等人的带动下，乾隆五十年代，官吏贪污几乎成了一种普遍现象。"大抵为官长者，廉耻都丧，货利是趋，知县厚馈知府，知府善事权要，上下相蒙，曲加庇护，故恣行不法之事，而毕竟幸逭。生民困穷，专由于此。"⁴³除了原先的浮收多征等一般贪污方法之外，径直侵亏库帑、诡作民欠也更加普遍，并且成了各级官吏贪污的主要手段，以致乾隆四十年代以来本已相当严重的钱粮亏空和民间积欠问题愈益严重。

乾隆四十年代，针对甘肃、浙江、山东等省先后发生的巨额亏空案件，乾隆皇帝在将勒尔谨、王亶望、国泰、于易简等人处死的同时，还决定所有亏空官员各留本任，限期一年，补齐亏空。但是十来年之后，因为官吏贪污愈益普遍，不但上述各省亏空未能弥补，其他各省也相继出现了数额甚巨的亏空和积欠。至乾隆五十六年时，据有关机构统计，直隶未完积欠银米一百一十万，山东二百一十八万，河南四十五万八千，江苏五十万七千，福建八十一万六千，湖北六十四万，浙江九万……⁴⁴对此，乾隆皇帝心中非常清楚，所有亏空、积欠，不过都是各级官吏贪污中饱的一个代名词。因此，他多次对各级官吏进行指斥，"其各省所报未完银数，必非尽系实欠在民，闻总由地方官吏，借口水旱欠收，因灾带缓，从中挪前移后，官侵吏蚀，借称积欠在民"。"国家经费有常，似此悬宕无着，便于蠹吏，诬及良民，年复一年，伊于何底。"⁴⁵因而，从乾隆五十六年底开始，他即一再下令各省督抚调派"隔属道府大员"，率同就任不久的"丞倅州县"中下级官员等"调取收纳红簿及完银串票，逐一核对"，⁴⁶限期一年，全数归额。但是，这一决定不但未曾煞止贪风，反而对贪风的滋长起了刺激作用，积欠亏空越来越多，越来越普遍。至乾隆五十九年时，除奉天、山西、四川、湖南、贵州、广西六省没有积欠之外，其他大部分省份积欠数字都相当之大。尽管乾隆皇帝一再为此而大发脾气，指出其中"实欠在民者，不过什之二三，自系经征官吏，任意侵蚀，居其七八"，⁴⁷并要求在事官员严加清查，但是整个清查活动却毫无进展。至此，年老昏愦的乾隆皇帝黔驴技穷，不得不向这些贪官污吏再次做出重大让步，于乾隆六十年即将归政之时，将各省所有积欠银两一千七百余万、粮米三百七十五万余石尽数豁免。[48]由此也可以看出，当时的官吏贪污行为已经发展到了何等严重的程度。

在各地官员普遍贪污的同时，大型贪污案件也不时发生。其中，两广总督富勒浑、闽浙总督伍拉纳、浙江巡抚福崧、福建巡抚浦霖、湖南布政使郑源璹等都是这一时期比较有名的大贪污犯。如福崧再任浙江巡抚不过两年，贪污银两即达十七八万两之多。凭借贪污所得，大肆挥霍。其母游历西湖，单是"豫备食用、灯彩、船只等项"，每次即费银千余两。[49]闽浙总督伍拉纳在任期间，与福建巡抚浦霖等狼狈为奸，恣意侵亏库帑，以致全省亏空高达二百五十多万两。单是被其侵吞之盐务经费，即达十五万两之多。革职后查抄二人家产，伍拉纳家中所藏之如意，竟有一百余柄；浦霖家中则"查出现存银钱及埋藏银共二十八万四千三百余两，房屋地契共值银六万余两，金七百余两，其余朝珠、衣服、玉器等物，尚不在此数"。[50]还有一个下五旗包衣出身的道员德明，革职后抄家，家财竟然也有二十多万两。[51]尽管乾隆皇帝一再表示不愿为此屡兴大狱，"不为已甚去已甚"，但是这些人的贪污手段过于恶劣，乾隆皇帝不得不将其中的一些主要案犯如福崧、伍拉纳、浦霖等分别处死，子孙发遣伊犁。与此同时，乾隆皇帝也还作了一些自我检查："此皆因朕数年来率从宽典，以致竟有如此婪赃害民之督抚。朕当先自责己。嗣后各督抚等益当各矢天良，倍加儆惕。倘不知洁己奉公，再有废弛婪索等事，伍拉纳、浦霖即其前车之鉴，毋谓不教不诫也。"[52]即使如此，也刹不住这股贪风，而且，由于乾隆皇帝年老昏愦和和珅、福康安等权臣蒙蔽，不少贪污大案还一直未曾揭露。这样，乾隆末年，吏治进一步腐败，并且一直延续到了乾隆皇帝去世之前。

第二节　危机重重

一、社会危机深重

乾隆四十年代，乾隆皇帝热衷于加强自己的专制统治和穷兵黩武；乾隆五十年代及以后，又因年老倦勤而怠于理事，兼之长期以来的吏治腐败所造成的恶劣影响，乾隆前期一直奉行的一些有利于社会发展的基本政策先后遭到了破坏和废弃。人均耕地面积显著减少，水利事业废弛，仓贮制度也严重破坏。凡此种种，都使国计民生受到了严重的影响，经济发展也停滞不前，整个社会陷于空前深重的危机之中。

首先是劝垦田地政策的废止。乾隆前期，为了巩固自己的统治，针对全国人口急剧增长、耕地相对不足的矛盾，继清初各帝之后，乾隆皇帝厉行劝垦田地的政策。在乾隆皇帝的鼓励下，一个时期之中，全国耕地面积迅速增长。根据《清高宗实录》历卷统计，从乾隆五年至乾隆三十五年，全国耕地增加二十余万顷。而根据《清通考》所载，这一数字更多。仅乾隆十八年至乾隆三十一年，全国耕地面积即由七百零八万顷增加到七百四十一万余顷，纯增三十三万余顷。所有这些，都说明了乾隆皇帝推行的劝垦田地政策收到了效果，对于全国人民生计问题的缓和，对于社会经济的进一步发展发挥了重要的作用。然而，乾隆三十年代后，随着乾隆皇帝专制统治的巩固和加强，对于劝垦田地这一重要问题，乾隆皇帝的态度趋于消极。出于维持封建统治秩序的目的，不只对于内地山林动辄加以封闭，严禁人民开垦，对于内地居民自发的移垦边远的限制也日益严厉。如乾隆四十年以后，乾隆皇帝多次下令严禁流民进入东北境内私垦土地，与此同时，还规定了失察文武官吏的处分条例。"失察一名至十名者，罚俸一年；十名以上，降一级留任；二十名以上，降一级调用。"[53]对于蒙古王公贵族招募内地民人开垦游牧田地的活动，也严行申斥，限期逐回内地。[54]对于西北地区的移垦活动，乾隆皇帝的热情也显著下降。原先，凡是内地民人携眷移垦新疆者，皆官给盘费，以示鼓励。而至乾隆四十五年以后，只给四分之一；后来，又全行取消。[55]与此同时，由于水利失修，内地各省耕地报废者也逐年增加。这样，乾隆三十六年以后，在全国人口急剧增长的同时，全国耕地面积却开始出现了减少的趋势。

据《清高宗实录》历卷统计，从乾隆三十六年至乾隆六十年，全国耕地面积不但没有增加，反而减少了一万顷，从而使乾隆后期的人均耕地面积显著减少。如乾隆十八年和乾隆三十一年，全国人均耕地尚分别为三点八五亩和三点五五亩，而至乾隆五十年时，人均耕地只有二点五六亩，仅仅相当于乾隆十八年时的三分之二；到了乾隆五十九年，全国人口达到三亿一千三百二十六万，人均耕地面积二点三六五亩，较之乾隆十八年足足减少了百分之四十。在当时的生产条件下，据学者洪亮吉估计，"一人之身，岁得四亩，便可得生计矣"。[56]按照这一估计，乾隆前期，全国人民的生计问题已经比较突出，因而当时乾隆皇帝对劝垦田地表示了高度的重视。而至乾隆后期，在全国人口急剧增长的同时，劝垦田地政策实际上却被废止不行，可以想见，当时人民生计问题该是何等的严重！耕地面积严重不足已使广大人民处于半饥饿状态，土地兼并的剧烈进行更使他们雪上加霜。在这样的情况下，继乾隆前期薛蕴、顾琮等人建言限田之后，乾隆后期，一些有识之士又进一步提出了均田的建议。如乾隆三十六年十一月，一个叫余朴的低级官吏上疏乾隆皇帝要求"均田"。[57]乾隆四十一年十一月，又有一个广东高要县童生梁畅善向广州将军永玮呈递禀帖，要求"复均田"之法。[58]对此，乾隆皇帝不但不予考虑，反而以余朴、梁畅善二人"穷极无聊，借上书而图希冀"，予以严厉制裁。后来，他又利用各种机会对"均田"之说进行批判。一直到乾隆五十六年时，他还说："若如经生迂腐之见，拘执古制，均其田亩，限其服制，必致贫者未富而富者先贫，扰累纷纷，适以酿乱。"[59]这样，这一社会问题愈益严重，对于乾隆皇帝的统治和此后清朝政局的发展都产生了极为不利的影响。

其次是水利事业的废弛。乾隆皇帝即位之初，先后拨出大量帑银进行水利建设。在他的主持下，治理黄河，修造浙江海塘和永定河水利工程以及全国各地的水利事业都有所发展，对于水患的减轻和农业生产的发展都起了一定的作用。但至乾隆后期，除了对浙江海塘工程尚表示关心之外，对于全国其他地区的水利工程，乾隆皇帝概加忽视。不只不拨款兴建或维修，而且有时还对主动兴修水利的一些地方官员横加指责。如乾隆四十五年八月，湖北地方官因为当地时有偏灾，"农商未便"，呈请借帑浚修安陆城外的富民河。对此，乾隆皇帝却指斥为"沽名"，"不惟虚糜帑项，且徒劳民力"，[60]下令将有关官员交部察议。其他水利工程如黄河、永定河的治理，也因吏治腐败而大多流于形式。因而，经过一个时期的平静之后，从乾隆四十三年开始，黄河几乎连年溃决。如乾隆四十三年六月，河南祥符河决。当年闰六月，又决仪封。乾隆四十五年六月，又在睢宁和考城、曹县一带同时决口。乾隆四十六年五、六月间，再度于睢宁、仪封两处决口。乾隆四十九年八月，又决睢宁。乾隆五十一、五十二年，又先后决于桃源、睢宁。乾隆五十四年，又决睢宁。乾隆五十九年，又决丰北曲家庄。与此同时，从乾隆三十五年以后，直隶境内的永定河也连年溃决。而且，由于多年以来的吏治腐败，"河员疏防性成，反以黄河有事为利"，[61]一旦溃决之后，还经年累月不能堵塞。如乾隆四十三年闰六月，仪封一带黄河自南岸溃决，"下游宣泄不及，漫溢两岸，堤堰随处塌陷，低洼村庄水深五六尺至丈余，庐舍田禾被淹"。[62]为此，乾隆皇帝先后拨发大量帑银并调派重臣阿桂、高晋等前往工次，组织民夫堵塞决口。然而两年之中，几次都是在大坝即将合龙之际重新溃决。乾隆皇帝气急败坏，或对在事官员严行治罪，革职留任，革任注册；或者建造河神庙乞灵上苍。一直到乾隆四十五年二月，乘春间河水减流之际，方将决口堵塞。又如乾隆四十六年七月，黄河又决自仪封青龙岗，一直到乾隆四十八年春，才将决口堵塞。所有这些，不但大大加重了灾区人民的痛苦，而且也虚耗了大量的国帑。不计其他损失，单是这两次堵塞黄河决口，前后花费银两便高达一千三四百万两，清初以来一直坚持的水利兴修事业遭到了严重的失败。

再次是粮食积贮制度也遭到了严重的破坏。康、雍以来，为了维持统治，历代清朝统治者都对仓贮制度表示了高度的重视，先后在全国范围内推行常平仓、社仓、义仓等，丰年采买，歉年出借或者平粜、赈济。乾隆前期，有鉴于全国人口激增、粮价不断高涨的现实问题，乾隆皇帝除规定各省督抚按月奏报粮价，岁末奏报民数、谷数之外，对于粮食积贮也继续表示重视，并先后采取各种措施增加国家粮食贮备。在乾隆皇帝的关心下，乾隆六年以后，国家贮粮常年保持在三千万石左右。乾隆三十年代，一度还突破四千万石大关。正是由于国家粮食贮备相当丰盈，才使清朝政府在历次平叛战争中获得了胜利。与此同时，文化事业也得到了较大的发展。因而，在清朝统治全盛局面形成的过程中，仓贮制度发挥过重要的作用。然而，进入乾隆后期，由于乾隆皇帝的任情挥霍和吏治的全面败坏，仓贮制度遭到了破坏。首先是仓贮制度中的各种弊端愈益严重。采买之时，经手官吏"只发银四五钱不等，并勒令出具照时价领票，兼之差役需索使费，以致领票花户皆不愿上纳谷石，惟求缴还原封银两，另外加倍缴价，转交谷犹为省事。甚至有力富户，贿嘱书吏，将本名下之谷，飞洒零星有田之户"，"竟至完善良民，衣食难周，深受采买之累"。[63]出粜之时，又高价勒买。[64]所余银两，概

442

行侵吞，惠民措施变成了病民措施。其次，由于经办官吏夤缘为奸，或者借端挪移，或者从中盗卖，各地仓贮亏空现象也日益严重。如乾隆四十三年时，江苏砀山等三县仓贮因为积年以来"胥役冒领，社长侵蚀"，所亏粮食已达三万四千余石。[65]又如乾隆五十年时，山东一省亏缺仓谷竟高达九十万石。[66]山西省亏缺仓谷也有三十五万石。[67]按照规定，盛京所属各城旗仓应有额谷二十万石，民仓应有额谷五十二万石。但至乾隆五十五年时，各城旗仓仅存米二万四千石，民仓二十八万一千石，"缺额甚多，不足以资缓急"。[68]乾隆五十六年时，甘肃通省贮粮不到二百万石，仅仅相当于应贮额谷的一半。[69]还如乾隆五十七年春，直隶保定以北久旱不雨，麦收无望。乾隆皇帝因令动用当地常平、社、义各仓额贮七十万石进行赈济。[70]但是由于历年官吏侵吞挪移，"所存无多，不敷散赈"而不得不改行截漕。[71]

对于仓贮制度中的这些弊端和严重的亏空现象，乾隆皇帝极为恼火。他说："各省仓贮并不能足数收贮，此皆由不肖官吏平日任意侵挪亏缺。""以古人之良法，转供贪墨之侵渔，而该督抚并不实力稽察，惟以盘查无亏一奏了事，以致各省仓贮，俱不免有名无实，备荒之义安在乎?"为此，他多次严令各地督抚"务当认真整饬，实力稽查，使仓谷丰盈，以期有备无患"。[72]尽管乾隆皇帝三令五申，然而，由于吏治腐败，仓贮亏额现象仍然无法制止，并且还有愈益严重之势。如乾隆六十年时，安徽一省仓贮亏额二十二万余石。[73]广西省则干脆将价银贮库，但却报称通省仓贮无亏。[74]全国其他省份，"其照额实贮在仓者十无二三"。[75]与此同时，采买、出枭之中的弊端也不胜枚举。出借仓谷时，"于富户则抑之使借，而于贫民则靳而不予。且出借之斗斤任意减少，而还仓之谷石勒令加增，以致小民不沾实惠，转或因之受累。是惠民之法，适以资贪官而病民"。[76]这样，仓贮制度的破坏也使乾隆皇帝的专制统治陷入了深深的危机之中。

劝垦田地、兴修水利和建仓贮粮都是有关国计民生的大问题，对于社会安定、经济发展以及封建统治的巩固有着重要的意义。乾隆前期，因为乾隆皇帝对这些问题比较重视，因而其统治地位不断巩固，整个社会经济也有了较大的发展。而至乾隆后期，由于乾隆皇帝对于这些重要问题的态度日趋消极，从而严重地影响了乾隆皇帝专制统治的巩固和社会秩序的安定，清朝政局也因此而步入了一个动荡不安的时代。

二、人民负担沉重，生活极端痛苦

由于年老倦勤，乾隆帝对广大人民的生活失去了前期应有的"关心"。兼之以吏治败坏以及有关国计民生的一些重要政策的废弃，从乾隆四十年代以后，广大人民的赋税负担日益沉重，生活状况迅速恶化，处于水深火热之中。

首先是摊征加派繁多，赋税负担沉重。关于乾隆时期的人民赋税负担，乾隆皇帝曾多次宣称："本朝丁归粮办，民间一切差徭久经停免，即遇紧要工程如河工、城工之类，亦俱官给雇值，不令丝毫累民。"[77]"国家百数十年以来，除地丁正赋钱粮而外，并无加赋力役之征。……从未有一草一木派及闾阎之事。"[78]其实，实际情况完全相反。早在乾隆前期，不少地区的人民负担即已超出了政府规定的标准。如乾隆二十三年山西布政使刘愗在上给乾隆皇帝的一份奏折中即指出："晋省积年，事无大小，通省派捐，解司收放。计一州县，岁解捐款，不下数百金。"[79]与此同时，其他各省和州县以下官员自行摊派者还在在皆有。如果说，乾隆前期，这些额外摊派尚因没有得到乾隆皇帝的公开批准而有所收敛的话，那么，到了乾隆后期，因为乾隆皇帝的过度靡费和吏治的进一步败坏，各种摊征、加派都开始公开化并且日益严重。

　　乾隆皇帝巡幸办差和战争帮贴首先开创了加赋的先例。凡是乾隆皇帝巡幸所至，地方官除无偿支用民力办差之外，还勒派兵、民、商众公捐银两，"备办道途"。进行战争，需要"资用民力"运送粮草军需，又有所谓"里民自行帮贴"。尔后，名目越来越多，河工、城工、万寿庆典等，不是"公捐"，就是"摊征"，甚至迎送西藏、新疆和外藩使臣的费用也一概摊到沿途人民头上。在乾隆皇帝的带动下，各级官员相继效尤。在征收赋税时，除原先通过踢斛、淋尖以浮收粮米以及溢收耗羡等旧有弊端重趋严重之外，随着商品经济的进一步发展，几乎所有有漕省份都于收漕时拒收本色，改征折色，以对广大农民进行盘削。与此同时，"重征勒折"以及巧立名目、科敛百姓的现象也普遍发生，从而使不少地区的人民赋税负担成倍增长。

　　举例而言，如湖北荆门州地方官从乾隆四十年代开始，即在征收漕米时改征折色。因为当地米贱钱贵，"每斗卖制钱一百文，交纳时要交八百文"。[80]浙省收漕，历来弊端相当严重，浮收加耗，不一而足。乾隆四十二年，大贪污犯王亶望调任浙抚后，变本加厉，"纵容劣员收粮浮冒，苦累小民"。[81]后来，王亶望治罪，收漕弊端一度有所收敛，但为时不久，"渐已如前"。与此同时，湖南不少地方还另征耗外之耗，其中沅陵县从乾隆四十六年开始即以折耗为名，"每两多索银一钱九分"。[82]乾隆四十八年以后，贵州镇远县按亩征收米石改征折色，"每地一亩，征银递年加增"；"折征之始，每亩折银六钱五分，递加至二两一二钱不等"。[83]进入乾隆五十年代，情况更加严重。如从乾隆五十二年开始，湖南湘乡折收漕米时，"每石折银五、六两不等"，"至交纳钱粮，每两须纹银一两三钱。若花户交纳，每两外加至五、六钱不等"。[84]乾隆五十五年，湖北广济县官员征收赋税时，不但"重征"，而且"勒折"。[85]同时，福建蓬溪历任知县则借出兵镇压林爽文起义之际加征科派，大发战争财。[86]乾隆五十六年至五十七年，还先后发生了江西广丰、湖南辰州、陕西浦州、浙江石门等地方官员浮收仓粮，短发价值，勒征折色，借端科派等多起案件。如乾隆五十六年，江西广丰县曹德元"将未完米石勒令花户交银及浮收仓粮，抑派交仓使费钱文"。其中"未完粮米勒令花户每石交银五两六钱"，"收粮三斛算两斛，每石要仓钱二百文，水脚钱二百文"。[87]湖南辰州官员则借采买兵粮为名，"每田一亩，连加耗实需出谷九斗三升"，而发价时，"每谷一斗，仅发官价五分，贫民逃避不前，辄票差花户锁押"。[88]陕西浦州官员除"征收钱粮，额外多收"之外，还于"放赈时从中克扣，又借军需之名，雇觅骡头，科派铺户银钱，及借修文庙，累及闾阎"。[89]与此同时，浙江石门县收漕改征折色，每石勒折钱文竟然高达"大钱四千余文"。[90]乾隆五十九年时，陕西高平县遭灾。当地官员不但匿灾不报，反而催追当年应免钱粮。为了粉饰太平，这帮吸血鬼还不顾人民死活，"派令每里出银五十两，雇人装扮抬歌傀儡"，以庆祝乾隆六十年灯节。[91]以上所举，不过是当时揭发出来的各地官员加派多征的个别事例，但是由此也可以看出，乾隆后期，广大人民的赋税负担达到了何等沉重的程度！

其次是自然灾害频繁，蠲赈流于形式。乾隆前期，虽然自然灾害时有发生，但因当时乾隆皇帝勤于政治，比较关心民瘼，及时赈济之外，往往还于节庆之际蠲免正额赋税，从而使广大灾区人民痛苦相对减轻，整个社会也维持了相对安定的局面。乾隆后期，由于人民负担空前加重，失去了抗御自然灾害的能力，因而自然灾害愈益频繁。与此同时，因为吏治极端腐败，虽然各种蠲赈活动次数不少，但却大多流于形式，成了各级官吏贪污中饱的利薮。在这方面一个极其典型的例子是乾隆四十六年发生的甘肃捐监冒赈案。除此之外，粉饰灾情、讳灾不报甚至侵吞赈济银米的案件还层出不穷。如乾隆三十九年和四十年，江苏兴化遭灾办赈，当地武生周卓凝等竟乘机串同书役，侵渔赈谷达七百余石之多。[92]乾隆四十三年，安徽通省遭灾。在办赈活动中，不少地方官员从中作弊，"于造报册内，多加人口；及领银散赈，又减户拨给"。[93]其中，仅凤阳县户书韩载扬一人便侵蚀银两一万两以上，以致查赈官员到达之时，不少饥民"求吁马前"要求散赈。[94]乾隆四十八年，陕西遭灾，而府谷县官员竟将放赈仓谷私自出售，别以粗腐不堪食用之米放赈。[95]乾隆五十年，湖北大旱。为此，乾隆皇帝发放赈银五百万两，然而江陵、孝感、黄安等不少县的官员在办赈时"虚开户口，侵冒赈项"，[96]以致数百万金俱为蠹吏奸胥中饱。[97]同年，安徽盱眙遭灾，领取赈银一万二千两，但是由于县令、奸吏通同作弊，实到灾民手中者不满千两。[98]为了巩固统治，乾隆皇帝先后对侵蚀赈银的一些官员进行了处理。他还将自己临摹的李迪的《鸡雏待饲图》刷印多份分寄直省督抚，并令其"照式多为摹刻，遍及藩、臬、道府各州县等"，以使各级官员体念他的"惠爱黎元之心"；"时时以保赤为念，遇有灾赈事务，实心经理，勿忘小民嗷嗷待哺之情，庶几视民如子，克称父母斯民之责"。[99]尽管如此，各级官吏侵渔蠲赈银两的案件仍然无法制

止。如乾隆五十六年，山东章丘县官员将已经蠲免之钱粮私行重征。[100]乾隆五十九年，又有陕西富平县官员追缴应免钱粮和江苏萧县官员"将已经豁免之节年民欠及河工借帑等项一概催征"的案件发生。[101]乾隆六十年，还发生了安徽阜阳县户书唐顺泽等将乾隆五十年因灾蠲免钱粮改串重征，并将本年豁免积欠仍旧私征一案。[102]

因为蠲赈活动大多流于形式，因而乾隆后期广大人民生活极为困苦。如乾隆四十三年至四十四年，湖北、四川一带连年遭灾，不少灾区人民或以树皮、草根为生，或以观音土为食，"死亡相踵"，[103]"存活者仅十之一二"。[104]乾隆五十年以后，江苏连年大旱，"米价日高。至次年春，升米至五十文，百物皆绝。中产之家，尽食麦麸野菜以度命。饿殍载道，空旷处积尸臭秽不可闻。稍留残喘者，惟以抢夺为生。街市不敢携物而行，郊野更甚。羸者乞食，挤入门，终不肯出，呜呜之声，惨不忍听"。[105]向以鱼米之乡著称的太湖之滨，不

少饥民竟靠采蕨为食。偶见地中杂有变质黑米，"闻风踵至刨挖"。[106]与此同时，泗州一带灾民则挖掘蒿根以充饥肠。[107]同年，山西介休、汾州、霍州、平阳、绛州、蒲州也久旱不雨，"百姓多有刨挖野菜，采取榆钱充食"。[108]河南永城一带甚至还出现了"人相食"的惨景。[109]乾隆五十二年、五十三年，山西又连续干旱，"地土干燥，不能播种，民人口食无资，卖鬻子女者甚多，并有逃往口外觅食者"。[110]由于地方官粉饰灾情，不少起灾害乾隆皇帝根本就不知道。有时，个别官员实事求是地陈奏灾情，乾隆皇帝知道后，也不过是洒上几滴眼泪，写上两首悯农诗，颁布几道谕旨而已。空话说完，又去忙乎他的巡幸和千叟宴以及万寿庆典的筹备事宜，而任由广大灾民在死亡线上挣扎。

再次是土地兼并剧烈，人民流离失所。早在乾隆前期，土地兼并已在剧烈进行。据时人杨锡绂估计，"近日田归富户者，大约十之五六；旧日有田之人，今俱为佃耕之户"。[111]而至乾隆后期，形势更为严重。由于政治黑暗，不少土豪劣棍勾结官府强占贫民耕地房屋。如乾隆四十年，江西崇仁县革监黄金龙捏改契约，将贫民余牛房屋强行拆毁之后，又将其山场树木通行砍伐净尽。此外，他还将代笔立契的罗寄五闭置空房，逼其出面作证，致令罗寄五自缢身死。[112]又如乾隆四十三年，贵州仁怀县恶霸地主谢希廷倚势强占民人杨玫祖遗地亩，并且还极其残忍地"将伊子杨玉安、杨奉安用箭射死"。[113]与此同时，不少贵族、官吏也以剥削、贪污所得大肆兼并土地。如再征金川之役时，领侍卫内大臣富德即以贪污军需银两购置土地数百顷。乾隆四十三年，又有亲王弘畅之弟贝子弘昕在玉田一带"讹占地亩",从而激起了广大旗汉人民的强烈不满。[114] 遇到灾荒年景,更是土豪商人兼并土地的大好时机。如乾隆五十年后,江苏、安徽、山东、湖北等省连年遭灾,因此,他地商人乘机"越境买产,图利占据"。[115] 因为无地灾民到处流徙,有妨封建统治秩序,乾隆皇帝限令各省督抚将外省商人收购土地概行赎回。然而,广大饥民食不果腹,哪里还有钱赎地!最后赎来赎去,还都是"赎"到了本地地主的手中,饥民流徙问题仍旧没有解决,从而给社会增加了新的不安定因素。

最后是政治极端黑暗,冤狱遍及全国。乾隆后期,专制统治一度极端酷烈,兼之以吏治十分腐败,全国各地的冤狱接连不断。其中,乾隆皇帝本人便是一个制造冤狱的能手。乾隆后期的各起文字狱,差不多都是因为对地方官吏、土豪贪残虐民行为不满而被地方官吏挟仇诬陷而成狱。对此,乾隆皇帝全然不察,概予严惩。这样,很长一段时期中,是非颠倒,告密诬陷者领赏升官,弹冠相庆;主持正义者倾家荡产,身首异处,整个社会处于极度的恐怖气氛之中。在这一风气的影响下,凡逢刑狱案件,州县等亲民之官不问事理曲直,只看势力大小和致贿多少而上下其手。"州县办理命案,关涉绅衿富户,瞻徇情面,曲予开脱,致令死者含冤,凶徒幸免,最为吏治民主之害。"[116] 如乾隆四十二年,山东郯城县生员刘玉式聚众殴死贫民吴廷干,经吴子上控,该县只将刘玉式等四人监禁审讯,余俱释放。[117] 同年,河南商丘书吏汤锦倚势强抢守节孀妇刘氏为妾,致令其含愤自缢身死。为了伸冤,尸亲遍告河南抚按各衙门,但是因为被告声气广泛,各衙门皆以"其女自缢，并非被人谋害，无从抵命"而"不肯从实审理"。[118]乾隆五十一年三月，湖北孝感又发生了革生梅调元将贫民二十三人捆缚拷打之后极其残忍地加以活埋的严重案件。然而，对于这样一起极为严重的人命案件，很长一段时间里，湖北上自督抚，下至县令，竟然无人过问。[119]乾隆五十二年，湖北蕲州还发生了书役舞弊、"重征浮收"，民人上控反被承审官吏监毙狱中的事件。[120]还有一些吏胥，凭借后台包庇，鱼肉乡里，欺男霸女，无恶不作。如乾隆五十四年，云南一个州差刘国相竟于光天化日之下"率领多人，私拿平民，甚至焚烧房屋，抢夺妻女什物"。[121]同年，河南光山县又发生了县役何九等因为民人郑守谦欲行呈控其非法"派夫折钱"，而将郑守谦子、媳、孙三人一概殴毙的严重案件。[122]除此之外，其他冤狱比比皆是，不胜枚举。如乾隆五十五年八月，孙士毅署理两江总督，"自入江境以后，接据上下两江民人具控呈词关涉官吏之案，纷纷不一"。[123]

由于政治黑暗，受冤民人上告，不是发回原籍重审，就是屡控不准，维持原判。这样，不少受冤民人把希望寄托在告御状上面，不顾千难万险，径赴北京各衙门或者乘乾隆皇帝外出巡幸之时叩阍上诉。因而，从乾隆五十年以后，因为各种冤情而进京上控者空前增多。对此，乾隆皇帝却以这些人皆是"刁健讼棍"而严加指斥。"所控情节，多属子虚，不过挟嫌逞忿，妄砌诬捏之词，冀遂其拖累之计。"他下令各地官员对于入京上控人员"但若稍涉虚诬，亦必加倍治罪"。[124]这样，在乾隆皇帝的黑暗统治下，广大人民控诉无门。如果不想束手待毙，除了拿起武器进行反抗之外别无他法。因而，就是在乾隆皇帝的专制统治达到顶点之际，各地人民的反抗情绪也不断高涨，大规模的人民起义风暴到来的时机愈益成熟了。

第三节　东隅巨浪

由于社会危机空前深重，阶级矛盾十分尖锐，进入乾隆五十年代以后，全国各地人民的反清武装起义开始进入了高潮。其中，林爽文领导的台湾天地会起义首先吹响了这场革命风暴的号角。

天地会组织产生于乾隆前期，最初只是闽、粤两省中流动性较大的小商贩和失去土地的雇工之间的秘密互助团体。由于当时乾隆皇帝的专制统治异常酷烈，兼之以天地会本身尚处于早期发展阶段，因而参加人员极少，活动极为隐秘，对当时政局也没有发生什么影响。乾隆四十年代末，随着闽、粤两省流寓台湾民人的不断增多，天地会也传播到了台湾，并在当地得到了极为迅速的发展。台湾地处海外，距离清朝政府的统治中心极远，清朝统治相对薄弱；多数流寓民人又是冒犯清朝政府的禁令偷渡私垦，富于反抗精神；到台后虽然仍行按籍居住，但冲破了原来的封建保甲制度的束缚和封建宗族制度的羁绊。所有这些，都为天地会的传播提供了更为有利的客观条件。

除此之外，流寓台湾民人自身之间的矛盾以及台湾地区的吏治败坏也对天地会的传播起了很大的刺激作用。因为流寓台湾民人大多来自闽、粤两省的漳、泉、潮、惠等地，因而闽、粤两省移民之间以及闽籍内部的漳、泉和粤籍内部的潮、惠移民之间经常发生械斗。对此，当地官员不是置之不理，听凭事态发展，就是仅仅委员晓谕，企图将就了事。面对异乡殊俗，为了求得生存，命运相同的异姓人之间的相互帮助必不可少。而且，由于清初以来内地移民的辛勤开发，乾隆时期，台湾地区已经极为富庶，因而至台仕宦成了贪官污吏竞相追逐营求的肥缺。仕台官员"不以涉险为虞，转以调美缺为喜。到任后利其津益，贪黩无厌"。[125]这样，乾隆时期，台湾地区的吏治较之内地尤为腐败。其中，台湾镇总兵柴大纪即是一个贪污能手。担任台湾镇总兵不过两年时间，即先后通过招权纳贿、收受规礼、纵容兵丁私回内地贸易逐利等方式聚敛财富五六万两。其他如台湾知府孙景燧，淡水同知程峻，台防同知刘亨基、董起埏，署诸罗县事唐镒等，"虽在任久暂不同，声名俱属狼藉"。[126]

这样，乾隆四十年代后期，台湾地区的阶级矛盾相当尖锐，人民反抗情绪也空前增长。所有这些，都为天地会的广泛传播和大规模的人民起义准备了条件。

在台湾地区天地会的传播活动中，林爽文和庄大田都发挥过重要的作用。林爽文与庄大田于乾隆中先后移居台湾，并都在乾隆四十年代末加入天地会。其中，林爽文曾充县衙捕役，素喜交结，为人豪侠仗义，"得来银钱肯帮助人，因此人多服他"，[127]在天地会会员中有着很高的威信。利用天地会这个组织，他们团结了相当一批贫苦民人，"有事大家相帮，不怕人家欺侮，也不怕官役拘拿"。[128]另外，庄大田在台南一带也有较大的影响，从而为后来进行武装起义奠定了重要的组织基础。

乾隆五十一年秋，林爽文在彰化一带传播天地会的情况被当地官府所侦知。台湾知府孙景燧因令当地官员率领衙役前往拘捕，借此机会，"衙役等从中勒索，无论好人歹人，纷纷乱拿，以致各村庄俱被滋扰"。[129]与此同时，这帮恶棍还极其凶恶地纵火焚烧无辜村民房屋，威胁当地居民交出林爽文，并无理宣称："如敢抗违，即烧庄剿洗。"在反也是死、不反也是死的情况下，广大人民的反抗情绪再也无法压抑，十一月二十五日，林爽文、刘升等天地会会员二百余人首先在茄苳山竖旗举事。二十七日，他们组织当地人民两千余人向前来剿捕的清军发动猛烈进攻并将之全行歼灭；尔后，这支起义民众又乘势一举攻破彰化县城，"抢夺仓库器械"，开狱放囚，并将知府孙景燧以下所有官员全部杀死，一场大规模的武装起义爆发了。

攻克彰化以后，为了扩大战果，林爽文先后调动起义兵马分路攻打鹿仔港、淡水、诸罗等处。十二月初，攻克诸罗，杀死县令董起埏、淡水同知程峻等。与此同时，应林爽文之约，庄大田也组织台湾南部的天地会成员两千余人立即举事，并于十二月十三日攻克凤山。在他们的带动下，台湾各地天地会成员纷纷响应，一时之间，起义烽火遍及全台。为了更好地领导起义，在广大起义群众的拥戴下，林爽文自称"盟主大元帅"，建元"天运"，封官授职。与此同时，他还先后颁布多项命令，规定缴获财物，一律归公；损坏居民财物，"失一赔二，焚茅赔瓦"，严明军纪，"以安民心，以保农业"。[130]这样，义军"所过之处，香案叠叠，唧唧相迎"，[131]起义军得到了广大人民群众的热烈拥护，声势愈益浩大，整个起义形势一派大好。

得知起义发动消息，闽浙总督常青立即命令水路提督黄仕简、陆路提督任承恩、海坛镇总兵郝壮猷等率兵渡海，从南北两路向义军发动进攻。为了保存实力，乾隆五十二年正月底，义军撤离诸罗；二月下旬，又放弃凤山。尔后，一待郝壮猷率部进入凤山，即刻回师将凤山包围。在义军的猛烈进攻下，清军占领凤山不过二十天，便被义军所击溃，一千六百人遭歼灭。郝壮猷率领残部狼狈逃窜台湾府城，往依黄仕简。这时，义军又挥师北上，对台湾府城形成包围之势。在义军的强大攻势下，在台清军虽有一万三千多人，但皆被分割在互相隔绝的几个据点之中，根本无法互相救援，其中之黄仕简，株守郡城，毫无作为；任承恩则龟缩鹿仔港，一筹莫展。眼见清军毫无进展，乾隆皇帝气恼交加，心急如焚，在调任李侍尧为闽浙总督的同时，一方面下令将失地遁逃的郝壮猷就地正法，将拥兵观望的黄仕简、任承恩调回内地，下狱治罪；一方面以常青为将军，以福州将军恒瑞、提督蓝元枚为参赞，率领所属满汉军队，渡海作战。

当年三月，常青等人率师抵台，清军数量大量增加，兼之以起义军内部出现叛徒，庄大田部下将领庄锡舍率军降清，清军处境一度有所缓和。然而为时不久，在林爽文、庄大田两路义军联合攻打府城的战斗中，清军又遭受了重大的伤亡。当年五月下旬，在乾隆皇帝的严令督促下，常青率师出城与义军交战。双方刚刚接火，眼见铺天盖地而来的义军，常青便吓得面无人色，两手哆哆嗦嗦，连马鞭子也举不起来，大喊一声，"贼砍老子头矣"，不顾一切地遁回府城。义军乘势追击，消灭清军近万人，乘胜进抵府城之下安营，城外所有村庄也均为义军占据。不久，林爽文一路义军又挥师北上，将台中重镇诸罗城团团包围，并先后多次发动猛烈进攻。驻守诸罗城的台湾镇总兵柴大纪一方面负隅顽抗，一方面多次遣人出城至府城向常青求救。常青虽然自顾不暇，但是慑于乾隆皇帝的严令，不得不先后三次派兵赴援。对此，义军围城打援，几乎将全部援兵通行消灭。与此同时，其他各地义军也都获得了很大的发展。至当年秋末冬初，据钦差大臣福康安、福州将军恒瑞先后奏报："贼匪情形，近更猖獗，自凤山至彰化，要隘处所，半被贼踞；南北两路，声气相通，每于官兵经过之地，从中突出邀截，以致郡城、诸罗两处，受困日久。"[132]"目今全台地方，仅余沿海一带及府城、盐水港、笨港、鹿仔港等处，余俱被贼占据，其势甚大。"[133]"愚民无知，被贼人威胁附和顺从者，在在皆是"，仅是诸罗、彰化两县，"乌合贼众不下数十万人"。[134]在这样的情况下，柴大纪困守诸罗，奄奄待毙；常青则不敢出府城半步，除了连行上奏乾隆皇帝要求增兵、增饷之外，就是日夜哭泣并暗中写信给他的后台和珅，要求调回内地。清朝政府在台湾的统治面临崩溃的危险。

眼见常青无能废事，师久无功，乾隆五十二年六月，乾隆皇帝又命令福康安为将军、海兰察为参赞大臣，率领在京巴图鲁侍卫章京一百余人赶赴台湾替代常青指挥作战。与此同时，乾隆皇帝又下令抽调四川、贵州、两湖军队数万人飞

福康安画像　（清）佚名绘

速赶赴福建沿海待命渡台。至此，单为镇压林爽文起义而调动的各地满汉军队已遍及闽、粤、浙等七省十余万人。在清朝政府的镇压力量空前增长的同时，起义军所面临的一些问题却日益严重。一是义军发动群众极不普遍。林爽文起义发动之初，义军皆来自福建漳州地区的移民，随着形势的发展，不少粤籍和闽省泉州地区的移民也参加了起义。但是由于起义军领导对此并没有予以高度的重视，兼之以旧有的地区隔阂和矛盾，大部分粤籍移民和闽省泉州地区的移民，仍对义军持敌视态度。在清朝政府的煽动和当地地主的裹胁下，他们或应募入伍，编入清朝地方部队而和起义军正面交锋；或者组成所谓"义民"武装，不时向起义军发起偷袭，从而使义军处于腹背受敌的困境。二是起义军以天地会为基础，不但队伍极为混杂松散，而且目标也很不明确。不少人经不起失败的考验和清朝政府的金钱、官职的收买，一有风吹草动，即刻脱离起义队伍，甚至倒戈相向。因而，继乾隆五十二年四月庄锡舍降清之后，随着形势的恶化，又有林爽文部下陈泮等人相继降清。凡此种种，都使起义形势隐藏着深刻的危机。

乾隆五十二年十一月初，福康安率师抵台。至此，清朝政府在台兵力近六万人。面对为数众多、装备精良的清朝正规军队，林爽文起义军的处境开始急剧恶化。在福康安的猛烈进攻下，义军首败于八卦山、嵛仔顶等地，再败于牛稠山。义军不得不解除对诸罗的包围而退保大里杙、集集埔。这时，清军又乘势连续发动进攻，将大里杙、集集埔等义军根据地先后攻克。不久，义军主要首领林爽文等被清军拿获，北路大致平定。次年正月，福康安率军南下，向庄大田领导的义军发动了极其猛烈的进攻。经过激战，义军根据地大武垅失守，庄大田率领残部退保台湾最南端的郎峤。二月初，清军分水陆两面包围郎峤，向据守郎峤的义军发动进攻，擒获庄大田。至此，经过一年零三个月的战斗，林爽文等领导的台湾天地会人民起义最终失败。

林爽文起义被镇压后，为了发泄淫威，乾隆皇帝下令将林爽文等主要起义领导人凌迟处死，家属连坐，未及年岁的幼子概行阉割，没入宫中为奴。为了恢复当地封建秩序，防止起义再度发生，还严令台湾和闽、粤等省追查天地会徒党，并修筑台湾府城和各县城城池、增加戍守部队、厉行保甲、收缴民间武器等。除此之外，他还下令在台湾府城为镇压起义有功的福康安、李侍尧、海兰察等建立生祠，以对台湾人民进行震慑。在乾隆皇帝看来，从此之后天下可以太平无事了。乾隆五十三年六月，他骄傲地宣称："予以古稀望八之岁，五十三年之间，举武功者凡八，七臻善成。……近八旬之天子，葳八事之武功，于古诚希。""自今以后，益惟虔巩持盈，与民休息，敢更怀佳兵之念哉！"[135]然而，和乾隆皇帝的期望相反，台湾人民起义虽被镇压，各地人民的反抗情绪却在不断高涨。就在乾隆皇帝陶醉于自己的八大武功并力图将之扩大为十全武功之时，不但闽、粤一带天地会的零星反抗仍然不时发生，更大规模的人民反抗斗争也在酝酿之中，终于在乾隆末年汇聚成为一场震撼全国的人民起义风暴。

第四节　多事之秋

林爽文起义虽被镇压下去，但是，乾隆皇帝在国内的统治却日形衰落。恰在此时，清朝政府的对外关系也进入了多事之秋。一是近邻安南因为内部动乱而发生了王朝更迭；二是与西南边疆相邻的廓尔喀先后两次对中国的西藏地区发动了武装侵略；三是中西关系特别是中英关系也出现了许多新的情况。面对这些问题，乾隆皇帝虽然对廓尔喀入侵和英国殖民者企图奴役中国人民的阴谋进行了坚决的回击，捍卫了国家的独立和主权，但是由于年老昏愦和好大喜功，在处理这些问题的过程中，也虚耗了大量的库帑，加重了国家的财政危机并使国内阶级矛盾更加激化。其中，最为错误的是出兵安南，不仅劳民伤财，还使两国人民的传统友谊受到了严重的损害。

一、出兵安南

明初以来，统治安南的是后黎王朝，并且一直和明、清两代王朝保持着宗藩关系。明朝中叶以后，由于后黎王朝统治者日渐腐朽和权臣专权，后黎王朝式微不振。乾隆三十年代以后，阮文岳、阮文惠、阮文吕兄弟三人崛起于西山，乘安南国内政局混乱之机进行了推翻后黎王朝、统一安南的军事活动。十来年的时间，他们首先统一了安南南部，尔后，又借口诛除黎朝权臣郑氏而于乾隆五十一年和乾隆五十二年两次率兵分道北上，攻克黎城。安南北部各主要城镇望风归降，安南国王黎维祁出奔在外，黎朝部分王族、遗臣流离播越，进入中国广西境内，吁请清朝政府出兵救援。这样，如何对待安南国内王朝更迭的问题便摆到了乾隆皇帝的面前。

多年以来，安南一直是清朝政府的藩属。历来新君即位，无不需由清朝政府遣使册封；平常年节，三年一贡，六年一遣使来朝，成为定例。因此，这次安南国内王朝的自相嬗代使得乾隆皇帝感到自己的最高权力受到了侵犯。在得知这一事件后，他即刻表示："安南臣服本朝，最为恭顺；兹被强臣篡夺，款关吁投，若竟置之不理，殊非字小存亡之道。自当厚集兵力，声罪致讨矣。"[136] 在这一思想的指导下，他不顾朝廷重臣阿桂的反对，从乾隆五十三年六月起，即命两广总督孙士毅调拨粮饷，并调派两广各镇军队向边境地区集中，计划对安南大张挞伐，驱逐阮氏，重建黎氏王朝。与此同时，他还指示对逃入中国境内的黎氏旧臣各赐金帛，遣回国内，访求安南国王黎维祁下落，并组织"义军"配合清军进攻。一切准备就绪之后，从乾隆五十三年冬至乾隆五十四年春，乾隆皇帝进行了一场出兵安南的战争。

乾隆五十三年十月底，乾隆皇帝以两广总督孙士毅为主帅，统率两广军队上万人，取道镇南关，进入安南境内；二十几天后，云南一路军队亦由云南提督乌大经率领出境作战。最初，由于清朝政府先行发动宣传攻势，广布檄文，宣称讨阮扶黎，兼之以各地忠于黎朝的兵民的配合，清军连获胜利。十一月十三日，强渡寿昌江，大败阮文惠军队；四天之后，渡过市球江；六天后，渡过富良江。在清军的强大攻势下，阮文惠放弃黎城南遁广南。乾隆五十三年十一月二十

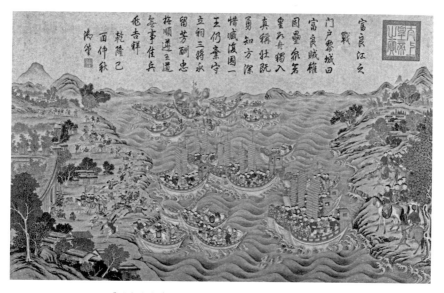

《平定安南战图册·富良江之战》　（清）佚名绘

日，孙士毅率军进入黎城，遵照乾隆皇帝旨意，册封黎维祁为安南国王。得知这一消息，乾隆皇帝兴高采烈，当即降旨将孙士毅晋封为一等谋勇公，赏戴红宝石帽顶。主要带兵将领许世亨则封为一等子爵，其余镇将及在事文武官员也各赏赐有加。这时，上自乾隆皇帝，下至出征将士，全都沉浸在一片欢乐之中。

清军虽在出师之初取得了一些胜利，但随着攻克黎城之后形势的发展，清军在军事上和政治上都开始处于极为被动的地位。在军事上，清军面临的主要问题是因补给线太长，无力继续南下向阮文惠主力部队发动进攻，从而使已经攻占之地随时都有重新失去的危险。清军出境作战，所有军队给养全靠内地补给。其中，仅孙士毅一路南下黎城时，沿途运粮夫役即已达四五万人之多。对此，清朝方面已极觉困难，而自黎城南下至阮文惠主力盘踞之广南一带，又有两千余里，总算起来，运粮夫役当需五六万名以上，"较之官兵转多数倍"，[137]更为清朝政府所力不能及。因而，攻克黎城之后，清军进退维谷。其次，黎维祁虽在清朝政府的武力支持下得以复位，但因长期以来的权臣窃国，内乱频仍，后黎王朝早已在安南广大人民心目中威信扫地。兼之以黎维祁复国之后，不但不以收拾人心为务，反而对政敌进行报复并且不择手段地诛除异己，从而更加失去人心。这样，乾隆皇帝出兵安南，反而使自己背上了一个沉重的政治包袱。为了摆脱困境，乾隆五十三年底，乾隆皇帝指令孙士毅及早撤兵回国。但是，作为全军主帅的孙士毅，这时却正在做着招降阮文惠的美梦，以致在攻克黎城之后四十来天，迁延不返。这样，在阮文惠军队的突然进攻下，不但原来攻占之地全行失去，而且几乎全军覆没。

在出国清军屯兵黎城无所作为，形势日益被动的同时，盘踞安南南部的阮文惠正在筹划着一场奇袭清军的重大战争行动。为了麻痹清军主帅孙士毅，他先是多次遣使至孙士毅营中乞降；乾隆五十三年岁暮之际，又乘清军不备，集中了全部兵力八万余人向据守黎城的清军发动了猛烈的进攻。因为清军斗志懈弛、毫无准备，兼之以寡不敌众，清军大败，黎城亦随之失守。这时，为了逃命，孙士毅渡过富良江后即烧断浮桥，狂遁而北，致使尚在南岸拒守的广西提督许世亨以下数千官兵全部战死。得知失败消息，云南提督乌大经一路亦撤兵退回国内。至此，这场战争遂以清军的彻底失败而告终。

在打败清军入侵之后，阮文惠乘势统一安南全境。为了巩固自己的统治并防止清军的再度入侵，乾隆五十四年初，先后四次遣使谢罪。与此同时，还将所俘清军六百余人送回内地。这时，眼见黎灭阮兴已成事实，乾隆皇帝只好将阮文惠册封为安南国王，准其遣使朝贡，开放双边贸易。乾隆五十五年，安南国王阮光平（即阮文惠）率领安南朝贡人员亲赴热河避暑山庄，祝贺乾隆皇帝八旬寿辰。从此之后，清朝政府和安南政府之间的友好关系又得到了恢复和发展。

安南内部王朝更迭，本是安南国内之事。只要安南统治者不对中国边境发动侵略，而且继续维持两国之间的友好关系，乾隆皇帝即不必出兵干涉。而且，由于安南气候炎热，即使出兵也决不会有什么好结果，二十年前的缅甸之役即是明证。而乾隆皇帝却因年老昏愦，好大喜功，竟将安南内部的王朝嬗代看作是对自己最高权力的侵犯，悍然出兵安南，不但彻底暴露了他的封建统治者侵略扩张的本性，严重地破坏了两国人民的传统友谊，而且也给中国人民带来了极大的灾难和痛苦。其中军队、夫役成批死亡，一百万两军费虚掷徼外，又在很大程度上加剧了国内的阶级矛盾。就此而言，乾隆皇帝进行的这场战争，是不义之战，是得不偿失的。

二、抗击廓尔喀入侵西藏

乾隆五十年代，出兵安南之外，乾隆皇帝进行的另外两次战争是抗击廓尔喀入侵西藏。乾隆后期，随着国家事务的日渐废弛，西藏地区的政治也极为黑暗。"向来驻藏大臣，类多阘冗，一切置之不问，不过三年闲住，得润囊橐，班满即可回京，惟听达赖喇嘛亲近。及噶布伦等专擅辄行，并不关白驻藏大臣，以致任意妄为，屡滋衅端。"[138]与此同时，和西藏相邻的廓尔喀部却在其部长博赤纳喇的领导下崛起于喜玛拉雅山脉南麓，并从乾隆三十年代开始，进行了征服尼泊尔各部和向外扩张的活动。当时，英国殖民主义势力正在向印度北部发展，廓尔喀东邻锡金的势力也相当强大，北向侵略西藏便成了廓尔喀向外扩张的唯一出路。就是在这样的情况下，廓尔喀贵族先后两次发动了侵略中国西藏地区的战争。

在廓尔喀筹划入侵西藏时，西藏上层贵族之间的矛盾起了一定的作用。乾隆四十五年，西藏班禅额尔德尼亲赴热河行在和北京祝贺乾隆皇帝七十寿辰。当年十一月，班禅因患天花在北京去世。为了接待班禅并护送其舍利返回西藏，乾隆皇帝先后大行赏赐。除此之外，"在京各王公及内外各蒙边地诸番所供养，无虑数十万金，而宝冠、璎珞、念珠、晶玉之钵、镂金之袈裟，珍宝不可胜计"。[139]所有这些资财运回西藏后皆被其兄仲巴呼图克图一人占有，"既不布施各寺，番兵、喇嘛亦一无所与"。[140]对此，其弟舍玛尔巴因未能分润而极为不满，乾隆四十九年，舍玛尔巴逃入廓尔喀境内，煽动廓尔喀贵族向中国西藏地区发动进攻。廓尔喀贵族久已企图北进扩张领土，此时又对这批财富垂涎三尺，乾隆五十三年，遂以边卡官员征收商税过高以及西藏商人卖给廓尔喀商人的食盐中杂有沙土等为借口，悍然发动了对中国西藏地区的军事侵略活动。

乾隆五十三年六月，廓尔喀国王喇特纳巴都尔派遣头目素喇巴尔达布等率军三千，突然向西藏边境地区发动进攻，并占领了边境上的重要据点聂拉木和济咙。当年八月，廓尔喀军队又分道北上，先后攻陷胁噶尔、宗喀、萨喀等地，杀戮人民，抢掠财物。驻藏大臣庆麟得报，急调当地汉藏官兵一千二百人分路堵御，并飞檄邻省四川调集满汉土练三千五百人开赴西藏。乾隆皇帝得知后，为了加强指挥，又先后任命川督鄂辉为将军，四川提督成德为参赞，理藩院侍郎、御前侍卫巴忠为钦差大臣，前往西藏前线。当年九月，各路清军陆续抵藏并向入侵军队发起反击，广大西藏人民也坚壁清野，配合正规军队和廓尔喀入侵者进行了坚决的斗争。

然而，正在广大军民奋勇抗击廓尔喀入侵之时，由于被廓尔喀入侵者暂时的胜利吓破了胆，以萨迦呼图克图和仲巴呼图克图为首的少数西藏贵族却以"兴兵伤害生灵"为借口，[141]鼓吹向廓尔喀入侵者乞和。在他们的影响下，西藏地方政府噶布伦班第达等人置抗击入侵于不顾，瞒着乾隆皇帝，私自遣使至廓尔喀军中议和。当年十一月，巴忠等人至藏后，对此非但不加制止，反而加以支持和纵容，以图速行完结此事，好向乾隆皇帝请功邀赏。为了取悦廓尔喀，他们将滋事之官员和加税之第巴革退治罪，与此同时，还极其屈辱地答应廓尔喀的无理要求，每年致送元宝三百个，以换回被廓尔喀军队侵占的聂拉木等三处中国领土。在满足这些条件后，廓尔喀军队撤出中国境内，尔后，清朝军队堂而皇之地进驻

这些地区并向乾隆皇帝奏报："番众畏惧，先行退避"，"巴勒布所占地方，业经全行收复，边界廓清。"[142]由于年老昏愦，乾隆皇帝对此一概没有察觉。这样，清朝政府耗费帑银上百万两，却未能给予入侵者以应有的惩罚，从而导致了廓尔喀的再次入侵。

巴忠等人和西藏一些地方官员私自向廓尔喀许银赎地大大助长了廓尔喀贵族的侵略气焰，乾隆五十六年六月，廓尔喀贵族又以西藏地方政府拒付赎地银两为借口，再次出兵攻占聂拉木，并将前往聂拉木进行谈判的西藏噶布伦丹津班珠尔以下三十余人全行掳掠。尔后，又分路内犯。西路由济咙入口，围攻宗喀；东路由乌咙地方进犯定结；中路则由聂拉木北上，骚扰定日。所至之处，烧杀抢掠，无恶不作。为了保卫国土，当地汉藏官兵分起反抗，但是寡不敌众，济咙、绒辖尔等许多城镇相继失守，廓尔喀军队乘胜北上，攻占萨迦。矛头所向，直指后藏首府日喀则。这时，驻藏大臣保泰

吓得"心慌胆落",不但不组织当地军民进行抵抗,反而于当年八月主动放弃日喀则,携同班禅狂遁前藏。而以仲巴呼图克图为首的留驻扎什伦布寺的喇嘛则借口"天意",在广大僧俗群众中散布失败情绪,并在班禅离开不久也星夜逃散,致令廓尔喀军队轻而易举地进入日喀则,肆行抢掠,并且还极其狂妄地扬言要分兵三路,进攻前藏。在廓尔喀入侵者的战争恫吓下,驻藏大臣保泰在向乾隆皇帝飞章告急的同时,还提出了将达赖、班禅俱移往泰宁地方居住的建议。一时之间,全藏大震,整个形势极为严峻。

八月下旬,乾隆皇帝接到了廓尔喀军队大举入犯西藏的消息,为了保卫国家独立和领土完整,在对惧敌逃跑的驻藏大臣保泰等人痛加指斥、严厉惩治的同时,再度急令四川总督鄂辉、成都将军成德率领当地汉土官兵千里驰援。不久,因为鄂辉、成德二人畏怯观望,迁延不前,坐失时机,难膺重任,在严令他们率军速进的同时,又于当年九月,急调两广总督福康安兼程进京,面授方略,任命其为大将军,领侍卫内大臣海兰察等为参赞大臣,统率索伦、达呼尔健卒和内地兵丁数千人,开赴西藏前线,对廓尔喀侵略者大张挞伐。当年九月,福康安、海兰察自京起程,十一月底,行抵西宁。稍事休整之后,十二月初,轻装简从,疾驰而南。历经五十天艰苦行军,于乾隆五十七年正月下旬进抵前藏。这时,广大西藏人民像看到亲人一样,对他们的到来表示热烈的欢迎和坚决的支持。达赖喇嘛亲自"带领僧俗人等,办理火药、乌拉等事"。[143]当年二月底,福康安一行进抵后藏。三月以后,在广大藏族人民的协助下,各路兵马以及粮饷也源源不断地到达后藏，一场大规模的反击战正式开始了。

在福康安率军到达西藏之前，在乾隆皇帝的严令督促下，由鄂辉、成德等人率领的四川军队已于乾隆五十六年底先期到达前线。闻知内地正规军队到来，廓尔喀军队退至边境一带。清军乘势前进，渐次收复拍甲岭、聂拉木等地。这时，廓尔喀军队一方面在其攻占的济咙、绒辖尔等地修筑工事、城池，企图负隅顽抗；另一方面，又极其虚伪地遣使至清军营中求和。为了收复全部失地并对侵略者进行惩罚，乾隆五十七年闰四月底，福康安、海兰察率领劲旅六千人自拉孜南下。五月初，乘雨夜攻克了地势险要的擦木。数天之后，又经过激战，歼灭敌军近千人，克复边界重镇济咙。为了追歼穷寇，五月中旬，清军出境作战。先后越过许多崇山峻岭、激流险滩，连续攻克噶勒拉、堆补木、特帕郎木桥、甲尔古拉、集木集等处，"七战七胜，贼人丧胆"。[144]至当年七月间，

《平定廓尔喀战图册·廓尔喀陪臣至京》 （清）佚名绘

深入敌境七百余里，到达距离廓尔喀首都加德满都只有几十里路的纳瓦科特。在清兵的强大攻势下，廓尔喀军队势不能支，再次遣使乞和，并将上年所掳的内地汉藏官兵遣送回藏。这时，福康安代表清朝政府提出了释放全部掳掠人员、交出抢去扎什伦布寺金银什物、废除西藏个别官员非法订立的纳银赎地合同、退还侵占中国领土并不得再行侵犯等停战条件。对此，廓尔喀方面全部答应并当即照办。当年八月，廓尔喀又派遣使者赍带表文、乐工、驯象、孔雀等赴京朝贡。这样，当年八月二十一日，福康安率军分起凯旋回国，这次抗击廓尔喀入侵西藏的战争获得了完全的胜利。

鉴于西藏地区的政务废弛招致了廓尔喀入侵，在抗击廓尔喀入侵取得胜利之后，乾隆皇帝当即着手对西藏政务进行改革。根据乾隆皇帝的历次指示和军机大臣阿桂、和珅与福康安共同议定的《西藏善后章程》，这些改革措施大致如下：

一是提高驻藏大臣的地位和权力。《章程》规定："驻藏大臣除上山瞻礼外，其督办事务，应与达赖喇嘛、班禅额尔德尼平等"，噶布伦以下所有西藏政教官员，均为驻藏大臣之属员，"事无大小，均应禀知办理"。[145]两位驻藏大臣须轮流前往后藏视察政务，并对各级西藏地方官吏有拣选、升黜、赏罚之权力。

二是建立金奔巴瓶制度，以限制西藏地区僧俗贵族的权力。前此，达赖、班禅和各地黄教呼图克图之转世，俱由当地巫师"吹忠"作法指定转世灵童。因为政治黑暗，其间弊端甚多。一些上层僧俗贵族往往收买"吹忠"指定其后世子孙为"呼毕勒罕"（即转世灵童）并进而操纵政局，"以致达赖喇嘛、班禅额尔德尼等亲族姻娅，递相传袭，总出一家，与蒙古世职无异"。[146]为此，乾隆皇帝规定，每当达赖、班禅及各地呼图克图圆寂之后，即将各地呈报的灵童姓名、出生日期等交由驻藏大臣用满蒙汉三种文字书写于牙签之上，放入清朝中央政府颁发的金瓶之中，在驻藏大臣的监视下，于大昭寺内的宗喀巴佛像前，抽签决定。被抽中之灵童，亦须在驻藏大臣主持之下，举行坐床典礼。除此之外，乾隆皇帝还规定，大小官员"及前后藏管事喇嘛，均不得以达赖喇嘛、班禅额尔德尼族属挑补"，[147]从而在一定程度上限制了西藏上层贵族的权力。

470

三是为了加强清朝中央政府对西藏地区的控制，对西藏地区的军事、外交、财政等方面，乾隆皇帝也多所改革。在军事上，将藏兵建制定额规定为三千名，并制定了编制、粮饷和赏罚制度；在外交上，规定所有涉外事务皆须由驻藏大臣主持决定，达赖、班禅以及噶布伦以下所有官员不得"私行发信"于外国；在财政制度上，除设立机构，开炉鼓铸"乾隆宝藏"之外，还规定西藏地方政府的所有财政收支，"统归驻藏大臣稽查总核"。

经过这样一系列的改革，清朝中央政府对西藏地区的管辖进一步加强，中原和西藏人民之间的关系更为密切，对于

金奔巴瓶

西藏社会的发展，对于祖国西南边疆的巩固，都起了重要的积极作用。

在国家领土遭到外敌侵犯之际，作为国家的最高代表，乾隆皇帝从维护国家统一的目的出发，毅然调动军队，收复失地，并对侵略者大张挞伐，战争胜利之后，又对西藏地区的政教事务进行了全面的改革，对于维护国家的统一和领土完整固然有着重要的意义，但是，由于这场战争发生在乾隆皇帝在位末年，乾隆皇帝已经年老昏愦，兼之以主持其事的官吏和珅、福康安、孙士毅、和琳等人从中营私舞弊，因而也对乾隆末年政治形势的发展产生了不良的影响。

一是在乾隆皇帝的纵容之下，带兵将领福康安等借机狂花滥费，耗费了大量的国帑。据统计，此次抗击廓尔喀入侵，军费开支高达一千多万两，从而在一定程度上加重了清朝政府的财政危机。此外，一些经办官吏还借军兴之际滥用民力，浮收加征，大搞里民"自行帮贴"，[148]也在很大程度上加重了广大人民的赋税负担，使得本来就已非常尖锐的阶级矛盾愈加尖锐。

二是由于战争胜利，乾隆皇帝本人的骄傲情绪空前滋长。早在乾隆五十三年六月林爽文起义刚被镇压下去之时，为了夸耀自己的赫赫武功，乾隆皇帝即将该次军事行动和平定准噶尔、回疆、金川三次叛乱，出兵缅甸，平定王伦、苏四十三、田五三次人民起义这八次性质、结局各不相同的战争胡乱地拼凑在一起，吹嘘自己"五十三年之间，举武功者凡八，七臆善成……近八旬之天子，葳八事之武功，于古诚希"。[149]此次战役的胜利，更为乾隆皇帝增加了自我吹嘘的资本。因为前举八大武功中的诛王伦、翦苏四十三、洗田五，均是镇压内地人民起义，再行吹嘘，适足以表示自己治国之不善，因而乾隆皇帝不再提及，而是将原来的平定金川、准噶尔各分为二，再加上近年发生的安南之役和两次廓尔喀之役，凑为"大功十成"并将此载入诗章，宣称自己"开恩诣孽明颁旨，竟得十全大武扬"。[150]诗成之后，乾隆皇帝意犹未足，当年十月，又作了一篇《御制十全记》，于中骄傲地宣称："五十七年之间，十全武功，岂非天贶？……为归政全人，夫复何言。"[151]为了宣扬自己的威德，他还命令将这篇《御制十全记》以满、汉、蒙、藏四体文字刻在碑上，竖立于拉萨布达拉宫康熙皇帝的御碑之旁。由于骄傲情绪的空前滋长，乾隆末年的政务更加废弛，从而直接导致了乾隆皇帝专制统治的衰落。

如果对乾隆皇帝自己夸耀的"十全武功"认真分析，即可看出，除了其中的平定准噶尔、回疆和此次廓尔喀之役等四次战争对于维护国家统一有其积极意义之外，其他几次战争都不足以称之为"武功"，相反，倒可以作为"武过"。如出兵缅甸、安南两次战争皆是对邻国的侵略，而且还皆以失败而告终；平定林爽文起义则是对人民反抗斗争的疯狂镇压，和出兵缅甸、安南一样，全都暴露了乾隆皇帝的反动本性，岂可谓之为"功"？再如两征金川和初次出兵廓尔喀，或因穷兵黩武、指挥不当而得不偿失，或因年老昏愦、不善用人而师出无功，且不说对于生产发展、社会进步有何积极作用，即使对于清朝统治和乾隆朝政局而言，又有何功可录？总之，对于乾隆皇帝自我标榜的"十全武功"应该一一进行具体分析，不能笼统地予以肯定。一些史学家认为："如果我们站在中华民族立场，不受狭隘的种族成见所影响，我们就会对盛清的武功感到骄傲和欣喜。"这种观点，笔者以为是很值得商榷的。**152**

三、接待英使马戛尔尼

乾隆五十七年十月，乾隆皇帝刚刚写下他的得意之作《御制十全记》不过十来天光景，便接到了广东巡抚郭世勋报告的一个好消息：为了补祝乾隆皇帝八十寿辰，西洋英吉利国国王特遣马戛尔尼勋爵和斯当东为使团正、副团长，率随从人员七百余人，分乘五艘大船，携带国王亲笔书信以及许多珍贵礼物，正在前来中国途中。**153**一个远在重洋之外的西洋国家，不远万里，专程遣使进贡并向乾隆皇帝叩祝万寿，在乾隆皇帝看来，无异于是为他的"十全武功"锦上添花。这使乾隆皇帝十分高兴。为此，他先后颁布多道谕旨，指令使团船队经过省份督抚先事预备，提高接待规格。他说："该贡使航海远来，初次观光上国，非缅甸、安南等处频年入贡者可比"，"务宜妥为照料，不可过于简略，致为远人所轻。"**154**这样，两广、闽浙、两江、山东和直隶等省督抚以下不少官员一齐出动，有的遣人放帆出海逻查使船到达消息，有的备办牛羊米面并修葺馆舍以备使团食宿之用，有的采办物品、准备宴席招待和犒赏事宜，有的雇赁船只以供运送贡品之需。几个月的时间里，许多人员为此而异常忙碌，并盼望着这些西洋贵宾的来临。

广东地方官员奏报英使来华虽然确有其事，但是，称其
来华目的是向清朝政府进贡和补祝乾隆皇帝八十寿辰则是广
东地方官员的捏饰之词。其实，真正情况与此恰好相反，英
国政府此次派遣马戛尔尼使华完全另有一番用意。十八世纪
下半叶，英国资本主义进入了一个新的发展时期。各种大机
器普遍采用，社会生产力迅速提高，为了寻求新的原料产地
和商品市场，地大物博、人口众多的中国便更加引起了英国
资产阶级的关注。为此，早在乾隆五十二年，英国政府即曾
派遣以喀塞卡特为团长的英国使团出使中国。仅因喀塞卡特
中途病死，英国政府的愿望当时未能实现。乾隆五十七年，
英国政府又反复商讨、拟定条款，并以富有外交经验的孟加
拉总督马戛尔尼为使团团长，携带重礼，前来中国，以为英
国获得通商上的利益并搜集有关中国的各种情报。肩负着这
样的使命，马戛尔尼一行开始了他们的中国之行。

乾隆五十七年秋，马戛尔尼一行自英国朴茨茅斯港起程，
历经半年多的时间，渡过大西洋、印度洋，于乾隆五十八年

马戛尔尼进献的自来火枪

五月进入南中国海。尔后，沿中国大陆海岸北上，当年六月下旬到达天津，并于八月间携带部分贡品到达热河觐见乾隆皇帝。而随着双方关于觐见礼节的争执和对使团来华真正意图的逐渐了解，乾隆皇帝的热情急剧下降。首先引起乾隆皇帝不满的是马戛尔尼一行拒绝于觐见之时向乾隆皇帝行三跪九叩大礼。由于多年以来养成的骄傲自大心理，在乾隆皇帝看来，行跪拜大礼是对自己表示恭顺的一个主要标志。因而，早在使团一行刚刚到达天津时，他即因清朝官员宣读恩旨时马戛尔尼一行只是"免冠竦立"，立刻指示天津盐道征瑞"婉词告知"他们"应遵天朝法度"，[155]但遭到了英国使臣的拒绝。到了热河以后，虽经军机大臣和珅等人多方劝诱，马戛尔尼一行仍然坚持原来立场。最后，不得已达成折中，两次觐见时，马戛尔尼均以觐见英王之礼觐见乾隆皇帝，以单膝下跪，但免去吻皇帝手的礼节。这使乾隆皇帝极为不快，认为其妄自骄矜，当即下令"减其供给"；原来计划给予使臣的一些额外赏赐，此时也全行取消了。[156]

当年八月中旬以后，使团一行回到北京，和以和珅为首的清朝政府官员举行了会谈。这时，马戛尔尼开始撕下友好通使的面纱，代表本国政府向清朝政府提出了一系列的侵略要求。其主要内容是：（一）要求清朝政府于广州之外，另开舟山、宁波、天津等地作为通商口岸，并准英国派人常驻北京，照料本国买卖事宜；（二）要求清朝政府割让舟山附近一小岛和广州附近的一小块地方，以为英商居留和贮存货物之处；（三）要求清朝政府对于进入中国内地各口岸的英国商品给予减税、免税之优待。至此，马戛尔尼使华的真正意图全行暴露。对于英国政府这种不加任何掩饰的赤裸裸的侵略要求，乾隆皇帝极为愤怒，并以颁给英国国王敕谕的形式迅速作复、逐条驳斥，全然拒绝。针对其提出的派人驻京和增开通商口岸的要求，敕谕指出，"与天朝体制不合，断不可行"；对于割让土地，则严正指出，"天朝尺土俱归版籍，疆址森然，即岛屿沙洲，亦必划界分疆，各有专属"，"此事尤不便准行"；对于要求减免英国商品税则，乾隆皇帝也丝毫不予让步，而坚持"照例公平抽收，与别国一体办理"。[157]与此同时，因为该使团完全是为英国政府侵略中国而来，和其自称的友好通使截然不同，乾隆皇帝限令使团一行于当年九月初三日离开北京，由水路前赴南方，仍坐原船回国。为了防止其沿途滋事，乾隆皇帝还派侍郎松筠等一路监送，并下令各地督抚"只须照常供应，不可过于丰富"，"倘有借词逗留等事，应饬令护送官员严词拒绝，催令按程前进，毋任迁延"。[158]这样，马戛尔尼一行来华，经过了一番"最礼貌的迎接、最殷勤的款待"之后，又在清朝政府"最警惕的监视"之下，以"最文明的驱逐"方式离开了中国。

在决定将马戛尔尼一行驱逐出境的同时，因为英国"在西洋诸国中较为强悍"，为了防止其因外交上的失败而在广东澳门一带"借词生事"，乾隆皇帝下令两广督抚预向各夷商"详晰晓谕"，"使其各安生业，不与英咭唎勾合"。[159]又多次颁布谕旨，强调海防建设。针对各省海疆"巡哨疏懈，营伍废弛"的现象，他要求各地督抚必须振作有为，方可有备无患。对于浙江宁波、舟山以及广东澳门附近的岛屿，他下令有关官员"相度形势，先事图维，毋任英咭唎夷人潜行占据"。除此之外，他还下令沿海省份督抚严饬所属"认真巡哨，严防海口，若该国将来有夷船驶至天津、宁波等处，妄称贸易，断不可令其登岸，即行驱逐出洋。倘竟抗违不遵，不妨慑以兵威，使知畏惧"。[160]在乾隆皇帝的一再督促下，终乾隆一朝，对于西方资本主义国家的侵略活动，各地官员一直处于戒备的状态，海防建设也有所加强，对于维护国家的独立和主权起到了重要的作用。

马戛尔尼使华之时，乾隆皇帝虽已八十三岁高龄，但是，为了维护国家的独立和领土完整，仍然和其企图侵略中国的阴谋进行了坚决的斗争。与此同时，还整顿海疆，积极防御，不给侵略者以可乘之机。乾隆皇帝的这些活动，代表了广大中国人民的共同利益，应该给予肯定。但是，由于多年以来的闭关自守政策，乾隆皇帝对国际事务几乎毫无所知，兼之以晚年时期骄傲情绪的空前滋长，因而在英使来华时目空一切，甚至非常无谓地为觐见礼节而往返争执，也在英国侵略者面前暴露了他的无知和愚昧，并对此后的中西关系产生了不良影响。

第五节　盛世丧钟

马戛尔尼虽被驱逐回国，但他从乾隆五十八年六月进入中国国境，到当年十二月离开广州回国，在中国大陆几乎待了半年光景。在此期间，最高统治者乾隆皇帝的昏愦，权臣和珅的跋扈，中国官场的腐败和广大人民生活的痛苦都给他留下了极其深刻的印象。因而，他于乾隆五十九年秋天返回英国之后即宣称，清帝国不过是一艘破烂不堪的战舰，随时都有沉没的危险。历史进程的发展使得他的这种预言得到了证实。就在他作出这一论断之后几个月，大规模的湘黔苗民起义正式爆发；一年以后，川楚陕白莲教起义也席卷半个中国，乾隆时期的人民反抗斗争进入了高潮。两场人民起义的爆发，敲响了乾隆皇帝专制统治的丧钟。

一、湘黔苗民起义

自古以来，散处于贵州、湖南地区的苗族，即是我国多民族大家庭中的一员。雍正时期，为了进一步加强对苗族地区的控制，清朝政府进行了大规模的改土归流活动。这一活动的进行，进一步巩固了国家的统一，并在一定程度上推动了苗族地区社会的进步。至乾隆四十年代，改土归流不过几十年，广大苗民"衣冠耕读，无异编氓者"已"十居五六"，"其未经改装，与齐民耦居，互相姻娅者"也"十居二三"。[161]虽然如此，由于清朝统治者推行的反动的民族歧视政策和乾隆后期的吏治败坏，苗族广大人民的生活却处于水深火热之中。

在政治上，为了防止苗族人民进行反抗，清朝政府先后做出各种规定，禁止汉、苗人民互相往来，不许汉、苗结亲；限制苗民充当兵丁，严禁苗民丁壮演习鸟枪；减少苗民地区学校，不许苗族生员参加科举考试等。在经济上，由于吏治极端腐败，广大苗民的赋役负担也极其沉重。额定赋税之外，官吏浮收滥征、胥役敲诈勒索不一而足。据当时一些官员所见，"苗人承值差使，任劳倍于民力，而地方官委之胥吏，发价则克扣分肥，遇事则鞭笞肆虐，劳逸不均，呼嗫莫诉，欺凌不恤，往往而有"。[162]除此之外，尤为严重的是汉族地主的高利贷剥削和土地兼并。乾隆中期以后，在清朝地方官员的纵容下，一些汉族地主把魔爪伸向了苗族地区。他们先是利用苗民赋役沉重、生活困苦之机大放高利贷，尔后，在苗民无力清偿债务之时又借机大肆兼并土地。苗族人民多年以来辛勤开垦、耕种的土地，逐渐落入了那些"客民"地主的手中，而自己则沦为佃户，"听其役使，生死惟命"。[163]土地兼并的剧烈进行使得广大苗民的生活极为困苦，因而在苗族人民中常常出现"收获甫毕，盎无余粒，此债未清，又欠彼债，盘剥既久，田地罄尽"的悲惨景象，[164]以"客民"和广大苗民的矛盾为主要表现形式的阶级矛盾和民族矛盾空前尖锐。就是在这样的情况下，乾隆末年，湘黔交界地区爆发了一场大规模的苗民起义。

　　早在大规模的苗民起义爆发之前，乾隆五十年代之初，一些零星的反抗活动即已发生。乾隆五十二年春，凤凰厅勾补寨一带苗民即在石满宜、龙观音两人领导之下"占踞山梁，抵拒不服"，起而反抗清朝统治。[165]当地清朝政府出动军队大肆杀戮，始将这次反抗镇压下去。清朝政府的镇压政策使得千里苗寨人民的反抗情绪普遍增长，一批新的领导人又涌现出来，组织人民继续进行反抗斗争，其主要者在贵州有松桃厅大塘汛之石柳邓，在湖南则有永绥厅黄瓜寨之石三保、凤凰厅苏麻寨之吴半生、乾州厅平陇寨之吴八月等。他们来往湘黔各地苗寨之间秘密串连，发动群众。在广大苗民反抗情绪的推动下，个别苗族上层分子如曾经参与镇压石满宜反抗活动的鸭保寨苗民百户吴陇登也倒向广大苗民一边，积极准备起事反清。一场大的革命风暴正在酝酿之中。

乾隆五十九年岁暮之际，石柳邓、石三保、吴陇登等主要起义组织者在凤凰厅鸭保寨吴陇登家中秘密集会，商定于次年年初同时发动起义。会后，他们回到各自的村寨，发动群众，搜集武器，紧张地进行武装起义的准备工作。然而，就在此时，贵州大塘汛石柳邓的起义行动被当地政府所侦知，他们立即出动军队，包围了石柳邓的家乡大寨营。石柳邓被迫提前发动起义。在冲破敌人包围之后，即刻于乾隆六十年正月十三率领起义人民攻占大塘汛，又乘势包围了松桃厅城和铜仁附近的清军重要据点盘石营和正大营，与此同时，思南、印江及镇远四十八溪地方的广大苗民亦起而响应。[166] 轰动全国的湘黔苗民起义就这样正式爆发了。

几天之后，贵州大寨营起义爆发的消息传到了湘西苗疆地区并给当地苗民以极大的鼓舞。正月十九日，吴八月在平陇寨、石三保在黄瓜寨、吴半生在苏麻寨、吴陇登在鸭保寨也同时发动起义。他们公举苏麻寨起义领导人吴半生作为"吴王"，并提出了"驱逐客民，夺还苗地"的口号。[167] 在这一口号的鼓动下，"穷苗闻风，无不振臂相从"，"群寨响应，争杀百户起事"，武装起义的烈火迅速而又猛烈地烧遍了千里苗寨。

得知起义发动消息，镇筸镇总兵明安图立即率所属军队八百余人前去镇压。刚出镇筸不远，正好碰上了石三保率领的黄瓜寨起义队伍。愤怒的苗民立即将明安图等团团包围起来。这时，驻守永绥厅的清军副将伊萨纳和永绥厅同知彭凤尧闻讯，率兵六百赶来救援，也被成千上万的苗民包围于鸭酉寨。在将这两支清军完全歼灭之后，湘西起义苗民又乘势前进，将永绥、镇箄和乾州三处城池包围起来，并一举攻克了其中的乾州城。北至酉水两岸，南至麻阳，东至泸溪，西至四川秀山、酉阳的广大区域内，苗民起义的烽火到处燃烧，一时之间，湘黔苗民起义进入了高潮。

二月初四日，湘黔苗民发动起义的消息传到了北京。对此，乾隆皇帝极为痛恨，说："石三保、石柳邓等，竟敢聚众肆逆，陷城伤官，实属罪大恶极，必须痛加诛剿，以示惩创。凡被胁入伙各寨苗众，有曾经随贼抗拒伤害官兵者，将来事定后，均应查明，照台湾之例正法。"[168] 他制定了一个三路进剿计划。按照这一计划，东路由湖广总督福宁、湖广提督刘君辅等率领军队一万三千人由镇箄向西进攻；南路由云贵总督福康安率军万人北上，由贵州铜仁进攻正大、松桃；西路由川督和琳、提督穆克登阿等率军四千东向秀山、酉阳，以对湘黔地区苗民起义队伍形成包围之势。根据他的指示，云贵总督福康安率领骁将花连布等自云南兼程北上，进抵铜仁，并从二月十九日开始向包围正大、松桃一带的义军发动了进攻。面对大批装备精良的正规清军的进攻，广大起义者毫不畏惧，坚决抵抗。盘塘坳之战时，起义群众不顾敌人枪林弹雨，奋勇冲杀，使得清军胆战心惊，惊呼起义者个个都是"铜筋铁骨"；尔后，清军向嗅脑进发时，"苗寨无数，各持镖矛扑拒"，[169] 予清军以重大杀伤。在清军向松桃一带进军时，广大苗民先将"要隘路口用木石堆塞，复挖坑壕，中插木签"，[170]使得清军寸步难行。对于广大苗民的反抗，福康安等进行了极其残酷的镇压。清军所至之处，不问青红皂白，所有苗寨概予烧毁，仅是在嗅脑一带，就一举焚毁苗寨一百多处。就是通过这种血腥镇压的方式，历时两个来月，才将正大营、松桃一带苗民起义主要力量镇压下去。与此同时，由和琳统率的四川清军也将四川境内秀山、酉阳一带苗民的零星反抗斗争镇压下去。三月中旬，福康安、和琳两路军队会合一处，进入湘西地区作战。

在福康安率军进入湘西之后，针对湘西地区苗民起义据点各自孤立的情况，乾隆皇帝指示他们集中优势兵力，各个击破。"察看贼情，先将贼首屯聚紧要之处并力歼除，肃清一路，擒一首恶，再行攻剿一路，则兵威壮盛，可无后顾之虞。而贼匪首恶三人，亦无难次第搜擒，尽行就获，此为最要。"[171]与此同时，乾隆皇帝还大施其"以苗攻苗"之计，要求他们将苗民中的壮丁悉数编为团练，协助清军剿杀义军。他还规定，乡勇作战阵亡者，照官兵之例，"咨部赏恤"，"俾乡勇等倍知感奋，于剿捕更为有益"。[172]这样，福康安首先率军向包围永绥的起义队伍发动进攻。经过激烈战斗，在包围该城八十余日之后，起义军解围而去。尔后，福康安又率军南下，于当年四月间陆续攻克了石三保据守的黄瓜寨和吴半生据守的苏麻寨。当年四月底，福康安进军乌草河，并向退守该地的吴半生所据各寨发动进攻。虽然在清军的猛烈进攻下，起义队伍失去了一些地方，但是福康安进抵乌草河两岸之时，遭到了各路义军的顽强抵抗。他们利用有利的地形，连续出击，先后予敌以重大杀伤。与此同时，他们利用敌军大举南下、后路空虚之机，回师北上，克复黄瓜寨，并在永绥一带大败湖广提督刘君辅，再度包围了永绥城，使得清军粮道被切断，进攻的清军一度处于极为狼狈的境地。此外，黔东一部分义军余部还乘势挺进四川秀山一带，搞得当地清军往来奔突救援，惊恐异常。在东部战场上，义军更是连连进攻，迭获胜利，早在当年二月起义发动之初，起义军即已将镇筸城紧紧围困，只是由于刘君辅拼死抵抗，该城才未被义军攻克。二月底，福宁、刘君辅曾经企图出城作战，但是刚出城门不远，便被铺天盖地而来的起义军吓得面无人色，不顾一切地掉头逃回城内，龟缩不出。而在事后，却厚颜无耻地向乾隆皇帝谎报战功，当即被乾隆皇帝看出破绽，严加训斥道："该督等此次共带兵一千五百名，杀贼止十数名，为数甚少。算来几及官兵百名，杀贼一名，足见无能，岂尚能谓之奋勇？朕披阅至此，代伊等羞惭，不知该督亦自知愧否。"[173]在乾隆皇帝的严令督催下，当年四月，福宁又硬着头皮率军北上攻打乾州城，途经泸溪县苟拜岩时，被当地起义军打得溃不成军，为了逃命，福宁钻在运送军需品的车中逃回镇筸城。这时，起义军乘战胜之余威，东向泸溪，南下麻阳，如入无人之境，整个起义形势一派大好。

眼见福康安屯兵乌草河两岸，毫无进展；福宁又连吃败仗，镇筸、永绥长期被围，乾州又一直没有攻克，乾隆皇帝心急如焚。为了加强镇压力量，当年六月，下令荆州将军兴兆率领当地驻防满兵两千人开赴镇筸，"以壮声势而供派拨"。[174]与此同时，下令福康安檄调云贵、广西、四川等四省军队上万人开赴湘西前线，并命令他"添雇壮健乡勇，酌派营弁督领，分拨各隘口，协同防堵"。[175]调兵遣将之外，有鉴于苗民起义带有全民性，杀不胜杀，乾隆皇帝被迫改变政策，指示福康安、和琳等，"除吴半生等四犯首先肆逆、罪在不赦，及各处焚抢为首有名贼目彰明较著者亦当查拿究办外，其余被胁苗众，虽经从贼抗拒，而畏罪投诚，俱可无庸深究。总之渠魁一得，胁从可以罔治"，"不必豫为逆亿，以致奸戮过多，有违好生之道。况剿抚兼施，自更易于蒇事"。[176]六月中旬以后，荆州驻防满兵和檄调各路援军先后抵达湘西前线，镇筸解围。与此同时，福康安则自乌草河一带回军北上，逐步向鸭保、平陇方面推进，四川提督穆克登阿亦和刘君辅一起再解永绥之围，坐镇辰州的湖广总督毕沅也派出军队从泸溪出发，进犯乾州。在军事上，清军逐渐掌握了战争的主动权。在政治上，由于"剿抚兼施"政策的推行，在起义军内部，开始出现了一股以苗族上层分子为主的叛变投敌的逆流。继当年春天永顺地区苗寨首领张廷中父子率部数千人投降清朝之后，当年夏天，又先后有乾州一带苗寨头人石上进和石大贵等分别率领四十二寨和六十八寨投向清政府。对此，乾隆皇帝一概下令封予官职，赏赐银两。在乾隆皇帝的金钱收买和官职诱惑下，至当年七月，"附近辰州、乾州一带苗寨前后投诚者计共有一百五十处"。[177]九月间，"乾州、保靖、永绥、永顺等属二百二十七寨诣行署乞降，连前已共有三百七十七寨"。[178]乘此机会，清军加强进攻，对鸭保、平陇各寨的包围愈益缩小。与此同时，还集中兵力，猛攻吴半生据守的高多寨。不久，高多寨失陷，吴半生被俘。这样，从当年秋天开始，战场形势发生了不利于起义军的转变。

在吴半生被俘以后，为了继续坚持抗清斗争，各支义军在向鸭保、平陇一带集中的同时，共同推奉平陇寨起义领袖吴八月为"吴王"，石柳邓和石三保各为开国将军和护国将军，共同抵抗清军进攻。当年十月，福康安督率清军猛攻鸭保寨。为了保护起义军的这一重要堡垒，吴八月亲自率领平陇起义队伍赶赴鸭保寨，配合吴陇登作战。经过激烈战斗，鸭保寨失陷，吴八月率领义军残部向外转移。这时，久已和清军暗中勾搭的吴陇登乘机将吴八月擒献清军，叛变投降，起义队伍又遭到了一次重大的损失。为了替吴八月报仇雪恨，吴八月的儿子吴廷礼、吴廷义接过父亲的战旗，和石柳邓、石三保等起义领导人继续坚持战斗。当年十月底，再度攻克鸭保寨，吴陇登狼狈逃窜。只是等到福康安派来援兵，才将鸭保寨重新占据。此后几个月中，吴廷礼等以平陇为中心，率领起义队伍，南下沅江，东向辰水，在方圆数百里的战场上往返驰骋，予围剿清军以重大杀伤。恰在此时，川楚陕白莲教起义爆发，乾隆皇帝顾此失彼，腹背受敌。为了摆脱困境，乾隆皇帝决定集中兵力，先将已经受到严重削弱的苗民起义镇压下去，回过头来再去镇压白莲教起义。为此，嘉庆元年春，他再次抽调云南、四川、两广军队两万人开赴前线。面对数倍于己的清军的进攻，起义军处境虽然日益困难，但仍利用险要地形，节节抵抗，寸土必争，并于鸭保寨以东的壁多山、高吉山、贵道岭、七星岭、长吉山、茶山、茨岩和结石岗等处连续杀死了许多清军。兼之以当地"雾雨连绵"，水土不服，不少清军甚至清军主帅福康安、和琳都在前线送掉了性命。这样，乾隆皇帝不得不再度调兵遣将，以领侍卫内大臣额勒登保为主帅，并先后从湖北战场调来广州将军明亮，新授湖广提督鄂辉等共同指挥作战。在清军的猛烈进攻下，当年五月，起义领袖石三保被俘；六月间，清军攻克乾州厅；十月间，平陇失陷，石柳邓、吴廷义等率领起义军残部退守平陇附近的石隆寨，继续坚持抗敌。一个多月后，石隆寨失陷，石柳邓战死，吴廷义和石柳邓之子石老乔被俘牺牲。乾隆皇帝征调军队六七万人，历时两年，费尽九牛二虎之力，始将这场波及三省的苗民起义大致镇压下去。

嘉庆二年，川楚陕白莲教大起义如火如荼，方兴未艾。乾隆皇帝两路作战，深感兵力之不敷。在将苗民起义主力部队消灭之后，乾隆皇帝决定，除留两万清军驻守苗疆之外，其他军队全数开赴湖北、四川，剿捕白莲教起义。利用这一时机，黔东、湘西各支义军余部继续坚持武装斗争，一直到嘉庆皇帝亲政多年以后，方最后平定下去。

二、川楚陕白莲教起义

正在乾隆皇帝积极调兵遣将，全力镇压湘黔苗民起义之际，川楚陕地区又爆发了更大规模的白莲教起义。

乾隆五十年代以后，由于阶级矛盾的进一步激化，原先在民间秘密流传的白莲教在川楚陕各省得到了广泛的流传。其主要者，有刘松、刘之协等人传播的三阳教，王应琥等人传播的收元教和宋之清等人传播的西天大乘教。其中的刘松，原为混元教教首樊明德的再传弟子。乾隆四十年代初，樊明德被清朝政府逮捕杀害，刘松被遣戍甘肃隆德。乾隆五十三年三月，刘松与其徒刘之协"另立教名"，改称三阳教。[179]他们"将王双喜儿捏名牛八，伪称明裔"，又指刘松幼子"刘四儿为弥勒佛转世"，继续进行传教活动。[180]收元教则以艾秀和其徒王应琥为首。乾隆五十七年，他们扬言弥勒佛转生河南登封县无影山，并借此机会在各地广泛发展教徒。在白莲教各支势力中，发展最为迅速的是宋之清等人组织的西天大乘教。宋之清，湖北襄阳人，原为收元教教徒。乾隆五十三年，他拜刘之协为师，加入三阳教。乾隆五十四年至五十八年，他和刘之协一起六次前往甘肃隆德向老教主刘松致送敛取教徒钱文两千多两，[181]后因不同意刘松将王双喜儿指为牛八，并和刘之协在分配敛取教徒钱文上发生分歧，遂于乾隆五十七年自创西天大乘教，"另拜南阳李三瞎子为师，称为真弥勒佛，并指李三瞎子之子卯金刀小名卯儿者，将来必定大贵"。[182]在他的积极活动下，该教发展迅速。成立不过两年，教徒即遍及楚、豫两省。上述三教虽然名目不同并各有自己的教主、转世弥勒佛和牛八，并且教徒多寡不一，但其共同之处在于都保留了白莲教的基本教义，并皆有强烈的反清复明的政治色彩，传播地区也大多集中在川、陕、楚、豫四省。正是这些，为不久以后爆发的白莲教起义奠定了重要的思想和组织基础。

乾隆五十九年夏秋之际，陕西兴安、四川大宁和湖北襄阳等地先后破获多起白莲教活动案件。而且，由于白莲教势力的发展和教徒的增多，四川大宁，湖北来凤、竹溪等不少地方还在政府出兵捕拿时发生了白莲教教徒聚众抵抗、执械抢犯事件。白莲教势力的发展引起了乾隆皇帝的高度注意。为此，他先后下令上述四省督抚按名捕拿邪教教首，并对查拿邪教不力的湖广总督毕沅、陕甘总督秦承恩和河南巡抚穆和兰等严加处分。在乾隆皇帝的严令督催下，上述四省所有统治机器全速运转，一齐投入到捕拿邪教的活动之中。时间不长，西天大乘教教首宋之清、齐林，收元教教首王应琥，三阳教教首刘松、刘四儿以下数百名教徒相继被捕，不少有名教首惨遭杀害，其余教徒全数发遣黑龙江为奴。与此同时，各地官员还"以查拿邪教为名，四处搜求，任听胥役多方勒索。不论习教不习教，但论给钱不给钱"。[183]其中，最为恶劣的是武昌府同知常丹葵，乾隆六十年，他在荆州宜都一带查拿白莲教时，"株连罗织数千人，富破家、贫陷死无算"。[184]其他地区，像常丹葵这样的官员也所在多有。乾隆皇帝的血腥镇压已使广大人民的反抗情绪空前增长，而各级官员借查拿邪教之际大行勒索更无疑是为渊驱鱼，兼之以湖南征苗之役，湖北、四川等地人民供役浩繁，早已无法忍受，因而，就在乾隆皇帝在位周甲、举行传位大典之际，终于爆发了一场轰动全国的白莲教大起义。

为了反抗乾隆皇帝的屠杀政策，乾隆六十年五月，白莲教组织即秘密通知各地教徒，"约以（嘉庆）元年三月初十日，年月日时皆辰，纠众起事"。[185]然而，正在各地白莲教教徒积极准备举事之际，当年腊月底，宜都、枝江两地白莲教活动情况被当地官府所侦知。为了先发制人，嘉庆元年正月初七，当地白莲教教徒一万多人在其首领张正谟、聂杰人的领导下，率先发动起义。不过几天时间，迅速扩大到长乐、长阳两县。二、三月间，东湖、当阳、远安、竹山、保康、来凤、襄阳、孝感各县白莲教教徒相继发动起义，各路起义军"所在充斥，多且数万，少者数千人"。[186]一时之间，南起长江两岸，北至汉水流域，白莲教起义如同燎原烈火，熊熊燃烧。湖广总督毕沅闻讯，一方面向乾隆皇帝飞章告急，一方面急急忙忙地从湖南征苗前线赶赴湖北，率同荆州副都统德福及当地驻防满兵进行镇压。嘉庆元年正月中旬，乾隆皇帝得知起义发动的消息，当即命乌鲁木齐副都统永保驰赴湖北，总统剿匪事宜。为了增加镇压力量，他还命令毕沅征调河南、陕西等省军队一万余人开赴湖北，分路剿捕起义队伍。明确指示："郧县、郧西一带贼匪，着责成宜绵督饬百祥等实力剿办；其自竹溪以至保康一带贼匪，即责成永保、恒瑞剿办；当阳、远安、东湖一带贼匪，责成毕沅、成德、阿克东阿、舒亮剿办；枝江、宜都一带贼匪，责成惠龄、富志那剿办；襄阳、谷城、均州、光化贼匪，即交鄂辉同彭之年等办理；来凤与四川接壤，该处一带贼匪，即责成孙士毅督办。总之贼匪蚁聚蜂屯，官兵分投掩捕，办一处必肃清一处。"[187]在厉行军事镇压的同时，有鉴于起义发动的直接导火线在于各地官吏的查拿邪教，他决定："此时只宜上紧剿除逆匪，邪教一节，暂缓查办，以安众心。"[188]由于各路起义军互不联络，势力分散，在清朝军队的分头剿捕下，不长时间内不少地区的白莲教起义部队先后惨遭镇压。当年二月，枝江、宜都白莲教首领聂杰人投降被杀，尔后，竹山、保康、来凤、当阳、长阳、长乐等各地起义军亦先后被清军打散。

　　在湖北各地义军相继遭受重大挫折的同时，楚北襄阳王聪儿、姚之富等人领导的一支起义军却因领导力量坚强、战术灵活而获得了极大的发展。王聪儿是西天大乘教教首宋之清徒弟齐林的妻子。乾隆六十年，清朝政府大力查拿白莲教，齐林被捕遇难。为了报仇雪恨，嘉庆元年三月，她与齐林的徒弟姚之富率领当地白莲教教徒在襄阳黄龙垱起事。几个月的时间里，这支起义军队伍纵横驰骋于东至随州、孝感，南至钟祥，北至河南邓州、唐县一带相当广阔的区域之中，从而使其成为湖北白莲教起义的主力部队。在王聪儿率众驰骋汉水流域之时，四川白莲教起义也此起彼伏，一浪高过一浪。当年九月，徐天德率众起于达州，"旬日间，有众万人"。[189]

不久，王三槐、冷天禄率众万人起于东乡，罗其清、苟文明起于巴州，冉文俦、冉天元起于通江，龙绍周、徐万富起于太平。湖北王聪儿领导的起义军在战斗中不断壮大和四川各路起义军的同时并起，使得乾隆皇帝顾此失彼，川楚陕白莲教起义进入了高潮阶段。

因为进剿王聪儿起义军一路连遭失利，嘉庆元年冬，乾隆皇帝将永保革职，拿京治罪，而以惠龄总统军务，继续进行剿捕事宜。与此同时，又抽调直隶、陕西等省军队进楚作战，并在全国范围内大行扩军。因为湖北战场清军空前增多，从嘉庆二年开始，以王聪儿为首的襄阳起义军进行了大规模的流动作战。当年正月，起义军分兵三路进入河南境内，清军尾随来追，起义军则利用沿途险要地形，随时设伏，先后予敌以重大杀伤。尔后，又挥戈西向，进入陕西。当年夏，又自陕西南下，"由汉阴至紫阳，夺船渡汉"，[190]进入四川。起义军渡过汉江后五天，惠龄始至。眼见惠龄无能之极，乾隆皇帝再次换马，对惠龄等严加处分，"尽夺世职、孔雀翎，戴罪效力，命宜绵总统川、陕军务，惠龄等悉听节制"。**191**

当年七月，襄阳起义军分三路进入川北地区。川楚两地起义军会师，使得当地起义形势大为改观。他们一方面按青、红、蓝、白将起义军重新分号，并在起义军中统一设置掌柜、元帅、先锋、总兵等职以使起义军建制进一步健全，一方面在政治上明确提出了"兴汉灭满"的号召，并在所至之地张贴布告，宣言清朝"气运已衰，天心不顺，已归我汉家之天下"。所有这些，对于协调川楚两支起义军的作战步伐，对于动员更多的贫苦人民起来反抗清朝政府的反动统治，都起了重要的作用。

两路起义军会师使得乾隆皇帝极为惊慌，根据他的指示，总统川陕军务的陕甘总督宜绵，广州将军明亮，都统德楞泰、柯藩各自率领所属军队向起义军屯聚之处集中。与此同时，惠龄和侍卫舒亮也从陕西赶来，以对起义军形成夹击之势。为了甩脱敌人，襄阳义军除留部分军队在川与四川起义军并肩作战之外，其余部队分作两路再入湖北境内。九月间，一度率兵东向襄阳，待到大批清军东救襄阳之时，十月间，又突然回师入陕，当年底，再度进入四川境内。

襄阳义军大幅度流动作战使得进剿清军极为被动。为了扭转战争形势，掌握战场上的主动权，乾隆皇帝重新部署兵力，任命勒保为湖广总督，总统剿匪军务。与此同时，令明亮、德楞泰一支清军专门负责剿办王聪儿、姚之富义军；对于其他各路义军，也分别委派将领，分头负责，"各办各贼，原不相统，不拘何路擒贼，即此路将帅之功；何路养贼，即此路将帅之罪，其各自为战"。[192]根据乾隆皇帝的这一指示，明亮、德楞泰尾随襄阳义军入川寻战。为了打破敌人的围追堵截，襄阳义军分出偏师北渡汉江，插入陕西，明亮、德楞泰等深恐西安有失，吃罪不起，只好撤下在川大队襄阳义军，回保陕西。借此机会，襄阳义军渡过汉水，东出河南。为此，乾隆皇帝对明亮严加惩处，改以德楞泰作为主将，继续追击襄阳义军。因为清军穷追不舍，襄阳义军逐渐失去了战争中的主动权。嘉庆三年春，王聪儿、姚之富率军进入湖北西部山区时，陷于德楞泰率领的清军主力和当地地主武装的重重包围之中。经过激烈战斗，大部分义军作战牺牲，王聪儿、姚之富等主要起义领导人投崖自尽，起义队伍遭到了自从起义发动以来最大的一次失败。

王聪儿率领的襄阳义军主力失败以后，所余部众虽仍在湖北、四川等地继续坚持斗争，但是对于清朝政府的威胁却大大减轻。因而，乾隆皇帝立即将主力部队投入到四川战场。按照他的安排，额勒登保、德楞泰、明亮等在川北作战，负责攻打冉文俦、罗其清及在川北作战的襄阳义军余部李全、高均德等；勒保与惠龄、恒龄等在川东作战，负责攻打王三槐、冷天禄、徐天德各路义军；陕甘总督宜绵专防由川入陕的义军，湖广总督景安专防由川入楚的义军。与此同时，还规定各路清军"各专责成，互相援应，毋东驰西击，各不相顾"。[193]在军事上大举进攻的同时，他们还利用起义军觉悟较低，对整个封建统治机构镇压人民的本性认识极为模糊的情况，而指使"清官"刘清等大行政治招降之计。由于乾隆皇帝两手并用，双管齐下，一些义军首领如王三槐等受骗被擒，有的义军则在清朝军队的武力镇压下先后失败。尽管如此，直至嘉庆四年乾隆皇帝去世时，以四川为中心的川楚陕白莲教起义烈火仍在熊熊燃烧，以致乾隆皇帝弥留之际，还在"频望西南"，[194]并以"军务未竣"而"深留遗憾"。[195]

川楚陕白莲教起义波及内地五省，义军所过之处，各地基层封建统治机构几乎全部瓦解。为了镇压这场起义，至乾隆皇帝去世前，清朝政府征调之各省军队数逾十万，耗费帑银也在七千万两以上。[196]换言之，单是三年战争，即将雍、乾两朝积聚起来的国库存银花了个精光。因而，在这次起义的打击下，入关以来清朝统治向上发展的局面完全结束，大清帝国的繁荣盛世一去不复返了。

1　《清高宗实录》卷一一一二，乾隆四十五年八月己未。

2　《清高宗御制诗五集》卷八《命彭元瑞曹文埴检四库全书中古来罕见元孙者有几据奏自唐迄明凡六人诗以志事》。

3　《清高宗御制诗五集》卷一一《元旦试笔》。

4　《清高宗御制诗五集》卷五九《乾清宫家宴得句》。

5　《清高宗御制诗五集》卷六〇《安坐斋中偶尔成咏》。

6　《清高宗御制诗五集》卷九三《乙卯元旦》。

7　《清高宗实录》卷一二二三，乾隆五十年正月丙寅。

8　《清高宗实录》卷一三九四，乾隆五十七年正月壬申。

9　《朝鲜李朝实录中的中国史料》第11册，正宗十四年（乾隆五十五年）三月丁未。

10　《朝鲜李朝实录中的中国史料》第11册，正宗十四年（乾隆五十五年）三月丁未。

11　《清高宗实录》卷一三二七，乾隆五十四年四月乙卯。

12　《朝鲜李朝实录中的中国史料》第11册，正宗十四年（乾隆五十五年）九月甲辰。

13　赵翼：《檐曝杂记》卷一《圣躬勤政》。

14　《清高宗御制诗五集》卷一〇《少寐》。

15　《朝鲜李朝实录中的中国史料》第11册，正宗十八年（乾隆五十九年）三月辛亥。

16　《清高宗实录》卷一二一五，乾隆四十九年九月己卯。

17　《清高宗实录》卷一三八九，乾隆五十六年十月甲子。

18 《清高宗实录》卷一四八五，乾隆六十年八月戊申。

19 《清高宗实录》卷一二八三，乾隆五十二年六月癸亥。

20 《清高宗实录》卷一三〇五，乾隆五十三年五月庚辰。

21 《朝鲜李朝实录中的中国史料》第11册，正宗十一年（乾隆五十二年）二月己酉。

22 《清高宗实录》卷一二六四，乾隆五十一年九月癸酉。

23 《清高宗实录》卷一三七〇，乾隆五十六年正月甲申。

24 《清高宗实录》卷一四九二，乾隆六十年十二月辛巳。

25 《清高宗实录》卷一二五八，乾隆五十一年七月甲辰。

26 《清高宗实录》卷一二六一，乾隆五十一年闰七月乙未。

27 《清高宗实录》卷一三六七，乾隆五十五年十一月戊戌。

28 《清高宗实录》卷一三六七，乾隆五十五年十一月丁酉。

29 《清高宗实录》卷一三六七，乾隆五十五年十一月丁酉。

30 《清高宗实录》卷一三七〇，乾隆五十六年正月乙酉。

31 《清高宗实录》卷一三七二，乾隆五十六年二月己酉。

32 《朝鲜李朝实录中的中国史料》第11册，正宗十六年（乾隆五十七年）三月辛卯。

33 《朝鲜李朝实录中的中国史料》第11册，正宗九年（乾隆五十年）三月辛未。

34 《朝鲜李朝实录中的中国史料》第11册，正宗九年（乾隆五十年）三月辛未。

35 冯佐哲：《有关和珅家族与皇室联姻的几个问题》，《故宫博物院院刊》1987年第1期。

36 《朝鲜李朝实录中的中国史料》第11册，正宗十八年（乾隆五十九年）三月辛亥。

37 《朝鲜李朝实录中的中国史料》第11册，正宗十八年（乾隆五十九年）三月辛亥。

38 《朝鲜李朝实录中的中国史料》第11册，正宗十八年（乾隆五十九年）三月丁酉。

39 《朝鲜李朝实录中的中国史料》第11册，正宗十八年（乾隆五十九年）三月辛亥。

40 《朝鲜李朝实录中的中国史料》第11册，正宗五年（乾隆四十六年）二月壬申。

41 《清高宗实录》卷一二五七，乾隆五十一年六月戊子。

42 《朝鲜李朝实录中的中国史料》第11册，正宗九年（乾隆五十年）四月戊戌。

43 《朝鲜李朝实录中的中国史料》第11册，正宗十四年（乾隆五十五年）三月丁未。

44 《清高宗实录》卷一三九二，乾隆五十六年十二月戊申。

45 《清高宗实录》卷一三九二，乾隆五十六年十二月戊申。

46 《清高宗实录》卷一三九五，乾隆五十七年正月丁酉。

47 《清高宗实录》卷一四五七，乾隆五十九年七月癸丑。

48 《清高宗实录》卷一四八七，乾隆六十年九月辛未。

49 《清高宗实录》卷一四二三，乾隆五十八年二月壬午。

50 《清高宗实录》卷一四八八，乾隆六十年十月甲申。

51 《清高宗实录》卷一四八三，乾隆

六十年七月丁卯。

52 《清高宗实录》卷一四八八，乾隆六十年十月丙戌。

53 《清高宗实录》卷九九六，乾隆四十年十一月丙戌。

54 《清高宗实录》卷一一九四，乾隆四十八年十二月辛未。

55 《清高宗实录》卷一一〇一，乾隆四十五年二月丙子。

56 洪亮吉：《卷施阁文甲集》卷一。

57 《清高宗实录》卷八九六，乾隆三十六年十一月丁酉。

58 《清高宗实录》卷一〇二〇，乾隆四十一年十一月己巳。

59 《清高宗实录》卷一三七〇，乾隆五十六年正月乙酉。

60 《清高宗实录》卷一一一二，乾隆四十五年八月甲寅。

61 《清高宗实录》卷一三六二，乾隆五十五年九月甲申。

62 《清高宗实录》卷一〇六二，乾隆四十三年七月癸卯。

63 《清仁宗实录》卷五〇，嘉庆四年八月丙午。

64 《清高宗实录》卷一〇五三，乾隆四十三年三月甲申。

65 《清高宗实录》卷一〇七一，乾隆四十三年十一月壬子。

66 《清高宗实录》卷一二二五，乾隆五十年二月丁未。

67 《清高宗实录》卷一二四三，乾隆五十年十一月。

68 《清高宗实录》卷一三六三，乾隆五十五年九月甲辰。

69 《清高宗实录》卷一三八七，乾隆五十六年九月。

70 《清高宗实录》卷一四〇二，乾隆五十七年闰四月乙亥。

71 《清高宗实录》卷一四一七，乾隆五十七年十一月甲寅。

72 《清高宗实录》卷一四一七，乾隆五十七年十一月甲寅。

73 《清高宗实录》卷一四八九，乾隆六十年十月丁未。

74 《清仁宗实录》卷二四，嘉庆二年十一月壬辰。

75 《清仁宗实录》卷五〇，嘉庆四年八月壬寅。

76 《清仁宗实录》卷二七，嘉庆三年二月癸卯。

77 《清高宗实录》卷一〇九四，乾隆四十四年十一月丁亥。

78 《清高宗实录》卷一四八七，乾隆六十年九月乙丑。

79 《清高宗实录》卷五五五，乾隆二十三年正月。

80 《清高宗实录》卷一三〇〇，乾隆五十三年三月戊辰。

81 《清高宗实录》卷一三五二，乾隆五十五年四月丁巳。

82 《清高宗实录》卷一三二九，乾隆五十四年五月甲戌。

83 《清高宗实录》卷一三九八，乾隆五十七年三月己卯。

84 《清高宗实录》卷一三五九，乾隆五十五年七月丁未。

85 《清高宗实录》卷一三四五，乾隆五十五年二月戊午。

86 《清高宗实录》卷一三六一，乾隆五十五年八月庚午。

87 《清高宗实录》卷一三九二，乾隆五十六年十二月壬子。

88 《清高宗实录》卷一四〇〇，乾隆五十七年四月己酉。

89 《清高宗实录》卷一四一五，乾隆五十七年十月癸巳。

90 《清高宗实录》卷一四二一，乾隆五十八年正月戊午。

91 《清高宗实录》卷一四七六，乾隆六十年四月己丑。

92 《清高宗实录》卷一〇三八，乾隆四十二年八月庚子。

93 《清高宗实录》卷一〇八二，乾隆四十四年五月庚寅。

94 《清高宗实录》卷一〇七二，乾隆四十三年十二月庚申。

95 《清高宗实录》卷一二五〇，乾隆五十一年三月丙午。

96 《清高宗实录》卷一二六七，乾隆五十一年十月庚午。

97 《清高宗实录》卷一二五五，乾隆五十一年五月己未。

98 《清高宗实录》卷一二五七，乾隆五十一年六月癸巳。

99 《清高宗实录》卷一三一四，乾隆五十三年十月己亥。

100 《清高宗实录》卷一三八三，乾隆五十六年七月甲午。

101 《清高宗实录》卷一四七七，乾隆六十年四月甲辰。

102 《清高宗实录》卷一四七七，乾隆六十年四月己酉。

103 ［同治］《长阳县志》卷七《灾祥》。

104 ［同治］《枝江县志》卷二〇《杂志》。

105 曹镳：《淮城信今录》卷五《记事》。

106 《清高宗实录》卷一二五〇，乾隆五十一年三月壬子。

107 《清高宗实录》卷一二五二，乾隆五十一年四月己卯。

108 《清高宗实录》卷一二三一，乾隆五十年五月乙丑。

109 ［光绪］《永城县志》卷一五《灾祥》。

110 《清高宗实录》卷一三〇三，乾隆五十三年四月壬子。

111 《清高宗实录》卷三一一，乾隆十三年三月癸丑。

112 《清高宗实录》卷九九九，乾隆四十年十二月戊辰。

113 《清高宗实录》卷一〇五六，乾隆四十三年五月丙寅。

114 《清高宗实录》卷一〇五三，乾隆四十三年三月甲申。

115 《清高宗实录》卷一二五五，乾隆五十一年五月辛未。

116 《清高宗实录》卷九九九，乾隆四十年十二月戊辰。

117 《清高宗实录》卷一〇三六，乾隆四十二年七月丙寅。

118 《清高宗实录》卷一〇四五，乾隆四十二年十一月戊子。

119 《清高宗实录》卷一二六六，乾隆五十一年十月辛丑。

120 《清高宗实录》卷一四〇〇，乾隆五十七年四月癸卯。

121 《清高宗实录》卷一三四〇，乾隆五十四年十月壬戌。

122 《清高宗实录》卷一三八〇，乾隆五十六年六月戊申。

123 《清高宗实录》卷一三六一，乾隆五十五年八月壬申。

124 《清高宗实录》卷一三七〇，乾隆五十六年正月己丑。

125 《清高宗实录》卷一二九五，乾隆五十二年十二月庚戌。

126 《康雍乾时期城乡人民反抗斗争资料》下册，第796页。

127 《康雍乾时期城乡人民反抗斗争资料》下册，第812页。

128 《康雍乾时期城乡人民反抗斗争资料》下册，第812页。

129 军机处月折包，林爽文供词，转引自庄吉发《清高宗十全武功研究》。

130 《康雍乾时期城乡人民反抗斗争资料》下册，第779页。

131 《康雍乾时期城乡人民反抗斗争资料》下册，第779页。

132 《清高宗实录》卷一二八九，乾隆五十二年九月。

133 《康雍乾时期城乡人民反抗斗争资料》下册，第778页。

134 《康雍乾时期城乡人民反抗斗争资料》下册，第779页。

135 《清高宗实录》卷一三〇七，乾隆五十三年六月乙卯。

136 《清高宗实录》卷一三〇七，乾隆五十三年六月庚戌。

137 《清高宗实录》卷一三一九，乾隆五十三年十二月乙卯。

138 《清高宗实录》卷一四一四，乾隆五十七年十月丙子。

139 《清史稿》卷五二五《藩部八·西藏》。

140 《清史稿》卷五二五《藩部八·西藏》。

141 宫中档，乾隆五十三年九月二十五日，转引自庄吉发《清高宗十全武功研究》。

142 《清高宗实录》卷一三二六，乾隆五十四年四月甲午。

143 《西藏地方历史资料选辑》，总理藏务和琳奏谒见达赖、班禅折。

144 《清高宗实录》卷一四一四，乾隆五十七年十月戊辰。

145 《清高宗实录》卷一四一九，乾隆五十七年十二月辛卯。

146 《清高宗实录》卷一四一一，乾隆五十七年八月癸巳。

147 《清高宗实录》卷一四一九，乾隆五十七年十二月辛卯。

148 《清高宗实录》卷一四八七，乾隆六十年九月乙丑。

149 《清高宗实录》卷一三〇七，乾隆五十三年六月乙卯。

150 《清高宗御制诗五集》卷七六《廓尔喀拉特纳巴都尔遣使悔罪乞降因许其请命凯旋班师志事》。

151 《清高宗实录》卷一四一四，乾隆五十七年十月戊辰。

152 《中国近代史》，转引自庄吉发《清高宗十全武功研究》。

153 《清高宗实录》卷一四一五，乾隆五十七年十月乙酉。

154 《清高宗实录》卷一四三一，乾隆五十八年六月戊寅。

155 《清高宗实录》卷一四三二，乾隆五十八年七月己亥。

156 《掌故丛编》第7辑，乾隆五十八年八月初六日上谕。

157 《清高宗实录》卷一四三五，乾隆五十八年八月己卯。

158 《清高宗实录》卷一四三五，乾隆五十八年八月乙酉。

159 《清高宗实录》卷一四三五，乾隆五十八年八月戊子。

160 《清高宗实录》卷一四三六，乾隆五十八年九月辛卯。

161 《清高宗实录》卷一〇二〇，乾隆四十一年十一月辛巳。

162 《清高宗实录》卷八三一，乾隆三十四年三月己酉。

163 严如熤：《苗防备览》卷八《风俗考下》。

164 严如熤：《苗防备览》卷二二《杂识》。

165 《清高宗实录》卷一二八〇，乾隆五十二年五月庚辰。

166 《清高宗实录》卷一四七一，乾隆六十年二月壬午。

167 《清高宗御制诗五集》卷九八《福康安和琳奏攻克苏麻寨一带贼巢诗以志事》。

168 《清高宗实录》卷一四七〇，乾隆六十年二月丁卯。

169 《清高宗实录》卷一四七三，乾隆六十年闰二月戊申。

170 《清高宗御制诗五集》卷九六《福康安奏报大剿逆苗攻解松桃之围诗成二十韵志喜》。

171 《清高宗实录》卷一四七四，乾隆六十年三月辛酉。

172 《清高宗实录》卷一四七五，乾隆六十年三月庚午。

173 《清高宗实录》卷一四七二，乾隆六十年闰二月丁亥。

174 《清高宗实录》卷一四八〇，乾隆六十年六月壬午。

175 《清高宗实录》卷一四八〇，乾隆六十年六月己丑。

176 《清高宗实录》卷一四八一，乾隆六十年六月乙巳。

177 《清高宗实录》卷一四八二，乾隆六十年七月壬子。

178 《清高宗实录》卷一四八七，乾隆六十年九月丙寅。

179 《康雍乾时期城乡人民反抗斗争资料》下册，第822页。

180 《清高宗实录》卷一四六二，乾隆五十九年十月己巳。

181 《清高宗实录》卷一四六二，乾隆五十九年十月壬戌。

182 《清高宗实录》卷一四五九，乾隆五十九年八月己巳。

183 《清仁宗实录》卷七二，嘉庆五年八月乙丑。

184 魏源:《圣武记》卷九《嘉庆川湖陕靖寇记一》。

185 《康雍乾时期城乡人民反抗斗争资料》下册，第825页。

186 史普善:《弇山毕公年谱》。

187 《清仁宗实录》卷四，嘉庆元年四月丙子。

188 《清仁宗实录》卷三，嘉庆元年三月丁巳。

189 《勘靖教匪述编》卷九。

190 魏源:《圣武记》卷九《嘉庆川湖陕靖寇记二》。

191 魏源:《圣武记》卷九《嘉庆川湖陕靖寇记二》。

192 魏源:《圣武记》卷九《嘉庆川湖陕靖寇记二》。

193 魏源:《圣武记》卷九《嘉庆川湖陕靖寇记三》。

194 《清仁宗实录》卷三八，嘉庆四年正月。

195 《清仁宗实录》卷三七，嘉庆四年正月癸亥。

196 《清仁宗实录》卷四〇，嘉庆四年三月癸酉。

第十一章　禁城黄昏

　　乾隆六十年，乾隆皇帝在位周甲，年龄已达八十五岁。这时，在经过长期的准备之后，乾隆皇帝向全国臣民公布了储君的名字，并于嘉庆元年正月举行了传位大典，过起了太上皇生活，从而掀开了他的一生政治活动中的最后的一页。

第一节　两次建储

　　建储是归政的前提，为了挑选理想的储君，并处理好皇储之间的关系以实现最高权力的顺利过渡，在长达六十年的漫长岁月中，乾隆皇帝进行了反复的选择，经历了曲折的历程。

一、初次秘密建储和建储思想的改变

　　有鉴于康熙末年以来激烈的皇储之争和诸皇子争夺储位乃至最高权力的斗争严重地影响了清朝统治的巩固和皇权的

加强，雍正皇帝即位以后，立即对建储制度进行了重要的改革，由原来的明立皇太子改为秘密建储。雍正皇帝的这一决定，是清初以来历代统治者经过长期的摸索并付出巨大代价之后的一个结果，对于处理皇储关系、储君和其他皇子之间的关系以及加强皇权、安定形势、巩固统治都有着重要的意义和作用。因而，雍正时期皇权极度加强；雍正皇帝去世之后，最高权力的过渡也极为顺利，使得雍、乾两朝最高统治核心一直保持着长期的相对稳定的局面，对于清朝统治全盛局面的形成，对于社会的安定和社会经济的迅速发展都发挥了积极作用。

　　但是，乾隆皇帝即位之初，由于受传统建储观念的影响和缺乏政治经验，他对秘密建储制度的认识较其父雍正皇帝大有倒退。两千多年以来，中国历代君主大多是以在位期间公开预立储君为建储基本方式，在建储时，又以"立嗣以嫡不以长，立嫡以长不以贤"为基本原则。而且，经过春秋以后历代儒家大师的阐释、发挥和美化，这一思想几乎被所有人普遍接受，成为一种极其顽固的习惯观念。这种根深蒂固的传统建储观念不能不给乾隆皇帝以极其深刻的影响。就秘密建储制度的实质而言，是以牺牲和侵犯储权的方式无限制地加强皇权，作为秘密建储制度制定后的第一代储君，在"备位藩封"十几年的时间里，乾隆皇帝曾经深受其苦。即位之后，地位虽然发生变化，但是当时处境却历历如昨，难以忘怀。因而，相当长的一个时期之中，对于秘密建储的做法，乾隆皇帝极为反感。兼之以乾隆皇帝即位之时，年仅二十五岁，虽然已有三子，但却皆在童年。十来年的时间内，并不存在皇储之争的客观环境和条件。乾隆元年七月初二，他虽然恪遵"三年无改于父之道"的古训，当着诸王大臣之面将亲书所立储君之名缄密封固，并将之照例藏于乾清宫最高处之"正大光明"匾额之后，但是在一些言行中，却流露出他对秘密建储制度极深的成见。

首先，在乾隆皇帝看来，作为储君尚未成年时的一种临时措施，秘密建储制度只是一种"酌权剂经之道，非谓后世子孙皆当奉此以为法则也。将来皇子年齿渐长，日就月将，识见扩充，志气坚定，万无骄贵引诱之习，朕仍应布告天下，明正储贰之位"。[1]他还不无含蓄地说："若夫以建储为嫌忌而不肯举行者，此庸主卑陋之见，朕所深鄙者也。"[2]表现了他对雍正皇帝秘密建储制度的不满。

其次，对于储君人选的标准，乾隆皇帝也拘泥于以往立嫡立长的旧说，对于清初以来各帝和他自己"皆未有以元后正嫡绍承大统"的历史，深为遗憾。为此，他暗下决心，"必欲以嫡子承统，行先人所未曾行之事，邀先人所不能获之福"。[3]乾隆元年七月首次秘密建储时，他即将嫡妃富察氏所生的皇二子永琏内定为储君；乾隆三年十月，永琏病殁之后，他又想将富察氏皇后所生之皇七子永琮内定为储君。仅因不久之后永琮也接着殇逝，乾隆皇帝的这一愿望才没有实现，但是由此也可以看出，传统建储观念对他的影响是何等之深。

再次，秘密建储，"密"是一个基本条件。对此，乾隆皇帝也做得很不好。乾隆十二年底，乾隆皇帝心目中的继嗣永琮殇逝之后，为了挑补新的继嗣人选，他曾先后降旨军机大臣讷亲、傅恒等，"大阿哥断不可立"，"至三阿哥，朕先以为尚有可望，亦曾降旨于讷亲等"。[4]正是因为保密不好，导致了孝贤皇后富察氏死后乾隆皇帝和皇长子永璜、皇三子永璋父子之间的隔膜和矛盾。所有这些情况表明，在即位之后十几年的时间中，对于秘密建储制度的意义，乾隆皇帝的认识尚极为肤浅。

继乾隆十二年底皇七子永琮殇逝之后，乾隆十三年春，孝贤皇后富察氏又病死于东巡途中，乾隆皇帝建储立嫡的愿望完全落空了。对此，乾隆皇帝本人极为悲痛。然而，作为年龄较大的皇长子永璜和皇三子永璋，却如置身事外，漠然处之，"并无哀慕之忱"，"于人子之道，毫不能尽"，[5]在乾隆皇帝看来，皇长子永璜甚至还有"母后崩逝，弟兄之内，惟我居长"，幸灾乐祸、觊觎储位的念头。[6]这使乾隆皇帝极为不满，当即对之严加训饬，指斥其"于孝道礼仪，未克尽处甚多"。[7]几个月后，乾隆皇帝又再次降旨，对他们在孝贤皇后死后觊觎储位的非分之想提出严厉警告："此二人断不可承继大统"，"若不自量，各怀异意，日后必至弟兄相杀而后止。与其令伊等弟兄相杀，不如朕为父者杀之。伊等若敢于朕前微露端倪，朕必照今日之旨，显揭其不孝之罪，即行正法。"[8]经过这一事件的教训，他对秘密建储制度的看法开始发生转变。一是放弃了建储立嫡的传统原则。乾隆十三年六月，在解释以前立皇后所生之皇二子永琏为嗣以及欲立皇七子永琮为继嗣的动机时，他说："从前皇太子、七阿哥，朕亦非以系皇后所生，另加优视，因较众阿哥实在聪明出众，亦尔众人所共见共闻者。"[9]二是重申雍正皇帝关于秘密建储的有关规定，严禁满汉大臣对此进行干预。他警告道："如有具奏当于阿哥之内选择一人立皇太子者，彼即离间父子、惑乱国家之人，朕必将伊立行正法，断不宽贷。"[10]如果说，在这时他还只是针对具体问题就事论事的话，那么几年之后，他的认识便进一步提高，并开始对两千多年以来的传统的建储制度进行了初步的否定和批判。乾隆十八年时，他说："古称建储为国本大计，朕酌古准今，深知于理势有所难行"，"建储一事，亦如封建井田，固不可行之近世也。"[11]

与此同时，有鉴于诸子陆续长成，为了防止前朝争储、夺嫡的斗争再度重演，乾隆皇帝还分别采取了一系列的重要措施。其主要者，一是加强对诸皇子的教育。据在此时入值军机处的著名文人赵翼记载，每日五更，皇子们便按照规定进入书房读书，作诗文，"每日皆有程课"。诗文毕，"则又有满洲师傅教国书、习国语及骑射等事，薄暮始休"。[12]对于诗文不佳、学业不好、骑射不优或不经奏闻，擅自行动的皇子，乾隆皇帝则予以斥责和惩罚。对于"平日怠惰，不能尽心课读"的师傅，或罚俸，或革职。[13]

二是对皇子们的地位和权势严加限制，不给其以竞争储位的政治资本。据《清高宗实录》记载，至乾隆三十年十一月以前，除了皇四子永城、皇六子永瑢因分别出继履亲王允裪、慎郡王允禧而得赐爵位之外，其他皇子一概没有任何爵位。而且，对于封有爵位的那两个皇子也严格限制其器用服饰，规定"一应服用，仍应照皇子之例"。[14]对皇子限制之严、待遇之低，超过了历史上的任何君主。

三是在没有物色到合适的储君人选以前暂不秘密建储。乾隆十三年以后，对于储君人选的标准，乾隆皇帝的要求一度至为苛严。因而，从此之后二十多年的时间里，几个年长的皇子都因些微过失而失去了被乾隆皇帝立为储君的资格。首先是皇长子、皇三子因为临丧不敬而遭到了乾隆皇帝的严厉申斥。受此打击，皇长子忧惧成疾，一病不起，并于乾隆十五年三月死去。而皇三子也从此一蹶不振，被乾隆皇帝排除在建储考虑范围之外。乾隆二十年以后，陆续成人的皇四子永城和皇六子永瑢也先后失去了乾隆皇帝的宠爱。[15]为此，乾隆二十四年，他将皇六子永瑢出继慎郡王允禧，乾隆二十八年时，又对皇四子永城也采取同样行动，以其出继履亲王允裪。对于皇五子永琪，乾隆皇帝的印象一度颇好，有意将其定为储君，[16]不幸的是，乾隆三十一年三月，永琪因病去世。这样，乾隆三十一年以后，乾隆皇帝不得不把建储目标扩大到乾隆十一年以后出生的几个儿子身上。当时，乾隆皇帝共有七子。除了皇四子、皇六子已经出继之外，可以作为建储对象的是皇八子永璇（乾隆十一年生）、皇十一子永瑆（乾隆十七年生），皇十二子永璂（乾隆十七年生）、皇十五子永琰（乾隆二十五年生）和皇十七子永璘（乾隆三十一年生）等五人。乾隆三十一年七月，皇后乌拉纳喇氏病死。乾隆皇帝以其南巡途中忤旨剪发，因命丧仪视同皇贵妃。这一事件当然会对她所生的皇十二子永璂发生不利影响，兼之以永璂本人在众兄弟之中并未引起乾隆皇帝的特别注意，因而他首先被乾隆皇帝筛选下去。其次是皇十一子永瑆，文理虽然颇优，但对乾隆皇帝极为注重的国语骑射却向不措意。乾隆三十一年五月，乾隆皇帝又发现他仿效汉人陋习自取别号，当即对其严加申斥。[17]在乾隆皇帝看来，他的这些问题都是属于重大缺陷，当然不能作为建储对象。再次是皇八子永璇，虽然在当时的几个皇子中年龄较长，但"为人轻躁，做事颠倒"，[18]"沉湎酒色，又有脚病，素无人望"。[19]乾隆三十五年五月，他又因私自外出而受到乾隆皇帝的公开斥责。[20]乾隆皇帝所定建储标准本来甚高，永璇举止行为如此，当然不堪膺此重任。

这样，经过二十多年的考察筛选，至乾隆三十五年乾隆皇帝六十寿辰时，所有年龄较长的皇子几乎被乾隆皇帝淘汰净尽。在这一过程中，乾隆皇帝虽然不无求全责备之病，但是因为态度严肃认真，却有效地防止了前朝争储夺嫡斗争的重演，对于乾隆皇帝专制统治的进一步加强，对于社会的安定，都起到了重要的作用。

二、再次秘密建储和对建储理论的发展

乾隆三十八年时，乾隆皇帝已经六十三岁。按照常人年龄来说，已经进入了一生中的晚年时期。对他而言，建储一事迫不可缓。这时，经过反复的选择，当年冬天，乾隆皇帝以皇十五子永琰为内定储君，再次秘密建储。由于乾隆皇帝主持国家政务已近四十年，各种政治经验已经相当丰富，因而这次建储，乾隆皇帝做得十分秘密。建储之前，并未就建储时机和储君人选与任何人商量，书写建储密旨并将之藏于乾清宫"正大光明"匾额之后的活动，也一反雍正皇帝和自己首次建储时的旧方式，根本没有召集诸王文武大臣公开宣示。只是在一切办妥之后，方才将此事"谕知军机大臣"。与

此同时，为防不虞，还另书同样密旨一道藏于小匣内随身携带，以备异日勘对之用。因为全部过程都做得极为秘密，不但当时所有档案文献中未曾留下乾隆皇帝再次建储的确切日期，而且在乾隆皇帝建储之后很长一段时间里，除个别军机大臣之外，全国臣民几乎都不知道乾隆皇帝已经建有储君，以至乾隆四十三年秋乾隆皇帝三次东巡盛京时，锦县生员金从善还为此而专门上书乾隆皇帝，要求建储。后来，人们虽然从乾隆皇帝批驳金从善的谕旨中得知乾隆皇帝数年前已经建储，并且对于谁是储君也多所猜测，但是由于乾隆皇帝保密工作做得好，将近二十年的时间里，人们猜来猜去，始终不得要领。

　　乾隆四十年代和五十年代初，不少人因为皇六子永瑢总办乾隆皇帝七旬万寿庆典颇为卖力而皇长孙绵德恩眷颇隆，因而推测"顷年储贰之匾额藏名，或以为皇六子永瑢，或以为皇长孙"。[21] "皇六子最为宠爱，皇帝方属意云。"[22]乾隆四十一年，绵德私下交通礼部郎中秦雄褒案发并因此而被革去王爵，谪居泰陵，而乾隆皇帝并无撤换建储密旨之事，于是人们把注意力一下子都集中到了皇六子永瑢身上。"今长孙既出，而更无改藏之事，始知属之永瑢无疑云。"[23]乾隆五十五年五月，质亲王永瑢病死，这两种推测最后都被事实推翻，这样，人们又改变目标，将宝盒押在了皇十一子成亲王永瑆和皇十五子嘉亲王永琰两人身上。乾隆五十七年时，他们认为："第十一子成亲王永瑆，为人恺悌，最著仁孝，故甚见钟爱。第十五子嘉亲王永琰，聪明力学，颇有人望。皇帝属意在此两人中，而第十一子尤系人望。"[24]乾隆五十八年十二月，绵恩晋封定亲王，于是，当时舆论于嘉亲王永琰之外，又加上了皇次孙绵恩。"皇子见存者四人，八王、十一王、十七王俱无令名，惟十五王饬躬读书，刚明有戒，长在禁中，声誉颇多。皇孙中皇长子永璜之子定郡王绵恩，才勇过人。自八岁已能骑射命中，派管旗营，最承恩宠。今年正月，谕旨褒嘉，晋封亲王。彼中物议，皆以为来头属意者，当不出此两人中云。"[25]由此可见，尽管通过排除法，至乾隆五十九年时，人们的推测逐渐接近于实际，但是由于乾隆皇帝对此一直是"至严至密"，[26]储君的真正人选一直未能准确地被推断出来。直到乾隆六十年新正，乾隆皇帝于家宴时对子孙普加赏赉，"而独不及于永琰"，并且还意味深长地说："尔则何用银为?"[27]这时，人们才从乾隆皇帝的这些言行中最后准确地判断出皇十五子嘉亲王永琰才是乾隆皇帝的内定储君。然而这时距离乾隆皇帝公开下诏宣布皇太子名字只有半年左右的时间，即使人们普遍知道此事，已对政局不会发生什么不良影响了。可见，乾隆皇帝再次秘密建储在"密"字上面收到了明显的效果。

乾隆皇帝再次秘密建储使得虚悬三十五年之久的"国本"问题得到了解决，尽管如此，乾隆皇帝并不认为全部问题已经解决，自己可以从此高枕无忧了。在他看来，至少还有两项工作需要他长期而认真地去完成。

首先是对所建储君的进一步考察工作需要继续进行。因为再次建储时乾隆皇帝的选择面仅仅是皇十五子永琰和皇十七子永璘二人，而且被其选中的皇十五子永琰当时年仅十五岁，无法逆料其日后发展情况，兼之以乾隆皇帝又是在极其秘密的情况下独自一人做出的决定，这一决定究竟是否正确，乾隆皇帝本人也无十分把握，因而继续对储君进行长期考察便显得十分重要。为此，乾隆三十八年冬至节南郊大祀时，乾隆皇帝特命诸皇子陪祀，并以所定储君之名，默祷上帝："所定之子若贤，能承大清基业，则祈昊苍眷佑，俾得有成；若其人弗克负荷，则速夺其算，毋误国家重大之任，予亦可另行选择。"[28]乾隆四十八年秋，乾隆皇帝四次东巡时，他又以同样内容默祷太祖、太宗之神灵。与此同时，乾隆皇帝本人则利用二十多年的时间对所定储君的品质和才能随时进行默察。一直到乾隆六十年乾隆皇帝在位周甲之际，方才

公布了储君名字，并于此后不久立即举行了传位大典。可见，为了选择储君，乾隆皇帝耗费了多大的心血！

其次，储君既设，如何处理自己和其他皇子之间的关系也愈显重要。处理得好，可以进一步巩固自己的统治，并顺利地实现最高权力的过渡。反之，各种不虞事件随时都有可能发生。为此，乾隆皇帝恩威兼施，两手并用。

就施恩方面而言，一是根据乾隆后期诸子多已成年，对于地位和权力要求比较强烈的情况，适当满足他们的合理要求。如在纂修《四库全书》期间，乾隆皇帝即分别将皇六子永瑢、皇八子永璇和皇十一子永瑆任命为四库全书馆正总裁，其中之皇六子永瑢还曾管理过内务府事务。这样，既使他们的工作能力得到培养和锻炼，又易于加强乾隆皇帝对各个机构的控制。此后不久，在授予皇子爵位方面，乾隆皇帝也迈出了重要的步伐。前此，诸皇子得有封爵者，不是因为出继康熙诸子，就是临终之前加封，或者死后追封。乾隆四十四

年，乾隆皇帝首封皇八子永璇为仪郡王。乾隆五十四年十一月，为了庆贺自己的八十寿辰，乾隆皇帝又对诸皇子普予封爵，晋封皇六子永瑢为质亲王、皇十一子永瑆为成亲王、皇十五子永琰为嘉亲王、皇十七子永璘为贝勒。乾隆五十八年底，又将皇长子永璜之第二子绵恩晋封为亲王。二是加强接触以联络父子之间的感情。外出巡幸，大多皆令皇子随驾扈从；在京之时，也于百忙之中时常抽出时间临幸各皇子府邸。家人父子，时常团聚，彼此间的感情日益增进，当然不会发生互相疑忌、猜嫌的现象。

就施威方面而言，则是对诸皇子与外廷官员来往接触严厉禁止。一旦发觉，涉及人员立予严惩，不稍宽贷。如皇长孙绵德本来恩眷甚隆，但是乾隆四十一年时，乾隆皇帝得知他与礼部郎中秦雄褒私相往来，互馈礼物，当即大怒，下令革退绵德王爵，谪守泰陵，秦雄褒也为此而远戍伊犁。[29]同年七月，一个山西候选吏目严譜为了进行政治投机，竟然向军机大臣舒赫德投递包封，请立正宫。案发后，搜检其寓所违禁字迹时，又有"呈启四阿哥一纸"。对此，乾隆皇帝认为，"严譜乃微贱莠民，何由知宫闱之事。……且欲向四阿哥投递，其居心尤不可问"。"离间父子，实为乱民之尤，罪大恶极，必当审讯明确，典刑肆市，以示与众弃之之义。"[30]这样，严譜被凌迟处死。乾隆四十五年，大概是风闻六阿哥永瑢和皇次孙绵恩建储有望，山西巡抚喀宁阿利令智昏，竟向六阿哥及绵恩"呈递请安片子，并送鱼数尾"。[31]永瑢、绵恩怕招惹是非，赶紧将此事报告乾隆皇帝。结果，喀宁阿拍马未成，反而为此挨了一顿臭训。由于乾隆皇帝恩威兼施，双管齐下，因而在乾隆后期，诸皇子虽因年龄增长而对未来的皇帝宝座"觊觎者众"，³²但却始终没有发生像康、雍之际皇室内部骨肉相残的情况，乾隆皇帝的最高统治地位也一直处于极为巩固的状态之中。

乾隆后期，在乾隆皇帝关于秘密建储的各种活动中，特别值得称道的是他对长期以来的传统建储理论的批判。两千多年以来，中国历代君主皆于生前公开建储，并以立嫡立长为建储基本原则，有关记载也几乎充斥所有经史各书，在整个社会上形成了一种极其顽固的习惯观念。雍正皇帝实行秘密建储，无疑是对两千多年以来中国历代王朝传统建储制度的一个重大突破。可惜的是，雍正皇帝只是从实际斗争的需要出发，因势立法，而并未对此作出进一步的阐释，更不用说对传统的建储理论进行批判了。兼之以清朝统治者是以少数民族入主中原，而在所有臣民皆极表关心的建储问题上又如此标新立异，因而建储制度虽然改变，但至乾隆四十年代时，广大臣民尤其是一些泥古不化的封建儒生并不认为这是一种正常的、合理的现象，是一种历史的进步，反而认为这是清朝统治者"以不正之运自待"。³³乾隆四十三年九月，乾隆皇帝东巡时，锦县生员金从善从御道旁向乾隆皇帝投递呈词，要求建储立后，即是这种情绪的一个表现。为了对这股势力进行打击，乾隆皇帝下令将金从善斩首示众，虽是斗争之所必须，但是，乾隆皇帝也清楚地看到，广大臣民思想上的传统偏见单靠杀人并不能解决问题。为了破除全国臣民中普遍存在的这种传统偏见，乾隆皇帝通过对历史经验教训的总结，对传统的建储制度进行了深入的揭露和批判，并对秘密建储制度的意义进行了反复的阐释，从而为中国封建社会建储理论的发展做出了重要的贡献。

为了破除陈腐的传统建储观念，乾隆皇帝首先集中力量对两千多年以来的公开预立储君的方式进行了否定和批判。针对一帮泥古不化的封建儒生以为公开建储见之儒家经典的谬论，乾隆皇帝以子之矛，攻子之盾。他说："人君当以尧舜为法，唐虞之世，无所谓太子者，即夏后氏不传贤而传子，亦云启贤能敬承继禹之道，未闻立启为太子。"[34]"夫尧授舜，舜授禹，唐虞固公天下，即禹之传启，亦非于在位时有建立太子之事。"[35]与此同时，他还以大量的事例对历史上的公开建储制度的弊端进行了揭露。他说："太子之名，盖自周始，《礼记》因有《文王世子》之篇，其后遂相沿袭。"[36]而自此以后，很少不因此而发生祸乱。"秦汉豫立太子，其后争夺废立，祸乱相寻，不可枚举。"[37]所以如此，在于"有太子然后有门户"。[38]"盖一立太子，众见神器有属，幻起百端，弟兄既多所猜嫌，宵小且从而揣测，其懦者献媚逢迎以陷于非，其强者设机媒孽以诬其过，往往酿成祸变，遂至父子之间，慈孝两亏；家国大计，转滋罅隙"，[39]"而臣工亦必由此身罹刑宪，平心而论，其事果有益乎，无益乎？"[40]对于"立嗣以嫡不以长，立嫡以长不以贤"的传统建储原则，他也不遗余力地加以批判。他说："纣以嫡立而丧商，若立微子之庶，商未必亡也。"[41]"至于立嫡立长之说，尤非确论。汉之文帝最贤，并非嫡子；使汉高令其嗣位，何至有吕氏之祸？又如唐太宗为群雄所附，明永乐亦勇略著闻，使唐高祖不立建成而立太宗，明太祖不立建文而立永乐，则元武门之变，金川门之难，皆无自而起，何至骨肉伤残，忠良惨戮，此立嫡立长之贻害，不大彰明较著乎？"[42] "明洪武时，懿文太子既殁。刘三吾建议，谓皇孙世嫡，礼宜承统，洪武泥于法古，遂立建文为皇太孙。其后酿成永乐靖难之变，祸乱相寻，臣民荼毒，皆刘三吾一言丧邦之所至也。"[43]对于历史上多次发生的"因爱其母而欲立其子"的现象，[44]乾隆皇帝更为鄙薄。他说，明神宗时，"内宠固结，觊觎非分，以致盈廷聚讼，骨肉生嫌，前事具在，可为殷鉴"。[45]他表示："本朝家法，则无是也。"[46] "惟期慎简元良，从不稍存私爱。"[47]根据这些史实，他断言："建储册立，非国家之福，召乱起衅，多由于此。"[48]对于历来的建储理论，他也从历史进化的观点出发，予以彻底否定。"总之，建储一事，即如井田、封建之必不可行。"[49]

为了使广大臣民尤其是使诸皇子汲取这些历史经验教训，乾隆四十八年十月，他特命诸皇子、军机大臣及尚书房总师傅等"将历代册立太子事迹有关鉴戒者"，"勒成一书，以昭殷鉴"。[50]根据他的这一指示，皇子等将周平王、王子带、汉惠帝、汉景帝太子荣、汉武帝戾太子据以下，以至隋文帝废太子勇、唐高祖隐太子建成、唐太宗太子承乾、明惠帝、明仁宗、明光宗等"因建立储贰致酿争端者"三十三事编成《古今储贰金鉴》一书，并由乾隆皇帝御制序文后收入《四库全书》。这对于破除社会上传统的建储偏见，对于加强皇子教育都起了重要的作用。

在对历史上公开建储弊端进行揭露和批判时，乾隆皇帝还对一些人要求建储的动机进行了尖锐的揭露和批判。虽然这些人数量极少，但是作用十分恶劣，欺骗性极大，因而乾隆皇帝在对之进行揭露和批判时都更为严厉，不留任何余地。如乾隆四十三年在对金从善要求建储的呈词进行批驳时，他即先后指出："朕每论自昔为建储之请者，大率自为身谋，即年已老耄，亦为其子孙计；明执古礼以博正人之名，隐挟私见以图一己之利，若而人者，实无足取。"[51] "盖从来谏请立储者，动辄征引古说，自以为得忠臣事君之道。不知其心，隐以为所言若得采纳，即属首功，可博他日之富贵。名议国是，而实为身谋。即或其年已老，亦为其子孙计，大端不出乎此。朕今为之抉其隐微，作伪者尚何所托辞乎？"[52] 因而，对于建言立储者，他一直表示深恶痛绝的态度。直到乾隆六十年九月归政前夕，他还说："若未经颁旨以前，设臣工中或有建议立储者，其人必非真怀忠爱。不过托为谠论，阳附正人君子之列，实则冀徼后福，阴为夤缘干进之阶，非为名，即为利，而名利两收，终归为利者多。" "似此莠言乱政之人，自当立予重辟。"[53] 这样，由于他的反复揭露和批判，自从乾隆四十三年金从善案件发生以后，二十来年的时间里，无人再敢就此建言，乾隆皇帝的秘密建储政策得到了顺利的推行。

在集中力量批判公开建储弊端的同时，乾隆皇帝还从秘密建储制度推行之后的社会效果和制定这一制度的出发点两个方面，对秘密建储制度的意义作了充分的阐述。早在批驳金从善要求公开建储的谬论时，他即以康熙皇帝临终之际"一言而定大计"，以致雍正皇帝即位后"内外帖然"，以及自己通过建储密旨即位后"人情亦甚辑宁"而指出："此即不建储之益，固天下臣民所共见共闻者也。"[54] 归政前夕，他又满怀自信地宣称："千万世后，必有以（秘密建储）为非者，且令其平心观我祖宗及朕所行，与国家之得实益，政治之享太平与否可耳。"[55]对于秘密建储的动机，他也反复阐释："盖不肯显露端倪，使群情有所窥伺，此正朕善于维持爱护之深心也。"[56]"朕虽不明立储嗣，而于宗祐大计，实早为筹定，特不效前代之务虚文而贻后患耳。"[57]因此，他认为："总之，不可不立储，而尤不可显立储，最为良法美意。"[58]

为了防止后世子孙废弃这一基本制度，乾隆后期，他多次宣称，秘密建储制度是本朝重要"家法"，并要求"世世子孙，所当遵守而弗变"。[59]他说："若朕之子孙，皆以朕此心为心，实大清国亿万斯年之福也。"[60]他还断言，如果后世子孙放弃这一政策，恢复古制，必致"酿成大祸"。如乾隆四十三年时，他即预言："倘亿万年后，或有拘泥古说复立太子之人，必不能安然无恙，及祸患既生，而始叹不悟朕言，悔当晚矣。"[61]后来，他又就此一再发出警告："其有欲遵古礼为建立之事者，朕亦不禁，俟至父子、兄弟之间，猜疑渐生，酿成大祸时，当思朕言耳。"[62]"即亿万年后，朕之子孙有泥古制而慕虚名，复为建立之事者，亦所不禁，但人心不古如江河日下之势，父子之间必有为小人构成衅隙，复启事端，彼时始信朕言之不爽，然悔已晚矣。"[63]由于乾隆皇帝的反复申述，秘密建储制度普遍地为统治集团中的各阶层人士所理解和接受，从而成为此后清朝历代统治者建储时所必须遵行的一个"家法"，以致此后一百多年的时间里，最高统治集团中虽然斗争连绵不绝，但在最高权力过渡中始终没有发生较大的问题，对于最高统治集团核心的长期稳定和整个社会的安定都起到了相当重要的作用。

　　乾隆皇帝坚持秘密建储以及为此而对传统建储理论进行的批判，和他在位期间采取的其他许多措施一样，其目的都是为了加强自己的专制统治，而且，就其效果而言，也不像他本人宣扬的那样天花乱坠、完美无缺，而是存在着一些严重的弊端和问题。其主要者，一是这一制度是封建专制主义极端加强的一个产物，初创时期的于传子之中寓传贤之意的初衷无法实现。掌握挑选储君大权的只是皇帝一人，在拣选储君时，往往只是从巩固自己统治的角度出发，将皇子对自己的忠诚视之为"德"，将平庸作为"仁孝"，而视才干为不安本分，重"德"轻才。被其选中者，往往只是二流三流的凡庸之辈。二是这种建储方式对于皇子们的教育也极为不利。秘密建储制度形成之后，为了取得储君的资格，首先必须取得在位皇帝的承认和好感。因而，乾隆以后，皇子们为国事而向皇帝进谏之事不再发生，入关前后皇族子弟奋发有为、建勋立业的场面一去不返，几乎所有皇族子弟都变成了一批愚忠愚孝之徒而在政治上毫无作为。因而，这一制度的推行尽管对于乾隆以后最高统治集团的稳定和社会的安定起了一定的积极作用，但是同样不可否认的是，乾隆以后的历代清朝皇帝则是一代不如一代。其间原因固然极为复杂，并不单是秘密建储制度一项完全解释清楚的，但也绝非和秘密建储毫无关系。

　　因为秘密建储对于清代政局有着如此明显的消极作用，因而不能对其盲目推崇，评价过高。只不过，在当时的历史条件下，和传统的建储方式相比较，秘密建储制度毕竟较为进步，毕竟有利于社会的安定和社会经济的发展。为了推行

515

这一制度，乾隆皇帝既不惑于世俗偏见，敢于对传统的建储理论进行批判；又能根据实践需要，将雍正皇帝的旧有规定加以发展，与此同时，在理论上也作了比较充分的论证。就此而言，这种进取精神和实事求是的态度，还是值得肯定的。

第二节　八五内禅

一、归政思想的提出和传位大典

　　建储问题的圆满解决为归政铺平了道路。这样，在乾隆皇帝在位六十周年之际，乾隆皇帝举行了传位大典并向全国臣民颁布了归政诏书，从而迎来了他一生中最后的岁月。

　　建储虽为归政之前提，但是，乾隆皇帝提出归政思想的时间却早在建储之前。而且，最初提出这一思想的目的只是祈求长寿，并没有有意识地将其和建储问题相联系。据乾隆皇帝自称，早在雍正十三年九月，乾隆皇帝举行即位大典之时，即曾焚香告天："昔皇祖（指康熙皇帝）御极六十一年，予不敢相比。若邀穹苍眷祐，至乾隆六十年乙卯，予寿跻八十有五，即当传位皇子，归政退闲。"[64]乾隆皇帝的祖父康熙皇帝冲龄即位，在位六十一年，终年六十九岁，在前此所有清代帝王中已为高寿。而乾隆皇帝即位时，已经二十五岁；六十年后，将至八十五岁高龄，因而，尽管他在口头上表示自己不敢上比皇祖在位六十一年之数，但就其本意而言，则是希望自己在年寿上超越康熙皇帝。乾隆二十五年时，乾隆皇帝度过了他的五十寿辰，而身体却康健如昔，兼之其生母崇庆皇太后也非常健康，因而，乾隆皇帝的胃口也越来越大，一度改变主意，表示只要崇庆皇太后健在，即使在位周甲，自己也不提归政之事。这样，他在六十岁以后，虽曾下令"豫葺宁寿宫，为将来优游颐养之所"，[65]并于乾隆三十七年十一月第一次向诸皇子公开提及归政之事，[66]但在实际活动中，却对归政一事表示了相当消极的态度。

　　乾隆四十二年正月崇庆皇太后的去世使得乾隆皇帝失去了不实行归政的借口，而次年东巡时金从善上书表请建储又使归政和建储问题发生了密切的联系。从金从善要求建储的呈词中，乾隆皇帝明显地感到一些臣民对自己"贪恋天位"的不满。为了替自己进行辩解，他一方面以历史上的许多帝王为例，大讲其"为君之难"，如针对唐宣宗、宋太宗、宋仁宗、宋英宗等对建储所持的抵触情绪，乾隆皇帝批评他们"惟知席丰履厚，以为君为乐，而不知为君之难也"。[67]对于宋高宗、宋孝宗等"值多事之秋，当励其有为之志，乃未及耄期，而遽行内禅"，他的批评更为严厉，指责他们"图遂一己之佚乐，而不顾国计之重轻，其人实不足取，则又朕所深薄者耳"。[68]另一方面，又反复表示自己无意久恋天位，他说："设或七旬、八旬以后，神志稍衰，不能似今之精勤求治，亦不肯贪天位以旷天工，且历代帝王，享位至四五十余年而归政者，实所罕觏。朕非不知足者，又何必定以六十年为期乎？"[69]至此，"八五归政"最后才算确定下来。

　　乾隆五十五年，乾隆皇帝度过了他的八十寿辰。由于距离"八五归政"之期日渐接近，兼之以随着年龄的不断增长，健康状况也大不如前，归政一事逐渐提上了乾隆皇帝的议事日程。凡逢节庆寿诞，无不以归政为念；诗赋词章，也时以传位为题。乾隆五十八年以后，距离归政之期愈益接近，各种准备工作皆着手进行。乾隆五十八年四月，乾隆皇帝以归政在即，"嘉惠士林之典尤应预为举行"，而决定从次年秋天开始至丙辰年春三年间连续举行归政恩科乡、会试和嗣皇帝恩科乡、会试。[70]乾隆五十九年底，又下令各直省督抚将历年以来所有民间积欠银一千七百余万两、粮食三百七十五万石概行豁免，"俾小民节年欠项，廓然一清，得以户庆盈宁，共游化宇"。[71]与此同时，还于往常每逢年底普赏八旗兵丁一月钱粮之外，由国库拨出银两，赏借王公以下以至闲散宗室觉罗、八旗兵丁半年俸饷。[72]乾隆六十年，有关归政的准备活动进入了高潮，各种加恩活动一件接着一件。正月间，乾隆皇帝下令将因过查抄家产的官员未曾完纳部分全行豁免，以示"法外施仁，恩加无已至意"。[73]二月间，又下令增加"各直省岁试入学名数"。[74]虽然自己幼年时期的两个发蒙老师福敏和蔡世远已经故去多年，但为了感念他们的辅导之功，乾隆皇帝特将福敏晋赠太师，蔡世远加赠太傅，并各派员赐祭，以示"眷隆耆旧，崇礼师儒至意"。[75]与此同时，归政恩科会试和嗣皇帝恩科乡试也次第举行。

在一切准备工作大致就绪之后，乾隆六十年九月初三，在乾隆皇帝即位六十周年之际，乾隆皇帝召集皇子、皇孙、王公大臣于勤政殿，当众取出当年藏在乾清宫"正大光明"匾额后面的建储密旨，宣布立皇十五子永琰为皇太子，并决定次年新正举行传位大典。与此同时，还将皇太子生母令懿皇贵妃追赠为孝仪皇后，并为避讳起见改皇太子名为颙琰。十月朔日，向全国颁发嘉庆元年时宪书，并以传位大典"实为旷古吉祥盛事，允宜广沛恩纶，俾薄海群黎，共沾湛恺"而下诏"将嘉庆元年各直省应征地丁钱粮通行蠲免，以示朕与嗣皇帝爱育闾阎，同锡恩施至意"。[76]嘉庆元年正月元日，内外王公以下文武百官与朝鲜、安南、暹罗、廓尔喀等国使臣咸集太和殿，按班序列。尔后，礼部堂官首先至毓庆宫启请皇太子朝服出宫，恭候乾隆皇帝乘舆至太和殿升坐。这时，鼓乐齐鸣，皇太子以下所有官员皆跪伏殿内，由宣表官员跪宣传位诏书。尔后，大学士二人恭导皇太子至乾隆皇帝御座前俯伏跪地，由乾隆皇帝将"皇帝之宝"授皇太子，嗣皇帝率领群臣再次向乾隆皇帝行九叩大礼。庆贺礼毕，已经成为太上皇帝的乾隆皇帝还宫，接受公主、福晋及未受爵之皇孙、皇曾孙、皇玄孙行庆贺礼。嘉庆皇帝则御殿登极，接受群臣朝贺。礼部鸿胪寺官员则登上天安门城楼恭宣太上皇帝传位诏书及恩赦条款。当年正月初四日，乾隆皇帝又按预定计划在宁寿宫、皇极殿举行了较之乾隆五十年时规模更为盛大的千叟宴。眼见传位顺利，百事如意，乾隆皇帝再度挥毫：

> 归禅人应词罢妍，新正肇庆合开筵。
>
> 便因皇极初临日，重举乾清旧宴年。
>
> 教孝教忠惟一笃，日今日昨又旬延。
>
> 敬天勤政仍勖子，敢谓从兹即歇肩。[77]

至此，全国臣民所瞩目的授受大典最后完成，乾隆皇帝过上了太上皇帝的生活。

两千多年以来，由于公开预立储君，不只在君主生前皇、储之间矛盾重重，关系极难处理，而且储君与诸皇子之间的斗争也相当激烈。这些矛盾长期积攒的结果，往往在旧君去世，新君即位，最高权力过渡之际酿成一场惨祸，不是弟兄之间束甲相攻、兵戎相见，就是平时处于潜伏状态中的宦寺、女宠之辈乘机弄权，以致所立新君多非旧君意愿。雍正皇帝制定的秘密建储制度虽在旧君生前对于皇储斗争和诸皇子之间的斗争起了一定的限制作用，但是在其去世之后，其所指定的嗣君能否即位仍需视其托付是否得人而定，换言之，臣下仍然对嗣君废立起着一定的作用，建储中存在的一些漏洞并没有完全被堵塞。因而，雍正皇帝去世后，臣下请出其生前建储密旨时，因为名分未定，乾隆皇帝竟然"不敢自行启封"，而是"召同大学士鄂尔泰、张廷玉当面展缄敬阅"，由张廷玉于灯下宣读，方才名正言顺地即了皇帝之位。乾隆皇帝于生前自行传位，是对雍正皇帝制定的秘密建储制度的重要补充和发展。这一措施的推行，不但能使自己的建储意志完全实现，更重要的是，由于在传位过程中"明颁诏旨，亲御殿廷，付授神器"，[78]也避免了大臣等借机怙宠擅权的弊端。尽管乾隆皇帝"八五归政"在时间上似乎晚了一些，而且在归政之后也依然不适当地集大权于一身，但在当时的历史条件下，这种通过传位而实现最高权力过渡的方式还是可取的。

二、太上皇生活和去世

太上皇之称，肇始于皇帝制度形成以后的秦汉之际，本为在位皇帝对于生父之尊称。如秦始皇将其已故之父秦庄襄王追尊为太上皇，汉高祖刘邦将其在世之父亲刘太公尊为太上皇等。由于太上皇位置虽极为尊崇，但并无临政治民之实权，因而秦汉以后，一些皇族子弟在政治斗争中获得胜利、攫取皇位后，也将在斗争中失败的父亲或原来的皇帝尊为太上皇。如唐太宗通过玄武门之变杀掉政敌太子建成、齐王元吉之后，逼令其父唐高祖李渊退位，去当太上皇；又如明英宗被掳放还，当时其弟明景帝已嗣位为君，遂将英宗尊为太上皇。就此而言，两千多年来，尊称太上皇者虽然代不乏人，但在不少情况下，都不过是高级囚徒的代名词。

乾隆皇帝二十五岁即位，为了加强自己的专制统治，苦心孤诣地经营了六十年之久。年老退位，当然不愿去做这样的太上皇。为了继续保持自己的最高权力，早在宣布归政之日，他即决定，归政之后，将那些因为自己年老而不能胜任的各种祭祀和礼仪活动交由嗣皇帝办理，至于"军国大事及用人行政诸大端"，他则坚决地表示不能置之不问，"仍当躬亲指教，嗣皇帝朝夕敬聆训谕，将来知所禀承，不致错失，岂非国家天下之大庆"。[79]根据他的指示，军机大臣拟定传位事宜时，又使太上皇帝的礼仪规格和实际权力都远远地超出了嗣皇帝。按照这些规定，太上皇帝对人仍然自称为"朕"，太上皇帝谕旨称为敕旨；题奏行文遇太上皇帝字样，高三格抬写，皇帝高二格抬写；太上皇帝生辰称万万寿，皇帝生辰称万寿；文武大员进京陛见以及新授道府以上官员离京赴任皆需具折恭请太上皇帝恩训。而嗣皇帝拥有的权力，不过只是按期举行祭祀以及经筵、耕耤、大阅、传胪等礼仪活动而已。而且，还要向太上皇帝奏闻之后始得举行。[80]用他自己的话来说："朕虽然归政，大事还是我办。"[81]因而，乾隆皇帝之归政并非退位，不过是变亲政为"训政"而已！

在筹备归政事宜时，乾隆皇帝已为自己保留了极大的权力，而在传位大典举行以后的几年中，乾隆皇帝又大大突破了归政之时做出的许多承诺。

其一是居住地址。早在乾隆三十七年时，乾隆皇帝即命令修葺宁寿宫以为归政之后的优游颐养之所，而在传位大典举行之后，他却仍然居于养心殿。为了给自己找理由，他说："子皇帝初登大宝，用人理政，尚当时加训诲，何忍即移居宁寿宫，效宋高之自图安逸耶。"[82]嘉庆二年时，他又说："予即位以来，居养心殿六十余载，最为安吉。今既训政如常，自当仍居养心殿，诸事咸宜也。"[83]因为他"寝兴六十养心惯"，这样，已经即位的嘉庆皇帝只好仍然住在毓庆宫。

其二，嘉庆改元，例应将嘉庆时宪书通颁包括宫廷在内的全国各地。但是，在臣下以"一体循用新朔，于心实有所未安"为由而呈请宫中仍行使用乾隆纪年时，他却欣然同意，并将臣下恭进之乾隆六十一年新历"颁赏内廷皇子、皇孙及曾、元辈并亲近王大臣等，俾得遂其爱戴之忱"。[84]因而，一直到他去世时，宫中仍用乾隆年号。

其三，嘉庆改元，京中宝泉、宝源二局以及各省铸钱机构自应改铸嘉庆通宝，但是，为了表示对乾隆皇帝的尊重，在乾隆皇帝归政以后，却是"乾隆、嘉庆年号各半分铸"。[85]

其四，最主要的是，在国家事务的处理中，乾隆皇帝也没有遵守归政时做出的一些决定。归政之际，乾隆皇帝曾经给予嗣皇帝以处理各部院衙门及各省题奏本章及任免官员的权力。然而，归政之后，除了一些不关紧要的题本批答之外，乾隆皇帝一直牢牢地将批答奏折、任免官员的权力置于己手。为了对臣民有所交待，嘉庆元年时，他说："自揣精神强固，又曷敢自耽逸豫，遂即自谓闲人，是以至今每日披览章奏，于察吏勤民之事，随时训示子皇帝，俾得勤加练习，予庶不致有负昊苍鸿佑之恩。"[86]一直到嘉庆三年时，乾隆皇帝的眼力虽然已经大不如前，"然披阅章奏及一切文字未尝稍懈"。[87]虽然其中不少谕旨和奏折批答如镇压湘黔苗民起义、川楚陕白莲教起义的谕旨和奏折批答皆是以嘉庆皇帝的名义发出，但是由于军机处这一重要机构牢牢地控制在乾隆皇帝的手中，而嘉庆皇帝又须事事聆听太上皇帝教训，因而其中之内容，也大多体现了乾隆皇帝的意旨。总之，在三年太上皇期间，举凡官员任免、军务布置、政治举措、河工建设、蠲赈事宜等主要事务，乾隆皇帝无不躬亲其事，是一个名副其实的太上皇。

当然，因为不少礼仪活动已由嘉庆皇帝分担，乾隆皇帝在牢牢地把握着主要权力的同时，和归政以前相比较，肩上的担子还是大有减轻。因而，处理要务之外，空余时间相对增多。利用这些闲暇时间，乾隆皇帝有时长时间地静坐沉思，陷入对于自己童年生活深深的回忆之中：自己如何在父亲面前一字不遗地背诵经书，祖父如何开枪打死正在向自己疯狂扑来的大熊，又是如何夸奖自己和自己的母亲，一切的一切，都是那样的宛然如昨，历历在目，令人难以忘怀。试录二首，以见乾隆皇帝当时之情怀：

乘凉每爱倚长松，无碍翻来天籁重。

坐久不知时与刻，梵楼遥报午初钟。[88]

寅岁随来侍宴辰，分明一瞬七旬踆。

命皇妣领圣母觐，恩谕曾称有福人。[89]

回忆旧事之外，有时，乾隆皇帝也想到了将来。嘉庆三年春，乾隆皇帝的玄孙载锡成婚。因而，乾隆皇帝极盼其来年生子，好使自己于玄孙之外再见来孙。再者，当时乾隆皇帝已经八十八岁高龄，很希望能再活上十二年，凑成一个整数，开创一个帝王年龄史上的新纪录。嘉庆三年八月，他在一首诗中道出了这种心情：

仰望如霄上，俯临欣目前。

一身亲七代，百岁待旬年。

愿谓元者勉，喜瞻来者连。

自知不知足，又愿庶应然。[90]

乾隆皇帝虽然祈求长寿，但是，对于自己的后事，他也做了一些安排。其中，着手最早的是陵寝的选择和修建。乾隆皇帝即位之初，本想建陵于易州。后来，虑及雍正皇帝和自己相继于此建陵，后世子孙势必群趋而西，"则与东路孝陵、景陵日远日疏，不足以展孝思而申爱慕"，[91]因而改令于遵化一带选择建陵地址。乾隆七年三月，大学士回奏，胜水峪一带"地仿祖陵，土色细润，自属吉壤"。[92]于是乾隆皇帝决定在此建陵，并于此后不久正式破土动工。孝贤皇后去世后，为了早日将其梓宫下陵安葬，在乾隆皇帝的严旨督催下，工程速度加快进行。乾隆十七年，地宫建成。是年十月，乾隆皇帝亲送孝贤皇后梓宫奉移地宫，并对工程修建之"坚固宏整"甚表满意。[93]乾隆三十八年，陵寝修建工程最后完成，此后转入岁修阶段。[94]归政以后，在考虑后事安排时，乾隆皇帝又虑及因自己建陵遵化而使西陵遭到冷落，决定自嗣皇帝以下的后世子孙为帝者建造陵寝时，应"各依昭穆次序叠分东西，一脉相联，不致递推递远"。[95]嘉庆二年时，又派遣户部尚书范宜恒、礼部尚书德明、总管内务府大臣缊布等再次对陵寝进行修茸。[96]修建陵寝之外，对于自己身后的丧礼、谥法，乾隆皇帝也都各有布置。关于丧礼，他规定按历代帝王先例，以日易月，二十七日除服；不得仿效古礼，行三年之丧。他说："将来嗣皇帝如亦欲仿行古礼，当思天子之孝，与士庶异；我皇清之制，与汉姓殊。嗣皇帝仔肩重器，惟当效法祖宗及朕敬天爱民，法祖勤政，勉承付托，此即孝之大者。"[97]关于身后谥典，他也指示，只能谥之为"宗"，而不得谥之为"祖"。

　　进入嘉庆三年以后，乾隆皇帝的健康状况愈来愈差，失眠健忘症状也更加严重。据当时朝鲜使臣的观察："太上皇容貌气力，不甚衰耄，而但善忘比剧。昨日之事，今日辄忘；早间所行，晚或不省，故侍御左右，眩于举行。"[98]身体既已如此虚弱，自然易于感染疾病。当年十一月，就在臣下计划为他筹办九旬庆典之际，乾隆皇帝却因筹办平定白莲教起义事务过于焦劳感染风寒。虽经御医尽力调护，不久就愈，但留下了头目昏眩的后遗症。"饮食渐减，视听不能如常，老态顿增"，[99]精力也大不如前。嘉庆四年正月新正，乾隆皇帝尚出御乾清宫，接受嘉庆皇帝以下王公百官的朝贺。次日，病情突然恶化。闻知此讯，嘉庆皇帝急率御医前至养心殿救护。这时，已经进入弥留之际的乾隆皇帝握住自己指定的这个嗣皇帝的双手，"眷爱拳拳弗忍释"。[100] 尔后，即进入昏迷之中。延至次日凌晨，这个临御天下六十三年的老皇帝满怀着在位周甲、眼通七代的满足和未至百龄、不见来孙的遗憾离开了人世，终年八十九岁。

由于乾隆皇帝去世时已达八十九岁高龄，几乎超过了自古以来的所有的帝王，兼之以三年以前已经举行了传位大典，因而上自朝廷百官，下至黎民百姓，对于乾隆皇帝的去世都不觉得意外和突然。"皇城之内，晏如平日，少无惊动之意。

皆曰：此近百岁老人常事，且今新皇帝至孝且仁，太上皇真稀古有福之太平天子云。"[101] 与此同时，朝廷之上关于丧事的操办也有条不紊地循例进行。当天，乾隆皇帝遗体移殡乾清宫，嘉庆皇帝以下所有妃嫔、亲王、公主、福晋以及文武百官皆剪发成服，并成立了由睿亲王淳颖、成亲王永瑆、仪郡王永璇和大学士和珅、王杰等共同组成的治丧机构。几天之后，虽然和珅被捕拿治罪，但是各种治丧活动仍然照常举行。正月间，上其尊谥为"高宗纯皇帝"，并将梓宫移殡观德殿；二月间，决定开馆纂修《高宗纯皇帝实录》；三月，将乾隆皇帝陵寝定名裕陵。当年九月初二日，嘉庆皇帝奉乾隆皇帝梓宫自京发引。十五日，安葬裕陵地宫。从此，乾隆皇帝便在自己生前最崇敬的祖父康熙皇帝景陵的西面，伴随着一年一度的春雨桃李和秋风松涛，永远地安眠在裕陵之下的地宫之中。

第三节 嘉庆亲政

嘉庆四年正月乾隆皇帝去世之时，由他开始的不少政治活动都还没有结束。其主要者，如乾隆皇帝一直极为宠任的和珅，嘉庆亲政以后，此人权位如何？再者，乾隆后期，朝廷政务废弛，吏治全面败坏，政治危机和财政危机都空前严重，那么乾隆皇帝死后，其子嘉庆皇帝对此又是作何处理？还有轰动全国的白莲教大起义，直到乾隆皇帝去世之时还如火如荼、方兴未艾，后来这场起义的结局怎样？于此特设嘉庆亲政一节，略作叙述，以作本章之末篇。

一、诛除和珅

嘉庆皇帝亲政之初采取的第一个重要行动，是以迅雷不及掩耳之势一举诛除了权臣和珅。

乾隆皇帝归政之后，和珅在政治上弄权和在经济上贪黩都发展到了肆无忌惮的地步。首先是利用乾隆皇帝年老昏愦之际极力揽取权势。嘉庆二年，首席军机大臣阿桂病死，和珅升任首席军机大臣。这时，和珅一方面在中央各部院衙门以及地方各直省安插大批私人；另一方面又擅改成章，下令各部院衙门和各直省督抚将专门上给皇帝的奏折抄录两份，一份上奏皇帝，一份送给他所控制的军机处。这一新规定的推行使得和珅能够极为迅速地掌握全国各地的实际情况和广大官员的思想动向，并能较为准确地提出处理意见，因而乾隆皇帝对其愈加信任，委派给他的职务也越来越多。嘉庆二

嘉庆皇帝朝服像

年时，受乾隆皇帝之命，和珅于管理吏部事务之外又兼管刑部；不久，又以军费报销需要熟手管理，又令其兼管户部。至此，除首席军机大臣之外，和珅兼任之职务几乎遍及行政、文化、军事、财政和京师治安等许多方面。嘉庆三年时，白莲教起义领袖王三槐被捕，乾隆皇帝论功行赏，晋和珅公爵。在政治权势不断扩张的同时，和珅在经济上的贪黩也更加不择手段。举凡官吏任命、朝廷蠲赈、河工奏销、盐政税务甚至各地进贡和军费开支都成了他榨取财富的方式。这样，三年训政时期，和珅财富直线上升，过着穷奢极欲的豪华生活。"家中所建多宝阁及隔段式样，皆仿宁寿宫制度。其园寓点缀，竟与圆明园蓬岛瑶台无异"，"蓟州坟茔，居然设置享殿，开置隧道，附近居民有和陵之称"。[102]因为和珅声势显赫，许多官员竞相趋奉，唯恐落后。嘉庆三年，和珅妻病死，单是两淮盐政征瑞一人所送银两即达二十万两。一直到嘉庆四年正月和珅革职下狱时，京师步军统领衙门及巡捕五营尚有一千多名官兵为其营建宅第，与此同时，一些外地官员因为消息不灵，还在继续向他致送银两。其中山东巡抚伊江阿，举止更为荒唐。乾隆皇帝去世后，他竟写信给和珅，"劝和珅节哀办事"，[103]简直是把和珅当作乾隆皇帝的接班人了，和珅当时的权势如何，由此也可见其一斑了。

三年训政时期，在和珅的各种弄权活动中，最为严重的是他对嘉庆皇帝的控制。乾隆末年，和珅感到，乾隆皇帝年事已高，余日无多，如要继续保持政治特权，必须在嗣皇帝身上下些工夫。乾隆六十年九月乾隆皇帝公布皇太子名字前夕，和珅首先向嘉庆皇帝跪进如意，透露消息，大搞政治投机。传位大典举行之后，他又考虑到，嘉庆皇帝有自己的师傅谙达，此外，军机处、内阁和各部院衙门中不附于己的官员还所在多有。为了防止嘉庆皇帝和他们结合起来另成一股势力，和珅又先后采取各种措施，加强了对嘉庆皇帝的控制。嘉庆皇帝即位之初，其师朱珪正担任两广总督。这时，乾隆皇帝有意将其召进京城授以大学士之职。闻知此信，嘉庆皇帝寄诗以贺。事为和珅侦知后，立即向乾隆皇帝报告。乾隆皇帝当即大怒，将朱珪左迁安徽巡抚。在军机处和内阁之中，和珅也不断寻找打击对象。几年之中，凡是与嘉庆皇帝接近或是不附于己的高级官员，一概伺机陷害。因而，与之同列的嵇璜、刘墉、王杰、董诰等，无不受到乾隆皇帝的严厉指责。与此同时，他还将自己的亲信吴省兰安插在嘉庆皇帝身边，名义上是为其抄录诗草，实则是对其进行监视，并试图培养和增进嘉庆皇帝与自己的感情。对此，嘉庆皇帝虽然怀恨在心，但是为了保住自己的皇帝宝座，也不得不逆来顺受，甚至还利用一切机会对和珅百般巴结，"遇有奏纯庙者，托其代言"。与此同时，他还对众扬言，自己是倚和珅治理天下。[104]在和珅看来，嘉庆皇帝才不过中平，对自己又是如此尊重，而自己无论就势力或是就资格而言，充当"定策国老"绰绰有余，即使乾隆皇帝去世，自己的地位也一定会稳如泰山。因此，嘉庆四年正月乾隆皇帝病危之际，和珅面无忧容，"每进见后，出向外廷人员叙说、谈笑如常"。[105]然而，就在和珅梦想由乾隆皇帝的鹰犬变成嘉庆皇帝的国老之时，一场奇祸正在暗暗地向他逼近，以致乾隆皇帝去世不过半个月，这个一度声势极为显赫的权臣突然变成了乾隆皇帝的殉葬品。

嘉庆四年正月初三日，乾隆皇帝刚刚去世，为了剪除这股政治上的异己势力，嘉庆皇帝即刻开始了诛除和珅的准备工作。当日即以经理丧事为由，"褫和珅军机大臣、九门提督等衔，仍命与福长安等昼夜守直殡殿，不得任自出入"，[106]实际上将之置于半囚禁状态。次日，嘉庆皇帝颁发上谕，借整顿剿捕白莲教军务为由，对和珅以"上皇近臣"身份侵吞军糈、上下包庇、掩败为胜、共同欺蔽乾隆皇帝的罪行进行了不点名的批判。初五日，下诏求言。在嘉庆皇帝的策动下，御史广兴、郑葆鸿，给事中广泰、王念孙等立即上疏，对和珅进行弹劾。正月初八日，嘉庆皇帝下令将和珅及其同党户部尚书福长安一起革职下狱，并派员查抄其全部家产。与此同时，则以成亲王永瑆、前任大学士署刑部尚书董诰、兵部尚书庆桂等为军机大臣，对军机处进行了一次大改组。对于和珅原先做出的奏折副本关会军机处的规定也明令取缔。初九日以后，连续颁布多道谕旨，对和珅罪状加以揭露。十八日，勒令和珅自尽，福长安斩监候。树倒猢狲散，和珅倒台，其同党苏凌阿、李光云、吴省兰、吴省钦、李潢等，或者勒令休致，驱逐回籍；或者降革职务。这样，乾隆皇帝死后，不过半月时间，专擅朝政达二十余年之久的和珅一派势力便被消除殆尽。通过此举，嘉庆皇帝掌握了全部大权。

二、革除乾隆败政，加强政治统治

和珅虽被处死，但是由于乾隆后期以来的政务极度废弛和吏治普遍腐败，政治危机和财政危机都极为严重。为了建立和加强自己的统治，嘉庆皇帝亲政之初，在革除乾隆败政的同时，分别从政治、经济两个方面入手，开始了他亲政以后的各种政治活动。

革除乾隆败政是嘉庆亲政之初各种政治活动的一个重要的方面。首先是严禁进呈贡物。乾隆后期，为了迎合乾隆皇帝铺张奢丽、贪财好货的心理，各地官员进贡成风。尤其是乾隆晚年祈求事事如意，因而各地官员进贡物品中，如意成了必贡之物。结果，乾隆皇帝如意，广大人民遭殃，嘉庆皇帝也跟着倒霉。对于臣下进贡特别是进贡如意，嘉庆皇帝极为反感。他说："大抵进奉一节，最为吏治之害。"[107]各地督抚贡品，势必取之于下级州县官员，"而州县又必取之百姓。稍不足数，敲扑随之，以闾阎有限之脂膏，供官吏无穷之朘剥，民何以堪"。他还不无所指地说："年节王公大臣、督抚等所进如意，取兆吉祥，殊觉无谓。诸臣以为如意，而朕观之，转不如意也。"[108]为此，亲政之初，他立即下令，"所有如意玉、铜瓷、书画、挂屏、插屏等物，嗣后概不许呈进"，"此次严谕之后，诸臣等有将所禁之物呈进者，即以违制论，决不稍贷"。[109]至此，持续了几十年之久的这股进贡歪风方才大

致煞了下去。

　　其次是开放言路。乾隆时期，为了加强自己的专制统治，乾隆皇帝曾长期厉行钳制言论、禁锢思想的反动政策。在朝廷中，言官地位极低，动辄以建言得咎；在社会上，乾隆皇帝以清查悖逆著作和言论为名，先后制造了一起又一起的文字狱冤案。和珅专权时期，为了防止言官批评，"往往令各部将年老平庸之司员保送御史，俾其缄默不言"。[110]这样，相当长的一个历史时期中，言路甚为闭塞，国家政治生活也极不正常。为了建立自己的统治，乾隆皇帝甫一去世，嘉庆皇帝即下诏求言。他说："以九州之大，臣民之众，几务至繁，兼听则明，偏听则蔽。若仅一二人之言，即使出于至公，亦不能周知天下之务，况未必尽公也。"因而下令："凡九卿、科道有奏事之责者，于用人行政一切事宜，皆得封章密奏，俾民隐得以上闻，庶事不致失理。"[111]在诛除和珅后，又将具折言事的权利下放到了一般道员。与此同时，对于乾隆间因建言

获咎的官员如曹锡宝、尹壮图等人，或者平反昭雪，追赠官职；或者调取来京，委以新任。对于前朝发生的多起文字狱冤案，嘉庆皇帝也进行了一番总的清理。嘉庆四年二月，他在一道上谕中指出："文字诗句，原可意为轩轾，况此等人犯，生长本朝，自其祖父、高、曾，仰沐深仁厚泽，已百数十年，岂复系怀胜国；而挟仇抵隙者，遂不免借词挟制，指摘疵瑕，是偶以笔墨之不检，至与叛逆同科，既开告讦之端，复失情法之当。"[112]为此，他下令有关部门对前朝文字狱案件通行复查。一个多月后，他就此做出决定，除金从善、刘时达等个别案犯亲属之外，其他案件涉及人员概行宽免。[113]在嘉庆皇帝的带动下，一时之间，"内外臣工条奏时事者甚众"。这样，在经过半个多世纪的空前专制时期之后，政治界和思想界都开始出现了略为松动的迹象。

再次，对于整顿吏治，嘉庆皇帝也下了一定的工夫。乾隆皇帝去世之第二天，他即在有关平定白莲教农民起义的一道谕旨中对当时吏治普遍腐败的现象进行了尖锐的揭露。他指出："此等教匪滋事，皆由地方官激成。即屡次奏报所擒戮者，皆朕之赤子出于无奈为贼所胁者。若再加之朘削，势必去而从贼；是原有之贼未平，转驱民以益其党，无怪乎贼匪日多，辗转追捕，迄无蕆事之期也。"[114]为了平息广大人民的不满和反抗情绪，继处死大贪官和珅之后，他又先后处理了一批贪官污吏。如湖南布政使郑源璹，凡是新到下属，必待多事需索之后"方准到任"，以致这些官员为了完纳借项，只好纵令书役"吓诈浮收，苦累百姓"。[115]利用这种方式，郑源璹积年所得，不下八万余两，"自蓄优伶，服官奢侈"。[116]嘉庆四年三月，嘉庆皇帝下令将其革职拿问，查抄家产，处以死刑。因为这种情况不只湖南一省，不只郑源璹一人，因而，在对其进行处理的同时，嘉庆皇帝还通谕各直省藩司"务当洗心涤虑，悛改积习，勉为廉吏"。[117]当年十一月间，嘉庆皇帝又以漕运总督富纲在任期间勒索属员银两数万两，而将其处以斩监候。[118]对于贪名昭著、民怨沸腾甚至因而激变的官员如湖北武昌同知常丹葵、四川达州知州戴如煌等，则分别予以严惩。对于一些循吏如四川南充知县刘清、山东菏泽知县程良傅等，则加以表彰。对于"捐廉罚银"等变相鼓励贪污的做法也下令禁止。[119]嘉庆五年八月，嘉庆皇帝又通令全国督抚对知府等亲民之官普加考核，如有不称职者，或勒令休致，或者降补丞倅等官。[120]经过嘉庆皇帝的一番整顿治理，长期以来甚为炽烈的贪风方才稍稍有些收敛。

最后，对于民生疾苦，嘉庆皇帝亲政之初也颇为关心。嘉庆四年三月，文安、大城两县遭灾。嘉庆皇帝得知后，特以查抄和珅家人粮食一万余石进行赈济。[121]尔后，他又借乾隆皇帝升祔太庙之际将乾隆六十年以前全国各地积欠、缓征地丁耗羡及民欠籽种口粮等全数豁免。[122]对于乾隆中存在的各种病民措施，他也注意加以厘正。如当时有漕各省承办采买和征收漕粮弊端都相当严重，"多有每石加至数斗及倍收者"。[123]为此，当年三月，嘉庆皇帝传谕有漕各省督抚"务须督饬所属，留心查察，毋使州县借端勒掯，朘剥累民。倘有前项情弊，即行据实严参办理"。[124]对于一些额外摊派，他也下令禁止。如当年六月，他严令河南地方官员停止增加河工摊派。[125]次年七月，又下令禁止山西军需捐饷。[126]除此之外，对于其他一些病农措施如狱讼、差派、书役为奸和常平仓收支中的一些弊端，以及各地官员"自设非刑，任情妄逞，借严峻之法，济贪酷之私"，像苏州新造的小夹棍、湖北自制的数十斤重的大锁等，嘉庆皇帝或者传令各地督抚"留心查察，徐加化导，以期崇俭去奢，俾小民务本力农"，[127]或者严令取缔，"嗣后一切刑具，皆用官定尺寸，颁发印烙，如有私自创设刑具并非法滥用者，即行严参治罪，决不宽贷"。[128]另外，对于乾隆后期地方官为粉饰太平而讳灾不报的问题，他也进行了极其严厉的批评，并下令各地"倘遇收成歉薄、旱潦成灾，必须飞章入告，纤悉无隐，以便发帑赈济。若有讳饰，必当严办示惩"。[129]

革除乾隆败政之外，对于加强政治统治，嘉庆皇帝的态度更为积极。其中，在政治上，嘉庆皇帝主要做了两件事情。一是对军机处这一重要机构大力进行整顿。乾隆五十年代以后以至嘉庆初年，军机处几乎成了和珅一人的天下，一度出现了太阿倒持、尾大不掉的现象。因此，在将和珅治罪的同时，嘉庆皇帝下令将和珅掌权期间做出的奏折副本关会军机处的规定也一概取缔，并以军机处为重点，对各部院衙门及各直省督抚普遍进行更动。随着自己统治的建立，他又以成亲王永瑆担任首席军机大臣"与国家定制未符"而对军机处再次进行改组，从而将军机处完全置于自己的严密控制之下。[130]嘉庆五年十一月，他颁布特谕，通谕中外各衙门，严格规定："军机大臣止准在军机处承写所奉上谕；其部院稿件，不准在军机处办理，本管司员，不准至军机处回事。军机章京办事之处，不准闲人窥视。王公大臣，俱不准至军机处同军机大臣谈说事体，违者重处不赦。自今日起，每日着都察院、科道一人轮流进内，在隆宗门内北首内务府官员直房监视，军机大臣散后，方准退值。如有前项情弊，即令直班科道参奏，候旨严惩。""此后有通谕王公大臣之事，俱在乾清门外阶下传述，不准在军机处传旨。"¹³¹经过此番整顿，进一步加强了嘉庆皇帝对军机处的控制。

二是对宗藩权力严加限制。嘉庆皇帝亲政之初，出于诛除和珅的政治需要，曾以成亲王永瑆为首席军机大臣，总理户部三库；将仪郡王永璇进封亲王，总理吏部兼镶黄旗领侍卫内大臣。这一决定虽在当时收到了团结宗室、共同对敌的效果，但从长远看来，对于嘉庆皇帝加强自己的专制统治却颇为不利。如成亲王永瑆刚刚就任首席军机大臣不久，嘉庆四年春，国子监祭酒法式善即向嘉庆皇帝建议"饬遣亲王重臣威望素著者一员，授为大将军，节制诸军"，总办剿捕白莲教起义事宜。¹³²当年八月，翰林院编修洪亮吉又径直上书首席军机大臣成亲王永瑆，对嘉庆皇帝视朝过晚等现象进行了批评。¹³³宗藩权势的增长使嘉庆皇帝极为警惕。为此，他一方面对法式善、洪亮吉二人严加指斥，指责法式善"揣摩迎合，全不顾国家政体"，¹³⁴指责洪亮吉不是将奏章直达御前而是呈递成亲王，并分别将之革职、遣戍；另一方面，又当即采取措施，削弱宗藩权力。当年二月，罢仪亲王永璇总理吏部之任；七月间，又将成亲王永瑆总管户部三库之职亦行革去。十月间，嘉庆皇帝又以亲王入值军机处办事"与国家定制未符"而解除了永瑆的首席军机大臣之职。当年底，又将仪亲王永璇的镶黄旗领侍卫内大臣的职务也一并革去。对于自己的同母弟庆郡王永璘，虽然其没有担任行政职务，但嘉庆皇帝也不放过。嘉庆五年正月，他以永璘不经奏闻私向颖贵太妃送礼祝寿而指斥其"交结近侍之习复萌"，"不知大体"，并将其交宗人府议处，[135]致令颖贵太妃也忧惧成疾，不久死去。就是通过这样的方式，嘉庆皇帝建立和加强了自己的政治统治。

在通过整顿军机处和禁抑宗藩以加强政治统治的同时，为了克服当时极为严重的财政危机，嘉庆皇帝也花了极大的气力。由于多年以来乾隆皇帝的任情挥霍和三四年来镇压苗民起义以及白莲教起义的军费开销，乾隆皇帝留给他的并不是什么美好的胜利果实，而是一个千疮百孔的破烂摊子。其中，最为严重的是财政上的入不敷出。这一问题，早在乾隆皇帝还在世时即已相当严重，因此，乾隆五十八年时，乾隆皇帝虽曾做出了永停捐纳的决定，[136]但至嘉庆三年三月，也不得不自食前言，重开捐纳。[137]不久之后，乾隆皇帝去世，由于军兴四年，财政危机更加严重。为了渡过这场财政危机，在继续开捐的同时，嘉庆皇帝不得不别作他图。一是设法压缩其他开支。即以各种蠲赈活动而言，嘉庆亲政以后，无论就范围还是就次数来说，都较之乾隆时期大大缩小或减少。二是采取一切方式保证国家正常赋税收入。乾隆时期，因为国家富庶，财源充足，对于清查民间积欠颇不重视，而且还时于节庆之际将之加以蠲免。而至嘉庆时期，嘉庆皇帝再也不敢采取类似行动了，反而千方百计地督令民间按数完纳。嘉庆五年正月，据户部奏报，"各省积欠，自嘉庆三、四年以来，不下二千余万"。[138]这使嘉庆皇帝异常焦虑，通谕各省督抚"认真查办，分别在民在官，核实清厘，妥为经理，务使年清年款……不得仍前悬宕"。[139]至当年底，他又再颁谕旨，指责"近年以来，经征各员，概事因循，积欠至数千万之多"，并要求各地督抚"务须严饬地方官尽收尽解，以期国课早完，闾阎无扰"。[140]

与此同时，由于财政极度困难，乾隆时期政府向不注意的一些财政收入也引起了嘉庆皇帝的重视。如嘉庆四年十一月，嘉庆皇帝准户部奏请，允许各省报捐监生"普收折色，径赴藩库交纳"。[141]嘉庆五年三月，又指示各省不得擅自动用耗羡银两，并对零星收入的一些闲散银两进行清查，准备调用。[142]同年八月，以当时办理军务，需用浩繁，而各地现任、前任及原任各员应赔银两积至五百八十余万两之多，下令户部行文应赔各员所在旗及其任所，勒限一年完缴。"如仍前迟逾不交，即着指名严参办理，并将承追之员一并议处。"[143]

三、扑灭白莲教起义烈火

嘉庆皇帝亲政之初，川楚陕地区的白莲教起义虽已遭到重创，但是声势仍然相当浩大。为了建立自己在全国的统治，诛除和珅之后，在革除乾隆败政的同时，嘉庆皇帝又以全力镇压白莲教起义。

首先是整顿军营积弊，撤换不力将领。乾隆皇帝去世之第二天，他即在一道上谕中对各路将领"玩兵养寇，藉以冒功升赏"的积弊予以揭露。[144]诛除和珅之后，又对各种军营积弊痛加指斥。他说："从前军营带兵各大员，皆以和珅为可恃，只图迎合钻营，并不以军事为重。虚报功级，坐冒空粮，其弊不一而足。"¹⁴⁵"又闻各路剿贼，名为绕截，其实畏贼远避。民间有'贼至兵无影，兵来贼没踪，可怜兵与贼，何日得相逢'之谣，又闻'贼来不见官兵面，贼去官兵才出现'二语。此等积弊已非一日，朕所深知。嗣后各路带兵大员，务当痛加悛改，实心实力，奋勇立功，迅速蒇事，不得仍蹈故辙，致干重谴。"¹⁴⁶与此同时，他还先后将剿匪不力的陕甘总督宜绵、陕西巡抚秦承恩、湖广总督景安、四川总督惠龄等撤去职务，解京治罪，改以勒保为经略大臣，明亮、额勒登保为参赞大臣，全面负责剿捕事宜。

其次是利用诛除和珅之机对起义群众大行政治招降之计。亲政之初，他多次颁布谕旨，宣称"百姓幸际昌期，安土乐业，若非迫于万不得已，焉肯不顾身家，铤而走险，总缘亲民之吏，不能奉宣朝廷德意，多方婪索，竭其脂膏，因而激变至此。然州县之所以剥削小民者，不尽自肥己囊，大半趋奉上司；而督抚大吏之所以勒索属员者，不尽安心贪黩，无非交结和珅。是层层朘削，皆为和珅一人；而无穷之苦累，则我百姓当之"，"现在大憝已去，纲纪肃清，下情无不上达……从来命将出师，只有征讨不庭，断无用兵诛戮良民之理"。因此，他规定："各路贼队中之良民"，凡能"缚献贼首"，可以"格外邀恩"；"潜行散去"以及"临阵投降"者"亦必释回乡里，俾安生业"。¹⁴⁷

再次，为了对付起义军流动作战，嘉庆皇帝下令在各战区招募团练、乡勇，推行"坚壁清野"政策。"令川、陕、楚、豫各督抚谕令各村民守堡结寨，刨挖沟濠，悉力保护。"[148]与此同时，还多次增兵增饷。至嘉庆五年三月，征调兵力遍及全国大部分省份。连同军兴以来开销，所拨饷银高达一亿两以上。

尽管嘉庆皇帝竭力整顿并为军务部署而费尽心机，但是，在半年多的时间里，成效并不明显。在军事上，各路带兵大员，"亦皆惟事尾追，未曾歼净一股贼匪"。[149]在政治上，招降政策也没有起到什么作用，"数月于兹，投出之人甚觉寥寥"，[150]"川省贼势……较之上年，实属有增无减"。[151]嘉庆皇帝不得不再行换马，七月间，以贻误军机之罪将经略大臣勒保革职拿问，代之以明亮。不久，又以明亮无全局之才而改任额勒登保为经略大臣。额勒登保就职之后，加强了对各路起义军的军事进剿。数月之间，不少起义军首领先后作战牺牲。为了对付清军的军事围剿，四川起义军仿效襄阳起义军，在四川、陕西、甘肃一带开始了大范围的流动作战，一度曾使进剿清军相当被动。为此，嘉庆五年二月，嘉庆皇帝下令："各路领兵大员，自奉到谕旨之日为始，各将专办贼匪，即于本境剿尽。如甘省贼匪，专交额勒登保、那彦成剿办；陕省贼匪，专交台布剿办；四川贼匪，专交德楞泰、魁伦、勒保剿办；湖北贼匪，专交松筠、明亮、倭什布剿办。务将本境专办之贼，设法兜截，歼灭无遗。倘因剿捕紧急，窜逸出境，遂为了事，不但不能邀功，必当治以纵贼之罪。若各该省边界堵御不严，致贼窜入，亦必当重治疏防之咎。"[152]与此同时，又再次下令各地修筑堡寨、团练乡勇。[153]岂知刚刚安排就绪，当年三月，川东一带起义军即乘额勒登保出省作战之机偷渡潼河，挥戈西向，并在川西一带重创清军。嘉庆皇帝气急败坏，将四川总督魁伦拿解京师处以死刑，并对各路将领再行申斥："各路带兵大员等，惟事东追西逐；带兵者既不认真剿杀，守土者又不实力防御，一任贼匪辗转奔窜。似此因循玩误，即再有六七千万饷银发给伊等，亦不过坐食虚糜，日久稽诛，贼匪何日得平？"[154]在他的严旨督催下，各路清军将领进一步加紧了对起义军的剿捕。

至嘉庆五年秋天时，起义军处境逐渐困难，大部分集中在陕西、四川两省交界地区。这时，为防起义军东进河南、湖北，嘉庆皇帝命令两省官员严密设防，又下令德楞泰、勒保等"将陕省之贼，全数逼入四川，以便并力围攻"。[155]然而由于各路将领之间的钩心斗角、矛盾重重，各存此疆彼界之见，"只将贼匪驱逼出境即为尽职，并不协力合剿"，至当年底，"据各路奏报，贼匪仍复东奔西窜，官兵虽随处追击，总不能遏其去路，归并一处，聚而歼洗"。[156]嘉庆皇帝企图年内蒇事的愿望成了泡影。为此，他又作了重新部署："东面有倭什布、长龄，西面有长麟、庆成，南面有德楞泰、勒保，北面有额勒登保、杨遇春等"，"只许将陕楚之贼逼归四川，剿办易于得手，断不许令四川之贼窜往陕楚。"[157]

在各路清军的共同堵截围攻下，嘉庆六年以后，起义军处境愈加困难，兼之以清朝政府大力推行坚壁清野政策和寨堡团练政策，起义军给养困难，人员也得不到补充，作战回旋余地越来越小，不少起义军领袖如高二、王廷诏、马五等相继作战牺牲。除了少数部队游弋各省流动作战之外，其他各路起义军大多集中到了川、楚、陕交界的万山老林之中。嘉庆六年夏，额勒登保和德楞泰分别从东北和西南两路进军，对三省交界之处进行围剿。至嘉庆七年底，方才将该地区白莲教起义军主力消灭。为此，嘉庆皇帝下诏全国，"三省荡平，上终先帝髦期未竟之志，祭告裕陵，宣示中外"。[158]这样，在广大人民的血泊之中，嘉庆皇帝又恢复了他对川、陕、楚、豫地区的统治。

嘉庆皇帝虽然拼尽全力将白莲教起义镇压下去，但是，由于这场起义跨越两朝，历时九年，蔓延七省；为了镇压这场起义，清朝政府征调兵力遍及十六省，耗费饷银高达二亿两，使清朝政府大伤元气，不可逆转地步入了它的衰落时期。

1 《清高宗实录》卷二二，乾隆元年七月甲午。

2 《清高宗实录》卷二二，乾隆元年七月甲午。

3 《清高宗实录》卷三〇五，乾隆十二年十二月乙酉。

4 《清高宗实录》卷三一七，乾隆十三年六月甲戌。

5 《清高宗实录》卷三一七，乾隆十三年六月甲戌。

6 《清高宗实录》卷三一七，乾隆十三年六月甲戌。

7 《清高宗实录》卷三一一，乾隆十三年三月丙午。

8 《清高宗实录》卷三一七，乾隆十三年六月甲戌。

9 《清高宗实录》卷三一七，乾隆十三年六月甲戌。

10 《清高宗实录》卷三一七，乾隆十三年六月甲戌。

11 《清高宗实录》卷四五〇，乾隆十八年十一月壬子。

12 赵翼：《檐曝杂记》卷一《皇子读书》。

13 《清高宗实录》卷四八一，乾隆二十年正月庚子。

14 《清高宗实录》卷九二一，乾隆三十七年十一月庚戌。

15 《清高宗实录》卷四八一，乾隆二十年正月庚子。《清高宗实录》卷五三六，乾隆二十二年四月甲戌。

16 《清高宗实录》卷一〇六六，乾隆四十三年九月乙未。

17 《清高宗实录》卷七六〇，乾隆三十一年五月辛巳。

18 《朝鲜李朝实录中的中国史料》第11册，正宗十六年（乾隆五十七年）三月壬辰。

19 《朝鲜李朝实录中的中国史料》第11册，正宗十八年（乾隆五十九年）三月丁酉。

20 《清高宗实录》卷八五八，乾隆三十五年五月癸未。

21 《朝鲜李朝实录中的中国史料》第11册，正宗十一年（乾隆五十二年）二月己酉。

22 《朝鲜李朝实录中的中国史料》第11册，正宗五年（乾隆四十六年）二月壬申。

23 《朝鲜李朝实录中的中国史料》第11册，正宗十一年（乾隆五十二年）二月己酉。

24 《朝鲜李朝实录中的中国史料》第11册，正宗十六年（乾隆五十七年）三月壬辰。

25 《朝鲜李朝实录中的中国史料》第11册，正宗十八年（乾隆五十九年）三月辛亥。

26 《朝鲜李朝实录中的中国史料》第11册，正宗十八年（乾隆五十九年）三月丁酉。

27 《朝鲜李朝实录中的中国史料》第11册，正宗十九年（乾隆六十年）闰二月己亥。

28 《清高宗实录》卷一〇六六，乾隆四十三年九月乙未。

29 《清高宗实录》卷一〇〇〇，乾隆四十一年正月甲戌。

30 《清高宗实录》卷一〇一三，乾隆四十一年七月甲午。

31 《清高宗实录》卷一一一九，乾隆四十五年十一月辛丑。

32 昭梿：《啸亭续录》卷五《庆僖王》。

33 《清高宗实录》卷一〇六六，乾隆四十三年九月乙未。

34 《清高宗实录》卷一〇六七，乾隆四十三年九月丁未。

35 《清高宗实录》卷一一八九，乾隆四十八年九月戊午。

36 《清高宗实录》卷一〇六七，乾隆四十三年九月丁未。

37 《清高宗实录》卷一一八九，乾隆四十八年九月戊午。

38 《清高宗实录》卷一〇六六，乾隆四十三年九月乙未。

39 《清高宗实录》卷一〇六七，乾隆四十三年九月丁未。

40 《清高宗实录》卷一二二〇，乾隆四十九年十二月丁亥。

41 《清高宗实录》卷一〇六七，乾隆四十三年九月丁未。

42 《清高宗实录》卷一〇六七，乾隆四十三年九月丁未。

43 《清高宗实录》卷一一九六，乾隆四十九年正月庚子。

44 《清高宗实录》卷一〇六七，乾隆四十三年九月丁未。

45 《清高宗实录》卷一四八六，乾隆六十年九月己未。

46 《清高宗实录》卷一〇六七，乾隆四十三年九月丁未。

47 《清高宗实录》卷一四八六，乾隆六十年九月己未。

48 《清高宗实录》卷一一八九，乾隆四十八年九月戊午。

49 《清高宗实录》卷一一八九，乾隆四十八年九月戊午。

50 《清高宗实录》卷一一九一，乾隆四十八年十月丁丑。

51 《清高宗实录》卷一〇六六，乾隆四十三年九月乙未。

52 《清高宗实录》卷一〇六七，乾隆四十三年九月丁未。

53 《清高宗实录》卷一四八六，乾隆六十年九月己未。

54 《清高宗实录》卷一〇六六，乾隆四十三年九月乙未。

55 《清高宗实录》卷一四八六，乾隆六十年九月辛亥。

56 《清高宗实录》卷一〇六六，乾隆四十三年九月乙未。

57 《清高宗实录》卷一四八六，乾隆六十年九月辛亥。

58 《清高宗实录》卷一〇六七，乾隆四十三年九月丁未。

59 《清高宗实录》卷一〇六七，乾隆四十三年九月丁未。

60 《清高宗实录》卷一一八九，乾隆四十八年九月戊午。

61 《清高宗实录》卷一〇六七，乾隆四十三年九月丁未。

62 《清高宗实录》卷一一八九，乾隆四十八年九月戊午。

63 《清高宗实录》卷一二二〇，乾隆四十九年十二月丁亥。

64 《清高宗实录》卷一〇六七，乾隆四十三年九月丁未。

65 《清高宗实录》卷一〇六七，乾隆四十三年九月丁未。

66 《清高宗实录》卷九二一，乾隆三十七年十一月庚戌。

67 《清高宗实录》卷一〇六七，乾隆四十三年九月丁未。

68 《清高宗实录》卷一〇六七，乾隆四十三年九月丁未。

69 《清高宗实录》卷一〇六七，乾隆四十三年九月丁未。

70 《清高宗实录》卷一四二七，乾隆五十八年四月戊子。

71 《清高宗实录》卷一四六六，乾隆五十九年十二月丙辰。

72 《清高宗实录》卷一四六六，乾隆五十九年十二月丁巳。

73 《清高宗实录》卷一四六八，乾隆六十年正月戊子。

74 《清高宗实录》卷一四七〇，乾隆六十年二月丁巳。

75 《清高宗实录》卷一四七〇，乾隆六十年二月辛酉。

76 《清高宗实录》卷一四八八，乾隆六十年十月乙酉。

77 《清高宗实录》卷一四九四，嘉庆元年正月辛亥。

78 《清高宗实录》卷一四八六，乾隆六十年九月己未。

79 《清高宗实录》卷一四八六，乾隆六十年九月辛亥。

80 《清高宗实录》卷一四八九，乾隆六十年十月乙未。

81 《朝鲜李朝实录中的中国史料》第12册，正宗二十年（嘉庆元年）二月乙未。

82 《清高宗御制诗余集》卷一《乐寿堂用丙申旧作韵》。

83 《清高宗御制诗余集》卷九《新正乐寿堂》。

84 《清高宗实录》卷一四八七，乾隆六十年九月丙子。

85 《清高宗实录》卷一四八九，乾隆六十年十月癸卯。

86 《清高宗御制诗余集》卷六《林下一首》。

87 《清高宗御制诗余集》卷一八《戏题眼镜》。

88 《清高宗御制诗余集》卷一九《即事》。

89 《清高宗御制诗余集》卷一九《芳兰斋忆旧》。

90 《清高宗御制诗余集》卷二〇《八月初九日作》。

91 《清高宗实录》卷一四九五，嘉庆元年七月癸巳。

92 《清高宗实录》卷一六三，乾隆七年三月丙子。

93 《清高宗实录》卷四二五，乾隆十七年十月甲寅。

94 《清高宗实录》卷九四二，乾隆三十八年九月己未。

95 《清高宗实录》卷一四九五,嘉庆元年七月癸巳。

96 《清仁宗实录》卷一七,嘉庆二年五月庚申。

97 《清高宗实录》卷一四八九,乾隆六十年十月己亥。

98 《朝鲜李朝实录中的中国史料》第12册,正宗二十二年(嘉庆三年)三月壬午。

99 《清高宗实录》卷一五〇〇,嘉庆四年正月壬戌。

100 《清高宗实录》卷一五〇〇,嘉庆四年正月辛酉。

101 《朝鲜李朝实录中的中国史料》第12册,正宗二十三年(嘉庆四年)三月戊子。

102 《清仁宗实录》卷三七,嘉庆四年正月甲戌。

103 《清仁宗实录》卷三七,嘉庆四年正月壬寅。)则

104 昭梿:《啸亭杂录》卷一《今上待和珅》。

105 《清仁宗实录》卷三七,嘉庆四年正月甲戌。

106 《朝鲜李朝实录中的中国史料》第12册,正宗二十三年(嘉庆四年)三月戊子。

107 《清仁宗实录》卷五〇,嘉庆四年八月丙申。

108 《清仁宗实录》卷三七,嘉庆四年正月甲戌。

109 《清仁宗实录》卷三七,嘉庆四年正月甲戌。

110 《清仁宗实录》卷五六,嘉庆四年十二月丙戌。

111 《清仁宗实录》卷三七,嘉庆四年正月甲子。

112 《清仁宗实录》卷三九,嘉庆四年二月壬子。

113 《清仁宗实录》卷四一,嘉庆四年三月丁亥。

114 《清仁宗实录》卷三七,嘉庆四年正月癸亥。

115 《清仁宗实录》卷四十,嘉庆四年三月癸亥。

116 《清史稿》卷三三九《郑源璹传》。

117 《清仁宗实录》卷四五,嘉庆四年五月丁丑。

118 《清仁宗实录》卷五五,嘉庆四年十一月己卯。

119 《清仁宗实录》卷四一,嘉庆四年三月。

120 《清仁宗实录》卷七二,嘉庆五年八月壬戌。

121 《清仁宗实录》卷三九,嘉庆四年二月戊午。

122 《清仁宗实录》卷五五,嘉庆四年十一月庚辰。

123 《清仁宗实录》卷四〇,嘉庆四年三月丁卯。

124 《清仁宗实录》卷四〇,嘉庆四年三月丁卯。

125 《清仁宗实录》卷四六,嘉庆四年六月庚寅。

126 《清仁宗实录》卷七一,嘉庆五年七月甲辰。

127 《清仁宗实录》卷四八,嘉庆四年七月戊午。

128 《清仁宗实录》卷五〇,嘉庆四年八月丙午。

129 《清仁宗实录》卷五九,嘉庆五年二月癸巳。

130 《清仁宗实录》卷五三,嘉庆四年十月丁未。

131 《清仁宗实录》卷七六,嘉庆五年十一月丙申。

132 《清仁宗实录》卷五六，嘉庆四年十二月甲申。

133 《清仁宗实录》卷五〇，嘉庆四年八月癸丑。

134 《清仁宗实录》卷五六，嘉庆四年十二月甲申。

135 《清仁宗实录》卷五八，嘉庆五年正月庚辰。

136 《清高宗实录》卷一四四一，乾隆五十八年十一月己酉。

137 《清高宗实录》卷一四九八，嘉庆三年正月壬辰。

138 《清仁宗实录》卷五七，嘉庆五年正月丙寅。

139 《清仁宗实录》卷五七，嘉庆五年正月丙寅。

140 《清仁宗实录》卷七七，嘉庆五年十二月己巳。

141 《清仁宗实录》卷五四，嘉庆四年十一月庚申。

142 《清仁宗实录》卷六二，嘉庆五年三月丁丑。

143 《清仁宗实录》卷七三，嘉庆五年八月甲戌。

144 《清仁宗实录》卷三七，嘉庆四年正月癸亥。

145 《清仁宗实录》卷三七，嘉庆四年正月丁卯。

146 《清仁宗实录》卷三七，嘉庆四年正月壬申。

147 《清仁宗实录》卷三八，嘉庆四年正月己卯。

148 《清仁宗实录》卷四九，嘉庆四年七月辛巳。

149 《清仁宗实录》卷四九，嘉庆四年七月辛巳。

150 《清仁宗实录》卷四九，嘉庆四年七月辛巳。

151 《清仁宗实录》卷四七，嘉庆四年六月癸丑。

152 《清仁宗实录》卷六〇，嘉庆五年二月丁未。

153 《清仁宗实录》卷六〇，嘉庆五年二月戊申。

154 《清仁宗实录》卷六二，熹庆五年三月壬午。

155 《清仁宗实录》卷七五，嘉庆五年十月戊午。

156 《清仁宗实录》卷七七，嘉庆五年十二月庚戌。

157 《清仁宗实录》卷七七，嘉庆五年十二月庚戌。

158 魏源：《圣武记》卷一〇《嘉庆川湖陕靖寇记七》。

第十二章　乾隆一家

乾隆皇帝一生身历四朝，眼通七代，家族繁衍，人口众多。于此仅摘其和乾隆皇帝关系密切或血缘关系较近者作些介绍，以观其帝王家庭的大致情况。

第一节　母亲、兄弟

乾隆皇帝的生母姓钮祜禄氏，生于康熙三十一年，是清朝开国功臣额亦都家族的后裔。康熙四十三年时，她被选为乾隆皇帝父亲胤禛的侧室，当时刚刚十三岁。二十岁时，生下乾隆皇帝。雍正皇帝胤禛即位后，秘密建储，她所生的儿子被立为储君。母以子贵，钮祜禄氏因以晋封为熹妃、熹贵妃。乾隆皇帝即位后，又被尊为崇庆皇太后。为了表示对她的尊崇和孝养之情，乾隆皇帝多次借国家庆典、战争胜利之机为其上徽号；外出巡幸，也无不奉其出行，几十年中，她和乾隆皇帝一起游遍塞外、江南、泰山、五台山和盛京各地。乾隆六年以后，乾隆皇帝又累次为她举办万寿庆典，备极奢

孝圣宪皇后朝服像

丽盛大。乾隆四十二年正月，她在当了四十多年皇太后之后生病去世，享年八十六岁。当年，乾隆皇帝特于易州泰陵之东另建泰东陵，将其安葬，谥为孝圣宪皇后。

乾隆皇帝对自己的母亲虽然极为尊崇孝养，但是却不让她干预朝廷政务。有一次，崇庆皇太后向乾隆皇帝提到应将顺天府以东的一所废寺重加修茸。对此，乾隆皇帝当面不便驳回，事后却穷究宫女、太监，查询是谁将这一消息告诉了皇太后，并对之严加训斥。为了防微杜渐，乾隆二十八年时，他还下令礼部将按照惯例恭进皇太后、皇后的会试登科录概行停止。[1]不过也有过两次例外。一是雍正皇帝去世后，为了表示自己的哀慕之忱，乾隆皇帝一度坚持循照古礼行三年之丧。臣下劝来劝去，无人能劝得动。最后还是由皇太后亲自出面，对乾隆皇帝进行批评、劝告，方才使他放弃了自己的意见。二是乾隆十三年对金川用兵，因为乾隆皇帝用人不当，屡遭挫折。乾隆皇帝盛怒之下，将讷亲、张广泗二人处死，改派军机大臣傅恒率军前往征讨。傅恒出师之后，乾隆皇帝发现国库存银无多，不足以资缓急，因而改变主意，谕令傅恒撤兵。但傅恒却以前有讷、张二人被杀先例，坚持不撤，使得乾隆皇帝欲罢不能。乾隆皇帝无计可施，不得不把皇太后搬了出来，以她的名义谕令傅恒撤兵回京。这样，傅恒的脑袋有了保证，方才遵旨撤兵。像这样皇太后预政的例子，终乾隆时期，仅仅只有这两起。

乾隆皇帝兄弟总共十人，为数不能算少。但是其中六人已在康、雍间夭折，而在成年的几个弟兄中，弘时又在雍正四年时被雍正皇帝革除宗籍，囚死禁所。这样，和乾隆皇帝一起进入乾隆朝的便只剩下了弘昼、弘曕两人。其中弘昼为雍正皇帝的另一个侧妃耿氏所生，和乾隆皇帝同岁，后来又同年入学，同时封王，雍正十三年春，他们又受雍正皇帝之命，一起参加了平定苗疆叛乱的领导工作。另一个弟弟弘曕，生母刘氏，出生于雍正十一年，和乾隆皇帝年龄相差二十多岁。乾隆三年时，出继康熙皇帝第十七子允礼之后，袭封果亲王。乾隆皇帝即位后，对于这两个骨肉同胞虽然外示优宠，"每陪膳侍宴，赋诗饮酒，殆无虚日"，[2]但却从不信用，不许他们干预政事。对于弘昼，因为年龄较大，乾隆皇帝曾派给他不少差事，如管理皇子教育和参与议政等，但大多都是一些闲差事。对于弘曕，虽然尚在襁褓，也令照料其生活起居的太监人等时加教育以尊君亲上之道。后来，随着乾隆皇帝专制统治的进一步加强，对他们的限制也更加严厉。为了免于引起乾隆皇帝的疑忌，弘昼、弘曕分别以留恋声色、追求财货自娱。如和亲王弘昼，"最嗜弋腔曲文，将《琵琶》《荆钗》诸旧曲皆翻为弋调演之。客皆掩耳厌闻，而王乐此不疲"。[3]果亲王弘曕则把全部精力用之以追求财货，"开设煤窑，占夺民产"，向各处织造官差人等"派办绣缎什器，不一而足"，私托官员售卖人参等无所不为。[4]

尽管如此，乾隆皇帝仍然寻找机会，对他们进行打击。乾隆二十八年五月初五日圆明园九州清晏失火。王公大臣闻知后，群趋往救。果亲王弘曕因为来迟一步，而且到园后与诸皇子谈话时"嬉笑如常"，[5]使乾隆皇帝极为不满，当即以其"素不安分，往往向人请托，习气最陋"而将其交军机大臣审讯。[6]审讯结果，除上述非法追求财货各条之外，还给他罗织了干预朝政和在向皇太后请安时坐乾隆皇帝所坐之处，以及称雍正皇帝为"皇考"等许多莫须有的罪状，还牵连到了和亲王弘昼。这样，乾隆皇帝师出有名，当即将弘曕革去王爵，降为贝勒，永远停俸，以观后效，所有职务也概行解退。和亲王弘昼也因"于皇太后前跪坐无状"而受到罚王俸三年的处分。[7]经过这次打击，弘曕"闭门谢客，抑郁生疾"。[8]一年多以后，便因病死去，年仅三十三岁。和亲王弘昼则愈加颓废，每在自己府中聚集护卫人等演习丧礼。届时，自己坐于上方象征所放灵柩，而令府下人等披麻戴孝，在堂下大声哭嚷，借以抒发自己胸中的抑郁不平之气。[9]乾隆三十五年因病去世，终年六十岁。

第二节　后宫悲欢

乾隆皇帝后妃众多，即位之前，所纳福晋已不下十来人。即位之后，数量又不断增加，至乾隆二十年前后，一度增加到近三十人。总计乾隆一朝，后宫之中具有后、妃、嫔、贵人、常在等各种名号者不下四十人。这一数字，虽然稍逊于康熙皇帝，但是却大大超过了其他清代帝王。这些后妃，就其所属民族而言，遍布满、蒙、汉、回；就其出身而言，有的是名门淑秀，有的娶自内府三旗包衣，甚至还有没入宫禁的犯官女儿。对此，一些臣下啧有烦言，乾隆皇帝理亏心虚，不惜采取高压手段。如乾隆二十年胡中藻《坚磨生诗抄》案中，所列一条重要罪状即是他写有"武皇为失倾城色"的诗句，意含讥讽。因为后妃人数过多，不必逐一叙述，这里只择其事迹较著者略作介绍。

孝贤皇后富察氏，是乾隆皇帝的原配福晋，比乾隆皇帝小一岁，是察哈尔总管李荣保之女。雍正五年，十六岁上，与当时还是皇子的乾隆皇帝成婚，为其嫡妃。富察氏是满洲大族之一，清初以来，其家族成员累仕显宦。雍正皇帝选择该族之女作配自己的内定储君，心中当有一番深意。婚后，她先后生有二男二女。其中之皇二子生于雍正八年，出生后，雍正皇帝特为赐名永琏，"隐然示以承宗器之意"。[10]乾隆皇帝即位后不久，依照雍正成例秘密建储，即将永琏内定为储

孝贤纯皇后朝服像

君。乾隆二年十二月，三年制满，又将富察氏封为皇后。不幸的是，永琏和皇后所生的另一个儿子永琮先后于乾隆三年十月和乾隆十二年十二月相继殇逝。这使乾隆皇帝夫妇极为悲痛。尤其是皇后本人，更是每日以泪洗面。为了替她排除忧愁，乾隆十三年春，乾隆皇帝携其东巡曲阜，望祭泰山。但终因悲伤过度，兼之以旅途感受风寒，当年三月，病死于德州舟次，时年三十七岁。

对于孝贤皇后的去世，乾隆皇帝极为悲痛。为了表达自己的悲伤心情，他亲制《述悲赋》，格调哀婉。此外，还写了不少怀旧诗，如其中一诗云：

> 深情赢得梦魂牵，依旧横陈玉枕边。
>
> 似矣疑迟非想象，来兮恍惚去迁延。
>
> 生前欢乐题将遍，别后凄愁话未全。
>
> 无奈彻人频唱晓，空余清泪醒犹涟。[11]

表达了他对这个结缡妻子深切的怀念。他还为孝贤皇后举行了盛大的丧礼，并因一些官员在丧期中违制剃发而兴起大狱。江南河道总督周学健、湖广总督塞楞额都为此而丢掉了性命。乾隆十七年，胜水峪陵初步告竣。当年十月，乾隆皇帝亲送其灵榇安葬地宫。

乾隆皇帝的第二个皇后是乌拉纳喇氏。她在雍正中被选为乾隆皇帝的侧室福晋。乾隆二年时，乾隆皇帝将其册封为娴妃。尔后，在宫中地位不断上升。乾隆十年，晋封娴贵妃。孝贤皇后死后，又晋皇贵妃，摄六宫事。乾隆十五年，乾隆皇帝将其册立为皇后。历次巡幸，皆随乾隆皇帝出行。乾隆三十年，乾隆皇帝四巡江南，抵达杭州时，她因忤旨剪发而被乾隆皇帝遣人送回京师。一年多以后，在乾隆皇帝秋狝木兰期间，她因失宠忧愤而死，年约五十岁。得知这一消息，乾隆皇帝命令将其"所有丧仪止可照皇贵妃例行"。[12]这样，她被安葬到了裕妃园寝，而未能像孝贤皇后一样被葬入胜水峪地宫。

从乾隆皇帝为其取号"娴妃"以及乾隆初年她在宫中地位不断上升等现象来看，乌拉纳喇氏皇后并非过于骄横越分之人。即使在其失宠以后，乾隆皇帝也认为她"自册立以来，尚无失德"。[13]何至于在南巡途中竟然愤不欲生而自行剪发？显然，南巡途中她和乾隆皇帝之间曾经发生过激烈的争吵。对此，乾隆皇帝本人讳莫如深，各种官修史书也未加记载。不过据一些野史笔记所载，乾隆皇帝中岁以后，因为武功显赫、天下太平而耽于声色，并不时有冶游之举。为此，乌拉纳喇氏皇后多次进谏不从，遂有愤而剪发之事发生，因而遭到乾隆皇帝的遗弃。如果考虑到乾隆皇帝中岁以后后宫妃嫔大量增加，并且在个人生活上也极为铺张奢丽的现象，这些记载应大体属实，乾隆皇帝在私生活方面是极不检点的。

由于乾隆皇帝办理乌拉纳喇氏皇后丧仪过于简单，御史李玉鸣上书乾隆皇帝，对此提出批评。这使乾隆皇帝极为愠怒，下令将其"革职锁拿，发往伊犁"。[14]一直到嘉庆皇帝亲政之后，为了替父补过，始将乌拉纳喇氏改从后礼下葬。不过，这已是三十多年以后的事情了。

赠孝仪皇后魏氏，出身汉军。生于雍正五年，比乾隆皇帝小十六岁。乾隆十年时选进宫中当贵人；当年，册为令嫔；十四年，晋令妃；二十四年，晋令贵妃；三十年，又晋令皇

令妃像

贵妃。生有四男二女，为乾隆皇帝所有后妃中生育子女最多者。乾隆四十年正月病逝，时年四十九岁。当年，将其谥为令懿皇贵妃并安葬于胜水峪地宫。乾隆六十年十月，在决定次年归政之后，因为她是皇太子永琰的生母，乾隆皇帝特令将她追赠为孝仪皇后。

除孝贤皇后和孝仪皇后死后被葬入胜水峪地宫之外，得到这种待遇的还有哲悯皇贵妃富察氏、慧贤皇贵妃高氏和淑嘉皇贵妃金佳氏。这三个皇贵妃都是在雍正中被选到乾隆皇帝身边，其中，哲悯皇贵妃和淑嘉皇贵妃还分别诞育了皇长子和皇四子、皇八子、皇九子、皇十一子。大约是考虑到她们曾侍自己于藩邸或者是生有子息，乾隆皇帝才破格给予她们以葬入地宫的殊荣的。

乾隆皇帝晚年，由于老境来临以及妃嫔自然死亡后不行补充，妃嫔人数有所减少，但也绝不像乾隆五十九年八月乾隆皇帝所说的"只有二妃、二嫔"。[15]据唐邦治依据《实录》和档案而辑成的《清皇室四谱》一书统计，当时，乾隆皇帝之妃嫔尚有颖贵妃巴林氏（死于嘉庆五年）、婉贵妃陈氏（死于嘉庆十二年）、循妃伊尔根觉罗氏（死于嘉庆二年）、惇妃汪氏（死于嘉庆十一年）、苏妃陈氏（死于嘉庆六年）、晋妃富察氏（死于道光二年）、恭嫔林氏（死于嘉庆十年）、贵人鄂氏（死于嘉庆十三年）、寿贵人柏氏（死于嘉庆十四年）等。可见，直至乾隆皇帝去世以前，在他身边的妃嫔仍有近十人之多。

第三节　金枝玉叶

多妻的必然结果是多子、多女。乾隆皇帝一生，共生有十七个儿子、十个女儿，总共有二十七人之多。但是其中的十二个子女未及成人便已夭折，而在成人的十五个子女中，又有十人死于乾隆皇帝去世之前。这样，乾隆皇帝临终时所能见到的只有四个儿子和一个女儿，和当时的一般百姓家庭相比较，已经所差无几了。

在乾隆皇帝的十七个儿子中，幼年殇逝者七人。他们是孝贤皇后所生的皇二子永琏和皇七子永琮、淑嘉皇贵妃所生的皇九子（未命名）、舒妃叶赫纳喇氏所生的皇十子（未命名）、皇后乌拉纳喇氏所生的皇十三子永璟、追赠孝仪皇后所生的皇十四子永璐和皇十六子（未命名）。其中，较有影响的是皇二子永琏和皇七子永琮。永琏生于雍正八年，乾隆皇帝以其为皇后所生，而且其本人也聪明伶俐，首次秘密建储，即将其内定为皇太子。但是，这个孩子只活了九岁便因病死去，乾隆皇帝极为伤心，特将其追谥为端慧皇太子。乾隆三年十二月，葬于蓟州城东朱华山园寝，派员守护，按时祭扫。皇七子永琮生于乾隆十一年，在乾隆皇帝看来，这个孩子也很聪明，"甫及两周，歧嶷表异"。[16]因此，乾隆皇帝有意将其立为储君。但是乾隆十二年底，这个孩子也出痘殇逝。乾隆皇帝将其谥为悼敏，指令"皇七子丧仪应视皇子从优"。[17]因而，他也被安葬在朱华山端慧太子园寝。此后不久，孝贤皇后即因悲伤过度死于东巡途中，乾隆皇帝也因家中变故迭出，脾气暴躁，对于臣下的态度愈益严厉。家庭悲剧对于朝廷政治产生了重大的影响。

端慧皇太子永琏和皇七子永琮相继殇逝使得乾隆皇帝在建储问题上出现了波折。这时，有的年龄较长的皇子对于空缺的储位不无觊觎之念。发现这些情况后，乾隆皇帝即予严惩。这样，又有皇长子和皇三子成了乾隆皇帝坚持秘密建储的牺牲品。其中之皇长子永璜，生于雍正六年，庶妃富察氏即哲悯皇贵妃所生。皇三子永璋，生于雍正十三年，纯惠皇贵妃苏佳氏所生。乾隆十三年孝贤皇后死后，他们因觊觎储位和临丧不敬，受到乾隆皇帝的严厉指责并断言："此二人断不可入继大统。"受此打击，乾隆十五年三月，皇长子永璜首先生病去世，时年二十三岁；乾隆二十五年，皇三子永璋也因病去世，时年二十六岁。念及多年父子之情，乾隆皇帝将皇长子追封为定亲王，谥曰"安"；将皇三子追封为循郡王。

和皇长子、皇三子情况类似的还有一个乌拉纳喇氏皇后所生的皇十二子永璂。他生于乾隆十七年，在他十四岁时，他的母亲因忤旨剪发而失宠，十五岁上，母亲去世。这样，他的地位一落千丈，成为地位最低的一个皇子。乾隆四十一年正月，他因病去世，年方二十五岁。其他成年皇子去世，乾隆皇帝大都追封一个亲王、郡王，如果无子，还为其择嗣过继，以使香火不绝。而永璂死后，这些饰终之典一概没有。直到嘉庆四年三月嘉庆皇帝亲政之后，在对其母以后礼改葬的同时，才将他追封为贝勒。

上述各子之外，先于乾隆皇帝死去的还有皇四子永珹、皇五子永琪和皇六子永瑢。皇四子永珹生于乾隆四年，为淑嘉皇贵妃金佳氏所生。乾隆二十八年时，乾隆皇帝以其出继履亲王允祹之后为郡王。乾隆四十二年，因病去世，时年三十九岁。皇五子永琪生于乾隆六年，愉贵妃柯里叶氏所生。对于这个儿子，乾隆皇帝印象颇好并一度有意将其内定为储君。但是他的身体状况实在太差了，经常闹病。乾隆三十年时，病情还相当严重。为了使其心情愉快，早日恢复健康，

永瑢像　（清）华冠绘

当年十一月，乾隆皇帝破例将他封为荣亲王。但是这也未使他的病情有所好转，次年三月，这个皇子还是离开了人世，时年二十六岁。皇六子永瑢生于乾隆八年，和皇三子同母。乾隆

二十四年时，乾隆皇帝以其出继为慎郡王允禧之孙，降袭贝勒。三十七年，晋封质郡王。这个儿子文化素养很高，善绘画，通天算，并且还有一定的行政才干，曾经参与《四库全书》纂修中的领导工作，并且还当过一个时期的总管内务府大臣。乾隆皇帝七旬、八旬两次万寿庆典，他都是一个主要组织者。乾隆五十四年十一月，乾隆皇帝将其晋封为质亲王。但是，未待乾隆皇帝八旬万寿庆典届期，乾隆五十五年五月初一日，他即因病去世，时年四十七岁。

由于多数皇子已在乾隆皇帝生前去世，这样，为乾隆皇帝送终的只剩下了嘉庆皇帝、皇八子永璇、皇十一子永瑆和皇十七子永璘。其中，皇八子永璇生于乾隆十一年，和皇四子永城、皇十一子永瑆同为一母所生。在乾隆皇帝诸子中，这个儿子名誉最糟。少年时期逃学，长大之后贪恋酒色，多次受到乾隆皇帝的斥责。乾隆四十四年，因为较他年长的皇子皆有封爵，乾隆皇帝不得不将他封为仪郡王。但是到了乾隆五十四年十一月再次封王时，皇六子、皇十一子、皇十五子皆封亲王，而永璇却原地不动，仍为郡王。嘉庆四年正月，乾隆皇帝去世后，嘉庆皇帝始将其晋封为仪亲王，并令其总管吏部事务。但是为时不过一个来月，便又撤其总理吏部之职。从此，他坐拥厚禄，长期在家享受清福。一直到道光十二年时，他才去世，活了八十七岁。在他的十几个同胞弟兄中，他是最为长寿的一个。皇十一子永瑆，生于乾隆十七年。在乾隆皇帝的熏陶下，少年时期，即酷爱诗文书法。"诗文精洁，书法遒劲，为海内所共推"，[18]因而乾隆皇帝对其颇为喜爱，多次幸其府邸。《四库全书》纂修期间，他也是一个正总裁。乾隆五十四年，乾隆皇帝将其封为成亲王。嘉庆皇帝诛除和珅之初，又以他为首席军机大臣，总理户部三库事务。但是几个月后，因为他的声望日益增长，引起了嘉庆皇帝的疑忌。当年十月，罢其军机大臣之职，以藩王身份在内廷行走。道光三年去世，时年七十二岁。皇十七子永璘，生于乾隆三十一年，是嘉庆皇帝的同母弟。乾隆四十年孝仪皇后去世时，他仅有十岁，由颖贵妃巴林氏将其抚育成人。他不爱读书，"喜音乐，好游嬉"，[19]因而为乾隆皇帝所不喜。乾隆五十四年，其他各子皆封为王，只有他一人被封为贝勒。他自己也明白争储无望，因此，在一次兄弟聚会时，他开玩笑说："使皇帝多如雨点，亦不能滴吾顶上。惟求诸兄见怜，将和珅邸第赐居，则吾愿足矣。"[20]嘉庆亲政，将他晋封为惠郡王，不久，又改封庆郡王。与此同时，还将和珅宅第相赐，满足了他的要求。因为他是嘉庆皇帝的同母弟，嘉庆皇帝对他尤为疑忌，多次搜罗过失，对他进行打击。嘉庆二十五年三月，他因病去世，终年五十五岁。

总的看来，乾隆皇帝诸子虽然都有较高的文化素养，但其政治、军事才能却明显地低于前朝皇族子弟。其所以如此，一是受汉族文化熏陶所致，二是（主要的）由于乾隆皇帝对皇子控制的极端加强。这些，对于嘉庆以后清朝统治的衰落，应该说不无影响。

十七个皇子之外，乾隆皇帝还生有十个皇女。其中皇长女、皇二女、皇五女、皇六女、皇八女等五个公主皆于幼年殇逝。其他五个公主，两个嫁给了蒙古王公，三个嫁给了满洲大臣子弟。除皇十女固伦和孝公主之外，也都先于乾隆皇帝而去世。其中皇三女固伦和敬公主生于雍正九年，为孝贤皇后所生。十七岁时，乾隆皇帝将其嫁给了科尔沁王公色布腾巴勒珠尔。乾隆四十年时，这个固伦额驸死于金川之役。乾隆五十七年，和敬公主也在京病故，终年六十二岁。皇四女和硕和嘉公主生于乾隆十年，为纯惠皇贵妃苏氏所生。乾隆二十五年，下嫁大学士傅恒次子福隆安。乾隆三十二年去世，只活了二十三岁。皇七女固伦和静公主生于乾隆二十一年，为嘉庆皇帝的同母姐姐。乾隆三十五年，乾隆皇帝以其下嫁喀尔喀超勇亲王策凌之孙拉旺多尔济。乾隆四十年正月因病去世，年仅二十岁。从她去世到她的母亲赠孝仪皇后去世，其间仅有二十天。赠孝仪皇后应该是得到她去世的消息而突然发病去世的。皇九女和硕和洛公主生于乾隆二十三年，也是由赠孝仪皇后所生。乾隆三十七年时，她嫁给了在平定准噶尔和回疆叛乱中立下了卓著功勋的将军兆惠的儿子扎兰泰。乾隆四十五年十一月因病去世，只活了二十三岁。

在乾隆皇帝的十个公主中，唯一能活到乾隆皇帝去世之后的女儿是他的最小的女儿和孝公主。她出生于乾隆四十年，生母是惇妃汪氏。在她出生的时候，乾隆皇帝已经六十五岁。老年得女，对之异常宠爱，特将其待遇规格视同皇后所生之女，称为固伦公主。乾隆四十五年时，他将这个爱女指配给他的心腹、军机大臣和珅所生的儿子丰绅殷德。乾隆五十四年十一月，和孝公主下嫁，乾隆皇帝又大加赏赉，数量之多远远超过了其他公主。然而，乾隆皇帝死后，和孝公主的境遇却发生了巨大的变化。首先是和珅被处死，所有家产统被抄没。这样，昔日门庭若市的和孝公主宅第即刻冷冷清清，车马绝迹；尔后，嘉庆十五年，在和孝公主三十六岁时，其夫丰绅殷德又因病身亡。十几年后，这个历尽世道沧桑的和孝公主也因病去世，终年四十九岁。

1　《清高宗实录》卷六九七，乾隆二十八年十月丁未。
2　昭梿：《啸亭杂录》卷一《友爱昆仲》。
3　昭梿：《啸亭杂录》卷六《和王预凶》。
4　《清高宗实录》卷六八六，乾隆二十八年五月己巳。
5　《清高宗实录》卷六八六，乾隆二十八年五月己巳。
6　《清高宗实录》卷六八六，乾隆二十八年五月乙丑。
7　《清高宗实录》卷六八六，乾隆二十八年五月己巳。
8　昭梿：《啸亭杂录》卷六《果恭王之俭》。
9　昭梿：《啸亭杂录》卷六《和王预凶》。
10　《清高宗实录》卷七八，乾隆三年十月辛卯。
11　《清高宗御制诗二集》卷五《梦》。
12　《清高宗实录》卷七六四，乾隆三十一年七月癸未。
13　《清高宗实录》卷七六四，乾隆三十一年七月癸未。
14　《清高宗实录》卷七六五，乾隆三十一年七月壬辰。
15　《清高宗实录》卷一四五八，乾隆五十九年八月丁巳。
16　《清高宗实录》卷三〇五，乾隆十二年十二月乙酉。
17　《清高宗实录》卷三〇五，乾隆十二年十二月乙酉。
18　昭梿：《啸亭续录》卷五《成哲王》。
19　昭梿：《啸亭续录》卷五《庆僖王》。
20　昭梿：《啸亭续录》卷五《庆僖王》。

第十三章　历史地位

通观乾隆皇帝在位期间的全部政治活动，可以看出，这个临御天下六十多年的封建君主，对于中国社会的发展发挥过重要的作用，在二百多年的清朝发展史上占有突出的地位。

就积极作用而言，乾隆皇帝的贡献，大致有以下几点：

一是通过即位之初的调整统治政策，保证清朝政治继续向上发展。雍正皇帝在位期间，先后对统治机构、八旗制度和赋税制度等方面进行了大刀阔斧的改革，在统治集团内部，也先后制造了几次大规模的政治斗争。这些活动，进一步加强了自己的统治；从长远来看，对于清朝统治的巩固和发展也有其积极意义。但是，因为这些活动是以加强个人统治为目的，对各阶级、阶层的利益都不同程度地有所伤害，而且又是在极短的时间内全面进行，因而在社会上引起了普遍的不满。为了扭转这种局面，乾隆皇帝即位之初，立即转变统治思想，调整统治政策，对社会各阶级、阶层的控制都有所放松，对雍正时期的各种败政也多所纠正，从而大大缓和了原来比较尖锐的社会矛盾。这些政治活动，不但对雍正朝的改革起了修正的重要作用，巩固了雍正皇帝改革的主要成就，而且也对清朝政治继续向上发展起了重要的作用。

二是促进生产发展，关心人民生计。乾隆皇帝在位期间，针对全国人口急剧增长、耕地相对不足、生计颇为困难的现实问题，对于劝垦田地、兴修水利、讲求积贮等有关国计民生的问题都表示了高度的重视，对于前代统治者一直严厉禁止的开矿事业，他也采取了比较开明的政策。与此同时，他还继续坚持清初以来即已执行的蠲免钱粮、赈恤灾民的重要政策，而且，在蠲赈数字上也大大超越以往历朝。除此之外，在解决八旗生计过程中，他也迈出了新的步子，改变清初以来消极赈济的方法，大力推行京旗移垦、出旗为民等积极的政策，从发展生产、帮助旗人自谋生路入手，解决旗人生计。所有这些政策的坚持和执行，不但大大缓解了因人口急剧增长而出现的各种社会矛盾，也保护和发展了生产力，直接促进了社会经济的迅速发展。

三是认真整顿内政，维持社会安定。对乾隆皇帝来说，保持一个长期安定的政治局面是巩固统治的基础，对社会进步而言，安定的政治局面也是一个重要的前提。为此，乾隆前期，乾隆皇帝大力整顿内政。在政治上，坚持秘密奏折制度，重设军机处，大大加强了中央政权对地方官员的控制。在经济上，厉行严惩贪污、清理积欠等重要政策。乾隆后期，在老境来临之际，对于日益迫切的建储问题，乾隆皇帝表示了高度的重视并进行了缜密的处理。在处理建储问题时，他既不惑于世俗偏见，敢于对传统的建储制度进行尖锐的批判，又能根据实践需要，对雍正皇帝创立的秘密建储制度从理论上进行阐释，在实践上加以发展。乾隆皇帝的这些活动，使政局长期处于相对安定的局面，对于社会经济的迅速发展，对于清朝统治全盛局面的形成，都起了重要的作用。

四是平定各地叛乱，抗击外敌入侵，维护国家统一。乾隆皇帝即位之初，即通过平定苗疆叛乱巩固了雍正间改土归流的成果；尔后，又进行了平定上、下瞻对，大、小金川和西藏地区少数民族上层分子的叛乱，加强了中央政府对这些地区的控制。乾隆二十年到二十四年进行的平定准噶尔叛乱和平定回疆叛乱的战争，则更使中央政府直接控制的地区大大扩展，超越了历史上以疆域辽阔而著称的汉、唐两朝，并为此后中国疆域的最后确定奠定了基础。与此同时，为了维护国家的领土完整，乾隆皇帝还对沙俄的侵华活动保持了高度的警惕，并且胜利地进行了抗击廓尔喀入侵西藏的战争。乾隆皇帝的这些活动，为维护国家的统一事业做出了重要的贡献。

五是重视文化事业，推进学术发展。乾隆皇帝在位期间，由于屡开特科、恩科和多次增广入学名额，较之前代，文化教育事业进一步普及。与此同时，他还适应大量古典文献亟需整理的客观形势，以编修《四库全书》为中心，进行了大规模的征求民间遗书、搜辑佚书和纂修书籍的文化活动。对于学术研究事业，他也不遗余力地予以鼓励和支持。在他的扶持下，整个文化界出现了整理古典文献的热潮，学术研究事业呈现了异常活跃的局面，并且在这些活动中形成了著名的乾嘉学派。所有这些，对于古典文献的保存和流传，对于学术事业的发展和繁荣都起到了极大的推动作用。

在我们肯定乾隆皇帝对中国社会的发展做出重要贡献的同时，也必须指出，作为没落而又反动的封建地主阶级的代表，乾隆皇帝的不少活动都严重地破坏了社会生产力的发展，阻碍了中国社会的进步。大致说来，也有以下数点：

一是无限制地加强封建专制统治和滥兴文字狱。清初以来，由于历代皇帝的共同努力，皇权一直处于不断强化的过程之中。到了乾隆时期，皇权进一步发展到了无以复加的地步，严重地阻碍着社会的进步和发展。尽管如此，乾隆后期，乾隆皇帝仍然以加强皇权为事。在这一思想的指导下，在政治上，他极力揽取权势，对于臣权、相权乃至储权，则极力加以压抑和限制。与此同时，他还多次在统治集团内部和社会上掀起波澜，以清查悖逆著作为名，滥兴文字狱。这样，专制统治的极端强化造成了极其严重的后果。广大官商民众缄口不言，重足而立，整个社会也因此而是非颠倒，动荡不安。这不但严重地影响了社会生产的正常进行，也严重地禁锢了广大人民的思想，对于当时和此后中国社会的发展和进步都产生了极为恶劣的影响。

二是残暴镇压人民反抗斗争。作为封建地主阶级利益的最高代表者，对于广大人民反抗封建压迫和封建剥削的斗争，乾隆皇帝极为仇视。为了防止发生各种形式的人民反抗斗争，几十年中，他一直致力于全国各地镇压机构的健全和整顿。对于各地人民的反抗斗争，则更是凶相毕露，极其残暴地进行镇压。这些，都彻底暴露了他的反动本性，也对社会发展和进步起了严重的阻碍作用。

三是推行闭关政策，使广大中国人民闭目塞听。十八世纪，海上贸易日益频繁。对有利于中国社会发展和人民生计的正常贸易来往，乾隆皇帝不是采取积极的态度加以支持，而是从巩固自己专制统治的政治需要出发，千方百计地加以限制，从而严重地限制了中国人民的进取精神，妨碍了中国人民学习世界先进的思想文化和科学技术，导致了近代以后被动挨打局面的出现。对此，乾隆皇帝负有不可推卸的责任。

四是穷兵黩武，连续发动不义战争。其中，影响最为恶劣的是征缅之役和安南之役。不只虚掷了大量的金钱，加重了本国人民的负担，也严重地破坏了中国人民和近邻国家人民之间的传统友谊，并造成了彼此的巨大灾难。

五是骄奢淫逸，任情挥霍。经过清初以来广大人民的辛勤劳动，乾隆时期国家富庶。为了满足自己的享乐欲望，乾隆皇帝大肆挥霍。其中，最为突出的是备办皇太后和他自己的历届万寿庆典和六巡江南，从而使广大劳动人民辛苦积攒起来的大量财富付之东流，不但大大加重了广大人民的痛苦，导致了国内阶级矛盾的空前激化，也直接导致了吏治腐败和清朝统治全盛局面的中止。

乾隆皇帝生活的十八世纪是曹雪芹在其著名小说《红楼梦》一书中揭示的封建统治的大厦"呼啦啦将倾"的时期，而乾隆皇帝所代表的又是一个日益没落、反动的阶级。时代提供给乾隆皇帝发挥积极作用的空间已经非常狭隘。因而，和乃祖、乃父相比较，乾隆皇帝对于历史发展的进步作用大相逊色，而在消极作用方面却更加突出，而且，愈是到乾隆后期，这种消极作用便愈是明显。尽管如此，乾隆皇帝仍以自己的努力在缓和社会矛盾、促进生产发展、维持国家安定、维护祖国统一、发展民族文化等许多方面都做出了突出的贡献，其中一些活动如抗击廓尔喀入侵以维护祖国统一和坚持秘密建储以保持社会安定都是发生在乾隆后期。这便说明，一直到乾隆皇帝在位末年，对于社会的发展和进步，乾隆皇帝仍然发挥着一些积极作用。在乾隆皇帝以前的中国历代帝王中，能就上述一两个方面做出贡献者已经为数不多，兼有以上数项而且坚持始终者则更是凤毛麟角。因此，虽然由于时代的局限，由于阶级的限制，乾隆皇帝的不少活动都严重地破坏了生产力的发展和社会的进步，但是，他在位期间取得的上述成就，无疑地应使他居于中国历史上的最优秀的帝王之列。因而，这个统治天下六十余载，几达入关以后清朝全部年代四分之一的封建君主，无论在清朝历史上，或是在两千多年的中国封建社会中，都应占据重要的一席之地。

附　录

一、乾隆皇帝年表¹

康熙五十年（1711年）　一岁

◎八月十三日（1711年9月25日）生于雍亲王府邸。²为雍亲王胤禛第四子。母钮祜禄氏，时为雍亲王胤禛侍妾。雍正帝即位，晋熹妃、熹贵妃。乾隆帝即位后，被尊为崇庆皇太后。死谥孝圣宪皇后。³

◎高宗法天隆运至诚先觉体立力极敷文奋武钦明孝慈神圣纯皇帝，讳弘历。雍正十年世宗赐号长春居士，后尝自号信天主人。七十后自称古稀天子，又自称十全老人。为世宗第四子，其初次序实为第五。康熙五十年辛卯八月十三日子时生于雍亲王藩邸。母王府格格钮祜禄氏，即孝圣宪皇后。六十一年三月，圣祖命养之宫中。雍正元年八月，世宗密建皇储，缄其名于乾清宫正大光明匾额后。十一年二月，封和硕宝亲王。十三年乙卯五月，命入值办理苗疆事务。八月，遗诏立为皇太子，嗣大统。⁴

◎自六龄就学，受书于庶吉士福敏。过目成诵，课必兼治，进业日勤，动契夕悟。洎康熙壬寅，年十二，祗谒圣祖于圆明园之镂月开云，见即惊爱，命宫中养育，抚视周至，备荷饴顾恩慈。亲授书课，教牖有加。偶举《爱莲说》以试，诵解融彻，奖悦弥至。命学射于贝勒允禧，学火器于庄亲王允禄。肆轫擅能，精传家法。每呈敤宫门，习围南苑，阎体审机，叠发奇中。观者莫不钦为天授。其年秋，随侍圣祖巡避暑山庄，赐居万壑松风，读书其中。一日望见御舟泊晴碧亭畔，闻圣祖呼名，即趋岩壁而下。顾谓勿疾行，恐至蹉跌，爱护殊常。狮子岭之北，为世宗藩邸扈跸时赐园。圣祖幸园中进膳，特命孝敬宪皇后率孝圣宪皇后问安拜觐，天颜喜溢，连称有福之人，以上豫信也。木兰从狝，入永安莽喀围场，命侍卫引射熊，取初围获熊兆。甫上马，熊突起，控辔自若，圣祖御枪殪之。事毕入武帐，顾语温惠皇贵太妃曰，是命贵重，福将过予。恩鉴之神，灼然知圣母圣子允能膺受多福，引觇方来，深信不爽者如此。雍正元年癸卯春正月次辛祈谷礼成，是为世宗登极后初次大祀之典。召上入养心殿，赐食一脔，意已为他日付托之本，志早先定，仰告昊苍，故俾承福受胙也。秋八月，御乾清宫，密书上名缄固，召谕诸王大臣，俾敬藏世祖章皇帝所书正大光明匾额上，使咸喻慎简元良之本怀。冬至月届圣祖仁皇帝周忌大祭，命代谒景陵，隐然以主鬯钦承眷命所钟，勿忘自始。五年丁未，年十七，赐成大婚礼于西二所，践祚后赐名重华宫者是也。八年庚戌，汇书闱所制诗文为《乐善堂集》告成。十一年正月，封和硕宝亲王。每岁命代祀北郊。准噶尔之役，两朝未竟，陈师西北两路，上实亲聆运筹。黔苗不靖，继有兵事。世宗命综理军机，谘决大计。

康熙五十一年（1712年） 二岁

◎二月，定滋生人丁，永不加赋。

康熙五十八年（1719年） 九岁

◎始随翰林院庶吉士福敏读书。[5]

◎乾隆四十四年，乾隆帝诗注称三先生为福敏、朱轼、蔡世远。其于福敏则称："余幼时，日所授书，每易成诵，课常早毕。先生即谓余曰，今日之课虽毕，曷不兼治明日之课？比及明日，复然。吾弟和亲王资性稍钝，日课恒落后。先生则曰，弟在书斋，兄岂可不留以待之？复令予加课。俟其既毕，同散。彼时孩气，未尝不以为怨。今思之，则实有益于己。故余所读之书倍多，实善诱之力也。"诗称"呜呼于先生，吾得学之基"。[6]

◎"皇考选朝臣授业我兄弟四人，胥宿儒。徐元梦、朱轼及张廷玉、嵇曾筠，设席懋勤殿，命行拜师礼。"[7]

康熙六十一年（1722年） 十二岁

◎正月，康熙帝举行千叟宴，弘历奉命与诸皇孙向老臣执爵献酒。

◎三月，康熙帝两幸圆明园，召见弘历，养育宫中。

◎四月，弘历随康熙帝巡幸热河避暑山庄，秋狝木兰。

◎九月，返京。

◎十一月，康熙帝去世。弘历之父胤禛即位，是为雍正帝。

雍正元年（1723年） 十三岁

◎正月，雍正帝命徐元梦、朱轼等教皇子读书。

◎八月甲子（十七日），秘密建储，以弘历为内定储君，将建储密旨藏于锦匣之内，收藏于乾清宫正大光明匾额之后。[8]

雍正二年（1724年） 十四岁

◎正月，添置八旗养育兵。

◎三月，取消儒户、宦户名称，规定士民一律当差。命地方官劝农，给老农顶戴以资鼓励。

◎六月，命在京设立八旗井田。

◎七月，在全国推行耗羡归公及养廉银制度。颁布《御制朋党论》。

雍正三年（1725年） 十五岁

◎是年，诛年羹尧、汪景祺等。

雍正四年（1726年） 十六岁

◎正月，削除允禩、允禟宗籍，改其名为阿其那、塞思黑，旋皆卒于囚所。

◎九月，查嗣庭科场试题案发，停浙江乡、会试，特设浙江观风整俗使。始行改土归流。

◎是年，弘时案发，削除宗籍圈禁，次年死于囚所。

雍正五年（1727年） 十七岁

◎七月十八日，弘历成婚，嫡妃富察氏（康熙五十一年二月二十二日生），察哈尔总管李荣保之女。⁹

◎八月，中俄签订《恰克图条约》。

◎十月，隆科多被圈禁，旋死于囚所。

◎是年，正式设立驻藏大臣。

雍正六年（1728年） 十八岁

◎九月，曾静、吕留良文字狱案发。

◎十二月，始行清理江南积欠。

雍正七年（1729年） 十九岁

◎二月，以曾静案，设湖南观风整俗使。

◎六月，出师征准噶尔。设军机房，弘历参与机务。

雍正八年（1730年） 二十岁

◎是年，弘历《乐善堂文钞》三十卷、弘昼《稽古斋文钞》
定稿。**10**

雍正十一年（1733年） 二十三岁

◎二月己未，封皇四子弘历为和硕宝亲王，皇五子弘昼为
和硕和亲王。

雍正十三年（1735年） 二十五岁

◎五月，因贵州苗乱，以弘历、弘昼、鄂尔泰等人为办理
苗疆事务王大臣。

◎八月己丑（二十三日），雍正帝去世，终年五十八岁，弘
历嗣位。以庄亲王允禄、果亲王允礼、大学士鄂尔泰、张
廷玉为辅政大臣，旋改总理事务王大臣。以遗命尊奉妃母
为皇太后，复奉皇太后懿旨以元妃为后。遵大行皇帝遗诏，
鄂尔泰、张廷玉配享太庙。谕外省文武大臣等差员赍折到
京者，照常启奏，毋得沉滞。颁布遗诏。谕总理事务王大
臣，朕以冲龄，继登大位，正当广为咨诹，以补见闻所不
及，其从前何等官员准其奏事，或有特旨令其奏事者，俱
着照前折奏。

◎九月己亥（初三日），弘历即皇帝位于太和殿，是为乾隆
皇帝。以明年为乾隆元年，颁乾隆元年时宪书，铸乾隆通
宝。申禁各省贡献，禁陈祥瑞。赐庄亲王允禄、果亲王允
礼永远食双俸，鄂尔泰、张廷玉世袭一等轻车都尉，朱轼

世袭骑都尉。乾隆帝移居养心殿。命廷臣轮班奏事。免雍正十二年以前各省民欠。其江南积欠内官侵吏蚀二项，亦照民欠例宽免。命僧众仍给度牒，禁擅造寺观神祠。命清查丛林古刹斋田，编入册籍。

◎十月，严禁地方官匿灾讳盗。谕治天下当宽严得中。以张广泗经理苗疆事务，禁虚报开垦。命宗室觉罗因罪革退者，子孙分赐红带、紫带，附载玉牒。严饬内务府总管、太监等凛遵制度。释圈禁宗室。命厘正文体，毋得避忌。始行裁革各省杂税。停止丈量首报民田。饬督抚毋得滥请改隶州县，增设官职。谕各部院奏事仍兼清汉文。

◎十一月，命纂修大行皇帝实录。命甄别僧道。恭上雍正帝谥号、庙号。禁各省督抚溢收耗羡。赏已革宗室阿其那、塞思黑红带，收入玉牒。

◎十二月，命纂《八旗满洲氏族通谱》。加教官品级。严饬臣工，满洲、汉人毋得歧视。禁州县征粮积弊。准噶尔遣使乞和，命喀尔喀扎萨克等详议定界防守事宜。以恩诏免粮，命地方官劝业户酌减佃租。禁河运工程捐派累民。严禁各省工程摊派。处死曾静、张熙。谕凡上司抑勒属员，准直揭部科。

乾隆元年（1736年） 二十六岁

◎正月，经略张广泗奏报，官兵三路进逼贼巢，各逆求请招安者数百寨。御史冯起元奏："但以现今养廉而论，六部尚书、侍郎反不及外省府县，正副都统不如外省之参游。在京各官虽勉强洁己奉公，终非持久之道。况今文武大员房地俱无者，不止三分之一，司属章京衣食不足者十有八九。若非加意培补，何以致于丰裕？培元气、固根本，此其时也。"[11]撤西北两路大军。御史谢济世进呈自著《学庸注疏》，得旨严饬。停止捐纳。惟留户部捐监一项，作为各省歉岁赈济之用。命教职各照品级给与全俸，著为令。

◎二月，免绅衿杂派差徭。诏直省生员、监生年七十以上者优免一丁，八十以上者给与八品顶戴。命各旗闲散幼丁年逾十岁者，该管参佐领保送养育兵。始给各省佐杂官养廉。准满洲、蒙古举人补内阁中书。严禁以文字罪人。

◎三月，赦汪景祺、查嗣庭兄弟族属回籍。给予告满汉大学士及部院尚书全俸，著为令。设盛京宗学、觉罗学。命续修国史。赏八旗汉军生息本银二十万两，以备兵丁红白之用。开复抗粮褫革之生员监生。赏给原贝勒延信、苏努、原公乌尔占子孙红带，附载玉牒。加满汉助教、学正等官品级。命征集史料，续修雍正十三年间国史。

◎四月，谕汉军熟悉清语，嗣后引见如不能以清语奏对，不准列入保举。停止汉人发遣罪犯安置黑龙江、宁古塔、吉林、乌拉等处，改发各省烟瘴地方。定自山海关至杀虎口提督、总兵以下兼用满员绿旗例，所有副参游都守一百三十三缺，以三分留于绿旗，以七分分给满员。严出家之禁。谕八旗敦崇俭仆。内大臣海望遵旨议复，内务府及八旗满、汉、蒙共支生息银一百一十万两。

◎五月，以本年四月，黄河自砀山毛城铺决口，命南河总督富德会同江南总督，总河共议疏浚支策。命直隶岁修永定河堤岸，严查胥吏扰累。郎世宁在御前请缓禁教。命改山东益都县更名地亩归民粮征收。命修建州县六房公宇，一应案牍慎密收藏，倘书吏换班有私带文卷出署者，从重治罪。免曾静、张熙亲属缘坐。命各省驻防官兵送柩来京安葬。

◎六月，以书院实即古代侯国之学，谕慎选师儒、生徒。加礼部堂官双俸。谕八旗六部大臣，奏事引见不得因炎暑减少。始给各省学政养廉。定八旗条例。命各省提督、总兵进京照督抚例，不必赴部投文。禁私造鸟枪。定江南水利岁修。命大学士等议明建文帝谥，寻奏准追谥恭悯惠皇帝。革提督衙门白役。命查八旗应入官房地，分别情罪，给还本人执业。命纂《三礼义疏》。弛坊间刻文之禁。严禁衙蠹。给京官养廉。

◎七月甲午，以皇二子永琏为储君，秘密建储。并谕此乃酌权剂经之道，将来皇子年齿渐长，识见扩充，志气坚定，朕仍当布告天下，明正储贰之位。是月，谕州县查勘水旱杂费，俱动用公帑，毋许派累。免贵州通省本年额赋及耗羡。申禁科场舞弊。除古州等处苗赋。定五等世职汉文。给佐杂官回籍路费。以王士俊陈奏悖妄，逮问。准贡生酌补佐贰。

◎八月，傅鼐以狡诈夺职。加京官恩俸，增旗员随甲钱粮。增满洲官卷中额。玉牒告成。

◎九月，定凌虐遣犯罪，并免有职人员及举贡生监出身者为奴。命内阁、翰林院精选本朝臣工奏疏入选，诸臣内有素行端纯者，准入贤良祠。《明史》告成，御试博学鸿词一百七十六员于保和殿，取中十五人，各授官。

◎十月，送世宗梓宫于泰陵。"国史馆进《太祖高皇帝本纪》，谕现在编纂四朝本纪、表、志、列传，一并排纂。命纂修《世宗宪皇帝本纪》。"[12]以西师已撤，谕将乾隆二年甘肃钱粮全行豁免，西安等属蠲免额之半。经略张广泗奏报苗疆军务全竣。

◎十一月甲午，乾隆帝始御乾清门听政。是月，重定侵盗钱粮例。改直隶井田为屯庄。

◎十二月，禁督抚收受土宜。定幕宾六年期满保送之例，以革除奔竞钻营、买名顶替等弊。定鄂尔昆驻兵轮年更代之法。命开浚毛城铺引河。总理事务王大臣遵旨奏议八旗养赡事宜，查八旗入官地亩，未经动用者九千零五十余顷，入官房屋八千三百余间。而八旗贫乏者不止一二万，若均给田亩房屋，势不能均沾。请将现存官地立为公产，以每年所得租息分给贫乏旗人；官房仍请照前，准人认买。奉旨依议。

◎是年冬，俄国第三批商队至京，次年春归国。**13**

乾隆二年（1737年） 二十七岁

◎正月，给江南佐杂官养廉，后陆续推及各省。

◎二月，令各省督抚安排藩臬入京引见。

◎三月，葬雍正帝于泰陵。更定旗人命案例。准洋船到广仍免于起炮。

◎四月，申命求言。准包衣佐领、管领与八旗联姻。礼部侍郎吴金奏请台湾设省，并专设巡抚弹压，遭王大臣议驳，未行。以畿辅缺雨，免直隶今年额赋。定世管佐领缺出时袭管之例。给贫乏旗人房屋。赦发遣人犯妻子回籍。

◎五月，命重农务本，并以此课督抚之优劣。命河北五省严禁晒糀。准本年新进士条奏地方利弊。命武英殿敬刊五朝圣训。谕南书房、武英殿翰林编纂农书。停满洲庶吉士分习清书。命各关遇歉岁免收米税。

◎六月，命直隶试行区田法。**14**命歉收之岁，贫民借领仓谷，秋后还仓时不许收息。

◎七月，谕部院会议事件，声明主稿衙门。御试续到博学鸿词于体仁阁。谕各省督抚筹备水旱事宜。改定遣犯改发之例。凡民人犯法应发遣为奴者，仍照旧例发往宁古塔、黑龙江给披甲人为奴。

◎八月，命大学士鄂尔泰详勘直隶河道水利。

◎九月，因御史舒赫德奏请各省税务归并旗员管理，特宣谕此事徒长旗员贪渎之风，侵蚀之弊，断不可行。命圣庙易用黄瓦。颁《圣祖御制文集》、《世宗朱批上谕》、御制《乐善堂集》于官学。命借给在京八旗兵丁例饷半年。申饬言官毋挟私言事。定八旗承袭世管佐领、年幼拣员署理之例。定满洲郎中保送道员例。命州县以下官养廉就近坐支。以满洲、蒙古郎中仕途狭隘，谕以后可与汉司员一起保送道员。

◎闰九月，禁各省耗羡外收余平。禁州县官出境迎送上司。命借给齐齐哈尔、黑龙江、墨尔根、呼兰等处屯兵牛具银两。定八旗武职酌给全俸半俸例。马兰峪陵寝工程告竣。命修永定河堤坝。

◎十一月，赏借八旗甲米一月。庄亲王允禄等辞免总理事务。命仍设军机处，以大学士鄂尔泰、张廷玉、尚书讷亲、海望、侍郎纳延泰、班第为军机大臣。命翰林官挂朝珠。采纳云南巡抚张允随建议，以致力农耕等十项者为上农，即于其中选老成谨厚之人，专司教导。又每年秋收后，州县查所管乡村，如果地辟民勤，谷丰物阜，觞以酒醴，给以花红，导以鼓乐，以示奖励。又播种时，如果缺乏籽种，工本艰难，准于常平仓谷存七数内借支。

◎十二月，册立嫡妃富察氏为皇后。特准八旗另户兵丁考试翻译一次。给八旗内务府兵丁嫁娶赏银。准兵部侍郎孙国玺奏请，将山西捐监事例移归本省，交纳本色，以实仓储，他省不得援以为例。

乾隆三年（1738年） 二十八岁

◎正月，定宗室嫁娶例。停各省平余银解部。初幸圆明园，奉皇太后居畅春园，凡庆节恭迎皇太后御长春仙馆，以为例。

◎二月，定各省常平仓纳粟捐监例。释奠先师孔子。命公产旗地准民人置买。谕各省常平、社仓歉收借领免息，著为令。始御经筵，自是每季仲月一次，岁以为常。

◎三月，始诣太学释奠。谕满洲现任三品以下及武职官通晓国书者候考。谕各衙门轮班无事，仍递到班衔名。谕督抚升调非特奉谕旨，均俟交待后起程。命例应考选科道之部院等官概行引见，乾隆帝亲加简拔。

◎四月，以旱申命求言。申禁督抚贡献。禁州县馈送土宜。命各直省题奏本章按季咨内阁、通政司查核。

◎五月，定各省水旱灾五分即准蠲免例。谕副将、参将引见，督抚核实加考核。

◎六月，命八旗平粜局钱易银平价。禁州县官征收暗加火耗。令各部院引例不得删减，亦不得例外两请。定八旗家奴开户例。命内阁中书能缮清书者用满本房，能翻译者用汉本房。命内外纠参六法官愿引见者听。谕禁京师传播之伪孙嘉淦奏疏稿。

◎七月，派八旗满洲蒙古兵丁分往张家口、古北口等处驻防。免八旗护军校以下借扣未完饷银。定满洲科道内升外转例。"申禁驻防八旗官弁子弟于附近府院参加岁科两试。"[15]复设稽查内务府御史。谕八旗都统等训兵丁节俭。吏部议复，嗣后凡密折奏事，请发交内外大臣查审，倘有挟私妄奏，即照例议处，得旨允行。各省陆续奏报纳粟捐监事宜。

◎八月，谕录用入贤良祠诸臣子孙。"御史稽鲁请每旗各设银库，每库用银五十万两，借与本旗官员以及包衣兵丁。并请广开八旗登进之途，凡近京省城府道州县副参游守等官俱宜参用满洲。京营游守千把俱以满洲补用。命交部严加议处。"[16]命酌定各省缓征钱粮分别带征。设各部院督催所。

◎九月，命副都统纪山驻藏。定武职官赴任凭限。训八旗勤习弓马。采买口外米豆交八旗平粜。

◎十月，增八旗护军领催马甲四千三百三十余名，养育兵一万七千七百余名。皇次子永琏死，命丧仪照皇太子仪注，谥端慧皇太子。

◎十一月，定原品休致大臣食俸例。给各省考官路费，著为令。定八旗佐领选子孙承袭例。命八旗包衣归汉军考试。禁八旗兵丁衣服奢僭越。定直省例案限期。立算学。

◎十二月，《八旗通志》成。发帑银一百万两修浚江南水利，命大理寺卿汪漋专往督办。命剔除漕弊。

乾隆四年（1739年） 二十九岁

◎正月，命通政使德尔敏往江南同大理寺卿汪漋督办水利。

◎二月，定官吏侵帑罪。庚子，准噶尔台吉噶尔丹策零奏以阿尔泰山为界，许之。准举人会试后拣选知县。

◎三月，命八旗及步军统领修则例。命尚书、都御史、侍郎保举如陆陇其、彭鹏者。谕各部院约束司员、书吏。谕直省整饬武备。谕直省大吏，遇部院书吏需索，即据实奏闻。定养育兵红白事赏银。特免直隶、江苏、安徽三省额赋二百五十万两。赐浙江敷文书院生童饩廪。戒言官缄默。

◎四月，改各省卫所归知府管辖。严水旱匿灾处分，免直隶本年地丁耗羡。以旱申命求言。以直隶江南缺雨，谕九卿科道会议预筹民食。

◎五月，停部属参领、翰林等官奏事。免江苏、安徽二省耗羡。命浙江海宁改筑石塘。

◎六月，以礼部颁发度牒已三十余万，令各省裁减僧道。添派查旗御史。禁增设牙行。

◎七月，命八旗照部院例轮带三品职任人员引见。禁督抚擅调属员进省。谕直省督抚预筹积贮。

◎八月，命纂《明纪纲目》。江南金坛县贡生蒋振生进手抄十三经，赐国子监学正衔。命本科翻译进士俱赐进士出身。定道府之任请训例。禁各省运弁需索。禁各省"刁民"敛钱告赈。

◎九月，免八旗官员应扣俸银。弘昇以无耻夺职。

◎十月，饬各省训练驻防兵丁。定缴还朱批奏折之例。凡官员身故，令其子孙将所有朱批奏折亲呈督抚，查明封固，代为奏缴，不必再经吏部转交。庄亲王允禄、理亲王弘晳等结党事觉，命革允禄亲王双俸及理藩院事务，亲王弘晳、贝勒弘昌、贝子弘普俱削爵，弘昇永远圈禁，弘晈仍留王号，永远住俸。给事中倪国琏奏进浙江钱塘县监生陆曾禹《救饥谱》四卷，命交武英殿刊刻。

◎十一月，命直隶总督孙嘉淦妥议民典旗地一案，务令于旗人有益，于民人不扰。于南苑大阅，并定嗣后三年一次大阅。

◎十二月，封额驸策凌长子成衮扎布为世子。谕各省安辑流民。平郡王福彭等审讯弘晳悖逆有据，命永远圈禁并罚庄亲王俸五年，随命照阿其那、塞思黑例，子孙革去宗室，给与红带。封西藏贝勒颇罗鼐为郡王。颁《圣祖御制文集》、御纂诸经于宗学。

乾隆五年（1740年）　三十岁

◎正月，纂八旗佐领世职则例。准准噶尔夷使四年至京师及肃州贸易一次，进藏熬茶允带三百人并遣官护送。谕清查各省耗羡存公银两。

◎二月，准哲布尊丹巴呼图克图还居库伦。命直隶、山东、山西、湖南、广东等省招商采煤，自此之后，各种矿业陆续弛禁。命贵州设社学。命台湾调补人员毋限年份，并准随时拣发。设唐古忒助教。命旗员罚俸缓缴扣项。

◎三月，命吏兵二部纂铨选处分则例。挑南运河。命各省修关隘。定国子监南学学规。始设旗仓、河标营仓。

◎四月，命各直省封印后用预印空白。以旱求言。

◎五月，额驸策凌奏喀尔喀、准噶尔以鄂尔海分界，从之。禁捐监收折色。命蒙古王等源流档册、家谱五年进呈一次。令八旗休致回京人员在旗当差。

◎六月，酌改八旗恩赏例。

◎闰六月，饬地方官化导游民。谕准噶尔毋越定界。

◎七月，命停万寿节贡献。禁私售旗地。命八旗三年一次赴卢沟桥演炮。禁将弁乘轿。谕沿边省份交涉蒙古事件毋许歧视。命国子监官挂朝珠。颁《日讲四书解义》。给候补员弁薪水。命各省垦旷土。嗣后边省内地零星地土概听垦种，免其生科。

◎八月，饬沿海督抚整饬海防，严查战船。裁减州县民壮。

◎九月，谕嗣后有愿将旱田改作水田者，钱粮仍照原定科则征收，免其加赋。严禁盗案诬扳。禁胥役冒充牙行。户部请定秋灾加赈例。谕奉天居民不愿入籍者限十年回籍。

◎十月，训翰詹科道究心理学。

◎十一月，命各省岁奏民数谷数。申禁造言。饬有司教民孝悌。谕直省官役俸银工食遇缓征年份准支司库银两。重辑《大清律例》成。命大学士、九卿公举清廉官员。纂修《大清一统志》成。

◎十二月，禁京官滥交富户。赏八旗年老官兵银。

乾隆六年（1741年） 三十一岁

◎正月，谕采访遗书，以广石渠、天禄之储。定各省驻防官兵随围班次。

◎二月，命捐监在内在外，悉听士民之便。"谕满洲进士准选用知县。"[17]

◎三月，诏以冬春之间，亲试满洲骑射、清语，饬宗室章京侍卫等悉心学习。定京察滥举处分。鄂善以赃夺职下狱。以御史仲永檀劾鄂善得实，特擢佥都御史。

◎四月，续刊雍正八年以后上谕，颁赐臣工。考试八旗记名人员。赐鄂善自裁。谕本年皇太后五旬圣寿，奉懿旨停止进献。谕禁督抚任用家丁，扰累属员。

◎五月，禁州县征粮滚单。以吉林为满洲根本，命严行查禁流民。严诬告越诉罪。申谕各省预筹积谷。饬科道察访本籍吏治。再谕八旗满洲勤习骑射。

◎六月，饬官员防闲内幕。六世班禅于扎什伦布寺坐床。

◎七月，命北省劝民试开沟洫。禁各省现任官员建立生祠。增定八旗则例。初举秋狝，奉皇太后幸避暑山庄启銮。自此年为始以至去世，乾隆帝对全国进行了频繁的巡幸活动。据笔者统计，巡幸活动包括拜谒京畿东西两陵，出关东巡并拜谒关外三陵，巡幸避暑山庄及秋狝木兰，东巡泰山、曲阜，西巡五台，六巡江南等等，总计次数152次，离京时间6751日。于此略作总述，此后巡幸，除重要者外，不再一一详述。

◎八月，以蒙古王贝勒等扈从行围行列整齐，普赏银币。

◎九月，禁吉林、伯都纳、宁古塔等处游民杂处。还京师。召办理江南水利之大理寺卿汪漋、德尔敏回京。命毁谢济世书籍。命查元年以来贪墨各员情罪较重者发军台效力。召纪山回京，命副都统索拜驻藏。

◎十月，命汉军御史归汉缺。

◎十一月，命续纂《律吕正义》后编。命疏通举人选法。贷吉林乌拉兵丁银米。

◎十二月，定考核关税盈余例。左都御史刘统勋请停张廷玉近属升转，减讷亲所管事务，乾隆帝嘉之。大学士张廷玉请解部务，不许。《世宗实录》《圣训》告成。《蒙古律例》成。禁武职干预民事。

◎是年，首次普查全国人口，计一亿四千三百四十一万余，各省存仓米谷三千一百七十二万余石。

乾隆七年（1742年） 三十二岁

◎正月，准旗员子弟随任。命续修玉牒。

◎二月，命定汉军考职就铨例。命各省选拔贡生，十二年举行一次。《兵部则例》《蒙古律书》成。

◎三月，乾隆帝忧旱，命求言。《八旗则例》成。命大学士、九卿、督抚举如马周、阳城者为言官。"十二日辛未，谕沿边副参等缺，以三分补用绿旗，以七分补用满员。今内地副参等缺，应酌以七分补用绿旗，以三分补用满员。"[18]以旱命刑部清理庶狱，各直省如之。定胜水峪为万年吉地。谕直省岁歉平粜，毋拘成例。宽学政携家之禁。申谕弭盗毋分疆界。

◎四月，命九卿翰詹科道督抚就耗羡各书所见以闻。停乡、会试文武互试例。命修造万年吉地。准汉军出旗为民。定陕甘宁及四川松潘等出绿营副将、参将、游击各体缺以五分之一补用满缺，以资弹压。

◎五月，命拨满洲单户一千名移驻拉林、阿勒楚喀屯田。

◎六月，谕庄亲王允禄、履亲王允祹约束闲散宗室。训饬地方官实心经理平粜。谕督抚董率州县经画地利。

◎七月，命《明史纲目》馆增修明太祖前纪。增定翻译会试殿试科场例。禁江南贩米出洋。

◎八月，江南淮黄交涨，命疆吏拯救灾黎，毋拘常例。拨江苏、安徽赈银二百五十万两有奇。准各省官生赴江南河工投效。命八旗军政照外省驻防例自陈。免直隶、江苏、安徽、福建、甘肃、广东等省雍正十三年积欠钱粮，及江南、浙江未完雍正十三年漕项。谕河南、山东、江南、湖广等省抚恤江南流民。命拣选候补府州县等官往江南办赈。

◎九月，增直隶、天津、沧州、满洲驻防兵额。命河臣速堵江南黄河决口。赈恤江苏、安徽灾银二百九十万两，米谷二百二十万石。命再拨临省银一百万两备明春接济。

◎十月，命江南截留癸亥年漕粮八十万石，仍拨山东漕粮二十万石、河南仓米二十万石运江南备赈。命拨河南、浙江帑银四十万两解江南河工。江南高邮邵伯各坝工竣。命拨山东沿河仓谷十万石运江南备赈。定满员外用先行考试例。

◎十一月，谕疆吏遇邻省水旱毋遏粜。大学士等议奏，耗羡归公，法制尽善，不可更张。乾隆帝是之，并传谕中外官民知之。命考试满洲外用道府人员。命大学士陈世倌会同高斌查勘江南水利。命下五旗包衣孤寡人等月给银米。命拨江西仓谷八万石于江南备赈。

◎十二月，命左副都御史仲永檀会同周学健查赈。仲永檀、鄂容安以漏泄机密，逮交内务府慎刑司。命拨四川仓谷二十万石运江南、湖北备赈。命宽鄂尔泰党庇仲永檀罪。以江南水灾地亩涸出，耕种刻不容缓，谕疆吏劝民爱护牛只。

◎是年，全国人口一亿五千九百八十万余，存仓米谷二千九百六十二万余石。

乾隆八年（1743年） 三十三岁

◎正月，免鄂容安发军台，命仍在上书房行走。仲永檀死于狱。陈世倌等奏修江苏淮、徐、扬、海，安徽凤、颍、泗各属河道水利，下大学士鄂尔泰等大臣议行之。

◎二月，考选御史。杭世骏策言内满外汉，忤旨褫职。命侍讲邓时敏、给事中倪国琏为凤颍泗宣谕化导使，编修涂逢震、御史徐以升为徐淮扬海宣谕化导使。

◎三月，命王贝勒贝子公等庶福晋侧室所生子俱降二等予封。定武员养廉名额。申禁贩米出洋。命沿江驻防大员两年出巡一次。

◎四月，命各督抚陈奏属员贤否。命直省嗣后遇旱笞杖以下均减等发落。命于奉宸苑试行区田法。命暂停邻省采买及捐监收米之例，以平抑米价。命拣选编修、检讨堪胜知府人员。饬沿海各省严缉"洋匪"。以汉军出旗者达一千三百九十六人，谕汉军同知、守备以上毋庸改归民籍。《医宗金鉴》书成。

◎闰四月，申命各省宣讲《圣谕广训》。命歇收地方重惩抢夺刁民。

◎五月，命恭缮历朝实录送盛京尊藏。谕满洲将军等如有密奏事件，应缮清文。

◎六月，禁民种烟草。以旱求言。以御史胡定劾湖南巡抚许容一案，究出督抚诬陷扶同，予叙。谕督抚率属重农。戒地方官毋扰驿站。定武职回避本省例。准流民出口就食。禁衿监充牙行。

◎七月，训八旗敦睦宗族。命各直省抚恤流民。乾隆帝奉皇太后启銮诣盛京展谒祖陵。严督抚等漏泄密奏之禁。

◎九月，以哲布尊丹巴呼图克图未经奏请，即前往额尔德尼昭礼拜，降旨申斥。定满洲科目出身知县改补京职例。

命停顾琮议限田。裁盛京五部汉员。谕盛京府尹、将军等
和衷办事,旗民毋得歧视。浙江海塘工竣。

◎十月,再申奏折保密制度。命嗣后各省督抚,除以奏代
题事件,奉旨之后,始许通行,其余奏报大概情形并密请
训示以及褒嘉申饬之奏折,一概不许轻泄一字。奉皇太后
还京师。

◎十一月,戎州县吏治玩愒。谕各省试饲野蚕。严禁兵丁
顶冒名粮。命月选官考试律文,著为例。定苏杭江宁三织
造养廉每人万两。

◎十二月,加赏八旗银八万两。

◎是年,全国人口一亿六千四百四十五万余,存仓米谷同
于上年。

乾隆九年(1744年) 三十四岁

◎正月,准督抚保题调简人员。命尚书、公讷亲查阅河南、
山东、江南营伍并勘验河工、海塘。

◎二月,命直隶、天津、河间等处栽柳开井,以广地利。
准各省纳粟捐监。

◎三月,禁台湾武职任所置产。

◎四月,设热河兵丁子弟官学。首任广州海防同知印光任
制定《管理番舶及澳夷章程》七条。[19]

◎五月,御史柴潮生奏请兴修直隶水利,命协办大学士刘
于义往保定会同高斌筹划。

◎六月,以副都统傅清代索拜驻藏。

◎八月,定会试后拣选举人例。以顺天乡试士子怀挟多人,
科场蒙混,命乾隆元年以后监试御史悉交部议处,并减各
省中额示警。舒赫德奏科举之制,无裨实用,请别求遴选
真才之道。寻由大学士议驳,未行。复考官子弟回避例。

命各省乡试榜后复试。

◎九月，申禁台湾开垦荒地。命各省督抚切实执行年终汇报制度。增订科场严查怀协科条。赐徽州紫阳书院御书匾额。

◎十月，重修翰林院工竣，乾隆帝幸翰林院赐宴。

◎十一月，停月选官考试律文。

◎十二月，命各省钱谷刑名年终汇册报部。命直隶拨银五十万两兴修水利。玉牒告成，尊藏皇史宬。

◎是年，全国人口一亿六千六百八十万余，存仓米谷三千二百余万石。

乾隆十年（1745年） 三十五岁

◎正月，改会试于三月，著为令。命江南疆吏分年轮阅海防，著为令。饬各督抚提镇亲验马步兵丁，充补粮缺。停会试榜后拣选分用知县教职例。

◎二月，添设广东驻防水师营。定八旗满洲、蒙古翻译会试合文会试为一场。

◎三月，改殿试于四月，著为令。命选会试落卷，以教职录用。

◎四月，命江南发帑银五十六万两挑浚河道。申谕各省学臣厘正文体。甲寅（十二日），大学士鄂尔泰卒，[20]命遵雍正帝遗诏配享太庙并入祀贤良祠。饬沿海省份训练水师。禁地方官征粮积弊。谕用兵瞻对。策试天下贡士于太和殿。从是年始，殿试试题由理气性命之理学改以经史典章制度等为主要内容，士子学风亦开始转变。

◎五月，颁《御制太学训饬士子文》于天下学宫，同世祖《卧碑文》、圣祖《圣谕广训》、世宗《朋党论》朔望宣讲。以协办大学士讷亲为大学士，班次在张廷玉之前。以秋狝巡幸口外，赏察哈尔八旗等总管恩俸半年。停江南河工捐例。

◎六月，命拨黑龙江等处闲丁移屯佛忒喜苏苏垦地。谕免来年全国地丁钱粮二千八百二十四万余两。命江南厘剔收漕积弊。从大学士议，普免天下钱粮照康熙五十一年例，各省分三年轮免。又谕应免之年，或遇水旱，将特旨应免之数登记，于次年开征时豁除。命户部侍郎傅恒在军机处行走。署湖广总督鄂弥达奏请准各省捐监一概准收折色，不准。

◎七月，复翰林官教习庶吉士。奉皇太后自京启銮巡幸多伦诺尔、避暑山庄。

◎九月，禁用非法刑具。命山西丁银摊入地粮。还京师。以普免钱粮，命查各省历年存余银，以抵岁需。命修明愍帝陵。

◎十月，裁通政使汉缺一。给江南灾民葺屋银两。命各省捐监改收折色。

◎十一月，"初八日乙亥，命各地驻防八旗照京师之例，遇有丧事，准借四个月俸银"。[21]增给旗员领侍卫内大臣以下养廉。定驻藏官员三年换班例。以准噶尔噶尔丹策零死，命西北两路关卡慎固防守。禁吏员僭用章服。赏八旗及内务府骑射优等人员银两。谕禁太监交接外廷官员。

◎十二月，更定奉天水师营巡查训练章程。饬官员冒籍大兴、宛平者改归原籍，嗣后严禁冒考。赏移驻拉林满洲贫户补助银两。命增培江南黄河南北两大堤、月堤。

◎是年，粤海关实行保商制度。全国人口一亿六千九百九十二万余，存仓米谷三千五百五十八万余石。户部银库存银三千三百余万两。

乾隆十一年（1746年） 三十六岁

◎正月，命缓征蠲赋年份耗羡。定各省副都统分年陛见。川陕总督庆复奏进剿瞻对。江苏布政使安宁请清查积欠。恭缮尊藏盛京实录告成。

◎二月，命嗣后凡军机处廷寄上谕，各督抚应速行回奏。以三月朔日食，申命求言。复设西藏台站官兵。更定养赡宗室章程。

◎三月，命省释军流年久人犯。定直隶旗民回赎地亩章程。准噶尔台吉多尔济那木扎勒以新嗣立，遣使贡方物。定直隶水利章程。饬各省清厘积案。改督抚每年年底陈奏成效事件为三年举行一次，且改折奏为具题。尹继善奏疏浚江南河道事宜，如其请。饬法司两议并陈之案不得另加夹片。命凡交议政处事件一概不得发抄。谕科道诸臣，凡交部议复事件，未经部复，不得率先敷陈。申禁民人出山海关。

◎闰三月，《律吕正义后编》、重修《明通鉴纲目》书成。钦天监监正戴进贤病故，监副刘松龄升补监副。前此任监正之西洋人计有汤若望、南怀仁、安多、徐日升、闵明我、庞嘉宾、纪理安、戴进贤。贵州总督张广泗密奏查获大乘邪教案。

◎四月，皇七子永琮生。戒军机处宣泄机务。贵州巡抚张广泗奏，拿获邪教头目魏斋婆，并查拿同党。

◎五月，闽浙总督马尔泰条奏台湾民番事宜，下部议行。定廷寄凭匣之制。京师拿获宏阳教人犯。

◎六月，庆复、班第奏进攻瞻对，并谎报班滚自焚死，报闻。饬四川、云南严拿邪教，务绝根株。京师地震。申命求言。传谕各省督抚严禁天主教。

◎七月，四川大乘教首刘奇以造作逆书被诛。周学健奏，拿获天主教徒二千余人，请绳以法，乾隆帝以失绥远之义，不许。定刑部每五年修纂则例。命各省督抚留心积贮。

◎八月，命广东垦荒地永免升科。福建上杭县民罗日光等
纠众请均佃租，捕治之。

◎九月，饬宗室命名不得僭用内廷拟定字。禁喀尔喀越界
游牧。设绥远城满汉官学。定钦差大臣巡阅各省营伍例。
奉皇太后启銮巡幸五台。以江南水灾，命开捐例济赈。

◎十月，阅滹沱河堤工。回銮途中驻跸保定，赐莲池书
院御书匾额。谕道府以下因公降调人员送部引见，著为
令。复考选御史旧例。拨赈江苏淮扬徐海各属灾民银粮
二百二十万石有奇。

◎十一月，寝甄别科道之命。庆复奏大金川土司莎罗奔扰
小金川，请以番力攻剿，得允。

◎十二月，命十年一修玉牒。赏喀尔喀被灾人户银一万两。

◎是年，全国人口一亿七千一百八十九万余，存仓米谷
三千五百余万石。

乾隆十二年（1747年） 三十七岁

◎正月，命续修《大清会典》。准福建商民赴台湾贩运米
谷。定蒙古扎萨克王公罚俸例。

◎二月，命嗣后凡应交部密议事件，俱交军机处存记档案，
转发部议。其奏事处所奉密议事件，亦交军机处记档转发。
禁丧葬演戏。饬修永定河堤坝。准福建商民赴暹罗贩运米
谷。定武员回避本省例。

◎三月，授蒙古科尔沁辅国公色布腾巴勒珠尔为固伦额驸。
命大学士庆复留四川同川陕总督张广泗会商进剿大金川事
宜。严禁奸商典质米谷。西藏郡王颇罗鼐卒，以珠尔墨特
那木扎勒袭封郡王。命索拜驻藏协同副都统傅清办事。命
张广泗进剿大金川。严禁海口需索陋规。命保送堪胜道府

人员。命各省试差于考试外兼行保举。

◎四月，命大学士高斌往江南会同江南总河周学健查勘河工。命清理江苏钱粮侵蚀积弊。定守令久任例。山西安邑等二县民"滋事"，命大学士讷亲往山西会同巡抚爰必达查办。饬直省严查州县亏空。直隶水利工竣。

◎五月，重定各省督抚养廉。命刑部清理庶狱，减徒杖以下罪。定京察之年大臣举贤自代例。谕臣工奏折凡请发交部议者，不得将廷寄谕旨引入奏折。以福建、山东、广东、山西迭出聚众抗官殴差罢市之案，谕各督抚倡率州县谆切化导。

◎六月，封辅国公允䄉为贝勒。停新科举人复试。命校刊《通典》《通志》《文献通考》。命纂《续文献通考》。庆复、张广泗奏，小金川土司泽旺率众投诚，官兵进剿大金川。谕嗣后侵贪之案，如该员身故，即将其子监追。

◎七月，皇长孙绵德生。谕八旗汉军愿外省居住者，年终汇奏。命纂《满洲祭神祭天典礼》。定八旗闲散人户屯种事宜。命校正《金史国语解》音义。奉皇太后自京启銮秋狝木兰。改造福建水师战船。

◎八月，饬禁绅士专利把持乡曲。命给喀尔喀内扎萨克六盟长印信。庆复等奏，进攻刮耳崖贼巢，连战克捷。

◎九月，《皇清文颖》告成。还京师。谕江苏清查积欠，彭维新以规避夺职。定侵贪官犯分别情实缓决例。谕各省米价核实奏报。

◎十月，命侵贪官犯已入情实者再予宽限一年。命江苏复截明岁漕粮四十万石备赈。命副将丁忧回旗准原任京职行走。饬各直省未完钱粮每年清查已未征完实数奏闻。

◎十一月，命各部院满洲司员照汉官例分司定额。定因公降革人员分别保奏引见例。申禁民间聚众赛神。

◎十二月，命理藩院尚书纳延泰、贝勒罗卜藏往口外查勘民垦地亩。禁奸民屯粮。饬各省清厘驿站。以大学士庆复进剿瞻对奏报逆酋班滚烧毙不实，命夺职待罪。禁年少宗室及满洲武职大臣乘轿。皇七子永琮殇，命丧仪视皇子从优。

◎是年，全国人口一亿七千一百八十九万余，存仓米谷三千二百七十三万余石。

乾隆十三年（1748年） 三十八岁

◎正月，命议世职承袭。晋封贝勒允禵为郡王。丁未，准张广泗奏调各省司道总兵等官赴大金川军营听用。准山东捐纳贡监备赈。大学士伯张廷玉乞休，温谕慰留之。

◎二月，乾隆帝东巡，奉皇太后、率皇后启銮。福建提督武进升奏瓯宁县老官斋会"匪"滋事，署总兵刘启宗率兵讨平之。饬山东劝业户有力者轻减佃租。

◎三月，自济南回銮。驾至德州，皇后死。命庄亲王允禄、和亲王弘昼奉皇太后御舟缓程回京。乾隆帝还京师。安放大行皇后梓宫于长春宫，定妃嫔以下及皇子、王大臣文武官成服，直省官民一体成服。谥大行皇后为孝贤皇后。谕各直省督抚遇歉岁安插流民，毋拘资送回籍旧例。谕严禁邪教。

◎四月，召傅清来京，以拉布敦为驻藏大臣。命大学士、公讷亲总理大金川军务。裁减仓场书役陋规。铸钦命总理一切军务储糈经略大臣之印。申定齐集官员例。起原任领侍卫内大臣傅尔丹赴大金川军营。裁都察院佥都御史、通政司右通政各一缺，大理寺裁汉少卿一缺，詹事府裁汉少詹事一缺，太仆寺裁满少卿一缺，国子监裁满司业一缺。[22]

◎五月，定刁民同谋聚众殴官首从皆斩律。定翻译生员、举人取中额。申禁各省遏粜。禁福建商民从吕宋国天主教。

◎六月，申禁臣民遇国恤百日内剃发。谕禁廷臣请立皇太子，并责皇长子于皇后大事无哀慕之诚。

◎七月，册立娴贵妃乌拉纳喇氏为皇贵妃，摄六宫事。饬八旗前锋护军训练云梯兵。谕迩年捐监谷石，增入常平，虽益仓储，实碍民食，直省常平当悉准旧额，其加储者，依次出粜，至原额而止。命恂郡王允禵为正黄旗汉军都统。

◎闰七月，江南河道总督周学健违制剃发，命逮下刑部。以讷亲奏金川进剿持两议，谕斥之，并申饬傅尔丹、岳钟琪、班第等。湖广总督塞楞额以违制剃发，逮下刑部。

◎八月，追议进剿瞻对诳奏罪，下庆复于狱。

◎九月，命直省布按两司照旧奏事。漕运总督蕴著奏周学健在总河任内赃私狼藉，款迹甚多，命策楞即速赴淮，会同高斌鞫之。赐塞楞额自裁。以大金川之役老师糜饷，日久无功，召讷亲、张广泗回京，命傅尔丹护理川陕总督事，同提督岳钟琪相机进讨。诏四译馆纂集西洋各国书体。饬讷亲缴还经略印。命协办大学士傅恒暂管川陕总督事，赴大金川军营。讷亲、张广泗以贻误军机夺职，逮张广泗来京，发讷亲于北路军营效力。以协办大学士傅恒为经略，统领大金川军务。

◎十月，调满洲京兵云梯兵及东三省兵五千名赴大金川军营听用。拨内帑银十万两备傅恒军前赏赉。命调陕西、甘肃、云南、贵州、湖广汉兵二万七千，陕西、四川满兵三千赴大金川军营。削讷亲、庆复公爵。阅八旗演习云梯兵。命大金川军营奏报，着经略大学士傅恒沿途开看后固封进呈。命绘国朝章服图式。定稽查军机处承办交发事件例。拨部库银一百万两，山西、广西库银各五十万两于军营备用。调索伦兵一千名赴军营。御太和殿，赐经略大学士傅恒敕书。复设驻藏大臣二员。以澳门夷人殴毙内地二民人，广东巡抚岳浚仅问拟杖流，且按葡国法律永成帝汶，乾隆帝严加斥责。

◎十一月，命各直省巡抚皆兼都察院右副都御史衔。以周学健纳贿徇私讯实，赐自裁。复征各关米豆税。谕废止奏本，各直省本章概用题本。岳钟琪奏调杂谷土司兵二千名赴军营。

◎十二月，定内阁大学士满汉各二员，协办大学士满汉或一员、或二员，因人酌派。所兼四殿二阁为三殿三阁，并分别出缺，开列日期，永著为例。御瀛台，亲鞫张广泗罪。遣户部尚书舒赫德逮讷亲至大金川军营，会同傅恒等讯明后，用伊祖遏必隆刀于营门正法。诛张广泗。密谕傅恒，明年三月不能奏功，应受降撤兵。命川陕督抚皆听傅恒节制。定满汉御史分理十五省及稽查在京各部院衙门例。饬各直省稽查驿站。拨湖广、江西留备银二百万两于大金川军营备用。

◎是年，全国人口一亿七千七百四十九万余，存仓米谷三千一百余万石。

乾隆十四年（1749年） 三十九岁

◎正月，以和亲王弘昼府第火，赏银一万两修造。经略大学士傅恒奏小金川奸党土舍良尔吉、土妇阿扣伏诛。裁左春坊满汉左谕德二缺。大金川番酋莎罗奔、郎卡乞降，命撤回各省满汉官兵，停运粮饷。命经略大学士傅恒班师，特封忠勇公。谕讷亲于所到之地正法。

◎二月，经略大学士傅恒奏，大金川土司莎罗奔等于二月初五日设坛除道，宣诏受降。命纂修《平定金川方略》、御制《平定金川碑文》，勒石太学。召拉布敦、众佛保来京，

595

命纪山以副都统衔驻藏，班第以副都统衔驻青海。定闲散世爵赠恤谥葬临时请旨例。

◎三月，申命湖南严禁派累苗民。经略大学士忠勇公傅恒凯旋，命皇长子及裕亲王等郊迎。四川总督策楞奏各土司善后事宜，如所请。停川运捐例。

◎四月，禁各海口铜器出洋。

◎五月，增定八旗领扣俸饷事宜。定失查邪教处分例。

◎六月，重铸经略印一，大将军、将军印各七，储皇史宬。定满洲相杀例。命八旗承袭公侯伯人员均带领引见，不必在骁骑、护军等营行走。《御制诗初集》成。广西学政胡中藻以裁缺怨望，命来京候补，仍下部严议。

◎七月，奉皇太后启銮秋狝木兰。谕荆州、青州、乍浦、河南等处训练驻防兵丁。重定旌表事例。

◎八月，命各省督抚保举堪胜总兵人员。

◎九月，禁蒙古私典游牧地。定各部院议复限期。定各省情实人犯刑科复奏一次，至朝审仍照例三复奏。瞻对逆番班滚投诚，赐庆复自裁。还京师。谕秋审勾到本章，令十五道御史分省承办，朝审令河南道专办，监视行刑着刑科给事中及刑部侍郎一员，著为令。命拣选翰林院编修、检讨堪胜道府人员。谕惩治侵贪官员须严，并命将本年侵贪人犯勾决。

◎十月，命秋审、朝审官犯另册进呈。命定《中枢政考》。命各省藩臬两司三年奏请陛见。赏固原提督傅清都统衔，同纪山驻藏。命颁发予勾侵贪官犯及军营失律武弁谕旨，永远刊刻传示。

◎十一月，命保举淹通经学人员。谕直省州县要缺，准督抚专折奏请。定告养官员坐补原缺例。定关税盈余额。谕满洲、蒙古官员外任丁忧回京，百日后着在该旗及各衙门

行走。大学士、勤宣伯张廷玉乞休，允之。甲戌，给吏、
礼二部堂司各官养廉银各一万两。[23]

◎十二月，定月选官借支养廉例。命降革降调人员分别带
领引见。十六日庚寅，陕西道监察御史冯元钦奏军机房请
改名枢密院，蒙简用者，即以原衔掌理院事。乾隆帝以其
未识体要。[24]削致仕大学士张廷玉勤宣伯爵，以大学士原衔
休致，仍准配享太庙。禁各省督抚馈送钦差。五朝本纪告
成。命工部侍郎拉布敦代纪山驻藏。

◎是年，全国人口总计一亿七千七百四十九万余，存仓米
谷三千二百十九万石。《澳门善后事宜》颁布执行。[25]

乾隆十五年（1750年） 四十岁

◎正月，免直隶、山西、河南、浙江未完耗羡银两。免江
苏、安徽、山东耗羡十分之六。谕独子犯罪，应监候者，
准减等发落，著为例。定领侍卫内大臣班次在协办大学士
前。命王公等年节列仪仗乘轿上朝，常朝俱着乘马，满洲
文职大臣非年及六旬，不准乘轿。谕八旗另记档案人员曾
经效力者遇升缺声明请旨。准宁古塔流民入籍。

◎二月，奉皇太后启銮二次巡幸五台。定边左副将军喀尔
喀超勇亲王策凌卒，命贝勒罗布藏署定边左副将军。谕各
省钱粮偏灾缓带不得列入民欠。采访经学遗书。阅永定河
堤工。

◎三月，还京师。致仕大学士张廷玉回籍，御制诗篇宠行，
优赉有加。皇长子永璜死，追封和硕定亲王，命皇长孙绵
德承袭。定四五品京堂京察例。

◎四月，二十二日甲午，江宁将军保德请驻防满洲、蒙古
官员请照京城例，一体补用绿营。乾隆帝命交部严查议
奏。[26]罢致仕大学士张廷玉配享。谕八旗公中佐领缺出，拣

选各旗事简大臣引见。召拉布敦来京，命副都统衔班第驻西藏，纪山驻青海。

◎五月，谕贝勒、贝子俱准紫禁城骑马。命刑部清理刑狱，减徒杖以下罪。命各督抚参劾属员改用题本，即饬令离任，著为令。以天旱求言。改定驿站迟延处分。命重定国书十二字头音训。谕宗人府每十年纂修玉牒。

◎六月，阅健锐营兵。命驱逐多伦诺尔携眷流民，禁民人与蒙古为婚。以蒙古喀尔喀亲王成衮扎布为定边左副将军。停八旗人员支借滋生银两。命宗室王公旁支承袭准追封三代，不必予谥，曾经革退者不准追封。申谕领侍卫内大臣等训练兵丁。

◎七月，命南河总督高斌堵筑宿迁等处漫口。命尚书刘统勋赴广东查办折收仓粮积弊。饬八旗官员习射。清河漫口合龙。

◎八月，册立皇贵妃乌拉纳喇氏为皇后。奉皇太后、率皇后启銮谒陵并巡幸中州。准奉天流民展限十年回籍，已置产业者准入籍。

◎九月，吏部议奏，原任大学士张廷玉党援门生，及与朱荃联姻，应革职治罪。乾隆帝特免之。拟定题本格式。赏河南年老驻防官兵。准噶尔台吉策旺多尔济那木扎勒为部人所弑，立其兄喇嘛达尔扎。准噶尔宰桑萨喇尔率属来降，授散秩大臣，命安插于察哈尔。

◎十月，幸嵩阳书院。饬索伦兵勤习弓箭，毋改学鸟枪。

◎十一月，停内阁侍读并吏、礼二部司员子弟编入官卷。还京师。四川总督策楞、提督岳钟琪奏，珠尔默特那木扎勒潜谋不轨，驻藏都统傅清、左都御史拉布敦诱诛之。逆党卓呢罗卜藏扎什等率众叛，傅清、拉布敦遇害。达赖喇嘛令公班第达暂理藏事。命策楞、岳钟琪率兵赴藏。逮纪山来京。宣谕珠尔默特那木扎尔悖逆罪状，追赠傅清、拉布敦为一等伯，入祀昭忠祠、贤良祠。命侍郎兆惠赴藏，同策楞办善后事宜。各赏傅清、拉布敦家属银一万两。命拉布敦之子及一族人众均入正黄旗满洲。命四川总督策楞择西藏头目与公班第达协办噶布伦事务。饬直省督抚不得因巡幸派累绅民。以捕获卓尼罗布藏扎什等，止岳钟琪进藏。

◎十二月，命梁诗正、孙嘉淦、汪由敦之子加恩分部学习。谕承袭王公座次仍照原封，特恩赏封者具奏请旨，著为令。卓尼罗布藏扎什等伏诛。

◎是年，全国人口总计一亿七千九百五十三万余，存仓米谷三千三百一十九万余石。

乾隆十六年（1751年） 四十一岁

◎正月，以初次南巡，免江苏、安徽元年至十三年逋赋，浙江本年额赋三十万两。减直省缓决三次以上人犯罪。以上年巡幸中州，免河南十四年以前逋赋。以江苏逋赋积至二百二十余万，谕厘革催征积弊。命满、蒙、汉八旗各将另记档案人员查出，咨送吏、户、兵三部，现任者各留原任，停其升转，其子孙不准考试为官。奉皇太后启銮南巡。

◎二月，广江苏、安徽、浙江本年岁试学额。奉皇太后渡河，阅天妃闸。阅高家堰。赏加淮商引额。赐吴泰伯、先贤言子、吴越王钱镠、唐臣陆贽、宋臣范仲淹、韩世忠、岳飞、明臣于谦各祠及紫阳书院御书匾额。临幸苏州。

◎三月，临幸杭州。颁江宁、苏州、杭州各书院内板经史。幸敷文书院。幸观潮楼阅兵。裁杭州汉军副都统一。祭禹陵。谕各省督抚，本年恭逢皇太后六旬圣寿，命各省督抚派人进京分段布置经坛戏台之类。祝嘏外，毋许进献。赏赉经过各州县耆民。赐浙江召试诸生谢墉等三人举人，授内阁中书。自杭州回銮，谕浙江士庶崇实敦让，子弟力田。命班第掌驻藏钦差大臣关防。驻跸苏州。赐晋臣卞壸祠，宋臣曹彬庙，明臣徐达、常遇春墓，方孝孺祠御书匾额。命致仕侍郎沈德潜在籍食俸。临幸江宁。祭明太祖陵，御书匾额，禁止樵采。临视织造机房，阅兵。赐纪山自裁。四川总督策楞奏定西藏善后章程，从之。奉皇太后渡江。赐江南召试诸生蒋雍植等五人举人，并进士孙梦逵同授内阁中书。

◎四月，停本年会试五经中额。阅蒋家坝。渡黄河。定洪泽湖五坝水志。敕建双忠祠，合祀傅清、拉布敦。驻跸泰安府，祀东岳。定各省驻防城守尉等轮班引见例。命建傅清、拉布敦祠于西藏。定拣选人员特派大臣例。

◎五月，还京师。加赏八旗兵丁甲米一季。临奠驻藏大臣傅清、拉布敦。命总管内务府大臣轮年修理紫禁城内地方，著为令。停州县官行取例。命科道官内升外转，三年举行一次。

◎闰五月，命近边各省绘进苗瑶黎僮及外夷番众图式。准各省驻防将军、副都统子弟随任。命壬申年皇太后六旬圣寿特开乡会恩科。命保举经学之陈祖范、吴鼎、梁锡玙、顾栋高进呈著述，愿赴部引见者听。

◎六月，疏浚京城内外水道。命缮吴鼎、梁锡玙书籍。授吴鼎、梁锡玙国子监司业。缅甸国遣使来贡。江西巡抚舒辂请地方偶遇偏灾，仍照旧例，有贷无赈，乾隆帝严斥之。命暂弛浙江海禁，仍免各关米税。河南阳武十三堡河决。

◎七月，定题留人员五年题升例。奉皇太后启銮秋狝木兰。免八旗病故人员红事借俸银两，著为例。

◎八月，赐保举经学之陈祖范、顾栋高国子监司业衔。以硕色举发伪孙嘉淦奏稿，假造朱批，谕方观承等密缉之。还京师。

◎九月，命尚书舒赫德赴江南查办伪造奏稿。申禁中俄边境私相贸易。

◎十月，复各省提镇冬季行围例。定圆明园水操事宜。

◎十一月，赏西直门彩棚巡兵棉衣。赏八旗及各省之祝嘏老民银币。增给各省停运漕丁月粮。阳武决口合龙。以皇太后六旬圣寿，上徽号，颁诏天下。

◎十二月，定八旗大臣轮派值年例。申命整肃朝仪。命挑永定河下口引河。命修浚南北两运、减河。命副都统多尔济代班第驻藏。定拔贡朝考选用例。禁苗人充补苗疆额兵。更定亲王、郡王及贝勒以下袭封例。

◎是年，全国人口一亿八千一百八十一万余，存仓米谷二千七百三十四万余石。

乾隆十七年（1752年） 四十二岁

◎正月，谕各省每年完欠钱粮，俱着奏销时核奏。准噶尔台吉喇嘛达尔扎请进藏熬茶等事，不允。设盛京总管内务府大臣。以准噶尔达瓦齐、阿睦尔撒纳内讧，增兵阿尔泰边隘，命舒赫德、玉保查阅北路军营。谕河南、山东修筑黄河太行堤。

◎二月，以定边左副将军成衮扎布之弟车布登扎布为扎萨克，另编佐领。谕专驻巡抚省份乡试委藩臬一员入闱监临。谕八旗甲米按月轮放。命修房山金太祖、世宗陵寝享殿。

◎三月，增健锐营养育兵额一百名。立训守冠服骑射碑。

◎四月，定官兵盗卖漕粮分别多寡处分例。命宗室王公年至七十免常朝。湖北罗田县马朝柱"滋事"，总督永常率兵剿之，马朝柱脱逃，命各省通缉。

◎五月，以罗田县知县冯孙龙玩纵"匪"犯，置之法。

◎六月，停大员京察自陈例。命巡察台湾御史三年一次，事竣即回，著为例。谕满洲大臣勤习骑射。试满洲由部院改入翰詹等官。

◎七月，谕"匪"徒重利盘剥旗人，发拉林、阿勒楚喀种地。命八旗前锋、护军习学骑射，准每年拣选引见。奉皇太后启銮秋狝木兰。命江苏、浙江禁用东洋宽永钱文。两广总督阿里衮奏，葡萄牙使臣带来西洋人三名，知天文及外科，乾隆帝即命迎来北京。

◎八月，顺天乡试，内帘御史蔡时田、举人曹咏祖关节事露，伏法。以举行恩科，拣选下第举人分别等第录用。

◎九月，谕外任旗员，准留一子随任，余令赴京，挑补拜唐阿。西洋波尔都噶尔亚国遣使入贡。四川总督策楞、提督岳钟琪奏，杂谷土司苍旺滋事，率兵进剿，克杂谷脑，降生番一百零六寨，命从优议叙。给年老举人职衔。策楞、岳钟琪奏杂谷土司苍旺就擒，命即军前正法。还京。

◎十月，命四川杂谷脑增设理番同知一员、副将一员。送孝贤皇后梓宫安奉地宫。江西上犹县何亚四纠众起义，不久起义失败，处以极刑。

◎十一月，《仪象考成》书成。以近年满员保送外任者多，以致各部院谙练出色之司员渐少，谕嗣后除特旨除授外，满洲司员保送道府之例暂行停止。

◎十二月，定罪犯留养例。御史书成因请释传抄伪奏稿人犯褫职。谕陈宏谋毋究捕天主教民。福建蔡荣祖等起事反清，闽浙总督喀尔吉善派兵镇压，起义失败。

◎是年，全国人口一亿八千二百八十五万余，存仓米谷二千六百六十七万余石。

乾隆十八年（1753年） 四十三岁

◎正月，以查明捏造伪稿逆犯卢鲁生、刘时达宣谕中外。鄂昌以饰伪夺职，逮问。命庄亲王允禄、履亲王允裪、和亲王弘昼为议政大臣。谕预给明年满汉臣工春秋俸米之半。

◎二月，诣金太祖、世宗陵行礼。江西千总卢鲁生坐伪撰孙嘉淦奏稿，磔于市。命各省疆吏于州县内保举堪胜知府人员。命户部侍郎兆惠赴藏。命吏部于京察时将三品京堂事实另缮清折进呈候旨。

◎三月，定刑部驳案议叙例。定藩臬三年陛见例。改定钦部事件题奏期限。增八旗满洲、蒙古马甲一千名，再增满洲、蒙古、汉军养育兵一万八十八名，与原设养育兵均酌支月饷银一两五钱。命八旗军器三年查验一次。定各省驻防军政卓异人员额。

◎四月，钱陈群谏查办伪奏稿，乾隆帝斥以沽名，并饬毋存稿，以尔子孙将不保首领谕之。赐钦天监监正刘松龄三品衔，准食俸。西洋博尔都噶里雅遣使臣贡方物，优诏答之。颁五品官以下仪注于广西四十八属土司。命各省乡试专令巡抚监临。定盛京各部司员本处及京员分用例。以旱命刑部清理庶狱，减徒以下罪。定八旗世袭官员考验例。定湖南矿厂章程。

◎五月，裁钦天监满汉监副各一，增西洋监副一。定直省乡饮酒礼每岁正月、十月举行。减秋审、朝审各缓决三次以上人犯罪。命督抚参劾人员摘印后即讯。准法司谳狱两议具题。谕直省查验兵丁务核实，毋粉饰外观。谕嗣后各省奏留人员如遇丁忧事故，起复之日，俱着仍赴升任省份候补。成衮扎布等奏，准噶尔台吉喇嘛达尔扎与达瓦齐相攻被执，达瓦齐自为台吉。

◎六月，命州县案牍酌归简易，禆留心实政。谕禁诸王与朝臣交结，命将此谕书于各部院及八旗衙门。定各省新设地方凭限。丁文彬文字狱案发。谕督抚参劾人员，道府副将以上，于部文到日提讯。禁满洲官员居住城外。

◎七月，以江南邵伯湖减水二闸及高邮车逻坝决，命策楞、刘统勋往江南会同高斌查办水灾及南河积弊。定蒙古文武官员外用例。谕州县捕蝗，准动支公帑，不力者革职，著为令。改给事中为正五品，御史从五品，直省守巡各道正四品，停止兼衔。禁翻译清字小说《水浒》《西厢》等。

◎八月，奉皇太后启銮秋狝木兰。布政使学习河务富勒赫参奏江南河工侵亏积弊，解高斌任，以策楞署南河总督，同刘统勋查办。

◎九月，命江南亏帑河员勒限一年赔补。以行围中随从侍卫畏缩不前，革丰盛安等爵。定盛京五部司员告病开缺例。定甄别各省教职例。江南铜山张家马路堤决。谕策楞等将贻误河工之同知李淳、守备张宾即行正法，高斌、张师载绑赴铜山决口，令目睹行刑讫，宣旨释放。

◎十月，拨浙江帑银一百万两于南河备用。命河南、山东、湖南各拨米十万石，浙江拨米五万石于江苏备赈。命江苏再截留漕粮二十万石备赈。还京师。

◎十一月，停藩臬、副将庆贺表笺。定丞倅州县十年引见例。定千总六年俸满推升例。定河工效力人员额。禁武职任所置产。辛酉，命侍郎三和带通晓测量人员赴江南相度引河。停五经中额。刘震宇《治平新策》文字狱案发。准噶尔杜尔伯特台吉车凌、车凌乌巴什等率部来降，命侍郎玉保驰驿慰谕。

◎十二月，许武职赴任借支养廉。江南邵伯二闸及铜山张家马路决口合龙。以准噶尔台吉达瓦齐未遣使来京，谕永常暂停贸易。吏部尚书孙嘉淦奏请于山东境内开减河，使河道北移,乾隆帝未予采纳。

◎是年,全国人口一亿八千三百六十七万余,存仓二千九百万余石,各省土田七百零八万顷,赋银二千九百六十一万余两,粮八百四十万石。总计各省屯田二十五万九千余顷。盐课收入七百零一万两。关税收入四百三十二万两。

乾隆十九年（1754年） 四十四岁

◎正月,准安徽捐监于本省交收本色。命停止年终汇奏僧道实数。增修江南铜山县月堤。命旗员约束赏给为奴人员。

◎二月,授萨喇勒为内大臣。命军营领兵大臣专折奏事。

◎三月,舒赫德奏,准噶尔台吉阿睦尔撒纳等与达瓦齐内讧。命北路军营仍驻乌里雅苏台。命本年启銮后军报于张家口外改站驰递热河。命各省驻防汉军准出旗为民,遗缺以京城满洲兵派往顶补。

◎四月,命准噶尔台吉车凌等赴热河瞻觐,色布腾率兵招服乌梁海。命王府不得罚护卫官员俸。命厘正文体。命国子监学正、学录等官照内阁中书例考试。福建巡抚陈宏谋奏请应准久稽番地之闽人回籍团聚。

◎闰四月,拨部库银十万两交热河备赏。以准噶尔台吉车凌为正盟长,车凌乌巴什为副盟长。高堰堤成。厄鲁特台吉色布腾入觐,命大学士傅恒至张家口迎劳,加封贝勒。

◎五月,以准噶尔内乱,谕两路进兵取伊犁。奉皇太后、率皇后启銮出关展谒祖陵。封准噶尔台吉车凌为亲王,车凌乌巴什为郡王,车凌孟克为贝勒,余各封授有差。达瓦齐遣使请通贸易,以其狡饰,不许。以来年进剿准噶尔,命北路派兵三万,西路派兵二万,采买驼马羊只,听候出师。谕内扎萨克喀尔喀王、贝勒等整兵听调。并命此次进剿准噶尔，所有关系军机事件，俱用清字具奏。命侍郎兆惠往归化城办运军米。赐出师大臣官员等治装银两。命拨部库银三百万两交北路军营。命出兵之喀尔喀王公扎萨克照内地扎萨克一体赏赉。

◎六月，阿睦尔撒纳为达瓦齐所败，谕策楞等接应归附。陕甘总督永常奏，西路出兵应裹带炒面数百万斤，乾隆帝以其不知进兵机宜，切责之。

◎七月，自避暑山庄启銮。命拨山东等省银一百万两、部库银二百万两交西路军营。辉特部台吉阿睦尔撒纳率部众来降，命萨喇勒迎劳颁赏，玉保照管游牧。命阿睦尔撒纳于十一月至热河瞻觐。策楞、舒赫德以乖戾夺职，以闲散在参赞上效力赎罪。

◎八月，辉特台吉阿睦尔撒纳、杜尔伯特台吉讷默库等请率兵随征，允之。奉皇太后渡松花江。

◎九月，赏阿睦尔撒纳用镶黄旗纛。驻跸盛京。自盛京回銮。命崇祀国初诸王于怡贤亲王祠，命名曰贤王祠。

◎十月，还京师。以进剿准噶尔事宜宣谕臣工。命驻防拉林等处满洲兵丁赏给红白银再准展限五年，减半支给。幸西厂，阅出征兵，赐健锐营官员等饭。正黄旗汉军都统恂郡王允䄉因病解任。申谕满洲、蒙古人等不得照依汉人取名。移京城满洲兵三千驻阿勒楚喀等处屯垦。命阿勒楚喀驻防兵丁增设副都统一、协领一，每年加赏农具银两，俟二十年后停止。

◎十一月，命铸定边右副将军印。加贝勒青滚杂卜郡王衔，公车布登扎布贝子衔。启銮幸避暑山庄。辉特台吉阿睦尔撒纳等于广仁岭迎驾。驻跸避暑山庄。封阿睦尔撒纳为亲王，杜尔伯特台吉讷默库为郡王，余各封爵有差。准陕西、甘肃出征官兵来年秋季养廉移于夏季起程前支领。准阿睦尔撒纳出兵仍用旧纛。以进剿达瓦齐事宜宣谕准部。编设乌梁海人户旗分佐领。还京师。命兆惠、富德总理台站。命出征兵丁跟役中路逃回即行正法。始行西域屯田。

◎十二月，以班第为定北将军，阿睦尔撒纳为定边左副将军，永常为定西将军，萨喇勒为定边右副将军。命出征之大臣及官员兵丁借支官银停扣俸饷。福建仙游生员李冠春文字狱案发，乾隆帝命正法。

◎是年，《儒林外史》作者吴敬梓去世，终年五十四岁。

◎是年，全国人口一亿八千四百五十万余，存仓米谷三千二百十一万余石。

乾隆二十年（1755年） 四十五岁

◎正月，命定边左副将军阿睦尔撒纳率参赞大臣额驸色布腾巴勒珠尔、郡王品级青滚杂卜等带哨探兵由北路进剿，定边右副将军萨喇勒率参赞大臣鄂容安等带哨探兵由西路进剿。庚辰（初七日），恂郡王允禵死，[27]赏银一万两治丧。命晓谕准噶尔敕旨用宝颁行。命青海郡王索诺木带兵往噶斯驻防。停止江南河工捐栽柳树。命直省建立名宦乡贤祠，不得以现任九卿之祖父入祀。张廷玉于原籍病故，终年八十四岁。乾隆帝谕仍遵世宗遗诏，配享太庙，赐谥文和。

◎二月，以兆惠为领队大臣，留驻乌里雅苏台。谕诸臣方贡外毋有所献。停东三省新满洲乌拉齐等考试汉文。分编新降乌梁海人户为七佐领。命鄂容安查勘准部、回部汉唐屯戍遗址。命班第、永常两路进兵，与哨探兵接应。

◎三月，定旗员拣发预送引见例。召大学士、九卿翰詹科道，谕胡中藻诗悖逆，张泰开刊刻、鄂昌唱和诸罪，命严鞫定拟。命直省甄别俸满教职。准噶尔台吉噶勒藏多尔济率属来降。

◎四月，封和托辉特郡王衔青滚杂卜为郡王。命广东驻防汉军照福建例妥办。原任少詹事胡中藻以所作《坚磨生诗抄》词多悖逆伏法，免家属缘坐。故大学士伯鄂尔泰撤出贤良祠。绰罗斯台吉衮布扎卜等并和卓木率属来降。

◎五月，以阿睦尔撒纳驻兵集赛不进，命班第密加防范。饬直省驿站毋滥应。准外任旗员迎养。赐鄂昌自尽。班第奏拿获罗卜藏丹津等，命解京。定边左副将军阿睦尔撒纳奏大兵克定伊犁，即渡河擒获达瓦齐献俘。加赏阿睦尔撒纳亲王双俸，封其子为世子，再授傅恒一等公爵，军机大臣等俱优叙有差。

◎六月，命四卫拉特照喀尔喀例，每部落设盟长及副将军一人。阿睦尔撒纳奏兵至格登山，遇达瓦齐，大败其众，收降四千余人并其家属，加赏在事人等有差。赐准噶尔全部宰桑、台吉敕书。命班第暂留定北将军印信，各将军印信均令缴回。召阿睦尔撒纳入觐。定北将军班第等奏报擒获达瓦齐，准部悉平。命定北将军班第等以阿睦尔撒纳图占准噶尔罪状宣谕准部，即行擒治。

◎七月，命纂《平定准噶尔方略》。赏驰递军报之蒙古台吉厄鲁特等银币有差。定北将军班第奏准部善后事宜，从之。

◎八月，定解饷官员回任违限议处例。奉皇太后启銮秋狝木兰。封准噶尔台吉伯什阿噶什为亲王。命准部王公扎萨克等照内地扎萨克一体给俸。命准部二十一昂吉分立八旗，仍准存旧日名号。赏准部贫户官茶。

◎九月，阿睦尔撒纳叛掠额尔齐斯台站，命定北将军班第率兵讨之。起永常为内大臣仍办定西将军事，以策楞、玉保、扎拉丰阿为参赞大臣。以进剿阿睦尔撒纳宣谕准部。封噶勒藏多尔济为绰罗斯汗、车凌为杜尔伯特汗、沙克都尔曼济为和硕特汗、巴雅尔为辉特汗，并封喀尔喀郡王桑斋多尔济为亲王。以怯懦夺永常内大臣将军职，以策楞为定西将军。降策楞为参赞大臣，以扎拉丰阿为定西将军。命西北两路兵丁仍减半赏给整装银两。刘统勋以贻误军机，夺职逮来京，命方观承驰往军营，办理粮务。

◎十月，命富德为参赞大臣兼理西路台站。还京师。御制平定准噶尔告成太学及勒铭伊犁格登山碑文。起策楞为参赞大臣署定西将军。策楞奏，逆党阿什木等抢台站，将军班第、尚书鄂容安于乌兰库图被围，不屈自尽，副将军萨喇勒被执。达什达瓦之妻率属投诚，赏车臣默尔根哈屯号。

◎十一月，宥达瓦齐罪，封亲王，赐第京师。辉特台吉噶勒杂特得木齐丹毕率属来降。辉特台吉达玛林率属内附。

◎十二月，命部属改补御史仍兼部行走。申禁遏粜。命考试宗室子弟。命策楞进兵伊犁。命严定命案失入处分。命侍郎刘纶往浙江查办前任巡抚鄂乐舜勒派商银案。裁定直省驿丞员缺。免伊犁本年额赋，命自明年为始，永免原纳贡赋之半。命伍弥泰以将军衔驻藏办事。定旗奴告主拟徒不准折枷例。命盛京民间典买地亩永远免税。命查八旗休致人员，分别出兵打仗酌给全俸半俸。谕保送堪胜知府记名未擢用者仍得保送。

◎是年，全国人口一亿八千五百六十一万余，存仓米谷三千二百九十六万余石，户部实存银四千二百九十九万余两。

乾隆二十一年（1756年） 四十六岁

◎正月，命各省府分僧纲道纪补给铜印。命江南疏浚各州县支河代赈。赐厄鲁特屯兵籽种银两。命鄂勒哲依照将军体制办事，鄂实为参赞大臣，与策楞分路进兵伊犁。命哈达哈由阿尔泰进兵协剿。原任副将军萨喇勒由珠勒都斯来归，命与鄂勒哲依同掌副将军印，随同策楞进兵。命兆惠办理特纳格尔台站。命协办大学士公达勒当阿由珠勒都斯进兵协剿。

◎二月，定驻防兵丁置产留葬例。定八旗记档另户准出旗为民例。命将军等补放骁骑校年终汇报该旗转奏。启銮谒孔林。定江南芒稻闸水志。命直省甄别佐杂等官。江苏常熟民人朱思藻文字狱案发，乾隆帝命发配黑龙江。

◎三月，至曲阜谒先师孔子庙。两淮盐运使卢见曾进原任检讨朱彝尊《经义考》三百卷。萨喇勒逮问。赐鄂乐舞自尽。还京师。赐保举经学之顾栋高国子监祭酒衔，用示奖励实学之意。

◎四月，定山东曲阜县为题缺，改世职知县为世袭六品官。定各省会稿具题例。命达勒当阿由西路、哈达哈由北路赴哈萨克进剿。命大学士公傅恒驰赴额林哈毕尔噶督理军务。策楞、玉保以乖谬逮问。召傅恒回京。谕左部哈萨克阿布赉擒献阿睦尔撒纳。准各省驻防官兵置产立茔。濮州刘德照文字狱案发，乾隆帝命凌迟处死，家属连坐。

◎五月，以达勒当阿为定边右副将军。命各省州县交待依限册结并缴。以达勒当阿为定西将军，兆惠为定边右副将军。命各省副将内保举堪胜总兵人员。命河南、山西城守尉听巡抚节制。准西北两路军营通商贸易。

◎六月，《会典》告成。定直省支放兵饷例。命逮问青滚杂卜。

◎七月，令哈达哈、达勒当阿均由北路撤兵。定革职无余罪人员概准捐复例。命班第、鄂容安入祀昭忠祠，灵榇至京，三品以上大臣齐集。定伊犁兵额。以青滚杂卜罪状晓谕喀尔喀。英吉利商船至宁波贸易，乾隆帝命预为留意。

◎八月，命喀尔喀亲王成衮扎布为定边左副将军，剿擒青滚杂卜。奉皇太后启銮秋狝木兰。

◎九月，定边右副将军兆惠奏遣副都统衔阿敏道带兵收服阿克苏、库车等处回人。土尔扈特台吉敦多布达什遣使臣吹扎布入贡，乾隆帝召见于行幄，赐宴。

◎闰九月，申严北省冒籍例。还京师。以准部用兵始末宣谕中外。始行回人西域屯田。以英船又至宁波，乾隆帝谕，照广省海关现行则例，再为酌量加重。

◎十月，辉特台吉巴雅尔叛，命宁夏将军和起率兵讨之。大学士管陕甘总督黄廷桂奏请于巴里坤屯田，以裕军食。

◎十一月，更定乡、会试三场篇目并会试一体磨勘例。定八旗地亩康熙年间典卖均不准回赎。定八旗兵丁衣甲式毋用铁叶绣花。宁夏将军和起至辟展，尼玛哈萨克锡拉及回人莽噶里克率众叛，和起力战死之，命照傅清、拉布敦例赠恤。

◎十二月，雅尔哈善奏，策楞、玉保被拿解入京，途遇厄鲁特贼众被害。定宗室每旗总族长二员。定边左副将军亲王成衮扎布奏，青滚杂卜就擒。定永远枷号人犯冬令不准保释例。

◎是年，全国人口一亿八千六百六十一万余，存仓米谷三千零十九万石。户部存银四千三百二十二万两。

乾隆二十二年（1757年） 四十七岁

◎正月，以南巡免江苏、安徽、浙江乾隆二十一年以前民欠。以成衮扎布为定边将军，由巴里坤进剿，车布登扎布署北路定边左副将军，舒赫德、鄂实为参赞大臣。拨部帑二百万两于甘肃备用。奉皇太后启銮南巡。谕会试第二场改表为诗。噶勒藏多尔济、达什车凌等叛。

◎二月，副将军兆惠由乌鲁木齐全师至巴里坤，封一等伯。奉皇太后渡河，至天妃闸，阅木龙。增江苏等三省岁试学额。减江苏等三省军流以下罪。定出旗为民补官应试例。定有狱官疏防参处例。奉皇太后渡江。庚辰，赐宋儒周敦颐祠御书匾额。幸宋臣范仲淹高义园。命白钟山筹办淮徐河工并修骆马湖堤代赈。幸苏州。临视织造机房。命成衮扎布、兆惠分路扑剿厄鲁特叛众。阅兵于嘉兴府。临幸杭州。阅兵。禁武臣乘舆。户部遵旨议定浙海关更定章程，获准。

◎三月，至观潮楼阅水师。自杭州回銮。噶勒藏多尔济陷伊犁，命成衮扎布讨之。驻跸苏州，赐浙江召试诸生童凤三等四人举人，授内阁中书。加顾栋高国子监祭酒衔。至江宁。至明太祖陵奠酒。临视织造机房。车布登多尔济叛，哈达哈率兵讨擒之。舒赫德以军营单衔奏事夺职。赐江苏召试进士王昶为内阁中书即用，诸生曹仁虎等六人举人，授内阁中书。渡江。命桑斋多尔济会办俄罗斯边界事。

◎四月，直隶总督方观承参奏巡检张若瀛擅责内监僧人，乾隆帝斥为不识大体，仍谕内监在外生事者听人责惩。命尚书刘统勋督修徐州石工，侍郎梦麟督修六塘河以下各工，副总河嵇璜督修昭关滚坝支河，均会同督抚总河一体筹划。大兴中州水利自此开始。至孙家集阅堤。至荆山桥韩庄闸阅工。颁孟庙御书匾额。至阙里释奠先师孔子。命乡试二场照会试例改表为诗。以夏邑生员段昌绪藏吴三桂伪檄，命方观承赴河南会同图勒炳阿严鞫之。还京师。命成衮扎布、兆惠分路进剿厄鲁特。以前布政使彭家屏藏明末野史，褫职逮问，旋处斩监候，秋后处决。命成衮扎布、兆惠合兵进剿阿睦尔撒纳，毋令窜入哈萨克、俄罗斯。

◎五月，谕左右哈萨克擒献阿逆。定俄罗斯学教习章程，归内阁理藩院管理。

◎六月，恒文以贪污夺职逮问。命满洲大学士、领侍卫内

大臣、尚书、都统各保举堪胜副都统人员。卢焯以贪鄙夺
职，发巴里坤效力。命各督抚防闲幕友。命成衮扎布预筹
冬令撤兵事宜。副总河嵇璜奏湖河宣泄缓急事宜，如所请。
定王公格格、额驸分别降革例。命江南河南沿河各州县将
江淮和水势涨发情形随时报明江南河道总督查核。

◎七月，削宗室公盛昌爵。定查灾委员处分例。命钦差侍
郎梦麟等会筹湖河宣泄事宜，分别要工、次工、缓工，勒
限估修。哈萨克汗阿布赉奉表投诚，命宣布中外。奉皇太
后启銮秋狝木兰。命各省督抚保荐堪胜知府人员。

◎八月，俄罗斯请由黑龙江挽运本国口粮，以其违约，不
许。申定河员赏罚例。赐喀尔喀四部落敕书，令约束部众。
命直隶总督方观承履勘九河故道。授回人额敏和卓为领队
大臣。出萨喇勒于狱。定州县疏防限满革职留缉例。叛贼
巴雅尔、达什车凌伏诛。

◎九月，哈萨克阿布赉遣使臣入觐，赐宴。赐恒文自裁，
郭一裕发军台效力。阿睦尔撒纳窜入俄罗斯，命遵谕缚献。
还京师。裁京口将军缺。

◎十月，命喀尔喀接壤俄罗斯地方严设卡座。命刘统勋往
山东督修运河。蒋洲以山西布政使任内婪赃革职，寻处死。
命乌鲁木齐分兵屯田。命巴里坤开渠屯田。定保甲考核法。
命广东官收伪号钱文。命京师朝阳门、西直门、广宁门外
修理石道。命直省守巡各道及丞倅均带兼司水利衔。命满
洲、蒙古新旧营房专派章京管理。

◎十一月，命各部院甄别司员。赐吐鲁番贝子额敏和卓贝
勒品级。定高邮石坝水则。谕都察院甄别科道。命各省提
镇三年陛见。禁上司勒荐幕友。命刑部，吉林遣犯改发云
南等省，拉林、阿勒楚喀遣犯，改发黑龙江三姓等处。

◎十二月，准吕宋番船于厦门贸易。命休致八旗部院司员

曾经出师者，准在旗当差。

◎是年，全国人口一亿九千零三十四万余，存仓米谷三千一百九十五万余石，户部存银四千零十五万两。

乾隆二十三年（1758年） 四十八岁

◎正月，命兆惠、车布登扎布留剿沙喇伯勒，雅尔哈善、额敏和卓进征回部。喀尔喀哲布尊丹巴呼图克图病故，命扎木巴勒多尔济掌堪布诺门汗印。以俄罗斯呈验逆贼阿睦尔撒纳尸及哈萨克称臣纳贡宣谕中外。命于中俄边界，添设卡座防范。命八旗大臣稽查城外五仓。以布拉尼敦、霍集占兄弟罪状宣谕回部。命雅尔哈善为靖逆将军征回部，命永贵、定长以钦差大臣关防办理屯田事务。

◎二月，命满洲大臣遇公事折奏俱称臣。命八旗义学生徒归咸安宫及各官学教习。准旗地典卖不拘旗分。定各省出巡外洋员弁拔补例。听在京八旗另记档案与开户人等出旗为民。准外任告病人员回籍调理。定直省乡试官卷中额。恩赈土谢图汗部落银一万两。金华生员陈邦彦文字狱案发，乾隆帝命严惩。孝感民人朱尚柄文字狱案发，乾隆帝命凌迟处死。

◎三月，定考试直省拔贡、岁贡及优生例。申严私铸制钱例。兆惠等奏，进兵沙喇伯勒，阵擒扎哈沁哈勒拜，尽歼其众。逆贼舍楞脱逃，命和硕齐、唐喀禄往追。除缓决重犯纳赎例。永贵等奏，于乌鲁木齐、辟展、托克三、哈喇沙尔屯田近三万亩。

◎四月，封额敏和卓为贝勒。命各省岁、科试增试律诗。命乡、会试第一场仍增性理论。以旱命刑部清理庶狱。

◎五月，修江南清口东西二坝。谕江南芒稻闸永远毋许下板。

◎六月，御制中州治河碑文，勒石永城县。黄廷桂奏请始行遣犯屯田。

◎七月，毛城铺河决。霍集占援库车，雅尔哈善等击败之。奉皇太后启銮秋狝木兰。命兆惠速赴回部。雅尔哈善以疏纵霍集占夺职，以纳木扎勒为靖逆将军。

◎八月，《春秋直解》书成。黄廷桂奏准于乌鲁木齐大兴军屯。

◎九月，阿克苏城降。还京师。和田城伯克等内附。

◎十月，改定额赋征销科则。乾隆帝命拨银三百万两，以供屯田之用。命伊犁拨兵屯田。授福隆安为和硕额驸。

◎十一月，舒赫德奏，将军兆惠进军叶尔羌被围黑水营。命富德为定边右副将军，往叶尔羌策应。封兆惠为一等武毅谋勇公，加额敏和卓郡王品级。靖逆将军纳木扎勒等率兵策应兆惠，途次遇贼阵亡。

◎十二月，左副都御史孙灏奏请停止明年巡幸索约勒济，乾隆帝斥其识见舛谬，改用三品京堂，并以效法皇祖练武习劳谕中外。免扣八旗兵丁借支津贴出差银两。

◎是年，全国人口一亿九千一百六十七万余，存仓米谷二千九百九十五万石，户部存银三千六百三十八万余两。

乾隆二十四年（1759年） 四十九岁

◎正月，雅尔哈善伏法。命筹办运河宣泄事宜。

◎二月，命福建查禁竹铳。禁亲王、郡王将格格私许京师旗人。副将军富德奏，正月初六日，与霍集占战于呼尔璊，适参赞阿里衮率兵至，转战五昼夜，阵戮大伯克数十名、贼千余。将军兆惠信息已通。命旗员丁忧回旗停补外任。副将军富德奏，整兵至叶尔羌河岸，将军兆惠闻声夹击，两路大军已会合进攻。定考察内外大员例。谕科道宜摒去私心，随时献纳，以资实用。

◎三月，谕将军兆惠、富德等速援和田。定阵亡及从征病故厄鲁特世职例。准军机处章京、笔帖式用朝珠。

◎四月，议叙辟展屯田员弁。命九卿大臣极言利弊。谕八旗大臣官员等照健锐营一体训练兵丁。加赏八旗闰月甲米。总督管江苏巡抚陈宏谋奏请清理社仓事宜。

◎五月，命明安图、傅作霖绘回部舆图。恤赏吉林火灾旗民银米。准叶尔羌病故绿旗兵丁子弟充补名粮。修浚京城内外河渠代赈。诏诸臣修省仍极言得失。

◎六月，命将军兆惠、富德等由叶尔羌、喀什噶尔两路分剿。定宗室红白恩赏例。英吉利商船赴宁波贸易，庄有恭奏却之。谕李侍尧传集外商，示以禁约。英商洪任辉来津呈控粤海关监督李永标等，命给事中朝诠带同洪任辉往粤，会同福州将军新柱审理。

◎闰六月，保德以婪赃伏法。销僧道印。癸卯，禁浙丝出洋。

◎七月，兆辉奏，喀什噶尔、叶尔羌两城回众迎降，遣额敏和卓之子茂萨安抚，命加赏公品级。奉皇太后启銮秋狝木兰。谕各旗停袭都统，以散秩大臣男爵世袭。定阿克苏阿奇木伯克以下品级。定福州改驻满洲兵额。将军兆惠等奏喀什噶尔、叶尔羌驻防各事宜，从之。永定河漫口合龙。厄鲁特亲王达瓦齐卒，以其子罗布扎袭封郡王。归安武举汤御龙文字狱案发，乾隆帝命凌迟处死。

◎八月，申禁英吉利商船逗留宁波。副将军富德奏，兵至叶什勒库勒诺尔，降贼党一万有余，逆贼霍集占兄弟窜入巴达克山。

◎九月，改订蒙古偷窃牲只罪名。定道府六年引见例。还京师。谕八旗子弟勿尚虚文，勤习武略。废除回部伯克世袭制度，除回城霍集占等苛敛。命参赞大臣阿里衮留驻叶尔羌。开黄河南岸仪封十三堡引渠。

◎十月，赐哈宁阿自裁。申禁烧锅。命各省严缉改发巴里坤逃犯。以来岁八月届五旬万寿，严禁贡献。将军富德等奏，巴达克山素勒坦沙呈献霍集占首级，全部归诚，命宣谕中外。封回人额敏和卓为郡王、玉素布郡王品级。御制《开惑论》。命大计详注不谨、浮躁二款实绩，著为令。命洪泽湖以北土堤改建砖工。

◎十一月，以平定回部颁诏中外并御制平定回部告成太学碑文、御制叶尔羌碑文、御制叶什勒库勒诺尔碑文。定千总六年俸满甄别例。议叙各路台站员弁。命库车屯田。定滥用犯案长随处分。定督抚等挟嫌参劾属员惩罚例。定直隶州知州六年引见例。申命厘正文体。定驻防回部兵额。命京官预支来年俸米之半以平市价。

◎十二月，准佐杂官由本籍赴任借支养廉。谕各省学政厘正文体。封皇六子永瑢为贝勒，出嗣慎郡王。命皇子分封后仍用四团龙补服。定广东防范外夷规条。册封令妃魏佳氏为贵妃。严禁绸缎帛绢出洋。阿桂等奏军屯、回屯事宜。

◎是年，全国人口一亿九千四百七十九万余，存仓米谷三千一百七十八万余石，户部存银三千六百七十三万余两。

乾隆二十五年（1760年）　五十岁

◎正月，命乌鲁木齐屯田。巴达克山素勒坦沙遣使入觐。定边将军兆惠等函送霍集占首级并俘囚至京。命在京安插回人另编佐领。

◎二月，命水师官员回避本省。更定关帝谥曰神勇。定军流人犯着赭衣。增童生岁科试五言排律诗。改叶尔羌等处台站为步递。

◎三月，定殿试阅卷日派王公大臣及科道监视并将前十名引见例。命一家三人内二人阵亡者加赐荫恤。恤阵亡官兵奴仆。定固伦、和硕公主下嫁筵宴例。定军机处满洲大臣阅看汉字奏折事先奏明请旨例。命行宫旁隙地车驾经临前后准兵丁耕种。命回部旧和卓木等坟墓禁止樵采。定皇孙、皇曾孙冠顶。

◎四月，定皇子封王及贝勒、贝子者冠服。弛私制鸟枪禁。玉牒告成。内大臣萨喇勒卒。

◎五月，谕廷试为抡才大典，对策重于书法，阅卷时毋抑文重字。明发谕旨，宣示新疆屯田原委。饬八旗勤习骑射。定福建滨海渔船编号例。

◎六月，谕满洲、蒙古人员引见俱注明姓氏。谕满洲名字不得分写。准绥远城裁马兵四百名，改设步兵、养育兵各六百名。谕各回城阿訇不得干预公事。

◎七月，命盛京地名均照国语改正。定督抚及道员俸。申严生童冒籍例。皇三子永璋卒。以俄罗斯驻兵和宁岭、喀屯河、额尔齐斯、阿勒坦诺尔四路，声言分界，谕阿桂等来岁以兵逐之。定八旗出差兵丁病故免追路费例。

◎八月，命广州将军、副都统每年轮阅外海水师。定乌鲁木齐办事大臣职掌。奉皇太后启銮秋狝木兰。以阿桂总理伊犁事务，命授为都统。定州县起解钱粮拨兵护送例。增设江宁布政使，安徽布政使回驻安庆。

◎九月，定乡、会试磨勘官添用编修、检讨例。

◎十月，以苏州布政使苏崇阿刑求书吏，妄奏侵蚀七十余万，刘统勋等鞫治俱虚，革发伊犁。丁丑（初六日），皇十五子永琰生，母令贵妃魏佳氏。还京师。

◎十一月，定八旗巡仓兵丁按日轮派例。命阿克苏开炉铸钱。阿思哈以赃夺职。命文职自县丞以下、武职自千总以下无力者免穿蟒服。

◎十二月，西安将军松阿里以赃夺职论绞。定驻扎回部、厄鲁特办事大臣养廉。《乾隆内府皇舆图》告成。

◎是年，全国人口一亿九千六百八十三万余，存仓米谷三千一百九十三万余石，户部存银三千五百四十九万余两。

乾隆二十六年（1761年） 五十一岁

◎正月，紫光阁落成，赐画像功臣并文武大臣、蒙古王公等宴。制定京察新例，命郎中、员外郎以上官京察前一年各堂官注考密奏。

◎二月，命国子监教习期满，该堂官不必分一二等，俟引见时分别录用。己卯，[28]命汉军出旗为民，入籍州县，给照备验。奉皇太后启銮谒陵并巡幸五台。更定各省布政使养廉。

◎三月，命于会试荐卷内挑取中书。定乡、会试前十名朱卷进呈例。命会试挑取之荐卷兼用学正、学录。还京师。

◎四月，以本年皇太后七旬万寿恩科，拣选下第举人分别录用。命玛纳斯等处屯田，并设伊犁至乌鲁木齐台站。谕廷试无庸增派王公大臣御史监视，胪传事竣，另派大臣复看，如有标识悬绝者，指明进呈候旨；又策问令读卷官密拟进呈，候裁定发刻，著为令。谕西路效力赎罪大员，赏给一半养廉，著为例。定两淮盐务预提余引章程。阅健锐营兵。

◎五月，命各省秋审俱会抚署办理，著为令。颁新定阵法于各省驻防。命查平定回部得功官兵，给与世职。

◎六月，定铜运事宜。弛贵州民苗结婚禁。

◎七月，启銮秋狝木兰。谕外藩小部落入贡，必亲身及子弟前来，若托人附进，不必收受。准外省世职缺出，拣选正陪人员送京，余列名者，不必概行咨送。河南祥符县河溢。

◎八月，以河南杨桥黄河漫口，命大学士刘统勋等驰往督办。调南河员弁赴河南工次协助堵筑。命南河总督高晋赴河南协办河工。命停运河南本年漕粮。

◎九月，命回部伯克等轮班入觐，无庸官办马驼。军机大臣议奏新疆驻防、屯田兵丁事宜。杨应琚奏准招募内地贫民至新疆屯田。

◎十月，还京师。申私渡台湾禁。始行科布多绿旗屯田。

◎十一月，河南杨桥漫工合龙。定京员改补外任仍准戴军功赏翎例。

◎十二月，定官兵私当军器罪。定稽查八旗官员婚丧支俸例。定新疆奏销钱粮章程。定奉恩将军嫡子及岁先给五品虚衔例。定世职人员子侄请袭例。定外省卓异官照京员京察一等加级例，停给朝衣蟒袍。命外官回避内外兄弟。定承袭佐领例。

◎是年，全国人口一亿九千八百二十一万余，存仓米谷三千四百七十二万石，户部存银三千六百六十三万余两。

乾隆二十七年（1762年） 五十二岁

◎正月，增设浙江火药局。奉皇太后启銮南巡。命清查俄罗斯边界。

◎二月，叶尔羌阿奇木伯克、和田伯克等办送回人赴伊犁屯田，命赏如例。命停止灯船烟火。

◎三月，乾隆帝阅视浙江海宁海塘工程。禁设彩亭灯棚。定回部伯克等升降专奏汇奏例。

◎四月，命总督兼御前大臣、内大臣等衔者班次列将军前。谒孔林。命大学士刘统勋等会勘直隶景州疏筑事宜。定繁缺道府赃罪议处原保堂官例。停止京察前一年各堂官密陈司员贤否例。

◎五月，还京师。谕藩臬副参等官覃恩请封俱详报督抚提标镇汇奏。谕诸王兼都统尽心旗务。

◎闰五月"初六日戊辰，谕赏平定准噶尔、回部诸臣世职，凡五百余人，于旗人生计，大有裨益"。[29]谕八旗都统实心办事。谕八旗另记档案人等冒食粮饷准给限自首。安设塔尔巴哈台各卡。定王公之女予封例。

◎六月，定满洲、汉军发遣人犯不准折枷责例。定八旗官员婚丧赏项。命八旗积存地亩分设庄头，余地赏给八旗作为恒产。

◎七月，以京畿米贵，暂开海禁。启銮秋狝木兰。定新疆等处员弁病故资送回籍例。谕陕西出旗壮丁与绿旗兵间补督抚提镇各营。

◎八月，准安徽开捐贡监及职衔等项，以为修理城垣之费，并通行各省酌情仿行。谕督抚同省不得交布政司摄篆，著为例。

◎九月，还京师。建乌鲁木齐城。富德以贪婪夺职。

◎十月，定新疆绿营兵丁换班事宜。定发往回城人犯脱逃将解送之人治罪例。设伊犁将军，以明瑞为之。定各省城守尉、协领等期满引见回任六年后再行送部例。

◎十一月，设伊犁参赞、领队大臣。建喀什噶尔新城。

◎十二月，谕云贵等远省督抚提镇藩臬，遇丁忧事故着驿递四百里驰奏。谕盛京、吉林、黑龙江副都统、城守尉不得用本处人员。谕直隶驿站车辆除奉旨应给外，余俱折价咨部给领。军机大臣遵旨议准移驻伊犁驻防及汉军出旗为民事宜。

◎是年，全国人口二亿零四十七万余，存仓米谷三千四百零九万石，户部存银四千一百九十二万余两。

乾隆二十八年（1763年） 五十三岁

◎正月，谕伊犁将军明瑞等为凉州、庄浪移驻之官兵筹建城垣庐舍，并给予粮饷。浚直隶河道。裁山西北路军营台站。

◎二月，永弛奉天海禁。定庆贺皇太后、皇上表文本内及贴黄用黄纸。皇后笺文本内及贴黄纯用红纸，面页俱用黄绫，毋庸如笺。江宁将军容保等奏京口出旗汉军事宜，从之。定各省灾民毋庸资送回籍例。定俸满千总甄别例。定直省同知、通判藩库支给养廉例。凉州将军巴禄等奏凉州、庄浪移驻伊犁及汉军官兵出旗事宜，从之。

◎三月，巴达克山伯克苏勒坦沙呈出布拉尼敦尸骸眷属，遣使入觐。定新疆种地满汉逃兵治罪例。

◎四月，命拨西安满洲兵二千名移驻凉州、庄浪。定各部院开送外帘官员数酌减外帘处分。定南巡动用章程，毋许浮费。定疏脱遣犯兼辖武职处分例。定亲老改近人员赴补时引见例。

◎五月，果亲王弘瞻以干预朝政削王爵，仍赏给贝勒，永远停俸。和亲王弘昼以仪节僭妄罚王俸三年。奉皇太后启銮秋狝木兰。

◎六月，分现在伊犁驻防及添驻之索伦、察哈尔、厄鲁特兵丁为四昂吉，各设总管一、佐领六。定凉州、庄浪官员兵额。禁湖南洞庭湖滨私筑民堤。命阿桂一族抬入上三旗。

◎七月，命直省改发新疆遣犯一年内有无脱逃年终汇奏。定选拔生员改判为诗例。更定道府品级及旗员武职封典。更定盛京操演兵丁日期。谕北方各疆吏广栽卧柳。命驻防将军都统提镇恭进表笺均照督抚式。

◎八月，命八旗赎回地亩仍令原业农民承佃并酌定租额。赐乌鲁木齐城名迪化。命各省督抚、学政、盐政、藩臬两司书吏不许私用顶戴。

◎九月，以俄罗斯蚕食准噶尔边界，谕暂停中俄恰克图贸易。命纂《音韵述微》。禁省会劣幕盘踞。命科布多屯田。命直省坐名敕、传敕均用新改清字官衔。还京师。御制准噶尔全部记略文。四川总督阿尔泰奏大金川土司郎卡侵占党坝，绰斯甲布等九土司会攻，报闻。

◎十月，定州县无故赴省及久留省会参处例。命侍卫部属见本管堂官俱照旧例侍立回事，亲王属下亦不得长跪请安。停止文武乡试登科录恭进皇太后及皇后例。

◎十一月，谕将军督抚等不得私役弁兵。命八旗选精兵一千名移驻健锐营。准伊犁、乌里雅苏台、喀什噶尔、叶尔羌驻防大臣携带家口。命哲布尊丹巴呼图克图呼必勒罕另给册封。定削除另户满洲蒙古逃犯名例。命皇四子永城袭封履郡王，来年就府。谕蒙古王公谒见各大臣不得屈膝。

◎十二月，诫疆吏巡历地方轻骑减从。定总督巡历各镇总兵官谒见仪注。定恩骑尉子孙犯私罪者不准承袭例。

◎是年，全国人口二亿四百二十万，存仓米谷三千四百零四万石，户部存银四千七百零六万两。

乾隆二十九年（1764年） 五十四岁

◎正月，以原任湖北宜昌镇总兵吴宗宁被参自戕申谕督抚，嗣后参劾重案如守解疏脱，督抚一并重处。

◎二月，准汉讲官缺出，带领少詹事学士以下等官及俸深编检十员引见。谕山东巡抚，明岁南巡往来顿宿，毋得添建行宫，致滋繁费。谕因公诖误人员引见未满三年者仍送部引见。署宗人府事和硕诚亲王允祕奏，宗室王公等袭职请不论嫡庶，拣选娴熟清语、骑射者数人引见候旨，从之。

◎三月，谕黑龙江佐领等官未经出痘者俱赴木兰引见，著为例。弛蚕丝出洋例。谕畅春园等处派员专管，不必令奉宸苑管理，补放官员，不必令内务府带领引见，著为例。

◎四月，禁各省将军等于兼管地方挑取跟班兵丁及八旗更换佐领年终行知驻防例。

◎五月，谕粤海关官员毋进珍珠等物。定雅尔驻兵事宜。谕热河驻防兵丁私留子弟在京，分别议惩。

◎七月，颁御纂《周易述义》《诗义折中》《春秋直解》于各省刊行。奉皇太后启銮秋狝木兰。命右卫、绥远汉军办理出旗为民、调补绿营事宜。

◎八月，命陕甘总督杨应琚招募内地贫民迁往新疆屯田。增伊犁、雅尔等处领队大臣二员。

◎九月，谕部院堂官及督抚不得请留丁忧人员，著为例。命纂《宗室王公表传》。

◎十月，还京师。命山东停进牡丹。谕各省离任人员由原隶督抚注考咨明本籍，送部引见，著为令。《平定准噶尔方略前编》告成。

◎十一月，命重修《大清一统志》。谕旗人发遣家奴，其同遣妻子一体给兵丁为奴，著为令。

◎十二月，命宗人府京察，府丞随同王公考核列衔。

◎是年，《红楼梦》作者曹雪芹去世。

◎是年，全国人口二亿零五百五十九万余，存仓米谷三千四百六十九万余石，户部存银五千四百二十七万余两。

乾隆三十年（1765年） 五十五岁

◎正月，谕八旗大臣子弟仍一体参加科举考试，无需请旨。奉皇太后启銮南巡。吏部奏请将各部满郎中与汉郎中一体截取，诠选知府，以其歧视汉人而严予申斥。**30**

◎二月，谕嗣后藩臬等宜陈奏要务并会同保举属员。封弘瞻为果郡王。

◎闰二月，阅视海塘工程。赐伊犁新建驻防城名曰惠远。

◎三月丙子，果郡王弘瞻卒。**31**定直隶天津新设守备营制及河道堤工章程。

◎四月，给河南省城守尉养廉。谕各省道员、副将及驻防协领等照旧例俸满引见，停止督抚将军保奏。还京师。改定广东营制。

◎五月，谕两广总督李侍尧等清查历任粮道浮收积弊。

◎六月，定八旗世职疏远宗派及驻防兵丁不准承袭。封令贵妃魏佳氏为皇贵妃。以丑达与俄罗斯私通贸易，命拿解来京。丁卯，开馆重修国史列传。**32**巴里坤垦地四千余亩。

◎七月，奉皇太后启銮秋狝木兰。命直省删定《赋役全书》。命考试盛京宗室觉罗等学。

◎八月，定捏报缉获盗匪处分。

◎九月，定国史列传体例。还京师。谕游击以下不得护理镇篆。二十七日庚子，颁谕疏通举人仕途，提及每科举人一千二百九十名，而十年中所铨选者不及五百人。**33**

◎十月，免八旗官员未完宗人府并借俸滋生等银。命各督抚于省会书院院长六年考察一次。派绿营兵一千往乌鲁木齐、乌什屯田。定举人铨用例。赏巴里坤屯田兵丁遣犯有差。

◎十一月，垦巴里坤地三万八千余亩。拨官帑修理各省城垣，停止劝捐。删除科场条例繁琐小节。丑达以赃私伏法。封皇五子永琪为和硕荣亲王。定承袭佐领例。

◎十二月，定巡防海洋章程。缅甸莽"匪"窜入猛棒，命刘藻进剿。车臣汗扎萨克镇国公格勒克巴木不勒拿获私向俄罗斯贸易兵丁，赏缎奖励。谕州县不得委署本府州例。总督杨应琚奏，巴里坤以西可垦地数十万亩，现于安西、肃州等处招募无业贫民，给与盘费，令次第开垦。河南巡抚阿思哈奏令地方官公举绅士耆老同委员办理河工料物，嘉之。

◎是年，全国人口二亿六百九十九万余，存仓米谷三千三百三十八万余石，户部存银六千零三十三万余两。

乾隆三十一年（1766年） 五十六岁

◎正月，谕于本年为始，分年普免全国漕粮。改以杨应琚为云贵总督，经理征缅事宜。

◎三月，皇五子荣亲王永琪卒。

◎四月，谕新进士分省带领引见，毋庸王大臣预为拣选。命各省甄别分发人员。雅尔办事大臣阿桂奏，准遣犯携眷屯田，准入民籍。

◎五月，命正乙真人视三品秩，永为例。谕伊犁协领总管等俱赏戴花翎，著为例。谕皇子当习国书、骑射，不得附庸风雅。谕国史馆于南明诸王不得目之为伪。

◎六月，予故三品衔西洋人郎世宁侍郎衔。以九土司会攻金川不力，谕阿尔泰等亲往传集土司，详悉开导。谕各省督抚毋购珍奇入贡。

◎七月，禁各省首县代办上司衙门铺设。停陕甘省捐监例。谕云南山麓河滨听民耕种，概免升科。奉皇太后启銮秋狝木兰。谕发帑金将京城内外街道沟渠概行修整。皇后卒。谕皇后丧仪，照皇贵妃例。御史李玉鸣奏皇后丧仪未能如仪，忤旨，戍伊犁。

◎八月，颁江西龙虎山上清宫御书匾额。河溢铜山县韩家堂。

◎九月，谕驻防伊犁兵丁脱逃，获日即行正法，著为令。
杨应琚奏木邦定期归附，现调拨官兵，亲赴永昌受降并筹
办缅人。

◎十月，还京师。初四日庚子，停满洲人员补用千总。[34]谕
问拟发遣人犯越狱即行正法。谕各省将军奏事，令副都统
列名。阿尔泰等奏，金川郎卡畏罪输诚，情愿退还土司人
口侵地，业经允其所恳。停直隶、安徽、山西、河南等省
捐监例。韩家堂漫工合龙。准各省督抚用紫花印。禁八旗
参领等大员子嗣挑取养育兵。

◎十一月，命修玉牒。

◎十二月，谕引见人员现经丁忧查明扣除，特旨不拘事故
令引见者不在此例，著为令。谕平定伊犁、回部八旗阵亡
人员均予恩骑尉，世袭罔替。《大清会典》告成，御制序。

◎是年，全国人口二亿八百零九万有余，存仓米谷
一千六百九十六万余石，户部存银六千六百六十一万余两。

乾隆三十二年（1767年） 五十七岁

◎正月，定督抚岁终汇奏属员有无亏空例。以杨应琚经理
缅事失宜，严饬之。赏西洋人艾启蒙奉宸苑卿衔。湖南巡
抚李因培指使属员私下弥补亏空，赐其自尽。

◎二月，命续纂《通典》《通志》《文献通考》。谕学政升任
应否留任概行请旨，著为令。定世职官员无人承袭给孀妇
半俸例。改直隶州知州为正五品。启銮巡幸天津。

◎三月，阅天津驻防满洲兵，以弓马及国语生疏，命议都
统富当阿等罪示惩。命疏浚北运河及子牙河。还京师。革
杨应琚大学士，以明瑞为云贵总督，经理征缅事宜。发健
锐营兵五百名赴云南。命修太学、文庙。

◎四月，裁天津驻防水师营官兵，移福州等处分驻。更定

停发新疆遣犯例。严各省将军大臣调任擅带弁兵例。命各省大计藩臬两司均由督抚出考。以恩蠲漕粮,命业户佃租减交蠲数之半。

◎五月,设下五旗包衣人等官学生缺。发健锐营五百名赴云南。定文武官员雨衣、雨帽品级。定发遣烟瘴人犯例。

◎六月,蔡显以《闲渔闲闲录》犯忌被斩。谕绿旗世职,向无世袭罔替之条,但如海澄公黄芳度、将军张勇等当一体加恩,其袭次满时,着照八旗例,赏给恩骑尉,俾其子孙永远承恩。

◎七月,命军前奏事用清字,行军以鸣角为号。严蒙古盗卖牧场马匹罪。定试用人员因公降调送部引见例。奉皇太后启銮秋狝木兰。

◎闰七月,禁河臣内幕用属员。赐杨应琚自裁。

◎八月,谕嗣后蒙古王公子应袭者,不必计其年岁,即给与应得职衔。谕刑部定拟案件审情比律,应归划一,毋得彼此参差,致有轻重。

◎九月,设雅尔台站。还京师。以云南绿营兵丁怯弱,命罚历任督臣示惩。

◎十月,赐李因培自裁。齐周华文字狱案发。

◎十一月,颁秋审条例于各省。乙巳,³⁵命翰林院读讲学士及詹事府庶子等官京察照四五品京堂归王大臣验看,列为等次引见。明瑞出师征缅。

◎十二月,命文职一品、武职一品及七品一体分别正从,更定官阶。准河员原籍三百里外毋庸回避。定受业师生回避例。

◎是年,全国人口二亿九百八十三万余,存仓米谷三千八百六十一万余石,户部存银六千六百五十万两。

乾隆三十三年（1768年） 五十八岁

◎正月，以将军明瑞进剿缅酋亲冒矢石，授一等诚嘉毅勇公。《御批历代通鉴辑览》成，御制序。改江南武乡试归总督考试。停保举抚民同知、通判派员考试例。

◎二月辛未，参赞大臣珠鲁纳于木邦被围自尽。[36]将军明瑞于小猛育阵亡。以大学士忠勇公傅恒为经略，阿里衮、阿桂为副将军，舒赫德为参赞大臣，驰赴云南军营。饬各省道府按部录囚。

◎三月，加封关帝为忠义神武灵佑关圣大帝。销毁李绂诗文书板。湖北荆门州孙大有、何佩玉等起事反清被处死。

◎四月，原征缅参赞大臣额勒登额、提督谭五格伏诛。

◎五月，停止御史兼办部务。命兵部奏派大员拣选各省请发参将以上人员，著为令。

◎六月，两淮预提盐引案发。涉案官员高恒、普福、卢见曾皆处斩监候，秋后处决。命内阁中书于会试荐卷内酌取朱墨各卷同朝考入选未用进士试卷，派大臣总阅录取引见补用。命各省督抚密查偷割发辫案。玉牒成。

◎七月，禁哈萨克等转贩俄罗斯货物于内地贸易。停止伊犁卓异及年满人员咨部引见。奉皇太后启銮秋狝木兰。命两江总督高晋严缉偷割辫发者。严定州县官疏脱重犯处分。

◎八月，以俄罗斯表示遵从清朝所定贸易章程，准俄罗斯廓密萨尔于恰克图通商。

◎九月，还京师。停止卓异知县升任京员引见时声请改擢外任例。命宗室闲散佐领改称四品官。

◎十月，台湾民黄教纠众起事反清，谕鄂宁等严饬剿捕。命大学士刘统勋查勘黄运两河工程。

◎十一月，谕吏部、兵部，议处文武各员，因公者照例准抵，因私犯罪者概不准抵，著为令。定顺天乡试同考官阅卷回避例。重修太学、文庙落成。

◎十二月，以山东、湖北办理割辫犯刑求诓奏，有关官员各予降黜。

◎是年，全国人口二亿一千零八十三万余，存仓米谷三千九百九十六万余石，户部存银七千一百八十二万余两。

乾隆三十四年（1769年） 五十九岁

◎正月，定河南等省学政养廉。

◎二月，御制重修太学、文庙碑文。谕嗣后皇子等乘马用金黄辔，皇孙等未经赏用金黄辔者俱用紫辔，皇曾孙、玄孙一体用紫色，绵德、绵恩系长孙，仍赏用金黄辔，永为例。谕阵亡人员荫云骑尉袭次完后，仍赏给恩骑尉，世袭罔替，不准过继之子承袭，著为例。谕各督、抚、提镇督率将弁训练精严，实力澄汰，勿以虚文塞责。免八旗应追违例典地银两。弛洋船带硫磺入口禁。

◎四月，阅健锐营兵。台湾平，黄教被杀。谕嗣后东三省人不必补绿营官，著为例。经略大学士傅恒奏报，已于三月二十四日抵云南。宣城武生李超海文字狱案发。

◎五月，谕沿边及苗疆各督抚遇事振作，勿稍优容。谕各省之满洲、蒙古副将五年俸满来京引见，参将七年俸满引见，著为令。

◎六月，禁钱谦益《初学集》《有学集》。谕各省学政，举报优生会同督抚考核。谕各省城工保固，以三十年为率。定新疆哈密、巴里坤等处物料价值章程。谕各省分发举人，需次迟速不齐，各就邻省分拨，俾益流通。命各省熔化小钱。二十日庚午，以内库帑藏充裕，命自内务府广储司拨银一百万两于户部。[37] 定参处州县并议处守巡各道例。谕诸王等遇斋戒日期俱在紫禁城内住宿，著为令。

◎七月，奉皇太后启銮秋狝木兰。

◎八月，以明年六旬万寿，颁谕预止直隶生民贡献称祝，并督抚来京叩祝及进珍玩等物。谕拣选喀什噶尔、叶尔羌等处办事章京引见。定各省修治军器年限。

◎九月，命清查江宁各属钱粮积欠。致仕侍郎沈德潜卒。还京师。命刘统勋查勘山东运河。以绵恩分入镶白旗，其俸银养廉照前锋统领支给。

◎十月，谕东三省人住京两代者，仍选补绿营。谕刑部秋审各犯经三次缓决者，分别减等。谕各回城大臣奏事副都统一体列名。定直省文武各员处分分别轻重例。申禁直省官员蓄养优伶。谕同知、知州推升知府时，其不能胜任平日尚无过者，以升衔留本任。谕逆犯缘坐，其父母不知情者减流。谕轮班奏事，领侍卫内大臣一班在八旗前，前锋统领、护军统领一班在八旗后，著为令。禁福建、广东民人私赴台湾，现流寓者编设保甲，毋任藏奸。定子男予荫例。谕各旗王公属员自外任来京者，概不许诣见通问，著为令。谕直隶入官地亩，停止旗员查丈定租。

◎十一月，定御门听政日接收奏章例。副将军阿里衮于军营病故。以老官屯瘴气过甚，命屯兵野牛坝，召经略傅恒来京，留副将军阿桂筹办善后事宜。谕拣选一等、二等武进士引见，著为令。谕督抚甄别截取知县举人年老不甘废弃者，送部引见，著为令。缅方送蒲叶书至军营乞降，命班师。谕禁以汉教习教授太监读书。

◎十二月，谕督抚验看推升武弁，年老不甘废弃者送部引见，著为令。缅方请纳贡奉表称臣，允之。谕各省官兵因公出差借贷官项者，另筹款项备给，不得预扣俸项。定缅甸贸易章程。禁内地民人赴永昌边外开挖银矿。命预给云南铜铅各厂工价。命稽查各省委员采办滇铜往来程限。

◎是年，全国人口二亿一千二百万余，存仓米谷三千七百五十七万余石，户部存银七千六百二十二万余两。

乾隆三十五年（1770年） 六十岁

◎正月，以本年六十诞辰、明岁皇太后八十万寿，着将各省钱粮普行蠲免。谕彰宝等整饬绿营怯弱积习。谕各省轮蠲之年，劝谕业户照蠲数十分之四减佃户租。命彰宝严防边口，毋许编人通商。停贵州威宁州知州俸满加衔留任例。《平定准噶尔方略》成，御制序。傅恒奏准缅酋纳款善后事宜。

◎二月，良卿以赃私伏法，方世隽论绞。福建漳浦县民蔡乌强"滋事"，诏安县知县捕获之。饬禁督抚指名奏请拣发。贵州桐梓县民赵式璧等"滋事"，命吴达善等严拿惩治。

◎三月，定各省督抚参奏属员漏劾原保官及徇庇调繁改操处分。奉皇太后谒陵、巡幸天津。经略大学士傅恒还京，命仍为总管内务府大臣。还京师。定教职俸满保举知县升任后复行改教者议处原保之督抚、学政例。

◎四月，谕明年东巡，跸路行宫务樽节妥办，不得踵事增华。谕九江、粤海关等关一年期满报部请旨，著为令。副将军阿桂奏遣都司苏尔相奉檄至老官屯。谕乡试考差，不必分别等第，止进呈拟取卷引见候用。四川总督阿尔泰等奏小金川土司泽旺攻略沃克什土司，报闻。

◎五月，以皇八子擅自进城，夺尚书房行走观保、汤先甲等职。谕各衙门于应奏事件即行陈奏，毋稍壅滞。定改补近省人员停引见例。

◎闰五月，命查云南阵亡病故兵丁子嗣挑补马兵及养育兵。四川总督阿尔泰奏，小金川土司僧格桑侵扰沃克什土司，因令各土司会攻，报闻。永定河北岸决，命工部侍郎德成驰往堵筑。命于德胜门外另建满洲火器营，并增补马额。

◎六月，禁奉差兵丁私买人口。增火器营翼长，并赏生息银十万两。谕嗣后王公等孙内如照例承袭将军只有一员别无承祀之人者，仍准嗣子承袭，其绝嗣者，即行停止，著为令。

◎七月，以小金川与沃克什构衅，命阿尔泰传集小金川土司宣谕开导。定大计卓异、俸次未满三年者照督抚越次保题例查议。和亲王弘昼卒。大学士傅恒卒。定福州、广州驻防兵丁官马事宜。

◎八月，四川总督阿尔泰奏小金川土司僧格桑亲来谢罪，交出侵地，报闻。谕嗣后赈恤之项，部库拨银，不准减扣平余，著为令。奉皇太后启銮秋狝木兰。

◎九月，命各省营伍修理军器。减伊犁、回城各将军养廉，增给随往之章京、笔帖式等。

◎十月，还京师。定裁改西安驻防官兵章程。禁宗室王公容留僧道星相人等。定部员兼摄六库限三年更换例以国家帑藏充盈，永停开捐。

◎十一月，谕考试应封宗室与例不符者不准再考。

◎十二月，谕应升京职州县吏部月选后着直省督抚填注切实考语，另班带领引见，仍分别内外录用。谕嗣后发遣拉林、阿勒楚喀加等改发巴里坤者不得奏请遣还，著为例。谕丁忧回旗仍在原衙门行走之满洲、蒙古道府人员，曾经卓异、候升丁忧回旗之知县以上等官并曾经卓异内升之理事同知、通判，俱查明带领引见，嗣后军机大臣三年题奏一次。恢复御史兼部旧例。命伊犁重罪遣犯如有改过奋勉者，十年期满，该将军大臣奏明请旨。

◎是年，全国人口二亿一千三百六十一万余，存仓米谷三千五百七十九万余石，户部存银七千七百二十九万余两。

乾隆三十六年（1771年） 六十一岁

◎正月，定云南铜厂事宜。命侍卫宣力有年、因老病致仕者俱准戴原品顶翎，著为例。

◎二月，奉皇太后启銮东巡山东。定城守尉谢恩请训自行奏闻并请旨陛见例。命武职子弟归本籍州县入伍应试。增圆明园及健锐营养育兵额。

◎四月，命各衙门堂官司员每日晨时入署办事，不得迟缓。停止月选内升人员督抚出考送部例，命吏部三年查办一次，带领引见候用，著为令。还京师。谕京察满洲翰詹各员兼部行走、列在一等者即入部员数内，比较其原衙门为班声叙之例不必行，又各部院到任未满半年之员所有原衙门注考之例永行停止，至各衙门人员在翻书房行走保送一等者，准其自为一项，吏部带领引见，并著为令。准台湾知县粤籍人员仍无庸回避，惟惠州、潮州、嘉应州三府州属者不与选调。定武职捕蝗不力处分。命读祝鸣赞等官升任后仍兼本寺行走者，俱由该寺堂官注考保送，著为令。谕庶吉士不必入京察，著为令。停止新疆办事人员期满保升例。改部寺司务为正八品。

◎五月，命减秋审缓决三次人犯罪。谕立决人犯当省刑之际，暂缓行刑，著为令。定随围官兵马匹倒毙扣银缴价例。命王公之格格、额驸分别支派远近，予封给俸。谕匪犯纠众，地方官三月以内擒捕者免议，著为令。

◎六月，直隶北运河决。削孙可望后人世职。命各省推升知府不能胜任之员一体送部引见，候临时降旨。其向例升衔留任者改加一级，著为令。以土尔扈特台吉渥巴锡等来归，命巴图济格勒驰赴伊犁办理，并命舒赫德等带领来归各台吉至避暑山庄朝觐。定削籍乐户等报捐应试限制。命各部院慎选新疆办事司员，年六十以上者勿得保送。

◎七月，赏京师旗民葺屋银两。原任川督阿尔泰等奏小金川土舍围攻沃克什，命率兵剿之。启銮秋狝木兰，以密云白河水涨，还京。奉皇太后秋狝木兰。命文绥等赴哈密等处购办赏给土尔扈特银两、牲畜、衣服、茶叶等。

◎八月，命侍郎、副都统并提镇、学政、藩臬等毋庸进献称祝。

◎九月，命停本年勾决。土尔扈特台吉渥巴锡等入觐。御制《土尔扈特全部归顺记》《优恤土尔扈特部众记》《土尔扈特部记略》。封渥巴锡为土尔扈特卓里克图汗、策伯克多尔济为旧土尔扈特部布延图亲王、舍楞为新土尔扈特部弼力克图郡王，余各赐爵有差。

◎十月，颁谕，宣示用兵小金川。还京师。谕各部院堂官严核年满截取司员。命翰林院讲读学士以下等官通融补用，著为令。湖北京山县民严金龙起义反请，旋失败被诛。

◎十一月，以军机处满汉章京四十余人，命每年赏银九千两。赐文武及致仕者各九人宴于香山，命工图之。谕报销之案，承办之人，现为本部堂官亦行列衔，非核实办公之道，嗣后似此者俱令回避，著为令。裁福建、广东教习官音学。以经理金川事务不善，革阿尔泰大学士、总督职务，改以温福补授大学士，桂林补授四川总督，继续进攻小金川。

◎十二月，命厘正辽金元三史字音。

◎是年，全国人口二亿一千四百六十万余，存仓米谷三千八百零九万石有余，户部存银七千八百九十四万余两。

乾隆三十七年（1772年） 六十二岁

◎正月，命各省督抚、学政搜求遗书。建乌鲁木齐城，驻兵屯田。命本年会试后挑选举人扣除乙酉以后四科。修浚永定河、北运河。

◎二月，定废员捐复例。

◎三月，湖北民人严金龙伏组织反清被杀。河南罗山县在籍知县查世柱以藏匿《明史辑要》，论斩。阅健锐营兵。

◎五月，奉皇太后启銮秋狝木兰。

◎六月，停各省五年一次编审人丁例。

◎七月，谕八旗补放步军校毋庸带赴避暑山庄引见，著为例。定道府以上等官如有同胞及同祖兄弟叔侄同在一省，俱令官小者回避。原任云南布政使钱度以贪婪罪处斩。

◎八月，定绿营武职满汉间用，其降级停升者俱准与选。准各省马兵取进武生留营食粮，仍准乡试。饬道府州县等员凡遇丁忧及革职者，毋得寄居原任地方。

◎九月，还京师。禁各省自巡抚以下延请本省幕友及流寓带有家属在五百里内，并限定五年更换。谕旗奴犯法，其妻室不得仍留服役，著为令。

◎十月，谕新科武进士于紫光阁校阅时，除挑授侍卫外，分别营卫守备录用，毋庸重带引见，著为令。再颁谕旨，征求遗书。进封皇六子贝勒永瑢为质郡王。

◎十一月，定云南盐井章程。谕皇子原与外间王公有间，一切服用，悉如亲王，现在皇四子、皇六子俱封郡王，其俸银、护卫官员自应视其爵秩，而一应服用，仍应照皇子之例。安徽学政朱筠条奏搜访校录遗书。

◎十二月，定土司、土职阵亡受伤赏恤例。阿桂奏，攻克小金川美诺。

◎是年，全国人口二亿一千六百四十六万余，存仓米谷三千七百八十七万余石，户部存银七千八百七十四万余两。

乾隆三十八年（1773年） 六十三岁

◎正月，饬外藩陪臣于元旦另列一班朝贺。以阿尔泰贻误军务婪赃徇私，赐自裁。温福奏，兵分三路进攻大金川。

◎二月，安徽学政朱筠奏准搜求遗书内容，特别提及从《永乐大典》中搜求已佚书籍。谕各督抚甄别特用道府人员。严定外省官员失察子弟干预公事处分。命缮葺睿亲王多尔衮墓，准近支王公祭扫。谕嗣后大计之年，督抚等于藩臬考语另折奏明，毋庸于本内夹单，著为令。命纂《四库全书》。严定俄罗斯边界设卡官兵更换日期。颁四体合璧大藏金咒于京城及直省寺院。禁各省商籍人员毋得服官本土。停各省官差请用御宝批文。准八旗通晓翻译之恩监、例监考咸安宫宗学、觉罗学教习。

◎三月，清明节，命皇十五子永琰祭泰陵。启銮谒陵，巡幸天津。谕嗣后巡幸，近畿各督抚毋进方物。赠新疆屯田有功之故甘肃总兵于秀提督衔。定直隶州知州推升知府才不胜任者改补同知例。还京师。明发谕旨，命各省督抚征集群书。

◎闰三月，定翰林院编修、检讨三年俸满方准保送御史例。

◎四月，定伊犁各官失察逃犯处分。准渥巴锡游牧移居珠勒都斯，并给口粮、籽种银两。谕州县拟重罪过轻部驳改正者实予降调，毋庸仍委复审。

◎五月，命纂《四库全书荟要》。谕金川阵亡、伤亡官兵如有子弟即令顶补名粮，其并无子弟亲老丁单者给与半饷。奉皇太后启銮秋狝木兰。定各省藩司盘查所属仓谷限期。

◎六月辛亥，参赞大臣海兰察奏，定边将军温福等于金川木果木阵亡，全军溃散。[38]以阿桂为定边将军，总理征讨金川事宜。金川逆酋僧格桑父泽旺伏诛。

◎七月，定顺天府府尹、府丞等官缺出，凡籍隶直隶人员俱回避例。

◎八月，以阿桂为定西将军。御制《避暑山庄纪恩堂记》。定八旗升迁官员亲老者准报部带领引见例。谕新疆重罪遣犯已及十年者奏闻酌夺，著为令。

◎九月，饬伊犁驻防满洲官兵操演行围骑射。还京师。

◎十月，准各省武生充补营伍。定秋谳榜示。

◎十一月，阿桂等奏克复美诺，命进剿金川。冬至节，遣官祭关内外各陵，命皇十五子永琰祭孝贤皇后陵。其后二十余年，又多次命永琰于清明节、中元节或孝贤皇后忌辰往祭孝贤皇后陵，其他皇子概未参与是典。

◎是年，全国人口二亿一千八百七十四万余，存仓米谷四千一百二十四万余石，户部存银六千九百六十七万余两。

乾隆三十九年（1774年） 六十四岁

◎正月，命刑部定聚会结盟案。

◎二月，复陵寝总管由京升补例。谕受伤身故人员给与世袭者于袭次完时不准承袭恩骑尉，著为令。清明节，遣官祭各陵，命皇十五子祭孝贤皇后陵。

◎三月，禁民间私制藤牌。准陕甘总督勒尔谨请，于甘肃开捐，收纳本色，以裕常平仓贮。

◎四月，更定盛京宗室觉罗肄业五年升补例。定各省题升人员送部引见限期。赐皇十五子永琰成大婚礼。

◎五月，命选宗室王公子弟入宗学肄业，著为令。定分部学习主事三年期满奏请留补本部及改用知县、县丞、助教例。奉皇太后启銮秋狝木兰。谕绿营旗员、汉员遇阵亡议荫，其子孙未及岁者俱给马粮一份，著为令。以定例现系王公之子孙娶妻不给恩赏银两，谕嗣后恒亲王、怡亲王之绵字辈准给，其和亲王、果亲王之绵字辈孙俱不准给，至奕字辈孙等再行给与，著为令。

◎六月，谕私罪情重人员不准捐复。停给僧道度牒。定同族官员回避例。

◎七月，谕西洋人有父母在者不准赴京效力。命回部各城永远铸造乾隆年号钱文。以太监高云从于左都御史观保等人前泄露道府人员朱批记载，并以私事干请大学士于敏中，命治高云从罪，旋处死。观保等俱夺职，于敏中交部严议。命于《四库全书总目》之外，另编《四库全书简明目录》。谕嗣后除军机处应奏事件仍交奏事太监呈进外，各部院衙门奏折、内务府衙门一切事件着由奏事官员转交，不得由奏事太监接奏，大臣官员等并不得与太监交谈，如有违犯，从重治罪。

◎八月，命查缴禁书。癸未，申禁云南各关隘奸民偷漏及缅人私越。定月选汉官自正六品以下小京官一体引见例。江南老坝口河溢。定围场驰射误杀误伤罪。乾隆帝作《恭奉圣母游狮子园》，诗注称"近年以来，率以八月初十日奉圣母游此，并赐克食"。³⁹

◎九月，停止各省道府官员外姻亲属隔属回避例。谕进哨后外省折奏着兵部派司员住哨门外接收，按日驰送披览，著为例。山东巡抚徐绩奏，寿张县民王伦起事反清，命山东巡抚徐绩率兵剿捕。谕周元理饬有司，毋许拦阻贫民出口觅食。还京师。谕嗣后十五善射缺惟将拜堂阿兵丁及各旗闲散宗室引见挑取，至王公大臣侍卫官员内步箭娴熟者于上三旗内，每旗另添设十五缺，将下五旗内王公大臣侍卫官员一并引见挑取，著为例。大学士舒赫德等歼贼于临清旧城，王伦自焚死。严定各省州县官失察讼师处分。

◎十月，江南老坝口堤工合龙。建文渊阁，御制记。谕秋审情实人犯，经十次未勾者，改入缓决，著为令。命各督抚行保甲法。

◎十一月，谕在屯居住旗人及各处庄头并驻防之无差事者，其流徙罪名照民人一例实遣，著为例。定各省绿营鸟枪兵丁照健锐、火器二营演连环法式。禁民间私造鸟枪。

◎十二月，命纂《剿捕临清逆贼记略》。谕嗣后凡亲王依次递降者，至镇国公而止，郡王依次递降者，至辅国公而止，均世袭罔替。定考取满汉中书、助教、笔帖式等阅卷官子弟、族人及有服姻亲回避例。定各省裁缺佐杂人员留本省补用例。谕各省盐政、关差、织造除地方公务不许干预外，遇事有关系者随时入奏。命恩封贝勒递降至镇国公，应袭镇国将军，贝子递降至辅国公，应袭辅国将军，均世袭罔替。土尔扈特汗渥巴锡卒，赐银千两治丧。

◎是年，全国人口二亿二千一百零二万余，存仓米谷八十六万余石。[40]户部存银七千三百九十万余两。

乾隆四十年（1775年） 六十五岁

◎正月，定在京公主所生之子品级。谕各督抚随时体察学政，其在任三年，各就所见，秉公据实密奏。令懿皇贵妃卒。乾隆帝作《令懿皇贵妃挽词》。[41]江西巡抚海成奏进查缴禁书办法，乾隆帝谕各省照办。

◎二月，命嗣后京员京察，本衙门历俸一年，方准保送，各省拣发人员，投供验到，方准拣选。

◎四月，谕宗人府，每年四、十两月奏请拣派皇子、王大臣考试宗室王公子弟骑射、清语，并令管理宗人府王公每季考试一次。阅健锐营兵。定巴里坤理事、通判与领队大臣文移仪注。江西疯人王作梁文字狱案发，乾隆帝命凌迟处死。

◎五月，定满洲恤荫人员发交京营学习例。命改纂《明纪纲目》。定土尔扈特游牧事例。启銮秋狝木兰。

◎六月，奉皇太后至避暑山庄。禁广西商民出口贸易。

◎七月，停止内地查禁鸟枪。重刊《金史》成，御制序。

◎八月，定西将军阿桂驰奏红旗报捷，攻克大金川勒乌围贼巢。乾隆帝作《恭奉皇太后游狮子园因成长句》，注称："每岁以八月初十日恭奉圣母侍膳于此。""予六岁时即随皇考居此。"[42]

◎九月，定难荫汉员发标学习例。还京师。

◎十月，申谕直省督抚严格编查保甲，仲冬奏报实在民数。谕嗣后巡查盛京、黑龙江、吉林三处及归化城游牧二处人员总归都察院奏派，并定五年巡查一次，著为令。

◎闰十月，赏旗丁闰月甲米，著为令。简派宗室族长。命《通鉴辑览》附记明唐、桂二王事迹。

◎十一月，命议叙明季殉节诸臣谥典。谕盛京、吉林、黑龙江将军等将叶赫、乌喇、哈达、辉发、那木都鲁、绥芬、尼玛察、锡伯、瓜勒察等处绘图呈览。定奉天、山东沿海州县文武员弁失察流民私行渡海例。停止广西边境互市。

◎十二月，大兵进据噶喇依所占山梁。以御前侍卫和珅为正蓝旗满洲副都统。

◎是年，全国人口二亿六千四百五十六万余，存仓米谷三千零九十五万余石。

乾隆四十一年（1776年） 六十六岁

◎正月，定郡王绵德以交接礼部司员秦雄褒削爵，命绵恩承袭。停止年终汇奏幕友例。大兵进围噶喇依。阿桂奏请安插降众于绰斯甲布地方，从之。皇十二子永璂卒。谕嗣后王大臣等验看月选官，有人缺不相当者酌议对调，仍令派出之九卿科道复看，如意见相同，即联衔具奏请旨，著为令。命将和珅一族加恩抬入正黄旗满洲，并以和珅补授户部右侍郎。

◎二月，予明代殉难诸臣谥，入祀忠义祠。命各部堂官查核俸满截取知府人员并司员改补御史，俱不得擅行奏留。阿桂奏金川索诺木等出降，槛送京师。命绘定平定金川前后五十功臣像于紫光阁。定两金川营制。命嗣后八旗孀妇孤子虽有伯叔兄弟而或系兵丁，或武职不过前锋校等官、文职仅笔帖式不能兼顾者，俱给养赡。命勘丈宁夏厂地，听民垦种。命巡幸仍进阁本。定各部滥保司员处分。赏大学士于敏中双眼花翎。定外任内升人员原任内因公处分分别年限，令该堂官寄原任督抚注考送部例。奉皇太后启銮巡幸山东。

◎三月，命督抚于外任升授京职人员给咨时，即于咨文内填考送部，因公革职者亦如之。增设四川成都将军，以明亮为之。阿桂等奏准金川善后事宜，命成都将军统辖番地文武事宜。给两金川降番籽种、牛具，准三年后照屯练纳粮。驻泰安，谒岱庙，命还督抚贡物，仍严饬之。夺参赞大臣富德职。命户部侍郎和珅军机处行走。

◎四月，弛四川松潘等处茶禁。颁谕略云，朕省方问俗，惟以民生休戚为念，并不以游观为事。告谕谆谆，我子孙若能恪遵朕训，庶不致为奢靡所移。设或稍不自持，督抚因而曲意逢迎，其流弊伊于何底，此于国运人心所系甚巨，可不共知敬惧。迩年两次东巡，渐有馈遗之风，扈从诸臣，尤宜益加戒勉。定台湾文武官各携带眷口例。禁外省驿站逢迎靡费。还京师。御制平定两金川告成太学碑文并勒铭美诺、勒乌围、噶喇依。

◎五月，富德以罪伏法。奉皇太后启銮秋狝木兰。再谕陕甘总督勒尔谨劝谕贫民出口垦种。

◎六月，命于关帝谥加忠义二字，并录入《四库全书》。定文渊阁官制。命重绘盛京等处地图，分注开国事迹。命同省官员同名，令官小者改避。谕道员委署两司准具折奏事。增订故入及失入人罪律。定各省将军养廉，伊犁将军三千两，盛京将军二千两，各省将军一千五百两。令江西总督分年轮赴江苏、安徽、江西三省会勘秋审，著为例。

◎七月，命陕甘总督勒尔谨筹议资送贫户出口垦种。命成都将军明亮绘进两金川全图。命满洲、蒙古丁忧道府人员百日期满在部行走者于每年十月引见。命补放步军校拟陪人员作为委步军校，不必计名坐补。以山西候选吏目严谱投书四阿哥，妄言宫闱之事，离间父子，命处斩决。

◎八月，禁各省文武衙门预印空白。定考选世职及军政考试均射三箭例。命贵州等省严查汉奸潜入苗地。命严禁四川奸民窜入金川番境。调和珅为镶黄旗满洲副都统。

◎九月，谕各省严缉盗匪。命满洲丁忧丞倅州县官每年十月引见。停止太仆寺等各衙门主事及经历、主事、寺丞、署正等官保送直隶州知州，京察一等者以六部主事调补。还京师。谕宗室觉罗犯罪，束红、黄带者以例办理，未束者照常人治罪，永为例。定杀一家四命以上缘坐例。命编《四库全书考证》。

◎十月，禁内外各臣贡献古玩。谕曰：朕酌定恩封诸王皆依次递降，又念亲王、郡王不过六七传，即至奉恩将军，心有不忍，曾降旨亲王至镇国公、郡王至辅国公为止。《宋史》宗室表内，王再传而后即下同齐庶，视今厚薄何如耶。且朕于诸子未有特封者，非沽名而薄待己子，正因理当然耳，昭示久远，无大于此，我世世子孙，所当遵守勿替。

谕远派宗室族长，拣同族大员补授。谕知府直隶州将生死出入大案审出实情，改拟得当者，送部引见，著为令。命浙江严查收漕积弊。

◎十一月，命《四库全书》馆详核违禁各书，分别改毁。谕沿海督抚与夷商贸易，断不可徇民人以抑外夷。命皇子诸王勤习骑射。以户部右侍郎和珅为国史馆副总裁。

◎十二月，命编明季贰臣传。命戊戌年八月举行翻译乡试，次年三月举行会试。准满洲侍郎年至六十者乘轿。以御史炳文奏请嗣后京察，科道官只令都御史带领引见，命革去御史，发往伊犁效力赎罪。命钦天监正傅作霖前赴四川，绘制大小金川地图。

◎是年，全国人口二亿六千八百二十三万余，存仓米谷四千零三十万余石。

乾隆四十二年（1777年） 六十七岁

◎正月，皇太后卒。上尊谥为孝圣宪皇后。推恩，普免天下钱粮，自戊戌年为始，三年普免一周。

◎二月，命外任旗员亲老愿回京者酌用京职。停止民壮演习火枪。皇四子履郡王永城卒。

◎三月，申伏法罪人复仇之禁。

◎五月，定京察比较上次名单例。定宗室觉罗与齐民争殴拟罪例。命京察八旗降革司员酌用看守坛庙、库门等差。定远派宗室觉罗及官员兵民百日期年后嫁娶作乐例。命重修《明史》本纪。定协领不兼本旗佐领例。

◎六月，转户部右侍郎和珅为户部左侍郎，署吏部侍郎。

◎七月，定州县调署按季咨报例。定满汉大学士行走班次。命甘肃民人愿往乌鲁木齐垦地照例资送。准从前冒籍得缺人员呈明回避。

◎八月，定回城伯克升转赏给路费例。定保送人员才力不及原保详官分别降级留任例。辑《满洲源流考》。浚淮扬运。

◎九月，定云南采挖火药章程。赏给新疆乡、会试举子驰驿。

◎十月，以户部侍郎为步兵统领。定伊犁官员军政保举引见例。谕八旗驻防不愿袭职者毋庸调取，著为令。谕各督抚所属总兵官五年密奏一次。定京营兵丁三年考验例。命安插京中八旗二千于密云驻防，以解决八旗生计。江西新昌举人王锡侯《字贯》案发。

◎十一月，停止督抚密保学政例。江西巡抚海成以纵庇王锡侯逆书夺职。谕各省将军均戴用花翎，著为令。定绿营武职保荐后军政降入平等者不准升用例。甘肃河州王伏林率众反清，旋失败。

◎十二月，命闲散宗室移驻盛京大凌河马厂西北地方。

◎是年，全国人口二亿七千零八十六万余，存仓米谷四千一百四十五万余石。

乾隆四十三年（1778年） 六十八岁

◎正月，命各省军流人犯已过十年者奏请省释，其不愿回籍者听。追复睿亲王封爵及豫亲王多铎、礼亲王代善、郑亲王济尔哈朗、肃亲王豪格、克勤郡王岳托原封爵，并配享太庙。命费英东子孙晋袭一等公，以外戚承恩世爵之一等公为三等公。命省释新疆军流人犯其已过十年、衰病不任耕作者回籍。复允裸、允裸、弘皙原名，列入玉牒。命宗人府查明英亲王阿济格之子孙一体复还黄带，列入玉牒。

◎二月，定吏部议处失实之司员分别降罚例，定云南铜厂办铜各官甄叙降罚例。谕国史馆分《贰臣传》为甲乙二编。

命翰林院编修、检讨轮班引见。命八旗官员于侍班日引见。

◎三月，以饶余亲王阿巴泰及其子安亲王岳乐俱屡著功绩，其子孙内止有奉恩将军一人，不足以酬劳伐，着封辅国公一人，并晋封敬谨亲王尼堪之子孙为镇国公。予谦郡王瓦克达之子孙一等镇国将军，巽亲王满达海之子孙一等辅国将军，镇国公屯齐之子孙一等奉国将军，均世袭罔替。阅健锐营兵。定办理陵务贝子、公等因事罚俸例。

◎四月，阅火器营兵。谕万寿节督抚毋得贡献。

◎五月，命伊犁协领历任两次六年期满送部引见。停止盛京额设宗室觉罗教习例。玉牒成。定侍卫等步射弓箭式。谕八旗参领兼任佐领者不准管本甲喇，其各省驻防协领兼佐领者如之。谕销毁缴进违禁各书。

◎六月，定各部院满汉堂官回避例。定乌鲁木齐满城城守营官制。

◎闰六月，河南祥符县河溢。再谕各省督抚，实力查缴禁书。

◎七月，裁翻译乡、会试誊录对读。谕藩臬两司于督抚有赃私不法之事，据实密陈。河南仪封、考城二县河溢。启銮诣盛京，谒祖陵。

◎八月，以盛京为根本重地，谕后世子孙不可不躬亲阅历。予睿亲王多尔衮、豫亲王多铎、肃亲王豪格、克勤郡王岳托入祀盛京贤良祠。命查缴徐述夔《一柱楼诗》。

◎九月，以近年西洋人无进京者，谕嗣后如有西洋人呈请进京效力，即为奏闻送京，不必拒阻。以锦县生员金从善上言建储立后、纳谏施德，命斩决。申谕立储流弊，及申明归政之期。还京师。高朴以婪赃论斩。

◎十月己未，以庚子年七旬万寿，巡幸江浙，命举恩科乡、会试，并普免天下漕粮。[43]江苏布政使陶易以徇纵徐述夔论斩。

◎十一月，谕以二年为限，查缴禁书。禁贡献整如意及大玉。定各省驿站归巡道辖。定回疆伯克谒见驻扎大臣仪注。命查办《圣讳实录》。以故尚书衔沈德潜为逆犯徐述夔作传，命追夺原官并削宫衔谥典及祭葬碑文。

◎十二月，谕山东巡抚国泰严治山东冠县义和拳教民。准八旗入官地亩仍照旧例卖给八旗官兵。班禅奏准来京祝觊乾隆帝七十万寿。

◎是年，全国人口二亿四千二百九十六万余，[44]存仓米谷三千九百四十五万余石。

乾隆四十四年（1779年） 六十九岁

◎正月，命阿桂赴河南查勘河工善后事宜。李驎《虬峰集》文字狱案发。重辑《国子监志》书成。

◎二月，赏文渊阁检阁中书挂用朝珠。命辑《明臣奏议》。

◎三月，黄检以私刊其祖黄廷桂奏疏夺职。封皇八子永璇为多罗仪郡王。谕曰：正珠朝珠，惟御用，至皇子及亲王、郡王不但不准用正珠，即东珠、朝珠亦不准用。嗣后分封王爵，俱不必赏给珠子、朝珠。兴国州候选训导冯王孙文字狱案发。以俄方贸易不遵章程，谕停恰克图中俄贸易。

◎四月，阅火器营兵。阅健锐营兵。智天豹文字狱案发，乾隆帝命处斩决。

◎五月，谕曰：向来端午督抚无进贡之例，惟江、浙、闽、广等省所进茶扇、香葛之类有在端节呈递者，各因土物之宜，原所不禁，其无土产省份并不随众同进。今岁各省亦复呈献，殊为非礼。已令奏事处概行发还。嗣后务遵向例，不得纷纷进献。命沈大绶《硕果录》《介寿词》案照徐述夔逆诗案办理。启銮秋狝木兰。以俄方恳请，再开恰克图贸易、黑龙江贸易。命严办程树榴《爱竹轩诗稿序》案，旋处斩立决。

◎六月，命各省候补旗员丁忧回旗者百日后在原衙门当差，服阕，仍赴原省候补，著为令。谕光禄寺少卿缺出，科道与外省道员一并开列，著为令。定满洲官兵移驻吐鲁番各事宜。

◎七月，命云南运铜迟误各员发新疆效力。

◎八月，命辑《蒙古王公表传》。颁训饬翻译及制义文体谕于贡院及各省学政并翻书房、理藩院之堂眉。颁世宗第一道训饬士子碑文于国子监及各省学。谕明年七旬万寿，毋侈设灯彩。命和珅在御前大臣上学习行走。

◎九月，命辑《回部王公表传》。还京师。

◎十月"初六日壬辰，宁寿宫庆成。初九日乙未，幸十五阿哥府。十五日乙丑，幸绵恩阿哥府"。[45]丙辰，谕台湾道府期满调回者，即与遴调之员对调，著为令。

◎十一月"初六日丙戌，以年迈，谕自本年冬至南郊为始，令诸皇子代为行礼"。[46]定新疆驻兵事宜。"二十一日辛丑，谕皇孙等非特旨赏给金黄辔鞍者，俱用红鞍座紫缰。"[47]定西安汉军改补绿营、京兵移驻西安事宜。从安徽巡抚闵鹗元奏请，各省郡邑志书内如有登载应销各书名目及悖妄著书人诗文者，一概俱行铲销。

◎十二月，通谕各督抚，除直隶外，俱不准年节贡灯。

◎是年，全国人口二亿七千五百零四万余，存仓米谷二千八百八十七万余石。

乾隆四十五年（1780年） 七十岁

◎正月庚寅朔，[48]启銮南巡。谕疆吏葺治行宫，毋事繁费，有派闾阎者罪之。

◎二月，阿桂等奏，历时近两年，仪封漫工合龙。

◎三月，幸杭州，谕各省督抚毋来京称祝，其进奉繁费者却之。阅视海塘工程。李侍尧以婪赃夺职逮问。以和珅补授户部尚书。

◎四月，山东寿光县民魏塾以妄批《徙戎论》处斩。阅高家堰堤工。

◎五月，还京师。安徽和州戴移孝、戴昆父子《碧落后人诗集》《约亭遗集》文字狱案发。启銮秋狝木兰。以和珅补授镶蓝旗满洲都统。将十公主许配和珅之子丰绅殷德。

◎六月，谕嗣后乾隆帝在位时，现有之曾元俱准戴用红绒结顶。以和珅为正白旗领侍卫内大臣。

◎七月，陈辉祖奏，南河郭家渡河溢。班禅入觐。永定河溢。御万树园大幄次，赐班禅及扈从王公大臣、蒙古人贝勒、贝子、公、额驸、台吉等宴，赏赉冠服金币有差。李奉瀚奏，东河蔡家庄河溢。兵部奏准，嗣后同在一省之上司属员，概不得于现任内结亲。

◎八月，永定河漫工合龙。湖北巡抚郑大进进贡金器，不纳，切责之。七旬万寿节，御澹泊敬诚殿，扈从王公大臣等庆贺礼。

◎九月，以夏潦赏八旗兵丁一月钱粮。李奉瀚奏，蔡家渡漫口合龙。命各省严剔科场积弊。陈辉祖奏，睢宁郭家渡决口合龙。命纂《历代职官表》。还京师。命王公大臣督抚等毋竞贡献。

◎十月，命各省督抚整饬马政。以和珅充四库馆正总裁。

◎十一月，六世班禅于京师圆寂。停烟瘴苗疆历俸未满丁忧服阕人员仍发原省例。普赏八旗兵丁一月钱粮。命扬州、苏州盐政、关差、织造留心查办语句违碍之剧本、曲本。谕三库钱局坐粮厅各差司员曾经派充者，十年后再行保送，著为令。

◎十二月，定督抚违例题请实授州县处分。追议鳌拜罪，停袭公爵，并议恤所中伤功臣后裔。定顺天乡试磨勘例。命部院堂官画题意见不合者于公所面商，毋令司员辗转传述。王亶望以不令家属回籍守制夺职。

◎是年，全国人口二亿七千七百五十五万余，存仓米谷三千七百七十二万余石。

◎是年，重申严禁鸦片。

乾隆四十六年（1781年） 七十一岁

◎正月，定蒙古喀尔喀并青海杜尔伯特、土尔扈特、和硕特、回部王公、扎萨克台吉等世袭爵秩。

◎二月，追夺倾附吴三桂之云贵总督下三元爵谥诰敕，并扑毁祭葬碑文。命查缴天文占验、妄言祸福之书。定《四库全书》四部俱按撰者生卒年代依次编纂。启銮巡幸五台山。定浙江修筑海塘事宜。

◎三月，幸正定府阅兵。以广东崖州黎人纠众滋事，命巴延三剿擒之。谕各省将军、副都统亲阅演兵，毋得委派章京。原任大理寺卿尹嘉铨文字狱案发。还京师。《平定两金川方略》成，御制序。甘肃循化厅属撒拉尔回人苏四十三等起事，命西安提督马彪率兵协同陕甘总督勒尔谨剿之。命阿桂驰往甘肃调度剿除事宜。

◎四月，命尚书和珅、额驸拉旺多尔济、领侍卫内大臣海兰察等带兵四千，赴甘肃进剿反清回人。勒尔谨奏，官兵复河州。定殿试不给烛例。勒尔谨以酿变失机夺职逮问。召和珅还京。

◎五月，再谕两广总督巴延三留心体察，凡有西洋人情愿进京当差者，即行奏闻送京。禁甘肃回民总掌教名目。

◎闰五月，启銮秋狝木兰。甘肃捐监冒赈案发。六月，李奉瀚奏，江苏睢宁魏家庄河溢。以甘肃历年捏灾冒赈，命刑部严鞫勒尔谨，逮王亶望来京，未久皆处死。又因涉案官员过多，乾隆帝改变成例，二万两以上者，依法处决，以下者，请旨定夺。撒拉尔反清回人首领苏四十三等处死。游僧昙亮文字狱案发。《热河志》书成。

◎七月，苏四十三起义失败。定盛京、锦州等城满洲骁骑校缺按旗拣选例。定京营兵额一万名，分设南北左右四营，改圆明园南营为中营。河南万锦滩等处河溢。河南曲家楼河溢。山西永济县河溢。定各省武举效力年满考验后分补千总、把总例。定武职游击以下记名限年升用例。命阿桂查阅河南、山东河工。

◎八月，谕内务府汉军官员丁酉服阕归部铨选，毋庸于百日满后带领引见，著为令。赏撒拉尔旧教回人家属籽种、地亩。停甘肃捐监。增陕西、甘肃绿营兵一万二千九百余名。

◎九月，改定逆犯祖父缘坐例。添设陕西西安驻防满洲、蒙古官兵。江苏沛县河溢。还京师。

◎十月，停止哈哈珠子升补侍卫、护军校、骁骑校。定封爵皇子给与蓝甲分数。命支给武职官员养廉。定试用佐贰不准委署州县例。命纂《契丹国志》。命皇子等编辑《明臣奏议》。增设宗室御史二员并定陵寝宗室司员额。御史刘天成奏请严浮费之禁，以裕民生。谕曰，均田之法，势必致贫者未富，富者先贫，我君臣惟崇俭尚朴，知愧知惧，使四民则效而已。罢陕甘总督瓜贡、皮贡。定满洲驻防官兵年老退休回京就养例。

◎十一月，重申鸟枪之禁。《四库全书总目提要》办竣。

◎十二月，斥协办大学士嵇璜令河流仍归山东故道之议为妄议更张。命新疆各厅州县支销库项由陕甘总督查核，著为令。第一份《四库全书》抄本告成。定军营受伤兵丁恤荫例。定各省武职养廉额。

◎是年，全国人口二亿七千九百八十一万余，存仓米谷四千零二十一万余石。

乾隆四十七年（1782年） 七十二岁

◎正月，命江苏查禁鸟枪。复增西藏办事笔帖式一员。建盛京文溯阁，贮《四库全书》。

◎二月，以《四库全书》成，御文渊阁赐宴。命乾清门侍卫阿弥达往西宁探河源。仁和监生卓天柱文字狱案发。

◎三月，停止台湾捐监例。

◎四月，谕旗人外任，年老有疾愿回旗者仍留本身世职，赏食全俸。如勒令休致者，本身虽有世职，亦不准食俸，著为令。山东巡抚国泰、布政使于易简以贪纵夺职逮问，旋皆处死。阅火器营兵。改译辽、金、元三史成，御制序。谕凡阵亡者给与世职，仍赏恩骑尉世袭罔替，其伤亡者，不必给与，著为令。阅健锐营兵。定宗室犯罪改折圈禁例。

◎五月，启銮秋狝木兰。河南监生程明禋文字狱案发，乾隆帝命处斩立决。

◎六月，定发遣重犯非遇恩赦不得释回例。

◎七月，定乌鲁木齐官员侵蚀采买粮价罪。谕嗣后驻跸热河时，补放世袭佐领，只令正陪人员引见，参领印务章京，只令拟正者引见，其公中佐领百日服满之文武官俱俟回銮后引见，著为令。命续缮《四库全书》三份，分贮扬州文汇阁、镇江文宗阁、杭州文澜阁。[49]命馆臣编辑《河源纪略》。定乡、会试五言排律诗移至头场，论移至二场。

◎八月，增凉州、庄浪驻防官兵。赐索诺木策凌自裁。谕甘肃冒赈案监候官犯，前经随剿兰州反叛回人在事出力者，俱免死，发黑龙江。加和珅太子太保。

◎九月，定远近宗室品级顶戴。陈辉祖以营私牟利夺职逮问。还京师。十月，以和珅充经筵讲官。

◎十一月，命皇子及军机大臣订正《御批通鉴纲目续编》。第二份《四库全书》告成。

◎十二月，诏求明臣熊廷弼后裔。陈辉祖论斩。饬禁疆吏贡金器。诏求明臣袁崇焕后裔。普赏八旗兵丁一月钱粮，并将此作为成例，每逢岁末，均赏八旗兵丁一月钱粮。谕嗣后旗人承袭他旗同姓世职，已历三世者，悉世袭罔替。饬禁疆吏贡珠玉。

◎是年，全国人口二亿八千一百八十二万余，存仓米谷四千一百七十三万余石。

乾隆四十八年（1783年） 七十三岁

◎正月，定江西添兵事宜。定沿边土司岁给火药数。定察哈尔所属两翼牧群三年查阅一次例。以直隶、山东、浙江等省查出亏空，谕各省督抚再确切访查，据实具奏。

◎二月，赐陈辉祖自裁。定散馆改部人员题补例。阅健锐营兵。谕以今秋诣盛京，本年万寿贡物不必先期赍赴热河呈进。赐明辽东经略熊廷弼五世裔孙泗先为儒学训导。

◎三月，定山东各营募补兵丁事宜。定湖南、湖北添兵事宜。南河曲家楼漫工合龙。定三品京堂官京察引见例。改定武选则例。复拣选武进士旧例。

◎四月，定武职处分例。定卓异官犯赃议处原保荐上司例。停尚书拣补公中佐领例。增江苏、安徽营员。阅火器营兵。谕嗣后漕运、河道总督止给与兵部侍郎、右副都御史衔，著为令。

◎五月，定月选各官预借养廉由各省报拨例。改定以药迷人罪。定严除浙江漕弊章程。启銮秋狝木兰。

◎六月，定旗人逃窃罪并发遣例。赏和珅双眼花翎。

◎七月，定外省官员议处降级例。命各省大挑分发举人以知县、佐贰分别补用。

◎八月，赐达赖喇嘛册宝。自避暑山庄启銮盛京恭谒祖陵。

◎九月，东巡还京途中，明谕建储事。

◎十月，命黄河沿堤种柳，申禁近堤取土。命觉罗官员不必在奏事处行走。还京师。命辑《古今储贰金鉴》。谕国史馆另立《贰臣传》《逆臣传》。以和珅为国史馆正总裁。

◎十一月，增四川成都满营官学额。以和珅充文渊阁提举阁事。

◎十二月，命台湾总兵道府五年任满更调，著为令。命刑部理藩院司员不准兼科道官。

◎是年，在漳州人严烟倡率下，天地会在台湾得到广泛传播。

◎本年，全国人口二亿八千四百零三万余，存仓米谷四千一百三十四万余石。

乾隆四十九年（1784年） 七十四岁

◎正月，晋封皇长孙绵德为固山贝子。增给四川、新疆种地降番分户地亩。两淮盐政伊龄阿新造宝莲航，乾隆帝以虚糜国帑严饬之。启銮南巡，命皇十一子、十五子、十七子随驾。

◎二月，谕州县因公按法责毙所属人役无庸议。命嗣后各督抚年终汇奏各部院事件应详细查核后，汇送军机处复加考核，于三月间汇齐办理具奏。

◎三月，幸苏州。幸海宁，阅视海塘工程。幸杭州。定河南添兵事宜。

◎闰三月，幸江宁。皇玄孙载锡生。

◎四月，准各省试用人员补期尚远者呈明回籍，俟到班时仍赴原省补用。谕绿营告休人员临阵受伤者准食全俸，著为令。命乌鲁木齐行保甲法。还京师。甘肃固原新教田五率众起义，命署陕甘总督李侍尧等率兵平定。以和珅充任清字经馆总裁。

◎五月，启銮秋狝木兰。命八旗文武官员父母年至七十五岁以上者毋保送外任。江西巡抚郝硕以贪婪夺职逮问。

◎七月，命廷臣更议历代帝王庙祀典。甘肃石峰堡回民反清事平，宣谕中外。《河源记略》成。命颁行军纪律。以和珅调补吏部尚书、协办大学士事务，兼管户部尚书。

◎八月，河南睢州河溢，命阿桂督治之。定考试翻译一科，满洲、蒙古生童三年一次。

◎九月，以和珅平定甘肃回民起义有功，晋封其为一等男。军机大臣会同两广总督舒常议准解决商欠章程。军机大臣遵旨查复户部银库存银数及历年蠲免银两数，雍正十三年库贮实存银三千四百余万两，自乾隆三十三年至今实存银七千四百余万两，乾隆年间普免天下钱粮三次共银七千六百余万两，普免漕粮二次约折银九百余万两，另积年各省水旱灾荒蠲免钱粮及民欠未完银一千七百余万两，通共蠲免一亿余两。还京师。

◎十月，命于次年正月初六重举千叟宴。增设陕西、甘肃弁兵。幸皇长孙绵德第视皇玄孙载锡。

◎十一月，命各省委署人员距原籍五百里内者回避。睢州漫工合龙，命建河神庙，御制碑记。《四库全书》第二、三、四份缮写完毕。谕，西洋人已敷当差，嗣后可毋庸选派。

◎十二月，禁各省州县立德政碑。谕绿营员弁因阵亡予世职者，袭次完时，酌予恩骑尉，世袭罔替。

◎是年，迁台漳州林爽文加入天地会，天地会在台迅速传播。

◎本年，全国人口二亿八千六百三十三万余，存仓米谷三千九百八十二万余石。

乾隆五十年（1785年）　七十五岁

◎正月，举千叟宴礼，宴亲王以下三千九百人于乾清宫，赏赉有差。定乌鲁木齐各厅州县以钱纳租额数。

◎二月，谕各省督抚挑选壮健营兵勤加训习。定绿营阵亡官弁及文职难荫例。裁翰林院侍读学士、侍讲学士及侍读、侍讲满洲缺各一。以外任旗员子弟成丁时多挑馆当差及捐纳文职，定八旗官员子弟一律挑取侍卫拜堂阿例。

◎三月，定挑取侍卫拜堂阿年限。

◎四月，申谕八旗大臣官员子弟勤习骑射。准官员年七十以上父母迎养在任者暂停升转。命嗣后武职副将以上丁忧，准其回籍。命兵部升任人员于引见后开缺。阅健锐营兵。命嗣后外任旗员准留子弟一人随任。定兵部题补副将开列例。定各省武生在营滋事责革例。

◎五月，定八旗父子相继阵亡世袭例。停止伊犁等处承袭恩旗尉人员来京引见。

◎六月，停止直隶热河等处理事同知、通判及山西归化城推升京缺仍留本任例。

◎七月，命八旗佐领图记篆文兼清汉两体。改定《中枢政考》。

◎八月，谕嗣后非遇军务，不得以丁忧人员奏请留任，著为令。

◎九月，停止佐杂等官保荐卓异后送部引见。还京师。命乡、会试二场论题以《孝经》与性理二书按科轮出，著为令。定月选官告病期限。

◎十月，裁绥远城满洲官学五处，设翻译官学五处。复各省奏请拣发佐杂人员引见例。"癸卯，大学士嵇璜等查奏乾隆元年以来五十年内蠲免钱粮数目：一，普免天下地丁钱粮三次，共银七千六百六十八万余两，粮五十三万余石。二，普免天下漕粮二次，共九百余万石。三，历年各省水旱灾歉赈恤及蠲免民欠地丁盐课共应一亿三千四百五十二万余两，米谷豆一千一百二十五万余石。四，巡幸恩免地丁、盐课、漕粮、民欠等共应一千四百四十六万余两、米麦豆其十六万余石。总计五十年来普免、蠲免共银二亿二千五百六十七万余两，米麦豆二千一百五十一万余石。"[50]

◎十一月，定京察大计额并裁附荐名目。

◎十二月，谕盛京大城外八边门用砖改砌。续修《大清一统志》《辽金元三史国语解》成。禁广东洋商及粤海关监督贡献。停止采办洋货。

◎是年，停止中俄恰克图边境贸易。

◎是年，全国人口二亿八千八百八十六万余，存仓米谷三千九百十七万余石。

乾隆五十一年（1786年） 七十六岁

◎正月，命顺天府复行乡饮酒礼。晋封皇孙绵德为贝勒。定大考改部翰詹及小京官等分班补用例。"户部奏复，各省所收耗银，大约每正项一两加收一钱以外者居多。"[51]

◎二月，谕州县以上病痊服阕等官均不准捐免坐补原缺。谕嗣后在京降革留任各官止停俸银，仍准支给俸米。以原任大学士于敏中尝请开甘省捐监例，命撤出贤良祠。《石峰堡纪略》告成。命尚书曹文埴、侍郎姜晟、伊龄阿往浙省盘查仓库亏缺。启銮谒陵，巡幸五台。赏宗室已入八分公用紫缰。谕各省动用钱粮报销经部驳查三次尚未题复者，俱交部议处，著为令。

◎三月，谕伊犁将军、乌鲁木齐都统、新疆驻扎大臣等陈奏事件，应清汉文兼写，毋但用汉字。安徽去年大旱，巡抚书麟奏，太湖县唐家山居民掘地得黑米数千石，以米样呈进，命炊饭亲尝之。谕嗣后抗拒官差为从者发伊犁给厄鲁特为奴，著为令。还京师。

◎四月，命大学士阿桂往江南筹办河工。壬辰，命重辑《八旗通志》。

◎五月，启銮秋狝木兰。禁富民越境放债准折地亩。

◎六月，饬各省督抚提镇训练营伍。

◎七月，命嗣后固伦公主品秩视亲王，和硕公主品秩视郡王，著为令。增订武职官阶封典及降级处分。南河李家庄等处河溢。命阿桂由浙赴清口，会同李世杰办理堵筑事宜。壬戌，命改正谷应泰《明史纪事本末》。御史曹锡宝以弹劾和珅家人刘全，查无实据，乾隆帝命革职留任。以和珅补授大学士，管理户部事务，兼任吏部尚书。

◎闰七月，富勒浑以先侵后吐论斩。

◎八月，定各营镇派员支领俸饷疏失处分例。定越狱人犯罪名。命嗣后固伦公主乘金顶轿，和硕公主乘银顶轿。谕蒙古王公子弟有虽未及岁已赏戴花翎者即予应得职衔，著为令。

◎九月，谕嗣后车臣汗、土谢图汗两部落，赛因诺颜、扎萨克图汗两部落一年各带一部落人入围，每年轮流值班之四部落王公、扎萨克台吉等仍旧轮班前往。驻扎乌里雅苏台各部落自汗王至公各拣派一人，台吉各拣派四人率领，职衔较大者二名，微末台吉八名仍作十名善射轮班赴木兰围场，著为令。定乾清门侍卫保送例。还京师。皇长孙绵德卒。

◎十月，以籍隶湖北之科道未经参奏活埋多命案件，命吏部议处。训饬封疆大吏毋贪纵玩法。

◎十一月，《开国方略》清文告成。命曾孙奕纯袭封贝子。前一日冬至，乾隆帝亲行祀天礼。至是谕诸皇子、军机大臣等，略云临御五十一年以来，冬至南郊亲诣五十一次，上辛祈谷亲诣四十九次，惟乾隆五年及四十九年因偶尔违和，遣皇子、亲王恭代，此后郊坛大祀，必岁岁躬行，至八十六岁归政时，始终未懈，以申敬天法祖之意。命嗣后知县不胜民牧者，以原品休致，不准改补教职。定承缉逃兵处分。

◎十二月，命整饬苗地边防。普赏八旗兵丁一月钱粮。常青奏，福建彰化林爽文起事反清，陷彰化、克诸罗，建元天运，自号盟主大元帅。同月，庄大田在台南起兵响应，克凤山。声势浩大，由数千人发展到数万人。闽浙总督常青派兵镇压，连连失败。

◎是年，全国人口二亿九千一百一十万余，存仓米谷三千七百四十六万余石。

乾隆五十二年（1787年） 七十七岁

◎正月，晋封十公主为固伦公主。以李侍尧为闽浙总督，以常青赴台督师。

◎三月，停止遣犯给厄鲁特为奴例。谕各省举人、教职由本班截取知县，经督抚验看难胜民社而该员不甘就教者，着送部引见；其路远不能赴京者，准赴邻省督抚复验。命大挑举人改为会试榜前挑选。

◎四月，阅健锐营兵。阅火器营兵。

◎五月，命直隶总督严饬各州县稽查太监家属及庄头，有滋事者罪之。命嗣后承袭公侯伯子男世职人员引见后令在侍卫上行走。启銮秋狝木兰。定满洲、蒙古翻译乡、会试五年举行例。谕：内外文武大臣遇有应得处分从宽留任及免其革任者甚多，竟有一人而累至十余案者，未免视为故常，无所警惕。着吏、兵二部分别开单进呈，候乾隆帝详加查核，嗣后每届五年奏请办理。著为令。

◎六月，定新疆办事各员支给养廉例。授福康安为将军，海兰察为参赞大臣，率兵赴台镇压起义军。

◎七月，广东巡抚图萨布贡镶金崁珠等物，不纳，严饬之。

◎八月，江南周家沟等处河溢。以陆费墀等办理《四库全书》讹脱错谬，夺职降调有差。

◎九月，谕督抚奏请陛见允准后，遇该省有大计、军政及文武科场、秋审等务，俱俟办竣后再行起程，毋移交署任。还京师。

◎十月，命订正《诗经》乐谱。命续行撤毁、抽毁、删削《四库全书》所收违禁各书。河南睢州十三堡合龙。谕嗣后盐务各员铨选分发俱回避本省，著为令。命阿桂赴江南勘高堰等处堤工。

◎十一月，改台湾诸罗县为嘉义县。谕明春临幸天津，禁设彩棚戏台，毋滋靡费。停止回人春季采玉，著为令。

◎十二月，修订大挑举人章程。谕嗣后科道题升引见，注明有无条奏，著为令。命福建督抚及水陆提督轮年赴台湾稽查，停止巡台御史之例，并嗣后台湾道府缺出，请旨简放，著为令。申定科场条例，命乡、会试兼试五经。义军连败，林爽文退入深山密林。

◎是年，全国人口二亿九千二百四十二万余，存仓米谷三千七百五十五万余石。

乾隆五十三年（1788年） 七十八岁

◎正月，命将台湾镇总兵柴大纪革职拿问。谕各督抚，嗣后大计之年将藩臬考语各行咨部，不得彼此关会。

◎二月，台湾林爽文、庄大田相继被俘，旋解京凌迟处死，起义失败。启銮巡幸天津。

◎三月，御制平定台湾文三篇。还京师。谕台湾获盗，无论首从，皆按律正法。俟五年后，再照旧例分别奏请。

◎四月，新修玉牒告成。阅健锐营兵。

◎五月，增改台湾文武员弁。定福建、台湾换防兵丁于通省各营酌量均拨例。启銮秋狝木兰。

◎六月，安南土酋阮文岳等逐其国王黎维祁，黎氏臣阮辉宿等求援，命孙士毅驰赴广西抚谕之。申斥外省驻防八旗，不如绿营兵丁，有玷满洲本色。廓尔喀以兵三千，入侵西藏。

◎七月，予大学士不兼部务者双俸双米。柴大纪伏诛。贺世盛以《笃国策》被斩。以廓尔喀入侵，连下谕旨，调兵遣将，前往迎剿、民修堤工在五百两以上者一体报部查核，著为令。巴勒布廓尔喀头目苏尔巴尔达布等掠西藏边境，谕前后藏守臣严加防范，并命李世杰、成德调兵预备剿堵。巴勒布据后藏济咙、聂拉木两处，命成德与穆克登阿带兵赴藏剿堵。

◎八月，再谕藩臬专折奏事。谕东省运河疏浚，不必拘按年大小挑之例，责成总河等于每回空时，确勘具奏。

◎九月，谕各省滨水地亩有害堤工者不准开垦。谕满洲兵丁在台湾阵亡，将子嗣坐补甲缺，其无子孀妇，以甲缺一作养育兵二，并通谕广州、杭州等处。禁各省府县私立班馆，私制刑具。谕王公大臣及将军督抚等届万寿期不准进贡。谕袭世职者自十二岁以上俱带领引见，著为令。还京师。以杨重英羁留缅甸归途病故，赏道衔。九月，西藏少数贵族以每年送银一千锭银两赎地，与廓尔喀私下议和，然后谎奏驱敌获胜。

◎十月，命孙士毅率兵讨阮文岳等。谕文渊阁藏庋《四库全书》，专责提举阁事管理。

◎十一月，户部奏复乾隆四十九年以后各省水旱灾荒赈恤共用银一千八百五十一万余两，米谷一百一十四万余石，因灾蠲免及豁免民欠共银六百零三万余两，米谷一百零五万余石。又，乾隆四十七年以后因增设八旗护军、养育兵，共增添项银六万余两，兵米一万七千七百余石。

◎十二月，清兵克服黎城，复封黎维祁为安南国王，护遣其母妻等众归国。命皇曾孙、玄孙等俱戴红绒结顶，俟分封后再量职戴顶，著为令。命孙士毅班师。

◎是年，全国人口二亿九千四百八十五万余，存仓米谷四千二百四十九万余石。

乾隆五十四年（1789年） 七十九岁

◎正月，阮文惠率师袭清军，清军失败，溃逃入关。黎维祁复来奔，安置广西。谕禁出口俄罗斯大黄。

◎二月，命嗣后藏内噶布伦等缺，照回部伯克例，由驻藏大臣拣选请补。福康安奏请于沿海地方明设官渡，给照验放，以清私渡之源，从之。

◎三月，增凉州、庄浪养育兵额。

◎四月，首次举行会试复试。定升殿日添派纠仪御史例。

◎五月，福康安等奏，安南阮文惠遣亲侄阮光显入关乞降并请入觐，许之，却其贡。谕刑部嗣后凡杀死一家三四命以上者，凶犯之子交内务府阉割，以示惩创。

◎闰五月，启銮秋狝木兰。

◎六月，成都将军鄂辉等奏巴勒布畏罪乞降，许之。禁州县滥设非刑。封阮文惠即阮光平为安南国王。收复巴勒布侵占藏地。

◎七月，定云南厂员给领铜斤限期。增乍浦旗兵额。定解审重犯脱逃例。命固伦额驸丰绅殷德在御前行走。安南国正使阮光显等入觐。定沉溺铜斤每月奏报例。

◎八月，定粤东扑盗章程。赐安南国王敕印。

◎九月，还京师。

◎十月，命举行顺天举人复试例。谕乡试出场日不准给烛，著为令。书麟等奏，睢宁漫工合龙。

◎十一月，晋封皇六子永瑢为质亲王、皇十一子永瑆为成亲王，皇十五子永琰为嘉亲王，皇十七子永璘为贝勒。

◎十二月，临和孝公主第。允安南国王阮光平请领时宪书，并准开关贸易。谕国史馆于《贰臣传》甲乙二编外另立《逆臣传》，将吴三桂等编入。以来年八旬万寿，命镌八征耄念之宝，御制记。

◎是年，全国人口二亿九千七百七十一万余，存仓米谷四千三百二十万余石。户部存银六千余万两。

乾隆五十五年（1790年） 八十岁

◎正月，以八旬万寿颁恩诏于天下。普免天下钱粮。御定重排石鼓文十章，刻石鼓于太学及热河文庙。赏给和珅四开禊袍，固伦额驸丰绅殷德兼散秩大臣行走。

◎二月，启銮谒陵并巡幸山东，皇十一子、十五子、十七子随行。谕督抚保题首邑加意遴选。增设伊犁惠远城兵额。

◎三月，定各部院及直省办案限期。缅甸国王遣使表贺，封其为国王。

◎四月，回銮至天津府。命吉庆会同嵩椿勘明英额边至瑷阳边开拓边界丈量荒地，分赏盛京各城旗人之无田地者。还京师。

◎五月，皇六子质亲王永瑢卒。启銮幸避暑山庄。谕江浙两省文宗、文汇、文澜三阁所贮《四库全书》，许士子到阁抄阅。翰林院存贮底本，亦许就近检录。命大学士和珅教习庶吉士。

◎六月，闵鹗元论斩。停科道内升外转三年请旨例。定汉科道分别繁简截取例。

◎七月，安南国王阮光平入觐，赐御制诗章。还京师。

◎八月，八旬万寿节，御太和殿受庆贺，礼成，幸宁寿宫，赐王公大臣、蒙古王、贝勒、贝子、公、额驸、台吉、外藩使臣等宴。御乾清宫赐宗室诸王等宴。命嗣后选拔贡生朝考优等者，复试于正大光明殿，停王大臣挑选，著为令。

◎九月，阅健锐营兵。命嗣后宗室王公兼任将军、都统有应降调者，每一级罚俸四年，著为令。命嗣后贼犯拒捕杀毙扑役者，罪斩决，著为令。命滨海各省督抚严饬文武员弁稽查海岛，居民编列保甲。从左都御史舒常之请，命六科给事中、十五道御史分日进署办公。

◎十月，令宗室年未及岁应袭王、贝勒、贝子、公等之嫡子按所袭爵秩予半俸。和珅以筹办万寿庆典，命加二级。

◎十一月，内阁学士尹壮图奏请停罚议罪银，奉旨切责。禁粤海关洋船私贩俄罗斯货物。

◎十二月，谕嗣后钦差大臣官员有扰累邮政者罪之。

◎是年，全国人口三亿零一百四十八万余，存仓米谷四千五百四十八万余石。

乾隆五十六年（1791年） 八十一岁

◎二月，定逃遣人犯地方枭司处分例。

◎三月，谕户刑二部题本以八十日为限。严禁各直省私铸。

◎五月，定宗室王公等兼任职衔因事实降例。准吏部条奏酌改铨选各例。启銮秋狝木兰。

◎六月，谕各省呈控重案者，督抚亲提审办，著为令。定铜局监铸各员造报逾限处分例。

◎八月，乾隆帝观射，皇孙绵庆年十三、皇玄孙载锡年八岁俱中三矢，赐黄褂花翎。御制志喜诗。驻藏大臣保泰奏，廓尔喀以逋欠，进犯西藏，进入日喀则，烧杀掳掠。命四川总督鄂辉、将军成德率兵剿之。

◎九月，谕驻藏大臣，凡遇噶布伦缺出，会同达赖喇嘛秉公选定出力人员奏请拣放，著为令。还京师。谕西藏地方设炉铸钱，驻藏大臣督员监制。以和珅之弟和琳为兵部右侍郎。

◎十月，俄罗斯恳请开市，允之。谕王大臣不必兼议政虚衔。

◎十一月，授福康安为将军，海兰察、奎林为参赞，赴廓尔喀会剿。饬直隶、山东、河南严查八卦会余"匪"。谕兵部，操演军械，仍限年修制。发懋勤殿所藏蒋衡手书十三经刻石列于太学。议定中国与安南边境贸易章程。

◎十二月，命各直省清查历年未完积欠钱粮。

◎是年，全国人口三亿零四百三十五万余，存仓米谷四千五百七十五万余石。

乾隆五十七年（1792年） 八十二岁

◎二月，改山西河东盐课归入地丁。定京察保送人员引见例。

◎三月，启銮谒陵并巡幸五台。

◎四月，还京师。

◎闰四月，以久旱下诏求言。

◎五月，定安南国王阮光平两年一贡，四年遣使一朝。定亲王以下门前设立行马例。启銮巡幸避暑山庄。定军台效力人员释回例。

◎六月，以近年各铜厂丰旺，敕封厂神，列入祀典。

◎七月，定幕友依官滋事罪名。毁坊间删本经书。

◎八月，普福以隐匿夺职逮问。饬督抚及边疆大臣毋隐匿地方事，违者重其罪。谕嗣后喀尔喀承袭台吉非著有劳绩者削去赏衔，著为令。福康安等收复藏地，廓尔喀震惧乞降。英国马戛尔尼使团启程来华。

◎九月，还京师。命廓尔喀于边界设立鄂博，严禁附近各部落私通贸易。谕疆吏每岁核报谷价。命福康安、孙士毅等会商西藏善后事宜。命御前侍卫惠伦等赍金奔巴瓶往藏，贮呼必勒罕名姓，由达赖喇嘛等会同驻藏大臣对众拈定。申禁江西溺女及侍婢婚配衍期恶习。定各省疏脱遣犯加倍处分例。定闽省天地会各"匪"犯罪，饬疆吏化导愚民。命议恤军营病故弁兵俱照阵亡例。

◎十月，御制《十全记》。鄂辉以压搁廓尔喀贡物夺将军职。定旗人犯窃子孙削籍为民例。以和珅充日讲起居注官。

◎十一月，谕各省驻防满洲兵无嗣入官田亩仍赏该营养赡孤寡，著为令。定武职改归原籍不准升迁寄籍例。弛贫民出关禁。通谕各省整饬仓贮。命督抚于杀死一家二命以上重案专折奏闻。

◎十二月，定唐古忒番兵训练事宜。铸银为钱，文曰乾隆宝藏。定噶布伦商卓特巴等缺归驻藏大臣会同拣选。礼部尚书纪昀等奏，科场《春秋》文，请斥胡安国传，以《左氏》《公羊》《穀梁》为主，从之。

◎是年，全国人口三亿零七百四十六万余，存仓米谷
四千五百六十四万余石。

乾隆五十八年（1793年） 八十三岁

◎正月，改杭州织造为盐政兼管织造事，改盐道为运司，
南北二关税务归巡抚管理。军机大臣议定《藏内善后章
程》。

◎二月，浙江巡抚福崧等以婪赃伏法。谕嗣后扑役未经得
贿潜通信息，致罪人逃避者，所纵之囚，系军流以下罪，
与囚同科，不准减等，著为令。谕嗣后各省军政，佐领等
官不必列为卓异送部引见，遇协领等官缺出，保举升补，
著为令。

◎三月，通谕各省盐政、织造、关差，重申如遇督抚等有
贪渎赃私及地方水旱偏灾督抚有讳饰不办等事，俱应随时
查察，据实参奏。命嗣后蒙古王公呼毕勒罕即送京城雍和
宫所设金奔巴瓶内掣签认定。

◎四月，停新疆营屯兵丁官为搬眷之例。永行禁止吹忠指
认呼毕勒罕。

◎五月，谕嗣后屯土官弁随征阵亡，照绿营例，给与世职；
袭次完时，给与恩骑尉，世袭罔替；遇有屯土备弁缺出，
尽先拔补。启銮巡幸避暑山庄。

◎六月，以两淮盐引滞销，定地方官督销处分例。改定亲
属相盗例。马戛尔尼使团抵达天津大沽口。

◎八月，谕各督抚严查私铸。廓尔喀请遣人赴藏学习汉字，
允之。御万树园大幄次，英吉利使臣马戛尔尼、斯当东等
入觐。英吉利国表请简人驻京，不许。

◎九月，命各省督抚严加戒备，以防英吉利滋事。英国使

团离京返国。定整饬浙江水师营伍章程。还京师。

◎十一月，谕永停捐纳，仅留贡监一途，加惠士林。谕上年各省奏报民数，较康熙年间增十五倍有奇。命各督抚劝民节俭，惜物力而尽地利。

◎十二月，命滨海疆吏各陈弭盗事宜。晋封皇孙定郡王绵恩为亲王。

◎是年，全国人口三亿一千零四十九万余，存仓米谷四千四百一十八万余石。

乾隆五十九年（1794年） 八十四岁

◎正月，增设定海县五奎山驻扎员弁。

◎二月，谕查核发遣新疆各处官犯，常犯由杖徒军流加重发遣新疆者减等办理，其本罪原应发遣新疆者，酌改年限，量予减等，军流人犯如之。豁免内外各官摊赔、代赔银两五十五万九千两有奇。

◎三月，永庆疏请拨银养赡江宁、京口满营孤寡，从之。通谕各督抚慎重专折保奏。启銮巡幸天津。庆霖疏请拨银养赡青州、德州满营孤寡，从之。

◎四月，还京师。

◎五月，启銮巡幸避暑山庄。

◎六月，命将官犯子孙发遣新疆者释回乡里。

◎八月，谕以御宇周甲，普免明年各省漕粮。还京师。命以两金川开扩地亩给降番等开垦耕种，免其赋税。马戛尔尼一行返回英国伦敦。

◎九月，"军机大臣遵旨查明户部银库自乾隆元年起，每十年贮银数目具奏，乾隆元年收管银三千四百五十三万余两，乾隆十年实存银三千三百十七万余两，乾隆二十年实存银四千二百九十九万余两，乾隆三十年实存银六千零三十三万余两，乾隆四十年实存银六千四百九十五万余两，乾隆五十年实存银七千八百十三万余两"。[52]

◎十月，以勒保奏访获倡教民人刘松，命安徽严缉其徒刘之协，并谕各省捕拿邪教。御制石刻蒋衡书十三经于辟雍序。西安将军舒亮疏请入官地亩赏给驻防兵丁养赡孤寡，从之。军机大臣查明《永乐大典》现存卷数具奏，《永乐大典》只有一部，现存翰林院，原书共二万二千九百三十七卷，除原缺二千四百零四卷，实存二万零四百七十三卷，共九千八百八十一本，此外有目录六十卷。停止乡试复试，会试仍严行复试。

◎十一月，改定南疆回民出卡贸易章程。

◎十二月，普免天下积年逋赋。

◎是年，全国人口三亿一千三百二十八万余，存仓米谷四千五百万余石。

乾隆六十年（1795年） 八十五岁

◎正月，各省督抚具奏，此次普免积欠共计银一千七百一十万余两，粮谷米豆三百七十五万余石。[53]以自五十五年之后未再亲行中祀之典，而次年即行归政，谕于本年二月上丁亲诣行礼，以昭崇儒重道之诚。免各省地方官经征不力处分。以固伦额驸丰绅殷德为内务府大臣。

◎是月，湘黔苗民起义爆发，至嘉庆二年始大致平定。

◎二月，祭先师孔子，阅辟雍新刊石经。广各直省岁试学额，太学肄业诸生免坐监一月。湖南苗人起事反清，命福康安往剿之。命福康安等安抚众苗拒"贼"者赏顶戴。

◎五月，启銮巡幸避暑山庄。命科道陈奏地方重大事件。以于敏中营私玷职，夺轻车都尉世职。命闽浙两省会缉洋"匪"。命查发遣官犯，分别减释。谕福康安等查拿著名首逆，余被胁者宥之。

◎六月，划一各督抚应题应奏事件。并谕，其实系重要急务，仍许其随时专折具奏。

◎七月，谕各省督抚修马政。谕，督抚年节三贡，酌量赏收，以连上下之情。明年届归政之期，只须于嗣皇帝庆辰备物呈进，其八月之贡不必再进。

◎八月，饬各省疆吏洁己率属，不得私受馈送。命甘肃西宁道定为旗员额缺。还京师。

◎九月辛亥（初三日），御勤政殿，召皇子、皇孙、王公大臣等入，宣示建储密旨，立皇十五子永琰为皇太子，以明年丙辰为嘉庆元年。皇太子生母令懿皇贵妃着赠为孝仪皇后。并谕归政后，凡遇军国大事及用人行政诸大端，岂能置之不问，仍当躬亲指教，嗣皇帝朝夕敬聆训谕，将来知所禀承，岂非国家天下之大庆。部院衙门并各省具题章疏及引见文武官员寻常事件俱由嗣皇帝披阅，奏知朕办理，为朕分劳。谕年节三贡，毋备物呈进。谕后世子孙当世守秘密立储之法。阅健锐营兵。皇太子率同王大臣恭进乾隆六十一年时宪书，预备内廷颁赏之用，俯从其请。命停上尊号。命镌刻太上皇帝玉宝玉册。以前任闽浙总督伍拉纳、福建巡抚浦霖婪赃数额惊人，旋皆伏法。

◎十月，颁嘉庆元年时宪书。免天下嘉庆元年地丁钱粮。命定丙辰年传位典礼。命直隶人员回避顺天府治中员缺。命明年正月初吉重举千叟宴盛典。免八旗赏借扣缴钱粮。申命疆吏查禁小钱。

◎十一月，定各衙门保送满汉御史初次未经记名者不得再行保送例。命皇太子居毓庆宫。

◎十二月，谕，明年归政后，凡有缮奏事件，俱书太上皇帝，其奏对称太上皇。定明年元旦御殿庆贺礼仪。定革职留用人

员获犯后分别开复例。予难荫世袭兼隶抚标。赐英吉利国王
敕谕。

◎是年，全国人口二亿九千六百九十六万余，存仓米谷
三千九百七十五万余石。

嘉庆元年（1796年） 八十六岁

◎正月戊申朔，御太和殿，亲授皇帝之宝于嘉亲王永琰，
是为嘉庆帝。嘉庆帝奉太上皇帝御宁寿宫、皇极殿，举行
千叟宴。

◎是月，白莲教起义爆发，数月间遍及川陕楚豫四省，至
嘉庆七年始大致平定。

◎五月，诏王公大臣及各督抚等毋呈进如意，其方贡毋额
外增益。太上皇帝同皇帝启銮巡幸避暑山庄。

◎九月，太上皇帝同皇帝还京师。太上皇帝阅健锐营兵。

嘉庆二年（1797年） 八十七岁

◎二月，皇后卒。

◎三月，以征剿川楚教民，乾隆帝谕再开捐例。

◎五月，太上皇帝同皇帝启銮巡幸避暑山庄。

◎八月，大学士、公阿桂卒。赠太保，入祀贤良祠。和珅
晋首席军机大臣。还京师。

◎十月，乾清宫、交泰殿灾。

嘉庆三年（1798年） 八十八岁

◎三月，以征剿川楚教民，乾隆帝谕再开捐例。

◎五月，太上皇帝同皇帝启銮巡幸避暑山庄。八月，以生
擒白莲教教首王三槐，谕晋封大学士、伯和珅为一等公。

◎九月，还京师。

◎十月，以重建乾清宫成，议叙管工大臣等，各加赏赉。

嘉庆四年（1799年） 八十九岁

◎正月庚申朔，太上皇帝御乾清宫，皇帝率王大臣及外藩使臣行庆贺礼。辛酉（初二日），太上皇帝不豫，皇帝侍疾寝宫，太上皇帝握手，眷爱拳拳弗忍释，向夕大渐。壬戌（初三日）辰刻，太上皇帝崩，终年八十九岁，颁遗诏。嘉庆皇帝亲政；逮和珅于刑部狱，旋赐死；以成亲王永瑆为军机大臣。

◎三月，赦乾隆间文字狱各案涉及人员。

◎四月，恭上尊谥曰法天隆运至诚先觉体元立极敷文奋武孝慈神圣纯皇帝，庙号高宗。

◎八月，编修洪亮吉致书成亲王私论国政，遣戍伊犁。

◎九月，葬乾隆皇帝于裕陵。

◎十月，解除成亲王军机大臣职务。

---

1 为省篇幅，本表凡征引《清高宗实录》及《清国史·高宗本纪》史料皆不加注。

2 按，传统的说法认为，乾隆帝生于雍和宫。曾在乾隆朝长期担任军机章京的管世铭在其所作《扈跸秋弥纪事三十四首》中，曾提及乾隆帝生于狮子园。诗云："庆善祥开华渚虹，降生犹忆旧时宫。年年讳日行香去，狮子园边感盛衰。"自注云："狮子园为皇上降生之地，常于宪庙忌辰临驻。"（《韫山堂诗集》卷一五）特录于此，以备一说。

3 关于乾隆帝生母，一些档案文献如《雍正朝汉文谕旨汇编》（广西师大出版社1999年版，第1册，第36页）及萧奭

《永宪录》皆称为钱氏，而《清高宗实录》则称其母姓钮祜禄氏。经由杜家骥先生考证，《雍正朝汉文谕旨汇编》中所书之"钱"字当是与"钮"字形近而讹，抄写致误。详见《乾隆之生母及乾隆帝的汉人血统问题》，《清史研究》2016年第2期。

4 《清皇室四谱》卷一。

5 《乐善堂全集定本》庚戌年高宗原序、福敏跋文。

6 《清高宗御制诗四集》卷五八《怀旧诗二十三首·龙翰福先生》。

7 《清高宗御制诗四集》卷五八《怀旧诗二十三首·龙翰福先生》。

8 《雍正朝起居注册》第1册，第83页。《清世宗实录》卷一〇。

9 《清高宗御制诗二集》卷五《七月十八日作》、卷一六《二月二十二日作》。

10 《乐善堂全集》庚戌年高宗原序、《乐善堂全集》卷七《稽古斋文钞序》。

11 监察御史冯起元《奏请将盐政海差大小关税依照康熙前例抽收以为文武养廉之资折》，乾隆元年正月十二日，见《宫中档乾隆朝奏折》第1辑，第5页。

12 《乾隆帝起居注》第1册，第491页。

13 《俄中两国外交文献汇编》，第257—265页。

14 《清史稿·高宗本纪》误入五月。

15 《乾隆帝起居注》第3册，第291页。

16 《乾隆帝起居注》第3册，第327页。

17 《乾隆朝上谕档》第1册，第699页。

18 《乾隆帝起居注》第4册，第398页。

19 《乾隆时期的中英关系》，第54—55页。

20 按，关于鄂尔泰卒日，《清高宗实录》记为乙卯。此从《襄勤伯鄂文端公年谱》所载，见《清史资料》第2辑。《清史稿校注》虽出注，而未使用《襄勤伯鄂文端公年谱》，故不明其准确卒日。

21 《乾隆帝起居注》第4册，第736页。

22 按，《清史稿·高宗本纪》《清国史·高宗本纪》于此条记述均含混不清，《清史稿校注》记述亦不明晰。此据《清高宗实录》厘正。

23 《乾隆帝起居注》第8册，第371页。

24 《乾隆帝起居注》第8册，第403页。

25 《澳门纪略》，第36—38页。

26 《乾隆帝起居注》第9册，第116页。

27 《清国史·高宗本纪》《清高宗实录》均误作辛巳，此据《清皇室四谱》卷三、《清史编年》改。

28 《清国史·高宗本纪》误作乙卯，考是月无乙卯，核之《清高宗实录》，当为己卯。

29 《乾隆帝起居注》第21册，第198页。

30 《乾隆帝起居注》第24册，第24页。

31 按，据《清高宗实录》《清皇室四谱》，果亲王弘曕卒于三月初八日丙子，而非十二日丁亥。《清国史·高宗本纪》所记误。

32 按，此为谕令开馆日期。据《陈宏谋家书》载，国史馆正式开馆是在当年十月十三日。

33 《乾隆帝起居注》第24册，第445页。

34 《乾隆帝起居注》第25册，第440页。

35 按，是年十一月无己巳，《清国史·高宗本纪》于此条日期记为己巳，误。据《清高宗实录》改正。

36 按，据《清高宗实录》，参赞大臣珠鲁纳自尽事在正月十八日。辛未日（二月十三日）为高宗接奏日期。另，《清史稿·高宗本纪》将此系于丙寅日（二月初八日）亦误。

37 《乾隆帝起居注》第28册，第306页。

38 按，《清国史·高宗本纪》《清史稿·高宗本纪》均作壬子，核之《清高宗实录》，当为辛亥。

39 《清高宗御制诗四集》卷二四。

40 按，是年《清高宗实录》载当年存仓米谷不实。

41 《清高宗御制诗四集》卷二六。

42 《清高宗御制诗四集》卷三二。

43 按，《清国史·高宗本纪》《清史稿·高宗本纪》与《清高宗实录》卷一〇九八乾隆四十五年正月庚辰朔谕旨，皆作钱粮。核之《清高宗实录》卷一〇六八十月己未条，皆误。当为漕粮。《清史稿校注》虽出注，但未及《清史稿·高宗本纪》、《清高宗实录》卷一〇九八乾隆四十五年正月庚辰条。

44 按，据《清高宗实录》，上年全国人口已达二亿七千余万，下年全国人口更多达二亿七千五百余万。故知此年全国人口数字有误。

45 《乾隆帝起居注》第29册，第288、293、299页。

46 《乾隆帝起居注》第29册，第334页。

47 《乾隆帝起居注》第29册，第359页。

48 按，《清史编年》于本日条下有"以本年七旬万寿，普免天下漕粮"之语，误。前此四十三年十月己未已颁诏普免漕粮。

49 按，据《乾隆朝上谕档》第11册

第257页，续缮三份《全书》事在癸卯。《清高宗实录》《清国史·高宗本纪》皆作甲辰，误。

50 《乾隆朝上谕档》第12册，第890—891页。

51 《乾隆朝上谕档》第13册，第17页。

52 《乾隆朝上谕档》第18册，第221—222页。

53 《乾隆朝上谕档》第18册，第419—792页。

二、乾隆皇帝皇子表

名字	行次	生年	生母	卒年	年岁	封爵
永璜	1	雍正六年五月	庶妃富察氏（哲悯皇贵妃）	乾隆十五年三月	二十三岁	追封定亲王
永琏	2	雍正八年六月	孝贤纯皇后（富察氏）	乾隆三年十月	九岁	追谥端慧皇太子
永璋	3	雍正十三年五月	纯惠皇贵妃苏佳氏	乾隆二十五年七月	二十六岁	追封循郡王
永珹	4	乾隆四年正月	淑嘉皇贵妃金佳氏	乾隆四十二年二月	三十九岁	乾隆二十八年十一月出继履亲王允祹为郡王，谥履端亲王
永琪	5	乾隆六年二月	愉贵妃柯里叶氏	乾隆三十一年三月	二十六岁	乾隆三十年十一月封荣亲王

名字	行次	生年	生母	卒年	年岁	封爵
永瑢	6	乾隆八年十二月	纯惠皇贵妃苏佳氏	乾隆五十五年五月	四十七岁	乾隆二十四年十二月出继为慎郡王允禧后，降贝勒。三十七年十月，晋质郡王。五十四年十一月，晋质亲王
永琮	7	乾隆十一年四月	孝贤纯皇后富察氏	乾隆十二年十二月	二岁	
永璇	8	乾隆十一年七月	淑嘉皇贵妃金佳氏	道光十二年八月	八十七岁	乾隆四十四年三月，封仪郡王。嘉庆四年正月，晋仪亲王
未命名	9	乾隆十三年七月	淑嘉皇贵妃金佳氏	乾隆十四年四月	二岁	
未命名	10	乾隆十六年五月	舒妃叶赫纳拉氏	乾隆十八年六月	三岁	
永瑆	11	乾隆十七年二月	淑嘉皇贵妃金佳氏	道光三年三月	七十二岁	乾隆五十四年十一月封成亲王
永璂	12	乾隆十七年四月	皇后乌拉纳喇氏	乾隆四十一年正月	二十五岁	嘉庆四年三月追封贝勒
永璟	13	乾隆二十年十二月	皇后乌拉纳喇氏	乾隆二十二年七月	三岁	

名字	行次	生年	生母	卒年	年岁	封爵
永璐	14	乾隆二十二年七月	赠孝仪纯皇后令妃魏氏	乾隆二十五年三月	四岁	
颙琰	15	乾隆二十五年十月	赠孝仪纯皇后令妃魏氏	嘉庆二十五年七月	六十一岁	乾隆三十八年冬秘密建储，内定为皇太子。五十四年十一月，封嘉亲王。六十年九月，公布建储密旨，嘉庆元年正月嗣位为帝
未命名	16	乾隆二十七年十一月	赠孝仪纯皇后令妃魏氏	乾隆三十年三月	四岁	
永璘	17	乾隆三十一年五月	赠孝仪纯皇后令妃魏氏	嘉庆二十五年三月	五十五岁	乾隆五十四年十一月封贝勒，嘉庆四年正月，晋惠郡王，旋改庆郡王、嘉庆二十五年三月晋亲王

三、主要参阅书目

1　鄂尔泰、张廷玉：《清世宗实录》，中华书局，1985年。

2　庆桂等：《清高宗实录》，中华书局，1986年。

3　《乾隆帝起居注》，广西师大出版社，2002年。

4　《乾隆朝上谕档》，档案出版社，1991年。

5　《宫中档乾隆朝奏折》，台北故宫博物院，1982年。

6　《清历朝御制诗文集》，光绪刊本。

7　永璇、庆桂等：《清朝通典》，浙江古籍出版社，1988年。

8　稽璜、刘墉等：《清朝文献通考》，浙江古籍出版社，1988年。

9　曹振镛等：《清仁宗实录》，中华书局，1986年。

10　李鸿章等：《光绪大清会典事例》，光绪刊本。

11　吴晗辑：《朝鲜李朝实录中的中国史料》，中华书局，1962年。

12　《清国史·高宗本纪》，中华书局，1993年。

13　赵尔巽等：《清史稿》，中华书局，1977年。

14　《清史稿校注》，台湾商务印书馆，1999年。

15　中国人民大学档案系编：《康雍乾时期城乡人民反抗斗争资料》，中华书局，1979年。

16　魏源：《圣武记》，中华书局，1984年。

17　《清代文字狱档》，上海书店影印本，1986年。

18　王重民辑：《办理四库全书档案》，国立北平图书馆排印本，1934年。

19　张其勤：《清代藏事辑要》，西藏人民出版社，1983年。

20　赵翼：《檐曝杂记》，中华书局，1982年。

21　赵翼：《皇朝武功纪盛》，嘉庆南汇吴氏听彝堂刊本。

22　梁章钜：《枢垣纪略》，清道光五年刊本。

23　唐邦治：《清皇室四谱》，上海聚珍仿宋印书局，1923年。

24　张廷玉：《澄怀主人自订年谱》，清光绪元年重刊本。

25　昭梿：《啸亭杂录》，中国图书公司影印宣统刻本。

26　《掌故丛编》，1930年，故宫博物院。

27　王庆云:《石渠余记》,北京古籍出版社,1983年。

28　庄吉发:《清高宗十全武功研究》,台北故宫博物院,1982年。

再版后记

  1990、2004年，拙作《乾隆传》曾先后由辽宁教育出版社、天津百花文艺出版社初版、再版行世。自此之后，三十年来，多部优秀的乾隆帝传记如同雨后春笋，相继问世，有关乾隆时期清史和乾隆帝研究呈现了前所未有的异常繁荣的局面。为了满足广大读者的阅读需求，普及清史知识，推进乾隆朝清史研究的进一步深入，中华书局拟将拙作另出新版。前此，利用国家清史编委会委托纂修乾隆朝史稿之机，我曾广泛阅读有关乾隆朝史实的大量档案史料。这次再版拙书，为了对读者负责，进一步提高内容质量，于附录"乾隆皇帝大事年表"部分增加了《乾隆帝起居注》《乾隆朝上谕档》《宫中档乾隆朝奏折》《清国史》及第一历史档案馆原始档案等珍贵资料，所增篇幅达数万字，使内容及真实程度较前有所提高。同时，还对原书个别欠妥部分进行了删改。

  时光荏苒，自拙著《乾隆传》初版行世以来，三十余年间，海内外有关乾隆朝历史和乾隆帝研究著作先后行世者已不下二十余部。"苔花如米小，也学牡丹开。"于此之际，我不揣冒昧，将该书再次奉献献给广大读者，并希望得到批评和指正。

在拙著出版过程中，中华书局责任编辑杜艳茹女史从确定立项到审正内容和选择插图，耗费了大量时间和精力。学弟张霆先生亦曾为拙书出版而往返奔走。特作如上说明，并向他们致以深深的谢意。

白新良

2022年12月于天津南开大学